일제 강점기 조선의 대표적 종합잡지

朝鮮公論 總目次·人名索引

編著 | 한일비교문화연구센터

『조선공론』의 복간에 즈음하여

◇ 이 책은『조선공론』의 창간호(1913년 4월호)부터 현재 확인된 최종호(1944년 11월호)까지를 복간한 것입니다.
◇ 『조선공론』에는 목차가 없는 호가 있습니다. 이 경우에는 해당호의 목차를 새로 작성하여 원문 앞에 실었습니다.

◎ 저작권자·저작권 계승자 분들의 양해를 얻어 대부분의 저작권 허락을 받았으나 확인되지 않은 저작권자·저작권 계승자도 있습니다. 후에 연락이 되면 허락을 받도록 최선을 다하겠습니다.

조선공론 총목차·인명색인

초판 1쇄 발행일 • 2007년 12월 21일

편 저 • 한일비교문화연구센터
펴낸이 • 박영희
표 지 • 정지영
편 집 • 정지영·허선주
펴낸곳 • 도서출판 어문학사
      132-891 서울특별시 도봉구 쌍문동 525-13
      전화: 02-998-0094 / 팩스: 02-998-2268
      홈페이지: www.amhbook.com
      e-mail: am@amhbook.com
      등록: 2004년 4월 6일 제7-276호

ISBN 978-89-91956-40-7 94080
정 가 • 48,000원

※ 잘못 만들어진 책은 교환해 드립니다.

| 目次 |

第1部　解題編 —————————— v

第2部　總目次編 —————————— 1

第3部　人名索引編 ————————— 411

第1部

解題編

| 해제 |

『조선공론』은 1913년부터 1944년까지 일제강점기에 일본어로 발행된 종합잡지1)이다. 1913년 4월 1일 창간호를 시작으로 1942년 346호(1월호)까지 발행되었다가 다음달 2월호(347호)부터 개권호로 발행되었는데 현재 남아 있는 최종호는 1944년에 발간된 380호(11월호)이다. 380호에는 폐간호라는 언급이 없고 편집후기에도 다음달 호의 예고가 있는 것으로 보아 더 발행되었을 가능성이 있으나 현재로서는 알 길이 없다. 380호까지의 발행기간은 총 31년 8개월이므로 일제강점기 발행된 월간잡지 중 가장 장수한 잡지였다고 할 수 있다. 『조선공론』은 당시 조선에서 발행된 일본어잡지 『조선급만주』와 함께 쌍벽을 이루었는데 1913년 창간호 발간 당시 일본 언론의 논조는 일본의 대표적인 종합잡지가 『태양』이라면 조선의 대표적 잡지는 『조선공론』이라고 극찬하기도 했다.

---

1) 종합잡지란 정치, 경제, 사회, 국제, 문화 등 모든 테마를 다루며 논문, 평론, 수필, 읽을거리, 소설 등 다양한 형식의 기사를 채용한 월간잡지로 주로 지식인을 대상으로 발행되는 잡지를 말한다. 植田康夫, 「總合雜誌の盛衰と編集者の活動」, 『帝國日本の學知』 4권, 岩波書店, 2006년, 146쪽.

Ⅰ. 창간자와 창간 경위

이 잡지를 창간한 이는 마키야마 고조(牧山耕藏, 1882~?)이다. 그는 1906년 와세다 대학 정치경제학과를 졸업하고 바로 국민당 총리 이누카이 쓰요시(犬養毅)의 추천에 의해 조선에 와서 통감부 기관지『경성일보』창간에 관여했다. 1909년에 퇴사하여『일본전보통신(日本電報通信)』경성지국 주간을 역임했는데 1913년에는 도쿄에서 조선공론사를 창립하고 잡지『조선공론』을 발행했다.2)

마키야마는 1912년 경성거류민단 의원에 당선되고 1914년 6월 경성학교 조합회 의원에 선출되기도 했다.3) 이렇게 그의 활동 기반이 조선이었음에도 불구하고『조선공론』은 왜 일본에서 탄생했을까? 이 잡지의 발간 의의를 논평한『오사카 시사신보(大阪時事新報)』는

주재자 마키야마 고조 씨는 일본전보통신 경성지국장으로서 오랫동안 경성에 살았다. 지금은 조선공론 사장으로서 조선을 논한다. 그가 데라우치 통감에게 바치는 글은 그의 넘치는 울분이 잘 드러나 있다. 그 외에 정치, 식민, 권업, 사회 각 방면에 걸쳐 흥미 있는 기사가 많다.…… 특히 본사를 도쿄 가가쵸(加賀町)에 둔 것은 그 방면의 기휘(忌諱)를 피하기 위함인가?4)

라고 하여 조선식민통치에 대한 자유로운 비판을 위해 일부러 도쿄에 본사를 둔 것이 아닌가라는 의문을 제시했다. 그런데『조선공론』의 창간 경위에 대해 언급한『조선급만주』의 사장이자 편집인이었던 샤쿠오 슌조(釋尾春芿)의 증언이 눈길을 끈다.

---

2)『재조선내지인신사명감』, 조선공론사, 1917년, 369쪽;『일본인물정보대계』72(조선편2권), 皓星社, 2001년.
3) 위의 책.
4)「東鼓西鼓」,『조선공론』, 1913년 6월호.

당시 마키야마군은 동아전보통신사를 경영했는데 밀양에 갖고 있던 미간지(未墾地)가 팔려 생각지도 않은 돈이 1만 원 정도 들어왔다. 이 돈의 사용처를 고심하다가 통신만으로는 부족하다고 생각하여 잡지를 발행하고자 했다. 그러나 당시에는 정치 잡지는 허가를 받기가 힘들었다. 그는 매일 우리 집에 와서는 내가 경영하는 잡지의 발행권을 팔라고 졸랐다. 내가 전혀 대꾸를 하지 않자 결국 포기하고 새 잡지를 발행하기로 결심했던 것이다.…… 당시는 데라우치의 무단정치 천하여서 극단적인 언론 압박시대였다. 이미 발행되던 신문 잡지에 대한 간섭도 난폭했지만 정치를 논하는 신문, 잡지는 절대로 허가하지 않는다는 방침이었다. 그런데 마키야마는 당시 경무총장 아카시(明石) 장군을 어떻게 설득했는지 허가를 받아냈다.5)

이러한 점과 관련지어 보면 발행지를 도쿄로 한 것은 조선총독부의 민간지 발행금지라는 시정방침을 피하기 위한 편법이었던 것 같다.

마키야마 사장은 연중 대부분 경성에 있으니 마키야마에게 용무가 있는 사람은 경성으로 해 달라는 사고(社告, 1913년 5월호)라던가, 조선에서의

〈그림 1〉 조선공론사 경성 사옥

〈그림 2〉 조선공론 1913년 7월호 경성지국 신축낙성 기념호 표지

---

5) 釋尾旭邦,「革新記念号に寄す」,『조선공론』, 1933년 6월호.

〈그림 6〉 숭례문에서 바라 본 조선공론사
중앙대로 너머의 건물이 경성부청사(현재 서울시청)

구독 신청을 도쿄 본사로 하는 경우가 많았는데 모두 경성 욱정(旭町) 조선 공론 총지사로 해주길 바란다고 한 점, 독자 투고도 가능한 한 조선 총지사 앞으로 하고 봉투에는 〈편집장 친전〉으로 명기해 달라고 한 점, 편집국은 경성에 있었다는 점 등을 볼 때 실질적인 잡지 발행 업무는 경성에서 이루어졌다고 할 것이다.

마키야마는 밀양의 미간지 매각 이익금에 힘입어 1913년 6월에는 남대문 태평정(太平町)에 3층 신 양관을 신축하여 조선공론사의 경성지사로 삼았고 건물 정면의 높은 탑에 '조선공론'이라는 간판을 달았다. 당시는 주변에 높은 건물이 없어서 경성에 오는 이라면 누구라도 높은 탑 위에 적힌 '조선공론'을 보지 않을 수 없어서 그 광고 효과는 대단히 컸다고 한다.[6]

『조선공론』을 발행하는 한편으로 마키야마는 1914년 부인잡지『대륙부인계』를 창간했는가 하면 1915년에 충남 청양군 텅스텐 광산(청양광산) 경영에 착수하여 기업가의 면모를 보이기도 했다. 이어 1917년 4월에는 중의원 의원 총선거에서 고향인 나가사키에서 입헌정우회 공인후보로 출마하여

---

6) 위의 글.

당선되어 정치가로 입신했다.7) 1919년 조선총독부의 '신문지규칙' 개정으로 조선에서의 언론탄압이 완화되어 민간지 발행 허가가 내려지자 마키야마도 이 틈을 타서 경성에서의 발행 허가를 획득하고 1920년 11월호부터 경성에서 인쇄된 『조선공론』을 판매했다.8) 조선총독부 경무국에서 발행한 『조선에서의 출판물 개요(朝鮮における出版物槪要)』를 보면 『조선공론』의 인가일은 1920년 10월 8일로 되어 있다.9)

II. 『조선공론』을 이끈 사람들

초대 사장 마키야마가 정치가로 입신하고 1920년 조선신문사를 매수하면서 『조선공론』은 1925년 당시 편집장이었던 이시모리(石森久彌)에게 양도된다. 이시모리는 미야기(宮城)현 출신으로 1913년 조선에 와서 조선공론사에 입사, 1919년 『조선공론』 편집장이 되어 이 잡지를 실제적으로 이끌어간 인물이었다. 1920년 조선신문사 사회부 부장을 겸임하고 1922년 조선신문 정치부장에 취임, 경제부장을 겸직했고 1923년 주필이 되었다. 1924년 조선공론사 전무이사를 거쳐 1925년에는 조선공론사 사주이자 사장에 취임했다.10) 그도 경성부회 의원, 경성방송협회 의원을 역임하는 등 유력한 재조일본인의 한 사람이었다. 1933년에는 그가 『조선신문』 대표이사 부사장직에 취임하면서 『조선공론』의 세 번째 사장은 김사연(金思演)이 맡게 된다.

김사연은 대한제국기 유력정치가인 김만수(金晚秀)의 차남으로 1896년11)에 태어났다. 김만수는 1887년 문과에 급제했으며 1892년에는 이조참

---

7) 『새소선내지인 신사명감』, 조선공론사, 1917년, 369쪽; 『일본인물정보대계』 72(조선편2권).
8) 「發展記念號」, 『조선공론』, 1920년 11월호.
9) 조선총독부 경무국, 『朝鮮における出版物槪要』, 1930년, 13쪽.
10) 『조선총독부 시정25년 기념 표창자 명감』, 조선총독부, 1935년, 1172쪽; 『일본인물정보대계』 79(조선편9권).

판을, 1899년부터 궁내부 특진관을 지냈다.12) 특히 1901년에는 프랑스 특명전권공사를 역임했고 귀국 후에도 계속 궁내부 특진관을 지냈고 1907년 영친왕 관례 때 시찬을 지냈다.13) 한일합방 당시 김만수는 관직에서 물러나 있어서 합방공로자에게 부여한 작위수여자에서는 빠졌고 사회의 격변 과정에서 가세가 기울었다고 한다.14) 김사연은 1916년 경성고등보통학교를 졸업하고, 게이오 대학(慶應大學)을 졸업했으며 한일은행에서 근무했다.15) 김사연의 사장직 취임을 축하하는 각 인사의 글에도 그가 명문가의 자손이라는 점이 빠지지 않고 강조되었다. 그는 1933년 도제가 시행된 후 첫 번째 관선 도회의원으로 선출되었고 경성부 제2 교육부회 부의장을, 1940년대에는 국민정신 조선연맹 조선청년연합회 이사를 지냈고16) 한국전쟁 때 납북되었다.17) 그에 대해서는 "명문의 후예로 고결한 인격을 가지고 동양정치 도덕에 조예가 깊고 일찍이 뜻을 자치행정에 두고 각종 공직을 역임"18)했고, '내선융화'를 이룰 온건한 정치가로 소개되었다. 그가 사장에 취임한 일은 조선인으로서 일본어 잡지의 경영권을 장악한 첫 번째 인물로 극찬되었고 송진우, 윤치호, 박춘금, 여운형 등이 연이어 축하의 글을 보냈다.

사장 취임의 포부를 밝히는 글에서 김사연은,

조선에는 현재 조선인이 경영하는 많은 신문잡지가 있으나 대부분 조선글로 발행하여 특수 관계자 이외에 내지인에게는 거의 독자가 없다. 따라서 조선인의 진정(眞情)을 언론기관

---

11) 『제14판 대중인사록, 외지 만, 지, 해외편』(1943)에는 1896년생이라고 하나 『연안김씨 대동보』(하권, 1987년)에는 1899년생으로 되어있다.
12) 『고종실록』 고종24(1887)년 3월15일조, 고종29(1892)년 11월14일조, 고종36(1899)년 9월21일조.
13) 『고종실록』 1906년 8월28일조, 1907년 3월11일조.
14) 權藤四郎介, 「革新記念号に寄す」, 『조선공론』, 1933년 6월호.
15) 『제14판 대중인사록, 외지 만, 지, 해외편』, 1943년, 37쪽; 『일본인물정보대계』 75(조선편5권): 정묘대동보 중수위원회, 『연안김씨 대동보』 하권, 1987년, 2450쪽.
16) 『제14판 대중인사록, 외지 만, 지, 해외편』, 1943년, 37쪽.
17) 정묘대동보중수위원회, 『연안김씨 대동보』 하권, 1987년, 2450쪽.
18) 이범익, 「革新記念号に寄す」, 『조선공론』, 1933년 6월호.

을 통해 직접 내지인에게 이해시키지 못하고 있다. 나는 부족하나 우리 잡지 본래의 사명과 함께 이미 말한 결함을 크게 보완하고자 조선인의 진정한 목소리를 내지 및 내지인에게 소개하는 것을 나의 사명으로 생각한다. 물론 조선공론은 공명정대한 언론으로 정치, 경제, 그 외의 모든 사회상을 비판함과 동시에 취미와 실익을 추구하여 국리민복에 힘쓸 것이다.19)

고 하여 『조선공론』을 통해 앞으로 조선인의 목소리를 일본인에게 전달하는 역할을 하겠다고 포부를 밝혔다. 이와 함께 같은 호의 편집국의 당부 말에도 '조선인으로서 내지문(일본어)을 자유롭게 구사하는 자가 적지 않으므로 앞으로는 조선인의 기고를 크게 환영한다'20)고 하여 조선인의 적극적인 참여를 권유했다. 이러한 영향으로 『조선공론』 1933년 6월호에는 조선, 동아일보 등 한국어 신문의 논조를 소개하고, 오랫동안 필봉을 꺾고 있던 원로 기쿠치 켄조(菊地謙讓)의 글 「조선에서의 민족운동의 전향」 등이 게재되어 김사연 사장의 의도가 관철되었음을 엿보게 한다. 그러나 김사연의 『조선공론』 시대는 오래가지 못했다. 1935년 5월호에 일신상의 이유로 『조선공론』의 지배인인 사토키치 모토키(里吉基樹)에게 경영권을 양도했다는 사고(社告)를 통해 만 2년 동안의 김사연의 『조선공론』 시대는 막을 내린다. 이 5월호의 편집후기를 보면, 김사연 사장의 퇴임 이유에 대해 '김사연 씨가 현재 중추원 참의인 한편 앞으로 창립하게 될 면자(麵子)주식회사 사장에 취임할 예정이어서 언론기관의 충분한 사명을 달성하기 어렵기 때문'이라고만 했다.

이어 사장이 된 사토키치 모토키는 1942년 1월까지 『조선공론』을 이끈다. 1942년 1월호가 『조선공론』의 폐간호이며 1942년 2월호는 개권호로 발행되었다. 사장은 가마타 쇼이치(鎌田正一)이다. 가마타는 당시 실업의 조선사(實業之朝鮮社) 사장이었다. 이 무렵의 상황은 전시체제 하 총독부의

---

19) 김사연, 「朝鮮公論社長に就任して」, 『조선공론』, 1933년 6월호.
20) 「編輯局より」, 『조선공론』, 1933년 6월호.

언론통폐합 조치로『실업의 조선(實業之朝鮮)』(1919년 창간)과『경성잡필(京城雜筆)』(1920년 창간),『조선공론』의 세 잡지가 통폐합하게 된 것인데 잡지명은『조선공론』을 고수했다.

3사통합체제로 운영되던『조선공론』이 공식적으로 언제 폐간이 되었는지는 확실하지 않다. 현존하는 최종호는 1944년 11월호이나 폐간에 대한 언급이 전혀 없기 때문이다.

Ⅲ. 발행부수와 독자층

『조선공론』의 발행부수와 독자층은 어떠했을까? 일본에서의 이 잡지의 인기에 대해서 마키야마는

> 나는 휴가를 얻어 4월 중순 조선에서 동경의 본사로 돌아갔다. 20여 일 동경에 머무르고 이어 교토와 오사카에서 며칠 보내고 지난 10일 다시 총독 치하의 사람이 되었다. 이 여행에서 모국의 정치가, 학자, 관리, 실업가, 신문기자 등 모든 계급의 인사와 만나고 소견을 듣고 자신의 생각을 말할 수 있었다. 크게 고무된 것은 우리 조선공론이 거의 모든 사람에게 애독되고 오히려 의외의 사람들에게도 환영받고 여러 가지 비평과 가르침, 혹은 주문을 받은 것이다.…… 이는 모국 동포가 종래 조선에 대한 공명정대한 논의에 목말라 있었고 반도통치의 내용이 거의 모국에는 봉쇄되었던 감이 있기 때문에 보잘 것 없는 우리 잡지가 환영받는 결과가 된 것 같다.21)

고 했고, 조선에서도 '총독부의 강경한 언론단속의 결과 일반인이 민론에 목말라 있던 터라 민간은 물론 관가에서도 대환영을 받고 있다'22)고 하여 조선과 일본에서의 인기 정도를 피력했다. 당시 조선에서 발행되던 잡지와 신문이 워낙 제한적이었기 때문에 더욱 인기를 끌었던 것 같다.

---

21) 牧山玄濤,「冷語熱舌」,『조선공론』, 1913년 6월호.
22)「公論餘滴」,『조선공론』, 1913년 6월호.

이 잡지에 대한 초기의 반향은 제 2호인 1913년 5월호 〈편집국에서(輯編局より)〉를 보면 창간호 발간 후 10일이 안 되어 품절이 되어 재판을 찍었으며 조선에서 1만 부, 오사카에서 3천 부, 도쿄와 교토, 고베에서는 유력 잡지와 백중세에 있고 이 외에 규슈, 시코쿠, 홋카이도, 만주, 가라후토(사할린), 타이완에서도 독자가 있다고 밝히고 있다. 평균적으로 수만 부를 발행했다고 하며 1942년 세 잡지사 통폐합 후 개권되었을 때는 10만 독자를 운운하기도 했다.

그런데 판매부수는 대부분의 경우 과장되기 마련이어서 이것을 액면 그대로 받아들일 수는 없을 것이다. 조선총독부 경무국에서 1930년에 발표한 수치에 의하면 아래의 표와 같은데 조선 내에서는 경성의 구독자가 가장 많았고 조선인보다는 일본인 독자가 많았다.

잡지명	조선인 독자	재조일본인 독자	일본 독자	합계
조선급만주	83(*36)	536(*384)	670	1,289
조선공론	138(*56)	624(*345)	1,396	2,158

〈표 1〉『조선급만주』와『조선공론』의 독자 수(* 경성의 독자)
조선총독부 경무국,『朝鮮における出版物槪要』, 1930, 23쪽에서 작성

또한 재조일본인 독자보다도 일본 독자가 더 많았던 점도 알 수 있다. 흥미로운 점은 재조일본인은『조선급만주』를 상대적으로 더 구독했고 조선인은『조선공론』을 더 선호했다는 사실이다. 전체 독자 수에 있어서는『조선급만주』보다『조선공론』이 두 배 정도 더 많았다.

〈독자의 소리〉란(1913년 5월호)을 보면 일본의 교토, 도쿄, 센다이, 벳푸 등에서 감상을 보낸 것 외에 조선에서는 경성, 대구, 청진, 신의주, 춘천, 청주, 광주에 사는 이들의 글이 소개되었다. 조선의 전국 각지 주요도시에서 조선공론을 구입해 볼 수 있었던 것으로 보인다. 전국의 판매소는 경성의 조선공론 총 지사, 일한서방, 성문당 등의 서점과 인천, 부산, 평양, 마산, 목

포, 원산, 대전, 진주에 판매소가 있었다. 잡지 가격은 초창기에는 25전이었다가 점차 상승하여 1910년대 후반부터 40전, 1930년대부터 50전이었으나 신년호나 특집호일 경우에는 60전에서 1원도 했다.

IV. 잡지의 성격과 내용

그렇다면 『조선공론』은 어떤 성격의 잡지인가? 창간호의 발간사를 통해 살펴보자. 우선 한일합방에 대해 '이천 년 이래의 현안을 해결'한 것이며 이로 인해 '조선 5백년의 종사를 완전하게 하여 모든 왕족을 우리 황가의 반열에 들게 하고 오래도록 그 존엄과 명예를 향유하도록 했고 1천 2백여 만의 민중을 도탄에서 구하고 이들에게 자유와 복지를 부여하여 팔도의 산천은 저절로 빛이 난다'고 평가하는 한편, 조선을 경영하는 데에 있어서는 '단연코 구구한 각료의 독점, 개인적인 경영에 맡겨둘 수 없고 즉, 관민이 함께 거국일치하여, 각각 그 말하고자 하는 바를 말하고, 그 마땅히 해야 할 바를 다하여'야 한다고 했다. 또, '『조선공론』을 발간하는 이유는 시세의 요구에 응하여 조금이라도 국민의 본분을 다하고자 하는 것'이라고 했다. 그리하여 '『조선공론』은 공명한 지위에 서서 직언, 직필할 것이며', '조국으로 하여금 조선의 실상을 이해하게 하고 동시에 조선동포를 각성시키고 당국의 시정에 헌신할 것'임을 피력했다.

한편 『조선공론』의 찬조자로는 백작 오쿠마 시게노부(大畏重信)를 비롯하여 중의원 의원 이누카이(犬養毅), 조선은행 총재 이치하라(市原誠宏), 시사신보 주간 이시카와(石河幹明), 오사카 전보통신사 사장 하마(濱訓良), 조선신문 사장 하기타니(萩谷籌夫) 외에 다카다(高田早苗) 와세다 대학 학장을 비롯하여 와세다 대학 교수가 10명이나 참여하고 있다. 그 외 경성일보 사장을 비롯하여 각 신문사의 사장과 정치가들의 이름이 소개되고 있다. 이는 마키야마의 인맥, 학연을 드러내는 부분으로 보이는데 그야말로 조선통치에 대한 일본 지식인 집단의 비평을 지향하고 총독부 식민정책을 보좌한다는 명목을 잘 드러내는 인적 구성이라고 할 수 있다. 당시 이미 조선에서 발행되던 『조선급만주』가 샤쿠오 슌조나, 기쿠치 켄조 등 재야지식인 계열에 드는 인물들에 의해 이끌어지고 중하층 재조일본인을 대변하는 논조가 많았던 점과 비교할 때, 『조선공론』은 조선식민정책에 있어서 일본 중상층 지식층을 대변하는 성격을 띠었다고 볼 수 있다.

당시 일본 언론은 조선공론 발간에 대해 적극적으로 소개했다. 도쿄 아사히신문은 이 잡지가 『조선급만주』와 함께 조선에 관한 2대 잡지라고 소개했지만 오사카 아사히신문은 '경제상, 사회상 조선인의 지위를 개선하고 이를 유도, 계발하여 현대문명의 혜택을 입게 하고 동양평화와 진보에 공헌하는 것은 한일합방 후 우리 관민 모두의 임무이다. 조선공론은 이 목적을 공평, 성실하게 총독부의 시정, 민간 경영을 비평, 논의하기 위하여 그 내용은 외형과 함께 확실히 반도 잡지계의 패자'23)라고 격찬했다. 경성일보는

> 일본전보통신 경성지국장 마키야마 고조 씨는 다년간 조선의 조고계(操觚界)에 있었기 때문에 널리 그 사정에 통한 인물이므로 소재도, 진기한 이야기도 많고 다른 잡지가 싣지 못하는 기사가 많다. 특히 오쿠마 백작의 민단 존폐가부, 오자키 유키오 씨의 정당의 본의, 하야시(林毅陸) 씨의 정국소감, 오키 백작의 노동 대조직, 나카노(中野武營) 씨의 선민(鮮民)의 지행(至幸). 그 밖에 공론에는 볼 만한 기사가 많아서 시부사와 남작의 조선경영 고심담, 이치하라 조선은행 총재의 조선에서의 금융기관, 이 외에 조선에 관해 지명도가 높은 인사가 집필한 것이 많고 소식, 문예란에도 취미기사가 풍부하다. 사회기사에는 사랑의 통감부와 총독부라는 진기한 이야기, 기타 재미있는 기사가 많다. 조선에 관한 잡지 중 백미이다.24)

라고 하여 당시 발행되던 『조선급만주』보다 『조선공론』이 더 우위의 잡

---

23) 「東鼓西鼓」, 『조선공론』, 1913년 6월호.
24) 위의 글.

〈그림 7〉 조선공론 창간호 표지

지라는 식의 평을 게재했다.

『조선공론』이 발간되던 당시, 이미 발행되고 있던 『조선급만주』를 의식했을 것이라는 점은 쉽게 상상할 수 있는데 이러한 점을 여실히 드러내는 부분은 초창기 잡지 표지이다. 일본인이 조선을 상징한다고 생각한 닭의 도안과 서체는 『조선급만주』의 표지와 유사하다. 잡지의 사고(社告)에도 '주의'라고 크게 명기한 다음, 『조선급만주』에 관한 사항은 경성 욱정(旭町) 2정목 조선공론지사 편집장 앞으로 적어서 보내달라고 할 정도로 『조선급만주』를 의식했던 측면이 엿보인다 (그림5 참조).

잡지의 목차는 시기에 따라 다소 달라지는데 초창기를 예로 들면, 먼저 잡지의 전면에 화보를 게재하여 주요인물과 식민지 조선의 경관사진을 담았다. 본문의 구성은 공론, 잡보, 문예잡사, 사회기사로 분류할 수 있는데 먼저 〈공론〉에서는 조선공론사 사장을 비롯하여 『조선공론』 찬조자들을 중심으로 일본 정계와 학계의 논설이나 논문류를 편성했고 〈잡보〉에는 조선의 산업과 정치 중심의 정보를 담았다. 〈문예잡사〉는 에세이나 소설, 읽을거리를, 〈사회기사〉에는 화류계의 동향이나 스캔들 등 흥미 위주의 기사를 편성했다. 『조선공론』은 당초 정치잡지를 표방했으나 일본인의 대중적 취향을 고려한 내용을 구성하여 대중의 관심을 끌고자 했다. 창간호부터 연재된 「사랑의 통감부와 총독부」는 통감부와 총독부 관리들의 화류계 스캔들을 기사화하여 주목을 끌었다. 한편 독자투고에는 한시, 신체시, 와카, 하이

쿠, 센류, 기행문, 주변잡기의 기고를 받아 게재했다. 그러나 개인적인 이익이나 정략에 관한 글, 혹은 무책임하고 허황된 투서는 사절한다고 하여 어디까지나 지식인 취향의 잡지이고자 하는 경향을 드러냈다. 이 잡지의 성격에 대한 샤쿠오 슌조의 지적도 주목할 만하다.

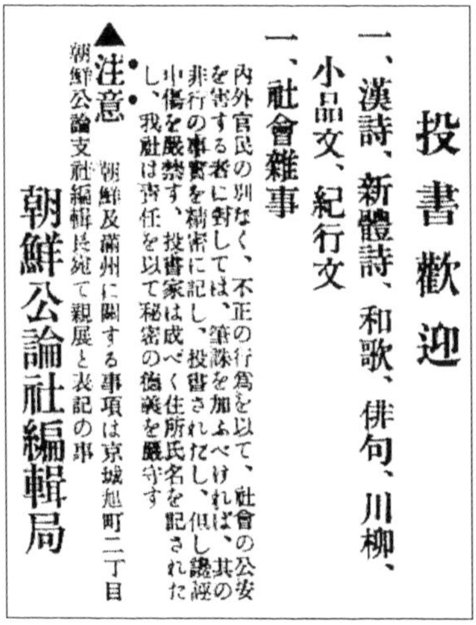
投書歡迎

一、漢詩、新體詩、和歌、俳句、川柳、小品文、紀行文

一、社會雜事

• 內外官民の別なく、不正の行爲を以て、社會の公安を害する者に對しては、筆誅を加ふべければ、其の非行の事實を精密に記し、投書されたし、但し讒誣中傷を嚴禁す、

• 投書家は成べく住所氏名を記されたし、我社は責任を以て秘密の徳義を嚴守す

▲注意 朝鮮及滿州に關する事項は京城旭町二丁目朝鮮公論支社編輯長宛て親展と表記の事

朝鮮公論社編輯局

〈그림 8〉 조선공론 2호(5월호) 사고

> 언론압박이 심한 시대였으므로 마키야마는 정치문제는 적당히 얼버무리고 경제계, 일반 사회상에 대해 신랄한 필봉을 휘두르는 한편, 인물평, 화류계 기사라던가에 비중을 두었다. 그래서 당국으로부터 그다지 압박당하지 않고 사회에서는 재미있는 읽을거리로 환영을 받아 조선공론은 크게 인기를 끌었다.[25]

고 한다. 조선총독부 경무국도 『조선공론』을 다른 재조일본인이 발행한 일본어 잡지와 함께 '온건 착실한' 잡지로 평가하고 있었다.[26]

『조선공론』의 실질적인 폐간호라고 할 수 있는 1942년 1월호에서 사토키치 모토키 사장이 폐간호에 부치는 글을 실었는데 '조선공론은 국책에 순응하여 나를 버리고 대동(大同)을 위해 국가진운에 공헌해 왔다'고 밝혔고, 당시 조선공론사 지배인 겸 편집장인 호사카(保坂祐玄)는 '황실중심, 국가본위로 일본정신 앙양, 대외경, 국방강화, 공산소멸, 퇴폐문화 배격주의로 영리는 전혀 돌보지 않고 잡지를 발행해 왔다'[27]고 했다. 30여 년 동안 발행해 온 『조선공론』의 성격을 단적으로 설명해 주는 대목이라고 할 수 있다.

---

25) 釋尾旭邦, 「革新記念号に寄す」, 『조선공론』, 1933년 6월호.
26) 조선총독부 경무국, 『朝鮮における出版物概要』, 1930년, 4쪽.
27) 「閉刊に際して」, 『조선공론』1942년 1월호.

* * *

   이와 같이 『조선공론』은 총독부 고위 관료들의 식민통치에 관한 글, 재계와 산업계 지도자급 사람들이 조선의 산업에 대해 기고한 글, 그리고 일본 지식층과 정치가의 조선정책에 대한 건의, 일본 정계의 동향, 식민통치당국 여러 부서의 인물 분석, 재조일본인 지식층의 조선정책에 대한 견해나 관련 논문, 한상룡과 이진호 등 친일적 조선 인사의 기고문, 그 외 일제강점기 사회·문화 변동과 유행을 알 수 있는 자료 등, 1910년대부터 1940년대까지 일제강점기의 전시대를 종단하여 그 흐름과 내용을 파악할 수 있는 흔치 않은 자료이다.

   이렇게 자료적 가치가 높은 일본어잡지이지만 그동안 연구자들이 이 자료를 모두 열람해 볼 수는 없었다. 그 이유는 한국에는 국립중앙도서관과 고려대학교에 많은 부분이 남아있지만 창간호부터 1925년 전반기까지의 자료는 국내에 전무하기 때문이다.

   일제강점기의 일본어자료집 발굴과 소개에 관심을 갖고 있는 한일비교문화연구센터는 이번에 어문학사 윤석전 사장님의 헌신적인 지원에 힘입어 국내외에 현존하는 『조선공론』을 모두 모아 전질 78권 영인본으로 출간하게 되었다.

   이를 통하여 일제강점기를 연구할 수 있는 또 하나의 중요한 기초 자료집을 제공하게 되었다는 데에 큰 의미를 두고 싶다. 이를 활용한 다양한 연구가 양산되어 일제강점기 연구 성과가 보다 풍성해지길 바라마지 않는다.

한일비교문화연구센터 윤소영

朝鮮公論 第1巻 1号, 1913.4
通巻 第1号

〈口繪寫眞〉今上天皇陛下御渡鮮紀念/
昌德宮李王殿下肖像幷御筆蹟/伯爵
寺內總督閣下肖像幷御筆蹟/山縣伊
三郎氏肖像幷筆蹟/明石中將閣下幷
筆蹟/李完用伯肖像幷筆蹟/宋秉畯子
肖像幷筆蹟/犬養毅氏肖像幷筆蹟/高
田早苗氏肖像幷筆蹟/尾崎行雄氏肖
像幷筆蹟/元田肇氏肖像幷筆蹟/中橋
德五郎氏肖像幷筆蹟/牧山社長肖像

公論
　呈朝鮮總督寺內伯書▶牧山社長 … 1
　大正政變の眞相▶權藤震二 ……… 7
　民團存廢の可否▶大隈重信 …… 14
　政黨の本義▶尾崎行雄 ………… 16
　政局所感▶林毅陸 ……………… 19
　勞働隊組織の必要▶大木遠吉 … 23
　鮮民の至幸▶中野武營 ………… 25
　西班牙殖民政策失敗の原因▶永井柳
　太郎 ……………………………… 27
　回顧感▶石塚英藏 ……………… 32
　冷語熱舌▶玄濤散士 …………… 35
雜報欄 ……………………………… 38
　朝鮮經營苦心談▶澁澤榮一 …… 41
　朝鮮に於ける金融機關▶市原盛宏
　…………………………………… 49
　朝鮮の海運は如何にして其價値を進
　むべきか▶吉田秀次郎 ………… 63
　朝鮮に於ける土木事業▶持地六三郎
　…………………………………… 66
　朝鮮鹽に就て▶山崎有信 ……… 71
　輕便鐵道事業の興起を望む▶江南哲
　夫 ………………………………… 72
　鴨綠江採木公司の將來▶村田重治 75
　半島往來の人々 ………………… 78
　朝鮮の開發と土地經營▶平塚嘉右衛
　門 ………………………………… 79
財界摘錄 …………………………… 81
消息
　李王家御近狀▶小宮三保松 …… 83
　朝鮮雜觀▶大恒太夫 …………… 89
　朝鮮留學生寄宿舍を訪ふ▶一記者 …
　…………………………………… 91
　貶々錄 釜山便り ………………… 94
　朝鮮辯護士界 …………………… 96
白眼錄 ……………………………… 100
文藝雜事
　新羅崔致遠脚の印象▶稻田春水 …
　…………………………………… 101
　新しき女に與ふ▶南斗星 ……… 103
　美人論▶元山北溟 ……………… 106
　攝州池田に遊んで古代の織女を懷ふ
　▶東媛二 ………………………… 110
　思ひつぎつぎ▶山地白雨 ……… 115
　朝鮮奇談集▶ポツソン ………… 119
　漢詩▶蝦農江子城 ……………… 120
　〈小說〉生▶湯淺溫譯 …………… 121
社會記事
　戀の統監府と總督府▶一記者 … 129
　見落されたる淺草▶戀裝子 …… 149

殖民地の女▶擧刀庵 ………… 153
朝鮮の花▶小僧生 …………… 158
月黃昏▶林や矢代 …………… 160
社會百物語▶鐘聲 …………… 167
編輯餘祿…四月の行事日誌 …… 171
投書歡迎…講讀申込注意 …… 172

朝鮮公論 第1巻 2号, 1913.5
通巻 第2号

〈口繪寫眞〉李埈公殿下と其筆蹟/松浦伯爵と其筆蹟/有名なる松浦伯邸の蓬萊園/日本電報通信社と光永社長並に權藤常務取締役/舊韓國皇帝謁見室と昌德宮內秘苑の一部/朝鮮の名勝江原道叢石島/同水原隨柳寺/同道峯山中回龍寺の溪流/批難多き東拓會社/贅を盡せる東拓總裁の社宅/大名屋敷然たる東拓副總裁の社宅と理事の社宅並に憫れなる東拓社員の社宅長屋/朝鮮總督府商品陳列館/朝鮮總督府中央試驗所

公論
東洋拓植會社紊亂の現狀を叙して國民に警告す▶社論 ……………… 2
寺內伯の政治的生命▶權藤震二 … 11
朝鮮總督及び在住民に希望す▶大隈重信 ……………………… 16
人物の今昔と政治的手腕▶秋元興朝 ……………………………… 18
朝鮮移民政策を說いて南守北進論に及ぶ▶中橋德五郎 …………… 19
對米問題と朝鮮移民▶天野爲之 … 25
回顧感▶石塚英藏 ……………… 28
朝鮮林政上の急務▶覆面官人 … 31
朝鮮醫療機關の現況▶藤田嗣章 … 36
酒前茶後 ……………………… 37
努力の堆積▶幸田露伴 ………… 38
平壤と外國宣教師▶萬里生 …… 41
總督府官制改正側面觀▶牧山玄濤 …………………………… 42
冷語熱舌▶玄濤散士 …………… 46
山鹿素行先生と乃木將軍 ……… 49
朝鮮蠶業の將來▶宋秉畯 ……… 50
朝鮮民業振興策▶江南生 ……… 53
雜俎
誇大妄想狂に飜弄されたる鎭海灣▶怒牛 …………………………… 59
朝鮮の名勝▶福田藏山 ………… 65
總督府大官の宮中席次と年齡▶布衣客 ……………………………… 67
牛島往來の人事消息 …………… 70
朝鮮時事紀要▶靑城生 ………… 71
朝鮮飛行機大會の紛擾▶氣流軒競右衛門 ……………………………… 76
朝鮮實業協會 …………………… 79
朝鮮の辯護士界▶一記者 ……… 80
朝鮮の民間煙草業者某氏曰く … 82
朝鮮奇談集▶一記者 …………… 83
社會
朝鮮の名花▶小僧生 …………… 84
別働白虎隊名譽の軍麿▶江南生 … 86

朝鮮の實業家▶口△生 …… 96	…………………………▶ 18
朝鮮雜感▶XZ生 …………… 98	誤れる朝鮮經營▶福本日南 …… 20
戀の統監府と總督府▶一記者 … 100	朝鮮民業振興策▶江子城 ……… 23
殖民地の妻君▶擧刀庵 ……… 110	朝鮮の獨占事業に就て當局者に警告
徒然錄 ……………………… 112	す▶安部磯雄 …………………… 32
美人論▶元山北溟 ………… 115	工業の發達と植林▶齋藤音作 … 35
春色花くらべ▶素破拔記生 … 119	朝鮮の漁業論▶田子勝彌 ……… 41
讀者文藝 …………………… 123	先づ小農を移殖せしめよ▶横井時敬
貶々錄 ……………………… 124	……………………………………… 45
編輯局より▶一記者 ………… 125	教學思潮
讀者の聲 …………………… 126	朝鮮に於ける內地人教育の情勢▶關
	屋貞三郞 ……………………… 47

朝鮮公論 第1巻 3号, 1913. 6
通巻 第3号

〈口繪寫眞〉明治天皇御齋場殿跡/御見學中の皇太子殿下/高島將軍と其筆蹟/花房義質君と最初の京城日本公使館/現時の朝鮮總督府/韓國併合條約調印室に於ける寺內總督/朝鮮水原隨柳亭/鮮人誕生日の祝儀/可憐なる新附の民路傍の睡眠/李王妃殿下の御養蠶室/忠淸北道淸州恩賜授産場の摘桑/全羅南道突山郡恩賜水産傳習船出港の光景/朝鮮城津港

公論
〈社說〉朝鮮經營と中央政治 ……… 2
冷語熱舌▶牧山玄濤 ……………… 5
逆貿易と鮮土開拓▶大隈重信 …… 9
學制改正卑見▶松岡康毅 ………… 11
財界の大勢と朝鮮銀行▶市原盛宏 …

朝鮮に於ける新農村▶明暗樓主人 …
……………………………………… 49
思想と政權の壓迫▶島村抱月 …… 52
殖民地の生活と思想の自由▶戶川秋骨 ……………………………… 54
歐洲より見たる朝鮮▶蓬萊山人 … 56
朝鮮の學校に就て▶山崎有信 …… 58
運命と機會▶對山婁 ……………… 61
朝鮮時事記要 ……………………… 63
史實並に硏究
朝鮮と平戶との關係▶松浦厚 …… 67
三陟東海の碑▶稻田春水 ………… 70
涉亂事迹▶福田藏山 ……………… 72
朝鮮奇談集▶成島秋雪 …………… 75
戲曲の女▶大平野虹 ……………… 78
朝鮮總督府官吏異動 ……………… 81
慶尙南道の狀勢▶釜山支局調查 … 86
在鮮邦人縣閥觀▶渡邊豪 ………… 87
朝鮮總督府大官の決裁振り▶一給仕

………………………… 93

社會記事

　戀の統監府と總督府▶一記者 ……95

　濡燕戀疇道▶はやしや矢代 ……107

雜俎

　明治記念拓殖博覽會の記 ………109

　東洋拓殖會社株主總會 …………115

　東洋拓殖會社總裁の演說 ………117

　京城辯護士岩田仙宗の名譽毀損料金參拾圓也 …………………118

公論文藝

　五雲溪命銘之記 …………………123

　漢詩 ………………………………124

　短歌俳句 …………………………126

公論餘滴 ……………………………127

半島往來の人事消息 ………………128

編輯局より …………………………128

東鼓西皷 ……………………………129

記者の聲 ……………………………133

```
朝鮮公論 第1巻 4号, 1913. 7
       通巻 第4号
```

〈口繪寫眞〉新築せる朝鮮公論社/石塚英藏君/倉富勇三郎君/大屋權平君/荒井賢太郎君/池田十三郎君/宇佐美勝夫君/立花小一郎君/兒玉秀雅君/寺內總督の忠淸北道巡視/公州の蠶業練習所の光景/淸州恩賜稻扱練習の光景/日本人商業會議所朝鮮聯合會/朝鮮の書房/朝鮮人の娛樂/東京に於け

る飛行器

公論

　滿鮮政務の統一を論じて山本首相並に寺內總督の一考を促す▶社論 …2

　朝鮮統治の經過及方針▶寺內正毅 ………………………………………7

　國民の憤怒▶大隈重信 …………13

　桐花會と憲政▶秋元興朝 ………13

　半島產業の過去現在及將來▶石塚英藏 ……………………………15

　朝鮮司法制度の沿革及現狀▶倉富勇三郎 …………………………22

　朝鮮に於る市街の改良▶山岡元一 ……………………………………24

　朝鮮遞信事業の狀勢▶池田十三郎 ……………………………………25

　朝鮮地方行政の現狀▶宇佐美勝夫 ……………………………………27

　朝鮮統治の批判 …………………33

　（一）敎育及產業▶仲小路廉 ……33

　（二）警察行政論▶鶴原定吉 ……35

　（三）統治と宗敎▶岡崎邦輔 ……38

　（四）贅澤極る財政▶武富時敏 …40

　（五）朝鮮と貿易關係▶大久保利武 ……………………………………42

　（六）私見三案▶中橋德五郞 ……45

　（七）殖民地統治案▶林毅陸 ……47

　（八）寬嚴度を得たり▶小久保喜七 ……………………………………49

　（九）裁判制度問題▶浮田和民 …51

　（十）鑄型師寺內伯▶中野武營 …53

雜俎
　冷語熱舌▶牧山玄濤 ……… 56
　在鮮邦人懸関論▶渡邊豪 …… 59
公論餘滴 …………………… 68
朝鮮時事記要 ……………… 69
　朝鮮貿易の大勢を論ず▶水越理庸 …
　　……………………………… 73
　朝鮮に於ける資金欠乏救濟策▶淺野
　長七 ………………………… 75
　滿洲の發達と本邦雜貨の前途▶大槻
　龍治 ………………………… 78
　朝鮮煙草界の狀勢▶馬詰次男 … 82
　朝鮮煙草に就て▶櫻井熊太郎 … 83
　朝鮮民業振興策▶江子城 …… 85
　鴨と兎と山の薯▶對山樓主人 … 93
　閑却されたる內地人の學童現狀▶內
　海青城 ……………………… 98
總督府大官決裁振り ……… 100
　京城の發達と朝鮮公論▶古屋管堂 …
　　……………………………… 103
朝鮮公論上棟式 …………… 106
讀者の聲 …………………… 107
　朝鮮の實業家▶ロ△生 …… 109
　朝鮮の醫師界▶一記者 …… 111
文藝
　公論文藝 ………………… 112
　涉亂事跡▶福田藏山 ……… 115
社會記事
　戀の統監府と總督府▶一記者 … 121
　東京の淫賣窟▶茶目吉 …… 132
　日賀田夫人訪問記 ………… 139

　東朝鮮觀▶竹馬 …………… 142
　妓生踊▶山地白雨 ………… 144
　朝鮮の女▶木魂生 ………… 146
　朝鮮奇談集▶成島秋雪 …… 149
　涼風捲簾▶矢代 …………… 152
　讀め「國民叢書」を ……… 155
　朝鮮總督府官吏異動 ……… 157
編輯局より ………………… 163

朝鮮公論 第1巻 5号, 1913. 8
通巻 第5号

〈口繪寫眞〉故元帥宮有栖川威仁親王殿下御葬儀/高等法院長渡邊暢君/覆審法院長城數馬君/高等法院檢事長國分三亥君/覆審法院檢事長中村竹藏君/京城地方法院中山勝之助君/京城地方法院長松寺竹雄君/京城の野景/慶尙北道の名勝臨鏡臺/6月29日新築落成披露の朝鮮公論社/朝鮮公論新築披露園遊會に於ける食堂開始の光景/同上牧山社長の挨拶/同上倉富司法部長官の祝辭/同上來賓中の鬚髯黨/同上餘興演劇

公論
母國殖民地間の意志疏通の急務を論ず▶牧山耕藏 ………………… 2
滿鮮經濟統一論▶三島太郎 …… 5
我朝鮮鐵道の任務▶大屋權平 … 7
犯罪より見たる朝鮮の社會狀態▶國分三亥 ……………………… 10

舊韓國時代の裁判▶中村竹藏 …… 14
朝鮮に於ける葉煙草産業の將來▶荒井賢太郎 …… 16
京城地方法院の沿革及事件の狀況▶中山勝之助 …………………… 21
民團撤廢は非なり▶大隈重信 …… 23
政治家としての寺内伯▶秋元興朝 25

雜爼

冷語熱舌▶牧山玄濤 …………… 27
朝鮮時事紀要 ………………………… 29
　回顧感▶石塚英藏 ……………… 33
　朝鮮に於ける人口增加と殖産工業▶江子城 ……………………… 40
　李朝五百年の歷史を語る興味深き昌德宮の建築物▶小宮三保松 …… 45
　在鮮邦人縣閥觀(其四)大分縣▶渡邊豪 …………………………… 51
　寺内正毅論▶竹馬 ……………… 57
　一壺春▶夕日庵主人 …………… 62
　京城に來て▶濤陸生 …………… 63

公論餘滴 …………………………… 67
　難有迷惑なる異教▶對南山人 … 68
　我社の新築披露宴▶公論子 …… 71
〈小說〉映景▶江上白榮 ………… 83
〈人物傳〉朝鮮の鑛業家麻生音波君▶霜下傑 ……………………… 93

公論文藝

朝鮮奇談集▶成島秋雪 ………… 99
瓶の花―雨はれたる朝▶成田瀧川 ……………………………… 103
北巡雜詠▶立花小一郎 ………… 104

銷夏三十首▶也堂山人 ………… 104
金剛山▶朴齊純 ………………… 105
金剛山▶韓昌洙 ………………… 105
短歌 ……………………………… 106

社會

戀の統監府と總督府▶一記者 … 107
古谷久綱夫人談▶一記者 ……… 115
澪標廓の增花▶紙室治兵衛 …… 118
朝鮮總督府官吏異同 …………… 120
東拓漫言▶倦土重來生 ………… 129
輯編局より …………………… 132

朝鮮公論 第1卷 6号, 1913.9
通卷 第6号

〈口繪寫眞〉聖上陛下日光行幸/日光田母澤御用邸/明治天皇御靈代渡御/明治天皇御靈代渡御の御儀式/宮中皇靈殿/落成したる中央停車場/中央停車場の貴賓席/短艇上の英國皇帝と皇后兩陛下/キチナー將軍と英國少年義勇隊/關釜連絡船新羅丸の玄海洋上航行/山雨新添谿水間/東京の夏

公論

殖民地監督機關論▶牧山耕藏 …… 2
併合三周年の回顧
　(一) 增倍せる富源▶山縣伊三郎 … 5
　(二) 總督曠古の偉業▶石塚英藏 … 6
　(三) 警察權の統一▶明石元二郎 … 9
朝鮮の開拓と輕便鐵道の獎勵▶兒玉

秀雄 ………………………… 10
　獨逸の對支那政策と其海外銀行▶木
　村雄次 ……………………… 12
　朝鮮貿易の輸移入超過は必ずして優
　ふるに足らず▶江南子城 ……… 17
　寺内伯と總督政治▶大隈重信 … 20
　▶大石正巳 ………………… 21
　朝鮮の金融と産業▶市原盛宏 … 23
雜俎
　第二次革命敗因▶紫五郎 ……… 25
　冷語熱舌▶牧山玄濤 …………… 27
　在鮮邦人懸閥觀(其五)佐賀懸閥▶渡
　邊豪 ………………………… 29
　歐洲見聞餘錄▶渡邊暢 ………… 34
　京城に來て▶濤陸生 …………… 37
公論餘滴 ……………………… 42
　全北完山の史蹟▶美村生 ……… 43
朝鮮時事紀要 ………………… 51
讀者の聲 ……………………… 51
　天下の絶勝朝鮮の金剛山▶福田藏山
　…………………………………… 57
　朝鮮奇談集▶成島秋雪 ………… 74
公論文藝
　北巡雜詠▶立花小一郎 ………… 77
　鞦韆▶成田魯石 ………………… 77
　京元線途上雜詠▶福田藏山 …… 77
　銀杏樹歌▶小田切惜香 ………… 77
　銀杏樹歌…次小田切富卿韻▶近藤訥
　軒 …………………………… 78
　短歌 …………………………… 78
　油蟬▶野島小蟹 ………………… 79

　日本郵船と北鮮航海 …………… 80
社會
　奇々怪々變幻出沒錄▶I生 ……… 81
　日鮮同化の魁 鮮夫日妻評判記▶欣草
　生 …………………………… 86
　朝鮮奇獄▶木毎生 ……………… 91
　爪彈暖語▶矢代 ………………… 95
　汽車長屋▶芳煙女史 …………… 99
　總督府官吏異動 ………………… 101

朝鮮公論 第1巻 7号, 1913. 10
通巻 第7号

〈口繪寫眞〉法制局長官に榮轉せる倉富
　三郎君/京城に於ける孔子祭/故乃木
　將軍祭典/陸軍自動車隊長距離演習/
　國民の元氣を見よ/和田倉門外の夜
　景/新築の朝鮮公論社内部/秋景
〈公論〉朝鮮の産業政策を論ず ……… 2
大陸政策
　(一)軍備擴張の必要▶大隈重信 … 7
　(二)大陸政策と增師問題▶中西正樹
　…………………………………… 10
　(三)二個師團增設也▶戶水寬人 … 13
　朝鮮内治と漁民▶小橋一太 …… 17
　朝鮮同化策と恩賜金事業▶宇佐美勝
　夫 …………………………… 21
　朝鮮に於ける警務機關▶山形閑 … 23
　新政施行後に於ける朝鮮民情の變遷
　▶小原新三 ………………… 26
雜俎

朝鮮統治と基督教▶丹羽清次郎 … 30
　殖民地教育と國民性養成問題▶波岡茂輝 ………………………… 32
　冷語熱舌▶牧山玄濤 …………… 38
　在鮮人物訪問評論▶渡邊豪 …… 40
　京城駐劄時代の袁世凱▶易水生 … 44
　權謀術數論▶竹馬 ……………… 49
　賢兄乎愚弟か愚兄か賢弟か▶時岡欣堂 ………………………………… 56
　役人出世物語▶嶺堂生 ………… 61
　松永武吉論▶風滿樓 …………… 67
公論餘滴 …………………………… 68
　朝鮮の實業家▶一記者 ………… 69
朝鮮時事紀要 ……………………… 71
讀者の聲 …………………………… 74
社會
　奇々怪々變幻出沒錄▶胡蝶子 … 77
　在鮮邦人長者番附豫告 ………… 84
　不自然極まる女同志の戀愛▶木像生 ………………………………… 85
　婦人の新しいと云ふ意義▶波岡彌生女史 ……………………………… 91
　日鮮同化の魁 鮮夫日妻評判記▶欣草生 ………………………………… 93
　戀の統監府と總督府▶一記者 … 97
　鬢毛のほつれ▶はやしや矢代 … 106
公論文藝
　北巡雜詠▶立花小一郎 ………… 110
　漁家・過廢寺▶成田魯石 ……… 110
　鉢のダリヤ▶瀧川生 …………… 110
　改革の巷▶工藤想仙 …………… 110

　夏から秋へ▶行雲子 …………… 111
　總督府官吏異動 ………………… 112

朝鮮公論 第1巻 8号, 1913. 11
通卷 第8号

〈口繪寫眞〉聖壽無疆/中華民國大總統袁世凱君/早稻大學30年祝典/京城に開かれたる全國上水道協議會/京城神社祭典の光景/故桂太郎公葬儀
公論
　在鮮母國人の自治制存廢問題を論す▶社論 …………………………… 2
　恐慌以上の怖あり▶大隈重信 …… 8
　朝鮮農業の開發▶横井時敬 …… 11
　海軍充實の必要▶佐藤鐵太郎 … 14
　朝鮮同化私案▶工藤善太郎 …… 17
　朝鮮に於る衛生施設▶中野有光 … 19
　金融機關の海外發展の急務と其方策▶太田三郎 ……………………… 29
　農業者移住地としての朝鮮▶中村彦 ………………………………… 31
　朝鮮に於ける葡萄と風土との關係▶久次米久米藏 …………………… 38
雜俎
　歐洲巡遊餘錄▶安住時太郎 …… 41
　冷語熱舌▶牧山玄濤 …………… 47
　公論餘滴 ………………………… 50
　在鮮邦人懸閫觀▶渡邊豪 ……… 51
　朝鮮時事紀要 …………………… 57
　自治制撤廢問題に對する在鮮居留民

會議員團の反對運動▶一記者 …… 63
社會
　　黃金遊園見物▶一記者 …………… 67
　　奇々怪々變幻出沒錄▶胡蝶子 … 68
　　裸體生活モデル女▶成坊 ……… 77
　　朝鮮奇談集▶成島秋雪 ………… 84
　　金剛山の秋▶福田藏山 ………… 87
　　秋の朝鮮より▶天倪子 ………… 91
　　京城學寮▶一記者 ……………… 93
公論文藝 ………………………………… 94
　　朝鮮での昨今の流行 …………… 96
　　游女屋の裏表▶一記者 ………… 97
　　美人瘦り流行▶木每生 ………… 107
　　京城神社大祭記▶一記者 ……… 112
　　總督府官吏異動 ………………… 115

```
朝鮮公論 第1巻 9号, 1913. 12
　　　　通巻 第9号
```

〈口繪〉皇威照々/濃尾陸軍特別大演習/前征夷大將軍德川慶喜卿/威風堂々たる銳艦金剛/出雲墨國に向はんとす/京城の天長節/慶尙北道物産共進會/西鮮物産共進會
公論
　　帝國の殖民政策を論ず▶牧山耕藏 …
　　………………………………………… 2
　　朝鮮啓發に貢獻したる民間人士の功勞を表彰すべし▶牧山耕藏 ……… 6
　　支那保全と東亞▶犬養毅 ………… 8
　　增師案の根本義▶三浦梧樓 …… 11

朝鮮啓發-要目
　　東洋拓殖會社の使命は一朝一夕に遂ぐることは出來ぬ▶宇佐川一正 … 13
　　總督政治と誤解▶秋山雅之介 … 21
　　朝鮮金融界の既往及現在▶藤原正文
　　………………………………………… 23
　　朝鮮に於ける防疫施設▶中野有光 …
　　………………………………………… 33
　　好望なる朝鮮蔘業▶上林敬次郎 … 39
　　總督暗殺陰謀事件の眞相▶岡田榮 …
　　………………………………………… 42
　　經濟的に觀たる朝鮮婦人の勞働▶小宮三保松 ………………………… 48
　　德川慶喜卿を弔ふ▶竹馬 ……… 50
　　公論餘滴 ………………………… 52
　　朝鮮時事紀要 …………………… 53
　　京城居留民團民會 ……………… 58
　　朝鮮時事觀▶渡邊豪 …………… 59
　　冷語熱舌▶牧山玄濤 …………… 64
　　朝鮮人の流行語▶淺見倫太郎 … 67
　　北朝鮮巡覽錄▶金井嶺堂 ……… 69
　　慶北物産共進會 ………………… 76
　　西鮮物産共進會 ………………… 79
　　不當たる瓦斯電燈料金値下に關する請願書の提出 ……………………… 82
　　賢兄乎愚弟乎愚兄乎賢弟乎▶時岡欣堂
　　………………………………………… 83
　　同性の愛に溺れる美少年の告白 … 88
　　奇しき運命の七村郁子 ………… 97
　　京城活辯の裏表 ………………… 102
　　新築落成の龍山鐵道病院 ……… 104

洋服を着るには怎んな注意が必要である ……… 105
東京肛門病院長谷泉氏滿鮮巡療 … 109
英美煙草會社の發展 ……………… 110
　公論文藝 …………………………… 111
　總督府官吏異動 …………………… 113
　俳句獎勵會員募集 ………………… 115

朝鮮公論 第2巻 1号, 1914. 1
通巻 第10号

〈口繪寫眞〉卷頭大寫眞版，猛虎嵎を背ふて嘯く
　天長地久/金枝玉葉/勅題社頭杉/瑞雲搖曳/進水せる軍艦霧島/竣工せる軍艦榛名/中央停車場の正面/上野大正博覽會場/入京せる寺內總督/新任滿鐵正副總裁/春のむつみ
迎春の辭▶朝鮮公論社同人 …………… 1
〈公論〉朝鮮の治安維持と警務機關の組織を論ず▶牧山耕藏 ………………… 2
名流時言
　偏頻なる國防政策▶田健次郎 ……… 2
　野心乎誠實乎寺內伯▶大隈重信 … 9
　日本人と海外移住策▶尾崎行雄 … 11
　文官任用令と風教▶小久保喜七 … 14
公論餘滴 ……………………………… 16
新時代に入れる朝鮮の大勢▶山縣伊三郎 ……………………………………… 17
日本財政の危機を論じて半島の産業方策に及ぶ▶嶺八郎 ………………… 19

同情を禁じ得ざる朝鮮の地方官吏▶小原新三 ………………………………… 25
朝鮮に於ける恩赦出獄人▶玄角仲藏 … 29
雜叢
　冷語熱舌▶牧山玄濤 ……………… 32
　朝鮮の製監事業振興策▶江子城 … 35
　朝鮮に一大植林會社を興すべし▶高橋章之助 …………………………… 39
　虎と藝術▶八木裝三郎 …………… 42
　江華島の砲擊▶淺見倫太郎 ……… 45
　歐洲巡遊餘錄▶安住時太郎 ……… 47
　朝鮮に入りし耶蘇教の最初▶山縣五十雄 …………………………………… 50
〈雜錄〉虎叱の辭▶大村琴花 ………… 51
讀者論壇
　與愛國婦人會主幹大橋次郎君書▶春秋晚民 ……………………………… 55
　軍艦及商港として觀たる鎭海の價値…在鎭海▶一閑人 ………………… 56
　半島を橫斷せる京元線の將來▶一記者 ……………………………………… 60
　巴奈馬運河開通後の東洋▶六六山人譯 ……………………………………… 62
人物評論
　在鮮邪人縣閱觀▶渡邊豪 ………… 65
　朝鮮を去りし官人民人▶舷頭浪客 72
　銀行會社人物評論▶渡邊天倪子 … 77
　大正二年史▶天地猊樓主人 ……… 84
　在鮮文武大官の宮中席次と年齡▶布衣客 ……………………………………… 89

朝鮮時事紀要 ………………… 95
　讀者の聲 …………………… 95
　寺內總督生立の記▶後藤矢峰 …… 101
　東京人の見たる新人國記▶黒旋風 107
　賢兄乎愚弟乎愚兄乎賢弟乎▶時岡欣堂
　　　……………………………… 115
　正月に於ける朝鮮人の迷信及俗傳▶今
　　村鞆 ……………………… 120
　〈社會〉奇々怪々變幻出沒錄
　宿無し浮浪漢となるの記▶石森胡蝶 …
　　………………………………… 122
　京城藝妓十二月場所席次番府 …… 133
　京城寅歲藝妓評判記▶虎猫記者 … 134
　都會景情カヘェー譚▶木像生 …… 137
　朝鮮總督府官吏異動 ……………… 147

朝鮮公論 第2巻 2号, 1914. 2
通巻 第11号

〈口繪寫眞〉新任東洋拓植株式會社副總
　裁野田卯太郎君/大正博覽會成らん
　とす/薩南櫻島の慘害
公論
　殖民地の統治は黨爭圏外に置く可し
　　▶牧山耕藏 …………………… 2
　國防會議の急務▶犬養毅 ………… 6
　選擧智識の發育▶尾崎行雄 ……… 8
　滿蒙解決の急務▶內田良平 …… 10
　公論餘滴 ……………………… 16
朝鮮開發の成績
　新府民の精神的統治問題▶上田獻心
　　……………………………… 17
　朝鮮鐵道と外國諸鐵道との聯絡▶安
　　藤又三郎 ………………… 20
　仁川築港と閘門式▶坂出鳴海 …… 23
　朝鮮の水上警備▶中野有光 …… 32
　朝鮮に於ける林野調査の概勢▶齋藤
　　音作 ………………………… 35
　朝鮮沿岸航路の過去及現在▶吉田秀
　　次郎 ………………………… 41
　母國々民及び政府は幾何の資金と經
　　費とを朝鮮に投入したる乎▶太田三
　　郎 …………………………… 45
　有望たる朝鮮の寒天製造業▶一記者
　　……………………………… 47
　俳句募集 ……………………… 52
讀者論壇
　與平安道長官松永武吉書▶平壤一市
　　民 …………………………… 53
　日本海橫斷航路の將來▶河村寬靖 …
　　……………………………… 55
　朝鮮時事紀要 ………………… 60
　朝鮮總督府豫算網要 …………… 64
　人物評論▶渡邊豪 ……………… 73
　東拓總裁職爭奪戰記▶斬魔樓主人 … 89
　朝鮮瓦斯電氣株式會社亂脈の眞相▶寒
　　灰樓主人 …………………… 94
　讀め『國民叢書』を ……………… 101
　奇々怪々變幻出沒錄― 鍋燒饂飩屋と
　　なるの記▶胡蝶子 …………… 103
　京城藝妓十二月場所席次番附 …… 109
　平安藝妓評判記 ……………… 110

女の兄▶神崎蠻楚桂 ………… 115
朝鮮總督府官吏異動 ………… 120

朝鮮公論 第2巻 3号, 1914. 3
通巻 第12号

〈口繪寫眞〉朝鮮增稅同志會上京委員の大隈伯訪問/大正博覽會朝鮮館/第31議會朝鮮總督府政府委員/日比谷原頭の國民大會/見よ國論の沸騰を/1月京城に開かれたる□鮮□民團民長會議/對馬丸船上に於ける朝鮮增稅同志會委員/疑雲に覆はれたる海軍の醜類

公論
  朝鮮財政の獨立と增稅▶牧山耕藏 ………………………………… 2
  山本內閣と薩閥▶尾崎行雄 …… 6
  朝鮮經濟界の最近狀勢▶市原成宏 8
  荒れる筈の寅年▶佐々木安五郎 11
  國と人と其の未來▶小松綠 …… 13
  須く官民合同の經濟調査會を起すべし▶水越理庸 ………… 16
  土地會社設立の急務▶淺野長七 … 17
  風土腹合論▶森安連吉 ………… 19
  山本內閣を彈劾す▶玄濤散士 …… 21
雜叢
  朝鮮に於ける地方金融組合▶藤原正文 ………………………… 24
  朝鮮鐵道と外國諸鐵道との聯絡▶安藤又三郎 …………………… 27

  負擔力の有無と增稅反對の目的▶大村友之丞 …………………… 31
  歐米と資本の競爭▶黑澤明九郎 … 33
  產業の振興と殖民地鐵道▶村瀨鎌次郎 ………………………… 36
  朝鮮鐵道の運賃と港灣▶BR生 … 39
  朝鮮增稅防止運動の經過▶一記者 41
  朝鮮銀行株主總會 ……………… 48
  朝鮮に於ける寒天製造業の將來▶菖蒲治太郎 …………………… 49
  公論餘滴 ………………………… 56
〈雜錄〉朝鮮時事紀要者 ………… 57
  讀者の聲 ………………………… 57
  朝鮮增稅調查同志會の誹謗と非買同盟▶易堂 …………………… 65
  敗戰餘塵▶舷頭浪客 …………… 67
  在鮮人物評論, 其七茨城縣閥▶渡邊豪 ………………………… 71
  京城の婦人界▶紅嶺女史 ……… 78
  賢兄乎愚弟乎愚兄乎賢弟乎▶欣堂 … 81
  詞華文藻 ………………………… 89
  讀め『國民叢書』を ……………… 89
社會
  ハイカラの女二人―奇々怪々變幻出沒錄▶胡蝶子 ………………… 91
  水の流れと人の行末―垢拔けする迄の藝者の苦勞▶梅の市 ………… 97
  この活辯同志の仲の好いこと▶說明辯士 ………………………… 101
  見よ三百圓の大懸賞募集 ……… 102
  京城藝妓二月場所席次番附 …… 104

朝鮮總督府官吏異動 …………… 105

| 朝鮮公論 第2巻 4号, 1914. 4
通巻 第13号 |

〈口繪寫眞〉大正博覽會開かる/第一會場全景/朝鮮館/臺灣館/夜の大正博覽會/秋田縣の震災/時局の人村田保翁/新任衆議院議長奧繁三郎/長谷場邸弔問/山本首相/九段偕行社に於ける熊本籠城祭/兩國美術俱樂部に於ける大男會/美人と人を喰ふ人/大正博覽會出品日本畫

公論
　創刊一周年自頌辭 ……………… 1
　朝鮮公論壹周年に際し寺内總督に呈するの書▶牧山耕藏 …………… 2
　五十年一紀元論▶大隈重信 …… 9
　政黨內閣を組織す可し▶尾崎行雄 ……………………………… 11
　暗澹たる政局の前途▶大石正巳 … 13
　擧國一致を要す▶大木遠吉 …… 15
　司法制度統一論に就て▶國分三亥 16
　制度執行と內地人▶宇佐美勝夫 ……………………………… 19
　植民政策の研究と其應用▶持地六三郎 …………………………… 21
　大正維新と海外發展▶井上雅二 … 24
雜叢
　衛生の大意を述べて特に兩班儒生に示す▶藤田嗣章 ………………… 28
　朝鮮人貯蓄の趨勢及其の奬勵法▶小原新三 …………………………… 31
　執地の病的服合▶森安連吉 …… 36
　公論餘滴 ………………………… 38
　交通上より觀たる朝鮮の河川▶村瀨鎌次郎 …………………………… 39
　朝鮮煙草の現狀と仲買機關の必要▶廣江澤次郎 ……………………… 45
　朝鮮の實業家(一)中村再造君 … 48
　寺內總督訓示 …………………… 49
　地稅外五制令發布 ……………… 51
　〈雜錄〉朝鮮時事紀要 …………… 53
　讀者の聲 ………………………… 53
　原敬の平生▶竹馬生 …………… 59
　人物評論，日韓瓦斯電氣株式會社の中樞人物▶渡邊豪 ……………… 61
　半島に於ける空前の壯擧朝鮮競馬大會 ……………………………… 65
　贅澤なる現代の服裝を呪ふ▶三輪田元道 …………………………… 68
　賴山陽書話▶時岡欣堂 ………… 71
創刊第一周年紀念餘錄
　和光同塵鈔▶渡邊天倪子 ……… 75
　提醒の一年▶時岡欣堂 ………… 76
　過去の一年▶石森胡蝶 ………… 80
　建設の微笑▶嶺堂 ……………… 81
　愉快なる悲哀▶角田不案 ……… 83
朝鮮勤農會社の現況 ……………… 84
〈社會〉明治町の女優▶胡蝶子 …… 86
京城藝妓三月場所席順番附 ……… 93
京城紳士と藝妓▶欣々郎 ………… 94

文學藝妓辰巳家百吉▶小白臉 …… 99
讀め『國民叢書』を ……………… 103
詞華文藻 ……………………………… 105
朝鮮總督府官吏異動 …………… 107

```
朝鮮公論 第2巻 5号, 1914. 5
通巻 第14号
```

〈口繪寫眞〉嗟吁皇太后陛下/成立せる
　大隈內閣/朝鮮總督府警務總長憲兵
　隊司令官更迭/朝鮮公論主催競馬大
　會畫報/歐米漫遊の早稻田大學長高
　田博士一行
評論
　奉輓辭 ………………………………… 1
　大隈內閣の成立と朝鮮統治▶牧山耕
　藏 ……………………………………… 2
　明石立花兩將軍を送迎す▶牧山耕藏
　………………………………………… 10
大隈內閣と論調
　限伯に對する希望▶三宅雪嶺 …… 13
　大隈內閣と善政▶島田三郎 ……… 15
　限伯の出蘆を歡ぶ▶村田保 ……… 15
　限伯の三大特徵▶戶水寬人 ……… 16
　限閣に時日を借せ▶阿部磯雄 …… 17
大陸經營論▶內田良平 ……………… 19
京城民友會設立 ……………………… 24
　佛國の印度支那植民政策▶永野淸
　………………………………………… 25
　米人の眼に映じたる日本の朝鮮統治
　▶三浦彌五郎 ……………………… 31

朝鮮の內地人教育▶弓削幸太郎 … 33
汽車の種類▶橫井實郞 …………… 37
官吏歡待費に關する比島總督の訓令
　▶三浦彌五郎 ……………………… 38
時報
　大正三年度總督府施設計劃 …… 39
　任命されたる府協議會員 ……… 42
公論餘滴 ……………………………… 46
朝鮮時事紀要 ……………………… 47
讀者の聲 …………………………… 47
雜叢
　生物學より見たる國と人と其未來▶
　工藤武雄 ………………………… 53
　朝鮮競馬大會─附馬術練習要件▶河
　野恒吉 …………………………… 56
　倫敦ハイド,パークに於ける乘馬▶
　鈴木穆 …………………………… 61
　三百圓の懸賞文發表期 ………… 66
　人物評論▶渡邊豪 ……………… 67
　朝鮮公論主催朝鮮競馬大會─附半島
　空前の擧▶不案子 ……………… 76
　滿鮮汽車博覽會 ………………… 88
　讀め「國民叢書」を ……………… 93
社會
　京城素人謠曲番─附　附謠曲界盛衰
　記▶欣々散士 …………………… 95
　京城の三女傑▶易々郞 ………… 102
　京城藝妓四月場所席順番附 …… 108
　狂人物語─瘋癲病院訪問記▶胡蝶生 ‥
　………………………………………… 109
詞華文藻 …………………………… 117

朝鮮總督府官吏異動 ……………… 119

朝鮮公論 第2巻 6号, 1914. 6
通巻 第15号

〈口繪寫眞〉天皇皇后兩陸下御明代/代々木御大喪場の正面, 幄舍, 代々木停車場の乘車場, 御大大喪前日の青山御所と當日の淺草, 外交國の花環奉呈/第1次臨時議會開院式當日の光景/財務部長會, 憲兵隊長會議/南滿洲鐵道會社撫順炭鑛事務所と大山坑, 奉天停車場及大和ホテル/米墨間の風雲益々急/鐵道の慘死頻々たり
植民帝國としての日本▶牧山耕藏 … 2
前後左右(一)▶左右子 ……………… 8
當面の諸問題
　新內閣の財政策評▶目賀田種太郎 8
　政は人を得るにあり▶花井卓藏 … 10
　大隈內閣の財政計劃に就て▶田中穗積 ………………………………… 11
殖民地博物館を起すの議▶牧山玄濤 13
朝鮮鐵道經營と偶感▶悠閑散士 …… 16
公論餘滴 ……………………………… 18
酒精化せんとする露國民▶太田三郎 19
再び國と人との未來を論ず▶小松綠 23
滿洲經營と南滿洲鐵道株式會社▶伏見山人 ………………………………… 27
滿洲雜感▶嵐芳子 …………………… 34
民團議員出席日數 …………………… 36
讀者論壇
　江景の先覺者氏に呈す▶河村雅亮 37
　安城平澤間の道路施設を難ず▶池田正健 ………………………………… 38
寺內總督の訓示 ……………………… 40
朝鮮時事紀要 ………………………… 45
冷語熱舌▶牧山玄濤 ………………… 51
立花將軍を訪ふ▶一記者 …………… 54
前後左右(二)▶左右子 ……………… 55
南滿洲巡遊記▶藤井嵐芳 …………… 56
奇談逸話 ……………………………… 60
愛馬氣焰欄
　天惠の沃野に育つ濠洲の馬▶淺野長七 ………………………………… 63
　歐米に於ける乘馬趣味の發達▶菱田靜治 ………………………………… 66
商店經營の秘訣▶山口太兵衛 ……… 71
在鮮官吏と御用商人▶阿汗貝生 …… 75
水汲夫より大臣子爵となりたる李夏榮君▶易々郎 …………………………… 82
勤續の片影▶紅紫生 ………………… 84
カフエー譚 …………………………… 86
〈三百圓懸賞文發表〉我が娘の痛ましき初戀物語▶上田獻心 ……………… 87
浪漫的の死一故山地白雨君を悼む▶細井肇 ………………………………… 98
公論文壇 ……………………………… 103
革命に瀕せる京城琵琶界▶枠城生 106
丁稚小僧墮落のみちゆき▶角田紅紫 … ……………………………………… 108
京城藝妓五月場所席順番附 ……… 113
奇代毒婦金齒のお龜―奇々怪々戀幻出

没録▶變裝子 …………………… 114
朝鮮總督府官吏異動 …………… 119

```
朝鮮公論 第2巻 7号, 1914.7
    通巻 第16号
```

〈口繪寫眞〉聖上陛下開院式行幸, 大隈首相の施政演說, 朝香東久邇宮兩殿下と御/旅館/李王妃殿下の御蠶室, 朝鮮水原華虹門より北門を望む/大隈伯邸に於ける全國實業家招待會/京城學校會組合議員選舉/兩殿下の公論社御通過の光景, 慈惠院長會議參列者/噫逝ける駐支公使山座圓次郎君/亞爾然丁共和國答禮艦, 艦長並其自署

大隈內閣の政網と朝鮮統治▶牧山耕藏
 …………………………………… 2
當面の問題
　經濟的軍備主義▶犬養毅 ………… 5
　憲政の一進步なり▶大石正巳 …… 6
　財政當局に望む▶池田謙三 ……… 8
米國の比率賓統治▶永野清 ………… 9
公論餘滴 …………………………… 12
農工銀行地方金融組合改正の要旨▶荒井初太郎 ………………………… 13
京元線全通と釜山港▶村瀨鎌次郎 … 16
大阪每日新聞の朝鮮公論評 ……… 20
高麗青磁窯の新發見▶末松熊彥 … 21
墓地規則と誤解 …………………… 26
鮮人の露支領移住の起原及現狀▶孤鮮生 …………………………………… 27
結核豫防と征伐歌附, 肺結核豫防善惡鑑 …………………………………… 30
寺內總督の訓示 …………………… 33
施政五年朝鮮共進會▶舷頭浪客 … 35
京城議員身元調べ ………………… 38
朝鮮地方だより …………………… 39
讀者論壇
　稅關に困つてる人の爲に▶伊達啞人生 ………………………………… 41
　海陸兩運共存の好機▶啓平生 …… 43
　與黃海道內務部長田中遷書▶硬骨散人 ………………………………… 44
京城組合會議員選舉 ……………… 46
選舉奇聞 …………………………… 48
京城組合會議員畧歷鑑 …………… 48
各地學校組合會議員鑑 …………… 50
前後左右▶左右子 ………………… 51
人類の誇大妄想狂▶工藤武城 …… 55
英國に於ける不良少年感化事業▶松寺竹雄 ………………………………… 59
懸賞金と上田獻心氏 ……………… 63
懸賞文二等當選發表 ……………… 64
朝鮮婦人の犯罪救濟策▶椏谷越人 65
三階の窓より▶紅紫生 …………… 70
朝香東久邇宮兩殿下▶一記者 …… 72
冷語熱舌▶牧山玄濤 ……………… 74
朝鮮時事紀要 ……………………… 77
人物評論―再鮮岐阜懸人閥▶天倪子 …
 …………………………………… 83
愛馬氣焰欄―余は乘馬によりて十年間

の痔病を全治せり▶飯塚徹 ……… 88
奇談逸話 ………………………… 91
健康保持法▶吉田秀次郎 ………… 95
商店經營は人を得るにあり▶進辰馬 97
露店商人より半島漬物界の覇王となれる―島屋戸島祐太郎君の閲歴 … 100
勤續の片影―主人より商賣を大切にして三十年間勤續せる店員 ……… 104
京城藝妓六月場所席順番附 ……… 106
狂艶錄 …………………………… 107
奇々怪々戀幻出沒錄―稀代の毒婦金齒のお龜 …………………………… 108
公論文壇 ………………………… 116
朝鮮總督府官吏異動 ……………… 119

朝鮮公論 第2巻 8号, 1914. 8
通巻 第17号

〈口繪寫眞〉大正博覽會賞品授與式閑院宮殿下臨場/支那革命黨殉死者追悼大演說會/大隈伯關西地方遊說/國防會議/南滿鐵道新任正副總裁/滿鐵本社の全景/夏涼しき造紙里の瀧/夏の午後:新宿十二社の夏景色/多摩川の鮎漁/京城附近の夏　舞子の夏景色:羽田沖の海水浴場, 隅田川夏の夕ぐれ/大連市街:新築落成ヤマトホテル, 大連埠頭, 川崎造船所, 大連の船渠
朝鮮の不景氣挽回論▶牧由耕藏 …… 2
如何にして此時幣を匡ふべき乎▶大隈重信 ……………………………… 7

大陸發展と軍備▶戸水寛人 ……… 9
經濟上より見たる滿洲▶三島太郎 … 11
寺內總督論(一)
　鼎の輕重▶花井卓藏 ………… 15
　勇斷果決の快男兒▶安田善三郎 … 17
　寺內總督絶好の壇場▶大庭柯公 …
　……………………………… 18
　理想的總督▶石川幹明 ……… 19
　少康曲謹洋化鰻眼將軍▶鵜崎鷺城 …
　……………………………… 20
白仁民政長官を訪ふ ……………… 22
朝鮮增師案の運命▶室谷黑面子 …… 24
大隈伯後援會 …………………… 28
勤業模範場と半島産業の開發▶本田幸介 ……………………………… 29
鮮銀の營業狀態 ………………… 33
青島に於ける邦人の活動▶齋藤音作 34
室谷新醫學博士を訪ふ …………… 37
名士と銷夏法:朝野百五十八名士の銷夏談―本卷を繙かば涼風白雨座間に生せん ……………………………… 39
讀者の聲 ………………………… 67
朝鮮時事紀要 …………………… 68
奇談逸話 ………………………… 73
公論餘滴 ………………………… 77
漫畫 ……………………………… 78
夏の衛生と水質の識別法▶藤田嗣章 80
夏季と衛生▶森安連吉 …………… 83
京城學校組合會議 ……………… 85
電氣鐵道と其の發達▶村尾一靜 … 86
愛馬家氣熖欄―改良されたる日本の馬

匹▶河野恒吉 …………………… 90
明治屋と東京大相撲 …………… 93
商店經營の要は仕入れに在り▶増田三
　穂 ………………………………… 94
牛追より牛島貿易界に頭を擡げたる―
　梶原末太郎君▶廣堂 …………… 96
勤續の片影―佐藤半次郎君-建部永吉君
　▶紅紫生 ………………………… 100
滿洲勞動黨首領―相生由太郎君▶嵐芳
　…………………………………… 103
東亞煙草株式會社 ……………… 104
朝鮮輕便鐵道會社創立▶一記者 … 106
朝鮮物産共進會 ………………… 108
藝妓の健康診斷を行ふべし▶花村梅人
　…………………………………… 109
我が痛ましき初戀物語を讀みて▶松本
　正寛 ……………………………… 111
奇々怪々戀幻出沒錄―稀代の毒婦金齒
　のお龜▶胡蝶 …………………… 116
公論文壇 ………………………… 124
京城藝妓七月場所席順番附 …… 130
朝鮮總督府官吏異動 …………… 131

朝鮮公論 第2巻 9号, 1914. 9
通巻 第18号

〈口繪寫眞〉歐亞交戰各國元首/大元帥
　陸下御還幸/歐亞戰亂と外交當局/聯
　合艦隊大に振ふ/帝國陸軍の首腦/附
　參謀本部/天の大使命を帶べる帝國
　陸海軍の雄姿/帝國海軍□□□□附
海軍省/砲烟漠々膠州灣の全景/附總
督及東洋艦隊旗艦
宣戰詔勅 ………………………… 1
世界の大亂と日本帝國の將來▶牧山藏
　…………………………………… 2
二十世紀劈頭の大悲劇
　歐洲戰亂の大原因及我が國民の覺悟
　▶添田壽一 ……………………… 8
　歐洲大亂と戰費の想像▶辻村楠三 9
　獨佛の今書顚倒▶前田正名 …… 10
　大戰亂と殖民地▶長壽鳳輔 …… 11
　怖なる可き蝶番▶戸谷白羽 …… 12
　歐洲戰亂の法理的觀察▶千賀鶴太郎
　…………………………………… 14
冷語熱舌▶牧山玄濤 …………… 17
戰亂の朝鮮經濟界に及ぼす影響
　牛島財界の一大打擊▶木村雄次 … 20
　第一第二▶村田俊彥 …………… 21
　朝鮮經濟界大に影響す▶遠山熙 … 22
　食込乎發展乎▶佐野直喜 ……… 22
　警戒▶足立瀧二郎 ……………… 23
　至大なる障碍▶久態省三 ……… 24
　好況を齎らさん▶韓相龍 ……… 25
　影響は芳ばしくはない▶弓場重榮 25
朝鮮銀行論
　過去及現在▶澁澤榮一 ………… 28
　擴張の新方面▶森村市左衛門 … 31
　今後の資金分配論▶安田善三郎 … 33
　資幣整度の整理▶荒井賢太郎 … 35
　重役の人選▶中野武營 ………… 37
全通せる京元鐵道と其價値▶村瀨鎌次

郎 …………………………………… 40
半島産業政策を論す▶水越理庸 …… 43
公論餘滴 ……………………………… 45
寺内總督の訓示 ……………………… 46
朝鮮時事紀要 ………………………… 48
讀者の聲 ……………………………… 53
奇談逸話 ……………………………… 54
時事漫畫 ……………………………… 56
食慾飽くなきカイゼル―思い知れ二十年來悲憤の一劍▶內海安吉 …… 58
朝鮮に於ける醫術開業試驗 ………… 62
新任京城日報社長―阿部充家君 …… 65
朝鮮婦人開發上忘れてならぬ女流教育家淵澤能惠子女史▶一記者 …… 67
總督府廊下巡り記(其の一)▶杢兵衛 70
壹百萬圓の土地家屋經營者―和樂園主三好和三郎君 ………………… 76
時事漫畫 ……………………………… 80
商店經營の要は此點にあり▶新井虎太郎 …………………………………… 82
勤續の片影―七箇年勤續の良店員▶紅紫生 ………………………………… 84
婦人訪問記―木村鮮銀理事夫人▶紫煙生 ………………………………… 85
我娘の痛ましき初戀物語を讀みて婦人諸子に告ぐ▶丹羽淸次郎 ……… 88
上田美佐孃の友より▶花かたみ …… 90
讀者論壇.京城に演藝練習場を設くべし▶北村花汀 ……………………… 91
老來益々旺んなる―李太王殿下▶紅紫生 ………………………………… 94

禿げ頭總まくり▶胡蝶坊 …………… 101
奇々怪々變幻探檢錄―世界の大亂と怪美人の出沒▶變裝子 …………… 108
公論文壇 ……………………………… 113
藝妓番附 ……………………………… 116
朝鮮總督府官吏異動 ………………… 117

朝鮮公論 第2巻 10号, 1914. 10
通卷 第19号

〈口繪寫眞〉二宮妃殿下御精勵/駐日英國大使館と露國特使/モット夫人の演奏會/懲獨の貔貅/英佛二元帥の軍隊檢閱/モルトゲ將軍の散兵線巡視/國民の後援
歐亞の大亂と帝國の外交▶牧山耕藏 …………………………………… 2
日本の國是と對外政策▶大隈重信 …… 8
膠州灣經營論
　膠州灣は支那分割の策源地也▶河野廣中 ………………………………… 12
　獨逸の膠州灣經營と將來▶元田肇 15
　膠州灣に於ける經濟財政の一班▶島田三郎 …………………………… 17
　膠州灣に於ける探鑛業▶大石正己 19
　膠州灣に於ける鐵道經營▶澁澤榮一 ………………………………… 21
　膠州灣經營の槪觀▶三浦梧樓 …… 23
軍國議會論評▶一記者 ……………… 25
戰局の將來と帝國の軍備▶某將軍談 34
旅順と青島との對照▶河野恒吉 …… 37

戦略上より観たる歐洲戦亂▶陸軍參謀
　中佐▲■● ………………………… 44
歐亞動亂と先進國の―我國に與へたる
　教訓▶淺野長七 ………………… 48
世界大戰と日本の科學▶工藤武城 … 51
歐亞大亂と新らしさ教訓―戰局に關す
　る米國の位置▶覆面官人 ……… 55
寺内總督の訓示 …………………… 60
戰亂の裏面に活動せる―獨逸婦人には
　此特色あり▶紅紫生 …………… 62
冷語熱舌▶牧山玄濤 ……………… 67
交戰四箇國總領事夫人訪問記▶一記者
　…………………………………… 70
總督府廊下巡り記(其二)▶杢兵衛 … 75
遣されたる人々―出征軍人遺族訪問記
　▶一記者 ………………………… 81
交戰各國の女氣質―英佛露白獨墺の女
　▶紅屋角兵衛 …………………… 84
婦人訪問記 持地土木局長夫人▶紫烟生
　…………………………………… 89
歐洲交戰國の國家と軍歌 ………… 92
余が經驗より割り出した―商店經營法
　▶釘本藤次郎 …………………… 95
公論漫畫 …………………………… 100
勤續の片影―八箇年勤續して店主とな
　れる店員 ………………………… 103
公論餘滴 …………………………… 105
奇談逸話 …………………………… 106
殷んな太平通 ……………………… 109
讀者の聲 …………………………… 111
紳士淑女を罵倒する―海千山千藝妓の
　怪氣焰▶僻陽子 ………………… 112
好いお婿さんが欲しい …………… 121
奇々怪々變幻探檢綠―世界の大亂と怪
　美人の出沒▶變裝子 …………… 122
藝妓番附 …………………………… 129
公論文壇 …………………………… 130
俳壇募集句▶青木靜軒選 ………… 132
朝鮮總督府官吏異動 ……………… 134

朝鮮公論 第2巻 11号, 1914. 11
通巻 第20号

〈口繪寫眞〉京城朝鮮ホテル全景/朝鮮
駐箚軍聯合大演習/會寧附近聯合演
習幹部/新築落成せる京城日報社/愛
國婦人會朝鮮本部の活動/朝鮮銀行
支店長會議/京城神社大祭/傷病兵と
捕虜

仁德如海 ……………………………… 1
日露親善論▶牧山耕藏 ……………… 2
戰後の對墨政策▶板垣退助 ………… 7
戰後の植民政策▶曾我祐準 ………… 10
戰後列國の對東洋策▶室谷黒面子 … 16
我國も獨逸の一如く内容の充實を計れ
　▶安藤又三郎 …………………… 22
東西兩洋の文明比較▶關谷貞三郎 … 25
朝鮮農業界には斯の一如き一大缺點あ
　り▶野田卯太郎 ………………… 30
時局に對する朝鮮銀行の責務▶市原盛
　宏 ………………………………… 34
廉維二世主義と現實曝露▶石森久彌 36

朝鮮に現はれたる戰局の影響▶角田廣堂 ……………………………… 39
米人の大計畫とマニラ市▶永野淸 … 44
權威ある文明▶紅紫汗人 ………… 48
公論餘滴 ……………………………… 49
公論漫畫 ……………………………… 50
電信の話▶卜雲山人 ………………… 52
朝鮮ホテルの開業 …………………… 53
學校評判記 公立京城中學校▶一記者 ……………………………………… 55
日本婦人の傳統的情操▶本山彦一 … 57
不老長壽の妙藥と稱せらるる―乳酸菌は何な效能がある乎▶一記者 … 59
戰亂と愛國婦人會―朝鮮本部の活動 ……………………………………… 62
朝鮮狩獵界
　三島太郎君 ………………………… 64
　友技榮三郎君 ……………………… 65
　武者練三君 ………………………… 67
　門奈仁君 …………………………… 68
勤續の片影―拾參箇年精勤譽の華 … 70
殖民地に於ける一商店の經營法▶遠藤廣吉 …………………………… 71
聯合軍四箇國―總領事夫人の美譚 … 74
婦人訪問記―賑やかなる林市藏氏夫人▶一記者 …………………… 76
奇談逸話▶逸話子 …………………… 80
藝妓の操縱に妙を―得たる粹士の告白▶僻陽公 ……………………… 82
讀者の聲 ……………………………… 87
寶石巖屋と馬賊の秘密―本編主人公川崎誠亮君 …………………………… 89
社告 …………………………………… 93
藝妓番附 ……………………………… 94
奇々怪々變幻探檢錄―世界の大亂と怪美人の出沒▶變裝子 ……………… 95
家庭季節料理▶靑木初子 …………… 99
公論文壇 ……………………………… 102
　小品文▶編輯部選 ………………… 102
　短歌▶編輯部選 …………………… 103
　俳壇募集句▶靑木靜軒選 ………… 104
朝鮮總督府官吏異動 ………………… 106

朝鮮公論 第2巻 12号, 1914. 12
通巻 第21号

〈口繪寫眞〉京城市民の戰勝祝賀/在京城領事團の慈善市/慶尙南道第一回物産共進會/今秋關西地方に行はれたる特別大演習/戰勝祝賀の東京市/俘虜の着京

歳晩辭 ………………………………… 1
官紀の紊亂を叙して寺內總督の一考を促す▶牧山耕藏 …………………… 2
朝鮮統治論
　財政經濟上より見たる朝鮮▶阪谷芳郎 …………………………………… 7
　朝鮮の農業及商業を論す▶中野武營 ……………………………………… 11
　朝鮮に於ける司法行政を論す▶守屋此助 ………………………………… 15
　朝鮮に於ける教育果司して如何▶紫

田駒三郎 …………………… 18
朝鮮地方行政の批判▶潮惠之助 … 21
朝鮮增師贊成論▶戶水寬人 ………… 26
對支外交の歸着點▶伊東知也 ……… 29
青島處分論
　外交失敗と青島の處分▶犬養毅 … 33
　青島處分の策如何▶澁澤榮一 …… 35
　青島攻略後の日本の態度▶中村進午
　　………………………………… 36
　外交當局の雄斷果決を要す▶花井卓
　藏 ……………………………… 37
　青島還附問題▶林毅陸 …………… 39
　解決不急論▶長瀨鳳輔 …………… 40
朝鮮地方行政巡察記▶玄濤浪客 …… 42
冷語熱舌▶玄濤散士 ………………… 48
改正されたる朝鮮會社令の要旨▶人見
　次郎 …………………………… 51
青島陷落は朝鮮に如何なる影響ある乎
　▶市原盛宏 …………………… 53
山東及津浦鐵道の運輸的價値▶村瀨鎌
　次郎 …………………………… 56
公論漫畫 ……………………………… 60
戰爭と交戰地と國交と國權と▶▲■將
　軍談 …………………………… 62
歐洲戰爭餘塵▶覆面官人 …………… 64
總督府廊下巡り▶杢兵衛 …………… 68
塵砂豫防炭脂石道路▶山岡元一 …… 74
國民と政府と軍備▶角田廣司 ……… 77
生活卽藝術政治卽藝術▶石森久彌 ・ 78
公論餘滴 ……………………………… 79
學校評判記(二) 京城公立高等女學校▶

一記者 …………………………… 80
一喜一憂 ……………………………… 83
讀者の聲 ……………………………… 86
朝鮮の狩獵界
　失敗復失敗▶小宮三保松 ……… 87
　只是れ無我の境▶和田八千穗 …… 89
奇談逸話▶逸話子 …………………… 91
勤續の片影(其八) 感すべき十箇年勤續
　せる良店員の信條 …………… 92
無くて七癖 …………………………… 93
婦人訪問記 穩健なる國分三亥氏夫人▶
　一記者 ………………………… 94
貳萬五千圓の行衛一百三十銀行行金紛
　失事件 ………………………… 96
問題の漢湖農工銀行新築雜覽記▶▲▲
　生 ……………………………… 98
朝鮮銀行々員採用の標準▶一記者 100
銀行會社年末賞與の準標一賞與は何故
　に必要なる乎▶一記者 ……… 102
如何なる惡筆も三ケ月にて能書家とな
　る習字法▶森茂 ……………… 106
公論文壇
　小品文▶編輯局選 …………… 109
　短歌▶編輯局選 ……………… 110
　俳壇募集句▶青木靜軒選 …… 110
寶石巖屋と馬賊の秘密 …………… 113
藝妓番附 …………………………… 118
朝鮮總督府官吏異動 ……………… 119

朝鮮公論 第3巻 1号, 1915. 1
通巻 第22号

〈口繪寫眞〉大元帥陛下/第三十五議會/東京驛の開業式/懲獨將軍の凱旋/神尾, 加藤, 栃内中將/バーナージストン少將の入京/青島の入城式/乙卯の正月

迎春之辭 ………………………………… 1
〈社說〉寺内總督の英斷を促す ……… 2
來るべき政變と寺内伯
　政界の現狀と寺内々閣 ▶鎌田榮吉 8
　後繼內閣と寺内伯▶田川大吉郎 … 10
　寺内伯の爲に惜しむ▶中野武營 … 12
　寺内々閣の運命▶池田謙三 ……… 13
　出來るか出來ぬか寺内々閣▶鵜崎鷺城 ……………………………………… 14
　寺内々閣豫斷▶墓閒皷 …………… 16
朝鮮の產業政策を論ず▶岡部次郎 … 18
國民皆兵的軍備擴張論▶大内暢三 … 22
鮮人自覺の趨勢▶小原新三 ………… 24
殿樣政治▶中野正剛 ………………… 29
東洋拓殖株式會社の使命▶吉原三郎 31
戰後に處する朝鮮産業政策▶水越理庸 ……………………………………… 34
至誠を以て貫く可し▶川村宗五郎 … 37
對支問題解決の好氣▶岡田榮 ……… 39
列國の殖民地統治觀▶菱田靜治 …… 41
來世の觀念と鮮人の思想▶松本正覺 46
方今精神界の二大時務▶丹羽清次郎 48
米國の國立公園と朝鮮の金剛山▶村瀬鎌次郎 ……………………………… 53
現代建築上に現はれたる國民性▶中村與資平 ……………………………… 57
如何にして此不景氣に處すべき乎▶山口太兵衛 ……………………………… 59
十三道長官人物評論(其一) 京畿道長官 檜垣直右 ……………………… 61
公論漫畵 ……………………………… 66
總督府廊下巡り▶杢兵衛 …………… 68
兎に關する朝鮮の俗傳と俗謠▶今村鞆 ……………………………………… 73
在鮮文官大官の宮中席次と年齡▶布衣客 ……………………………………… 75
婦人訪問記:多趣味なる松寺檢事正夫人▶鳥井みち子 ………………………… 79
銀行會社員失敗の源因▶一記者 … 82
公開狀:朝鮮ホテルに與ふ▶突表子 85
一喜一憂 ……………………………… 86
無くて七癖 …………………………… 88
元山遊記―開港場としての元山▶松本素山 ……………………………… 89
入社の辭▶鳥井みち子 ……………… 90
電話增設と多數店員の得失▶池尻林太郎 ……………………………………… 92
鐵道國廊下覗き▶李助 ……………… 94
奇談逸話 ……………………………… 98
朝鮮で越年した村出止雄▶K生 … 100
お正月料理▶青木初子 ……………… 101
華族と金龍▶僻陽公 ………………… 102
楽しかりし學校生活―女子大學追憶のさまざま▶みち子 ………………… 105

卯の歳藝妓の言ふ事にや―京城藝妓よりの手紙六通 ………… 107
俗謠の情趣と其變遷▶江畔逸民 … 110
如何なる惡筆も三ケ月にて能書家となる習字法▶森雲耶山人 ……… 114
公論餘滴 ……………………… 116
酒黨と甘黨に告ぐ▶秋雪 ……… 117
多情多恨の下田歌子▶小白臉女史 118
讀者の聲 ……………………… 124
公論文壇
　小品文▶編輯局選 …………… 128
　漢詩▶森雲耶山人 …………… 129
　短歌▶編輯局選 ……………… 131
　俳壇募集句▶小原烏兎先生選 … 132
藝者番附 ……………………… 134
朝鮮總督府官吏異動 …………… 135

朝鮮公論 第3巻 2号, 1915.2
通巻 第23号

〈口繪寫眞〉大隈伯後援會/新内相と新農相/桑港博覽會と出羽大將の出發/朝鮮愛國婦人會朝鮮本部新年茶話會/雪の日/國技館
春場所の盛觀
總選擧と朝鮮▶牧山耕藏 ………… 2
朝鮮經營問題人道乎勸力乎
　鮮人感化の要諦▶中村進午 …… 6
　寺内總督の呈して鮮人同化の策を論ず▶三輪田元道 ………………… 9
　偉人タッカーを見よ▶山室軍平 12

日鮮兩人種雜婚論▶海野行德 …… 14
半島文明史論▶戸谷白羽 ……… 17
我向上的發展地▶小林丑三郎 …… 21
歐州戰場に日本軍を招致するの議を評す▶小松綠 ………………… 23
我が中央財界の忘却せる一大問題―銀行大合同問題▶大田三郎 …… 26
産業的智識急速普及案▶入江海平 … 30
民間經濟界と資本問題▶西村道彦 … 31
北鮮の開拓と吉會鐵道の必要▶岡本常時郎 …………………………… 33
不景氣は何時恢復する乎▶岡田三郎 35
米價の前途に對する私見▶足立瀧次郎 …………………………… 37
金融界の現狀と吾人の態度▶弓場重榮 …………………………… 39
鮮人の靈的無自覺を說いて來るべき宗教戰を豫斷す▶時岡欣堂 ……… 40
大戰亂によりて教へられたる宗教問題▶井口彌壽男 ……………… 48
議會解散八回記▶門番小僧 …… 51
十三道長官人物評論:其二,平安北道長官川上常郎 ………………… 52
共進會と協贊會 ……………… 57
公論漫畫 ……………………… 58
鐵道國廊下覗き▶杢助 ………… 60
婦人訪問記 多藝なる久水府尹夫人▶鳥井みち子 ……………………… 63
十七各内閣の顔觸と其内閣生死の事情▶布衣客 ……………………… 66
公開狀

朝鮮公論 第3巻 3号, 1915. 3
通巻 第24号

〈口繪寫眞〉總選擧の前景氣/外賓の來朝/新造驅逐艦と擱坐せる淺間艦/鵝翼一博東京大阪間を縱斷せる快飛行/信州諏訪湖に於ける軍隊の氷上諸演習/朝鮮鐵道京元線金剛山の勝景

對支問題解決の方策を論ず ………… 2
總選擧の渦中に在る日本の政界
　國民黨の眼に映したる政界の大勢▶犬養毅 ………………………… 6
　總選擧と青年の任務▶江原素六 ・11
　政界の革新と現內閣の力量▶戶水寬人 ……………………………… 13
　自由政治と階級政治▶永井柳太郎 14
　黎明の歡喜▶戶谷白羽 ………… 17
　金滿家代議士論▶三宅雪嶺 …… 19
　議員兼職と總選擧▶尾崎行雄 … 21
　須く變節漢たれ▶內海安吉 …… 24
野田東拓副總裁進退論
　權威ある自由意志▶持地六三郎 … 28
　天下の代議士乎東拓の副總裁乎▶原田金之祐 …………………………… 30
　大隈內閣對政友會の問題歟▶安部充家 ………………………………… 31
　大塊は政友會の幹部なり▶三島太郎 …………………………………… 33
　自他兩動の合致點にあり▶馬詰次男 …………………………………… 34
　野田の大塊は政友會の大塊耶▶木村

『うきよ』を讀みて成田女學校長に與ふ▶白眼頑童 ………………… 74
歐州出兵論者に與ふ ……………… 75
釜山雜感—附京釜沿線銀行會社覗き▶熊谷鐵扇 …………………… 76
京義線スケッチ▶畠中生 ………… 79
愛國婦人會新年茶話會▶婦人記者 … 80
美しい婦人の集合▶鳥井みち子 …… 82
朝鮮に來るいろいろの女
　淪落の女杉山ふで▶寒水 ……… 85
　怪しい看護婦前山しか▶N光線 … 87
朝鮮のベースボール ……………… 89
俗謠の情趣と其變遷▶江畔逸民 … 91
如何なる惡筆も三ケ月にて能書家となる習字法▶森雲耶山人 ……… 95
讀者の聲 …………………………… 98
公論餘滴 …………………………… 99
多情多恨の下田歌子▶小白臉女史 100
藝妓番附 …………………………… 104
公論文壇
　小品文▶編輯局選 …………… 105
　漢詩▶森雲耶山人 …………… 105
　短歌▶編輯局選 ……………… 106
　俳壇募集句▶青木靜軒選 …… 108
　靜軒居文藝錄▶青木靜軒 …… 109
　自己犧牲▶ひろし …………… 111
朝鮮總督府官吏異動 …………… 112

雄次 ……………………………… 35
動くも可動かざるも亦可▶佐野直喜
　……………………………………… 36
男らしくやれ▶弓場重榮 ………… 37
此の如くにして進退を決せよ▶豊田
　明敬 ……………………………… 37
御卽位式の着御衣 ………………… 39
特赦恩典執行次第▶國分三亥 …… 40
朝鮮經濟界の眞相▶市原盛宏 …… 42
一日一善を奬む▶村上秀一 ……… 45
消極政策の效果▶大村有之丞 …… 48
朝鮮統治の徹底境▶角田廣司 …… 50
婦人科的に觀察せる日本の將來▶工藤
　武城 ……………………………… 54
特赦に對する寺内總督の訓示―附高等
　法院檢事長の諭告 ……………… 60
自覺の時代▶荒牧句平 …………… 62
汽車中の行儀公德▶安藤又三郎 … 63
時事時言 …………………………… 68
改正されたる宮中席次 …………… 69
十三道長官人物評論:其三,平安南道長
　官松永武吉▶有馬易水 ………… 70
總督府廊下巡り▶杢兵衞 ………… 76
珍名奇名錄 ………………………… 82
公論漫畵 …………………………… 83
婦人訪問記:人格の人渡邊高等法院長夫
　人▶鳥井みち子 ………………… 84
奇談逸話▶逸話子 ………………… 87
公開狀 ……………………………… 88
婦人生涯の化粧時間▶うらわかい女 90
在鮮大男列傳▶胡蝶坊 …………… 91

朝鮮の浪花節と活動寫眞▶花村晨二郎
　……………………………………… 95
無くて七癖 ………………………… 98
吾輩の妻君(朝鮮銀行理事三島太郎君)
　▶婦人記者 ……………………… 99
鮮鐵滿鐵車掌ボーイの比較▶赤毛布 …
　……………………………………… 100
公論餘滴 …………………………… 103
昂奮▶青木靜軒 …………………… 100
妓生李文姬―戀の血だらけ物語(其一)
　▶胡蝶子 ………………………… 105
讀者の聲 …………………………… 110
公論文壇
　小品文▶編輯局選 ……………… 111
　短歌▶編輯局選 ………………… 112
　俳壇募集句▶青木靜軒選 ……… 115
藝妓番附 …………………………… 117

朝鮮公論 第3卷 4号, 1915. 4
通卷 第25号

〈口繪寫眞〉總選擧の中樞人物/我精銳
　步武堂々靑島に出動す/嗚呼殉職海
　軍の三飛行家/歐洲戰亂畵報/母國の
　春/朝鮮の春
共進會をして有終の美を濟そしむ可し
　……………………………………… 2
朝鮮の共進會に就て▶松岡康毅 … 5
朝鮮增師問題の硏究▶秋元興朝 … 7
歐洲戰亂の現在及將來
　歐亞今後の實力戰▶井上友一 … 10

- 歐洲戰爭の將來如何▶美濃部達吉 15
- 戰爭の終局如何▶箕作元八 …… 16
- ダ海峽の砲擊▶長瀨鳳輔 ……… 17
- 頑迷なる老大國▶戶谷白羽 …… 20
- 朝鮮の進化と宗敎▶海老名彈正 …… 22
- 東拓副總裁野田氏の高踏を評す▶林田龜太郎 ……………………………… 25
- 經濟上より見たる支那問題▶村田俊彦 ……………………………………… 27
- 朝鮮人の初等農業敎育▶關屋貞三郞 ……………………………………… 31
- 朝鮮の交通機關▶潮惠之助 ……… 33
- 人類の進化を論じて現代社會に及ぶ▶上田獻心 ………………………… 37
- 外國宣敎師論▶丹羽精次郞 …… 40
- 淸津港改造論▶岡本常次郞 …… 45
- 共進會を如何に活用すべき乎▶遠山熙 ……………………………………… 47
- 産業奬勵論▶角田廣司 ………… 48
- 「オゾーン」の作用と效用と應用▶佐治修三 ……………………………… 52
- 朝鮮二箇師團增設の急要▶天聲樓主人 …………………………………… 55
- 十三道長官人物評論:其四,江原道長官李奎完 …………………………… 58
- 親の心得▶佐藤恒丸 …………… 62
- 時局を背景としたる朝鮮駐箚軍々司令部▶胡蝶坊 ……………………… 65
- 公論漫畵 ……………………… 68
- 先帝陛下御遺物拜觀▶檜垣直右(寄) 70
- 鐵道國廊下覗き▶杢助 ………… 75

- 讀者論壇 國防問題と吉會鐵道▶鷄口子 ……………………………………… 79
- 婦人訪問記 優しい小原地方局長夫人,宮館南部警察署長夫人▶鳥井みち子 …………………………………… 81
- 朝鮮の醫術試驗に就て▶一記者 …… 86
- 朝鮮の尺八界▶吉田竹堂 ……… 88
- 京城の柔道界 …………………… 90
- 春の流行界▶あぢさい ………… 91
- 朝鮮に來るいろいろの女:流れうき草▶多恨子 ………………………… 92
- 漢城に咲く名殘の槿花▶みち子 …… 97
- 公論餘滴 ……………………… 101
- 公開狀 一高朝鮮會に與ふ▶白眼頑童 ……………………………………… 102
- 河野騎兵中佐▶南城生 ………… 103
- 無智▶ひろし …………………… 104
- 讀者聲 ………………………… 105
- 京城を散々荒した色魔活辯―湯本狂波 …………………………………… 106

- 公論文壇
  - 漢詩 …………………………… 108
  - 小品文▶編輯局選 …………… 109
  - 短歌▶編輯局選 ……………… 110
  - 俳壇募集句▶靑木靜軒選 …… 114
- 藝妓番附 ……………………… 116
- 朝鮮總督府官吏異動 ………… 117

朝鮮公論 第3巻 5号, 1915. 5
通巻 第26号

〈口繪寫眞〉照憲皇太后御一年祭/御卽位式日奉告祭と齋田御祓式/寺内總督の記念植樹/同上其二/歐洲戰亂畫報/東照公三百年祭

朝鮮總督府の行政整理を論ず▶牧山耕藏 ……………………………… 2
列國の植民政策を論じて朝鮮の官民に告ぐ▶竹越與三郎 ……………… 6
無定見外交と增師問題▶大石正巳 … 10
新附民族と職業教育▶阪谷芳郎 …… 14
責任支出と議會の權能▶小林丑三郎 18
北進論を論じて一日鮮相互の利益に及ぶ▶添田壽一 ……………………… 20
朝鮮農界革新の趨勢▶野田卯太郎 … 23
殖民地に於ける日本の教育を論ず▶吉田熊次 ……………………………… 26
滿洲に於ける貨幣統一の急務▶水越理庸 ………………………………… 31
母國資本家は何故朝鮮に投資せぬか▶清水文之輔 ……………………… 33
朝鮮移民の將來▶井上孝哉 ………… 35
宗教は如何に進步せるや▶海老名彈正 ……………………………………… 38
植林界に於ける疑問の二樹▶齋藤音作 ……………………………………… 41
朝鮮の測雨事業▶風鐸居士 ………… 46
極東に於ける露國の敗因▶中野憲二譯 ……………………………………… 48

健康不二の育兒法▶佐藤恒丸 ……… 52
十三道長官人物評論:其五,咸鏡北道長官桑原八司 …………………… 57
總督府廊下巡り(其六)▶杢兵衛 ……… 61
公論漫畫 …………………………… 62
日韓瓦斯電氣會社の紛擾の眞相▶石森生 ………………………………… 67
讀者論壇:南大門改築の急務▶孤峰生 ……………………………………… 73
朝鮮人蔘に就きて當局者の望む▶河村寬靖 ……………………………… 75
京城馬術界の消息
　漢城の春を揺るがす乘馬會 …… 76
　馬術練習所愈々成る ……………… 76
早稻田出身代議士 …………………… 77
全鮮新聞記者大會 …………………… 77
婦人訪問記 しとやかな芳賀總督府醫院長夫人▶鳥井みち子 …………… 78
予は何故日本婦人と結婚せしか▶鳥井みち子 …………………………… 81
女の見た朝鮮の今昔▶峯尾鉚子 … 83
帝國學士院賞を授けられたる朝鮮の碩學金允植子の榮譽 ……………… 85
公論餘滴 …………………………… 86
吾輩の妻(兒玉秀雄伯談)▶鳥井みち子 ……………………………………… 87
拾萬の讀者諸君に檄す …………… 89
新町の仲居より ……………………… 90
首夏の流行界▶紫陽花 ……………… 91
女髪結ひ所の三十年▶さわはび … 92
社會どん底通信:娼妓に救はれたる青年

の告白▶淡々子 ……… 93
妓生李文姫─戀の血だらけ物語(其二)
　▶胡蝶子 ………………… 98
讀者の聲 ………………… 103
多情多恨の下田歌子(其三)▶小白臉女
　史 ……………………… 104
吉高家溫習會細詳▶今丹次郎 …… 110
公論文壇 ………………… 115
　漢詩 …………………… 115
　小品文▶編輯局選 ……… 116
　短歌▶編輯局選 ………… 118
　俳壇募集句▶青木靜軒選 ……… 121
藝妓番附 ………………… 123

朝鮮公論 第3巻 6号, 1915. 6
通巻 第27号

〈口繪寫眞〉各政黨代議士會/朝鮮新聞
協會大會/雲養先生受賞祝賀會/京城
銀行團聯合運動會/同上其二/聖上陛
下桃山御陵行幸
總督政治の進轉機▶牧山耕藏 ……… 2
大陸在住の邦人に檄す▶新渡戸稻造 9
政友會と國防問題▶元田肇 ……… 11
大隈內閣に興へて退讓を要求するの書
　▶戶水寬人 ……………… 13
外交の刷新と大陸政策の將來▶松崎藏
　之助 …………………… 15
獨逸の實力を論じて日本及び聯合軍に
　及ぶ▶井上友一 ………… 20
誤れる現內閣の財政方針▶山本達雄 …

……………………………… 24
東洋復活論▶大場茂馬 ……… 26
何故朝鮮に工業は起らぬか▶市原盛宏
……………………………… 29
吾人は何故現內閣危急を叫ぶか▶鎌田
　榮吉 …………………… 30
御登極大典記念植樹に就ての私見▶上
　林敬次郎 ……………… 32
滿洲と商權擴張と金融機關▶中村光吉
……………………………… 36
動物生理の大鐵則抵抗食物養生法 … 40
極東に於ける露國の敗因▶デ、ぱルス
　キー …………………… 46
健康不二の育兒法▶佐藤恒丸 ……… 54
日鮮同化と一日一善▶村上秀一 … 61
朝鮮には如何なる種類の稻が適するか
　▶一記者 ……………… 64
朝鮮に於ける果樹蔬菜栽培の有望 … 67
私は如主婦の職責を果しつゝあり▶M
　夫人 …………………… 70
借金がなければ宜しいと思ってる▶木
　村柳子 ………………… 73
大勢の子供に力を盡してゐる▶馬結恭
　子 ……………………… 75
主婦の仕事に際限はない ……… 78
家族の肌着や足袋は毎晩洗濯する▶S
　夫人 …………………… 80
神功皇后と阿利那禮川▶村田雄峯 … 82
鐵道國廊下のぞき▶杢助 ……… 85
婦人訪問記:教育談に熱心なる關屋學務
　局長夫人▶鳥井みち子 ……… 88

朝鮮農界の一大革命起る▶一記者 … 91
吾輩の妻▶みち子 …………… 92
京城紳士と遊び振り(第一) …… 93
公論餘滴 ………………………… 95
カイゼルの唯一姫宮美譚▶婦人記者 96
日支融和變の秘密▶胡蝶子 …… 98
朝鮮公論社代理部開設 ………… 103
多情多恨の下田歌子(其四)▶小白臉 …
……………………………………… 108
運動系―京龍好球家諸兄に告ぐ▶SH生
……………………………………… 113
審判官の養成は目下の急務▶MH生 …
……………………………………… 114
朝鮮野球大會 …………………… 116
讀者の聲 ………………………… 118
藝妓番附 ………………………… 119
公論文壇
　漢詩 ………………………… 120
　小品文▶編輯局選 ………… 121
　短歌▶編輯局選 …………… 122
　俳壇募集句▶青木靜軒選 … 124
朝鮮總督府官吏異動 …………… 127

```
朝鮮公論 第3巻 7号, 1915. 7
       通巻 第28号
```

〈口繪寫眞〉香川縣下主基田御田植式の光景/愛知縣下悠紀田御田植式の光景/朝鮮公論社主催朝鮮野球大會/同上其二/同上其三/涼味山と海
創刊二周年記念辭 ………………… 1

民意上達論▶牧山耕藏 …………… 2
大陸發展は如何にして體現すべきか▶
　中橋德五郎 ……………………… 7
大浦內相の收賄問題▶原敬 ……… 9
國運の進展を阻止しつゝある外交當局
　▶中小路廉 …………………… 10
朝鮮關東州臺灣政權統一論▶戶水寬人
　…………………………………… 13
現內閣の大矛盾▶目賀田種太郎 … 15
原料絶望論者と大工業論者に質す▶豊
　永眞里 ………………………… 17
醜態を極めし三十六議會▶秋元興朝 22
朝鮮內地間の關稅を撤廢せよ▶野田卯
　太郎 …………………………… 24
何故露國は日本に敗れたりや▶牟野賢
　次郎 …………………………… 26
朝鮮の柞蠶事業は何故不振だ▶横山國
　上次郎 ………………………… 28
佐藤醫學博士を訪ふ ……………… 34
偉人歟俗物歟大隈伯▶山路愛山 … 35
十三道長官人物評論:其六,全羅北道長
　官李斗橫▶有馬易水 ………… 37
抵抗食物養生法(二) ……………… 41
抵抗食物と余が實驗中の成績▶市原盛
　宏 ……………………………… 47
余は抵抗食物に依り拾年來の持病を全
　治せり▶西原龜三 …………… 49
東洋及日本人の未來 ……………… 51
有望なる朝鮮の畜產業▶牛步山人 … 52
松濤茶煙
　隻脚を損はれた刹那▶大隈重信 … 55

朝鮮公論 第3巻 8号, 1915. 8
通巻 第29号

〈口繪寫眞〉御渡鮮あらせらるべき閑院宮同妃兩殿下／朝鮮物産共進會場全景／同上の一部／夏と水／涼味萬斛／夏とビール

施政五週年を機として伊藤博文卿の銅像建立を提唱す▶牧山耕藏 ……… 2
朝鮮は大陸に屬する乎半島國に屬する乎―國防上より觀たる朝鮮の價値▶板垣退助 ……………………… 9
日露獨三國同盟論▶早川鐵治 …… 11
外交の妙味を論じて朝鮮統治に及ぶ▶大場茂馬 …………………… 13
滿鮮移民政策の根本的解決―北進主義の高調と新二師團兵員問題▶永井柳太郎 ……………………… 16
大隈內閣と增師の理由▶林毅陸 … 20
牧山氏の提案を論じて大陸經營の將來に及ぶ▶關直彥 ……………… 21
鮮人副業問題に就き天下に檄す―可恐遺傳病に罹れる民衆救助▶趙重應 ……………………………… 24
牧山氏の民意上達論を讀みて總督に進言す▶漢城散士 ……………… 29
母國資本主義の奮起を促す―戰後の新世界と大陸發展の好機▶三島太郎 … 34
予が視察したる支那鐵道▶三本武重 … 38

外交官と談話會▶秋元興朝 …… 57
婦人訪問記 高野三井物産京城支店長夫人▶鳥井みち子 …………… 60
朝鮮醫師試驗受驗者の注意點▶杏林 … 62
私の日常生活と心掛け
　私の徒步主義を取った理由 …… 66
　境遇に感謝して居ます ……… 68
女の見たる現代の女▶京口貞子 … 70
吾輩の妻 京城覆審法院檢事長中村竹藏▶鳥井みち子 ……………… 73
公論餘滴 ……………………… 75
法庭に現はれたる殖民地の女▶村田雄峯 ……………………………… 77
流行界▶あぢさい ……………… 81
總督府廊下巡り(其七)▶杢兵衛 … 82
投書籠 ………………………… 86
朝鮮野球大會(朝鮮公論社主催)▶一記者 ……………………………… 88
銀行巡り(二)第一銀行支店 …… 94
男子罵倒錄▶蔦次 ……………… 99
在鮮藝妓人氣投票 ……………… 103
藝妓人氣投票第一回發表 ……… 107
朝鮮公論社主催夏期講演會豫告 … 120
公論文壇 ……………………… 120
　漢詩 ………………………… 120
　小品文▶編輯局選 …………… 121
　短歌▶編輯局選 ……………… 122
　俳壇募集句▶青木靜軒選 …… 124
藝妓番附 ……………………… 119

關東州土地調査と所有權▶和田一郎
　………………………………………40
時世と人物▶小松綠 ………………45
米國に於ける女子參政權運動▶三浦彌
　五郎 …………………………………48
公論漫畵 ………………………………50
十三道長官人物評論(其七)　忠淸北道長
　官鈴木隆▶有馬易水 ……………52
投書籠 …………………………………55
藝妓人氣投票と東亞煙草 ……………57
野田大塊翁俳談記―京城紳士の遊び振
　り ……………………………………61
總督府廊下巡り(其八)▶李兵衛 …62
朝鮮物産共進會 ………………………66
朝鮮公論代理部開設 …………………69
吾輩の妻　小宮李王職次官▶婦人記者
　………………………………………74
鮮銀更迭下馬評 ………………………75
鐵道國廊下のぞき(其五)▶李助 …76
婦人訪問記　床しい憲兵大佐山形閑夫人
　▶鳥井みち子 ……………………81
閑院宮同妃兩殿下の御渡鮮 …………83
女子職業敎育問題―小宮三保松/成田
　忠良/笠原よね子/太田秀穗/松本雅太
　郎/柴崎鍛吉 ………………………84
朝鮮公論社主催夏期講演會 …………91
京城商業會議所頭原田金之祐君 …93
公論餘滴 ………………………………94
運動系―在鮮野球選手總評▶運動記者
　………………………………………95
在鮮藝妓人氣投票 ……………………97

藝妓人氣投票第二回發表 …………101
カフェーの女 ………………………107
死んで了つた父上▶石森久彌 ……108
地方官吏の裏おもて▶瓢々子 ……109
刺戟に狂へる京城の女▶變裝子 …112
藝妓番附 ……………………………117
涼しい料理▶靑木初子 ……………118
公論文壇
　小品文▶編輯局選 ………………119
　短歌▶編輯局選 …………………121
　俳壇募集句▶靑木靜軒選 ………123

朝鮮公論 第3卷 9号, 1915. 9
通卷 第30号

〈口繪寫眞〉元山築港起工式/改造內閣
　の新任四大臣/夏季大講演會(朝鮮公
　論社主催)/三敎授朝鮮公論社訪問/故
　貞敬夫人の葬儀/東亞煙草會社の朝
　鮮工場
殖民統治に關して大隈首相に進言す▶
　牧山耕藏 ……………………………2
露獨同盟と日本の軍制▶松崎藏之助 12
大隈內閣の留任を咒ふ▶鎌田榮吉　15
日本の殖民政策代表者は果して誰なり
　や―朝鮮を視察せる余の感想▶永井
　柳太郎 ……………………………17
日鮮土地制度の歷史比較▶吉田東伍 …
　………………………………………21
偉人の敬仰と創造的生活―伊藤公の銅像
　建設の提案を贊す▶戶谷白羽 …… 24

改造內閣縱觀橫視―朝野十大名士の評
　助 ……………………………… 26
半島海運の現在及將來▶原田金之祐 …
　…………………………………… 30
中央銀行の農業に對する關係を論ず▶
　太田三郎 ……………………… 31
朝鮮に於ける特種の犯罪▶中野有光 …
　…………………………………… 34
獨逸の世界政策とワルソーの陷落▶長
　瀨鳳輔 ………………………… 39
南朝鮮の開發と橫斷航路の價値▶岡本
　常次郎 ………………………… 41
何故露國は日本に敗れたるか―偶素的
　立面よりの研究▶露國デバルスキイ
　述/日本半野憲二譯 ……………… 43
有望なる半島の棉花栽培業▶牛步官人
　…………………………………… 46
鐵道國廊下のぞき(その六)▶杢助 … 48
共進會餘興の舞曲 ………………… 51
婦人訪問記　森安醫學博士夫人/朝鮮銀
　行國庫局長山田松熊氏夫人▶鳥井み
　ち子 …………………………… 53
無職業者は如何なる職業を撰ぶか―朝
　鮮に於ける職業案內▶一記者 …… 56
監獄を訪ふの記▶鳥井みち子 ……… 61
吾輩の妻　東拓理事井上孝哉氏談▶婦人
　記者 …………………………… 65
公論漫畫 …………………………… 66
流行界▶あぢさい ………………… 68
地方官官吏生活の裏おもて(二)▶飄々
　子 ……………………………… 69

總督府廊下巡り(其九)▶杢兵衛 …… 73
結婚の必要條件を論す▶黑々子 … 77
東京肛門病院長谷泉氏の滿鮮臺巡療 …
　…………………………………… 80
朝鮮十三道長官人物評論▶有馬易水 …
　…………………………………… 81
瘋癲病院訪問記▶紫雲女史 ……… 85
朝鮮公論社主催夏期講演會の記―一記
　者 ……………………………… 87
ソンタクホテルの女將植木お雪の半生
　記▶僻陽公 …………………… 92
公論餘滴 …………………………… 95
施政五年朝鮮物産共進會 ………… 96
女, 女, 不思議な女, 寺尾博士の姪―結成
　いさ子京城新町の遊女となる … 97
讀者の聲 ………………………… 103
在鮮藝妓人氣投票 ……………… 105
藝妓人氣投票中間(第三回)發表 … 109
藝妓人氣投票と各會社商店より副賞品
　の寄贈 ………………………… 115
刺戟に狂へる京城の女▶變裝子 … 117
公論文壇 ………………………… 121
　小品文▶編輯局選
　和歌▶編輯局選
　俳壇募集句▶靑木靜軒選
　漢詩▶黑田鹿水
藝妓番附 ………………………… 129

朝鮮公論 第3巻 10号, 1915. 10
通巻 第31号

〈口繪寫眞〉寺内總督と朝鮮物産共進會主要職員/同上審査部長/開場當日の朝鮮物産共進會/綵華爛漫の共進會/共進會の內部/同上演藝館と出演の藝妓/朝鮮公論社前の大飾門/共進會場內審勢館(其一)/同上(其二)/同上參考館と三越吳服店出品/同上二號館朝鮮郵船會社出品/新築せる京城郵便局と服部局長/美術館前より音樂堂及第一館を經て光化門を望む/第一號館廣江相會出品/同上忠清南靑陽鑛山の重石鑛出品/共進會場內明治屋直營キリンビーヤホール/同上京城電氣株式會社出品/同上範田相會出品/噴水塔のイルミネーション/人氣藝妓當選者(其一)/同上(其二)/同上(其三)

施政五年の治績を評す▶牧山耕藏 … 2
五年間の治績と將來の覺悟▶仲小路廉 …………………………… 12
殖民及移民政策を論ず▶新渡戸稻造 …………………………… 16
日鮮兩民族の親交と共進會▶大場茂馬 …………………………… 22
共進會利用論▶兒玉秀雄 ……… 24
施政五年の回顧▶目賀田種太郎 …… 27
見よ世界的大規模の朝鮮共進會記念共進會槪觀▶石塚英藏 …… 31
三億圓の最大産業を代表せる農業館▶中村彥 ………………… 34
共進會に現はれたる拓殖事業▶持地六三郎 ………………… 38
全鮮を綠に化せんとする山林事業▶上村敬次郎 …………… 43
年産一千餘萬圓の朝鮮鑛業▶村田素一郎 ………………… 46
海底の寶庫を映寫せる水産業▶庵原文一 ………………… 50
朝鮮を一大工業國と化せよ▶靑木戒三 ………………………… 51
盛恩雨よりも慈き鷄林の山河▶澤田豊丈 ………………………… 56
創業的育英事業の盛觀▶弓削幸太郎 ………………………………… 60
天下の大道は朝鮮に通ず▶岡今朝雄 ………………………………… 64
一目瞭然たる經濟狀態▶入江海平 … 67
慈雨惠風に浴する新附の赤子▶大塚常三郎 ………………… 69
一萬四千方哩の治安を保持する警察機關▶玄角仲藏 ………… 72
嚴として槿域に臨む司法權▶山口貞昌 ………………………… 77
恩政殿裡に於ける赤愛出品盛觀▶大橋次郎 ………………… 82
施政五年記念共進會館內雜觀▶杢助 ……………………………… 83
秋の日淡き美術館第二分館▶杢兵衞

……………………………… 88
共進會日誌 ……………… 92
健實なる生活の基礎を固めよ▶太田秀穂 ……………………………… 93
盛んなりし全國新聞記者大會 …… 96
朝鮮十三道長官人物評論▶有馬易水 ……………………………… 99
婦人訪問記 白上貞一氏夫人▶鳥井みち子 ………………………… 103
吾輩の妻 中樞院書記官長小松綠氏談▶みち子 …………………… 105
併合の年に産れた坊ちゃん孃ちゃん ……………………………… 107
綵華耀光燦爛たり夜の共進會 …… 115
女, 女, 不思議な女(其二) ………… 117
野外遠足のお辨當▶青木初子 …… 123
公論餘滴 ………………………… 124
十三道苦心談―燦として異彩を放つ審勢館(其一)三千頭の牛一躍して九萬頭となる▶有賀光豊 ……………… 125
六百萬圓より一千萬圓となった▶篠田治策 ………………………… 127
九十萬人を要した金剛山道路▶武藤文吉 …………………………… 128
毎年四百萬圓を發掘す▶秦秀作 130
女の手で四十萬圓の副業▶澁谷元良 ……………………………… 132
十萬圓より十六萬圓に上れる歳出豫算▶入澤重麿 ……………… 133
共進會女看守評判記▶△ロ生 …… 136
嫉妬は男の罪乎女の罪乎 ………… 141

一百人の在鮮人氣藝妓當選者 …… 146
神出鬼沒變裝探險記(其一)▶胡蝶子 ……………………………… 150
公論文壇 ………………………… 162
小品文/短歌/俳壇募集句/漢詩/短詩
在鮮藝妓人氣投票大番附

朝鮮公論 第3巻 11号, 1915. 11
通巻 第32号

〈口繪寫眞〉聖壽無窮/赤愛總會臺臨の閑院宮殿下/共進會開會式/共進會褒賞授與式/共進會中の各種大會(其一)/同上(其二)/同上(其三)/當選百藝妓商品授與/當選百藝妓(其四)/故朝鮮銀行總裁市原盛宏氏葬儀
大典奉祝辭 ……………………… 1
共進會の成功と今後の朝鮮統治▶牧山耕藏 …………………………… 2
朝鮮の教育を如何にして效果あらしむべきか▶高田早苗 …………… 10
生活問題解決の第一步▶上杉愼吉 … 15
賣淫政策の確立と殖民地―特に寺内總督の一顧を煩はす▶小川滋次郎 …… 20
殖民地開發の先決問題▶欣堂生 …… 24
朝鮮三十年の回顧▶早川鐵治 …… 27
國境に勃興せんとする一大製紙事業▶齋藤音作 ……………………… 31
大典奉祝俳句▶青木靜軒 ………… 33
名士の觀たる朝鮮及共進會 ……… 34
平和的凡亞細亞主義の宣言▶戶谷白羽

……………………… 50
朝鮮の今昔▶坪谷水哉 ……………… 52
四度出品して四度金牌を得たる青年實業家▶一記者 ……………… 55
朝鮮狩獵現則改正要望の眼目▶南部露庵 ……………………… 61
共進會に對する朝鮮人の僞らざる實感▶某面長 ……………… 64
讀者論壇 桑原咸鏡北道長官閣下に呈す▶玉淚生 ……………… 68
十年の苦心遂に天聽の達したる日本の女▶鳥井みち子 ……………… 71
盛なりし其日 ……………………… 73
公論餘滴 ………………………… 74
藝妓に代りて矢島楫子刀自に與ふ▶君野民子 ……………………… 75
袁世凱登極問題を豫斷す▶岡村介石 … 76
朝鮮十三道長官人物評論▶有馬易水 … 78
投書籠 …………………………… 82
私の俳句▶青木靜軒 ……………… 83
家庭ページ
　御大典と家庭▶太田秀穂 ………… 84
　秋雨の汽車に四名流婦人と語る▶紫陽花 ……………………… 86
　吾輩の妻 ……………………… 90
朝鮮銀行總裁市原盛宏君逝く ……… 91
家庭衛生 奧樣の顧問▶河野衛 …… 94
婦人訪問記 白上貞一氏夫人▶鳥井みち子 ……………………… 97

七五三祝の獻立▶青木初子 ………… 99
名譽ある共進會入賞者 ……………… 100
美人通信(其一) 蘭燈の影に美しい微笑を賣る女▶胡蝶子 ……………… 113
藝妓番附 ………………………… 121
公論文壇 ………………………… 162
　漢詩▶編輯局選
　短歌▶編輯局選
　小品文▶編輯局選
　公論俳壇▶青木靜軒選
　附錄 朝鮮官界好男子番附

朝鮮公論 第3巻 12号, 1915. 12
通巻 第33号

〈口繪寫眞〉御大典奉祝(其一)/同上(其二)/同上(其三)/同上(其四)/京城と御大典奉祝/京城記者團懇親會,京城乘馬大會/御大典と小國民/人氣藝妓當選者(その五)

歲晚辭 …………………………… 1
民人に代りて寺内總督に訴ふるの書▶牧山耕藏 ……………………… 2
御大典の眞意義と牛島の將來▶大隈重信 ……………………… 11
朝鮮經營の秘鍵▶木場貞長 ………… 15
朝鮮及支那を見て日本の將來を憂ふ▶武藤金吉 ……………………… 16
衛生上より觀たる朝鮮▶芳賀榮次郎 20
經濟上より觀たる共進會影響論―大銀行家の意見 …………………… 25

人の評判
  朝鮮銀行國庫局長兼庶務局長 山田松熊君 …………… 22
  公證人 山邊勇輔君 ………… 39
  京城南大門驛長 一瀨竹內君 …… 51
  朝鮮總督府總務課長 荻田悅造君 …………………………… 55
延長九百浬に亘る世界的一大漁場の發見▶庵原文一 ………… 33
社告 ………………………… 35
百名士の觀たる朝鮮共進會(其二) … 36
窮陰雜感 …………………… 43
政治界に於ける寺内伯の現在と未來▶川上柴南 …………… 44
新時代に處して勇往邁進すべき青年の覺悟▶丹羽淸次郎 ……… 48
朝鮮十三道長官人物評論(其十一)▶有馬易水 ……………… 53
鐵道局廊下のぞき(終篇)▶圶助 …… 57
公論餘滴 …………………… 59
奇談逸話 …………………… 60
  山縣伊三郎君大に天勝の妖術に醉う/林一藏君の珍安室內旅行/遠藤柳作君一代の不覺/中村精七郎君電氣按摩に驚く/靑木戒三君花月の金太に孝養す/中村再造君女將團の襲擊に辟易す/人見次郎君河野農相に一杯喰はさる
男の機嫌を取り得ざる良妻賢母▶君野民子 ………………… 62
家庭ページ

人物養成の大目標(其一)▶太田秀穗 ……………………………… 65
私の見た服裝美▶高木背水 …… 68
今年生れの坊ちゃん孃ちゃん … 69
吾輩の妻 …………………… 73
嚴冬と育兒上の注意▶河野衛 … 74
婦人訪問記▶鳥井みち子 …… 75
お正月料理獻立▶靑木初子 …… 77
奧樣の御活動 ……………… 78
流行斷片 …………………… 72
過渡期に處する女 …………… 76
地方官吏生活の裏おもて(三)▶飄々子 ……………………………… 79
抱月須磨子與太話▶與太郎 …… 83
戀か慾か血か肉か―千代本女將鹽澤お千代半生の告白▶紫陽花 …… 87
朝鮮の山川▶碧梧桐 ………… 91
讀者の聲 …………………… 92
美人通信(其二) 蘭燈の影に男を艷殺賣する女▶胡蝶子 …………… 94
京城日報社の奇禍 …………… 99
藝妓番附 …………………… 100
公論文壇 …………………… 101
  漢詩▶編輯局選
  短文▶編輯局選
  短歌▶編輯局選
  公論俳壇▶靑木靜軒選

**朝鮮公論 第4巻 1号, 1916.1
通巻 第34号**

〈口繪寫眞〉國運隆盛/丙辰二題/第三十七議會と各政黨大會/我が帝國の武威/東京市の大典/歐洲戰亂と日本の新年/新任朝鮮銀行總裁/新男爵/辰の年と小國民/新年五題

迎大正五年 ……………………………… 1
大正五年を迎へて吾人の抱負を述ぶ▶牧山耕藏 ………………………………… 2
新時代と新教育▶高田早苗 ………… 9
階級獨占の迷夢より覺醒せよ▶犬養毅 …………………………………………… 11
殖民政策の秘訣と朝鮮の將來▶田中穗積 ……………………………………… 13
新たに起れる我國學界の一問題▶村上直次郎 ………………………………… 17
現代日本國民に對する五大警告▶新渡戸稻造 ………………………………… 20
殖民政策の本義▶後藤新平 ………… 27
第三十七議會に對する我黨の本領▶原敬 ……………………………………… 28
人の評判
　東洋生命保險會社京城支店長 矢澤近次郎君 ……………………………… 31
　京城公立高等女學校長 成田忠良君 ……………………………………… 36
　辯護士 松本正寬君 ………………… 52
　朝鮮鐵道局技師 石川眞三君 …… 62
奇談逸話▶欣々散子 ………………… 92

山形閑君總督府醫院を驚かす/小松綠君一文字に釣らる/富美の家女將の健康診斷/有島武翁健康長壽の秘訣を說く/藝妓三太の女中巡査を驚かす/岡今朝雄君の御大典記念
社告 …………………………………… 90, 97
お正月初笑ひ ………………………… 69
公論餘滴 ……………………………… 91
ショールと手袋 ……………………… 39
故岡村初之助月君の印象 …………… 124
歌壇與太話 …………………………… 122
京城商議評議院選擧 ………………… 126
龍山鐵道病院と其首腦者 …………… 108
政黨政治の將來▶戸水寬人 ………… 35
藝妓論▶加藤弘之 …………………… 37
半島産業の前途觀
　朝鮮開發の秘鍵脚下に在り▶村田俊彦 ……………………………………… 40
　新たに勃興せんとする五大工業の前途▶宇野三郎 ………………………… 42
　現下の不景氣に處する吾人の覺悟▶竹中多計吉 …………………………… 44
　前途を閉塞する數箇の難關▶田村義次郎 ……………………………………… 46
　半島の煙草戰と向後五年▶加藤末郎 ……………………………………… 49
現代青年の大教訓眼前に現はる▶丹羽清次郎 ………………………………… 53
大人物は鍛鍊努力の結晶なり▶浮田和民 ……………………………………… 57
獨逸の露國に對する恐るべき經濟的

侵擊▶大田三郎 ……………… 59
最も有望なる窯業の現在及將來▶森
　有三郎 ……………………… 63
最近驚くべき店員不正事件の增加▶
　宮館貞一 …………………… 68
列强の注意を惹ける朝鮮の石油坑▶
　有馬泰山 …………………… 70
諸賢名士年頭の回顧と希望 …… 76
在鮮官人人物評論(其二)▶有馬易水 …
　……………………………… 83
鐵道局人物側面觀▶杢助 ……… 87
大正初年の辰年と吾輩▶淺見倫太郎 94
京城中學校長柴崎鐵吉君に與ふる書▶
　角田生 ……………………… 98
三大偉人を論じて現代に警告す▶高橋
　直嚴 ……………………… 100
干涉主義の産業政策を難ず▶中村常右
　衛門 ……………………… 102
在鮮文武大官の宮中席次と年齡▶草莽
　臣 ………………………… 104
野次將軍列傳▶杢助 ………… 109
新たに一大工業會社生る▶一記者 ……
　…………………………… 111
辰年の名流 …………………… 115
　原敬/黑木大將/珍田捨巳/花井卓藏/
　山本達雄/鮫島大將/田中館博士/水野
　鍊太郎/牟田口元學/末松夫人/馬越恭
　平/芳川夫人/原六郞/福羽逸人/秋山
　定輔
溫かい御馳走▶靑木初子 …… 125
家庭ページ

女房役とは何んな役か▶太田秀穗 ……
　…………………………… 128
配偶者選擇の目標▶檜垣直右 … 132
科學者の目に映ずる嫉妬觀▶工藤武城
　…………………………… 134
令孃觀　檜垣京畿道長官令孃カツコの君
　…………………………… 135
地方官吏生活の裏おもて(四)▶飄々子
　…………………………… 137
讀者の聲 …………………… 140
殖民地女氣質　戀の永樂町八人女(其一)
　▶金童子 ………………… 141
殖民地婦人の硏究　狂暴な朝鮮人に貞操
　を蹂躪されたる女(上)▶石森胡蝶 …
　…………………………… 149
公論新年文藝
　小品文▶石森胡蝶選 ……… 152
　短歌▶角田廣司選 ………… 154
　俳句▶靑木靜軒選 ………… 127
　公論俳壇▶靑木靜軒選 …… 156

朝鮮公論　第4卷 2号, 1916. 2
通卷 第35号

〈口繪寫眞〉元旦の寺內總督/日露親善/
露國太公殿下御來朝/兇漢に襲はれ
たる大隈首相/寺內總督の新年宴會/
隣邦の形勢益々混沌たり/神國の妙
妓/新年の京城婦人團
寺內總督の諭告を讀みて▶牧山耕藏 …
　……………………………… 2

歐洲戰亂の推移と帝國の覺悟▶勝田主計 …………………………………… 10	
案外平凡なる第三十七議會▶島田三郎 …………………………………… 14	
憲法上より觀たる總督制令權▶小林丑三郎 ………………………………… 16	
殖民政策根本觀念の誤謬▶安部磯雄 …………………………………………… 18	
世界の鑛業政策を論じ滿鮮の將來に及ぶ▶津田鍛雄 ……………………… 21	
勝田主計論	
我輩と勝田君▶水町袈裟六 ……… 27	
若槻君と勝田君▶野田卯太郎 …… 28	
好漢大に自重せよ▶鎌田榮吉 …… 29	
蓋し適材適所▶水野錬太郎 ……… 30	
勝田新總裁に望む▶添田壽一 …… 31	
議會から觀たる勝田君▶石渡敏一 32	
清廉潔白の紳士▶橋本圭三郎 …… 33	
鮮銀の小か人物の大か▶小松綠 … 34	
朝鮮開拓の先驅者たれ▶中野武營 ……………………………………… 35	
御大典白首▶檜垣直右謹詠 ………… 37	
日米親善の最大急務▶澁澤榮一 …… 38	
地方金融組合使命論▶入江海平 …… 41	
人の評判	
朝鮮總督府關稅課長 宮本又七君 ……………………………………… 35	
漢湖農工銀行支配人 遠山 熙君 … 44	
第一銀行京城支店長 西村道彥君 ……………………………………… 59	
代議士 大池忠助君 ……………… 70	
日本基督敎會 牧師 井口彌壽君 … 75	
奇談逸話 ……………………………… 67	
露國太公殿下を送迎す …………… 106	
大正四年の回顧と大正九年の希望▶三名士 ……………………… 36, 101	
英國牛津より▶中野正剛 ………… 39	
印度より▶坂出鳴海 ……………… 40	
冬枯の旅にて▶青木靜軒 ………… 56	
北鮮より ……………………………… 61	
公論餘滴 ……………………………… 72	
讀者の聲 ……………………………… 85	
歌壇與太話▶ひろし ……………… 96	
兎と龍▶佐々木照山 ……………… 111	
今春の朝鮮野球界豫想▶鐵血選手 105	
新年の雅會 ………………………… 102	
三月號豫告 ………………………… 102	
電車の價格 ………………………… 93	
夫婦喧嘩の心理▶金童 …………… 87	
女の蔭口▶同 ……………………… 90	
遊行斷片▶姬二 …………………… 92	
家事の片手に月收三十圓 ………… 94	
二月の御料理▶青木初子 ………… 95	
釜山の奇習,釜山の三大盡 ……… 66, 68	
花月の若子と爺々連 …………… 101	
朝鮮の特産物として有望なる葡萄酒▶色川三男 ……………………… 45	
再び故岡村初之助君の逸事を揭ぐ▶丹羽淸次郎 …………………… 48	
驚くべき新現象西鮮の一角に現はる▶鈴木穆 ……………………… 51	
朝鮮牧畜會社不成立の顚末▶一記者 …	

………………………………… 57
在鮮官民人物評論(其二) 朝鮮銀行理事
　木村雄次▶有馬易水 ………… 62
東拓總裁吉原三郎に與ふ▶角田生 … 69
桑原咸鏡北道長官に代りて一言す▶眞
　山生 …………………………… 73
科學者は女を何と觀るか▶工藤武城
　………………………………… 78
京城の實業家(一) 篠崎牛助君 …… 80
朝鮮地方官吏生活の裏おもて(五)▶
　飄々子 ………………………… 82
家庭ページ
　愚劣なる日本人の生活法▶太田秀穂
　………………………………… 86
　令孃鑑 神野事務官令孃伸子の君 …
　………………………………… 89
在鮮の我が婦人に對する希望▶棚橋絢
　子 ……………………………… 91
殖民地婦人の研究 狂暴な朝鮮人に貞操を
　蹂躪されたる女(下)▶石森胡蝶 … 97
殖民地女氣質 戀の永樂町八人女(其二)
　▶金童子 ……………………… 107
公論文壇
　漢詩 …………………………… 113
　小品文▶石森胡蝶選 ………… 114
　短歌▶角田廣司選 …………… 116
　俳句▶青木靜軒選 …………… 119
藝妓番附 ……………………………… 123

朝鮮公論 第4巻 3号, 1916. 3
通巻 第36号

〈口繪寫眞〉紀元節/近事片々/咸鏡南道
の農事獎勵/慘亦慘たる西歐の野/膨
脹せる釜山港/壽座の慈善劇
滿洲銀行論 ……………………………… 2
政治道德▶原敬 ………………………… 5
吾が百年の經綸に進め▶高橋是淸 … 7
同化主義乎威壓主義乎▶澤柳政太郎 14
大正時代は海外發展の時代なり▶海老
　名彈正 ………………………… 22
戰時に於ける獨逸の鐵道▶村瀨鎌次郎
　………………………………… 26
在鮮地方官吏の覺悟▶小原新三 … 27
人の評判
　衆議院議員辯護士 木尾虎之助君 …
　………………………………… 81
　東拓會社副總裁 野田卯太郎君 … 82
奇談逸話(其四)▶欣々散士 ………… 68
學界の恩人加藤弘之博士逝く ……… 55
公論餘滴 ……………………………… 56
京城の實業家(其二) 新町耕市君 …… 76
朝鮮短歌會記▶▲▲生 ……………… 78
讀者の聲 ……………………………… 80
人生感意氣 …………………………… 67
中央歌文會京城支會詠草 …………… 77
小盃▶蠻楚桂 ………………………… 62
米國の女尊男卑 ……………………… 24
中村再造君と洋畫の値段 …………… 35
現代くらぶ生きる …………………… 38

花嫁大陸婦人界　創刊號の美觀 …… 58
森勝サンの生豆腐 ………………… 42
壽座の慈善劇 ……………………… 82
敢えて「工友」に望む …………… 74
鐵道のウソバカリ ………………… 77
京城圖書館現在圖書 ……………… 82
新朝鮮の銀行員會社員は如何なる覺悟を要すか
　（其一）在鮮青年の一大通弊と我會社▶原田金之祐 ……………… 31
　（其二）青年の覺悟は此一言▶井上孝哉 ………………………… 33
名士の滿鮮觀—滿鮮統一策▶野田卯太郎 ………………………… 37
朝鮮における釀造業の前途▶豐永眞里 …………………………… 57
在鮮官民人物評論 香椎源太郎君▶有馬易水 ……………………… 40
在鮮學閥觀(其一)慶應閥▶泰山樵客 ………………………………… 43
東拓總裁吉原三郎に與ふ▶角田生 … 49
各道重要物產成績 農業(其一)
　忠清北道▶鈴木隆 ……………… 50
　咸鏡南道▶申應熙 ……………… 52
讀者論壇 不良少年論▶工藤重雄 … 57
科學者より女に對する要求▶工藤武城 …………………………… 63
家庭ページ
　婦人と言語▶太田秀穗 ………… 70
　令孃鑑 釘本初子孃 …………… 71
　西洋料理▶青木初子 …………… 75

今春の全國野球界豫想▶鐵血選手 … 81
青年記者の觀たる女　殖民地女四篇(其一)女 ……………………… 85
　殖民地女の氣分▶大西我羊 …… 87
公論文壇
　漢詩 ……………………………… 92
　小品文▶石森胡蝶選 …………… 93
　短歌▶角田廣司選 ……………… 96
　俳句▶青木靜軒選 ……………… 99
朝鮮の主要都市と人才(一) ……… 103
　將來に於ける釜山港の使命▶石塚英藏 …………………………… 104
　歐亞の關門たる釜山港▶三本武重 … 106
　釜山港及其膨脹▶時岡欣堂 …… 108
　釜山港に於ける水產業と將來の希望▶大原庄太郎 ……………… 119
　釜山に於ける實業團體と其人物▶一記者 …………………………… 121
次號豫告 …………………………… 49
釜山港より諸要港に至る航程 …… 69
釜山府管內內地人縣別表 ………… 107
釜山の氣候 ………………………… 105
釜山府管內港衞 …………………… 118
釜山府管內戶口表 ………………… 120
藝妓番附 …………………………… 131

朝鮮公論 第4巻 4号, 1916. 4
通巻 第37号

〈口繪寫眞〉陸軍紀念日/忠淸南道及黃

海道の産業奬勵/近事片々/空中の神技/母國の春/記者の觀たる仁川港
政治季節の經過と寺內伯▶牧山耕藏 ……………………………………… 2
東洋拓殖會社改善論▶牧山耕藏 …… 10
歐洲大戰と米國人の態度▶姉崎正治 15
歐洲に於ける戰時經濟と日本▶村田俊彥 ………………………………… 21
問題となりし諸問題
　海軍補充費問題▶早川整爾 …… 24
　過去の東拓と今後の東拓▶目賀田種太郎 …………………………… 25
　所謂希望條件の意義を論ず▶石渡敏一 ……………………………… 27
　對支銀行案再提出を慫慂す▶平山成信 ……………………………… 29
日本帝國の國是と國民の信念▶津田鍛雄 …………………………………… 30
半島に於ける兒童敎育の根本方針▶嚴谷小波 ……………………………… 37
殖民地少年と愛國心▶工藤吳山子 … 39
在鮮學閥觀(其一) 慶應閥(下)▶泰山樵客 ……………………………………… 42
釜山評論 舊人物對新文明の葛藤▶欣堂 ……………………………………… 49
人の評判
　江原道第一部長 武藤文吾君 …… 22
　ドクトル,メヂチーネ 工藤武城君 …………………………………… 36
朝鮮鑛業令施行規則公布に就き注意すべき事項 ……………………………… 59

歌文會京城支部第二回詠草 ………… 41
春雜吟 ……………………………… 77
貴女が先生ですか ………………… 54
京城三勇士とジョン會 …………… 73
西洋の產業 …………………… 80, 105
時事評林 …………………………… 82
公論餘滴 …………………………… 102
北鮮より一筆 ……………………… 84
櫻の道の奧の家 …………………… 85
朝鮮は農業に適するか …………… 89
大陸婦人界のお目見え …………… 92
金言 ………………………… 94, 101, 129
讀者の聲 …………………………… 103
京城の實業家(其三) ……………… 104
既婚者の生徒自分の六十 ………… 106
廓然無聲 …………………………… 107
在鮮官民人物評論 池田遞信局長官▶有馬易水 ………………………………… 55
名士の滿鮮觀▶木村雄次 ………… 62
各道重要物產成績 農業(其二)
　忠淸南道▶小原新三 …………… 63
　黃海道▶趙義聞 ………………… 65
西洋料理▶靑木初子 ……………… 68
令孃鑑 秋吉滿枝孃 ……………… 100
新處世訓 徹底せる生活▶太田秀穗 …………………………………… 69
女尊論―婦人諸君へ▶時岡欣堂 …… 74
奇談逸話 …………………………… 78
　阿部充家君の名譽恢復/矢野恒太君女難に罹る/萩谷籌夫君一代の不覺/岡田三郎君置き去りになる/生田淸

三郎君　お灸の效驗を知る/土井芳輔
君支那人と見違へらる
恐るべき肺結核と其豫防法▶森安連吉
　…………………………………… 81
朝鮮に於ける石塔の研究▶稻田春水 …
　…………………………………… 86
公證は最も完全なる權利の保障法▶山
　邊勇輔 …………………………… 90
青年記者の觀たる女　殖民地女四篇(其
　二)
　婦人問題と京城の婦人▶武内尉 … 95
　矯正するのが我等の責任▶三好生 … 98
藝妓番附 ………………………… 108
公論文壇
　漢詩 …………………………… 109
　　小品文▶石森胡蝶選 ………… 110
　　短歌▶角田廣司選 …………… 111
　　俳句▶青木靜軒選 …………… 114
各道の主要都市と人才(二)―仁川港 …
　………………………………… 118
仁川港の過去現在未來▶久水三郎 ……
　………………………………… 119
仁川港の貿易と産業▶一記者 …… 121
仁川港の開發と新舊人物▶一記者 ……
　………………………………… 125

朝鮮公論 第4巻 5号, 1916. 5
通巻 第38号

〈口繪寫眞〉皇祖祭當日/紀念植樹/平安
　南道の産業獎勵/官界異同/雁住燕來/

精鋭/臺灣勸業共進會
滿蒙問題解決の機▶牧山耕藏 ……… 2
鮮滿縱橫觀▶勝田主計 …………… 10
須らく滿洲をして我が貨幣領域たらし
　めよ▶田健治郎 ………………… 13
現下の經濟關係と日米親善▶澁澤榮一
　…………………………………… 18
日露新協約と日本の國是▶戸水寛人 …
　…………………………………… 22
經濟同盟加入可否問題
　情弊を廢して斷行せよ▶仲小路廉 26
　經濟同盟と日本の地位▶高橋是清 28
　經濟會議の眞價と日本の利害▶安田
　　善三郎 ………………………… 30
　經濟同盟會議參列を排す▶大場茂馬
　…………………………………… 32
政界縱議▶秋元興朝 ……………… 36
寺内總督訓示 ……………………… 44
各道重要物産成績 農業(其三)
　平安南道▶工藤英一 …………… 52
　全羅北道▶李軫鎬 ……………… 55
世界無比の大富源處分問題 ……… 58
　一. 當局者は如何に處理せんとする
　　乎▶石塚英藏 ………………… 58
　二. 鑛業家は如何なる意見を有する
　　乎▶高野省三/津田鍛雄/小林藤右衛
　　門/白上貞一/竹下康之/原勝一 … 59
　三. 一般實業家は如何に之を觀る乎
　　▶野田卯太郎/山口太兵衛/水越理庸
　　…………………………………… 65
在鮮學閥觀(其二) 同志社閥▶泰山樵客

……………………………… 68
旅館樓上の各道長官▶岡本君川 …… 75
印象其麼生
　朝鮮銀行理事▶木村雄次君 …… 43
　朝鮮郵船會社長▶原田金之祐君 … 49
　東亞煙草會社朝鮮總販賣所長▶馬詰次男君 …………………………… 51
　京城電氣株式會社專務▶岡正矣君 … ………………………………… 56
　十八銀行京城總支店長▶足立瀧次郎君 ………………………………… 67
　京城府伊▶金谷充君 …………… 82
　京畿道第一部長▶有賀光豊君 … 97
無門有關▶君川桂客 ……………… 105
讀者の聲 …………………………… 100
崖城博士回春園雅會の記▶靜軒 … 94
松の實 石橋忍月招待句會 ……… 110
官吏の無智と公衆の被害客 ……… 88
私の好きな花は客 ………………… 63
藝妓檢黴近し …………………… 57
先生の眉毛落し …………………… 93
役人は人民の召使 ………………… 110
人間と蛇 …………………………… 112
公論餘滴 …………………………… 116
突忽として現はれたる煙草界の大合同 ………………………………… 111
第二回朝鮮短歌會 ………………… 114
春を浴びて▶ひろし ……………… 113
新處世訓百難の裸にも悠々自適の襟懷が必要▶太田秀穗 …………… 84
在鮮官民人物評論 海運業者中村清次郎君▶有馬易水 ……………… 81
冷語熱舌▶玄波樓主人 …………… 78
社會評論 婦人問題と殖民地の女▶時岡欣堂 …………………………… 89
公開狀 鮮銀總裁勝田主計に與ふ▶不案迂人 …………………………… 95
奇談逸話 …………………………… 98
　木村雄次君警察を煩はす/吉原三郎君行詰る/神谷卓男君目賀田男を撲る/喜久家の先生も有繋は女/田中佐七郎君とタングステン
新任道長官論▶易水散史 ………… 101
令孃アルバム　山形多可悅孃 …… 104
家庭料理　初夏のお料理▶青水初子 … ………………………………… 114
華族を絡んだ女二人▶石森胡蝶 … 106
公論文壇
　小品文▶石森胡蝶選 …………… 119
　短歌▶角田廣司選 ……………… 121
　俳句▶青木靜軒選 ……………… 125
春色熙々として劍光燦たり ……… 128
附錄　鑛業出願者人名及鑛區表 … 129
藝妓番附 …………………………… 135

朝鮮公論 第4巻 6号, 1916.6
通巻 第39号

〈口繪寫眞〉離宮御造營の候補地となれる三名所/近事片々/社會の近事(其の一)/社會の近事(其の二)/社會の近事(其の三)/日本化せる臺灣

朝鮮總督府に諮問機關を設くべし▶牧山耕藏 …………………………… 2
朝鮮鑛山會社設立を贊す▶牧山耕藏 ………………………………………… 9
殖民地爭霸戰と日本の國是▶中小路廉 …………………………………… 13
支那を論じて滿鮮統一の根本義を斷ず▶戸水寬人 ……………………… 15
同化と殖民政策及外交▶高橋是淸 … 19
東拓移民に代りて滿天下の人士に訴ふ▶橫井時敬 ……………………… 25
勸銀は朝鮮に對する放資を躊躇せず▶志村源太郎 ……………………… 29
朝鮮鑛山會社設立に對する五名家の意見
　會社の性質に依りては歡迎す▶石塚英藏 ……………………………… 31
　余は此五大理由に依りて贊成す▶勝田主計 …………………………… 32
　會社組織は最も時宜に適す▶野田卯太郎 ……………………………… 33
　鑛山會社の設立と吾輩の覺悟▶山口太兵衛 …………………………… 33
　鑛山會社設立の經過を宣明す▶竹下康之 ……………………………… 36
最近內鮮の諸名流時談▶一記者 …… 38
在鮮學閥觀(其二) 同志社閥(下)▶泰山樵客 ……………………………… 41
京城地人錄(一)▶岡本麓庵 ………… 46
在鮮官民人物評論 大屋鐵道國長官▶有馬易水 …………………………… 55

社會評論▶時岡欣堂 ………………… 59
奇談逸話 ……………………………… 88
　寺內總督取引所の效能を悟る/切田君ヤンキーを回す/三浦彌五郎君ケツを捲くる/小松綠君其遇を悟る
印象其麼生
　朝鮮銀行庶務局長 山田松熊君 … 43
　朝鮮銀行總裁 勝田主計君 ……… 49
　東洋拓殖會社理事 林市藏君 …… 57
京城の電信は何時間かゝるか …… 45
無門關 ………………………………… 54
鈴マン君對兒玉伯の默劇 ………… 58
京城の乘馬會 ………………………… 62
笑子の戀愛觀 ………………………… 70
讀者の聲 ……………………………… 81
關釜連絡船三等室より ……………… 87
人の噂 ………………………………… 88
林君市藏式を發揮す ………………… 89
公論餘滴 ……………………………… 94
大塊翁俳筵の記 ……………………… 99
新時代に處する大國民の襟度▶增田義一 ………………………………… 63
案外平穩なりし東拓會社 …………… 68
普國內地殖民制度の沿革▶永野淸 … 82
鑛山界 ………………………………… 90
興味ある朝鮮古瓦の研究▶稻田春水 ……………………………………… 95
藝妓檢黴問題解決の時到る
　藝妓の檢黴は何時からでも出來る▶中野有水 ………………………… 100
　吾輩は斷乎として實行す▶松井信助

………………………………… 101
藝妓と娼妓と一緒にされては困ります▶鹽澤お千代 …… 101
短銃お仲凄腕の巻▶流水子 ……… 105
公論文壇
　漢詩 ………………………………… 111
　小品文▶石森胡蝶選 …………… 111
　短歌▶角田廣司選 ……………… 113
　俳句▶靑木靜軒選 ……………… 111
藝妓番附 ……………………………… 121

朝鮮公論 第4巻 7号, 1916. 7
通巻 第40号

〈口繪寫眞〉元帥府に列せられたる寺内總督/諸星/内鮮の名力士/注目すべき政界及外交界/滿洲の代表的人物と風景(其一)/隣邦の形勢
創刊三週年記念辭 ………………………… 1
帝國の大陸政策を論じて新附民衆に告ぐ▶牧山耕藏 ……………………… 2
民心の倦怠と大隈内閣の運命▶秋元興朝 ………………………………… 12
輿望既に去る大隈内閣▶鎌田榮吉 … 14
大隈内閣死花論▶大場茂馬 ………… 16
統一乎分裂乎
　袁死後の支那と我が國論統一▶犬養毅 …………………………………… 18
　袁の計と帝國の對支政策▶戸水寛人 …………………………………… 20
新安宅關 見よ朝鮮通過の名士は如何なる勸進帳を讀み行くかを▶富樫佐衛門 ……………………………… 25
京城地人錄(二) 南山町一二丁目▶岡本麓庵 ……………………………… 30
三千萬圓の需要を有する朝鮮の機業▶宇野三郎 ……………………… 38
滿蒙啓發策▶白人武 ……………… 42
小鑛業家に對する福音▶齋藤雄藏 … 45
在鮮官民人物評論 原田欽之祐▶有馬易水 ……………………………… 48
新處世訓 吾輩の簡單明瞭主義▶太田秀穗 ……………………………… 53
臺灣土産話(承前)▶牧山玄濤 ……… 59
姿くらべ 京城名妓▶泰山樵客 …… 70
回想譜 日本軍人に嫁せる朝鮮婦人の追懷談▶君川生補 ………………… 77
鑛業界 ……………………………… 83
鑛山會社の經過と今後▶竹下康之 … 92
藝妓檢黴問題 ……………………… 69
　藝妓の檢黴は不贊成▶村田俊彦 … 69
　私は檢黴に大贊成▶岡田鬼千代 … 69
　檢黴すると上玉が逃げる▶水越理庸 ……………………………… 70
　美しい着物を着た人形と見るが可い▶岡正矣 …………………… 71
　女の生殖器は非常に複雜だ▶工藤武城 ……………………………… 72
　藝妓の秘密を知拔いた吾輩の意見▶大垣丈夫 …………………… 73
　檢黴は無用健康診斷は必要▶西村道彦 ……………………………… 74

藝妓に聽いて見るが一番確だ▶古海嚴潮 ………………………… 75
病毒は遊蕩兒に對する天罰▶井口彌壽男 ………………………… 75
花柳病に罹るは自業自得▶山形閑 ……………………………… 76
鴨綠江畔新たに七千町步の美田現る▶一記者 ……………………… 93
性相觀の寺內伯▶石龍子 …… 98
華族を絡んだ女二人(其二)▶石森胡蝶 ………………………… 106
印象其麼生
　朝鮮銀行東京支店長　吉田節太郎君 ………………………… 34
　仁川米穀取引所仲買商　淺松太郎君 ………………………… 80
　朝鮮輕便鐵道株式會社長　牟田口元學君 …………………… 96
鑛業は大贊成だ▶兒玉伯爵 …… 13
一億五千萬圓にして見せる▶村田素一郎 …………………………… 17
近く大紛亂起らん▶內田康哉 … 19
殖民地の青年▶井上孝哉 …… 56
大相撲の滿鮮巡業 ………… 24
東京性相學會の大陸發展 …… 44
財界無題錄▶SO生 ………… 47
慶北安東より▶ZT生 ……… 52
在朝鮮內地人紳士明鑑豫約出版 … 105
青すだれ ………………… 57
無門關▶董偓樓 …………… 58
大滴小滴 ………………… 82

新刊紹介 ………………… 90
寄贈新聞雜誌 …………… 91
社告 …………………… 112
朝鮮の鑛業と無煙炭 ……… 97
鮮人界便り▶長崎縣人會 …… 115
新綠の旅にて▶靑木靜軒 …… 116
讀者の聲 ………………… 123
大陸婦人界紹介 …………… 129
公論餘滴 ………………… 37
藝妓番附 ………………… 137
夏の印象▶大西我羊 ……… 113
公論文壇
　小品文▶石森胡蝶選 …… 117
　短歌▶角田廣司選 ……… 118
　俳句▶靑木靜軒選 ……… 121
滿洲見聞記▶泰山樵客 …… 125
請負界の表裏觀▶鐵斧散人 … 130

朝鮮公論 第4巻 8号, 1916.8
通卷 第41号

〈口繪寫眞〉光榮/近事片々/朝鮮總督府廳舍新築豫定圖と敷地地鎭祭/國境における營林事業の盛觀/滿洲の代表的人物と風景/龍驤虎搏
滿鮮政務機關統一の機熟す▶牧山耕藏 ……………………………… 2
日露協約の成立と大陸發展▶牧山耕藏 …………………………… 8
現代靑年訓▶犬養毅 ……… 16
日露新協約論

両大國の提携と世界政策▶大岡育造 …………………………… 19
日露新協約の經濟的價値▶目賀田種太郎 ………………… 23
新安宅の關
　見よ朝鮮通過の諸名士が讀み行く面白き勸進帳を▶富樫佐衛門 ……… 28
京城地人錄(三)▶岡本麓庵 ………… 33
新事業研究 有望なる朝鮮機業の振興策▶宇野三郎 ………………… 40
夏の國境縱走記(其一)▶欣堂/君川 … 44
新處世訓 簡單明瞭主義▶太田秀穂 …………………………… 52
在滿鮮內地人 學閥觀(其三)中央大學閥▶泰山樵客 …………… 55
滿洲見聞記(其二)▶泰山樵客 ……… 59
回想譜 日本軍人に嫁せる朝鮮婦人の追懷談 …………………… 64
夏の繪葉書から(其二)▶大西我羊 … 69
夏の食べ物は何が一番お好きですか▶五十四名士 …………… 72
鑛業界 ……………………………… 79
鑛業組合の成立▶竹下康之 ……… 89
無盡藏なる朝鮮の鑛物▶川鍋鐵馬 … 91
英國は斯の如く重石を尊重す▶笠原寬美 …………………… 95
涼臺夜話 夏と女▶工藤武城 ……… 98
名士の夏 ……… 99, 103, 104, 126, 127
夏季に最多い病氣と其豫防法▶森安連吉 …………………… 102
藝妓に眞の戀ありや

言はぬが花だ▶高野省三 ……… 105
私の戀は猛烈ですよ▶丸子 …… 105
藝妓の戀は素人以上だ▶安藤堅次 ………………………… 106
戀は有る併し未練は無い▶百吉 ………………………… 107
藝妓には眞の戀なし▶猪原貞雄 ………………………… 108
波瀾に富んだ藝妓の戀▶〆太郎 ………………………… 110
藝妓の戀は素人より猛烈だ▶白上貞一 ………………………… 111
死ぬ程惚れる私の戀▶光菊 … 113
姿くらべ ……………………… 106
新に計劃されたる經濟研究▶高野省三 ………………………… 115
蘭燈怨話 ……………………… 116
印象其麼生
　新義州府伊深川博次郎君 …… 21
　朝鮮總督府理財課長 入江海平君 ………………………… 54
　京城駐在露國總領事ルッツ氏曰く … 67
　朝鮮商業銀行支配人豊田明敬氏曰く 67
　京城覆審法院長城敷馬氏曰く … 70
　官を辭した前總督府鐵道局副參事 村瀨鎌次郎君 ……… 93
日露協約全文 …………………… 25
朝鮮總督府廳舍新築設計槪要 …… 32
無門關 …………………………… 78
朝鮮商工界の一隅から …………… 71
在朝鮮內地人紳名士名鑑 ………… 94

鑛業だより ……………………… 90, 93
公論餘滴 ………………………………… 96
大陸婦人界八月號お目通り ……… 131
社告 ……………………………… 75, 97
新刊紹介 ………………………………… 101
讀者の聲 ………………………………… 123
寄贈雜誌新聞 …………………………… 101
牧丹散る ………………………………… 113
縣人會だより―鹿兒島縣人會 ……… 114
藝妓番附 ………………………………… 132
大正四年末現在 在朝鮮内地人府縣別番附 ……………………………………… 118
蹄音記▶珊瑚鞭 ………………………… 119
記者の手帳に現はれたる肉の弛緩んだ女三人▶胡蝶子 …………………… 125
藝妓の見たる鮮銀重役 ……………… 128
公論文壇
　小品文▶石森胡蝶選 ……………… 133
　短歌▶角田廣司選 ………………… 134
　俳句▶青木靜軒選 ………………… 136

朝鮮公論 第4巻 9号, 1916. 9
通卷 第42号

〈口繪寫眞〉李王家の御榮/暗雲に包まれたる朝鮮鐵道局/統軍亭に於ける記者團と國境概觀/南鮮水害の慘狀/新協約國の玄關口/家庭に於ける名士

李王世子殿下の御婚約に就て新附同胞に告ぐ▶牧山耕藏 ………………… 2

現代青年戒 天下の青年は脚下の分水嶺を何と見る▶犬養毅 ……………… 11
滿鮮政務の統一と世界政策▶小野鍊太郎 ……………………………………… 17
産業政策の缺陷▶鎌田榮吉 …………… 22
極東政策と日露新協約▶小川平吉 … 24
夏の國境縱走記(其二)▶欣堂/君川 … 27
滿洲銀行家の貨幣制度論
　金本位と爲すは時機尚早し▶井上一男 ……………………………………… 36
　一刻も速やかに金本位と爲すべし▶太田三郎 …………………………… 37
腐敗せる朝鮮鐵道局の解剖―特に内閣諸公及朝鮮總督に告げて鐵道局の改革を促す ……………………………… 40
　總督政治の汚點たるを恐る/朝鮮鐵道の實質及經營の内容/談合事件を通して見る大疑問/局内纏綿の情實と弊根/營業不振と原因及び責任/剩餘金不當分配問題

鑛業界 ……………………………………… 69
久原製鍊所の買鑛事業と鑛業家▶小瀧元司 ……………………………………… 78
新協約國の東玄關浦鹽を視察して▶岡本生 ……………………………………… 81
北鮮より▶TO生 ………………………… 87
浦鹽奇譚▶SO生 ………………………… 88
酒稅令 ……………………………………… 89
經濟時言▶洋服町人 …………………… 92
京城地人錄(四)―旭町二丁目▶麓庵主人 ……………………………………… 94

| 國民の歡喜▶小原三保松 ………… 101
| 在滿鮮內地人 學閥觀(其三)中央大學閥(下)▶泰山樵客 ………………… 102
| 朝鮮の風土に最適せる果樹栽培▶久次米邦藏 ……………………………… 109
| 風馳雲捲 當世天狗列傳▶欣堂散史 …… 112
| 朝鮮酒稅令問題
| 　酒稅令發表の趣旨と其內容▶藤川利三郎 ……………………………… 117
| 　全鮮酒造業者の怨聲と其業將の來▶千葉春樹 ……………………………… 119
| 　酒商大會の決議と法令の不備▶首藤定 ……………………………… 120
| 滿洲見聞記▶泰山樵客 ………………… 122
| 奇談逸話▶欣堂散史 …………………… 130
| 　故海嚴潮君證書面履行の事/水越理庸君百圓を奪はる/弓場重榮君足を取らる
| 印象其麼生
| 　慶尙北道第一部長 入澤重鷹君 … 16
| 　群山府尹 天野喜之助君 ………… 20
| 　金儲は海に限る▶生田水產課長 …… 31
| 　店主と店員▶原田朝郵社長 ……… 34
| 談合事件判決 …………………………… 57
| 社告 …………………………… 66, 129
| 鑛業だより …………………………… 77
| 新刊紹介 ……………………………… 86
| 寄贈雜誌新聞 ………………………… 111
| 煙草の煙 ……………………………… 100
| 大陸婦人界九月號紹介 ……………… 147

噂―齋藤音作君禁酒の詮議 ……… 130
回想譜(三)―日本軍人に嫁せる朝鮮婦人の追懷談 ……………………… 132
人生探訪 口入屋の帳場となるの記▶露江子 ……………………………… 137
姿くらべ(其三) ……………………… 137
公論餘滴 ……………………………… 146
讀者の聲 ……………………………… 144
ヒステリーとは何か▶森安連吉 … 148
藝妓番附 ……………………………… 150
公論文壇
　小品文▶石森胡蝶選 …………… 151
　短歌▶角田廣司選 ……………… 153
　俳句▶青木靜軒選 ……………… 154

**朝鮮公論 第4巻 10号, 1916. 10
通巻 第43号**

〈口繪寫眞〉閑院遣露大使宮殿下の御出發と隨員/內外多事/東洋拓殖會社總裁に內命せる石塚英藏君/秋山軍司令官の着任と朝鮮公論社主催大演說會/久原鑛業株式會社鎭南浦製錬所/改築中の朝鮮公論社
總督及都督の任用資格擴張を論ず▶牧山耕藏 …………………………… 3
現代青年戒 雇主と被雇人間の自覺時代來る▶犬養毅 ………………… 12
帝國の使命を論じて大隈侯の態度を難ず▶仲小路廉 …………………… 19
日支兵衝突の先後策▶鎌田榮吉 …… 25

朝鮮鐵道の不正事件と當局の責任▶水野錬太郎 ………… 29
小日本より大日本へ▶永井柳太郎 … 33
世界經濟界の移動に備ふる朝鮮銀行の海外調査▶三島太郎 ………… 48
腐敗せる朝鮮鐵道局の解剖(三)―再び内閣諸公及朝鮮總督に告げて鐵道局の改革を促す
　吾人は斷乎として鐵道局の廓淸を期す ………………… 52
　皇室の尊嚴を冒瀆したる一大不敬事件 ……………………… 55
　第二の國庫剩餘金分配事件發覺す 60
　天下の官府厭ふべき情弊の巷と化す ……………………………… 62
　巨頭政治の弊竇と人道問題 ……… 68
鐵道局解剖と世論 ………………… 73
井出臺水氏送別俳筵 ……………… 77
青年男女貞操問題▶阿部磯雄 …… 78
强者の光榮▶時耕雨讀書樓主人 … 82
必ず成算ある朝鮮の漆器業▶今津明 85
朝鮮の田地賣買に關する問合 …… 88
國境の月を仰いで▶室然太郎 …… 89
久原鑛業株式會社鎭南浦製鍊所を觀る▶牧山玄濤 ………………… 91
有望なる咸鏡南道の鑛業▶神林敬太郎 …………………………… 96
在鮮官民人物評論―秋山駐箚軍司令官▶有馬易水 ………………… 99
在滿鮮學閥觀―明治大學閥(上)▶泰山樵客 ……………………… 103

天狗列傳(二)▶欣堂散史 ………… 108
滿洲見聞記▶泰山樵客 …………… 114
京城新町女紅場 …………………… 119
短歌▶角田廣司選 ………………… 120
鑛業界 ……………………………… 122
鑛業だより ………………………… 130
ヒステリーの病狀と其治療法▶森安連吉 ………………………… 132
新人舊人
　咸興炭鑛株式會社專務取締役 神林敬太郎君 ……………………… 24
　京城郵便局長 服部正一郎君 …… 26
奇談逸話
　石塚英藏君劍に別れを惜しむ … 31
　小原三保松君馬來人と誤らる … 45
西鮮の旅より▶靜軒 ……………… 32
我輩の平生▶永井柳太郎 ………… 37
大陸婦人界 ………………………… 144
在鮮內地人紳士名鑑 ……………… 155
南鮮視察▶久次米邦藏 …………… 136
畫室の人―高木背水畫伯 ………… 138
公論餘滴 …………………………… 139
五龍背の三日間▶牧山玄濤 ……… 140
短文▶石森胡蝶 …………………… 146
姿くらべ …………………………… 148
編輯局より ………………………… 148
讀者の聲 …………………………… 151
藝妓番附 …………………………… 156
公論文壇▶青木靜軒選 …………… 157

朝鮮公論 第4巻 11号, 1916. 11
通巻 第44号

〈口繪寫眞〉奉祝立太子禮/朝鮮總督長谷川伯/大命を拜受せる寺內伯/內閣諸公/滿鮮機動演習/京城神社秋季祭典

寺內總督を送りて長谷川總督を迎ふ▶牧山耕藏 ………………………… 2
現任東拓總裁石塚英藏君を迎ふ▶牧山耕藏 ………………………… 12
寺內內閣論
　隈閣よりも寺內內閣▶秋元興朝 …………………………………… 17
　寺內內閣に期待す▶大場茂馬 …… 21
　超然內閣の出演と大正國民の覺悟▶犬養毅 …………………………… 26
長谷川總督論
　好箇の新總督▶大岡育造 ………… 33
　人格的好將軍▶森田定一 ………… 35
　寧ろ手腕を拜見せん▶小川平吉 … 36
京城地人錄―旭町三丁目▶金洞主人 ………………………………… 37
米の湖南線 大田より江景まで▶SO生 …………………………………… 44
腐敗せる朝鮮鐵道局の解剖(三)―新內閣諸公及朝鮮總督に告げて斷乎たる鐵道局の改革を促す
　發賣禁止と言論の權威 ………… 51
　釜山鎭埋築地買收不正事件 …… 54
　大屋權平氏の悖虐狼戾 ………… 60

鐵道局解剖と世論(二) ……………… 68
偉大なる言論の權威 ………………… 77
言論の權威保持▶林博太郎 ………… 77
言論の權威と其筋▶鎌田榮吉 ……… 79
在鮮滿學閥觀―明治大學閥(下)▶泰山樵客 ………………………………… 81
在鮮官民人物評論―宇佐美長官▶有馬易水 ………………………………… 86
水原松柏狩獵らずの記▶欣々散史 … 91
洛東より▶楚桂生 …………………… 94
得意の人 石塚東拓新總裁天 ……… 95
一匁百五十萬圓のラヂウム▶今津明 ………………………………… 96
歷代內閣壽命 ………………………… 23
鎭南浦久原製鍊所長小瀧元司氏曰く 25
鑛業家西崎鶴太郎君曰く ………… 45
新人舊人
　駐箚軍軍醫部長醫學博士 佐藤恒丸君 ………………………………… 32
　遞信局勅任技師 岡本桂次郎君 … 34
朝鮮銀行奉天支店 ………… 49, 104
公論餘滴 ……………………………… 67
惡商人防衛策 ……………… 110, 135
在鮮內地人紳士名鑑 ……………… 136
大陸婦人界の發展 ………………… 147
社告 ………………………… 146, 151
藝妓番附 …………………………… 155
西鮮の旅にて▶青木靜軒 ………… 101
商買繁昌の新工夫▶泥峴町人 …… 102
滿洲見聞記▶泰山樵客 …………… 105
朝鮮に多き神經衰弱と攝生法▶森安連

| 吉 …………………………… 111
藝妓は化物だ▶ベス生 …… 114
鑛業界 ………………………… 118
小品文▶石森胡蝶 …………… 134
讀者の聲 ……………………… 150
名士と雅號 …………………… 137
短歌▶角田廣司選 …………… 148
姿くらべ ……………………… 141
社會實寫 洋妾お靜の魂膽▶流水子 141
公論俳壇▶青木靜軒選 ……… 153

朝鮮公論 第4巻 12号, 1916. 12
通巻 第45号

〈口繪寫眞〉筑紫の野に行はれたる特別大演習/朝鮮を去った人々/雍光熙々/新彩奕然/陸軍大將になった三將軍/本野子と兒玉伯

歳晩辭 ………………………… 1
朝鮮における人事の異動と民心の一新
　▶牧山耕藏 ………………… 2
大正國民は此一大時弊を如何に觀る▶
　犬養毅 ……………………… 11
問題の人物 大屋權平論
　大屋權平氏の人格は定評あり▶笠井愛次郎 …………………… 18
　不可思議なる大屋權平氏の態度▶川原茂輔 …………………… 20
長谷川新總督に對する希望
　余は海運業者として此一大事を切望す▶原田金之祐 ………… 23
　余が銀行家として痛切に希望する事
　▶三島太郎 ………………… 24
　余が千五百萬の朝鮮人に代りて訴ふべき一大事▶趙重應 …… 25
　余は此二大事を新總督に希望す▶木村雄次 ………………… 27
　東拓を去るに臨み特に新總督に熱望する一事▶井上孝哉 …… 29
京城地人錄一本町一丁目▶金洞散人 …
　……………………………… 31
米穀取引所新設問題曰く
　青木總督府商工課長/木村朝鮮銀行理事/足立十八銀行取締役/豊田朝鮮商業銀行支配人/古城精米所主/石塚東洋拓殖會社總裁/關京城銀行取締役/河合百三十銀行支店長/高瀬東洋拓殖會社理事/釘本商業會議所議員
公論餘滴 ……………………… 44
在鮮官民人物評論一上林道長官/藤河道長官▶有馬易水 ……… 45
人間哲學 未來に生きる人▶石森生 …
　……………………………… 50
財界時言 ……………………… 55
當面の人物七名士　ニコニコ拜觀記▶
　板橋生 ……………………… 56
朝鮮に於ける郵政の進步▶古郵生 … 61
越山併得能州景▶I生 ………… 67
鮮滿名士初對面印象記▶新參記者 … 68
新人舊人 工學士 中村與資平 ……… 17
石塚さんと美濃部さんへ▶某銀行家より ……………………… 21

司法府長官 國分三亥氏曰く ……… 33
三越吳服店社長 野崎廣太氏曰く … 35
度支部稅務課長となつた有賀光豊君く
　……………………………………… 47
繪葉書便り▶牧山社長 …… 53, 60, 104
嗟呼吉原三郎君 ………………… 80
吉原さんと野田さん …………… 80
文士羊羹 ………………………… 86
讀者の聲 ………………………… 83
撫順炭と朝鮮に於ける炭價調節 … 104
鐵道局不正入札事件判決 ……… 105
新年號豫告 ……………………… 107
京城の柔道界 …………………… 117
豫約出版 ………………………… 107
大陸婦人界 ……………………… 116
鑛業界 …………………………… 70
東京から京城迄―入社の辭に代へて▶
　板橋菊松 ……………………… 81
神經衰弱の豫防法▶森安連吉 …… 85
名士と雅號 ……………………… 87
朝鮮の農業界に現はれたる一大新發明
　▶時耕野人 …………………… 93
僕の藝妓觀 美人九龍物語▶ベス生……
　………………………………… 98
姿くらべ ………………………… 100
短歌▶角田廣司選 ……………… 106
京城老舖 辻屋の末路 …………… 110
公論俳壇▶青木靜軒選 ………… 118
藝妓番附 ………………………… 121

朝鮮公論 第5巻 1号, 1917.1
通巻 第46号

〈口繪寫眞〉九重の宮居の御繁榮/新總督長谷川好道伯の着任/巳年名士のニコニコ/時事一束/朝鮮公論社々屋と庭園/都の春
年頭の宣言 ……………………… 1
大正六年を迎へて吾人の抱負を述ぶ▶
　牧山耕藏 ………………………… 2
雨か風か第三十八議會
　兩黨の結束果して如何▶床次竹次郎
　………………………………… 11
　大勢既に決す解散歷然▶小久保喜七
　………………………………… 12
　立憲內閣の意義と兩黨の結束▶水野
　鍊太郎 ………………………… 15
人間の志操▶犬養毅 …………… 19
朝鮮產業の現狀を叙して實業家諸氏に
　此七大事を要望す▶小原新三 … 24
朝鮮實業界の新問題として現れたる朝
　露貿易の研究 ………………… 30
　總督府商工課長　青木戒三/商業會議
　所書記長　大竹友之丞/鮮銀檢查局長
　中村光吉/天日精米所主 天日常次郎
近世殖民の一大眼目▶新渡戸稻造 … 39
世界的人類生活の機運來る▶姉崎正治
　………………………………… 44
管內農商業家に希望す …………… 48
　忠淸南道長官　上林敬次朗/忠淸北道
　長官　柳赫魯/全羅北道長官　李軫鎬/

平安北道長官　藤川利三郎/江原道長官　李圭完/慶尙南道長官　佐々木藤太郎

滿洲の野より▶村田俊彦 ……… 59

歐洲戰爭の繼續が我が經濟界に及ぼす影響如何 ……………………… 63

正貨倍增實業家の蹶起すべき此一年▶安田善三郎 ……………… 66

數個の貿易問題實業家猛省の年▶中野武營 ……………………… 66

各道長官に進言し其實行を要望す▶十六各士 …………………… 76

此の好景氣を如何に利導すべきか … 69

朝鮮銀行理事　木村雄次/第一銀行支配人　西村道彥/十八銀行取締役　足立瀧次郎/京城銀行支配人　弓場重榮/百三十銀行支店長　河合松之助

隈閣倒潰寺閣出現の眞相▶玄波樓主人 ………………………… 81

朝鮮銀行總裁美濃部俊吉論▶有馬易水 ………………………… 87

在鮮名士初對面印象記▶新參記者 … 91

人間哲學　未來に生きる人(其二)▶石森生 ………………………… 94

舞臺の人東拓理事高瀬梅吉君▶杢助生 ………………………… 99

東洋拓殖會社改革私案▶板橋菊松 …………………………… 103

朝鮮に於ける郵政と文敎との關係▶古郵生 …………………… 105

操觚者及鑛業家の長谷川總督に對する希望 …………………… 110

五千萬圓の富を增す牛の力▶宇野三郎 ……………………… 112

在鮮文武大官の宮中席次と年齡 … 121

動いた人

　京畿道第一部長となった入澤重麿君 …………………………… 17

　東拓參事となった淸水常吉君 …… 27

　總督府山林課長となった田中一郎君 …………………………… 41

　總督府鑛務課長村田素一郎君曰く … 37

　東洋拓殖會社理事川上常郎君曰く … 46

　公論餘滴 …………………………… 38

　東洋拓殖會社總裁石塚英藏君曰く … 57

　京城本町警察署長宮館貞一君曰く … 61

財界時言 …………………………… 29

本社の豫約出版 …………………… 75

大陸婦人界新年號 ………………… 150

巳年生れの人名錄 ………………… 138

面目一新したる京城繰紐會社 …… 142

私の新居▶靑木靜軒 ……………… 144

十月會の記 ………………………… 130

藝妓番附 …………………………… 163

大正六年より必ず實行したしと思ふ事▶四十五名士 …………… 116

私の好きなもの嫌ひなもの▶二十一名士 ……………………… 126

中年者の神經衰弱▶森安連吉 …… 128

美人久龍物語▶ペス生 …………… 131

巳年生れの女將と藝妓 …………… 131

奇麗な藝妓の話▶胡蝶子 ………… 137

公論文壇 ………………………… 145
鑛業界 …………………………… 151

朝鮮公論 第5巻 2号, 1917. 2
通巻 第47号

〈口繪寫眞〉風雲急/道長官會議列席者/最近の人事異動/京城の正月/一月場所東京大相撲幕内力士/朝鮮公論社の招宴
總督都督を政府委員として帝國議會に列せしむべし▶牧山耕藏 ………… 1
大戰後東洋に勃發する經濟戰▶原敬 … 6
寺内内閣と新艦隊の財源▶松岡康毅 ………………………………………… 9
朝鮮開發上の一大問題▶美濃部俊吉 … 13
哲人政治を謳歌する政治家▶建部遯吾 ………………………………………… 16
動政治家の誣說迷ふ勿れ▶高田早苗 … 19
朝鮮内地間の新定期航路▶原田金之祐 ………………………………………… 22
戰爭は人類の適者を殺す▶秋元興朝 24
人間の志操▶犬養毅 ………………… 27
日本民族移住の根本問題▶新渡戸稻造 ………………………………………… 30
管内實業家に對する希望
　管内の實業家に苦言を呈す▶松永武吉 ………………………………… 37

　新時代來る,實業家猛省せよ▶工藤英一 ……………………………… 40
　五大希望と一大警告▶申應凞 …… 42
　本道實業家の活舞臺▶桑原八司 … 44
　百姓は土百姓に限る▶趙義聞 …… 45
官界を去れる小宮刀水先生▶玄波樓主人 ……………………………………… 73
新設さるべき朝鮮製糖會社▶岡村左右松 ……………………………………… 77
倭冠の歷史と李王家▶伊藤銀月 … 79
冬季に最も警戒すべき三つの病氣▶森安連吉 ………………………………… 84
名士の片影三將軍物語▶KI生 …… 86
平土間から一木本京電支配人▶杢助生 ………………………………………… 89
姿くらべ ……………………………… 90
我社に舞込んだ年始狀調べ▶無曆居士 ………………………………………… 93
京城から岡山まで▶欣々散史 …… 97
小品文▶石森胡蝶選 ……………… 103
俳句▶青木靜軒選 ………………… 104
鑛業界 ……………………………… 109
道長官に對する總督訓示 ………… 49
議會が解散になったら▶荒井賢太郎 51
公論餘滴 …………………………… 48
熱心資本家の實行を促す朝鮮の土地經營▶藤井寬太郎 ………………… 53
京城米豆株式取引所設置意見 …… 60
財界時言 …………………………… 59
朝鮮總督府官人論▶有馬易水 …… 65
法政大學と其出身者(上)▶泰山樵客 …

　　　　‥‥‥‥‥‥‥‥‥‥‥‥‥‥ 68
短歌▶角田廣司選 ‥‥‥‥‥‥ 102
朝鮮銀行營業局長 河部秀太郎氏曰く‥
　　　　‥‥‥‥‥‥‥‥‥‥‥‥‥‥ 35
總督府總務課長 荻田悅造氏曰く‥‥ 8
總督府農商工部長官 小原新三氏曰く‥
　　　　‥‥‥‥‥‥‥‥‥‥‥‥‥‥ 15
東洋拓殖株式會社理事 高瀨梅曰く　21
大鼓小鼓 ‥‥‥‥‥‥‥‥‥‥‥ 100
漢詩▶古城梅溪 ‥‥‥‥‥‥‥ 116
六號閑話 ‥‥‥‥‥‥‥‥‥‥‥‥ 72
京城の四季(鴨綠江節) ‥‥‥‥‥ 76
大陸婦人界二月號 ‥‥‥‥‥‥‥ 101
讀者の聲 ‥‥‥‥‥‥‥‥‥‥‥ 108
藝妓番附 ‥‥‥‥‥‥‥‥‥‥‥ 125

```
朝鮮公論 第5巻 3号, 1917.3
　　　通巻 第48号
```

〈口繪寫眞〉長谷川總督の動靜/米獨國
　交邊に斷絶/近事四題/氷雪を冒して/
　近事一束/諏訪飛行
意義ある總選擧に當り吾人の抱負を披
　瀝す▶牧山耕藏 ‥‥‥‥‥‥‥‥ 1
總選擧と國民の覺悟
　解散をして憲政促進の資に供せん▶
　　原敬 ‥‥‥‥‥‥‥‥‥‥‥‥ 2
　總選擧と靑年の自覺▶犬養毅 ‥ 14
　政黨及議會廓淸の秋▶中橋德五郎 19
　珍無類の議會現象▶江藤哲藏 ‥ 22
　肉彈戰乎塹壕戰乎▶堀切善兵衛 ‥ 25

　輅然として大悟徹底すべし▶大岡育
　　造 ‥‥‥‥‥‥‥‥‥‥‥‥ 27
　痛快なりし議會▶小江平吉 ‥‥ 31
　人道の戰士ウイルソン氏の宣言▶長瀨
　　鳳輔 ‥‥‥‥‥‥‥‥‥‥‥ 33
　米獨國交斷絶の我國經濟界及び事業界
　　に及ぼす影響如何▶增田義一/澁澤
　　榮一/池田謙三 ‥‥‥‥‥‥‥ 35
半島實業家蹶起の時
　机上に現れた事業界に新傾向▶靑木
　　戒三 ‥‥‥‥‥‥‥‥‥‥‥ 41
　全世界の産業革命と朝鮮の工業▶入
　　江海平 ‥‥‥‥‥‥‥‥‥‥ 43
　余は滿洲を如何に見たか▶美濃部俊吉
　　‥‥‥‥‥‥‥‥‥‥‥‥‥‥ 46
　京城地人錄一本町一,二丁目▶金洞主人
　　‥‥‥‥‥‥‥‥‥‥‥‥‥‥ 48
　朝鮮鑛業開發の五大策と余の確信▶石
　　渡新太郎 ‥‥‥‥‥‥‥‥‥ 53
　內田大使をゴム人形とは▶坂橋生 ‥ 59
　財界時言 ‥‥‥‥‥‥‥‥‥‥ 67
　朝鮮金持物語▶紀の國家 ‥‥‥ 63
余が立候補の抱負如何
　憲政の一大禍根を除け▶岡田榮 ‥ 68
　總選擧と後藤男の胸算▶高橋章之助
　　‥‥‥‥‥‥‥‥‥‥‥‥‥‥ 70
在朝官民人物月旦(其一三)▶有馬易水
　　‥‥‥‥‥‥‥‥‥‥‥‥‥‥ 12
法政大學と其出身者(下)▶泰山樵客 ‥
　　‥‥‥‥‥‥‥‥‥‥‥‥‥‥ 76
公論餘滴 ‥‥‥‥‥‥‥‥‥‥‥ 81

| 朝鮮公論 第5巻 4号, 1917. 4 |
| 通巻 第49号 |

平土間から―鮮銀新理事大田三郎▶杢助生 …………………… 83
深き意義と尊き生命▶宮木又七 … 106
謹告▶牧山耕藏 ………………… 29
好過ぎて悪い棉▶笠原寛美君 …… 42
焦れて鳴く聲▶吉田秀次郎君 …… 61
玄米の飯の味▶島田志良君 ……… 89
帝國國難論出づ ………………… 45
三十臺の男
　川田治一君 ……………… 73
　大原胤夫君 ……………… 87
　村上秀一郎君 …………… 91
姿くらべ ………………………… 101
家の聲▶欣堂生 ………………… 86
實力の人―富永/藤井/植村三醫官▶三畝公 …………………………… 82
六號閑話 ………………………… 93
短歌▶角田廣司選 ……………… 94
米と株▶大正成金 ……………… 98
五階の窓 ………………………… 92
女將の見た男らしい男
　花も實もある武士の▶富美㐂家女將 ……………………… 101
　乘るか反るかの度胸があつて▶辰中女將 ………………… 103
　男の中の男とは▶喜久家女將 … 104
小品文▶石森胡蝶選 …………… 97
俳句▶青木靜軒選 ……………… 108
鑛業界 …………………………… 111

〈口繪寫眞〉革命の勃發せる露國/近事三題/山縣總監と林大使/光榮ある陸軍記念日/近事一束/山霞み花笑ふ
總選擧迫る ……………………… 1
露國の大革命を論ず …………… 2
自治制の本義を說き國民の覺醒を促す▶水野鍊太郎 ……………… 7
日支親善を實現する一手段▶山縣五十雄 ……………………………… 10
國民亦根本的に自覺する秋▶花井卓藏 ……………………………… 12
學生にも言論の自由がある▶勝本勘三郎 ……………………………… 18
朝鮮財界の趨勢如何▶阿部秀太郎 … 21
立憲國民の恥辱▶鎌田榮吉 …… 24
解散より總選擧迄▶川原茂輔 …… 26
財界時言▶板橋生 ……………… 29
哀れむべき哉憲政會の末路▶小坂順造 ……………………………… 30
東拓會社の使命と抱負▶石塚英藏 … 35
忠君愛國主義を論じて殖民政策の大本に迫ぶ▶遠藤隆吉 ……………… 38
露國革命亂の原因及び經過 …… 40
朝鮮柞蠶の有望なり▶板橋菊松 … 42
滿鮮の同胞に此快事を告ぐ▶志賀重昂 ……………………………… 44
世界的の貴重鑛物としての鱗狀黑鉛▶福井武次郎 ………………… 50

醫學上より觀たる安全なる結婚法▶高木正人 …… 55
椰子樹の蔭―パラオ島の近況 …… 58
早稻田大學の出身(上)▶泰山樵客 … 59
白木蓮▶角田不案 …… 65
露國革命亂と世論 …… 67
　長瀨鳳輔/井上子爵/田付七太/瀨沼格三郎/ボルイノフ・ハリソン/桑田雄藏/石川喜太郎
公論餘滴 …… 72
福德圓滿物語▶胡蝶庵主人 …… 73
芳川鎌子▶板橋生 …… 66
謹告▶牧山耕藏 …… 6
東洋拓殖株式會社理事 川上常郎君曰く …… 16
漢湖農銀支配人 遠山凞君曰く …… 22
李埈公殿薨去 …… 85
大陸婦人界四月號の躍進 …… 80
藝妓番附 …… 90
三十臺の男
　篠崎半助君 …… 9
　香山弘君 …… 19
　西村宗一君 …… 27
　井上正愛君 …… 43
姿くらべ …… 73
小品文▶石森胡蝶選 …… 81
短歌▶角田不案選 …… 83
俳句▶青木靜軒選 …… 86
讀者の聲 …… 89
鑛業界 …… 91

朝鮮公論 第5巻 5号, 1917. 5
通巻 第50号

〈口繪寫眞〉得意の人失意の人/記念植樹/朝鮮公論社長牧山耕藏/東京大相撲五月場所/山形少將と汪交通次長/故李埈公殿下御葬儀
總選擧と眞價 …… 1
〈社說〉朝鮮の對外航路綱を論じて當局及朝郵重役に警告す …… 2
支那は斯くの如くにして開發すべし▶澁澤榮一 …… 7
政治家の努むべき道▶新渡戸稻造 … 9
政戰の意義堂々と貫徹す
　我黨の一大目的は玆に貫徹せり▶原敬 …… 11
　國民政治的思想の向上に因る▶田健治郎 …… 13
　斷然情意投合と妥協政治を排せ▶松岡康毅 …… 14
　見事に失敗せる憲政會の秘策▶岡崎邦輔 …… 15
　自然の狀態に復歸せるのみ▶山本達雄 …… 16
　憲政會寧ろ大成功なり▶後藤新平 …… 17
第十三囘總選擧衆議院議員一覽表 … 18
當選御禮▶牧山耕藏 …… 20
朝鮮農界の刷新は水利事業完成に在り▶川上常郎 …… 21
國民一政奮起の秋▶高橋是淸 …… 25

支那露領視察所感▶小原新三 ……… 28
對支問題と支那の參戰▶内田良平 … 31
英吉利の農業問題▶人見次郎 ……… 34
大陸進展と鮮銀活動の現狀▶太田三郎
　…………………………………………… 39
犯罪行爲の變化と檢擧の成績▶中野有
　光 ………………………………………… 42
入社の辭▶佐野耿堂 ………………… 45
李舜臣全集を讀む▶和田天民 ……… 48
社告 ……………………………… 79, 88
京城の釀造界 ……………………… 75
京電會社新計劃 …………………… 61
噫秋元興朝子 ……………………… 77
三井物産大連支店長故古郡良介君 … 85
京城を去る人－林茂八郎君 ……… 10
京城を去る人－吉田勝次郎君 …… 27
醫學研究の爲に－古城貞君 ……… 29
玄濤社長の當選を祝して▶鳥兎/岸城/
　靜軒 …………………………………… 78
響▶角田不案 ………………………… 37
閑語笑話 ……………………………… 38
國香ハンうなされの事 ……………… 74
運動家
　福 尚志君 ………………………… 43
　林 靖一君 ………………………… 50
　高橋明業君 ………………………… 52
　矢野福藏君 ………………………… 55
　內藤新治君 ………………………… 78
初對面と印象
　警務總監部高等警察課長 前田昇君 …
　…………………………………………… 59

警務總監部警務課長 國友尙謙君 66
山形將軍送別紀念帖 ……………… 61
我社の豫約出版 …………………… 62
姿くらべ ……………………………… 68
大陸婦人界五月號 ………………… 80
十年以前を回顧す▶山形閑 ……… 54
公論餘滴 ……………………………… 57
舊師の觀たる橫綱大錦▶柴崎鐵吉 … 58
花月艷話▶胡蝶菴主人 …………… 63
劇藥心中▶石森胡蝶 ……………… 67
吾輩の見たる女房▶紅頭巾 ……… 76
小品文▶石森胡蝶選 ……………… 81
短歌▶角田不案選 ………………… 83
俳句▶靑木靜軒選 ………………… 86
讀者の聲 ……………………………… 75
鑛業界 ………………………………… 89

朝鮮公論 第5巻 6号, 1917.6
通巻 第51号

〈口繪寫眞〉薰風を浴びて/巡錫/近事
　片々/記念(其一)/記念(其二)/競技
國民の倚託に背く勿れ …………… 1
鮮滿兩鐵の合併に賛し是が實現の促進
　を慫慂す ……………………………… 2
東洋の天地旣に亂る▶原敬 ……… 8
國際政局を說いて日本人の覺悟に及ぶ
　▶長瀨鳳輔 ………………………… 14
財界詩言 ……………………………… 17
戰後の急務と農務省の設置▶元田肇 …
　…………………………………………… 21

公論餘滴 …………………… 23
最近の世界戰爭觀▶高橋是清 … 24
モンスター▶杢助生 …………… 28
五階の窓 ……………………… 34
元田國東先生は何を語つたか▶靑煙公
　　………………………………… 25
政戰の跡を顧みて―牧山社長征戰隨伴記
　京城より平戸まで▶時岡欣堂 … 46
　平戸より上五島まで▶板橋春秋 58
顏を中心として三島太郞▶胡蝶菴主人
　………………………………… 39
運動界 ………………………… 40
新時代の産業政策と朝鮮の農業的工業
　▶藤山雷太 ………………… 64
戰慄すべき狂犬病▶高木正人 … 63
朝鮮總督府官人論▶有馬易水 … 71
女の領分 ……………………… 75
　男は女にどんな要求をするか▶輪田元道 …………………………… 75
　お伽噺の選び方▶巖谷小波 … 80
　初夏の應接室にて▶岩本姬路 … 84
　婦人の職業に就て▶嘉悅孝子 … 86
畫家になるまで ……………… 45
初夏に警戒すべき皮膚病▶瀨戶潔 … 68
牧山社長當選祝賀會 ………… 70
新しき靑年の社交團若葉會 … 87
鮮銀異動總評 ………………… 92
木浦の裁棉記念會 …………… 13
簡單な鼓腹術 ………………… 20
朝鮮水産組合長 大原庄太郞君 … 27

總督府警視 岡本惠三郞君 …… 33
李堈公附事務官呼子友一郞君 … 83
西鮮日報祝賀會 ……………… 44
五分演說
　鮮銀總裁 美濃部俊吉氏 …… 47
　京電經理課長 武者練三氏 … 51
　總督府技師 中村彥氏 ……… 67
玄濤社長の當選を祝す ……… 48, 50
會寧招魂祭 …………………… 103
三十臺の男
　本岡榮次郞君(總督府) ……… 49
　讚井源輔君(鮮銀) …………… 56
　瀨戶 潔君(醫學士) ………… 73
朝鮮皮革會社の盛況 ………… 54
坊ちゃん孃ちゃん …………… 77
句佛上人歡迎俳筵▶靜軒 …… 79
初夏の風▶三畝公 …………… 80
鷺梁津に代撰鑛場新設 ……… 98
淸津府民の請願 ……………… 93
環翠樓お濱の行衞▶變裝子 … 95
讀者の聲 ……………………… 94
小品文▶石森胡蝶選 ………… 99
短歌▶角田不案選 …………… 101
公論俳壇▶靑木靜軒選 ……… 104
鑛業界 ………………………… 109
姿くらべ ……………………… 88
藝妓番附 ……………………… 108

朝鮮公論 第5巻 7号, 1917. 7
通巻 第52号

〈口繪寫眞〉李王殿下の東上(其一)/同上(其二)/臨時外交調査委員會と各政黨大會/長官更迭

世界の謎 …………………………… 1
李王殿下の御東遊に就て新附同胞に告ぐ ……………………………… 2
戰後の世界を論ず▶長瀨鳳輔 ……… 8
國家に對する吾人の犠牲▶犬養毅 … 16
原・犬養・伊東の三角同盟乎▶大石正巳
………………………………… 17
政權爭奪の弊を論じて三黨の合同を要望す▶澤柳政太郎 ………… 19
鮮滿兩鐵道の合併を鮮滿兩地に於ける經濟的影響如何
　大陸發展と兩鐵道の統一▶高野省三
　………………………………… 24
　兩鐵道の統一と今後の着眼點▶吉田秀次郎 ……………………… 26
朝鮮の財政經濟と今後▶鈴木穆 …… 28
朝鮮の開發と三大航路問題▶持地六三郎 …………………………… 32
想出多き青葉の山▶胡蝶生 ………… 62
〈征戰の跡を顧みて―牧山社長征戰隨伴記〉雨の平戶島▶時岡欣堂 …… 34
上五島より下五島へ▶板橋春秋 …… 42
朝鮮の物價騰貴と之れに對する諸家の意見
　物價騰貴の原因と其趨勢▶阿部秀太郎 ………………………………… 49
　朝鮮の生魚が突飛に高いとは▶生田清三郎 …………………………… 51
　米が高くなつた原因と此後▶川上常郎 ………………………………… 52
一望樓-奧田龜造氏半生の奮鬪史▶三畝生 ……………………………… 53
財界詩言 …………………………… 60
朝鮮總督府官人論▶有馬易水 ……… 61
公論餘滴 …………………………… 66
涼風一過
　三防の瀑(京元線) ………………… 10
　松汀里の濱(元山) ………………… 15
　釋王寺(京元線) …………………… 39
　乙密臺(平壤) ……………………… 67
靜物の吐息▶佐々木有風 …………… 92
紳士名鑑愈々出來 …………………… 65
寄贈新聞雜誌圖書 …………………… 68
一人一話
　僕の道樂▶青木戒三 ……………… 33
　一億圓▶中村光吉 ………………… 79
花仙の夏 …………………………… 70
學校組合議員選擧結果 ……………… 95
須磨子とサッポロビール …………… 52
女の領分 これからの母親はどんな心掛が必要か▶高島平三郎 ………… 69
五階の窓 …………………………… 72
當世秘書役物語▶杢助生 …………… 73
三十臺の男 ………………………… 46
清華亭情話▶春江菴主人 …………… 75
姿くらべ …………………………… 82

水泳の效能と危險な體質▶瀨戶潔 … 81
運動家一百人 ………………… 54
戀の北鮮恨みの黑髮▶嘯月生 … 85
讀者の聲 ……………… 41, 48, 89
小品文▶石森胡蝶選 …………… 90
短歌▶角田不案選 ……………… 93
俳壇▶青木靜軒 ………………… 96
鑛業界 …………………………… 99
藝妓番附 ………………………… 113

………………………………… 31
興國民族と新理想を論ず▶渡邊海旭 34
八月の家▶角田不案 …………… 53
最後の一戰▶欣堂・春秋 ……… 39
公論餘滴 ………………………… 89
埴民地と企業獨逸式の企業組織▶川上
　常郎 …………………………… 54
五階の窓 ………………………… 84
運動家一百人 …………………… 84
總督府官人論―持地長官▶有馬易水 59
白塔放語▶社中同人 …………… 84
西藏及西藏人▶河口慧海 ……… 65
改正されたる東拓法 …………… 69
山か水か―當代文士の興味ある思出 …
　……………………………………74
京城若葉會 ……………………… 40
國家的事業として將めたき緬羊の飼育
　▶本田幸介 …………………… 71
大連港航路擴張の建議と四大理由 … 90
肥滿した人は危險だ▶瀨戶潔 … 93
朝鮮を去るに臨み在鮮敎育者に苦言を
　呈す▶太田秀穗 ……………… 81
總督府文官の服制に一大改廢を要す▶
　田上禿山 ……………………… 114
眼の美しい藝妓觀▶彌次郎兵エ … 96
妓生といふもの▶春江菴主人 … 103
大陸發展記念號豫告 …………… 36
早大野球團 ……………………… 72
花櫛 ……………………………… 105
愛讀者轉居報 …………………… 88
朝鮮民報社祝賀會 ……………… 18

朝鮮公論 第5巻 8号, 1917. 8
通巻 第53号

〈口繪寫眞〉鮮滿鐵道統一/中央試驗所と應用化學實驗/風雲の鎖鑰を握れる時代的偉傑/近事片々

夏と雄心 ………………………… 1
東洋拓殖會社の新使命▶牧山耕藏 … 2
民主的趨勢と我が國體▶井上哲次郎 …
　………………………………… 10
最近米露關係と日本▶長瀨鳳輔 … 14
吉會鐵道と諸家の意見
　日支兩國の經濟的連鎖▶國澤新兵衛
　………………………………… 19
　新興帝國の大使命▶原田金之祐 … 20
　吉會線の二大效果▶野田卯太郎 … 21
　國勢北進の一大幹線▶阿部秀太郎 …
　………………………………… 22
官僚と政黨と國民▶湯原元一 … 24
財界詩言▶板橋春秋 …………… 30
今後の經濟戰に對する新準備▶今津明

ぼたんに就て ……………… 66
涼風一過
　松島海水浴 ………………… 23
　密陽江鮎漁 ………………… 57
　仁川海水浴 ………………… 33
在鮮内地人紳士名鑑出來 ……… 28
臺灣炭鑛會社重役となった武者錬三君
　……………………………… 49
讀者の聲 …………………… 95, 68
一人一話
　政府と保護會社▶木本倉二 … 61
　牧師と私娼▶人見次郎 ……… 92
　朝鮮と事業家▶岡村左右松 … 68
　巡査の鼻▶松井警視 ……… 106
小品文▶石森胡蝶選 ………… 102
短歌▶角田不案選 …………… 108
俳句▶青木靜軒選 …………… 112
鑛業界 ………………………… 115
藝妓番附 ……………………… 129
姿くらべ ……………………… 97

**朝鮮公論 第5巻 第9号, 1917. 9
通巻 第54号**

〈口繪寫眞〉鐵道統一實現/最近に於ける鮮滿人事異動/陸軍異動/人事一束
大陸の秋 ……………………… 1
大陸發展と勞働問題 …………… 2
帝國拓殖政策の刷新▶寺内政毅 … 7
大陸發展論
　鐵道統一と鮮滿の將來▶國澤新兵衛
　……………………………… 9
　米國の支那大陸經營策▶青柳篤恒 …
　……………………………… 11
　大陸發展と對支政策▶内田良平 … 18
　大陸發展と滿蒙治安▶中村光吉 … 22
　一足飛びに滿洲へ▶小原新三 … 24
　滿蒙進展の絶好機會▶高野省三 … 26
　大陸發展と帝國の國是▶大木遠吉 …
　……………………………… 28
　先づ一考を要する重大問題在り▶松平直平 ……………………… 32
拓殖制統一
　拓殖新制と新領土の統治▶阿谷芳郎
　……………………………… 35
　鮮滿統一と大陸經營▶小川平吉 … 37
　殖民地行政統一の曙光▶宮尾舞治 …
　……………………………… 41
　不徹底なる新制と滿鮮政策▶松岡均平 ……………………………… 44
　國境に於ける無盡藏の寶庫▶齋藤音作
　……………………………… 48
　鮮鐵の委託經營と今後▶山縣伊三郎 …
　……………………………… 51
　滿鮮鐵道統一を機に國民の雄飛を促す
　▶大倉喜入郎 ……………… 53
　滿洲に於ける金融機關の活動▶一記者
　……………………………… 55
　植民地關係諸法規 …………… 67
　ただ一言▶横井實郎 ………… 72
　責任の加重▶三本武重 ……… 73
　植民地官界人事異動 ………… 75

鮮滿の旅の思出▶數十名家 ……… 78	滿鐵沿線の名所
特別議會と朝鮮問題 ……………… 87	大連 西公園 ………………… 13
鮮滿鐵道縱走記▶板橋生 ………… 98	本線 南山 …………………… 16
郵便局の窓口から▶古郵生 ……… 100	本線 熊岳城 ………………… 19
東拓に於ける土地經營の過去現在及び	本線 千山 …………………… 23
將來▶足立丈次郎 ……………… 108	本線 湯崗子溫泉 …………… 27
滿鐵會社理事長國澤新兵衛論▶有馬易	本線 細河釣魚臺 …………… 30
水 ………………………………… 111	遼陽線の白塔 ………………… 33
社會雜俎 …………………………… 118	滿洲の山 …………………………… 52
肥滿した人は危險だ▶瀨戶潔 …… 115	滿洲と是公 ………………………… 54
平土間から一村瀨鎌治郎▶杢助生 119	旅順と寒雀 ………………………… 61
京城若葉會 ………………………… 119	南山と鳥と ………………………… 71
元山を一瞥して▶泰山生 ………… 128	運動家一百人 ……………………… 67
怖るべき生活難の叫び▶大島至靜 129	白水淡中將の置土產 ……………… 139
大陸發展の首途に上れる銀行會社(其	滿鮮を股にかけた女▶耿堂生 …… 134
一) ……………………………… 133	滿鮮の風に吹かれ戀に狂ふ魔性の女 …
大連港航路擴張建議と四大理由 … 137	…………………………………… 141
郵便笑話 …………………………… 140	秀奴の眼 …………………………… 148
あくびの後 ………………………… 130	白塔放語▶社中同人 ……………… 147
鮮鐵委託經營要領 ………………… 38	小品文▶石森胡蝶選 ……………… 152
滿鐵理事長告諭 …………………… 39	短歌▶角田不案選 ………………… 154
滿洲と日章旗▶亥角仲藏 ………… 42	俳句▶青木靜軒選 ………………… 158
ひまがあると俱樂部へ▶堀江吉之助 …	鑛業界 ……………………………… 162
…………………………………… 43	藝妓番附 …………………………… 173
國境發展の新機運▶森安三郎 …… 77	姿くらべ …………………………… 142
讀者の聲 ………………………… 74, 97	
鐵道統一に對する總督訓示 ……… 56	朝鮮公論 第5巻 10号, 1917. 10
海雲臺より ………………………… 136	通巻 第55号
立山の木鼠 ………………………… 46	
五階の窓 …………………………… 47	〈口繪寫眞〉朝鮮に來た鳥人スミス氏と
滿洲各地最高氣溫表 ……………… 50	其妙妓/內外時事

東都の秋 ………… 1	水 ………… 65
帝國拓殖館を東京に常設すべし▶牧山耕藏 ………… 2	ニッコリ笑ったりやな阿部秀太郎▶胡蝶庵主人 ………… 69
戰爭は巴爾幹に始り巴爾幹に終る▶長瀨鳳輔 ………… 7	營林廠及び苗圃附近の景趣 ………… 74
戰後經營の根本方針と支那立國策▶戸田海市 ………… 15	東朝鮮回遊記▶板橋生 ………… 77
支那に於ける日本の經濟的勢力▶井内勇 ………… 23	盲腸炎とは怎麼病氣か▶瀨戸潔 ………… 85
公論餘滴 ………… 27	臺灣では來年幾何の砂糖を產すか▶長谷川丈助 ………… 71
最近驚くべき物價の騰貴と其調節策▶山脇玄 ………… 28	吉田勝次郎君曰く ………… 64
五階の窓 ………… 31	京釜線にて ………… 6
殖民地と新企業 - 近く成立せんとする紡織會社と其の將來▶高野省三 ………… 32	愛讀者轉居報 ………… 14
余は何故支那に遊ばんとするか▶高谷久綱 ………… 34	新刊紹介 ………… 26, 30
内地に於ける勞働朝鮮人の現狀 ………… 38	太郎の俳句 ………… 75
京城若葉會 ………… 38	鑛山の唄 ………… 52
大陸雄飛の陣頭に立てる銀行會社 ………… 40	郵便所の不都合 ………… 73
平安北道の產業界と其現狀▶南船北馬 ………… 47	竹下康之君曰く ………… 70
鮮滿事業家實驗談—東拓に於ける土地經營の過去現在及び將來(下)▶足立丈次郎 ………… 44	信濃より▶岩本姬路 ………… 43
郵便局の窓口から▶古郵生 ………… 78	讀者の聲 ………… 46, 52, 78, 88, 94
鮮滿の旅の思出▶諸名士 ………… 44	沙魚釣り▶胡蝶生 ………… 34
朝鮮鑛業界成る ………… 56	肥料の種類と效果▶佐藤榮三郎 ………… 87
滿洲の鑛業▶榊原芳樹 ………… 52	富美廼家光菊の話—『みんな妾が惡いんです』只此丈けいふて淚組む女となつた▶彌次郎兵工 ………… 89
特別議會と朝鮮問題 ………… 55	白塔放語▶社中同人 ………… 93
朝鮮駐箚軍司令官 松川敏胤論▶有馬易	小品文▶石森胡蝶選 ………… 95
	短歌▶角田不案選 ………… 97
	俳句▶青木靜軒選 ………… 101
	鑛業界 ………… 105
	雨の九段より▶時岡欣堂 ………… 76
	藝妓番附 ………… 104

朝鮮公論 第5巻 11号, 1917. 11
通巻 第56号

〈口繪寫眞〉建設/名士往來/諸星動靜/秋晴
朝鮮の農業金融機關を根本的に改善するの議▶牧山耕藏 ……………… 2
鮮滿人士の新使命▶大岡育造 ……… 6
朝鮮及朝鮮人の進化能力▶秋山好古 ………………………………… 9
大景氣大危險論▶三島太郎 ………… 15
新に滿鐵京管局長としての子の信條▶久保要藏 ……………………… 44
新亞細亞民族と支那對策▶小川平吉 ………………………………… 24
吾人は今何を準備すべきか▶松永武吉 ………………………………… 27
大陸に對する實業發展の新現象▶大橋新太郎 ………………………… 33
余の事業眼を驚かしたる朝鮮の工業的價値▶内藤久寬 ……………… 17
朝鮮滿洲の財政的比較▶藍波漁人 … 39
物價騰貴は一時の變調▶小林丑三郎 ………………………………… 37
戰後の大勢と強國の要義▶佐伯敬一郎 ………………………………… 20
内閣の壽命なんか眼中に無いサと兒玉翰長▶三畝公 ………………… 12
朝鮮の鑛業は朝鮮の黃金時代を作る▶村田素一郎 …………………… 13
公論餘滴 ……………………………… 32

朝鮮の棉と煙草と甜菜▶本田幸介 … 29
郵便局の窓口より▶古郵生 ………… 54
特別議會と朝鮮問題(其三) ………… 51
新任滿鐵 京管局長久保要藏論▶有馬易水 …………………………… 63
釜山で會つた人々▶李助迂人 ……… 71
總工費八拾 參萬參千圓の漢江人道鐵橋成る …………………………… 28
淸會線を斯くの如く利用せよ▶岡本常次郎 …………………………… 41
東朝鮮回遊記(其二)▶板橋生 ……… 48
朝鮮鑛業會創立總會と役員の顔觸 … 81
胸襟を拔いて▶生田淸三郎 ………… 46
米國の大野心▶星野德治 …………… 23
唄と義太夫▶村瀨鎌治郎 …………… 80
秋の北漢山より▶靜軒 ……………… 68
全鮮記者大會 ………………………… 77
東萊溫泉 ……………………………… 34
中村光吉君曰く ……………………… 49
釜山の花 ………………………… 72, 73
小川代議士より ……………………… 66
慶尙農工の活躍 ……………………… 42
讀者の聲 ……………………………… 70
釜山より▶胡蝶生 …………………… 92
東萊より▶同 ………………………… 93
或寺より▶同 ………………………… 94
溫泉より▶同 ………………………… 95
旅にて▶同同 ………………………… 96
あくびの後 …………………………… 61
二高會秋季例會 ……………………… 38
金剛山と金剛飴 ……………………… 43

公論倶樂部成る …………………… 83
電話の取次ぎ ……………………… 8
愛讀者轉居報 ……………………… 47
國民飛行協會京城支部 …………… 31
白十字朝鮮人蔘精 ………………… 40
お盛んな宮地君 …………………… 97
文展
　黒髪▶口木清方氏筆 …………… 11
　驟雨の徴▶石川寅治氏筆 ……… 71
　心のさら▶栗原玉葉女史筆 …… 19
　滿洲の一部▶山本森之助氏筆 … 65
社告 定價改正 …………………… 45
李王世子殿下の第二十回誕辰御祝 … 14
朝鮮の旅より歸りて▶藤澤老水 … 82
初冬と皮膚の衛生▶瀨戸潔 ……… 78
杢助が見落した五人物と事業▶鐵扇生
　………………………………………… 74
戀の釜山廻り舞臺 ………………… 29
水原の事業と人物▶一記者 ……… 75
裸一貫より半島活牛界の巨人となつた
　青年▶迫川生 …………………… 67
我國と露國との電信中繼局としての京
　城郵便局 ………………………… 43
歐亞の東關門たる釜山港の縱橫觀▶石
　森生 ……………………………… 90
公論文壇
　小品文▶石森胡蝶選 …………… 84
　短歌▶角田不案選 ……………… 85
　俳句▶青木靜軒選 ……………… 88
最近鑛業界 ………………………… 98

朝鮮公論 第5巻 12号, 1917. 12
通巻 第57号

〈口繪寫眞〉最近の朝鮮/同/陸軍特別大
　演習/同
歲晚 …………………………………… 1
吉會鐵道速成論▶牧山耕藏 ……… 2
宇内の大勢と戰後經營▶原敬 …… 15
國運興隆の新宣言と我大陸發展▶高橋
　是清 ……………………………… 7
大陸に對する我經濟發展の前途如何
　▶中橋德五郎 …………………… 12
初めて朝鮮滿洲を視た二官人の所感
　初めて滿洲を視て▶入江海平 … 19
　初めて朝鮮に來て▶國府小平 … 22
我國鑛業界の現狀を說いて鑛業家の發
　奮▶渡邊渡 ……………………… 33
拾年前安東縣では怎麼事があったよと
　高橋是清男▶逸名士 …………… 32
鮮滿經營の二大錯誤▶牧野英一 … 25
鮮人の外容と迷想生活▶吉野作造 … 29
鮮滿を顧みて▶野田卯太郎 ……… 42
陸軍特別大演習陪觀記▶牧山玄濤 … 65
世界交通發達の大勢と戰後の大陸策▶
　村瀨鎌治郎 ……………………… 37
特別議會と朝鮮問題(其四) ……… 49
郵便局の窓門より▶古郵生 ……… 52
戰後日露貿易が一般に悲觀せらるる四
　大理由▶阿部讓 ………………… 41
朝鮮總督府官人論▶有馬易水 …… 59
京城長唄正聲會秋季大溫習會に就て▶

| 吉田秋草 …………………… 84
唄と三味線▶村瀬鎌治郎 …… 24
山本氏の虎狩と新聞記事▶時岡欣堂 …
　……………………………… 43
朝鮮の關稅問題▶矢鍋永三郎 … 77
朝鮮の水利事業▶關屋忠正 …… 39
最近鮮滿の金融及經濟 ………… 69
朝鮮の旅より歸りて▶藤澤老水 … 85
嚴冬最も注意すべき凍傷と火傷▶瀨戸
　潔 ……………………………… 75
この一年間▶不案 ……………… 97
雅口錄▶靜軒 …………………… 99
滿室の菊▶同 …………………… 83
雜詠一束▶同 …………………… 99
各地俳況▶同 …………………… 100
俳事消息▶同 …………………… 100
長唄正聲會を聽く▶彌次郎兵エ … 20
文士の見たる政治家▶小釼 …… 68
菜食▶同 ………………………… 36
多男國の藝術▶同 ……………… 58
夏目君と體のこなし▶如是閑 …… 6
甲板にて▶同 …………………… 28
或る田舍の町 …………………… 64
金華山▶同 ……………………… 35
靑芝の上▶同 …………………… 48
野田大塊翁の車夫公日く ……… 11
藝妓番附 ………………………… 115
姿くらべ一次郎と勇幸 ………… 88
讀者の聲 ………………………… 92
現株本位の桐生屋株式店 ……… 45
邪魔な電車 ……………………… 60

若一と弟 ………………………… 71
新刊豫告—眞物歟贋物歟 ……… 47
内藤鳴雪翁を訪ふ▶靑木靜軒 … 48
血染の小指—或藝妓の手紙▶彌次郎兵
　衛 ……………………………… 78
オヤオヤ拜觀記—シノサキ俱樂部野球
　大會▶フレー生 ……………… 81
南洋の研究—馬來半島の護謨栽培事業
　▶林金五郎 …………………… 61
愛兒を抱いて—漢江に投じた中佐の娘
　▶迫川生 ……………………… 86
公論文壇
　小品文▶石森胡蝶選 ………… 93
　短歌▶角田不案選 …………… 95
　俳句▶靑木靜軒選 …………… 98
最近鑛業界 ……………………… 101

朝鮮公論 第6巻 1号, 1918. 1
通巻 第58号

〈口繪寫眞〉馬上の御英資/午歲の皇族/
　午歲の人々/時事片々
新春第一日 ……………………… 1
大正七年を迎えて人心の肅淸を促す▶
　牧山耕藏 ……………………… 2
大戰第五年を迎えて帝國の大策を說論
　す▶仲小路廉 ………………… 12
第四十議會と寺内內閣の運命▶元田肇
　………………………………… 16
植民思想の人道化▶新渡戶稻造 … 41
戰後支那に於ける列强の角遂と我國民

の謬想▶美濃部俊吉 …………… 23	大正七年を迎えて …………… 65
朝鮮に於ける工業發展の五大策▶小原新三 …………………………… 18	東拓會社朝鮮銀行中樞人物論▶有馬易水 ………………………………… 71
警戒すべき世界經濟界の大反動▶早川千吉郎 ……………………………… 26	半島歌壇漫言▶不案歌客 ……… 80
	醒雪佐々博士を偲ふ▶青木靜軒 … 84
戰後の大反動に處する工業立國策▶中野武營 ……………………………… 30	當代官民課長總まくり▶杢助迂人 … 75
鮮滿を顧みて▶野田外太郎 ……… 46	在鮮文武官の宮中席次と年齡▶草莽臣 ……………………………………… 91
あかしや▶牧野英一 ……………… 45	花柳病の話▶瀨戶潔 …………… 86
大正七年度より實行せんとする各道長官の新抱負如何	信託とは何ぞや▶澤村九平 …… 56
盛に一般製造工業を起したい▶松永武吉 …………………………… 33	全北平野米の群山▶石森生 …… 96
治水事業の完成と水產事業の改革▶上林敬次郎 ………………………… 35	三井の山林經營 ………………… 76
	公論俱樂部野球應援歌 ………… 76
勤儉貯蓄の獎勵▶宮木又七 …… 35	光州農工銀行營業振 …………… 57
桑苗の擴張と蠶業の獎勵▶趙義聞 …………………………………… 36	全州農工銀行の發展 …………… 59
	午歲の藝妓 …………………… 102
一般事業の發展を期す▶佐々木藤太郎 ……………………………… 37	東京の『太郎』 ……………… 115
道路の改修を急ぐ▶藤川利三郎 … 38	藝妓番附 ……………………… 128
副業としての養蠶と機業▶李圭完 ………………………………… 39	讀者の聲 ……………………… 95
	堅實なる朝鮮商業銀行 ………… 36
鐵道政策と經濟的勢力▶久保要藏 … 49	全北營農業者自問大會 ………… 58
平壤兵器製造所の使命▶近藤兵三郎 … 61	角一ゴムと高井健次君 ………… 60
朝鮮製紙會社の事業計劃▶原鐵三郎 …………………………… 56	西本組支店と後藤虎雄君 ……… 60
	青楓氏送別宴奏會 ……………… 82
鱗狀黑船の鑛床研究▶谷口與四郎 … 59	社告 大阪支社新設 …………… 108
水原の事業と人物(二)▶一記者 … 63	最新鮮滿の金融と經濟 ………… 88
公論餘滴 ……………………… 55	奮鬪經營黑船の山—拾年前の失敗兒今は半島黑鉛界のオーソリチー▶眈堂生 ……………………………… 102
	不思議の米白—新任大阪府知事の事ども ………………………………… 48

群山港の人物▶迫川生 ……………… 107
棧橋ロマンス―月に嘯く狂女の卷▶胡
　蝶子 ……………………………… 109
午歳生の人名録 …………………… 50
藝妓諸君―我が敬愛する美人連に與ふ
　書▶彌次郎兵衛 ………………… 114
公論文壇
　小品文▶石森胡蝶選 …………… 120
　短歌▶角田不案 ………………… 121
　俳句▶青木靜軒選 ……………… 124
　川柳▶柳建寺和尙選 …………… 127
最近鑛業界 ………………………… 129

朝鮮公論 第6卷 2号, 1918. 2
通卷 第59号

〈口繪寫眞〉東宮御册立／第四十回帝國
　議會／李王世子殿下の御歸鮮／一月の
　京城
冷言二事― 朝鮮總督府の政府委員を戒
　む／政治の要道と中樞院の活用▶牧
　山耕藏 …………………………… 2
戰後工業競爭に對する一案件―勞働と
　資本の調節策如何▶山脇玄 …… 7
戰後立國の大眼目▶一木喜德郎 … 101
強國の權威▶青柳營司 …………… 16
朝鮮殖産銀行の利害得失論
　確に一進步なり▶小原新三 …… 19
　現在の三倍强の資本金▶高野省三 20
　成るべく大規模に▶原田金之祐 20
　冗費が省かれる▶足立瀧二郎 … 21

百尺竿頭一步を進めよ▶川上常郎 …
　…………………………………… 22
殖産銀行設立の大眼目▶有賀光豊 …
　…………………………………… 22
朝鮮の發展は今後に在り▶三島太郎 …
　…………………………………… 24
滯貨四萬に對する應急的新施設▶安藤
　又三郎 …………………………… 26
歐洲大戰が生んだ組合新帝國 …… 35
松聲波光 …………………………… 15
大正七年より必ず實行せんとする各道
　長官の新抱負如何(其二)
　農林事業の改善を期す▶李軫鎬 … 30
　北鮮喫緊の七大事業▶桑原八司 … 32
滯貨と鐵道▶板橋生 ……………… 34
營林廠事業の新發展▶齋藤音作 …… 39
我輩の新年▶牧山玄濤 …………… 14
人物評論 東拓鮮銀中樞人物論▶有馬易
　水 ………………………………… 41
當代官民課長總まくり▶朼助稗迂 … 46
朝滿を背景として▶望洋公 ……… 49
溫泉に浸りつゝ▶石森胡蝶 ……… 5
李王世子殿下の御歸鮮 …………… 56
鴨綠江運輸司所運航事業の發展▶一記
　者 ………………………………… 51
朝鮮に發見されたる新植物染料▶上田
　喜助 ……………………………… 59
花柳病の話▶瀨戶潔 ……………… 62
議院スケッチ―衆議院の傍聽席より▶
　望洋公 …………………………… 33
公論餘滴 …………………………… 55

朝鮮總督府特別會計豫算網要 ……… 66
朝鮮農事經營は須らく積極的たれ▶青木戒三 ……………………………… 50
同化政策の第一步は國語の普及▶關屋貞三郎 ………………………………… 52
若い氣分に返って滿洲へ▶河部秀太郎 ……………………………………… 23
學者と資本家との提携▶中村精太郎 … 78
大好評の『人物評論 眞物歟贋物歟』 … 63
熊本農場主の美擧 ………………… 117
元山蠣の聲價と橫山商會 …………… 86
京城の尺八界 ……………………… 72
朝鮮鑛業會誌 ……………………… 85
姿くらべ …………………………… 88
藝妓番附 …………………………… 102
讀者の聲 …………………………… 61
最近鮮滿の金融と經濟 ……………… 73
半島文學の發刊に就きて▶角田不案 … …………………………………… 100
嗚呼柳川春葉先生逝く▶青木靜軒 … 58
遙に書を代議士諸賢に呈す▶大島至靜 79
棧橋ロマンス―若き尼僧の哀話▶胡蝶子 ……………………………………… 81
踊と鳴物▶某粹士 ………………… 70
呂之助と花奴▶彌次郎兵衞 ………… 87
成金物語―當代成金の一頭目山下龜三郎氏面接感▶老水生 …………… 91
公論文壇
　小品文▶石森胡蝶選 ……………… 93

短歌▶角田不案選 ………………… 94
俳句▶青木靜軒選 ………………… 97
川柳▶柳建寺和尙選 ……………… 101
最新鑛業界 ………………………… 103

朝鮮公論 第6卷 3号, 1918. 3 通卷 第60号

〈口繪寫眞〉彈劾案當日衆議院/雍光熙々/時事片々/二月の京城
帝國議會と植民地▶牧山耕藏 ……… 2
最も重要なる帝國議會/植民地に對する余の抱負/議會に現れたる植民地問題/吾人の宿論初めて貫徹す
最近の經濟思潮と殖民地▶田健治郎 … ……………………………………… 22
戰後經營の根本義は經濟的獨立に在り/殖民地の開發は我國當面の最大急務
第四十帝國議會批評▶元田肇 ……… 8
余演說世論/政界裏表の大變調/是々非々主義の貫徹/迂なる哉憲政會/嚴正なる批評家の態度/第四十議會の鬪士
軍國議會と今後の政局▶中橋德五郎 … ……………………………………… 12
平穩なる第四十議會/政權の移動と政友會/寺內內閣と憲政會/物價調節と輸出禁止
海外銀行としての朝鮮銀行▶美濃部俊吉 …………………………………… 15

鮮滿經濟統一の大方針/『內地銀行』と『海外銀行』/殖民地の經濟開發/英國と佛國と露國/東洋諸國の經濟的開發/朝鮮財界の發達

刮目すべき朝鮮唯一の輸出事業▶尾高次郎 …………………… 28
余の朝鮮を如何に見るか/貧弱なる朝鮮の事業界/何ぞ眼光而く狹小なる/產業不振の最大原因/唯一の有力なる輸出事業/何ぞや,曰く養蠶業

朝鮮に勃興せんとする製鐵事業の前途▶原田鎭治 …………………… 25
雄大なる米國の戰時施設▶菱田靜治 32
朝鮮の林政と林野の調査▶田中卯三 46
東洋拓殖會社の移民事業▶二宮德 … 35
鶴見總持寺に於ける立憲政友幽明會▶古府樓主人 …………………… 75
第四十議會と植民地問題 ………… 49
あかしや▶牧野英一 ……………… 60
當代事業家の仕事振と東洋俳優の藝風 ……………………………… 76
カーネギー翁の英雄的生活—五億の全財產を世界公共の爲に投出さんとする翁の壯擧▶太田秀穗 ……… 41
鮮滿に於ける五大實業王國の事業爭奪戰—東洋の新事業地,興國民族の新發展地に於ける攻防角逐▶石森生 …… 62
人物月旦 片山,木本,島田論▶有馬易水 ……………………………… 55
當代官民各課長總まくり▶杢助迂人 69

六號論壇 ………………………… 68
公論餘滴 ………………………… 27
第四十議會見物記▶木舍嘲花 …… 72
私言—日記文に就て▶迫川漁客 … 76
花柳病の話—婦人病は家庭的破產の原因,而も其三分の一は恐るべき痲疾患者▶瀨戶潔 ………………… 78
最近朝滿の金融と經濟 …………… 85
人蔘キャラメル大好評 …………… 77
讀者の聲 ………………………… 84
京城記者團懇話會發會式 ………… 31
蜂蜜羊羹と明治室 ………………… 67
姿くらべ ………………………… 86
三月場所京城藝妓番附 ………… 110
臺灣に於ける製糖事業▶長谷川生 … 81
若菜集▶芳子,默,阿岐良,不案 … 99
半島文學を評す▶△△生 ……… 104
國府保安課長の歌 ……………… 99
春雨の音—或女より或男へ▶板橋春秋 ……………………………… 89
棧橋ロマンス—おえん殺し▶胡蝶子 … 92
冬の兵營▶佐々木有風 ………… 68
花柳偶話—高子の高奴▶彌次郎兵衛 ……………………………… 97

公論文壇
　小品文▶石森胡蝶選 ………… 100
　短歌▶角田不案選 …………… 102
　俳句▶青木靜軒選 …………… 105
最新鑛業界 ……………………… 111

朝鮮公論 第6巻 4号, 1918. 4
通巻 第61号

〈口繪寫眞〉時局重大/最近の京城/支那へ, 支那より/近事片々
帝國の殖民地統治に關し寺內內閣の所信を質す▶牧山耕藏 ……………… 2
國民の時局對應策如何▶野田卯太郎 ……………………………… 15
西伯利の過激派と獨俘虜/時局の急迫と國民の覺悟/日本出兵と列國の輿論/舉國一致國難に當れ
西伯利出兵と財政經濟▶堀切善兵衛 18
日露戰爭の比例/獨逸の戰時政策/軍需品と民間工業/出兵は可能なり
半島に於ける事業開發の着眼點▶川上常郎 ……………………………… 20
一億圓を超過せる工業資金/獨逸の農業發展と科學肥料/農業開發の二大目的/先づ基本的工業を起せ
朝鮮銀行と信託業務▶太田三郎 …… 24
信託の起源/現代必須の業務/米國の信託會社/個人信託と會社信託/我國の信託業者/銀行と信託業務
新附同抱の精神的救濟▶澁澤榮一 … 29
朝鮮敎化事業と余の本領/朝鮮に於ける金融事業と余の苦心/朝鮮に於ける鐵道事業と余の關係/京仁鐵道工事に對する余の鑑戒/朝鮮に於ける文明施設と余の關係/精神的文明の向上を絶叫する所以

朝鮮に於ける數箇の新事業と其前途―最近內地の七大富豪爭うて朝鮮の富源に着目す▶清水文之輔 ……… 34
工業獨立の急務と新大陸▶水本倉二 ………………………………… 38
千載一遇の好機を逸する勿れ/歐米の禁輸問題と日本の狼狽/支那は東洋に於ける一大寶庫/速に時代遅れの謬想を排せよ
小資本家の救濟と庶民銀行▶中村光吉 ………………………………… 41
あかしや▶牧野英一 ……………… 58
第四十議會と殖民地問題 ………… 45
朝鮮の海員養成に就て▶伊藤定弘 … 74
朝鮮衛生の施設▶板東義雄 ……… 23
朝鮮に於ける五大實業王國の事業爭奪戰―鮮滿事業界の巨擘三井王國の活躍と其解剖的批判▶石森生 ……… 60
人物月旦 滿洲の快漢相生由太郎論▶有馬易水 ……………………… 55
當代官民各課長總まくり▶李助迂人 ……………………………… 63
噫, 呼子友一郎氏 ………………… 66
六號雜事 ………………………… 92
公論餘滴 ………………………… 73
縱談橫語▶聽天翁 ………………… 84
奇策縱橫 三大麥酒會社のビール戰▶迫川散人 ……………………… 67
林風の家, 得意の顏 ……………… 28
讀者の聲 ………………………… 103
第三回二高同窓會 ………………… 33

朝鮮の春 …………………… 59
京城友聲會發會式 ………… 57
新刊『大和民族の使命』…… 44
藝妓番附 …………………… 103
最近朝滿の金融と經濟 …… 73
春芽光▶角田不案 ………… 83
二羽省▶佐々木有風 ……… 63
初めて內地を觀た朝鮮人の感想▶金熙善 …………………………… 94
努力と天佑▶向山翠光 …… 67
花柳病の話―心臟、關節、眼、神經系統を冒す恐るべき淋毒▶瀨戶潔 … 70
藝妓戀二篇 花勇の哀話/戀に狂った呂之助▶彌次郎兵衛 ………… 85
全鮮乘合自動車營業許可線路 …… 42
『千代本』の新女將おふみさん …… 93
公論文壇
　小品文▶石森胡蝶選 ………… 95
　短歌▶角田不案選 …………… 97
　俳句▶青木靜軒選 …………… 100
最近鑛業界 ……………………… 105

朝鮮公論 第6巻 5号, 1918. 5
通巻 第62号

〈口繪寫眞〉春光熙々/戰禍擴大/新彩舊菜/劍光帽影
母國及植民地間に於ける共通法の制定と其效果▶牧山耕藏 ……… 2
歐洲戰局の推移と日本の國際的地位▶長瀨鳳輔 ……………… 13
戰局の推移と獨逸/獨逸の政變と國民意志/露國の崩壞と國際政局/戰後日本の國際的地位
現代政治並に立憲政治の純理兩方面より觀たる帝國議會▶植原悅二郎 … 17
露國過激派の思想と勢力▶片上伸 … 31
過激派と穩和派/露西亞人の國民性/迷想に囚れたる露國人/空想生活の破產
我國製造工業を如何にして盛ならしむべきか▶眞野文二 ……… 37
戰亂の擴大と帝國財界の膨脹▶片山繁雄 …………………… 35
內外兩大臣の更迭批判
　良外相良內相▶長島隆二 …… 23
　霞ヶ關の新彩▶早川鐵治 …… 24
　新外相と新內相▶松岡康毅 … 25
　內外相更迭と現內閣▶高田早苗 … 26
　閣員更迭と政局觀▶早速整爾 … 27
米國より歸りて▶佐藤得四郎 …… 39
共通法實施と朝鮮人の權利關係 … 63
『要するに殖民地經營は金よりも人物だよ』と藤田藏相▶古府樓主人 … 30
議會に於ける朝鮮銀行法改正案審議顚末 …………………………… 41
これでも『理想のホーム』か▶太田秀穗 ………………………… 54
現代我國の家庭に於て漫然閑却されつゝある幾多恐るべき日常事の數々を指摘して世の親達の一考を煩はす
朝鮮に適した緬羊飼育▶岩佐生 … 59

緬羊飼育を唱道する所以/朝鮮は天惠の好適地/骨まで金になる緬羊の需用/盛なる支那の羊毛市場

鮮滿に於ける五大實業王國の事業爭奪戰▶石森生 …………………… 72
三井王國の活躍と其功勞者/三井の朝鮮に於ける事業系統/三井の滿洲に於ける事業系統/鮮滿に於ける三井の大小人物

後藤新外相出世物語▶双葉香 …… 66
東伏見宮殿下御來鮮 ………………… 22
北京記者團入京 ……………………… 28
貴衆兩院議員の朝鮮會 ……………… 78
公論餘滴 ……………………………… 65
新刊『現代性慾生活問題』 ………… 53
朝鮮商業銀行の發展 ………………… 90
讀者の聲 ……………………………… 79
藝妓番附 ……………………………… 123
奇策縱橫　三大麥酒會社のビール戰▶迫川散人 …………………… 80
最新鮮滿の金融と經濟 ……………… 85
僕の俗謠▶角戀坊 …………………… 71
野火▶佐々木有風 …………………… 62
造林地より▶不考郎 ………………… 62
京城人氣藝妓點取表(附, 同講評) … 98
大人氣の杵屋正太郎連の長唄 ……… 84
花柳病の話―最も警戒すべき尿閉の治療, 醫者の不注意より起る失態の實例▶瀨戸潔 …………………… 92
溫泉宿の哀話▶彌次郎兵衛 ………… 94
公論文壇

小品文▶石森胡蝶選 ………………… 101
短歌▶角田不案選 …………………… 102
俳句▶青木靜軒選 …………………… 105
最近鑛業界 …………………………… 109

朝鮮公論 第6巻 6号, 1918. 6
通巻 第63号

〈口繪寫眞〉薰風一路/朝鮮司法機關創設十周年/初夏/龍虎淸風に搏つ

滯京半年▶牧山耕藏 ………………… 2
時局の擴大と帝國の國策▶原敬 …… 13
時局盆々重大にして國步盆々艱難/戰後の經濟競爭と之に對する根本策/戰後經營上最も緊要なる二大策/第三策とは何ぞ, 曰く交通機關の整備

支那南北妥協の機運促進と東洋に於ける新勢力の興隆南北の妥協と亞細亞民族の結束▶山本達雄 ……………… 6
南北鬪爭の表裏/南北妥協は刻下の急務/日支提攜の重要點/兩國永遠の精神的結合

支那の覺醒と帝國の新飛躍▶中橋德五郎 …………………………………… 9
所謂對支外交の刷新とは何ぞや/南北妥協の好意的斡旋/日本の外交を誤る者は誰ぞ/日本の經濟發展と對支放資

列國と對亞細亞問題
　戰後の世界と極東の危機▶永井柳太郎 ………………………………… 16

極東に對する米國の大野心と日本▶戸水寬人 ………… 19
亞細亞人の亞細亞▶島田俊雄 …… 21
支那の工業は如何にして今日の勃興を見るに至つたか▶青水戒三 …… 25
鮮滿の鐵道經營と植民政策の確立▶安藤又三郎 ………… 26
朝鮮に於ける交通發達の道程▶村瀨鎌治郎 ………………… 28
朝鮮の司法制度改革と將來の希望▶國分三亥 ……………… 32
司法權の獨立と司法官の風尚▶渡邊暢 …………………… 34
第四十議會と殖民地問題 ………… 41
人物評論 嘉納德三郎論▶有馬易水 …… 61
永井柳太郎氏の渡米を送る▶欣堂生 … 64
デモクラッシーと日本▶城東隱士 … 24
紳士體操の學理と實驗▶櫻井恒次郎 …… 66
紳士體操の由來と三大特長/體操の目的/健全なる生活現象の要件/人體組織の三大本能/筋肉及骨の種類と作用/紳士體操の本領
後藤新外相出世物語▶双葉香 …… 53
學僕, 食客, 玄關番より身を起し, 遞信, 內務の兩想より今や, 曠古の難局外務大臣の要位に就き天下具瞻の標的となる
朝鮮の事業熱と勞力問題▶大村友之丞

…………………………………… 36
滿洲對大阪貿易の趨勢▶一記者 … 38
ビールの泡▶迫川散人 …………… 76
中橋德五郎氏と狸 ………………… 12
野田卯太郎氏と俳畫 ……………… 65
公論餘滴 …………………………… 31
あくびの後 ………………………… 39
川上飛行中尉來る ………………… 35
朝鮮企業案の募集 ………………… 40
讀者の聲 …………………………… 88
藝妓番附 …………………………… 105
六月が來ます▶有風生 …………… 29
層雲▶松蒲淑郎, 高須賀默, 角田不案 … 75
兼二浦より▶藤澤老水 …………… 87
鼻下長連を代表して抗議を申込む一京城人氣藝者點取表を見て▶秋草生 … 80
電話で一儲け▶交換子 …………… 63
花柳病の話—恐るべき黴毒傳染の徑路と遺傳の慘害▶瀨戶潔 ………… 72
藝者の誠▶某粹士 ………………… 36
人氣藝者の裏おもて▶彌次郎兵衛 … 82
公論文壇
　小品文▶石森胡蝶選 …………… 89
　短歌▶角田不案選 ……………… 91
　俳句▶青木靜軒選 ……………… 93
最近鑛業界 ………………………… 97

朝鮮公論 第6巻 7号, 1918. 7
通巻 第64号

〈口繪寫眞〉國賓を迎へ奉る/京城に於ける床次瀧兩代議士/朝鮮鑛業會總會/臺灣總督明石元二郎中將

〈社說〉朝鮮水利事業國營論―食糧獨立問題解決の方策 …………………… 1

日獨同盟論と危險思想▶植原悅二郎 ……………………………………… 10

日逸獨兩國の相似點/獨逸の國情と國策/軍閥と親獨思想/英獨勢力の比較/軍國主義と產業/現下の一大危險思想

戰爭は如何なる時機に於て又如何なる形式に於て終熄すべき乎

戰爭永續の理由と終熄の原因▶中橋德五郎 ……………………………… 14

講和に關する二大謬想/兩軍策戰上の大違算/戰爭永續の二大理由/ 結局は獨墺の內亂か

複雜なる戰爭の原因と前途の難關▶長瀨鳳輔 ………………………… 17

戰爭勃發の第一原因/汎ゼルマニ主義と汎スラブ主義/政策對策主義對主義/戰爭の永引く最大理由

航空界より觀たる島帝國▶長岡外史 ……………………………………… 22

歐洲戰場に於ける飛行隊の活躍/驚くべき航空界の發達/呪はれたる我國の航空界/我國朝野の惰眠を一掃せよ

朝鮮に世界的事業は無きか▶松崎時敏 ……………………………………… 29

朝鮮水產業の變遷と將來▶庵原文一 ……………………………………… 30

新聞の氣躍々たる北鮮の將來と吉會鐵道▶小原新三 …………………… 25

東亞の交通要路/吉林大森林の開發/間島の鮮人/海拔六千尺の峻嶺/我が商權を伸張せよ

七千餘町步の灌漑事業と余の苦心▶藤井寬太郎 ……………………… 33

朝鮮の言論政策に就て長谷川總督に呈す▶橘破翁 ………………………… 35

第四十議會と朝鮮問題 ………………………… 41

滑稽なる釜山稅關長勅任問題/殖產銀行の新設と監督官廳の責任/不徹底なる朝鮮の鐵道政策と當局/朝鮮の海運政策及道廳移轉問題/共通法の制定と鮮人の權利關係/吉植對白仁兩氏の問答

世界に於ける窒素利用の槪況▶板橋生 ……………………………………… 73

野田大塊翁曰く …………………………… 36

髙橋是淸男の日本趣味 ……………… 20

平調な山本達雄氏 ………………… 40

紳士體操の學理と實驗▶櫻井恒次郎 … 58

人體血液量/筋肉種類と效用/骨の種類と連接/靜的努力と動的努力/二三週間で效驗顯著

戰慄すべき煙草の害毒 ………………… 74
臺灣總督となった明石元二郎中將▶迫
　川散人 ………………………………… 56
京城中學校相撲大會 …………………… 62
夏季と京城水道 ………………………… 13
東洋生命保險會社の活躍▶双葉香 …… 67
讀者の聲 ………………………………… 80
藝妓番附 ………………………………… 105
親分物語▶胡蝶菴主人 ………………… 51
鶴松會簾開き …………………………… 32
水路下り(雨の中を大正水利組合竣工
　式場へ)▶不案 ………………………… 75
公論餘滴 ………………………………… 28
朝鮮鑛業會總會 ………………………… 55
講道館朝鮮支部道場開設 ……………… 34
花柳病の話―黴毒の爲鼻も眼も耳も無く
　なった悲慘なる實例▶瀬戸潔 ……… 78
女思出の記▶石森胡蝶 ………………… 81
あくびの後 ……………………………… 52
公論文壇
　　小品文▶石森胡蝶選 ………………… 89
　　短歌▶角田不案選 …………………… 91
　　俳句▶青木靜軒選 …………………… 93
最近鑛業界 ……………………………… 96

朝鮮公論 第6巻 8号, 1918. 8
通巻 第65号

〈口繪寫眞〉風雲の前/京城日報首腦者
異動/出兵問題解決/夏の金剛山
〈社說〉朝鮮殖産銀行論 ………………… 2

出兵問題の解決 ………………………… 1
新歐洲出現の前兆と極東帝國▶長瀨鳳
　輔 ……………………………………… 8
余の戰爭觀並に講和觀/輿論の變調
と新歐洲出現の前兆/如斯大犧牲は
何が爲沸はつゝあるか/來る亞細亞
の運命を如何にすべきか/一時の順
境に飽滿する悲しむべき國民/雄大
なる英國の殖民地經營と日本/嗤ふ
べき世界文化中心の異動說
戰後の世界と新亞細亞の建設▶押川方
　義 ……………………………………… 14
歷代內閣の一大病根たる恐外病/權
威ある自主的外交の實を擧げよ/正
義人道を口にする歐米人の理想/確
固不動の根本的信念缺如/世界は結
局黃人對白色人の戰/斷乎として起
て而して新局面を打開せよ
西伯利出兵問の題解決點▶元田肇 … 18
先づ冷靜に考察すべき根本義/侵略
主義か自衛主義か/西伯利紛亂の眞
相如何/光輝ある皇國の歷史を勿汚
所謂寺內首相の失言問題と日英同盟▶
　內ヶ崎作三郎 ………………………… 22
日獨同盟可能說と日英同盟/英文學
の影響と日英の親交/英米人の感化
と獨人の感化/獨逸に於ける教育上
の缺陷
朝鮮の蠶業▶青水戒三 ………………… 25
朝鮮家蠶業の沒革/養蠶の獎勵/產繭
額累年比較/本年の春蠶繭額/追加せ

る奬勵品種/製絲工場
同化の第一義は鮮人改名に在り▶墨板
　勝美 …………………………………… 29
出兵問題と滿鮮の經濟界▶吉田節太郎
　……………………………………………… 32
災害的救護機關に就て▶永野淸 …… 38
阿部充家君を送る▶玄濤居士 ……… 35
第四十議會と朝鮮問題 ………………… 42
出兵問題一段落▶某政客 …………… 20
某政客曰く ……………………………… 29
楊蔭偶語▶龍象翁 …………………… 47
臨時土地調査局總務課長 和田一郎論▶
　有馬易水 ……………………………… 54
公論餘滴 ………………………………… 21
かなかな蟬 ……………………………… 56
何の爲の水道ぞ▶不案迂人 ………… 57
長瀨鳳輔氏の鼻の高さ ………………… 41
元田肇氏の癇癪皺 …………………… 46
注目すべき露國將來の人物▶一記者 …
　……………………………………………… 63
南鮮より西鮮にかけて▶靜軒 ……… 48
あくびの後 ……………………………… 26
ビールの泡▶迫川散人 ……………… 65
雪國の夏▶胡蝶生 …………………… 66
退潮浦を利用せよ …………………… 57
東洋畜産興業株式會社 ……………… 58
内地人郡守任命 ……………………… 60
京電値上理由書 ……………………… 62
京城府内の不動産調 ………………… 63
議院建築樣式 ………………………… 28
長唄正聲會 …………………………… 37

紳士體操の學理と實驗▶櫻井恒次郎 …
　……………………………………………… 67
花柳病話▶瀬戸潔 …………………… 76
讀者の聲 ………………………………… 92
姿くらべ ………………………………… 84
實說 本町怪談―女の袂に呪ひの藁人形
　▶胡蝶子 ……………………………… 79
流轉の男と漂浪の女▶蔭の男 ……… 83
良人の逸樂に犠牲となつた妻の哀話▶
　美津志 ………………………………… 88
藝妓藤香を戒むる書▶振羅禮男 …… 90
靜軒居に於ける玉の川關▶靜軒 …… 91
公論文壇
　小品文▶石森胡蝶選 ………………… 93
　短歌▶角田不案選 …………………… 94
　俳句▶青木靜軒選 …………………… 97
最近鑛業界 …………………………… 100

```
朝鮮公論 第6巻 9号, 1918. 9
通卷 第66号
```

〈口繪寫眞〉浦鹽派遣軍司令官部/時局
　擴大/朝鮮關係陸軍異動長官/秋色
〈社說〉西伯利出兵を機とし朝鮮官民の
　奮起を促かす ………………………… 2
秋風來▶不案 …………………………… 7
西伯利出兵に對する嚴正批判
　積極的出兵を高調す▶田中萃一郎 …
　……………………………………………… 8
西伯利出兵と經濟的影響▶井上辰九
　郎 ……………………………………… 10

出兵問題と理解無き盲論▶松岡均平 ………………………………… 13
世界の趨勢と自衛的出兵▶內田良平 ………………………………… 14
米國の浦港出兵要旨と日本▶植原悅二郎 …………………………… 16
出兵宣言と帝國政府歷代の宿痾▶岡崎邦輔 ………………………… 17
露獨の關係と出兵の意義▶目賀田種太郎 …………………………… 17
食糧問題の根本解決―米食主要組織の此生活を更新せよ▶兒島惣次郎 …… 19
食糧問題と農業立國策▶平沼淑郎 … 19
自給經濟より交換經濟へ/農業立國より商工業立國へ/
歐洲列國の商工業立國策/人類の生存と食料問題/世界に於ける食料供給國/產業政策の還元時代
教育勅語と朝鮮人教育▶關屋貞三郎 ………………………………… 27
時局と國民の覺悟▶宇都宮太郎 …… 29
囈語漫言 ……………………………… 52
朝鮮に於ける造林の趨勢▶田中卯二 ………………………………… 31
朝鮮に於ける金融機關の現狀▶有賀光豐 …………………………… 37
滿洲游記▶牧山玄濤 ………………… 44
社會的敎導 …………………………… 26
於第四十議會暴露されたる總督府の不當支出 …………………… 53
公論餘滴 ……………………………… 64

團體の哲學▶藤沼武男 ……………… 57
朝郵の社長格松崎時勉君▶一記者 … 65
石炭に代るべき熱の利用法▶上村爲人 ……………………………… 61
滿洲の事業と人物(其の一)▶石森生 ………………………………… 66
抱膝獨語▶聽天翁 …………………… 78
四將軍蠻カラ語▶迫川散 …………… 71
漢詩二篇 ……………………………… 36
永樂町人の文章 ……………………… 56
あはれなる闇 ………………………… 75
金剛名菓と報恩券 …………………… 70
姿くらべ ……………………………… 84
藝妓番附 ……………………………… 109
內地移住及在外鮮人の趨勢▶一記者 ………………………………… 74
あくびの後 …………………………… 86
搢爪は米の代用にはなりませぬ …… 82
支豆と蝦夷菊と―初秋の一日を淸涼里へ―▶胡蝶生 ……………… 76
かなかな蟬 …………………………… 88
花柳病の話(九)▶瀨戶潔 …………… 79
淸華亭女將を戒むる書▶振羅禮男 … 91
流轉の男と漂浪の女京▶蔭の男 …… 83
讀者の聲 ……………………………… 92
怪談―子の愛にひかされて▶胡蝶子 ………………………………… 87

公論文壇
　小品文▶石森胡蝶選 ……………… 93
　短歌▶角田不案選 ………………… 94
　俳句▶靑木靜軒選 ………………… 96

最近鑛業界 ………………………… 99

朝鮮公論 第6巻 10号, 1918. 10
通巻 第67号

〈口繪寫眞〉無爵宰相/成立せる政友會內閣/暗雲低迷/開道第五十の北海道
創刊五週年記念辭 ………………… 1
平民的政治の東天紅－政黨政治の曲折を論じて政友會內閣の責任に及山ぶ－▶牧山玄濤 ……………… 2
〈社說〉物價調節の根本政策を論ず … 4
大日本主義の要素と露支問題及亞細亞民族の使命
　亞細亞主義の精髓▶北昉吉 …… 8
　東京哈爾政策槪論▶堀切善兵衛 … 14
　露國の過現末と日本の使命▶長瀨鳳輔 ……………………………… 17
　余の眼に映じたるレニン及其一派▶內田康哉 …………………… 23
　對支定策の根本方針▶長島隆二 … 25
　民族主義の大勢と東洋の形勢▶戶水寬人 …………………………… 30
　大陸雄飛の最大要鍵▶安田善三郞 ……………………………………… 32
　朝鮮の鐵道政策▶人見次郞 …… 33
　我植民政策の要訣▶片山繁雄 … 37
國民生活の安定と不徹底なる干涉政策
　國民生活問題の解決▶湯原元一 … 40
　不徹なる干涉政策と威脅政治▶高橋是淸 ……………………………… 45

國民生活の安定を迫る▶野田卯太郞 ………………………………… 47
公論餘滴 ………………………… 56
擧國一致同盟會創設論▶上杉愼吉 … 51
戰後經營の根本義▶佐伯敬一郞 …… 53
囈語漫言 ………………………… 28
朝鮮の國勢調査▶工藤壯平 ……… 57
列國に於ける內國植民の成績▶二宮德 ……………………………… 63
仁川まで ………………………… 130
仙臺の秋 ………………………… 128
朝鮮と勞働問題▶黑旋風人 ……… 69
女を國有にする露國の新條令 …… 50
朝鮮より樺太へ▶牧山玄濤 ……… 74
邦人關係の滿洲鑛山 ……………… 68
朝鮮軍司令官陸軍中將 宇都宮太郞論▶有馬易水 ……………………… 85
滿洲を一巡して▶石森生 ………… 90
最近滿洲と經濟槪況/滿鐵と鮮銀と東拓
出兵に對する露國民の態度▶小田原生 ………………………………… 127
短歌四首 ………………………… 88
曰く集 …………………………… 39
バロメイター …………………… 99
華山警句集 ……………………… 100
滿洲游記(承前)▶牧山玄濤 ……… 119
內地人朝鮮移住狀況 ……………… 115
殖產銀行成立 …………………… 29
日本民族の自覺を促かす▶一記者 …………………………………… 122

川崎造船所大連出張所 ……… 126
支那の金融と正金銀行▶井上準之助 …
……………………………………… 129
朝鮮に於ける金産額の減少 ……… 68
在滿各銀行一覽 ……………… 102
三島太郎氏より ……………… 134
共通法逐解說 ………………… 124
成金と持參金 ………………… 134
朝鮮佛敎史 …………………… 89
讀者の聲 ……………………… 153
藝妓番附 ……………………… 138
內地及植民地貿易情勢 ………… 73
朝鮮鑛業の振興策協議 ………… 131
あくびの後 …………………… 140
滿鐵京管局に苦言を呈す▶探勝一客 …
……………………………………… 125
かなかな彈 …………………… 116
花柳病の話(十)▶瀨戶潔 ……… 132
琿春色街の日本女▶糸井生 …… 142
京城花柳當坐帳▶安藤ひろし …… 135
淸話亭を引受くるまで …………… 155
暗い影—其銀行家のぬれ事▶せいきう生 ……………………………………… 139
公論文壇
　小品文▶石森胡蝶選 ………… 143
　短歌▶角田不案選 …………… 145
　俳句▶靑木靜軒選 …………… 148
最近鑛業界 …………………… 153

朝鮮公論 第6巻 11号, 1918. 11
通巻 第68号

〈口繪寫眞〉內閣交迭と新任/最近のレンズの收穫より/朝鮮殖產銀行重役/朝鮮慶尙北道物產共進會
原內閣と殖民地統治の改善(社說)▶牧山耕藏 ………………………………… 2
獨逸の屈服を論ず▶福田德三 …… 7
獨逸の國情を論じて全世界の平和を說く▶長瀨鳳輔 ……………………… 10
公論餘滴 ……………………… 16
亞細亞主義の精髓を論じて大日本主義の精神的要素を說く(下)▶北昤吉 …
……………………………………… 17
通貨の膨脹と戰後の經濟政策▶鎌田榮吉 ……………………………………… 21
國民生活の不安と經世家の責任/國民の生活內容を充實せしめよ/所謂好景氣は夢幻的現象/來るべき戰後の大悲劇
日本憲政史上の大記錄▶高木益太郎 …
……………………………………… 25
原內閣の輿論 ………………… 46
列國に於ける內國植民の成績(下)▶二宮德 ……………………………… 28
新文明の建設と日本民族の使命▶內ヶ崎作三郎 ……………………………… 32
豊富なる朝鮮の褐炭▶小岩井兼輝 … 37
樺太見聞記▶牧山玄濤 ………… 41
滿洲と金券▶石森生 …………… 57

殖産銀行總まくり▶五城樓主人 …… 51
朝鮮をして今一歩進んだ産業國たらしめよ▶漢陽逸人 …………… 59
滿洲の面積と人口 ……………… 56
朝鮮鐵道驛總まくり▶霹靂子 …… 61
樺太土産 膃肭獸物語▶玄波樓主人 68
大塊翁の瘦我慢 ………………… 40
曰く集 …………………………… 35
マラスキー ……………………… 79
新聞員年齡 ……………………… 73
大陸の京城 ……………………… 50
讀者の聲 ………………………… 70
藝者番附 ………………………… 95
あくびの後 ……………………… 36
京城上流婦人訪問記▶一記者 …… 71
第四回長唄正聲會評▶雲の上人 … 76
大塊の二字が光つて居る ………… 67
逍遙山まで▶青木靜軒 …………… 31
鳶の譜▶武男 …………………… 15
花柳病の話▶瀬戶潔 ……………… 74
その女の末路▶蔭の男 …………… 77
人情小說 故鄉の母▶花影女史 …… 80
公論文壇
　小品文▶石森胡蝶選 …………… 85
　短歌▶角田不案選 ……………… 86
　俳句▶青木靜軒選 ……………… 88
最近鑛業界 ……………………… 91

朝鮮公論 第6巻 12号, 1918. 12
通巻 第69号

〈口繪寫眞〉萬歲高昌/歡喜に滿てる東京/陸軍特別大演習/獨逸屈服の一幕
歲晚と國民の省察 ………………… 1
講和會議と帝國の態度▶牧山耕藏 … 2
講和使節 ………………………… 58
世界人類の新精神と講和會議▶原敬 ……………………………………… 7
戰後對策の確立を論ず▶佐藤綱次郎 ……………………………………… 11
精神的自由と米國の長所▶江原素六 ……………………………………… 9
カイゼルの退位と獨逸の大變革▶湯原元一 ……………………………… 14
日本國民の覺悟は如何▶長瀨鳳輔 … 19
義務のみを負擔するな▶田中萃一郎 ……………………………………… 22
獨逸の屈服に就て▶堀內信水 …… 64
來るべき講話と財界▶嘉納德三郎 … 22
太平夜話 ………………………… 26
一言如雷 ………………………… 30
國勢調査の範圍及方法▶田中三雄 … 31
土地調査事業の效果▶和田一郎 …… 39
朝鮮に於ける水産事業の發達▶谷多喜麿 …………………………… 43
大祝賀日の後 －聯合國大公使の感想 ……………………………………… 75
囈語漫言 ………………………… 48
第四十議會と朝鮮問題－舊韓國貨幣の

處分に關する委員會の討議 ……… 49
抱膝物語▶白眼翁 ……………… 59
朝鮮總督府警務總長　陸軍中將兒島惣
　次郎論▶有馬易水 ……………… 60
手作りの菊にて▶靜軒 …………… 62
當世官民二幅對物語▶龍泉翁 …… 65
公論餘滴 …………………………… 68
大邱に行つて觀るの記▶五城樓主人 …
　………………………………………… 69
エピソード ………………… 23, 24
大戰の數量觀 ……………………… 67
明治屋と蜂蜜羊羹 ………………… 88
藝者番附 …………………………… 104
京城上流婦人訪問記▶一記者 …… 73
あくびの後 ………………………… 76
盜難事件物語▶胡蝶庵主人 ……… 77
元田總務の大持 …………………… 29
各校長成田忠良氏逝く …………… 47
萬年筆は斯くして ………………… 52
檢黴制度の改善▶瀨戶潔 ………… 83
藝者の話▶彌次郎兵衛 …………… 44
李時雨,丸奴,呂之助▶變影子 …… 87
今樣藝者往來▶丹次郎 …………… 91
花柳覺帖―京城美人と大邱美人▶しや
　らくさい生 ……………………… 89
讀者の聲 …………………………… 100
小說よりも奇なる鮮人殉死物語▶菅沼
　源之助 …………………………… 80
公論文壇
　小品文▶石森胡蝶選 …………… 93
　短歌▶角田不案選 ……………… 94

俳句▶青木靜軒選 ………………… 97
最近鑛業界 ………………………… 101

朝鮮公論 第7巻 1号, 1919. 1
通巻 第70号

〈口繪寫眞〉瑞雲瑤史/牧場の朝/榮光の
　日/近事片々
年頭の辭 …………………………… 1
再び伊藤博文公の銅像建立の議を提唱
　す▶牧山耕藏 …………………… 2
世界の大勢と日本の態度▶浮田和民 …
　………………………………………… 7
講和問題と國民的自覺▶田健治郎 … 12
民主主義と委任政治▶澤柳井太郎 … 14
平和の新年を迎へて▶水野錬太郎 … 18
獨逸の革命と日本の國體▶井上哲次郎
　………………………………………… 21
米國大統領の敎書を讀む▶遠藤隆吉 …
　………………………………………… 28
朝鮮財政獨立の完成▶鈴水穆 …… 32
戰後の朝鮮經濟界▶小原信三 …… 38
公論餘滴 …………………………… 58
對支經濟政策の根本を論ず▶中橋德五
　郎 ………………………………… 42
我が海運業の現在及將來▶野田卯太郎
　………………………………………… 46
來るべき新時代の革命▶在伯敬一郎 …
　………………………………………… 49
物價と通貨との關係▶堀越善重郎 …
　………………………………………… 53

施政八年間に於ける我が管内の事業趨
　勢を述べ一般企業家に望む
　一　第一甜菜，第二棉作，第三植林事
　　業▶工藤英一 ……………………… 59
　二　未墾地を利用せよ，造林業を起せ
　　▶元應常 …………………………… 60
　三　咸南の養蠶業▶李圭完 ………… 62
　四　咸北産業の現在及未來▶上林敬次
　　郎 …………………………………… 63
　五　慶南の誇りとする各種産業▶佐木
　　藤次郎 ……………………………… 65
　六　大正七年の繭産額百萬圓▶松永武
　　吉 …………………………………… 68
　七　年額百萬圓に達する養蠶業▶藤川
　　利三郎 ……………………………… 71
　八　本道の生産額三千萬圓▶張憲植 …
　　……………………………………… 73
最近に於ける朝鮮水産事業▶水産漁郎
　……………………………………… 85
刷新せられたる土木建築協會 ……… 48
通信機關整備の急務▶服部古郵生 … 88
妥協と同化性▶雨村 ………………… 47
第十九師團長陸軍中將　高島友武論▶有
　馬易水 ……………………………… 77
在鮮文武官の宮中席次と年齡▶草莾臣
　……………………………………… 104
朝鮮官界の官吏增俸物語▶南岳樓主人
　……………………………………… 76
當世官民二幅對物語▶龍象翁 ……… 81
羊の談 ………………………………… 115
叔父と甥 ……………………………… 108

各門出の洋畫家 ……………………… 92
李王世子殿下の御婚儀 ……………… 100
インフルエンザの豫防法▶芳賀榮次郎
　……………………………………… 91
國民の體力を增進は目下の急務▶森安
　連吉 ………………………………… 93
京城上流婦人訪問記▶一記者 ……… 97
京城狩獵家大番附 …………………… 96
家庭醫の問題▶瀨戸潔 ……………… 101
山茶花▶下考郎 ……………………… 88
運動界消息 …………………………… 88
半島事業界の風雲兒　藤井寬太郎と麻生
　音波▶迫川迂人 …………………… 109
讀者の聲 ……………………………… 26
藝者番附 ……………………………… 139
山の湯▶石森胡蝶 …………………… 117
桃代と千代丸 ………………………… 103
役者と辯士と藝妓▶羊太郎 ………… 118
未の年の女將と藝妓 ………………… 126
藝者さん達に與ふる書▶彌次郎兵衛 …
　……………………………………… 122
公論文壇
　小品文▶石森胡蝶選 ……………… 128
　短歌▶角田不案選 ………………… 129
　俳句▶青木靜軒選 ………………… 132
最近鑛業界 …………………………… 135

朝鮮公論 第7巻 2号, 1919. 2
通巻 第71号

〈口繪寫眞〉噫李太王殿下/平和の殿堂/

晴れの舞臺へ/政戰將に酣
噫々德壽宮李太王殿下 ………… 2
常磐木▶不案 ………………… 64
〈社說〉講和特使西園寺侯爵の渡歐を送る ………………………… 4
政黨內閣の權威▶副島道正 ……… 7
世界の大局と高遠の理想▶大岡育造 …………………………… 9
所謂海洋の自由と民族の自決▶新渡戶稻造 ……………………… 11
我が國體を國民的自覺▶上杉愼吉 … 13
戰後の思想界を論ず▶桑木嚴翼 … 19
講和來と財界▶吉田節太郎 ……… 23
囈語漫言 ……………………… 37
人種偏的見を排す▶大內要 ……… 38
鳶の歌▶牧野英一 ……………… 72
朝鮮普通敎育の發達▶弓削幸太郎 … 25
朝鮮米の聲價如何▶迫川生 ……… 28
善風良俗と取締▶永野淸 ………… 33
馬と羊▶桑原八司 ……………… 33
朝鮮總督府特別會計豫算網要 …… 53
潮音を聽きつゝ▶石森生 ………… 57
金泥王國探險記―邦人雄飛の刺戟劑▶郡司成忠 ……………… 60
新大臣の初答辯 ………………… 55
正義人道を尙ぶ人▶植原政務局長 … 58
戰後の我海運界▶藤澤勇次 ……… 46
關東都督府民政長官 宮尾舜治論▶有馬易水 …………………… 49
扉の文字 ……………………… 78
朝鮮電氣興業會社設立 …………… 59

西伯利雜感▶數後生 …………… 32
公論餘滴 ……………………… 48
東萊溫泉から▶石森胡蝶 ………… 65
上流婦人訪問記▶一記者 ………… 68
あくびの後 …………………… 26
膽石症とは怎んな病氣か▶瀨戶潔 … 70
靜座內觀▶石森生 ……………… 52
讀者の聲 ……………………… 82
藝者番附 ……………………… 101
須磨子の問題▶野次郎兵衛 ……… 80
藝者の噂 ……………………… 80
唯家のお政さん戀物語▶雀の子 … 77
靑木戒三老妓をかつぐ …………… 36
新町心中話▶迫川散史 …………… 73
抱月須磨子の誓紙 ……………… 80
奮鬪する藝妓 …………………… 79
〈創作〉惡鬼の群へ▶佐野淳郎 …… 84
小鳥(ジウンマツ)を吊ふ▶靑軒 … 83
公論文壇
　短歌▶角田不案選 ……………… 92
　俳句▶靑木靜軒選 ……………… 94
最近鑛業界 …………………… 99

朝鮮公論 第7卷 3号, 1919. 3
通卷 第72号

〈口繪寫眞〉春風秋雨三十年/故太王殿下の國葬儀/內閣を代表して/輿論の燒點たる二問題
國際聯盟成る …………………… 1
〈社說〉米價暴騰と可恐社會問題 … 2

米國大統領の提唱に就て▶犬養毅 … 4
近世デモクラシーと我國體▶平沼淑郎
　…………………………………… 11
普通選擧要求の論理▶今井嘉幸 … 14
徵兵制度存廢と國際聯盟▶田中萃一郎
　…………………………………… 18
講和會議と對支問題▶青柳篤恒 … 23
抱膝獨語 …………………………… 54
憲政三十年を顧みて國民の自覺を促す
　▶杉田定一 ……………………… 28
囈語漫言 …………………………… 59
怎くして國稅調査は成る▶田中三雄 …
　…………………………………… 31
食糧問題と朝鮮の開墾▶岡今朝雄 … 39
混沌たる西伯利の金融狀態▶本岡榮次
　郎 ………………………………… 42
有望なる朝鮮の竹林事業▶一記者 … 44
財界一言 …………………………… 64
公論餘滴 …………………………… 68
再び米豆取引所の增設の急を提唱す …
　…………………………………… 47
經濟片々論▶黑潮生 ……………… 51
國際聯盟規約全文 ………………… 65
平元鐵道急設置に關する建議 …… 60
帝國議會と淸津港 ………………… 62
鼻より觀たる滿鮮人物一百人▶泊川散
　史 ………………………………… 55
理想と標語 ………………………… 46
明敬氏より ………………………… 17
新春口占 …………………………… 13
エピソード ………………………… 41

故李太王殿下國葬儀彙報 ………… 75
雜草▶不案 ………………………… 86
目白出の奧樣▶一記者 …………… 69
あくびの後 ………………………… 52
上調子と鳴物▶秋草生 …………… 71
賢臟結石と膀胱結石▶瀨戸潔 …… 72
球界夜話▶一記者 ………………… 90
名著物語▶伊藤生 ………………… 87
佛蘭西の空を望みて ……………… 50
その頃の芝居▶彌次郎兵衛 ……… 76
京城演藝風聞錄▶羊太郎 ………… 92
南浦情話 二人を殺した女▶小原燎原 …
　…………………………………… 92
藝者番附 …………………………… 113
藝者の噂▶羊太郎 ………………… 56
春宵哀話―釜山藝妓福壽の戀▶胡蝶子
　…………………………………… 95
讀者の聲 …………………………… 101
公論文壇
　小品文▶石森胡蝶選 …………… 102
　短歌▶角田不案選 ……………… 104
　俳句▶靑水靜軒選 ……………… 107
最新鑛業界 ………………………… 111

朝鮮公論 第7巻 4号, 1919. 4
通巻 第73号

〈口繪寫眞〉哀音欷歔/終始の刹那/櫻花
　爛漫/東都の一角
朝鮮の騷擾を論ず―誤られたる民族自
　決主義▶牧山耕藏 ……………… 1

朝鮮及臺灣の産米增殖に關する建議 ……………………………………… 7
清津築港速成論 ……………………… 10
第四十一帝國議會論評
　政黨內閣の一大權威▶小川平吉 … 13
　堂々たる大經綸の確立▶齊藤珪次
　　………………………………… 15
　高等教育機關の施設▶戶水寬人 … 17
抱膝獨語▶白眼翁 …………………… 27
囈語漫言 ……………………………… 41
國際聯盟規約を評す▶林穀陸 ……… 25
公論餘滴 ……………………………… 63
教育漫言 ……………………………… 24
生活問題の根本的解決▶安部磯雄 … 28
朝鮮問題に對する批判
　朝鮮の暴民を誡む▶高楠順次郎 … 31
　鮮人の騷擾觀▶工藤重雄 ………… 34
　朝鮮と帝國憲法▶秋原彥三 ……… 36
　憂ふべき鮮人の妄動▶尹致昊 …… 38
　鮮人妄動の哲理觀▶施風生 ……… 39
大塊遞相を圍んで▶角田不案 ……… 68
日本の國民性と現下の覺悟▶賀田直治
　……………………………………… 42
內地朝鮮支那間に定期航路開始の建議
　……………………………………… 64
支那我觀を評す▶批評子 …………… 66
第四十一帝國議會朝鮮問題―平元鐵道
　急說に關する建議案委員會速記錄 …
　……………………………………… 47
小なる「デモクラット」▶龜石淵 … 74
波を越えて …………………………… 18

鼻より觀たる滿鮮人物一百人▶迫川散史
　……………………………………… 67
觀自在 ………………………………… 12
李太王國葬儀拜觀記▶一記者 ……… 71
「ツルヂエク」釀造株式會社創立 … 30
江藤君と煙草 ………………………… 46
浪の音 ………………………………… 40
佛國の母の損害 ……………………… 9
音羽はし ……………………………… 35
泌尿器の話(其の一)▶瀨戶潔 ……… 75
あくびの後 …………………………… 76
藝者番附 ……………………………… 97
ある小女の戀二篇▶石森胡蝶 ……… 79
讀者の聲 ……………………………… 86
公論文壇
　小品文▶石森胡蝶選 ……………… 87
　短歌▶角田不案選 ………………… 88
　俳句▶靑水靜軒選 ………………… 91
最新鑛業界 …………………………… 95

朝鮮公論 第7卷 5号, 1919. 5
通卷 第74号

〈口繪寫眞〉新任第二十師團長/新任の
　人々/忠淸南道累代長官/殘煙黑縷
〈社說〉朝鮮の騷擾と總督政治の改善 …
　……………………………………… 2
抱膝獨語 ……………………………… 36
世界の平和と國是▶原敬 …………… 6
植民政策と誤る移民論▶中橋德五郎 …
　……………………………………… 9

日支共助と青島の將來▶秋山雅之介 ……………………………………… 15
民族自決主義と朝鮮▶井上哲次郎 … 17
日露支の國境を視察して▶李宮德 … 20
囈語漫言 …………………………… 53
新富國論▶高橋是淸 ………………… 25
經濟同盟と帝國の立場▶平沼淑郎 … 30
鐵價の戰前と戰後▶上田文三郎 …… 33
公論餘滴 …………………………… 56
再び豆取引所增設の急を提唱す
　一 取引所の必要は固より當然耳▶矢野菊松 ……………………………… 35
　二 取引所設立の急務▶木尾虎之助 ……………………………………… 36
朝鮮に於ける通信事業▶雪堂生 …… 39
鮮滿財界側面觀(一)▶迫川迂人 …… 41
年產額二千萬圓の養蠶業を獎勵せよ▶一記者 ………………………… 46
經濟片々論▶黑潮生 ………………… 47
仁川取引所改革の必要▶辻本生 …… 49
半島朝鮮人學生諸君に檄す▶李黃植 51
鼻より觀たる滿鮮人物一百人▶迫川散史 ……………………………… 55
消息▶不案 ………………………… 42
讀者論壇
　一 食糧問題の根本策▶榁生 …… 57
　二 所謂能力の差別觀▶矢野弘 … 58
　三 何の爲めの騷擾ぞ▶大曲生 … 59
思い出し笑ひの記▶胡蝶庵主人 …… 61
馬來六百年の興亡史▶鳥井三鶴 …… 67
川端巡査の絶筆▶角田生 …………… 70

新春の野球界▶一老選手 …………… 72
禿頭のために變ず▶禿石生 ………… 52
目白出の奧樣▶一記者 ……………… 78
樂しい運動會 ………………………… 79
あくびの後 …………………………… 66
泌尿器の話(其の二)▶瀨戶潔 ……… 81
東京の長唄お淺會▶秋草生 ………… 84
踊と三味線のお稽古 ………………… 84
不思議な三味線 ……………………… 54
色街情話▶變影子 …………………… 87
藝者の噂 ……………………………… 87
讀者の聲 ……………………………… 88
公論文壇
　小品文▶石森胡蝶選 ……………… 89
　短歌▶角田不案選 ………………… 91
　俳句▶靑水靜軒選 ………………… 94
最新鑛業界 …………………………… 97

朝鮮公論 第7卷 6号, 1919. 6 通卷 第75号

〈口繪寫眞〉御成年式と奠都祭/鮮滿巡業の東京大相撲一行/入城せる村野辯護士/風薰る京城郊外の新綠
朝鮮に一大開墾株式會社設立を提唱す▶牧山耕藏 ……………………… 2
講和會議を觀て東洋渾一の自覺を高唱す▶建部遯吾 ……………………… 7
勞働問題を解決如何▶仲小路廉 …… 14
國際聯盟の價値を論す▶湯原元一 … 17
獨逸失墜と日本の覺悟▶長瀨鳳輔 … 23

抱膝獨語 …………………………… 6
支那借款と金融經濟機關の改善を論じて日本の責任に及ぶ▶中橋德五郎 …………………………… 26
東拓の擴張と收益增加▶石塚英藏 … 32
朝鮮財團抵當令の效果▶櫻井小一 … 36
朝鮮に關する母國の財政負擔▶河内山樂三 …………………………… 39
大正八年に於ける米の問題▶上田文三郎 …………………………… 42
動いた人
　鐵道局長になった青木戒三君 …… 51
　農務課長になった田中卯三君 …… 33
　東拓理事になった人見次郎君 …… 37
　森林課長になった本岡榮次郎君 …………………………… 35
朝鮮における貯蓄預金▶野坂直次 … 47
鮮滿財界側面觀(二)▶迫川迂人 …… 49
囈語漫言 …………………………… 46
漢隷小論▶工藤壯平 ……………… 53
山中商會の發展 …………………… 91
仁川取引所の將來▶雪堂生 ……… 59
現物取引所果たして現實か▶辻本生 …………………………… 60
石塚東拓總裁を訪ふ ……………… 72
讀者論壇
　一 食糧問題と農業制度▶木村東次郎 …………………………… 65
　二 印紙稅法と朝鮮文書▶朱潤 … 66
　三 小原長官の騷擾觀を▶木下生 …………………………… 67

手向草▶床次竹次郎 ……………… 69
公論餘滴 …………………………… 52
オールドボイスに呈する書▶XX生 …………………………… 80
元山の一觀▶衣川生 ……………… 73
京城の名醫と藪竹▶瓢戶潔 ……… 68
泌尿器の話(其の三)▶瀬戶潔 …… 87
京城における口の人▶一記者 …… 88
野球リーグ戰▶一老選手 ………… 75
趣味と京城▶一記者 ……………… 62
鮮滿を巡業すべき東京大相撲幕内評判記 …………………………… 82
あくびの後 ………………………… 58
夏の投入花 ………………………… 62
藝者の噂 …………………………… 84
花柳夜話 青すだれの蔭から ……… 9
踊好の智壽子 ……………………… 93
京城演藝風聞錄 …………………… 94
讀者の聲 …………………………… 95
藝者番附 …………………………… 102
公論文壇
　小品文▶石森胡蝶選 …………… 96
　短歌▶角田不案選 ……………… 98
　俳句▶青水靜軒選 ……………… 100
最新鑛業界 ………………………… 103

朝鮮公論 第7卷 7号, 1919.7
通卷 第76号

〈口繪寫眞〉第二十師團開廳式/海の彼方へ/凱旋せる日進艦/山へ山へ

夏の情調 ………………………… 1	政務總監の石炭諧謔 …………… 55
〈社說〉支那の排日騷擾と帝國の對策 …	目白出の奧樣▶一記者 ………… 58
……………………………………… 2	雨の印象▶胡蝶生 ……………… 90
抱膝獨語 ………………………… 36	泌尿器の話(其の四)▶瀨戶潔 …… 61
朝鮮統治改革私見▶高橋是淸 …… 6	正吾と春介▶不案 ……………… 52
國際政局と朝鮮の地位▶川原茂輔 … 10	近頃の將校さん ………………… 48
朝鮮統治の根本方針▶澤柳政太郎 … 13	吸入式バイン萬年筆 …………… 44
囈語漫言 ………………………… 45	靜の家の開業 …………………… 89
米穀官營を實現せよ▶山脇玄 …… 16	移轉開業御禮 …………………… 42
支那の利權と帝國の使命▶中橋德五郎 …	京城に於ける野球爭覇戰評▶老選手 …
……………………………………… 19	……………………………………… 63
朝鮮山林會設立の必要を提唱す▶田中	記者團チームの强味 …………… 39
卯三 …………………………… 26	プレートに立ちて▶石森生 …… 64
進步せる電興事業▶米山久彌 …… 28	鮮滿巡業人氣力士評論▶五城樓主人
朝鮮開墾私見▶上野英三郎 …… 29	……………………………………… 70
公論餘滴 ………………………… 82	あくびの後 ……………………… 30
鮮滿財界側面觀(三) …………… 37	南浦心中話▶小坂燎原 ………… 77
朝鮮と紙界の前途▶一記者 …… 43	藝者の噂 ………………………… 78
朝鮮西岸航路問題協議會 ……… 41	靜香と由井君の靜話▶天々生 … 85
森林鐵道及拓林鐵道の使命 …… 40	京城演藝風聞錄 ………………… 69
財界苦言 ………………………… 49	別れた旦那へ▶變影子 ………… 83
第廿師團長陸軍中將　淨法寺五太郎論	藝者番附 ………………………… 101
▶有馬易水 …………………… 46	讀者の聲 ………………………… 100
羽叩き▶藤沼武男 ……………… 81	公論文壇
讀者論壇	小品文▶石森胡蝶選 ………… 92
一 殖民地靑年の墮落傾向▶吉本摩裏	短歌▶角田不案選 …………… 93
司天 ………………………… 56	俳句▶靑水靜軒選 …………… 96
二 不逞鮮人の反省を促す▶管沼源之	最新鑛業界 ……………………… 99
助 …………………………… 56	
朝鮮の運動界に望む▶二木生 … 51	
臍のやうな人間▶新井生 ……… 91	

**朝鮮公論 第7巻 8号, 1919. 8
通巻 第77号**

〈口繪寫眞〉平和の悅樂/時事消息/集團の人々/山紫水明
平和克復記念號に題す ………………… 1
〈社說〉平和克復の帝國の將來 ……… 2
抱膝獨語 ……………………………… 71
平和克復と日本の將來
　帝國の理想と義務▶原敬 ………… 6
　吾人の理想と國防▶田中義一 …… 8
　講和成立と世界の形勢▶浮田和民 …
　………………………………………… 10
　立國の大本と現代思想▶福本日南 …
　………………………………………… 15
　我が國民に警告す▶長島隆二 …… 21
　過激思想と勞働問題▶帆足理一郎 …
　………………………………………… 27
　國際勞働と我產業界▶服部文四郎 …
　………………………………………… 30
　講和成立と世界の變局▶箕作元八 …
　………………………………………… 35
　平和克復と朝鮮の海運▶松岐時勉 …
　………………………………………… 39
　佛敎社會主義の宣傳▶工藤重雄 … 42
　歐米社會問題の根本▶宮舘貞一 … 48
警務機關と國稅調查▶荻田悅造 …… 63
露國救治の第一義▶嘉納德三郎 …… 66
電信電話の改善策▶矢野義二郎 …… 68
囈語漫言 ……………………………… 62
貴衆兩院議員其の他の朝野名士七十餘氏に因て發表せられたる權威ある意見 ………………………………………… 49
　一. 朝鮮騷擾觀
　二. 今後の統治策
加藤總裁の演說を平す▶小川平吉 … 72
「自由の神」板垣伯逝く▶杉田定一 … 74
公論餘滴 ……………………………… 76
鮮滿財界側面觀(四)▶迫川迂人 …… 77
各銀行會社の營業振▶五城樓主人 … 81
京城の名士と隱藝 ………………… 116
奇怪なる米國西伯利駐屯軍▶黑旋風 …
………………………………………… 87
五大國講和委員略歷 ……………… 93
時事偶言▶露城生 ………………… 86
世界的發展の東拓事業▶一記者 … 98
夏日雜詠▶不案 …………………… 140
うらおもて釜山道中記▶天々生 … 101
戰跡
　京釜記者團對戰▶一記者 ……… 112
　力士軍對滿鐵軍▶老選手 ……… 108
　力士軍對東協軍▶老選手 ……… 111
　記者チームの選手短評▶S生 … 114
夏斯の衛生と保健法▶芳賀榮次郎 …
………………………………………… 117
自然抵抗强健法▶岸本雄二 ……… 119
泌尿器の話(其の四)▶瀨戶潔 …… 123
山に行け▶白雲山客 ……………… 127
あくびの後 ………………………… 92
十年前の元氣を▶石森生 ………… 108
京城演藝風聞錄 …………………… 124
花柳時事問題▶變影子 …………… 133

藝者の噂 …………………… 130
騷擾餘聞 妓生の戀物語▶新井靜波 ……
　　　　　　　　　　　　…… 135
藝妓の旦那の問題 …………… 130
讀者の聲 ……………………… 151
藝者番附
公論文壇
　小品文▶石森胡蝶選 ……… 141
　短歌▶角田不案選 ………… 143
　俳句▶青水靜軒選 ………… 145
最新鑛業界 …………………… 149

朝鮮公論 第7巻 9号, 1919.9
通巻 第78号

〈口繪寫眞〉施政更新/官制改正と新任/
閑雲野鶴/悅びに充たされて/
〈巻頭〉人心緊張 ……………… 11
〈社說〉長谷川伯竝山縣氏を送りて齊藤
　總督及水野政務總監を迎ふ …… 2
大詔煥發 ……………………… 7
朝鮮官制改正の理由▶原敬 …… 8
朝鮮總督府新官制 …………… 9
齋藤總督と水野總監論
　新統治者を迎へて▶高楠順次郎 … 16
　朝鮮統治の一新▶高橋是淸 …… 18
　半島これより幸福▶小川平吉 … 22
　齊藤水野兩氏の責任▶田中萃一郎 …
　　　　　　　　　　　　…… 23
　總督府官制の精神▶井上哲次郎 … 24
　鮮人の樂士と化せ▶池田謙三 … 25

鮮人の幸福と榮譽▶堀切善兵衛 … 26
朝鮮統治の好適任▶宋秉畯 …… 27
會社令を撤廢せよ▶釘本藤次郎 … 32
余の希望する三條件▶古城菅堂 … 34
眞の植民政策を望む▶新井初太郎 36
朝鮮統治方針▶齋藤實 ………… 15
朝鮮統治の要道▶水野鍊太郎 …… 21
抱膝獨語 ……………………… 37
講和の結果と日本▶西園寺公望 … 38
內治外交の刷新▶原敬 ………… 40
現代の社會と生活問題▶林博太郎 … 43
戰後の歐洲と過激思想▶長島隆二 … 46
囈語漫言 ……………………… 70
貴衆兩院議員其他の朝野名士の朝鮮騷
　擾觀と今後の統治策意見 ……… 53
朝の產業方針と內地▶賀田直治 …… 49
朝鮮の四大鑛源▶川岐繁太郎 ……… 50
公論餘滴 ……………………… 84
鮮人騷擾及支人排日の根本▶岩岐眞英
　　　　　　　　　　　　…… 58
朝鮮騷擾事件と宣敎師問題 ……… 65
朝鮮統治意見▶平壤隱士 ……… 75
安東縣と西鮮の產業と人物▶伊藤霞城
　　　　　　　　　　　　…… 71
各銀行會社決算 ……………… 97
時事漫言▶霞城生 …………… 101
齋藤總督水野政務總監傳 ……… 76
總督府新任局部長と其人物 …… 79
戰の跡 ………………………… 85
慶應軍對滿鐵軍
慶應軍對今京城軍

慶應軍對全釜山軍
あくびの後 …………………………… 92
泌尿器の話(其の六)▶瀨戶潔 ……… 93
京城演藝風聞錄▶兎耳子 …………… 98
藝者小時の問題 ……………………… 102
藝者の噂 ……………………………… 102
仁川哀話 海潮音▶破鏡生 ………… 105
讀者の聲 ……………………………… 108
藝者番附 ……………………………… 118
公論文壇
　小品文▶石森胡蝶選 ……………… 109
　短歌▶角田不案選 ………………… 110
　俳句▶青水靜軒選 ………………… 112
最新鑛業界 …………………………… 117

朝鮮公論 第7卷 10号, 1919. 10
通卷 第79号

〈口繪寫眞〉施政更新/官制改正と新任/
閑雲野鶴/悅びに充たされて
〈社說〉爆彈事變と鮮人の無自覺 …… 1
統治方針の根本義を味到せよ
舊人を送り新人を迎ふ▶有馬易水 … 2
朝鮮に於ける爆彈事件の批判
　爆彈事件と朝鮮統治▶山脇玄 … 13
　徒らに兄弟の鬪爭を已めよ▶高橋是
　清 ……………………………………… 15
　雨降つて地固まる▶地田兼三 … 17
　妄動を已めて一等國民たれ▶土訪久
　徵 ……………………………………… 20
　抱膝獨語▶白眼翁 …………………… 22

政界の現狀と生活▶三澤雄二郞 … 23
過激思想の對應策▶高島平三郞 … 26
囈語漫言 ……………………………… 34
東拓移民と會社▶吉田常三郞 …… 31
最近の支那經濟觀▶長谷川丈助 … 35
公論餘滴 ……………………………… 66
蒙古視察旅行記▶管生 ……………… 39
朝鮮警察官の態度に就て▶西海郎人 …
 ………………………………………… 45
來年の米を如何にするか▶藤井寬太郞
 ………………………………………… 47
騷擾事件の鮮人の僞らざる告白 … 49
剔抉されたる騷擾事件 …………… 53
鬼談怪語▶五城樓主人 …………… 70
爆彈投擲の一刹那 ………………… 61
湖南巡遊記▶隆部生 ……………… 67
歸省▶藤小武男 …………………… 78
泌尿器の話(其の七)▶瀨戶潔 …… 73
「タイム」の經過 …………………… 33
かれまつば ………………………… 38
朝鮮競馬大會擧行 ………………… 44
カフェーキリン …………………… 77
球界雜話▶老選手 ………………… 76
十年前の空想を▶內岐生 ………… 48
江華島▶芦上山人 ………………… 91
兩兄病む▶靑木靜軒 ……………… 93
爆彈事件▶石森胡蝶 ……………… 79
あくびの後 ………………………… 72
西田元山每日と或る女 …………… 75
京城演藝風聞錄▶兎耳子 ………… 58
西比利亞の友の手紙より▶松翠 … 88

藝者の噂 …………………………… 90
讀者の聲 …………………………… 94
藝者番附 …………………………… 103
公論文壇
　小品文▶石森胡蝶選 ……………… 95
　短歌▶角田不案選 ………………… 96
　俳句▶青水靜軒選 ………………… 99
最新鑛業界 ………………………… 101

朝鮮公論 第7巻 11号, 1919.11
通巻 第80号

〈口繪寫眞〉明石元二郎大將薨去/朝滿商業會議所聯合會/新施政後の朝鮮道知事會議/帝殿を彩色る繪畫
〈卷頭〉雜感三題 …………………… 1
〈社說〉總督府に諮問機關設置の必要を高唱す ……………………………… 2
朝鮮統治の近情と其眞相▶井上角五郎
 ……………………………………… 6
對支貿易と商工實力の充實▶中橋德五郎 ………………………………… 12
日本の對外發展策に就て▶井上準之助
 ……………………………………… 20
協助會の成立と其事業▶山脇玄 …… 24
國際勞働會議に就て▶河津暹 ……… 26
地獄對話▶龜石淵 …………………… 36
産業政策の一新▶西村保吉 ………… 31
學校增設の急務▶柴田善三郎 ……… 33
互讓の美風を發揮せよ▶大塚常三郎
 ……………………………………… 34

抱膝獨語▶白眼翁 …………………… 56
新政と地方行政に對する各道知事の意見
　文明機關普及の急務▶飯尾藤三郎 …
 ……………………………………… 39
　施設更新の秋に際り▶藤川利三郎 …
 ……………………………………… 40
　新施政の徹底に努力▶甲應熙 …… 42
　政治は常に新政を要す▶元應常 … 43
　經濟と知識を應用せよ▶佐々木藤太郎 ………………………………… 44
　新政事務簡捷▶工藤英一 ………… 46
　最近の支那經濟觀(二)▶長谷川丈助
 ……………………………………… 47
　財界近時の趨勢▶一記者 ………… 56
　朝鮮蠶業の好望▶霞城生 ………… 55
囈語漫言 …………………………… 62
新日本主義を高唱す▶閔元植 ……… 57
齋藤總督訓示 ……………………… 59
水野總監訓示 ……………………… 60
總督指示事項 ……………………… 67
卿等は朝鮮の眞相を解せりや▶木村東次郎 ………………………………… 63
仁川取引所決算 …………………… 93
西鮮殖鐵會社成立 ………………… 81
鬼談怪語▶五城樓主人 …………… 77
公論餘滴 …………………………… 80
寺內伯病む ………………………… 76
明石臺灣總督薨去 ………………… 66
鮮人俸給令改正 …………………… 65
朝鮮土木建築協會會秋季總會 …… 96

泌尿器の話(其の八)▶瀬戶潔 …… 82
詩二篇 …… 100
あくびの後 …… 92
〈戰の跡 滿俱對京管第一會戰〉滿俱對京管第二會戰▶老選手 …… 85
創立一週年記念柔道大會評▶老選手 89
綾川君の自彊術 …… 91
故旭翁師追悼琵琶を聞く▶鈍頭生 … 94
豐澤龍絲の引退 …… 94
花柳今昔物語▶變影子 …… 97
藝者の噂 …… 99
讀者の聲 …… 110
藝者番附 …… 111
公論文壇
　小品文▶石森胡蝶選 …… 101
　短歌▶角田不案選 …… 103
　俳句▶靑水靜軒選 …… 105
最新鑛業界 …… 109

朝鮮公論 第7卷 12号, 1919. 12
通卷 第81号

〈口繪寫眞〉新任臺灣總督男爵田健次郎氏/錦旗風に飜る/故伯爵寺内正毅軍大將/落日の下に
〈卷頭〉政界の燈臺は點火さる ……… 1
〈社說〉國際政局の紛糾を論じて―朝鮮問題に及ぶ― …… 2
朝鮮の人心を滿足せしめよ▶阪谷芳郎 …… 7
世界の大勢と我帝國▶一木喜德郎 … 10

國家主義と國際主義▶穗積重遠 …… 12
亞細亞の權利▶堀內信水 …… 16
日本改造と普通選擧▶小林丑三郎 … 18
社會政策と勞働組合▶山脇玄 …… 22
生活安定と勞働組合▶大島正德 …… 26
勞資關係と經濟不安▶豐田明敬 …… 36
拘膝獨語 白眼翁 …… 30
鮮人敎育學制改正▶柴田善三郎 …… 31
有望なる朝鮮輕便鐵道▶大內要 …… 32
十年後の朝鮮交通界▶安藤又三郎 … 33
府尹郡守に望む▶工藤英一 …… 35
西伯利の事業と其將來▶一記者 …… 37
囈語漫言 …… 38
潛航船の威力と弱點▶本內達吉 …… 39
半島財界異動觀▶五城樓主人 …… 45
有望なる南米伯拉西爾▶宮島幹之助 …… 47
支那の印象▶長谷川生 …… 53
公論餘滴 …… 80
疑惑のベルモント大佐▶一記者 …… 57
故寺內伯故明石男▶龍象子 …… 58
朝鮮出身留學生の爲め東京に理想的の寄宿舍を設立する群山營農家雄本利平氏の美擧 …… 62
〈讀者論壇〉食料問題と社會政策の根本義▶朱潤 …… 60
中村君の練膽術 …… 58
澤山商會貨物連帶扱擴張 …… 71
掉尾の野球戰二流試合の戰記▶一老選手 …… 63
寒中に於ける攝生法▶瀨戶潔 …… 65

久方振りの二高會▶陪席記者 ……… 55
茶受けの前 ………………………… 32
運轉手の奥様と學生 ……………… 44
何れ劣らぬ花菖蒲▶伴食太郎 …… 69
三券合同秋季溫習會評判記▶兎耳子 74
女ならでは▶變影子 ……………… 75
四絃會演奏大會▶兎耳子 ………… 72
藝者の噂 …………………………… 72
あの人この人▶石森胡蝶 ………… 72
京城演藝風聞錄▶男之助 ………… 69
あくびの後 ………………………… 84
文壇夜話▶迫川生 ………………… 82
創作
　幼いころの話▶龜石淵 ………… 85
　戀を許さぬ國▶畑黃村 ………… 88
讀者の聲 …………………………… 102
藝者番附 …………………………… 102
公論文壇
　小品文▶石森胡蝶選 …………… 93
　短歌▶角田不案選 ……………… 94
　俳句▶靑水靜軒選 ……………… 97

朝鮮公論 第8巻 1号, 1920. 1
通巻 第82号

〈口繪寫眞〉
〈卷頭〉歳旦の辭 …………………… 1
〈社説〉大正九年を迎えて國民の覺悟を
　論ず ……………………………… 2
第四十二議會に於ける重要の諸問題
普通選擧一家言▶松田源治 ……… 8

來年度予算計畫▶池田謙三 ……… 12
陪審制度の概要▶大場茂馬 ……… 16
物價調節策如何▶山脇玄 ………… 19
勞働立法問題▶三土忠造 ………… 24
抱膝獨語 …………………………… 5
新なる世界大戰は始まれり▶長島隆二
　…………………………………… 31
歐化主義を排す▶平沼淑郎 ……… 37
戰後の日本と民族主義▶澤柳政太郎
　…………………………………… 39
大戰後の婦人問題▶長瀬鳳輔 …… 42
國民的自覺を要す▶久保要藏 …… 45
本能問題と勞働運動▶千葉了 …… 49
軍隊的精神の普及▶大野豊四 …… 51
來るべき財界の恐怖期▶櫻井小一 … 54
改造問題と社會秩序▶兒島惣次郎 … 55
囈語漫言 …………………………… 30
各地銀行設立の可否▶三島太郎 … 59
大正八九年臺糖豫想▶TH生 …… 61
財界の狀勢と金融業▶鈴木一來 … 64
內地の蠶絲業と朝鮮▶塩川孝俉 … 66
朝鮮定期航路の消長▶川田治一 … 69
公論餘滴 …………………………… 48
財界の傑物怪物鈍物▶石森生 …… 71
呂運亨事件物語▶寒山寺和尙 …… 75
講和條約正文 ……………………… 78
大正九年を迎えて
　一 改造の岐路に立ちて▶布施知足 …
　…………………………………… 79
　二 新年の說法▶大村友之丞 …… 80
　三 半島の氣分に浸りて▶葦上修 …

99

………… 81
四 内地人の對鮮人態度▶岡本豊喜 … 84
五.笞刑廢止の是非▶太平町人 … 85
鬼談怪語▶五城樓主人 ………… 90
あくびの後 …………………… 87
鮮銀の世界的躍進 ……………… 95
大正八年史 …………………… 109
鳩のローマンス ………………… 94
大正八年掉尾野球戰々蹟▶老選手 115
バルサックを讀んで …………… 103
お正月の衛生▶瀬戸潔 ………… 104
申年生れの名士 ………………… 88
文武官の宮中席次と年齡▶草莽臣 … 123
鮮人の迷信及俗傳▶今村鞆 …… 127
代表藝妓諸君を▶變影子 ……… 129
藝者の噂 ……………………… 134
京城演藝風聞錄 ………………… 106
長唄正聲會評 …………………… 108
冬の空▶迫川生 ………………… 135
學士さん物語 …………………… 138
嘆きの門に降る迄▶兒玉勝之助 … 139
人形の衣裳▶畑黃村 …………… 147
僧堂の正月▶三笑生 …………… 150
讀者の聲 ……………………… 122
藝者番附 ……………………… 160
小品文▶石森胡蝶選 …………… 153
短歌▶角田不案選 ……………… 155
俳句▶青木靜軒選 ……………… 157

朝鮮公論 第8巻 2号, 1920. 2
通巻 第83号

〈口繪寫眞〉故李太王殿下御一周年祭/白雪無塵/最近時事一縮圖/龍攘虎搏
〈卷頭〉平和克復大詔煥發 ………… 1
新たなる使命を帶びて▶牧山耕藏 … 2
公論餘滴 ……………………… 50
權利と自由▶富井政章 ………… 5
國家の權威と國策▶大岡育造 … 8
改造より理想へ▶牧野英一 …… 10
　借地法案－借家法問題
　普通選擧法案
　刑訴法改正案－陪審制度
　勞動組合法案
第四二議會と內政問題▶三土忠造 … 14
支那排日運動の眞相▶佐藤綱次郎 … 16
南北妥協は絶望か▶小林丑三郎 … 21
?の宋秉畯▶黑頭巾 ……………… 24
勞資協調策に就て▶黑澤明九郎 … 25
民衆教化の急務▶高橋濱吉 …… 27
民主化的思潮▶長谷川義雄 …… 31
迎春の所感を述ぶ▶河井朝雄 … 32
冬期休業延長は不可▶倭城臺人 … 33
財界時言 ……………………… 53
現株市場設置に就て▶西村保吉 … 38
朝鮮の工業振興策▶賀田直治 … 43
平元鐵道敷設繰上論▶西田常三郎 … 47
故李太王殿下御一週年祭 ……… 50
宗教教育と現代社會▶國井泉 … 51
朝鮮を回顧して

一　舊史を繙くが如く▶久水徽潭 … 57
　二　幼兒姥養に似たり▶小原新三 … 60
　三　俳句にて▶井上孝哉 ………… 62
　四　寺內伯の一喝▶柳窓庵主人 … 62
支那の印象▶長谷川生 ……………… 69
時局と金融市場▶無風生 …………… 65
國民協會創立 ………………………… 63
九年度朝鮮總督府特別會計豫算綱要 …
　……………………………………… 54
囈語漫言 ……………………………… 81
朝鮮新聞社長牧山代議士披露宴 …… 75
一杯機で▶青木靜軒 ………………… 30
瘭疽の話▶瀨戶潔 …………………… 82
野球冬籠り譚▶老選手 ……………… 84
病妻を護りて▶石森胡蝶 …………… 86
勞と力▶葉舟 ………………………… 87
机上雜觀▶霞城生 …………………… 89
あくびの後 …………………………… 88
病院に仰臥して▶山口皐天 ………… 91
地の果▶兒玉勝之助 ………………… 97
京城藝者發展成績表 ………………… 107
讀者の聲 ……………………………… 114
藝者番附 ……………………………… 115
公論文壇
　小品文▶石森胡蝶選 ……………… 108
　短歌▶角田不案選 ………………… 109
　俳句▶青水靜軒 …………………… 111

朝鮮公論 第8巻 3号, 1920. 3
通巻 第84号

〈口繪寫眞〉解散の後(一)/解散の後
　(二)/時事片々/春光訪來
〈社說〉朝鮮の石炭問題を論じて當局の
　反省を促す ………………………… 2
抱膝獨語▶白眼翁 …………………… 28
司法制度の民本化▶松田源治 ……… 7
陪審制度論者に與ふ▶勝本勘三郎 … 11
普通案と吾人の見解▶元田肇 ……… 15
新軍國主義 植民地統治政策▶佐藤綱次
　郎 …………………………………… 19
勞働問題一家言▶福田德三 ………… 21
囈言漫言 ……………………………… 18
大正八年度中に於ける朝鮮遞信事業の
　槪況(上)▶持地六三郎 …………… 29
木炭の需給調節策▶西村保吉 ……… 38
朝鮮鐵道問題私見▶西島新藏 ……… 39
綿糸布と其前途觀▶辻武美 ………… 43
日貨抵制と列國の對支政策▶安井咸吉
　……………………………………… 46
朝鮮教育の過去及び現在を論じて當局
　の猛省を促す▶國井泉 …………… 50
故漱石氏の觀たる橋本勸業場長 …… 53
解散になる迄 ………………………… 17
呂運亨問題 …………………………… 37
普通選舉談▶矢野恒太 ……………… 48
宗敎と現實社會▶影苞子 …………… 55
公論餘滴 ……………………………… 58
鮮銀と對滿營業政策▶石森生 ……… 59

鮮鐵併合と輕鐵▶雪堂生 ……………… 70
經濟時言 ……………………………… 49
日本の成金諸君へ …………………… 68
讀者論壇
醫藥不要主義を提唱す▶朱潤生 …… 63
中産階級其立場▶中原抱免 ………… 62
ソラ虛榮の踊躍▶文公子生 ………… 66
石部金吉物語▶可笑山人 …………… 71
波の彼た ……………………………… 78
曰く集 ………………………………… 86
禿筆行脚記▶安田破天樓 …………… 75
ある醉人の話▶飯島生戲譯 ………… 79
喫煙室(安全地帶)▶鯉城生 ………… 81
心と心▶石森胡蝶 …………………… 83
京城電氣株式會社第二十三回決算 … 73
朝鮮新聞社/日本電報通信社/朝鮮公論
　社職制 ……………………………… 82
あくびの後 …………………………… 74
病院に仰臥して(承前)▶山口皐天 … 87
佛蘭西では子供日本では美人 ……… 93
朝鮮文藝會の記 ……………………… 94
讀者の聲 …………………………… 104
藝者番附 …………………………… 105
公論文壇
　小品文▶石森胡蝶選 ……………… 97
　短歌▶角田不案選 ………………… 99
　俳句▶清水靜幹選 ……………… 101

朝鮮公論 第8巻 4号, 1920.4
通巻 第85号

〈口繪寫眞〉爆音碧空を破ろ/三勇士に花輪を贈ろ/歸還飛行敢行/東都花だより
〈社說〉立憲政治と自由思想 ……… 2
植民地統治管見▶堀切善兵衛 ……… 9
國論善導の基礎▶平沼淑郎 ………… 15
自由主義▶井上辰九郎 ……………… 19
勞働會議と特殊國▶鎌田榮吉 ……… 21
世界的商業爭霸戰の開始に際して▶岡
　實 …………………………………… 23
囈語漫言 ……………………………… 47
朝鮮山林經營の方策▶西村保吉 …… 29
大正八年中に於ける朝鮮遞信事業の概
　況▶持地六三郎 …………………… 33
余の觀たる朝鮮統治▶ボアオス …… 40
排日運動の三大原因▶廣江澤次郎 … 41
戰前戰後の各國物質騰貴率比較表 … 24
米國に於ける植物性油需給狀況▶向井
　忠 …………………………………… 47
現代教育の缺陷▶國井 泉 ………… 52
公論餘滴 ……………………………… 70
歐大陸より一筆啓上▶木村雄次 …… 55
支那に於ける貨幣問題▶一記者 …… 71
一大鐵道會社設立の成否▶辻本雪堂 …
　……………………………………… 77
株界崩落と朝鮮に及ぼす影響 ……… 79
　恐慌は自然の勢 …………………… 79
　瓦落は爆發の因 …………………… 79

金融收縮の好響 ………… 79
樂觀は許されね ………… 80
地株は反應せん ………… 80
沈まり行く相場 ………… 80
是からが肝腎だ ………… 81
讀者論壇 ………… 82
　一 京城東部繁策の就て▶山本梅涯 …
　………… 82
　二 不忠實なる普選提出者▶谷川梁溪
　………… 83
所澤京城朝鮮海峽橫斷飛行 ………… 85
人間の機械化▶三木生 ………… 79
あくびの後 ………… 84
新設會社及銀行 ………… 89
　臺灣銀行職員異動 ………… 46
　殖産銀行職員異動 ………… 14
　朝鮮食料品會社設立 ………… 81
　三井物産會社棉花部獨立 ………… 46
病間漫錄▶三島桃水 ………… 87
花見小路より▶村瀨生 ………… 78
藝者の噂 ………… 92
大學生の一面▶三木生 ………… 108
病床に仰臥して(其の三)▶山口皐天 … 93
　隈閣失政史論 ………… 39
　事業と投資 ………… 20
藝者番附 ………… 109
讀者の聲 ………… 102
公論文壇
　小品文▶石森胡蝶 選 ………… 103
　短歌▶角田不案 選 ………… 104
　俳句▶青水靜軒 選 ………… 106

朝鮮公論 第8巻 5号, 1920. 5
通巻 第86号 休刊

朝鮮公論 第8巻 6号, 1920. 6
通巻 第87号

〈口繪寫眞〉施政更新/朝鮮時事片々/バットの響き/新綠の朝鮮
〈社說〉威容全く成る現内閣 ………… 2
日韓兩民族の自覺▶鹽澤昌貞 ………… 6
戰後の我海運界▶內田嘉吉 ………… 11
豫算の社會化▶太田正孝 ………… 14
現代思想と社會事業▶田子一民 …… 16
世界平和の前途▶長瀨鳳輔 ………… 18
階級鬪爭と私法の社會化▶牧野英一 …
　………… 21
勞働問題と社會正義▶桝本卯平 …… 25
世界的精神を發揮せよ▶丹羽淸次郞 …
　………… 27
囈語漫言 ………… 56
戰の跡を顧みて ………… 33
　普通選擧論の自殺▶小川平吉 …… 33
　選擧干涉論を嗤ふ▶望月圭介 …… 34
朝鮮の化學工業▶三山喜三郎 ……… 37
世界に於ける金問題▶一記者 ……… 39
現代教育の缺陷(其の三)▶國井泉 … 42
明治時代の啞人敎育▶栗田四郞 …… 47
普通敎育振興に關する調査▶一記者 …
　………… 51
公論餘滴 ………… 58
朝鮮鐵道と其將來▶雪堂生 ………… 63

內地に朝鮮會館の設立と趣旨 …… 69
鮮滿關係者當落 …………… 62
觀自在 ………………………… 66
咸鏡線開通式 ………………… 67
寶冠を頂ける人々▶天外散史 60
失敗!これは失敗!!▶嬌溢散人 … 73
藝者の噂 ……………………… 72
新設半島文藝欄 ……………… 76
　忠さん/林中の囁き ………… 77
病床に仰臥して(其の五)▶山口皐天 …
　………………………………… 79
讀後の感想を▶石森胡蝶 …… 85
爪びきの夜▶森瀨波 ………… 89
讀者の聲 ……………………… 102
藝者番附 ……………………… 103
公論文壇
　小品文▶石森胡蝶 選 ……… 95
　短歌▶角田不案 選 ………… 97
　俳句▶青水靜軒 選 ………… 99

```
朝鮮公論 第8巻 7号, 1920. 7
　　通巻 第88号
```

〈口繪寫眞〉羅國皇儲殿下御訪國/多數
　黨を擁して/慘虐を極めたる尼港/涼
　風銷熱
〈社說〉尼港事件と帝國の對策 …… 2
我國の勞働問題▶澁澤榮一 …… 7
財界動搖に就て▶鎌田榮吉 …… 11
財界動搖と增稅計劃▶小林丑三郎 … 15
取引所改善論▶神田鐳藏 ……… 17

富の分配と負擔の均等▶永井柳太郎 …
　………………………………… 20
改造の根本義▶吉田靜致 …… 23
民族の同化▶喜田貞吉 ……… 27
歐米に於ける二大思潮▶田中卯三 … 31
噴火口頭に在る我日本帝國の現狀▶朝
　倉外茂鐵 ………………… 33
言論の自由と取締▶千葉了 … 39
公論餘滴 ……………………… 6
〈吾人の要求する改造の叫び〉住宅改造
　の急務▶齋藤音作 ………… 50
朝鮮畜産振興策▶賀田直治 … 44
明治時代の人教育▶栗田四郎 … 55
國民體操の眞髓▶一記者 …… 58
毛筆廢止是非論▶國井泉 …… 63
入院中所▶筋瀨德松 ………… 38
再燃せる鮮鐵委任解除說▶辻本生 … 67
內容外觀整齊の本誌 ………… 68
殖銀頭取三島太郞氏逝く …… 54
精ちゃんを弔ふの記▶逸子 … 69
あくびの後 …………………… 68
半島文藝
　眠れる街路▶香取浪彥 …… 79
　春の京城▶松本輝華 ……… 84
　藝者の噂 …………………… 86
　創作 簡單な結婚▶山口皐天 …… 87
　讀者の聲 …………………… 94
　藝者番附 …………………… 102
公論文壇
　小品文▶石森胡蝶 選 ……… 95
　短歌▶角田不案 選 ………… 97

俳句▶清水靜幹 選 ……………… 99

朝鮮公論 第8卷 8号, 1920. 8
通卷 第89号

〈社說〉無理解なる排日論 …………… 1
稅制整理に就て▶小林丑三郎 …… 97
所得稅改正案の誤解點▶三土忠造 … 13
失業者救濟策如何▶河津暹 ……… 17
民本的産業策の樹立▶添田壽一 …… 21
社會改造と女子教育▶山脇玄 …… 24
生物學より見たる世界平和▶丘淺次郎
…………………………………… 29
詹々錄▶大內夏畦 ……………… 102
デモクラシーに對する吾人の態度▶守
　屋榮夫 ………………………… 33
吾が現代の思想觀▶丸山鶴吉 …… 52
社會共存の意義▶木村雄次 ……… 60
民衆文化の創造と知識階級▶森下憲貳
…………………………………… 63
總督政治の有意義▶古城菅堂 …… 71
公論餘滴 ………………………… 32
議會改造の期▶大岡育造 ………… 77
新議會と新人▶鵜澤總明 ………… 79
敎育の改革▶石村秀治郎 ………… 81
噴火口頭に在る日本▶朝倉外茂鐵 … 89
改造の第一聲▶國井泉 …………… 94
齋藤氏の改造住宅を訪ふ▶一記者 … 99
梅雨の旅▶青木靜軒 …………… 118
流れ行く女の群れ(一)▶紫潮樓客 … 104
いろいろの思出(一)▶石森生 …… 110

家庭醫學講話 癌と癩▶瀨戶潔 …… 114
創作二編
轉地の途上▶山口諫男 ………… 119
彼と一つの手紙▶兒玉勝之助 …… 133
讀者の聲 ………………………… 150
藝者番附 ………………………… 158
公論文壇
　小品文▶石森胡蝶選
　短歌▶角田不案選
　俳句▶青木靜軒選

朝鮮公論 第8卷 9号, 1920. 9
通卷 第90号

〈社說〉米國議員團の東遊 …………… 1
世界改造の第一義▶澁澤榮一 …… 5
我經濟界の將來▶井上辰九郎 …… 9
對支觀念の一新▶本多能太郎 …… 14
階級爭鬪と機會均等▶吉田靜致 … 19
工業界の緊急問題▶山本忠興 …… 24
歐米を視察して▶片山嵩 ………… 31
勞働問題と婦人▶樸本卯平 ……… 35
噴火口頭に在る日本▶朝倉外茂鐵 … 39
醬油屋となりて▶青木靜軒 ……… 82
經濟生活と殖民政策▶平沼淑郎 … 46
現下の新思想を論ず▶監澤昌貞 … 57
國際經濟と國民經濟政策▶服部文四郎
…………………………………… 70
公論餘滴 ………………………… 100
週落せる國語の權威▶國井泉 …… 84
明治時代の啞人敎育▶栗田四郎 … 90

105

朝鮮牛購入と使役▶管沼源之助 …… 97
失業者と歸農問題▶臥牛 ………… 96
流れ行く女の群れ(二)▶柴潮樓客 ……
………………………………………… 101
兼二浦哀話 一人心中▶橋本生 …… 107
家庭醫學雜話 初秋の皮膚病▶瀨戶潔 …
………………………………………… 111
美人と教師▶高島米峯 …………… 109
矢座君の遺稿を▶石森胡蝶 ……… 115
望み得るまで▶伊集院かねを …… 121
寢ざめの床より▶若本迷之助 …… 126
讀者の聲 …………………………… 114
藝者の噂 …………………………… 110
藝者番附 …………………………… 140
公論文壇
　小品文▶石森胡蝶 選
　短歌▶角田不案 選
　俳句▶青水靜軒 選

朝鮮公論 第8巻 10号, 1920. 10 通巻 第91号

公論
〈社說〉朝鮮實業の振興と民人の奮起 …
………………………………………… 1
現行組織の缺陷に就て▶杉山直次郎 ……
………………………………………… 8
我工業界の現在及將來▶阪田貞一 … 14
失業者と海外移住問題▶小野武夫 … 20
內地人の觀たる朝鮮問題▶大島正德 …
………………………………………… 28

日鮮上古史の新事實發見▶岩本善文 …
………………………………………… 41
改造途上の歐洲財政復舊事情▶無風生
………………………………………… 45
米國新船舶法と我海運業▶大野傳次朗
………………………………………… 68
公論餘滴 …………………………… 71
資料
　教育活動寫眞館の急說を要とす▶國
　井泉 ……………………………… 73
　單級小學校の敎育▶津田信 …… 76
　四博士と一牧師の講演を聽きて▶天
　外生 ……………………………… 81
　書道教授改良意見▶審查委員會 … 89
　仁川商業會議所に望む▶YO生 … 94
　釜山築港と港是▶靑山逸史 …… 96
　指定面と新制度▶橋本光義 …… 98
　墓地規則に就て▶一鮮人 ……… 99
說苑
　光風霽月▶春雪生 ……………… 109
　自我の權威▶田邊水車朗 ……… 112
　白薔薇『ヨカイ作』▶飯田生譯 … 116
　裏から觀た京城の半面▶杢兵衛 ……
　………………………………… 120
　〈家庭醫學講話〉痒疹の話▶瀨戶潔 …
　………………………………… 123
　〈産業〉朝鮮の水産 ……………… 126
雜錄
　始政十年記念 …………………… 128
　東拓會社と地方關係 …………… 129
　水産試驗場の設置 ……………… 130

府協議員の選擧 …………… 131
湖南銀行本支店開業 ………… 131
全鮮記者大會 ……………… 131
全鮮商議聯合會 …………… 131
朝鮮商銀仁川支店の發展 …… 132
雜誌界の寸評 ……………… 133
〈社告〉本紙の大刷新 ………… 134
〈半島文藝欄〉楊柳の女▶香取浪彦/死
　▶六條企久美 …………… 136
〈創作〉靴屋の兄弟(戲曲)▶原靜男 173
讀者の聲 …………………… 188
公論文壇
　小品文▶石森胡蝶 選
　公論短歌▶角田不案 選
　公論俳句▶靑水靜軒 選
藝妓の番附 ………………… 197

朝鮮公論 第8巻 11号, 1920. 11
通巻 第92号

〈口繪寫眞〉明治神宮の大鳥居/觀兵式/秋季機動演習/京城中學と善隣商業の運動會/某地點に於る我軍の前進/靑島の一角/朝鮮私設鐵道協會發會式/朝鮮酸造品評會
〈公論〉發展記念號の辭 ………… 1
〈社說〉宛然噴火口頭の帝國 …… 2
　社會的結合と社會問題▶姉崎正治 …
　………………………………… 7
　法律に於ける正義と公平▶牧野英一
　………………………………… 13

都市の住居問題▶佐野利器 ……… 17
文化生活と經濟的擧國一致▶森戶辰男 ………………………………… 22
財界動搖と金融政策▶腹部文四郎 …
　………………………………… 28
我國防線輪廓の擴大▶臼井哲夫 … 32
國境の脅威は治鮮上の大障害▶前田昇 …………………………………… 34
經濟的方面の同化策▶林田龜太郎 …
　………………………………… 37
日支間親善の對策▶秋風樓主人 … 40
經濟不況の復舊如何▶美濃部俊吉 …
　………………………………… 43
公論餘滴▶秋水愛山生 ………… 46
資料
　サンデイカリズムに就て▶石津連 …
　………………………………… 48
　九百八石增收計畫 …………… 52
　南洋雜觀▶大谷光瑞 ………… 53
　治鮮管見▶研堂迂叟 ………… 55
主張
　朝鮮私設鐵道の合同を論じて鐵道局の對方針に及ぶ▶閑由迂史 …… 59
　米人の觀たる朝鮮人▶渡邊洞雲 … 64
　朝鮮騷擾側面觀▶岩本善文 …… 79
産業資料
　水産組合と水産▶絡東漁史 …… 87
　開城式簿記に就きて▶諏訪原義衞 …
　………………………………… 90
　住宅改の方針に就て▶岩崎德松 … 94
家庭醫學講話 色黑くなる病色白くなる

病▶瀨戶潔 ……………… 99
雜錄
　米作より視たる朝鮮 ……… 103
　朝鮮私設鐵道協會 ………… 104
　全鮮穀物商大會 …………… 104
　滿鮮商議聯合大會 ………… 104
　京城の戶口調査 …………… 104
　龍山工作株式の現況▶山崎新 … 105
　讀者の領分 ………………… 106
　朝鮮私設鐵道一覽表 ……… 108
　珊海の遺珠 ………………… 110
　裏から觀たる京城の半面▶杢兵衛 …
　……………………………… 111
　一目千里 …………………… 113
　半島文藝欄 忘れ兼ねて▶石坂銀杏 …
　……………………………… 114
創作
　友の身の上▶SY生 ………… 117
　癡人の手記▶兒玉勝之助 … 125
　落葉籠▶北漢山 …………… 142
　話の種 ……………………… 143
　讀者の聲 …………………… 144
公論文壇
　小品文▶石森胡蝶 選
　公論歌壇▶角田不案 選
　公論俳壇▶靑水靜軒 選
　藝妓の番附 ………………… 153

| 朝鮮公論 第8巻 12号, 1920. 12
通巻 第93号 |

〈口繪寫眞〉全鮮武道大會 京城府協議會員選舉/晩秋の獎忠壇 秋の收穫 米の群山/除隊歸還兵 名譽の戰死者 德本上等兵の遺骨/全鮮狩獵大會 學生相撲 少年野球大會

公論
歲晩の辭 …………………………… 1
〈社說〉西には協商東には聯盟 …… 2
現時の企業國有の趨勢▶小林丑三郎
　……………………………………… 9
矛盾せる過激主義▶服部宇之吉 … 14
亞細亞に於る新興國▶志賀重昂 … 17
國民生活と常平倉制度▶仲小路廉 …
　…………………………………… 22
朝鮮人騷擾側面觀▶岩本善文 …… 27
思想上の例の朝鮮問題▶遠藤武 … 33
三角同盟とは何ぞ▶石津漣 ……… 47
朝鮮と米穀取引所▶達成山樓主 … 52
公論餘滴 …………………………… 56
朝鮮鐵道の經營に就て▶大同江生 …
　…………………………………… 58
朝鮮海の海運現狀 ………………… 61
私設鐵道經營者の考慮▶秋風嶺生 …
　…………………………………… 64
物價の低昂抑も如何▶紫山生 …… 66
海外移住と朝鮮人▶閔元植 ……… 68
養分補給と配合肥料▶佐藤榮三郎 …
　…………………………………… 73

米より視たる兩港の將來▶胡南生 …
……………………………………… 79

説苑
  再び椎尾博士に呈するの書▶今成覺
  禪 …………………………………… 82
  敢て在鮮我佛教家の奮起を促す▶
  浩々子 ……………………………… 90
  移り住む者の哲學▶葦上修 …… 94
  漢城の未來記▶夢想坊 ………… 98
  雜錄 ……………………………… 100

地方紹介
  群山の昨今 ……………………… 103
  濟州島の産業 …………………… 103
  地方名士の印象 ………………… 104

家庭醫學講話
  脱疽▶瀨戸潔 …………………… 106
  話の種 …………………………… 109
  鳥の糞で出來た島 ……………… 110
  藝妓の噂 ………………………… 111

〈創作〉或る女の別れ話▶山口諫男 ……
……………………………………… 112

讀者の聲 …………………………… 139

公論文壇
  小品文▶石森胡蝶 選 ………… 140
  公論歌壇▶角田不案 選 ……… 142
  公論俳壇▶青水靜軒 選 ……… 144

藝妓の番附 ………………………… 157

朝鮮公論 第9巻 1号, 1921. 1
通巻 第94号

〈口繪寫眞〉聖壽無彊/帝國議會の開院
式/社頭の曉/東京大角力一月場所

公論
  午後の辭 …………………………… 1
  大正十年を迎へて▶井上哲次郎 … 2
  日米問題の解決策▶後藤新平 …… 2
  社會問題としての教育▶小林丑三郎
  ……………………………………… 16
  政治と經濟生活▶渡邊鐵藏 …… 19
  我が家族制度の將來▶鵜澤總明 … 26
  難に對するの辨駁▶三土忠造 … 31
  公論餘滴 ………………………… 34

說林
  朝鮮統治の根本義▶齋藤實 …… 37
  酉年を迎へる給へる李王世子殿下▶
  國分象太郎 ……………………… 41
  滿鮮鐵道の現在及將來▶久保要藏 …
  ……………………………………… 43
  教育制度の改正に就て▶柴田善三郎
  ……………………………………… 47
  朝鮮鐵道の槪勢並に其振興▶賀田直
  治 ………………………………… 50
  産米增殖と肥料の獎勵▶篠原英太郎
  ……………………………………… 52
  大正九年の回顧▶志賀良三郎 … 55
  恐怖と勞働問題▶石津漣 ……… 59
  不老長生▶大內私要 …………… 65
  私は安心を得て居る▶山口諫男 … 70

新手鍋世帶物語▶葦上脩 ………… 72
〈半島文藝欄〉白衣の惠み▶伊集院蘆生子/淸夜叢談▶松本輝華 ………… 87
主張
　大正九年外國貿易界の回顧▶山本達雄 ………………………………… 97
　自治に關する國民の心得▶早川千吉郎 ………………………………… 99
　都市研究會と地方小都市▶內田賀吉 ……………………………………… 100
　是れ積極政策の妙諦▶堀切善兵衛 ‥ ……………………………………… 102
　健全なる思想の涵養▶大野豐四 ……………………………………… 103
　我朝鮮郵船の使命▶松崎時勉 … 104
　私鐵解散乎否解散乎▶岩本善文 ……………………………………… 112
　頭の教育と腕の教育▶白神壽吉 ……………………………………… 119
　學校に於る柔劍道の價値▶柴崎鐵吉 ……………………………………… 120
　朝鮮語辭典發刊に就て▶小田幹治郎 ……………………………………… 125
　元山港客年の經濟槪況▶笠松生 ……………………………………… 131
　文化政治の實績▶浦生大夢 … 133
　滿鐵で經營して居る萬鐵圖書館の內容▶國井天外 ………… 136
　京城博物館の活字を視て▶高木大州 ……………………………………… 141
　大武大官の宮中席次 ………… 148

瑞氣漲る昌德宮李王殿下の御近狀 … ……………………………………… 152
內地に留學せられた勇吉公子の御平生 ……………………………………… 154
新年と諸名士の所感 ………… 155
社交問題に對する名流婦人の意見 … ……………………………………… 159
東西の大男 ………………… 163
童話 愛の心▶橘秀子 ………… 167
酉年生れの芸妓 …………… 171
〈創作〉わたり者▶石森胡蝶 … 172
公論文壇
　小品文▶石森胡蝶 選
　公論歌壇▶角田不案 選
　公論俳壇▶青木諍軒 選

朝鮮公論 第9巻 2号, 1921. 2
通巻 第95号

〈口繪寫眞〉御渡鮮の李王世子殿下/御三年祭と故李太王殿下/雪景色(朝鮮神社建設地)/スケート(東大門附近)
〈卷頭言〉李王世子殿下御入城 ……… 1
公論
　第四十議會 ………………… 2
　戰後の經濟問題▶勝田主計 ……… 5
　社會問題としての人口問題▶建部遯吾 ……………………………………… 10
　國際聯盟と國家觀念▶三土忠造 ‥ 14
　勸力集中の政治と帝國▶上杉愼吉 … ……………………………………… 18

經濟生活を知らざる日本國民▶天野
爲之 …………………………… 21
說林
朝鮮統治と佛教政策▶今成覺禪 … 28
アルゼリア統治と同化政策▶稅田谷
五郎 …………………………… 37
新日本主義▶閔元植 …………… 46
農政鎖言▶橫井時敬 …………… 52
朝鮮産業調査會の必要▶賀田直治 …
……………………………………… 56
朝鮮の鐵道▶和田鐵道部長 …… 58
勘察加地方に於ける原料品取引▶一
記者 …………………………… 63
肥料糞尿の性狀と成分に就て▶佐藤
榮三郎 ………………………… 69
警察官署と會計事務▶筋瀨德松 … 73
呈朝鮮國民書▶大藏將英 ……… 75
不老長生▶大內要 ……………… 77
半島文藝欄
綠の阿片窟▶香取浪彥 ………… 83
うたたね▶相良春雄 …………… 99
おばあさんに▶石坂銀杏 ……… 106
先月の歌壇を見て▶香村英大 … 111
說苑
南山の頂きより▶京童 ………… 113
童話カチ烏▶伊集院樂陽 ……… 119
藝妓の噂 ………………………… 121
藝妓の成績 ……………………… 122
尿閉性に就て▶瀨戶潔 ………… 124
哀話
新らしき二の位牌▶青木靜軒 … 128

小品文▶石森胡蝶 選 ………… 133
公論歌壇▶角田不案 選 ……… 134
公論俳壇▶青木靜軒 選 ……… 136
藝妓の番附 ……………………… 141

```
朝鮮公論 第9巻 3号, 1921. 3
通巻 第96号
```

〈口繪寫眞〉未來の國母陛下良子女王殿
下/新日本主義者閔元植氏殉死/本社
の全景/春の水
〈言論〉齋藤總督巡視/總督府官制改正/
閔元植/議會と朝鮮問題 ………… 1
公論
道德の國際化▶大隈重信 ……… 2
軍備制限論に反對す▶津野田是重 …
……………………………………… 9
婦人參政權まで▶宮田修 ……… 11
優良青年團體▶內務省社會局發表 …
……………………………………… 15
私鐵合同策▶南仙生 …………… 17
畜産獎勵意見▶月田藤三郎談 … 22
說林
官制改正及地方官改正▶齋藤實 … 26
利潤及び賃銀論(一)▶石津漣 … 29
朝鮮と殖林事業▶齋藤音作 …… 40
天才と教育家▶長谷川如是閑 … 44
海運擴張運動 …………………… 46
社會事業と少年法案▶山岡萬之助 …
……………………………………… 49
アルゼリア統治と同化政策▶稅田谷

五郎 …………………………… 53
　　私設鐵道解散論▶石子糸川 …… 57
〈論叢〉當面の諸問題 …………… 61
人物評論
　　山縣有朋論▶桐風生 ………… 71
　　議會と新人評論▶大場 ……… 80
說苑
　　北海道を一瞥して▶大内生 … 80
　　海州の古蹟▶池秋郎 ………… 86
　　石獅子の怪▶京龍 …………… 92
〈家庭醫學講話〉創傷の手宛▶瀨戶潔 …
　　……………………………………… 98
半島文藝欄
　　菅原道眞▶渡瀨よし子 ……… 102
　　秋の一日を▶松永秋鳴子 …… 106
〈創作〉閔元植氏の死▶石森胡蝶 … 109
〈童舌〉太郎の時計▶伊集院樂陽 … 114
藝妓の噂 ……………………………… 117
公論文壇
　　小品文▶石森胡蝶 選 ………… 122
　　公論短歌▶角田不案 選 ……… 123
　　公論俳句▶青水靜軒 選 ……… 125
藝妓の番附 ………………………… 129

```
朝鮮公論 第9巻 4号, 1921. 4
　　　通巻 第97号
```

〈口繪寫眞〉陸軍紀念日の祝賀/道評議
　會(上)忠南議會の初會, (下)京畿道
　議員の農事視察/開催中の九州沖繩
　聯合共進會/春光うらゝか(上)大和

町老人亭附近, (中)獎忠壇の新橋,
(下)麻布の渡船
〈卷頭言〉………………………………… 1
社說
　經濟界の現狀及前途▶田中穗積 … 2
　食糧問題の根本的解決策▶武藤金吉
　　………………………………………… 6
　日米問題解決と我國民の使命▶村川
　堅固 …………………………………… 14
　支那の現局と日本▶青柳篤恒 …… 22
　生存より生活へ▶森本厚吉 ……… 25
　婦人職業問題と參政權問題▶湯原元
　一 ……………………………………… 35
　眞の文明と平和▶堀内文次郎 …… 41
　階級の起因及び差別と平等▶大河内
　近之 …………………………………… 45
說林
　戰後經題と商權樹立策▶吉田節太郎
　　………………………………………… 54
　朝鮮農産物の需給に就て(上)▶篠原
　英太郎 ………………………………… 57
　海運計劃は必要 ……………………… 63
　我國航空界▶津野田是重 ………… 64
　中等教員の爲めに▶大村謙太郎 … 67
　朝鮮畜産協會の設立▶大河内生 … 68
　原動力に就て▶山田守 …………… 74
　朝鮮人布教と佛教々里▶今成覺禪 …
　　………………………………………… 80
　郵貯の現在と將來(上)▶天岡道嘉 …
　　………………………………………… 88
　當面の諸問題▶上山滿之進 ……… 91

水野政務總監と語る▶蒲生大夢 …… 104
女子教育について▶坪内孝 … 106
日比谷原頭より▶畑生 ………… 110
ボルシエビーキの嚴正批判▶パートランドラッセル遺稿 ………… 111
總督府の新人舊人▶大夢堂主人 118

家庭衛
皮膚炎の話▶瀨戸潔 ………… 112
肺結核に就て▶岩井誠四郎 …… 126

說苑
花咲く株屋町より ………… 129
春寒▶青木靜軒 ………… 130
高塔の灯を願ひて▶田中生 …… 133
切れた鼻緖▶長松千代 ………… 135
聾兒の母の日記▶ハリエットユーアンドレー ………… 137
京仁電鐵問題▶石子糸川 …… 144

半島文藝
嫁ぐ妹へ▶谷坂生 ………… 149
亡びゆく悲哀(一幕)▶杉江童太郎 … 157
足跡を辿る▶松本輝華 ………… 168
閔元植を追憶して▶金義用 …… 175
お地藏の輿作▶伊集院樂陽 …… 178
藝者の噂 ………… 184
花月の別莊 ………… 185

公論文壇
小品文▶石森胡蝶 選 ………… 187
短歌▶角田不案 選 ………… 189
俳句▶青水靜軒 選 ………… 191

朝鮮公論 第9巻 5号, 1921.5
通巻 第98号

〈口繪寫眞〉龍山步兵第七十八, 第七十九兩聯隊の軍旗拜授記念式/近時片々(道知事會議)(オリンピック豫選大會)/朝鮮公論姉妹紙朝鮮新聞七千號自祝獎忠壇觀櫻大會(一)/朝鮮公論姉妹紙朝鮮新聞七千號自祝獎忠壇觀櫻大會(二)

〈卷頭言〉 ………… 1

社設
國家と宗教の調査▶平沼淑郎 …… 2
國有鐵道連絡船▶森澤德太郎 …… 5
地方鐵道十年間の發達▶杉本義郎 … 9
鐵道移用者の公德心▶種田虎雄 11
農乎工乎▶澁川春水 ………… 12
巴爾幹は東洋平和の前門也▶長瀨鳳輔 ………… 14
何故老衰するか ………… 21
靈魂の學問 ………… 22
加奈陀海運界發達 ………… 22

說林
朝鮮の山林政策に就て▶賀田直治 … 24
朝鮮農產物需給に就て▶篠原英太郎 … 27
產業調査の方策▶齋藤音作 …… 36
西比利と北日本▶菊地愛二 …… 38
煉炭肥料と米作改良▶佐藤榮三郎 …

```
……………………………… 50
    米穀法と朝鮮米▶人見次郎 …… 53
    朝鮮競馬大會 ……………………… 55
說苑
    ボルシエビーキの嚴正批判(六)▶
    パートランドラッセル遺稿 ……… 56
    朝鮮佛敎に映じたる其の國民▶今成
    覺禪 ……………………………… 64
    花咲く株屋町より▶成淸蝸牛 …… 72
    帝都花信▶燦之介 ………………… 75
婦人評論
    京城の名流婦人▶長松千代子 …… 77
    新生の藝術▶吉田絃二郎 ………… 80
    佛蘭西文學の色彩▶古江孤雁 …… 81
    藝術を無視した敎育▶片上伸 …… 83
    花の東京より▶畑生 ……………… 85
    朝鮮新聞七千號自祝 ……………… 87
半島文藝欄
    花園橋畔より▶松本輝華 ………… 90
    幼き日▶松永素秋 ……………… 101
    小鳥と女▶香取浪彦 …………… 104
雜錄
    三十二の俺▶九兵衛浪人 ……… 106
童話
    豚の考へ▶伊集院樂陽 ………… 113
    朝鮮オリンピック大會を見て▶玄雲
    生 ……………………………… 116
創作
    消えざる汚點▶佐々木元夫 …… 121
    藝妓の噂 ………………………… 137
公論文壇
```

```
    小品文▶石森胡蝶選 …………… 140
    公論短歌▶角田不案選 ………… 143
    公論俳壇▶靑水靜軒選 ………… 145
    藝妓の番附
```

朝鮮公論 第9卷 6号, 1921. 6
通卷 第99号

〈口繪寫眞〉五月三日宮中賢所に於いて
    御婚儀を行はせられたる賀陽宮恒憲,
    王殿下, 九條敏子姬/京城生產品品
    評會/朝鮮競馬大會/同光會朝鮮總支
    部創立總會/朝鮮花柳三業同盟大會/
    初夏の昌慶苑
〈卷頭言〉 ……………………………… 1
社說
    社會と政道▶井上哲次郎 ………… 2
    新國民敎育論義務敎育の年限を延長
    せよ▶澤柳政太郎 ……………… 17
    國民の蹶起を促す▶田中萃一郞 … 23
    列强の權力平衡と中歐▶煙山專太郎
    …………………………………… 29
    貴族院の解散を提議す▶松本重敏 …
    …………………………………… 37
    鮮人敎育の根本▶平沼淑郎 ……… 42
    郡制廢止と農業敎育▶橫井時敬 … 46
說林
    私設鐵道合同策▶美濃部俊吉 …… 54
    積極的產業政策▶石塚英藏 …… 56
    朝鮮產業振興策▶粂民之助 …… 57
    朝鮮工業の現勢▶賀田直治 …… 58

西比利と北日本▶菊地愛二 ……… 63
　　利潤及び賃銀論(二)▶石津漣 …… 71
說苑
　　一人の人の爲に▶有島武郎 ……… 85
　　社會改造と女性▶山田わか ……… 88
　　露西亞文壇雜話▶昇曙夢 ………… 91
　　階級の起因及び差別と平等▶大河内
　　近之 ……………………………… 93
　　隨處に主となれ▶今成覺禪 ……… 99
　　先覺者と稱する朝鮮人に與ふ▶國井
　　泉 ………………………………… 105
　　花咲く株屋町より▶成淸蝸牛 … 109
　　東京より 內閣交迭說▶一記者 … 111
　　文藝夜話 ………………………… 114
半島文藝欄
　　お春▶高橋幽波 ………………… 117
　　生きた繪▶杉江龍太郎 ………… 114
　　深綠の山まで▶靑木靜軒 ……… 130
〈創作〉ひかるゝ心▶田中昭郎 …… 131
童話
　　王子の淚▶伊集院樂陽 ………… 139
　　藝者の噂 ………………………… 145
公論文壇
　　小品文▶石森胡蝶選 …………… 147
　　公論歌壇▶角田不案選 ………… 149
　　公論俳壇▶靑木靜軒選 ………… 151
藝妓番附

朝鮮公論 第9巻 7号, 1921. 7
通巻 第100号

〈口繪寫眞〉時事の人々/官幣大社朝鮮神社鈊始祭/自由畵展覽會に臨める齋藤總督/朝鮮を訪れた名士/滿鮮巡業の東京大角力/奬忠壇に於ける本社主催納凉大會
〈卷頭言〉……………………………… 1
社說
　　四大外交の現狀▶林敎陸 ………… 2
　　農村の社會政策▶矢作榮藏 ……… 6
　　陸軍縮小論を駁す▶蜷川新 ……… 8
　　朝鮮畜産の現勢▶賀田直治 …… 17
說林
　　大連取引所建値問題▶一記者 … 22
　　米國より一筆啓上▶中村與資平 26
　　內鮮同化問題▶鮮于鐵 ………… 33
　　西北利亞と北日本▶菊地愛二 … 34
　　若返り法の原理と實驗▶山尾淸實 …
　　…………………………………… 47
　　似非的性欲硏究▶鈴木正藏 …… 51
說苑
　　菲島獨立とウッド將軍▶カーマン氏
　　の意見 …………………………… 53
　　ウイッテ伯備忘錄▶三井生 …… 54
　　現代敎育の理想と朝鮮敎育問題▶金
　　義用 ……………………………… 54
　　英人の見たる米國▶フイリップギブ
　　ス ………………………………… 74
　　花咲く株屋町より▶成淸蝸牛 … 77

憐れなロシア住民の食物▶エーコロンビノ ………………………… 81
柳兼子夫人の獨唱を聞きて▶野村生 ………………………………… 82
鈴蘭▶きいち生 …………………… 83
半島文藝欄
　悶▶守陽生 ……………………… 86
　煙▶香取波彦 …………………… 97
　文藝風聞錄 …………………… 104
創作
　お倫▶高橋幽波 ……………… 106
　藝者の噂 ……………………… 321
公論文壇
　小品文▶石森胡蝶選 ………… 119
　公論歌壇▶角田不案選 ……… 121
　公論俳壇▶青木靜軒選 ……… 123
藝妓の番附

```
朝鮮公論 第9巻 8号, 1921. 8
       通巻 第101号
```

〈口繪寫眞〉總督と其の筆蹟/新任朝鮮軍參謀長 安滿欽一小將(向つて左)/落成の京城劇場/凉味萬斛(上雪の萬物相, 中雪の彩霞峯, 下雪の神溪寺)/(上)大臣野田卯太郎氏の筆蹟/(下)新任朝鮮公論社長石森久彌氏
〈卷頭言〉 ………………………………… 1
言論
　軍備問題と國際道義▶澁澤榮一 … 2
　軍備縮小と日米關係▶松波仁一郎 … 5
　教育費 國庫負擔增額▶赤司鷹一郎 …………………………………… 7
　吾儕の使命▶石森久彌 …………… 9
　利潤及び賃銀論(三)▶石津漣 … 12
說林
　內鮮兩民族の眞使命▶水野錬太郎 ………………………………… 31
　全南の產業▶玄角仲藏 ………… 34
　朝鮮に於ける民心善道と其の機關▶河野節夫 …………………… 37
　日本國民の世界的使命▶金義用 … 48
　親鸞主義の提唱▶愁葉 ………… 56
　道鸞二聖の救に就て▶今成覺禪 ………………………………… 62
　西北利亞と北日本▶菊地愛二 … 72
衛生
　性慾問題▶瀨戶潔 ……………… 87
說苑
　空氣と死亡率▶遠山椿吉 ……… 91
　夏の旅行と氣象▶築地虎雄 …… 93
　渡鮮偶感▶山村生 ……………… 94
〈半島文藝〉君子▶高橋幽波 …… 97
人物評論
　中樞人物の解剖▶龍象子 …… 100
　京城の名流婦人(一)▶長松千代 ………………………………… 104
　滿鐵と早川社長▶五城樓主人 … 105
　人物採用の標準 ……………… 107
　新聞の新聞 …………………… 110
　新記者室より ………………… 111

公論餘滴 …………… 116
　七月中の球界▶野崎眞三 ……… 118
雜錄
　俺の方の課長 …………… 120
　百龍の話 …………… 122
　吾等の不平 …………… 123
　若き日の思出(一)▶石森生 …… 126
　讀者の聲 …………… 128
　藝妓の噂 …………… 129
　刺と扉▶多田憲一 …………… 130
　達人藝妓物語 …………… 132
　文壇の噂 …………… 134
　明治町より▶成淸生 …………… 135
　「童話」馬の死骸▶小萩 ………… 137
創作
　或る綠談▶佐々木元夫 ………… 140
　呪はれた少女の話▶幽波山人 … 150
　僕の石森論 …………… 160
公論文壇
　小品文▶石森胡蝶選 ………… 164
　公論歌壇▶角田不案選 ………… 169
　公論俳壇▶靑木靜軒選 ………… 170
藝妓の番附

朝鮮公論 第9巻 9号, 1921.9
通巻 第102号

〈口繪寫眞〉御外遊の東宮殿下/時の人/
來襲せる大毎野球團/金色の秋
〈卷頭言〉 …………… 1
言論

軍備制限論を排す▶上杉愼吉 …… 2
人道的國家主義▶深作安文 ……… 11
政黨內の不正分子を一掃せよ▶小久
保喜七 …………… 20
臺灣の四大問題▶田健次郞 …… 21
恩給法改正問題▶入江貫一 …… 23
暹羅公使政尾氏を悼む▶黃岡宇一郞
　 …………… 26
自治觀念の缺乏せる我國民▶乘杉嘉
壽 …………… 27
對白貿易の要論▶アグスアレンカー
ル …………… 30
太平洋會議と我日本 …………… 34
說林
滿鮮の財界と鐵銀の使命▶美濃部俊
吉 …………… 46
天與の特產朝鮮天然氷に就て▶志岐
信太郞 …………… 52
遞信事務と人物養成▶堂本貞一 … 57
冷言熟語 …………… 59
雜錄
日本國民の世界的使命▶金義用 … 62
北京通信▶勿吉生 …………… 72
銀座から▶草光生 …………… 74
住宅難と其解決方法 …………… 75
政界漫語 …………… 77
天勝一行の花形斐龜子 …… 133
京城キネマ界▶松本輝華 …… 135
變裝探訪口入屋を覗くの記▶長松千
代 …………… 137
八月の演藝界から▶曉太郞 …… 121

文壇風聞錄 ……………………… 84
藝妓より一言 ………………… 85
ミシガン湖畔に朝鮮留學生と語る▶
市川弘 ………………………… 87
〈衛生〉遺傳に就て▶瀨戶潔 ……… 80
〈說苑〉自己を省みて▶山口諫男 …… 89
想華
　藝術上から見た童話及童話劇▶茅野
　滿々 ………………………… 93
　女性の精神的造力▶山田わか …… 99
童話
　牽いてる牛を盗まれた▶綠葉山人 …
　………………………………… 105
　懸賞文募集 ………………… 108
人物評論
　中樞人物の解剖▶龍象子 ……… 109
　滿鮮實業界に雄飛する三太郎の人物
　批判▶悠々散人 ……………… 112
　新聞の新聞 ………………… 117
　俺の方の課長 ……………… 118
　長短肥瘦物語A …………… 120
　公論餘滴 …………………… 124
　京城日報社紛糾秘史▶南岳迂人 … 125
　讀者の聲 …………………… 130
　藝妓の噂 …………………… 131
　滿鐵通信▶糸川生 …………… 140
運動
　野球ABC▶ビー生 ………… 141
　最近の庭球界から▶野崎眞三 … 142
創作
　野球の火▶田中昭郎 ………… 145

藝妓新聞許可さる …………… 150
公論文壇
　小品文▶石森胡蝶選 ………… 153
　公論歌壇▶角田不案選 ……… 155
　公論俳壇▶青木靜軒選 ……… 157
藝妓の番附

朝鮮公論 第9巻 10号, 1921. 10
通巻 第103号

〈口繪寫眞〉故國分象太郎氏の葬儀/東宮殿下御奉祝/本社主催大演奏會/銀色の秋
〈卷頭言〉 ……………………………… 1
公論
　世界文化と日本の自覺▶中村進午 …
　………………………………………… 2
　現代議會の根本的改造▶小林丑三郎
　………………………………………… 6
　唾棄す可き黨派的根性▶廣岡宇一郎
　………………………………………… 13
　支那國際管理と帝國の態度▶一宮房
　次郎 …………………………………… 14
　世界勞動問題の趨勢▶永井享 …… 18
　ヤップ島問題と米國と低意▶稲原勝
　治 ……………………………………… 24
　英米乖離の事實 …………………… 28
說林
　飽迄積極方針▶早川千吉郎 ……… 35
　日本帝國の使命と産業政策▶賀田直
　治 ……………………………………… 37

國立公園として金剛山を推薦す▶西
　田常三郎 ………………………… 39
　米國軍國主義者の軍縮論 ……… 43
物價問題
　物價引下の具體案▶川原茂輔 …… 47
　小賣價格引下新案▶伊藤商事課長 …
　　……………………………………… 48
朝鮮民族の分岐点 ………………… 50
十四通信
　東京通信 ………………………… 23
　北京通信 ………………………… 26
　米國通信 ………………………… 33
　北海道通信 ……………………… 44
　財界通信▶綠眼子 ……………… 65
　滿鐵通信▶糸川生 ……………… 75
　警務局通信▶テルミ生 ………… 91
　琵琶界通信▶平面子 …………… 92
　演藝界通信▶曉太郎 …………… 99
　長唄界通信 …………………… 102
　運動界通信▶三畳生 ………… 121
　キネマ界通信▶松本生 ……… 123
　朝鮮文壇通信▶輝華生 ……… 127
　移民村通信▶カウボー井/牧童子 …
　　……………………………………… 129
人物評論
　中樞人物の解剖▶龍象子 …… 62
　俺の方の課長▶諸氏 ………… 66
雜錄 懸賞文發表
　內朝鮮融和に對する管見▶林益相 …
　　……………………………………… 69
　隣人を愛せよ▶崔晚達 ……… 71

　新聞の新聞 …………………… 76
　京城日報社紛糾秘史▶南岳汪人 … 77
　我等の不平 …………………… 86
　二週年を迎へて▶山口練男 …… 89
　革正を要す可き京城旭會▶京城エム
　生 …………………………………… 93
　産業調査愈成立 ……………… 95
　〈童話〉稲荷大明神▶村木綠葉 …… 97
　〈小說〉鴨綠江ローマンス▶勝村長城 …
　　……………………………………… 103
　〈實話〉殖民地を漂浪する女▶原田小太
　郎 …………………………………… 115
公論文壇
　小品文▶石森胡蝶選 ………… 133
　公論歌壇▶角田不案選 ……… 135
　公論俳壇▶靑木靜軒選 ……… 136
編輯局より ……………………… 144

朝鮮公論 第9巻 11号, 1921.11
通巻 第104号

〈口繪寫眞〉時事片々/名刹の秋と花の曠
　野
〈卷頭言〉 ……………………………… 1
公論
　生産費の節減と貿易▶河津暹 …… 2
　歐米文明制度批判▶熊谷直太 …… 10
　政治季節と弛緩狀態▶川原茂輔 … 13
　積極政策か消極政策か▶三土忠造 14
　東京市內に散在する留學生と勞働者
　▶大庭柯風 ………………………… 16

朝鮮に於ける文化の趨勢と其指標▶
　河野節夫 ……………………… 24
齋實論(朝鮮總督) ………………… 39
大庭二郎論(朝鮮軍司令官) ……… 40
水野鍊太郎論(朝鮮總督府政務總督) …
　……………………………………… 41
淨法寺五郎論(第二十師團長) …… 42
山縣伊三郎論(關東長官) ………… 43
前田昇論(憲兵隊司令官) ………… 44
石塚英藏論(東洋拓殖會社總裁) … 46
早川千吉郎論(南滿鐵道會社々長) … 47
美濃部俊吉論(朝鮮銀行總裁) …… 48
上林敬次郎論(李王職次官) ……… 49
齋藤總督と總督▶春明山人 ……… 55
滿鮮財界の首腦者▶悠々山人 …… 50
民間の人物總まくり ……………… 52
殖民地の二首腦　齋藤朝鮮と田臺灣▶
　春明山人 ………………………… 55
倭城臺の新人舊人▶迫江散史 …… 57
新聞界の人物總まくり▶霹靂散人 … 59
ビール界の三人者▶横井サクラ/橋本
　キリン/山上サッポロ …………… 79
京城日報社紛擾秘史(終篇)▶南岳迂人
　……………………………………… 66
仁川の人物總まくり▶文公子 …… 84
群山の代表人物▶糸川生 ………… 101
平壌の人物批評▶黒旋風 ………… 89
若手記者人物月旦▶紫の假面 …… 80
朝鮮文壇の人々▶松本輝華 ……… 133
京城の名物男▶銀兵衛 …………… 106
花柳界の人々▶盛鹽生 …………… 145

京城印畫界の人々▶輝華生 ……… 133
京城の幫間▶銀兵衛 ……………… 102
京城畫壇の人々▶浪彦生 ………… 152
花柳男女將論▶双蝶子 …………… 146
朝鮮歌留多界の人々▶疾風閃子 … 153
代表藝妓評判記▶失敬生 ………… 148
京城キネマ界の人々▶牧童子 …… 158
京城仲居評判記▶嬌溢子 ………… 150
京城琵琶界の人々▶樂陽公 ……… 162
京城狩獵界の人々▶六連發生 …… 145
フィルム・フワンの人々▶牧童子 … 160
運動界の人々▶野崎眞三 ………… 154

朝鮮公論 第9巻 12号, 1921. 12
通巻 第105号

〈口繪寫眞〉噫原敬氏/攝政の大任に就
　かせ給へる皇太子殿下/新任内閣總
　理大臣高橋是清氏
〈卷頭言〉凶變と思想界 …………… 1
文化の概念▶田邊元 ……………… 2
這次の勞動爭議を顧みて▶松波仁一郎
　……………………………………… 25
支那問題に就て▶市村瓚次郎 …… 30
兇變と財界の前途▶池田謙三/清水文
　之輔 ……………………………… 38
補習教育令の改正▶千葉敬止 …… 40
荒廢した朝鮮の山林―早く救濟方法を
　講ぜぬと手も足も出なくならう▶松
　波秀實 …………………………… 42
悲觀も樂觀も一部の消息のみ▶一木喜

徳郎 ………… 44
見た儘の獨逸―驚くべき物價下落▶中
　西六三郎 ………… 45
時事漫筆▶石森久彌 ………… 47
說林
　時事漫筆―東京より一筆啓上▶石森
　　久彌 ………… 52
　靑島及山東の價値▶秋山雅之介 … 52
　凶變の日▶石森生 ………… 54
時論 原首相凶變と名士の感想
　日本始つてからの平民宰相▶高田早
　　苗 ………… 56
　巨星逝きて歸らず▶小川平吉 …… 58
　內務大臣時代の原首相▶塚本靖次 …
　　………………… 59
　國家的大損失▶小澤武雄 ………… 60
　妄擧は國家を危ふす▶鵜澤總明 ……
　　………………… 61
　最も厚き知遇を受けて▶兒玉秀雄 …
　　………………… 63
　眞に一大常識者なり▶藤山雷太 … 64
　高橋內閣頗る可▶石黑五十二 …… 65
　大宰相と私▶上田外男 ………… 67
戀愛偶話 ………… 73
說苑
　歸鄕記(一)▶石森胡蝶 ………… 74
　物象の眞實相を寫せ▶小室翠雲 ……
　　………………… 77
　楢崎君の展賢會を見て▶加藤松林 …
　　………………… 79
　加奈陀通信―終機の山から▶みさを

　　生 ………… 82
雜錄
　伊藤白蓮論▶三島冬泉 ………… 85
　帝都の雜誌界▶笛川生 ………… 87
　中央敎壇通信 ………… 89
　桐生驛より▶石森胡蝶 ………… 91
　〈童話〉樹の中の小舍▶靑澤てる路　92
　東都演藝通信▶石森生 ………… 97
　〈蕃界實話〉二人が逃れるまで―蕃女ア
　　ラハの美しき戀▶本村春明 …… 99
　仁川通信 ………… 105
　讀者の聲 ………… 106
　淸津通信 ………… 107
　商店のぞ記(1) 新町藥房 ………… 108
　琵琶界通信 ………… 110
　紅秋哀歌 ………… 111
　〈映畵夜話〉K舘の廊下から―『狂へる
　　惡魔』に就て▶牧童子 ………… 112
　此の頃の歌壇の人々▶中田劉吉 … 114
　〈キネマ界通信〉大正舘/喜樂舘/黃金舘
　　/中央舘 ………… 117
　移民村通信 ………… 120
　畫壇通信 ………… 127
　人間に祟る家▶佐田草人 ………… 121
　裁判官の見た伊藤燁子問題▶野村法外
　　………………… 128
　雪國の冬▶吉江孤雁 ………… 136
　〈小說〉小鳥屋の娘▶入江新八 …… 137
　朝鮮文壇通信 ………… 148
　靑年文士錄(1) ………… 151
公論文壇

詩壇▶石森胡蝶選 ……………… 144
　　歌壇▶角田不案選 ……………… 148
　　公論俳壇▶青木靜軒選 ………… 153
朝鮮文壇消息 …………………………… 157
拾壹月飾窓番附 ………………………… 158
拾壹月飾窓番附總評▶白眼子 ……… 159
新刊紹介 ………………………………… 160
京城藝妓十一月場所席順番附 ……… 161
編輯局より ……………………………… 162

人物評論
　偉人原敬氏の面影▶大庭生 …… 19
　政界の前途を凝視する後藤新平▶木
　　村春明 …………………………… 24
　原氏と星亨氏の奇遇 …………… 29
　平民的な高橋首相の家庭生活▶一記
　　者 ………………………………… 30
　米人の見た德川公 ……………… 31
報知新聞 全國俳句大會 ……………… 32
〈說苑〉歸鄕記(承前)▶石森胡蝶 …… 33
新聞の新聞 ……………………………… 42
家政の讀物 家庭思想▶永島のぶ子 …
　………………………………………… 43
〈雜錄〉商店のぞ記(2) 大阪屋號書店　48
筆の人々(消息) ………………………… 50
〈怪談〉靑白い人魂▶明島浪夫 ……… 51
〈童話〉瑞西の夕燒▶靑澤てる路 …… 57
近火(創作)▶山口諫男 ………………… 62
〈童謠〉山の鍛冶屋▶まつもと・てるか
　………………………………………… 69
大晦日の午後零時と或る夫婦の對話▶
　佐田派千郎 ………………………… 70
上林次官と記者團 ……………………… 76
仁川茶話 ………………………………… 77
西鮮地方の甛菜—我國に於ける製糖の
　歷史 ………………………………… 78
卒倒する雄辯家 ………………………… 79
喜樂館と賊とパールと ………………… 79
平壤紳士の隱し藝▶一記者 …………… 80
文學藝妓 千代の戀愛論▶粹坊 ……… 82
キネマ界通信―黃金館/中央館/喜樂館/

朝鮮公論 第10卷 1号, 1922. 1
通卷 第106号

〈口繪寫眞〉新商業會議所正副會頭/憲
　兵機動演習と獵友會の人々/新商業
　會議所議員諸氏/旭光照波
〈卷頭言〉大正十一年を向ふ ………… 1
公論
　思想界と國體觀念▶大木遠吉 … 2
　政黨と靑年▶上林垈安太郎 …… 4
　大石正己氏の國論本位▶松田源治 …
　…………………………………………… 5
　國際經濟と我財界▶深井英五 … 6
　國際經濟戰と人心一新▶勝田主計 …
　…………………………………………… 9
　朝鮮產業と敎育との協調▶賀田直治
　…………………………………………… 11
子無物語 ………………………………… 14
警察行政上より見たる兵▶齊藤繼述 …
　………………………………………… 15
公論餘滴 ………………………………… 18

大正館	83
花柳界通信	87
移民村通信	88
讀者の聲	89
琵琶界通信	90
尾のない白狐▶天風粹人	92
奇拔なる左側通行宣傳	94
ゲイシヤ置家訪問記▶天風生	95
〈畵壇通信〉新人出てざるか▶加藤俊吉	97
在鮮文武大官と宮中席次	101

講談
龍の口の正斷▶細川風來	1の1
孝行馬子▶寶井琴窓	1の7
福娘▶桃井燕玉	1の13
祝の花笠▶伊東凌潮	1の19
福の神▶神田伯鯉	1の26
谷風情相撲▶松林紅玉	1の33

落語
七福神▶柳家小せん	1の41
出世の鼻▶金原亭馬	1の49
寶船▶三遊亭圓窓	1の56

小說
老孃▶眞山靑果	1の63
家の寶▶渡邊默禪	1の72
人の罪▶岡本靈華	1の78
束小門支那人の赤ん坊	1の18
將軍箸の發賣	1の78
白丁は光熙門外と大和町	1の25
浪花兄弟商會の金庫	1の32
不知火の新築	1の40

川柳雜吟	1の48
仲駒の漱草秀丸チャン	1の48

公論文壇
詩壇▶佐田派千郎選	1の84
懸賞小品文▶石森胡蝶選	1の88
懸賞短歌▶角田不案選	1の89
歌壇▶角田不案選	1の92
懸賞俳句▶靑木靜軒選	1の94

朝鮮文壇通信	1の90
新刊紹介	1の92
文藝誌新刊批評	1の95
公論俳壇▶靑木靜軒選	1の98
俳事消息▶靑木靜軒選	1の99
京城藝妓一月場所席順番附	1の100
拾貳月飾窓番附	1の101
編輯局より	1の102

朝鮮公論 第10巻 2号, 1922. 2
通巻 第107号

〈卷頭言〉	1
大隈老侯を悼む▶高橋是淸	2
國光復一新▶大岡育造	6
軍備制度と文化的施設▶水野鍊太郎	7
現行憲法改正▶鵜澤總明	10
軍備制度と其影響▶堀切善兵衞	12
軍備縮小と吾産業▶今泉嘉一郎	13
加藤全權を歡迎す可し▶山料禮造	18
太平洋會議の由來と支那代表全權の不成功に論及す▶上田恭輔	19

財界の趨勢と軍備制限の影響▶藤山雷太 ……………………………… 24
産業道徳論▶井上角五郎 ……… 38
偉人原敬氏の面影▶大庭柯風 …… 38
朝鮮は東北人の天下か▶五城樓主人 … ……………………………… 39
隈侯逝去の吾政界に及ぼす影響 …… 48
隈侯とその逸話 ……………… 51
新聞の新聞 …………………… 59
或將軍の話▶文公子生 ………… 53
朝鮮勞動階級の現狀▶野崎眞三 … 60
朝鮮總督府豫算網要 …………… 64
朝鮮事情寫眞帖 ……………… 68
公論餘滴 ……………………… 37
本町巡禮▶高嶺仙人 …………… 69
大隈侯と閻魔との對話▶高嶺仙人 … 72
戀と健康の話▶NT生 ………… 74
大隈侯の深慮▶鹽澤昌貞 ……… 83
冬季に多き外科疾患▶瀬戸潔 …… 84
大同江畔より▶水蛙生 ………… 89
平壤漫言▶雅樂公 ……………… 97
藝妓の噂 ……………………… 88
讀者の聲 ……………………… 93
商店のぞ記 …………………… 94
キネマ界通信▶松本輝華 ……… 96
莊丁のこころ▶梁川重孝 ……… 104
美しき饗膳▶西江靈弦 ………… 106
かがやく一家▶青澤てる路 …… 99
春の夜話▶北島春石 …………… 112
革財布▶柳家小せん …………… 119
御代の寶▶一立富文車 ………… 126

短文欄 ………………………… 133
朝鮮文壇通神 ………………… 138
壇歌 …………………………… 136
新刊文藝誌批評 ……………… 136
俳壇 …………………………… 140
新刊紹介 ……………………… 67
藝妓番附 ……………………… 144
街頭より ……………………… 145

朝鮮公論 第10巻 3号, 1922.3 通巻 第108号

〈口繪寫眞〉噫山縣有朋公/內鮮せるジョッブル元帥/ジヨ元帥と菅野新師團長/春尙ほ淺し

〈卷頭言〉 ……………………… 1
公論
中正の道をとれ―國礎の安固を期する上にも文化の促進上にも最も緊要▶平沼淑郎 ……………………… 2
不法行爲に對する衆議院の規則▶寺田榮 ……………………………… 5
子の陸軍整理案▶津野田是重 …… 6
鐵道敷設に就いて▶石丸重美 …… 8
第二期治水計劃▶齊藤珪次 ……… 10
結局聯省自治か―紛糾を極めつゝある支那政局の前途▶上塚可 …… 12
對支貿易管見▶松平市太郎 …… 13
議會評論▶大庭柯風 …………… 15
公論餘滴 ……………………… 18
說林

米國を視察して▶澁澤榮一 …… 19
災害を防止するには交通道德の徹底
　▶松井茂 ………………… 26
農村問題の解決と金融▶安東友哉 …
　………………………………… 28
我農民諸君に望む―獨逸の産業組合
　を視察して▶三輪龍楊 ……… 30
ショウの見たる華府會議 ……… 33
商略上より觀たる小賣廣告の價値▶
　熊谷菊麿 ………………………… 35
說苑
　敬畏の念を養成せよ▶前田慧雲 … 39
　社會問題に對する親鸞主義の態度▶
　赤田愁葉 ………………………… 41
朝鮮の事情―私鐵工事概況 ……… 53
家庭の讀物
　人間として生きよ―新時代に對する
　婦人の覺悟▶宮田修 …………… 60
　世界中で一番死產多い日本▶岡田道
　一 …………………………………… 62
　朝鮮の冬と音樂▶石川義一 …… 65
衛生
　玄米飯の實驗▶松田竹の島人 …… 67
　年齡によって食物を變へよ▶岡崎桂
　一郎 ………………………………… 70
〈雜錄〉平壤の黨派的變遷▶黑旋風 …
　……………………………………… 72
病床に餘命を養ふ孫秉熙 ………… 31
郵便貯金の消長▶天岡貯金局長 … 32
〈美術通信〉吾人の使命▶小倉右一郎 …
　……………………………………… 38

財界時言 ……………………… 50
本町巡禮 ……………………… 79
藝妓の噂 ……………………… 81
商店のぞ記(4) ……………… 82
噂の噂 ………………………… 84
特撰活劇映畫大會の記―意義ある映畫
　藝術の普及▶松本與一郎 …… 86
讀者の聲 ……………………… 89
奇談怪談 列車の怪異▶牧童子 …… 90
〈童話〉南國の春に▶青澤てる路 …… 91
春を向へる詩▶多賀京三郎 …… 96
呪はれし薄命の女―新町ローマンス▶
　藤原雪浚 …………………… 97
〈創作〉幸福▶石丸梧平 ………… 103
潮の香(短歌)▶小泉藤三 …… 108
拳銃▶プウシキン・香取波彦 譯 … 110
小唄三篇▶夢野草一 ………… 113
五城樓主人閣下 ……………… 114
勤王女傑 龍馬の妻▶雙龍齊貞圓 … 115
〈新作講談〉吉原の松樣▶菊の家主人 …
　……………………………… 121
〈落語〉代り目 ……………… 134
公論文壇
　詩壇▶石森胡蝶選 …………… 139
　歌壇▶角田不案選 …………… 144
　公論俳壇▶青木靜軒選 ……… 147
靜軒居雅信錄 ………………… 148
俳事消息 ……………………… 148
朝鮮文壇通信 ………………… 144
朝鮮文壇消息 ………………… 150
新刊紹介 ……………………… 151

京城藝妓二月場所席順番附 ……… 154
鮮銀の貸出と金建問題▶一記者 … 1の1
鮮銀貸出の眞相 ………………… 1の5
不正は斷じて無い▶水野錬太郎 … 1の6
鮮銀の貸出に就て▶美濃部俊吉 … 1の7
所謂貸出問題▶河內山樂三 …… 1の8
金建銀建 ………………………… 1の9
鮮緣の影 ………………………… 1の10

```
朝鮮公論 第10巻 4号, 1922. 4
　　通巻 第109号
```

〈口繪寫眞〉朝鮮の特產品/驛路は近し/
　陸軍紀念日の觀眾と演習/開かれた
　る平和博覽會
〈卷頭言〉鮮滿の提携 ……………… 1
公論
　〈社說〉朝鮮青年を善導せよ ……… 2
　自由思想と自己の自覺▶松井茂 … 6
　各派の提出せる地方教育費增額
　案と其重要なる相違點▶管原傳 …… 7
　小中學生と性教育の問題▶北豊吉 …
　………………………………………… 8
軍縮問題私見▶津野田是重 …… 10
少年審判と實際問題▶山岡監獄局長 …
　………………………………………… 12
政會通信(1)大渦小渦▶上田外男 … 13
銅業界の前途▶岡田金物部長 …… 15
棉糸界の回復期▶杉山金之助 …… 16
日本海運界の危機▶一記者 ……… 17
京城郵便局長へ注文あり ……… 18

公論餘滴 …………………………… 19
〈說林〉研究資料　三韓統治の全局面▶
　木村靜雄 ………………………… 20
〈人物短評〉戶島祐次郎 ………… 30
禿頭の話 …………………………… 30
政界通信(2) ……………………… 31
私鬪に齷齪せる平壤人士▶霹靂火星 …
　………………………………………… 33
美術通信 …………………………… 35
滿洲地方に於ける朝鮮人の經濟及金融
　狀況▶一記者 …………………… 36
平和博通信 ……………………… 44
朝鮮私設鐵道現勢 ……………… 45
今年から踏んばるサッポロビール … 52
總督醫院通信 …………………… 53
〈人物評論〉朝鮮は東北人の天下か(承
　前)▶五城樓主人 ………………… 54
朝鮮畫壇通信 …………………… 57
中學教師時代の三士書記官長▶鈍禿生
　………………………………………… 58
印畫界通信 ……………………… 61
橫着知事に痛棒を喰らはす▶蠻劍櫻 …
　………………………………………… 62
竹內局長へ一本參る …………… 65
平壤通信 ………………………… 66
京城の不良記者退治 …………… 67
讀者の聲 ………………………… 68
〈雜錄〉民眾憤激の的となれる休魔殿仁
　取の解剖(一) …………………… 70
全鮮記者大會 …………………… 74
讀者へ謹告 ……………………… 75

商店のぞ記 ……………………… 76
運動系通信 ……………………… 79
〈家庭の讀物〉父に伴はれし私の滿鮮旅
　行日記帳より▶藤水園子 ………… 80
〈社告〉朝鮮事情宣傳大寫眞帖に就て …
　………………………………… 83
演藝界通信 ……………………… 84
犬を捨てるまで(創作)▶長田勝郎 … 85
花柳界通信運 …………………… 104
ペロリ先生と兵太▶宮地嘉六 …… 105
琵琶界通信 …………………… 108
〈映畵筋書〉牧場の恐怖▶牧童子 … 109
移民村通信 …………………… 112
係蹄(創作)▶武川重太郎 ………… 113
京日女流短歌會詠草を評す▶瓔珞詩社
　同人 …………………………… 127
探偵奇譚　奇々怪々不思議な指輪の行
　方(前篇)▶一名(青衣の女) …… 129
眞説虛説　春宵怪談　京城の丑滿刻▶松
　本與一郎 ……………………… 142
公論文壇
　　短文欄▶石森胡蝶選 …………… 152
　　短歌▶角田不案選 ……………… 155
　　公論俳壇▶青木靜軒選 ………… 159
靜軒居雅信錄 …………………… 160
俳事消息 ………………………… 161
朝鮮文壇通信 …………………… 144
朝鮮文壇消息 …………………… 150
新刊文藝誌批評 ………………… 162
新刊紹介 ………………………… 163
禿頭番附に就て ………………… 164

參月飾窓番附 …………………… 165
京城藝妓四月場所席順番附 ……… 166
編輯局より ……………………… 168

朝鮮公論 第10巻 5号, 1922.5
通巻 第110号

〈口繪寫眞〉御內鮮あらせらるる李王世
　子同妃兩殿下/英皇儲殿下の御來朝/
　京城商業會議所に於て開かれたる全
　國穀物大會
〈卷頭言〉王世子殿下御渡鮮 ………… 1
公論
　政黨の自判力▶高橋是淸 ………… 2
　國民の生活苦を救ふには貸金の散布
　　が必要▶目賀田種太郎 ………… 4
　此新使命を抱きて▶山本悌二郎 … 6
　武士道的宣傳に努力▶川原茂輔 … 7
　財界梗塞の秋―偉星の出現を俟つ▶
　　湯淺倉平 ……………………… 8
　預金制度の實施▶神野藤之助 …… 9
外來思想に誤まらゝ地方青年▶堀內
　文次郎 ………………………… 12
補習敎育の改善―注入敎授より自由敎
　授に▶幣原坦 ………………… 13
郡道の廢止は結局道路の向上か▶堀田
　貢 ……………………………… 14
想像され得る不當廉賣品の殺到▶橋本
　茂雄 …………………………… 15
帝都に開く全國農民大會▶上井權太 16
伯剌西爾建國百年記念博覽會▶豊嶋昌

………………………… 17
生活改善の解決▶金井兼寬 ………… 18
矛盾を存する蠶絲業改正の希望▶本間啓太郎 ………………………… 19
公論餘滴 …………………………… 20
〈說苑〉滿洲方面に於ける朝鮮人の經濟及金融狀況(承前)▶一記者 … 21
平和博通信 ………………………… 30
軍縮剩餘金分讓問題—中央政府の諒解と我等の使命▶志岐信太郎 …… 32
美術通信 …………………………… 34
英國皇儲を奉迎す—全國專門學生の英皇儲歡迎大會▶阪谷芳郎 ……… 35
英皇儲の御來朝と奉迎御警衛の基準▶松井茂 ……………………… 37
善美を盡した赤阪離宮の御旅館▶佐野利器 ………………………… 39
英皇儲の御旅館たる赤阪離宮御沿革 40
英皇儲奉迎記 ……………………… 42
產業界通信 ………………………… 43
事業界通信 ………………………… 43
文壇通信 …………………………… 44
朝鮮開發は國家の急務▶福島莊平 … 45
獎忠壇通信 ………………………… 47
說林 研究資料 三韓統治の全局面(承前)▶木村靜雄 ……………… 48
朝鮮畫壇通信 ……………………… 58
朝鮮の事情 ………………………… 59
經濟界通信 ………………………… 62
鮮滿新聞通信社總まくり(一)▶寸鐵禪 ………………………………… 63

本町川柳行脚(1) ………………… 65
總督醫院通信 ……………………… 66
〈人物評論〉問題政治家尾崎行雄▶後藤亭 ………………………………… 67
朝鮮は東北人の天下か(三)—水野氏と平凡の善政▶五城樓主人 …… 72
貿易通信 …………………………… 75
全鮮可法高官總まくり(一)▶翠郎生 76
新聞の新聞 ………………………… 80
問題の火の手上らんとする坪內第一女學校長不信の叫び▶摘發生 …… 81
讀者の聲 …………………………… 84
齊藤禮三の假面を剝ぐ▶事實多郎生 ………………………………… 85
雜錄
　苦松仁取社長の無能を痛擊す …… 86
　仁川繁榮と口錢改訂▶正義の人 … 92
　演藝界通信 ……………………… 94
　思想的に觀た平壤の諸問題▶霹靂火星 ……………………………… 95
　琵琶界通信 ……………………… 97
　第三回朝鮮陸上競技大會を觀て▶松井久 ………………………… 98
　移民村通信 ……………………… 102
　辯士とは何ぞや▶野村雅庭 …… 103
　映畫雜話▶本誌記者 …………… 104
　花柳界通信 ……………………… 105
　商店のぞ記 ……………………… 106
　朝鮮文藝界通信 ………………… 108
家庭の讀物
　極端な性分は一種の病氣▶前田珍男

……………………………………… 109
　　癩豫防の根本策▶潮惠之助 …… 110
　　年を逐ふて增加する初生兒の死亡率
　　　▶高橋作太郎 ………………… 111
　　人をつくる道▶乘杉嘉壽 ……… 112
　　大造家屋の脅威▶山縣治郎 …… 114
離愁(創作)▶田中昭郞 ……………… 115
映畵筋書 牧場の恐怖(前號の續き)▶牧
　童子 ………………………………… 119
噂の噂 ………………………………… 123
虛說眞說 京城の丑滿刻(承前)▶松本與
　一郎 ………………………………… 124
宮古太夫の娘(一場)▶兒玉沙二郎 ……
　……………………………………… 137
〈小說〉出發▶三島霜川 …………… 142
公論文壇
　俳句に對する私の見解▶汁野芙蓉 …
　……………………………………… 150
　　朝鮮文藝界月評▶松本華 ……… 152
　　詩壇▶石森胡蝶選 ……………… 154
　　歌壇▶角田不案選 ……………… 159
　　公論俳壇▶靑木靜軒選 ………… 162
靜軒居雅信錄 ………………………… 163
俳事消息 ……………………………… 164
鉛槧の群ら(消息) …………………… 165
新刊紹介 ……………………………… 166
四月飾窓番附 ………………………… 167
京城藝妓二月場所席順番附 ……… 168
編輯局より …………………………… 170

朝鮮公論 第10巻 6号, 1922. 6
通巻 第111号

〈卷頭言〉 ……………………………… 1
財界救濟の要訣▶澁澤榮一 ………… 2
行政整理に因る一億四千の餘裕▶井上
　角五郎 ………………………………… 3
我黨の大抱負▶高橋光威 …………… 5
社會が產みつつある現代の犯罪人▶安
　藤正純 ………………………………… 6
改正農會法要望▶田中隆三 ………… 7
英國に於ける養殖眞珠排斥に就て▶藤
　田經信 ………………………………… 8
文化生活と科學の應用▶鴨居武 …… 9
平和博に現はれたる日本の建築界▶塚
　本靖 ………………………………… 10
型に嵌った兒童の教授法▶幣原坦 … 12
高橋總裁の決心▶上田外男 ……… 13
勤銀の小資貸出▶笠原隆輔 ……… 17
自由教育論▶赤司鷹一郎 ………… 18
鐵道事故の續發▶石田太郎 ……… 19
產業界通信 ………………………… 47
仁川通信 …………………………… 79
政界通信 …………………………… 52
美術通信 …………………………… 80
總督府醫院通信 …………………… 97
映畵界通信 ………………………… 100
花柳界通信 ………………………… 102
演例界通信 ………………………… 110
移民村通信 ………………………… 111
奬忠通壇信 ………………………… 124

憲政會の宣傳を聽く▶上田外男 …… 21
食糧問題は樂觀して可ふり ………… 23
本邦品は斯くの如くして歐米品に驅逐
　されつゝあり ………………………… 14
鮮滿新聞通信社總まくり▶寸鐵禪 ……
　………………………………………… 50
公論餘滴 …………………………… 20
古槐庵夜話▶蒼洞隱士 …………… 54
藤川知事と東亞煙草役員運動の事 … 59
藤川利三郎と財務局長問題 ………… 76
在鮮司法高官總まくり▶翠郎生 …… 60
鬼人鬼語▶鬼面散人 ……………… 68
京城管理局異動短評 ……………… 75
三度若松社長を痛擊す ……………… 69
新聞の新聞 ………………………… 81
讀者論壇 …………………………… 77
滿鮮興行の噓ある市川左團次 …… 84
警察官の省察を乞ふ▶公民生投 …… 86
商店のぞ記 ………………………… 95
印畵界批評▶魚佳露葉 …………… 98
印畵界批評▶兒玉貞平 …………… 99
若布の實に就て▶岡村金太郎 …… 83
脂肪の增減 ………………………… 85
朝鮮事情大寫眞帖の內容 ………… 89
京喜久の犬と松田の犬 …………… 109
新聞記者の手帖(創作)▶田中昭郎 … 132
間違の功名(講談)▶一立齋文庫 … 112
處女地(小說)▶伊藤銀月 ………… 103
愛の勝利(小說)▶生田葵山 ……… 125
文藝欄
　AとBの對話▶多賀京三郎 ……… 137

公論歌壇批評▶多賀京三郎 …… 140
短文欄 …………………………… 142
歌壇 ……………………………… 146
俳壇 ……………………………… 148
新刊紹介 ………………………… 152
飾窓番附 ………………………… 153
藝妓番附 ………………………… 154
編輯局より ……………………… 146

朝鮮公論 第10卷 7号, 1922. 7
通卷 第112号

〈口繪寫眞〉政變と朝鮮/朝鮮美展の傑
　作及參考品
〈卷頭言〉政變と朝鮮統治 …………… 1
政變と政務總監更迭▶石森久彌 …… 2
支離滅裂の憲政會 …………………… 6
東洋平和の確保と事大思想打破▶粕谷
　義三 ………………………………… 8
國民生活改善に就いて▶添田壽一 … 10
禁酒年齡を逐年繰上げよ▶安部磯雄 …
　……………………………………… 12
朝鮮産業開發の要締▶釘本藤次郎 … 13
東拓の回收不能說▶石塚英藏氏談 … 15
植民政策の向上と鐵道輸送の改善▶志
　岐信太郎 …………………………… 16
經濟界通信 ………………………… 19
山に登って考へること▶眞有恒 …… 20
東拓通信謹告 ……………………… 22
謹告 ………………………………… 23
奇々怪々秘密結社の解剖(一)―宗敎類

似團體の暗中飛躍▶南山太郎 …… 24	婦人の體育問題▶下田次郎 ……… 90
東京通信 ……………………………… 32	小供の鍛錬は夏の間が一番▶氏原佐
古槐庵夜話(二)▶蒼洞隱士 ……… 33	藏 ……………………………………… 92
公論餘滴 ……………………………… 39	家庭演藝に就いて▶本誌記者 …… 93
鮮滿新聞通信社總まくり(三)▶寸鐵禪	〈雜錄〉忠北艷話　戀に狂ふ圓ちやん物
………………………………………… 40	語 ……………………………………… 94
京城地方法院通信 …………………… 43	女優艷子の行衛▶筑紫次郎 ……… 97
人物評論	映畫界通信 …………………………… 102
高等法院の解剖▶翠郎生 ……… 44	連續映畫 京城の辯士夜の活躍(1) … 103
釜山財界と人物▶東萊迂人 …… 48	花柳界通信 …………………………… 105
新首相加藤友三郎論▶霹靂火 … 50	金髮美人お榮戀の手記▶西村榮 … 106
法務局人物評論▶翠郎生 ……… 51	三浦環とパブロバ姉妹 …………… 114
說苑	邪劇 白い胡藤の花(第一幕)▶篠崎潮二
三度痛擊せる仁取に最後の宣告 … 54	………………………………………… 115
仁取攻擊中止に就て …………… 57	第三の難關(創作)▶長田勝郎 …… 124
仁取手數料問題に就て▶桑野健治 59	大岡政談 正直くらべ▶神田伯龍 … 134
平壤の諸問題▶霹靂火星 …………… 61	公論文叢 山村の茅屋から▶松本與一郎
藤川知事財務局長を奉に振る ……… 63	………………………………………… 141
京管局移動の悲喜劇▶與太郎 …… 64	美しき群より屆く ………………… 148
本町川柳行脚(2) ……………………… 65	朝鮮文藝界短評及紹介▶松本輝華 149
新聞の新聞 …………………………… 66	公論詩壇▶石森胡蝶選 …………… 153
新警務局長丸山鶴吉さん …………… 67	歌壇▶角田不案選 ………………… 156
野球審判協會の設立を提唱す▶松山久	文藝誌短評(續) ……………………… 157
生 ……………………………………… 68	公論俳壇▶青木靜軒選 …………… 158
土佐犬列傳 …………………………… 70	靜軒居雅信錄 ……………………… 159
朝鮮美展個々評▶村上狆兒 ……… 71	俳事消息 …………………………… 160
移民村通信 …………………………… 83	六月飾窓番附 ……………………… 161
商店のぞ記 …………………………… 84	京城藝妓二月場所席順番附 ……… 162
讀者の聲 ……………………………… 87	編輯局より ………………………… 163
家庭の讀物	
梅雨時のお化粧▶小口みち子 … 88	

朝鮮公論 第10巻 8号, 1922. 8
通巻 第113号

〈口繪寫眞〉逝去せる吉田節太郎と其葬
　儀/水石相戰ふ
〈卷頭言〉些細な事柄 …………… 1
公論
　朝鮮と時事問題▶石森久彌 ……… 2
　國策樹立の急務▶片岡安 ……… 8
　不立文字的國民の自覺が第一▶堀内
　　文次郎 ………………… 10
　子供を閑却した我國の住宅建築▶佐
　　野利器 ………………… 12
　國民各自の消費節約▶田子一民 … 14
　無産階級の右傾左傾 ……………… 15
　朝鮮産業啓發と交通運輸▶多田榮吉
　　………………………… 20
〈說林〉奇々怪々秘密結社の解剖(二)▶
　　南山太郎 ………………… 22
政界通信 ………………………… 29
鮮滿新聞通信社總捲くり(四)▶寸鐵禪
　　………………………… 30
絹業界通信 ……………………… 33
頭道溝事件後日譚▶橫議樓主人 …… 34
公論餘滴 ………………………… 40
全鮮在野法曹學閱觀▶翠郎生 …… 41
新聞の新聞 ……………………… 40
古槐庵夜話(三)▶蒼洞隱士 …… 50
咸南特種通信 …………………… 56
外交記者の眼底に映した京城側面の人
　　物▶松山久 ………………… 58

平壤通信 ………………………… 65
噂の噂 …………………………… 65
讀者論壇 ………………………… 67
滿洲總支社設置▶末藤吉德 ……… 69
〈想華〉藝術の究意と宗敎▶吉田絃二郎
　　………………………… 70
涼臺漫話▶小山琴八郎 …………… 73
〈衛生〉精神分析學の功用▶杉田直樹 …
　　………………………… 77
〈家庭の讀物〉白蓮の子と結婚に對する
　　考察▶高島米峯 ………… 81
讀者の聲 ………………………… 86
火の島の話(童話)▶大木雄三 …… 87
〈雜錄〉綠陰偶語▶石森迫川 …… 99
鮮展の情弊に就いて▶波田香三 … 103
商店のぞ記 ……………………… 107
土佐犬列傳(三) ………………… 108
琵琶界通信 ……………………… 109
近頃觀たベースのファインプレー▶綠
　　髮選手 ………………… 110
新聞記者と隱し藝▶歌澤夢子 …… 112
花柳界通信 ……………………… 113
映畫界通信 ……………………… 114
法庭哀話生のまゝの物語▶筑紫次郎 …
　　………………………… 115
露支滿鮮を股にかけて▶本莊幽蘭 123
謎の女本莊幽蘭 ………………… 133
嘆く燈影 ………………………… 136
文豪國木田獨步有緣の地麻鄕村を訪ふ
　　▶松本與一郎 …………… 144
公論文藪 ………………………… 151

歌壇 ………………………………… 154
公論俳壇 ……………………………… 158
編輯局より …………………………… 162

```
朝鮮公論 第10巻 9号, 1922. 9
       通巻 第114号
```

〈卷頭言〉………………………………… 1
初秋▶永樂町人 ………………………… 2
新朝鮮建設の意義▶石森久彌 ………… 4
經濟的恢復の前途▶添田壽一 ……… 11
最近の歐米と日本の位置▶岡實 …… 18
日本人の最大缺點▶幣原坦 ………… 23
如何に農村の建築を改造すべきか▶今
　和次郎 ……………………………… 28
外國人の見たる五拾年前の極東の物價
　▶上田恭輔 ………………………… 38
科學から見た人口問題▶額田豊 …… 40
〈內外時論〉…………………………… 43
秘密結社の解剖▶南山太郎 ………… 57
鮮滿新聞通信社總捲くり▶寸鐵禪 … 65
古槐庵夜話▶蒼洞隱士 ……………… 72
總督政治に對する一考察▶一公僕生 …
　……………………………………… 79
涼臺漫話▶小山琴八郎 ……………… 86
通勤の女中さんを▶本誌記者 ……… 92
之から牛乳は安心して飲めぬ▶池田錫
　……………………………………… 93
マラリヤの豫防に就いて …………… 94
江戶時代の音樂及戲曲としての義太夫
　節の推移▶町田博三 ……………… 97

〈鄕土の傳說〉龍燈の松物語▶松本與一
　郞 ………………………………… 102
〈鄕土の傳話〉十和田湖の主▶深山樵人
　…………………………………… 105
〈童話〉櫻三里の月夜▶靑澤てる路 ……
　…………………………………… 107
〈淸夜艷譚〉戀は哀しき夏野の露よ▶光
　永紫潮 …………………………… 118
密淫賣窟探見記 …………………… 127
公論詩壇 …………………………… 135
歌壇 ………………………………… 138
公論俳壇 …………………………… 140
編輯局より ………………………… 148

```
朝鮮公論 第10巻 10号, 1922. 10
       通巻 第115号
```

〈卷頭言〉………………………………… 1
生活改善▶永樂町人 …………………… 2
朝鮮人勞動問題▶石森久彌 …………… 3
今は眞に國民自重の秋▶荒井賢太郎　9
國際經濟の危機と國民の自覺▶添田壽
　一 …………………………………… 10
國民自らを救ふの途▶阪谷芳郎 …… 12
世界平和の眞相と軍隊▶堀內文次郎　14
朝鮮產業界の將來▶嘉納德三郎 …… 16
朝鮮人移民の議▶中井錦城 ………… 18
〈朝鮮と取引所問題〉………………… 24
〈內外時論〉…………………………… 39
支那へ行く者の爲めに▶靑柳篤恒 … 52
新聞販賣爭奪戰▶水府浪人 ………… 58

古槐庵夜話▶蒼洞隱士 …………… 63	文化能率の增進▶安武直夫 ………… 21
秘密結社の解剖▶南山太郎 ……… 75	古槐庵夜話▶蒼洞隱士 …………… 30
人間親鸞聖人親鸞▶野依秀一 …… 86	仁取市場の一大波亂 買方巨頭沒落相傷
長春會議秘密通信 ………………… 88	の出現▶望浦樓主人 …………… 37
釘本さんと志枝さん▶新副會頭 …… 92	人間批判の原理▶永樂町人 ………… 43
淸州の炭酸泉に就いて▶吉木彌三 … 94	鮮滿の人物を顧みて▶石森迫川 …… 44
今秋球界の嚴正批判▶野崎眞三 … 100	倭城臺人物總捲くり▶高須賀虎夫 … 49
朝鮮事情宣傳大寫眞帖 …………… 104	朝鮮官界の新人▶北寒山麓人 ……… 65
運動家列傳▶寺田壽夫 …………… 105	內地に於ける朝鮮黨▶目白荒神 …… 71
讀者の聲 …………………………… 108	大庭二郎大將▶本誌記者 …………… 79
商店のぞ記 ………………………… 109	警察界の人物批判▶筆劍煌人 ……… 81
秋の夜がたり▶石林生 …………… 111	京城財界巨頭論▶默筆喋人 ………… 84
K都市と日沒の印象▶松本與一郎 … 113	大陸之關門釜山人物赤裸々批判▶大曲
憂苦に泣く女二人の哀史▶築崎潮二 …	生 …………………………………… 87
………………………………………… 121	平壤の代表人物月旦▶砂田翠月 …… 94
『マンドリームを持てる女』のモデル女	平南人物といろ▶木食山人 ………… 97
………………………………………… 131	仁川の代表人物批判▶白眼童子 … 100
蛇いちごの花▶筑紫次郎 ………… 135	龍山の代表人物批評▶石子糸川 … 103
短文欄 ……………………………… 143	土木建築界人物總捲くり▶默戀坊生 …
歌壇 ………………………………… 148	………………………………………… 105
公論俳壇 …………………………… 151	全鮮釀造界人物總捲くり▶野晒釀人 …
編輯局より ………………………… 158	………………………………………… 110
	野球選手列傳▶寺田壽夫 ………… 120
朝鮮公論 第10卷 11号, 1922. 11	フアンの人達▶野崎テルミ ……… 124
通卷 第116号	京城乘馬界の人々▶銀鞭騎手 …… 125
	諸名士と淨瑠璃▶雅樂公 ………… 129
〈卷頭言〉 …………………………… 1	全鮮印畵界の人々▶本誌記者 …… 131
近代思想と鮮人思潮▶石森久彌 …… 2	朝鮮音樂界の人々▶靑澤窕路 …… 135
消費節約の根本問題▶水野鍊太郞 … 6	全鮮美術界に於ける人々▶春山梅松 …
中流婦人の自覺す可き時▶河田嗣郎	………………………………………… 139
……………………………………… 18	鮮滿映畵界人物總捲くり▶本誌記者 …

………………………………… 144
朝鮮琵琶界人物總捲くり▶伊集院樂陽
　………………………………… 154
全鮮旅館と女中評判記▶擔軍王者 ……
　………………………………… 158
京城花柳界の進展記▶花柳散人 … 163
警察氣分を西脇賢太郎 …………… 166
京城代表料亭短評▶帳翠夢童 …… 167
狩獵界人物總捲くり▶本誌記者 … 169
朝鮮カルタ界の人々▶篠崎潮二 … 172
現下鮮滿文藝界の人々を論す▶松本輝
　華 ……………………………… 175
讀者の聲 ………………………… 183
東萊の發展 ……………………… 184
公論詩壇▶編輯局選 …………… 187
歌壇▶高須賀默選 ……………… 192
公論俳壇▶青木靜軒選 ………… 195
愛讀者諸君 ……………………… 200

朝鮮公論 第10巻 12号, 1922.12
通巻 第117号

〈口繪數葉〉
〈卷頭言〉 ……………………………… 1
歳晩記▶永樂町人 …………………… 2
第四十六議會の形勢奈何▶石森久彌　3
生活と勞働に就いての　考察▶山脇玄
　…………………………………………… 8
誤られたる文化生活▶野上俊夫 …… 10
勞働青年教育の目的▶有馬賴寧 …… 13
感謝の感念と勞働の精神▶小林一郎 …

　………………………………………… 17
天井鼠の見たる南山會議▶那尾牙次郎
　………………………………………… 25
朝鮮統治と天道教▶翠郎生 ………… 32
ブライアンとハリマン▶中井錦城 … 36
公論餘滴 …………………………… 41
鮮滿明暗錄▶石森迫川 ……………… 43
仁取京仲買京城支店設置問題內輪話▶
　望浦樓主人 ………………………… 51
古槐庵夜話▶蒼洞隱士 ……………… 56
平壤府の工業都市としての價値考察と
　其將來▶砂田翠月 ………………… 62
雨か風か倭城臺の風雲 ……………… 65
金剛の縮圖鷄龍山▶河合治三郎 …… 70
皮肉さうな話 ………………………… 50
論告を中途で打切つた京日の京電攻擊
　………………………………………… 75
花柳界通信 …………………………… 96
女生徒に不純な戀をしかけられて
　潔く退鮮した第一高の女男教師 …… 77
復讐(純映畫劇脚本)▶光永紫潮 …… 89
大渦卷(科學小說)▶山本供平 ……… 81
讀者の聲 ……………………………… 97
大正拾壹年史▶村上狂兒 …………… 88
公論短文欄▶松本一郎選 …………… 98
公論歌壇▶高須賀默選 …………… 102
飾窓番附論(拾壹月) ……………… 105
藝妓席順番附(拾壹月) …………… 106
編輯局より ………………………… 108

朝鮮公論 第11巻 1号, 1923. 1
通巻 第118号

〈卷頭言〉 …………………………… 1
新春來 ……………………………… 2
大正十二年の新春を迎ふ▶石森久彌 … 3
〈一人一評〉韓相龍 ………………… 7
社會と人との本質的關係▶杉森孝次郎
 ……………………………………… 8
〈一人一評〉生田淸三郎 …………… 12
產兒制限論の反響▶安部磯雄 ……… 13
〈一人一評〉原靜雄 ………………… 15
國際的に多端なる一九二三年▶小村欣
 一 ………………………………… 16
〈一人一評〉新田留次郎 …………… 18
東西藝術の接觸點▶團伊能 ………… 19
〈一人一評〉積穗眞六郎 …………… 21
地方開發と行政區劃整理の必要▶西田
 常三郎 …………………………… 22
〈一人一評〉李圭完 ………………… 29
天井鼠の見た南山會議▶邪尾牙次郎 … 30
人材に乏しき理由▶翠郞生 ………… 34
秘密結社の解剖▶南山太郎 ………… 39
〈一人一評〉加納岩次郎 …………… 46
朝鮮の社會運動考察▶本誌記者 …… 47
古槐庵夜話▶蒼洞隱士 ……………… 52
〈一人一評〉相生由太郎 …………… 58
朝鮮官界の新入▶北寒山麓人 ……… 60
〈一人一評〉石本鑑太郎 …………… 66
仁取街の今日此頃▶望浦樓主人 …… 67

〈一人一評〉藤森忠一郎 …………… 70
朝鮮司法制度の沿革▶翠郞生 ……… 71
〈一人一評〉武安福男 ……………… 75
滿鐵の東萊經營行惱みの一幕▶裸骨迂
 人 ………………………………… 76
朝鮮明暗錄▶石森迫川 ……………… 79
朝鮮產業發展策▶賀田直治 ………… 91
百濟の舊都扶餘八景▶河合治三郎 … 95
在鮮文武大官の宮中席次 ………… 101
朝鮮に來襲した全米軍の力量▶松山久
 …………………………………… 105
讀者の聲 …………………………… 108
京城のカフェー雪夜の巡禮▶帳翠夢童
 …………………………………… 109
全鮮旅館と女中評判記▶杢太郞記 …
 …………………………………… 119
京城町內風呂屋評判記▶本誌記者 …
 …………………………………… 125
映畫と其の印象 …………………… 131
〈映畫夜話〉雪降る音を爐に聽き作ら▶
 松本輝華 ………………………… 133
蒼白き月光の夢▶筑紫次郎 ……… 135
亥どし生れの藝妓總捲くり▶花柳散人
 …………………………………… 139
朝鮮歌壇の變遷▶是谷古之介 …… 143
公論詩壇▶編輯局選 ……………… 148
歌壇▶高須賀默選 ………………… 154
公論俳壇▶靑木靜軒選 …………… 157
愛讀者諸君 ………………………… 164

```
朝鮮公論 第11巻 2号, 1923.2
      通巻 第119号
```

〈卷頭言〉 ………………………………… 1
二個の政治的事實▶石森久彌 ……… 2
智識の道德▶井上哲次郎 …………… 6
道德と經濟との調和▶澁澤榮一 …… 10
國家に就いて▶大山郁夫 …………… 11
再び問題政治家を排して▶後藤亨 … 12
教育の實際化▶下村宏 ……………… 15
廢娼運動と禁酒事業▶小崎弘道 …… 16
朝鮮の稅關と支那の稅關▶永野清 … 20
民衆文化の興隆▶西本柏堂 ………… 27
天井鼠の見た南山會議▶那尾牙次郎 …
 …………………………………………… 32
〈一人一評〉飯尾藤次郎 …………… 37
滿洲より西比利亞へ▶永森稔 ……… 38
〈一人一評〉安藤袈裟一 …………… 47
古槐庵夜話▶蒼洞隱士 ……………… 48
元山通信▶一記者 …………………… 53
官人不滿錄▶逸名逸人 ……………… 55
秘密結社の解剖▶南山太郎 ………… 58
小謂新しき村に生活する人々▶武者小
 路實篤 ………………………………… 62
爆彈事件の法的回顧▶翠郎生 ……… 63
智識階級の悩み▶昇曙夢 …………… 69
應用美術としての骨董と其眞意味▶大
 舘長節 ………………………………… 70
一警察官に送り與ふる手紙▶笹原印度
 村 ……………………………………… 74
法曹近時片々▶翠郎生 ……………… 78

暴徒討伐に從ふた或る通譯の手記▶本
 誌記者 ………………………………… 82
安東縣奇人列傳▶鴨綠江人 ………… 86
全鮮旅館と女中評判記▶擔軍王者 … 91
京城町內風呂屋評判記▶本誌記者 … 99
人間鬼語▶佐田草人 ………………… 104
〈映畵夜話〉螺鈿の木机に靠れての噺
 ▶松本輝華 …………………………… 105
外套を失ふ▶長田勝郎 ……………… 109
〈創作〉眞夏の旅浪者▶原田忠一 … 119
太陽と死▶ジョルヂ、サンド作/西村
 茂樹譯 ………………………………… 125
短文欄▶松本與一郎撰 ……………… 131
歌壇▶編輯局選 ……………………… 135
公論俳壇▶靑木靜軒選 ……………… 139
編輯局より …………………………… 144

```
朝鮮公論 第11巻 3号, 1923.3
      通巻 第120号
```

〈卷頭言〉 ………………………………… 1
第四十六議會と朝鮮問題▶石森久彌 …
 …………………………………………… 2
日本の建國と英國の建國▶三宅雄二郎
 …………………………………………… 6
我が皇室と我が國民▶高島平三郎 … 8
抵抗療法の首相 ……………………… 9
大正十二年度の豫算に就いて▶和田一
 郎 ……………………………………… 10
朝鮮司法官瞥觀▶翠郎生 …………… 18
ブルジヨアの財産▶西本柏堂 ……… 24

天井鼠の見た南山會議▶那尾牙次郎 …
………………………………………… 28
公論餘滴 …………………………… 34
朝鮮統治の參政權▶金心石 ………… 35
朝鮮の稅關と支那の稅關▶永野淸 … 42
比例代表に就いて▶江木翼 ………… 55
爆彈事件の法的回顧▶翠郞生 ……… 59
滿洲京管局主任級總捲くり▶本誌記者
………………………………………… 65
朝鮮明暗錄▶石森迫川 ……………… 69
古槐庵夜話▶蒼洞隱士 ……………… 80
依然沈衰狀態の仁取近況▶望浦樓主人
………………………………………… 85
儒官栗谷先生▶池秋郞 ……………… 88
日常生活に於ける電氣の應用▶百溪祿
郎太 ………………………………… 91
讀者論壇▶黑潮生 …………………… 95
體育協會改造の好機▶本誌記者 … 100
全鮮旅館と女中評判記▶杢太郞記 …
………………………………………… 103
讀者の聲 …………………………… 110
京龍町內風呂屋評判記▶本誌記者 111
フ井ルムフアン領分 ……………… 116
映畫と其の印象 …………………… 117
裏から觀た大京城の夜▶靑澤窰路 119
眞夏の旅浪者▶原田忠一 ………… 127
殉職警官戀のローマンス▶帳翠夢童 …
………………………………………… 133
外套を失ふ▶長田勝郞 …………… 142
公論詩壇▶編輯局選 ……………… 147
歌壇▶編輯局選 …………………… 153

公論俳壇▶靑木靜軒選 …………… 157
編輯局より ………………………… 162

朝鮮公論 第11巻 4号, 1923. 4
通巻 第121号

〈卷頭言〉 ……………………………… 1
朝鮮産業振興號 ……………………… 2
朝鮮統治と産業政策▶石森久彌 …… 3
産業振興の根本策私見▶釘本藤次郎 …
………………………………………… 6
産業開發私見▶天日常次郞 ………… 8
パンと園藝▶久次米邦藏 …………… 11
朝鮮の鑛業▶鈴木一來 ……………… 13
朝鮮農村振興問題▶賀田直治 ……… 16
農村振興の要諦▶足立丈次郞 ……… 17
朝鮮の産業を如何にして開發するか …
………………………………………… 20
農村を救ふの途▶宮原忠正 ………… 21
全南農務の大要▶元應常 …………… 23
朝鮮私鐵道の狀勢と振興策▶賀田直治
………………………………………… 25
産業の振興を貸金關係▶嘉納德三郞 29
內鮮經濟的結合▶亥角仲藏 ………… 30
朝鮮産業振興問題▶藤井寬太郞 …… 37
産業の振興は諸銀行の合同にあり▶岩
崎虎次郞 …………………………… 38
朝鮮の産業振興に就いて▶古城管常 …
………………………………………… 40
産業振興に對する保險業の任務▶河內
山樂三 ……………………………… 41

産業政策と事業合同▶松崎時勉 …… 43
日支間の定期航路を開發せよ▶住井辰男 …………………………………… 45
産業振興と農事改良▶櫻井小一 …… 46
産業開發と土木事業▶原靜雄 ……… 47
産業振興と法令の改廢▶鈴木穆 …… 51
産業振興の諸問題▶西村保吉 ……… 53
平和戰爭の基礎準備▶桃洞學人 …… 56
朝鮮に於ける家庭燃料問題解決策▶保坂文藏 ……………………………… 57
産業啓發と東拓問題 ………………… 66
朝鮮人の觀たる地方産業の發展と過法▶金心石 …………………………… 71
第四十六議會終了▶石森久彌 ……… 75
産業政策上から觀たる各道知事評論 … 80
續全鮮司法學閥觀▶翠郎生 ………… 85
古槐庵夜話▶蒼洞隱士 ……………… 91
釜山府尹の更迭と電車府營問題▶裸骨迂人 ……………………………… 95
爆彈事件の法的回顧▶翠郎生 ……… 97
讀者論壇 …………………………… 101
現物市場を昇格せしめよ▶望浦樓主人 …………………………………… 105
近代都市の眞意義と市民の覺悟▶本誌記者 ……………………………… 107
暴徒討伐に從ふた或る通譯の手記▶本誌記者 …………………………… 110
朝鮮明暗錄▶石森迫川 …………… 112
〈映畫夜話〉荒野の春の或る石間暮れ▶y.matsumoto ………………… 127

讀者の聲 …………………………… 129
京龍町內風呂屋評判記▶本誌記者 … 130
全鮮旅館と女中評判記▶擔軍王者 … 133
〈事實哀話〉楊柳の蔭に歎く女▶松本與一郎 …………………………… 136
眞夏の旅浪者▶原田忠一 ………… 144
短文欄▶松本與一郎選 …………… 155
歌壇▶編輯局選 …………………… 162
公論俳壇▶青木靜軒選 …………… 166
編輯局より ………………………… 172

朝鮮公論 第11巻 5号, 1923.5
通巻 第122号

〈卷頭言〉 ……………………………… 1
水平運動と民族自決▶石森久彌 …… 2
朝鮮統治と産業▶齋藤實 …………… 6
江原道産業施設及方針 ……………… 8
輸出農産物の栽培獎勵に就いて▶澤村亮一 ………………………………… 10
朝鮮統治の大局より銀行合同を慫慂す▶石森久彌 ………………………… 13
銀行合同問題と其の可否 ………… 20
森林地帶と從業員▶野手耐 ……… 32
地方改善の事業と警察官▶松井茂 … 35
朝鮮と取引所問題▶梧柳洞人 …… 36
內外時論 …………………………… 39
政治生活と社會生活▶安部磯雄 … 43
委託經營の主旨竝經過▶安藤又三郎 …

| …………… 48
支那財政改革意見▶本誌記者 ……… 52
滿蒙の收畜業▶本誌記者 …………… 57
讀者論壇▶中川象三郎 ……………… 60
古槐庵夜話▶蒼洞隱士 ……………… 67
全鮮司法官閲觀▶翠郎生 …………… 72
各道警察署長總捲くり▶本誌記者 … 79
讀者の聲 ……………………………… 82
內鮮協調偶感▶翠郎生 ……………… 83
人間工學とエフイシエンシー▶市川弘
 ………………………………………… 87
暴徒討伐に從ふた或る通譯の手記▶本
 誌記者 ……………………………… 92
朝鮮及び朝鮮人から受けた印象▶江原
 小彌太 ……………………………… 94
初夏の半島運動界▶松山久生 ……… 97
南鮮漁港情調▶本誌記者 …………… 98
淸州の炭酸泉の特質と天然淸凉飮料に
 就いて▶本誌記者 ………………… 101
全鮮旅館と女中評判記▶杢太郎記 …
 ……………………………………… 109
〈映畫夜話〉桃色の夜の高き雜談▶香取
 浪彥 ……………………………… 115
黃金▶靑澤竅路 …………………… 121
殘骸▶春山一路作 ………………… 128
白い薔薇▶諏訪紫浪 ……………… 129
〈事實哀話〉楊柳の蔭に歎く女▶松本與
 一郞 ……………………………… 136
公論詩壇▶編輯局選 ……………… 149
公論歌壇▶細井魚袋選 …………… 154
公論俳壇▶靑木靜軒選 …………… 157

編輯局より …………………… 160

朝鮮公論 第11巻 6号, 1923. 6
通巻 第123号

〈卷頭言〉………………………………… 1
朝鮮と農村問題▶石森久彌 …………… 2
朝鮮現下の諸問題▶本誌記者 ………… 9
貯金と物價及貸銀に就いて▶山崎覺次
 郞 ………………………………… 14
產業資金の活用▶鈴木一來 ………… 20
太平洋上に於ける經濟的發展▶服部文
 四郞 ……………………………… 23
私鐵道合同の徑緯▶賀田直治 ……… 27
咸鏡南道に於ける水利事業▶重信文敏
 ……………………………………… 30
古槐庵夜話▶蒼洞隱士 ……………… 41
靑年をして實學に志さしめよ▶和田純
 ……………………………………… 54
北朝鮮の大寶庫を如何に開拓すべき乎
 ▶豊島佐太郞 …………………… 57
各道警察署長總捲くり▶翠郎生 …… 60
學校より見たる▶奧田定一郞 ……… 62
電報屋飛躍の季節▶望浦樓主人 …… 69
滿鐵運賃問題と交通機關▶四原峯次郞
 ……………………………………… 72
北鮮片々▶豊島紫川 ………………… 77
衡平運動に就いて▶本誌記者 ……… 81
全鮮司法官閲觀▶翠郎生 …………… 86
朝鮮明暗錄▶石森迫川 ……………… 88
兩商業銀行合同に關する一考察▶豊島

| 紫川 …………………… 93
| 讀者の聲 ………………… 95
| 半島法廷雄辯錄▶翠郎生 … 96
| 讀者論壇 ………………… 101
| 書畫鑑賞の目的に就いて▶下田次郎 …
| …………………………… 104
| 第二回鮮展の不詳事件▶紫川生 … 105
| 鮮展洋畫を評す▶村上狂兒 ……… 107
| 〈事實情話〉戀の反逆者▶薫風樓綠雨 …
| …………………………… 116
| 〈兒童劇〉露臺の夕べ▶寺田光春 ‥ 122
| 筏は矢の樣に▶帳翠夢童 ………… 129
| 公論短文欄▶松本與一郎選 …… 142
| 公論歌壇▶細井魚袋選 ………… 148
| 公論俳壇▶青木靜軒選 ………… 152
| 編輯局より ……………………… 156

朝鮮公論 第11巻 7号, 1923. 7
通巻 第124号

〈卷頭言〉 …………………… 1
農村と電化▶石林久彌 ………… 2
朝鮮に於ける電氣事業の原動力▶蒲原
　久四郎 ……………………… 6
朝鮮電氣事業界の將來▶木本倉二 … 8
電氣事業に對する誤解▶葭濱忠太郎 …
　……………………………… 20
電氣事業の進運に就て▶小倉武之助 22
電氣事業公營の可否▶樋口虎三 …… 23
電氣事業發展論▶金正浩 ………… 24
電氣事業公營論に對する疑義▶町田長
　作 …………………………… 27
電氣官營論に對する嚴正批判▶豊鴨佐
　太郎 ………………………… 33
吾人の希望▶執行猪太郎 ………… 40
唯一言▶屈本竹松 ………………… 42
電柱稅を撤廢せよ▶松井次郎 …… 42
朝鮮に於ける動力問題に就て▶成田鐵
　郎 …………………………… 44
治に居て亂を忘れるな▶土井伊右衛門
　……………………………… 47
公營乎私營乎▶森秀男 …………… 49
朝鮮電氣事業界の中堅人物月旦▶豊島
　紫川 ………………………… 56
電氣は平和事業▶吉村謙一郎 …… 61
經濟的なる水力發電▶本間孝義 …… 71
古槐庵夜話▶蒼洞隱士 …………… 86
半島電氣事業界の隱れたる功勞者▶本
　誌記者 ……………………… 98
電力の應用▶深田哲夫 …………… 98
朝鮮で起したらと思ふ電氣化學工業▶
　水谷九二吉 ………………… 100
京城電氣株式會社▶本誌記者 …… 103
種々思ひ出される印度洋の夏▶吉木彌
　三 …………………………… 109
中央水利と露國避難民 …………… 115
琵琶界通信 ……………………… 113
平壤長唱界 ……………………… 114
讀者の聲 ………………………… 112
〈演劇夜話〉天勝一座の女優の評判記▶
　佐田草人 …………………… 117
水晶の瞳潰れるまでに(創作)▶寺田光

春 ………………………… 120
公論詩壇▶佐田草人氏選 … 135
公論歌壇▶細井魚袋氏選 … 138
公論俳壇▶青木靜軒氏選 … 144
公論柳壇▶柳建寺土左衛門氏選 … 145
飾窓番附 ………………… 147
藝者番附 ………………… 148
編輯局より ……………… 150

```
朝鮮公論 第11巻 8号, 1923.8
       通巻 第125号
```

〈卷頭言〉………………… 1
鮮滿金融政策と鮮銀移管是非▶石林久彌 ………………………… 2
半島水産界と諸問題▶桑原一郎 … 11
慶尙南道の水産▶和田純 …… 16
慶尙北道の水産に就て▶澤田豊丈 20
本道の漁業▶永野淸 ……… 24
〈水産と人物〉矢島音次君 …… 34
平安南道水産概況▶渡邊忍 … 35
京畿道の水産に就て▶佐藤七太郎 37
咸鏡北道水産業一班▶福島潤次郎 39
忠淸南道の水産▶張間源四郎 … 49
〈水産と人物〉香惟源太郎君 …… 53
水産蕃殖保護に就て▶松野二郎 … 54
半島水産界の緊急問題▶豊島佐太郎 ………………………… 58
〈水産と人物〉永野淸君 ……… 66
鐵道運賃と魚價との關係▶守永和三郎 ………………………… 68

朝鮮水産界の諸問題▶本誌記者 …… 70
〈水産と人物〉秦秀作君 ……… 72
益々改惡と能率低下の遞信部內▶黑頭巾生 ……………………… 73
咸鏡南道の大豆に就て▶重信文敏 … 80
朝鮮に於ける早婚と法規との關係▶金心石 ……………………… 90
寸筆餘慶 ………………… 95
古槐庵夜話▶蒼洞隱士 …… 96
讀者の聲 ………………… 102
有島武郎の死▶本誌記者 … 103
中央文壇通信 …………… 105
〈隨筆〉思出のまゝ▶沖野岩三郎 … 106
大平原を超へて▶松本與一郎 … 110
〈事實情話〉戀の反逆者(二)▶薰風樓綠雨 ………………………… 120
〈映畵夜話〉築かれ往く幻想の土牆▶松本輝華 ………………… 128
公論文壇▶佐田草人氏選 … 131
公論歌壇▶細井魚袋氏選 … 140
公論俳壇▶青木靜軒氏選 … 146
公論柳壇▶柳建寺氏選 …… 147
飾窓番附 ………………… 149
藝者番附 ………………… 150
編輯局より ……………… 152

```
朝鮮公論 第11巻 9号, 1923.9
       通巻 第126号
```

〈卷頭言〉………………… 1
日露會商と人種戰對策▶石林久彌 … 2

荒刻煙草供給と其耕作▶青木戒三 … 7
全南水産界の將來▶松井房次郎 …. 10
現代思想を批判して全人主義を主張す
　▶三島行義 …………………… 12
朝鮮取引所問題
　取引所は財界の羅針盤▶平岡光三郎
　　……………………………… 28
　速かに取引所令の施行を望む▶釘本
　　藤次郎 ……………………… 32
　米穀取引所令の改正は議論の餘地な
　　し▶齋藤久太郎 …………… 33
　取引所と組織問題▶天日常次郎 … 35
近代思想の善導と朝鮮青年團創設▶豊
　島佐太郎 ……………………… 41
日本文化の使命▶平井三男 ……… 48
私設鐵道社長問題徑緯▶紫川生 …. 56
國境警備を充實せよ▶本誌記者 …. 59
内鮮同化策と吾人の主張▶金井泉 … 62
奉直戰爭物語(一)▶箕山默郎 ……… 68
全鮮警察署長總捲くり▶豊島紫川 … 79
ビール屋乎高利貸歟▶黑頭巾生 … 83
吉野博士に與ふ▶RT生 …………… 89
朝鮮貴族の没落▶金鳥山人 ……… 96
獨逸の火中に飛込むヨッフェ氏▶本誌
　記者 …………………………… 100
商品の南下▶本誌記者 …………… 102
小賣業國營の實驗▶春洋生 ……… 103
讀者の聲 …………………………… 107
生存上に於ける差異▶本誌記者 … 108
動き易き處女の心▶本誌記者 …… 110
〈創作〉衝動(上篇)▶佐田草人 …… 111

藝術に目覺めよ …………………… 122
平壤長唄界 ………………………… 123
頽廢文學の大流行に咲き漫れたる黃金
　の花▶榎坂住人 ……………… 124
松竹キネマ蒲田撮影所訪問記▶松本輝
　華 ……………………………… 130
公論詩壇▶佐田草人氏選 ………… 135
公論歌壇▶細井魚袋氏選 ………… 145
公論俳壇▶青木靜軒氏選 ………… 151
公論柳壇▶柳建寺氏選 …………… 152
飾窓番附 …………………………… 153
藝者番附 …………………………… 154
編輯局より ………………………… 156

朝鮮公論 第11巻 10号, 1923. 10
通巻 第127号

〈卷頭言〉…………………………… 1
産業開發の一階梯▶石林久彌 …… 2
副業奬勵の必要と共進會の開催▶有吉
　忠一 …………………………… 6
副業の必要及特質▶西村保吉 …… 8
副業と貯蓄▶蒲原久四郎 ………… 12
麗達組合の餘業契に就て▶大工原銀太
　郎 ……………………………… 18
農業經濟と副業奬勵▶時實秋穗 … 20
産業開發と農村問題▶香椎源太郎 … 25
平北の副業奬勵に關する施設の狀況▶
　生田清三郎 …………………… 28
全南の産業と副業▶元應常 ……… 33
副業の奬勵に就て▶朴重陽 ……… 34

養蠶獎勵上の二要項▶宮原忠正 ‥‥ 36
貿易統計に現れたる副業品▶井上主計
　‥‥‥‥‥‥‥‥‥‥‥‥‥‥‥‥ 40
副業資金の融通▶水口隆三 ‥‥‥‥ 44
副業の獎勵に就て▶金寬鉉 ‥‥‥‥ 45
江原道の副業▶永野淸 ‥‥‥‥‥‥ 47
高麗人蔘に就て▶趙明鎬 ‥‥‥‥‥ 56
副業美談▶平井三男 ‥‥‥‥‥‥‥ 61
京城府の副業に就て▶谷多喜磨 ‥ 66
朝鮮の富力と副業▶井上淸 ‥‥‥‥ 67
全羅北道の農業振興策▶松本誠 ‥ 70
納稅と副業▶下村充義 ‥‥‥‥‥‥ 71
國難來と吾人の覺悟▶豊島佐太郞 ‥ 77
副業の振興と勤勞の精神▶陶山武二郞
　‥‥‥‥‥‥‥‥‥‥‥‥‥‥‥‥ 82
農村副業としての叺の製造▶藤井寬太
郞 ‥‥‥‥‥‥‥‥‥‥‥‥‥‥‥ 84
森林副業に就て▶鳴原篤二 ‥‥‥‥ 86
副業から工業へ▶釘本藤次郞 ‥‥‥ 89
副業の普及と産業の發達▶武者鍊三 ‥
　‥‥‥‥‥‥‥‥‥‥‥‥‥‥‥‥ 90
副業の硏究獎勵は▶森悟一 ‥‥‥‥ 91
滿鐵供勵舍の事業▶安藤又三郞 ‥ 94
朝鮮蠶絲業と陸地綿の栽培▶韓相龍 ‥
　‥‥‥‥‥‥‥‥‥‥‥‥‥‥‥‥ 96
副業獎勵には稧を利用すべし▶河內山
樂三 ‥‥‥‥‥‥‥‥‥‥‥‥‥‥ 98
副業品と販路の開拓▶富田儀作 ‥ 100
農家の覺悟と副業獎勵に就て▶足立丈
次郞 ‥‥‥‥‥‥‥‥‥‥‥‥‥ 102
副業獎勵に關する施設▶黃德純 ‥ 104

副業の目的に就て▶小野敏雄 ‥‥‥ 110
朝鮮副業界の功勞者と團體▶豊島紫川
　‥‥‥‥‥‥‥‥‥‥‥‥‥‥‥ 112
人蔘は朝鮮の國寶▶林漢瑄 ‥‥‥ 118
高麗人蔘を論す▶李喜鎭 ‥‥‥‥ 119
斯うして家を興した▶李龍根 ‥‥ 120
地震と建築▶中村誠 ‥‥‥‥‥‥ 122
古槐庵夜話▶蒼洞隱士 ‥‥‥‥‥ 128
平南の新人舊人▶端氣山人 ‥‥‥ 136
警察界秘聞錄▶翠郞生 ‥‥‥‥‥ 140
日鮮融和と共學▶大廷儀三郞 ‥‥ 146
偶感一束▶雪州隱士 ‥‥‥‥‥‥ 147
奉直戰爭物語▶箕山默郞 ‥‥‥‥ 149
公論短文欄 ‥‥‥‥‥‥‥‥‥‥ 155
公論詩壇 ‥‥‥‥‥‥‥‥‥‥‥ 159
公論歌壇 ‥‥‥‥‥‥‥‥‥‥‥ 163
公論柳壇 ‥‥‥‥‥‥‥‥‥‥‥ 145
飾窓番附 ‥‥‥‥‥‥‥‥‥‥‥ 169
藝者番附 ‥‥‥‥‥‥‥‥‥‥‥ 170
編輯局より ‥‥‥‥‥‥‥‥‥‥ 172

朝鮮公論 第11巻 11号, 1923. 11
通巻 第128号

〈卷頭言〉‥‥‥‥‥‥‥‥‥‥‥‥ 1
天譴的財界の不況と國民の態度▶石林
久彌 ‥‥‥‥‥‥‥‥‥‥‥‥‥‥ 2
朝鮮副業品共進會に對する所感▶時實
秋穗 ‥‥‥‥‥‥‥‥‥‥‥‥‥‥ 9
帝都の復興と朝鮮の産業▶藤井寬太郞
　‥‥‥‥‥‥‥‥‥‥‥‥‥‥‥ 12

京畿道の副業と朝鮮の産業▶佐藤七太郎 ………………………………… 15
咸鏡北道の水産に就いて▶福島潤次郎 ………………………………… 19
副業品奬勵の實際化▶足立丈次郎 … 24
平北の副業と其趨勢▶磯野千太郎 … 26
忠清南道の産米改良▶張間源四郎 … 29
米國西部地方の農業▶八尋生男 …… 34
共進會秘密聞錄▶本誌記者 ………… 40
大震災と新文明の建設▶三島行義 … 44
朝鮮蠶絲會の活動▶本誌記者 ……… 49
半島副業界の功勞者と團體▶紫川生 53
不逞鮮人か不逞日人か▶本誌記者 … 66
支那の統一を論ず▶青柳篤恒 ……… 68
東清鐵道の危機▶秋山生 …………… 71
全鮮警察署長總捲くり▶豊島紫川 … 74
震災哀話 生き永らへん悶え▶森二郎 …………………………………… 78
南鮮靜話 美人龜山銀子の牛生▶帳翠夢童 …………………………… 81
伏魔殿群山穀物市場▶黑頭巾生 …… 87
奉直戰爭物語▶箕山默郎 …………… 93
航空機と空中戰に就いて▶田中隆吉 …………………………………… 100
勅令實施と司法權▶本誌記者 …… 103
讀者の聲 …………………………… 107
副業共進會出品紹介▶本誌記者 109
短文欄▶松本輝華選 ……………… 110
公論詩壇▶佐田草人選 …………… 115
公論歌壇▶細井魚袋選 …………… 121
藝者番附 …………………………… 125

編輯局より ………………………… 128

朝鮮公論 第11巻 12号, 1923. 12
通巻 第129号

〈寫眞〉
〈卷頭言〉………………………………… 1
更始一新の必要ある朝鮮財界▶石林久彌 ……………………………… 2
更生の歡びへ▶松村松盛 …………… 9
副業の發達と內鮮人の提携▶三山喜三郎 …………………………… 13
物質文明と歐洲各國の趨勢▶山本直太郎 …………………………… 19
滿洲に於ける土地經營に就て▶堀諫 … ……………………………… 23
獨逸の復興は尙遼遠▶名倉勝 ……… 27
京城の街路照明に就いて▶寺村虎重 … ……………………………… 31
恁ふして起る電車事故▶町田生 …… 34
朝鮮關係の滿洲人
川村竹治君 ………………………… 18
中村光吉君 ………………………… 49
兒玉秀雄君 ………………………… 26
田淵勳君 …………………………… 61
八木武三郎君 ……………………… 37
在滿鮮人の統治と商租權▶豊太島佐太郎 …………………………… 38
北滿における東拓の活躍▶本社記者 47
燒けた東京を見るの記▶守屋德夫 … 50
全鮮警察署長總捲くり▶豊島紫川 … 63

平南の新人舊人▶瑞氣山人 ……… 67
秋風餘韻 ……………………… 62
燒け跡雜觀 …………………… 74
讀者論壇 ……………………… 86
讀者の聲 ……………………… 93
中央文壇樂屋噺 ……………… 96
三中井吳服店 ………………… 97
ヒルムフアンの叫び ………… 98
キネマ界往來 ………………… 100
花月食堂と科亭花月 ………… 102
朝鮮文藝界噂噺 ……………… 103
〈創作〉衝動(下篇)▶佐田草人 …… 76
〈對話〉觀音問答▶守屋三葉 …… 88
濟州島海女物語(南海土產) ……… 94
公論文壇 ……………………… 104
公論詩壇 ……………………… 109
公論歌壇 ……………………… 112
飾窓番附 ……………………… 117
藝妓番附 ……………………… 118
編輯局より …………………… 120

朝鮮公論 第12巻 1号, 1924. 1
通巻 第130号

〈口繪數葉〉
〈卷頭言〉……………………… 1
朝鮮發展と土地投資▶石林久彌 …… 2
土地改良の資金と調達方法▶河內山樂三 ……………………………… 10
土地開拓と資金の問題▶井內勇 …… 12
食糧問題の解決と土地の開墾▶尹甲炳 ……………………………… 14
國力の復興と個人の充實▶香椎源太郎 ……………………………… 16
朝鮮に於ける土地の開拓と資金▶藤井寬太郎 ………………………… 20
子年の人物
　和田純君 …………………… 25
　藤原喜藏君 ………………… 39
　今井武人君 ………………… 60
　土師盛貞君 ………………… 79
朝鮮に於ける土地の開拓と資金問題▶西村保吉 ……………………… 26
土地開拓と農村電化▶蒲原久四郎 … 32
小農就中小作者の金融に就て▶時實秋穗 ……………………………… 33
震災と産業資金の問題▶釘本藤次郎 … ……………………………… 35
朝鮮の土地開拓と資金問題▶堀諫 … 37
朝鮮の土地開拓と資金問題▶有賀光豊 ……………………………… 40
朝鮮に於ける都市の開拓と放資▶谷多喜雄 …………………………… 41
朝滿土地の開拓と吾人の抱負▶前田昇 ……………………………… 43
土地の開拓と鮮米協會▶天日常次郎 … ……………………………… 46
朝鮮土地の開拓と資金問題▶佐々木久松 …………………………… 48
朝鮮に於ける土地開拓と希望▶足立丈次郎 ………………………… 48
朝鮮に於ける農業資金▶八田吉平 … 51

朝鮮土地の開拓と吾人の希望▶吉植庄三 ……………………………… 53
産業開發と土地の開拓▶澤村亮一 … 54
都市改善と住宅問題▶篠崎半助 …… 55
食糧問題と土地開墾▶末森富良 …… 56
穀物市場の昇格と組織問題▶豊島佐太郎 …………………………… 61
朝鮮農業に對する一考察▶立川芳 … 68
裸一貫の實感▶守屋德夫 …………… 70
加州の新しき村▶八尋生男 ………… 75
在鮮文武大官の宮中席次 …………… 80
平南の新人舊人▶瑞氣山人 ………… 85
公論餘滴 ……………………………… 92
全鮮警察署長總捲くり▶豊島紫川 … 96
琵琶界往來 …………………………… 100
ヒルムフアンの呟き ………………… 109
春興囈語▶石森五城樓主人 ………… 93
子年の運勢▶九星子 ………………… 102
危機に瀕せる內地火災保險界▶一記者 ………………………………… 107
奇々怪々群山穀物市場▶黑頭巾生 ………………………………… 129
男性の慕ひ群る京城のカフエーとエプロンの花▶帳翠夢童 ………… 110
〈創作〉始末書▶山口病皐天 ……… 121
癈宮に咲いた戀の數々▶松本輝華 133
子歲生れの藝妓總捲くり▶帳翠夢童 ………………………………… 138
公論文壇 ……………………………… 141
公論歌壇 ……………………………… 144
公論時壇 ……………………………… 146
公論俳壇 ……………………………… 149
藝妓席順番付 ………………………… 152
編輯局より …………………………… 154

朝鮮公論 第12巻 2号, 1924. 2
通巻 第131号

〈卷頭言〉 ……………………………… 1
政界の波瀾と總督隱退說▶石林久彌 ………………………………… 2
拓殖省設置の急務▶守屋榮夫 ……… 7
黃海道に於ける土地の開拓と資の金問題▶飯尾藤次郎 ……………… 18
朝鮮に於ける土地開拓と資金問題▶亥角仲藏 …………………… 21
水害地移用に關する私見▶久次米邦藏 ………………………………… 25
有望なる咸北の土地改良事業▶福島潤太郎 …………………………… 31
公論餘滴 ……………………………… 33
朝鮮に於ける取引所組織問題 ……… 34
朝鮮に於ける取引所の組織▶大澤藤十郎 …………………………… 35
私は相變らず會員組織說▶森菊五郎 ………………………………… 37
會員組織論と其誤謬▶赤松繁夫 …… 40
取引所の組織に就て▶引地寅治郎 … 44
絶對的株式組織に直進せよ▶金景泰 ………………………………… 47
株式組織を可とする所以▶贊成人會の主張 …………………………… 49

社告 …………………………… 55
朝鮮産業立國論▶本誌記者 ………… 56
主要農作物の増殖と改良施設▶車田篤
　………………………………………… 59
大詔煥發と國民精神の振作▶三島行義
　………………………………………… 62
復興資金の消却と潮力發電事業▶田中
　希一郎 ……………………………… 67
歐米に於ける社會の半面(一)▶守屋榮
　夫 …………………………………… 70
獨逸の現狀に就いて▶吾孫子勝 …… 74
東宮殿下御大禮盛詩 ………………… 78
春興囈語▶石森五城樓主人 ………… 79
全鮮警察署長總捲くり▶豊島紫川 … 81
江原道嶺東八景▶永野清 …………… 85
蝕窓の照明に就て▶岩井生 ………… 89
〈創作〉僻邑の一夜▶山中病阜天 …… 91
釜山富豪の五萬圓事件▶黑頭巾生 …
　……………………………………… 102
時雨模樣かゞで紅葉▶帳翠夢童 … 107
琵琶界往來▶柴川生 ……………… 101
カフエー夜話 ……………………… 106
ヒルムファンの呟き ……………… 113
キネマ界往來 ……………………… 115
短歌會に行くの記▶寺田光春 …… 123
公論文壇 …………………………… 117
公論詩壇 …………………………… 120
公論歌壇 …………………………… 126
公論俳壇 …………………………… 129
藝妓番附 …………………………… 130
編輯局より ………………………… 132

朝鮮公論 第12巻 3号, 1924. 3
通巻 第132号

〈卷頭言〉 ……………………………… 1
野中鮮銀新總裁の明鑒に備ふ▶石森久
　彌 …………………………………… 2
朝鮮銀行に對する吾人の希望
　鮮内財界に貢獻を希ふ▶田中列三 …
　……………………………………… 13
　半島産業界に努力を望む▶藤井寬太
　郎 ………………………………… 14
　野中新總裁に對する希望▶葭濱忠太
　郎 ………………………………… 15
　新鮮銀總裁への希望▶大村友之丞 …
　……………………………………… 16
　唯一無二の希望▶板橋菊松 ……… 17
　鮮銀に對する吾人の希望▶別府八百
　吉 ………………………………… 18
　朝鮮財界の爲めに奮鬪を▶住井辰男
　……………………………………… 21
　本然の使命に復歸を望む▶山根譓 …
　……………………………………… 21
　果敢斷行を望む▶小野久太郎 …… 22
公論餘滴 …………………………… 24
鈴木副總裁と法の精神▶翠郎生 …… 25
歐米に於ける社會の半面▶守屋榮夫 …
　……………………………………… 27
獨逸の現狀に就て▶吾孫子勝 …… 35
琵琶界往來▶柴川生 ……………… 40
大歌舞伎京城丸齒會▶本誌記者 … 42
キネマ界往來▶黑頭布生 ………… 45

ヒルムファンの叫び ……………… 47
カフエー夜話 ……………………… 49
映畫界の魔王 ……………………… 50
帝キネのスター歌川八重子さんへ▶美沼虹夢 ……………………………… 52
活動女優の生活 …………………… 53
西鮮問題討究
　地方諮問機關の職能▶米田甚太郎 …………………………………… 56
　平安南道の産業的地位と新興工業の將來▶渡邊忍 ………………… 58
　平壤を中心とする西鮮の使命▶テーエム生 …………………………… 63
　西鮮産業開發の鎖鑰▶福井武次郎 …………………………………… 69
　貿易港たる鎭南浦の經濟的價値▶川添種一郎 ………………………… 73
　西鮮産業の促進と吾人の希望▶富田儀作 …………………………… 76
西鮮の探題
　米田甚太郎君 …………………… 68
　飯尾藤次郎君 …………………… 80
　生田淸三郎君 …………………… 89
平安北道に於ける教育産業及交通の狀況▶本誌記者 ………………… 81
大日本製糖朝鮮支店の最近事業概況▶本誌記者 ……………………… 87
平南の新人舊人▶瑞氣山人 ……… 93
今は昔平壤の三印象記▶江南浪客 … 98
平南奇聞 官民紳士の趣味と道樂▶茶目做主 …………………………… 104

〈紅燈悲話〉哀妓菊勇の愛別離▶帳翠夢童 …………………………………… 106
公論詩壇 …………………………… 112
公論文壇 …………………………… 114
公論歌壇 …………………………… 117
公論俳壇 …………………………… 119
藝妓番附 …………………………… 122
編輯局より ………………………… 124

朝鮮公論 第12巻 4号, 1924. 4
通巻 第133号

〈卷頭言〉 …………………………… 1
朝鮮統治と施政方針▶齋藤實 …… 2
〈社說〉文化政治に對する一考察▶石森久彌 …………………………… 4
文化政治五周年に際して▶西村保吉 …………………………………… 9
文化政治と警察▶丸山鶴吉 ……… 11
勞働問題に留意せる專賣局と文化政治▶靑木戒三 ………………… 16
遞信事業旣往五箇年の趨勢▶浦原久四郎 ……………………………… 18
朝鮮に於ける鐵道事業の現勢▶弓削幸太郎 …………………………… 22
朝鮮の道路と文化的施設▶原靜雄 … 27
文化政治と教育の發達▶長野幹 … 32
思ひ出づるをまゝ▶守屋榮夫 …… 36
旣往五箇年に於ける京城府勢の發展▶谷多喜麿 ……………………… 46
朝鮮貿易と海運界▶吉村兼一郎 … 50

公論餘滴 …………………… 56
金庫界漫談 ………………… 123
歷代總督政治の批判▶南山太郎 …… 57
總督府官人物語▶老人亭主人 ……… 72
獨逸の現狀に就て▶吾孫子勝 …… 86
光榮に輝く人々▶本誌記者 ……… 92
財界富面の問題▶豊堂生 …………… 97
文化警察署長さん總捲くり▶柴川生 …
………………………………… 101
既往五箇年間に於ける朝鮮殖産銀行の
　業蹟▶本誌記者 ………………… 105
須追大幻影▶南山生 ……………… 110
朝鮮美術展覽會第三部「書」を評す▶片
　岡怡軒 …………………………… 112
盛會を極めた錦心流琵琶大會▶柴川生
………………………………… 114
キネマ界往來 ……………………… 121
ヒルマフアンの叫び ……………… 122
映畫說明に就いて ………………… 125
新時代劇禮讚 ……………………… 127
〈創作〉仙 吉▶山口病皐天 ……… 116
〈映畫夜話〉戀は優し野邊の花よ … 124
カフェー夜話 ……………………… 129
大同江ローマンス月明の夜の哀話▶松
　本輝華 …………………………… 130
細井先生 送別短歌會▶松本輝華選 …
………………………………… 145
公論詩壇▶內野健兒氏選 ………… 141
公論歌壇▶細井魚袋氏選 ………… 143
公論俳壇▶吉澤帝史氏選 ………… 148
藝妓番附 …………………………… 149

編輯局より ………………………… 151

朝鮮公論 第12巻 5号, 1924. 5
通巻 第134号

〈卷頭言〉 ……………………………… 1
〈社說〉米國の排日と其の矛盾性▶石森
　久彌 ………………………………… 2
京城帝國大學開設に就て▶小田省吾 …
………………………………………… 6
歐米政界の側面觀▶山口安憲 …… 14
上海航路の善用と移民問題▶香椎源太
　郞 ………………………………… 23
平安北道の產業交通狀況▶本誌記者 …
………………………………………… 28
小作問題に對する一見察▶入尋生男 …
………………………………………… 33
當面の人物
　朴重陽君 ………………………… 22
　金寬鉉君 ………………………… 32
　尹甲炳君 ………………………… 41
〈京城噂話〉財界當面の問題 ……… 36
全鮮警察署長總捲くり▶豊島紫川 … 42
忠北の迷部長さん▶黑頭巾生 …… 53
公論餘滴 …………………………… 61
琵琶界往來 ………………………… 62
ヒルムフアンの叫び ……………… 63
キネマ界往來 ……………………… 64
カフェー夜話▶電氣號社告 ……… 65
〈隨筆〉春の幻想▶三島行義 ……… 49
五萬圓事件後日譚▶龍頭山隱士 …… 67

文學青年の悲哀▶美沼虹夢 ……… 71
〈戯曲〉北方の旅人▶篠崎潮二 …… 81
公論文壇▶松本輝華選 …………… 109
公論詩壇▶內野健兒氏選 ………… 112
公論歌壇▶細井魚袋氏選 ………… 114
公論俳壇▶吉澤帝史氏選 ………… 116
藝妓番附 …………………………… 118
編輯局より ………………………… 120

朝鮮公論 第12巻 6号, 1924.6
通巻 第135号

〈卷頭言〉……………………………… 1
〈社說〉亞細亞主義の綜合的運動▶石森
　久彌 ……………………………… 2
法律と世の中▶末廣嚴太郎 ………… 6
農村の疲弊と其對策▶岡田良平 …… 11
都市と住宅問題▶直木倫太郎 ……… 13
今後の對外貿易▶瀨下淸 …………… 16
金利引下の必要▶稻茂登三郎 ……… 17
政界縱橫錄▶某勅選議員 …………… 19
最近の勞働問題批判 ………………… 23
〈對話〉冷語熱舌▶石森五城樓 ……… 27
朝鮮と參政權▶翠郎生 ……………… 30
國境の旅より▶守屋榮夫 …………… 33
總選擧と朝鮮法曹界▶翠郎生 ……… 36
公論餘滴 ……………………………… 38
廢娼問題是非 ………………………… 39
在鮮內地人の質的改造を提唱す▶廣瀨
　操 ………………………………… 44
食糧問題と朝鮮米▶石塚峻 ………… 48

內鮮融化の根本的解決▶本誌記者 … 53
朝鮮問題につき吾が內地人に檄す▶林
　省三 ……………………………… 57
錦心流琵琶に就いて▶田錦心 ……… 59
春宵語▶九鳥子 ……………………… 63
溫突怪話 ……………………………… 68
母に死別れて▶金昇默 ……………… 69
〈映畫劇〉饒がなる秋▶筑紫次郎 …… 76
忠南ローマンス麗人は比く語り比く嘆
　く▶松本輝華 …………………… 84
〈高麗史劇〉金延俊の死▶光永紫潮 … 98
公論詩壇 …………………………… 105
公論歌壇 …………………………… 108
公論俳壇 …………………………… 111
藝妓番附 …………………………… 112
編輯局より ………………………… 114

朝鮮公論 第12巻 7号, 1924.7
通巻 第136号

〈卷頭言〉……………………………… 1
〈社說〉朝鮮の財的危機を詰げて之れが
　根本的救濟策に及ぶ▶石森久彌 … 2
朝鮮電氣事業の將來▶蒲原久四郎 … 10
朝鮮に於ける電氣事業▶高崎齋 …… 14
半島の電氣事業と資金問題▶香推原太
　郎 ………………………………… 20
電燈料金の問題に就て▶葭濱忠太郎 …
　…………………………………… 26
電氣事業に對する一般公衆の理解▶武
　者鍊三 …………………………… 28

朝鮮公論 第12巻 8号, 1924. 8
通巻 第137号

〈卷頭言〉 …………………………………… 1
下岡新政務總監を迎ふ▶石森久彌 … 2
日本の憤激の的である亞米利加は如何なる國か▶守屋榮夫 ………… 9
國民自重の秋▶篠田治策 …………… 26
歐米教育大觀▶重田勘次郎 ………… 34
經濟復興と其對策
　金輸出解禁▶武藤山治 …………… 39
　財界前途如何▶宮尾舜治 ………… 40
　財政政策の基根▶岩原謙三 ……… 41
　經濟界復興の方途▶鈴木穆 ……… 41
　國民の自覺緊要▶光山梅吉 ……… 42
滿鐵の使命を果せ ………………………… 44
忠淸南道の地方改良と振興會▶本誌記者 ………………………………… 48
潮力電氣に就て▶福島又二 ………… 53
〈政界夜話〉朝鮮の舞臺は廻つたの沼の如き滿洲財界より▶廣江澤次郎 … 64
公論餘滴 …………………………………… 69
胸騷ぎー女子オリムピック競技場の出來事▶井上收 ………………………… 70
〈巷說秘話〉財界縱橫綠▶豊堂生 …… 76
全鮮府尹總捲くり▶豊島紫川 ……… 81
再び廢娼愚感を▶難波志都 ………… 86
忠北異動禮讚▶銀杏隱士 …………… 89
咸南の官人民人フースヒー▶蟠龍山人 ……………………………………… 93

朝鮮の於ける電氣事業と動力源▶高谷武助 ……………………………… 34
朝鮮水力電氣事業に就て▶山田伊平 38
電氣事業の裡面▶町田耘民 ………… 40
家庭に於ける電氣の用途▶寺村虎重 … ……………………………………… 49
內鮮を比較して朝鮮電氣事業界を論ず▶森秀雄 ………………………… 57
朝鮮電氣事業と碍子の自作自給▶鈴木尙重 ……………………………… 66
公論餘滴 …………………………………… 71
半島電氣界と當面の問題▶豊島佐太郎 ……………………………………… 72
鐵道電化と朝鮮▶布村寬 …………… 81
日本の憤激の的である亞米利加は如何なる國か▶守屋榮夫 …………… 87
朝鮮電氣事業界と當面の人物月旦▶本誌記者 …………………………… 100
電氣界と關係ある全鮮府尹總捲くり▶豊島紫川 ………………………… 108
電化は日本電氣へ …………………… 121
〈春川哀話〉毒藥に散る命は悲し▶松本輝華 …………………………… 124
公論詩壇 …………………………………… 140
公論俳壇 …………………………………… 142
藝妓番附 …………………………………… 144
編輯局より ………………………………… 147

文壇漫語 …………………………… 96
繪を見る人の爲めに▶前田東水 …… 98
京城映畫說明者總捲くり▶樂屋鼠 103
或る辯士志望の靑年に▶挑山ロング …
 ………………………………………… 106
〈山莊物語〉溫井理秘話▶帳翠夢童 ……
 ………………………………………… 109
短歌會開催に就て▶寺田光春 …… 116
公論文壇 ……………………………… 121
公論詩壇 ……………………………… 123
公論俳壇 ……………………………… 126
藝妓番附 ……………………………… 128
編輯局より …………………………… 130

朝鮮公論 第12卷 9号, 1924. 9
通卷 第138号

〈卷頭言〉…………………………………… 1
豫算問題を携げ東上せんとする下岡總
 監に一書を呈す▶石森久彌 ………… 2
豫算編成に就て▶下岡忠治氏談 …… 9
最近朝鮮に於ける產業並經濟發達の狀
 勢▶平井三男 ………………………… 11
稀有の大旱魃に直面して▶藤井寬太郞
 ………………………………………… 17
農村振興と其對策▶六大名士の所見と
 主張 …………………………………… 25
 農村振興論▶中村啓太郞 ………… 25
 農村問題に就て▶川原茂輔 ……… 27
 農村振興と其の流行語に就いて▶橫
 井時敬 ………………………………… 28

農村問題と敎育▶粕谷義三 ……… 29
標準米價の設定▶三土忠造 …… 30
滿洲水田の開設と現下の狀況▶入江
 海平 …………………………………… 31
銀行倂合の趨勢▶小野義一 ……… 33
冷語熱舌錄▶奇怪樓主人 ………… 42
最近の思想と町人道▶紀平正美 …… 34
我國現下の經濟狀態▶小林丑三郞 … 39
牛島現下の官界と網紀紊亂の實證▶豊
 島佐太郞 ……………………………… 46
財界は更らに不況に陷らん▶石森生 …
 ………………………………………… 55
龍頭夢魚 ……………………………… 66
〈巷說秘話〉財界縱橫錄▶豐堂生 … 56
大釜山の發展策に就て▶龍頭迂人 … 67
咸南の官人民人フースヒニ▶蟠龍山人
 ………………………………………… 70
全鮮府尹總捲(下の卷)▶豊島紫川 … 61
朝鮮文藝誌に毒つく▶雅樂多生 …… 76
秋冬の御用意と實用三中井綿 …… 74
尾上松之助旅日記の一節 ………… 85
悶々十六章▶尾崎敬義 …………… 54
棧橋笑話 ……………………………… 69
舞臺協會座談會 …………………… 88
映畫音樂と私たちの使命▶田中朝鳥 …
 ………………………………………… 94
國民體育の奬勵は植民政策の解決 … 32
勇敢な貸付振り ……………………… 44
敎育會と風紀問題 ………………… 53
公論餘滴 ……………………………… 45
キネマ界往來 ………………………… 82

カフェー夜話 ………………………… 95	朝鮮司法權を獨立せしめよ▶翠郎生 …
中原氏の名譽 天然炭酸水の獻上 … 68	……………………………………… 37
電話交換室より ……………………… 81	倭城臺課長級總捲くり▶久松生 …… 40
あららんの歌 ………………………… 86	地方道廳と三等官▶南山隱士 ……… 45
ヒルムフアンの叫び ………………… 84	司法界人事變遷槪觀▶翠郎生 ……… 55
蒲田だより …………………………… 87	半島警察界と首腦的人物▶豊島紫川 …
〈釜山情話〉戀は悲し胸の花よ▶美禰	……………………………………… 57
男生 ………………………………… 79	半島陸士競技界の回顧▶澤田吉男生 …
あれから早くも五週年	……………………………………… 62
爆彈事件懷古錄▶松本輝華 ………… 96	財務監督局の立消と官界の悲喜劇▶幽
〈時代映畫脚本〉浪花の夜嵐▶竹本國夫	迷樓主人 …………………………… 64
……………………………………… 91	鴻雁と共に南に去つた守屋榮夫君▶五
〈花柳巷談〉年增藝者と雛妓の對話▶紅	城樓主人 …………………………… 51
燈綠子 ……………………………… 104	京城奇人傳▶本誌記者 ……………… 68
公論文壇▶松本輝華選 ……………… 109	代表的銀行會社と其人物▶本誌記者 …
公論俳壇▶吉澤帝史氏選 …………… 114	……………………………………… 73
公論歌壇▶細井魚袋氏選 …………… 112	咸南の官人民人フースヒー▶蟠龍山人
編輯局より …………………………… 118	……………………………………… 80
	倭城臺から …………………………… 50
朝鮮公論 第12巻 10号, 1924. 10	公論餘滴 ……………………………… 33
通巻 第139号	琵琶界往來 …………………………… 84
	讀者の聲 ……………………………… 91
〈卷頭言〉 ……………………………… 1	ヒルムフアンの叫び ………………… 113
時は遷り人は動く▶石森久彌 ……… 2	釜山カフェー夜話 …………………… 105
丸山, 守屋兩閣下を送る▶邊定一郎 … 10	釜山花柳界通信 ……………………… 101
半島人物變遷史▶山口太兵衛 ……… 16	釜山夜話 女將悲哀 ………………… 114
丸山三矢守屋三氏の片影▶本誌記者 …	本町通商店評判記(一)▶黑頭巾生 … 92
……………………………………… 26	京城の保險界と主要人物(一) ……… 97
東西南北 半島民間の六巨頭▶柴川生	變態性慾に就いて▶瀬戸潔 ………… 102
……………………………………… 28	會我府尹と毎朝洗禮 ………………… 39
釘本前會頭と渡邊會頭▶栽松生 …… 34	用度と悲劇 …………………………… 67

| 釜山火事と清津の水害 ………… 61
| 尾崎東拓理事より ……………… 36
| 勤儉貯蓄の晉州郡守 …………… 79
| 釜山雜信 ………………………… 15
| 現下朝鮮文藝界の人々▶寺田光春 … 85
| 全鮮映畵界人物總捲くり▶本誌記者 …
　　……………………………… 106
| 〈花柳界秘話〉月に泣いたよ時鳥▶てふ
　　じ/しのさき ………………… 115
| 公論文壇▶松本輝華選 ………… 122
| 公論詩壇▶內野健兒氏選 ……… 125
| 公論歌壇▶細井魚袋氏選 ……… 127
| 公論俳壇▶吉澤帝史氏選 ……… 130
| 藝妓番附 ………………………… 132
| 編輯局より ……………………… 134

朝鮮公論 第12巻 11号, 1924. 11
通巻 第140号

〈卷頭言〉 ……………………………… 1
官民相互援助の新現像▶石森久彌 … 2
英國紳士の尊敬すべき個性と異民族統
　治の要領▶三矢宮松 ……………… 7
東京往復▶朴重陽 ………………… 11
露西亞對日本及び列强▶芦田拘 … 19
國民皆兵の新意義▶筑紫熊七 …… 24
國家事業と本黨の抱負▶川原茂輔 … 30
政權を黨勢の具に供する
　現內閣の魔手愈々露骨▶政友本黨調査
　……………………………………… 38
支那戰亂と良民の困惑▶廣江澤次郎 …
　……………………………………… 42
東洋平和の成否は對支政策の如何によ
　る▶杉田定一 …………………… 41
歐米一遊の槪感(一)▶鈴木坂鐵 … 49
間島に乘込むの記▶松村松盛 …… 56
側面から觀た司法大官禮讚(一)▶翠郞
　生 ………………………………… 59
財界縱橫錄▶豊堂生 ……………… 69
半島警察界と首腦的人物(二)▶豊島紫
　川 ………………………………… 63
京城奇人傳(二)▶本誌記者 ……… 73
本町通商店評判記(二)▶黑頭巾生 … 76
土佐犬のはなし▶今村鞆 ………… 80
在鮮內地人の反者を促す▶金一 … 84
公論餘滴 …………………………… 37
金剛山戱作 ………………………… 83
琵琶界往來 ………………………… 86
カフェー夜話 ……………………… 94
キネマ界往來 …………………… 101
愚かなる告白▶李壽昌 …………… 87
婦人階級意識の發達と社會的要求▶松
　岡節子 …………………………… 90
皮肉の皮肉 ………………………… 29
花月の復活 ………………………… 36
春川第二の西事件 ………………… 40
春川水道竣成 ……………………… 55
上海航路滿船 ……………………… 68
盛況の齊等ビル …………………… 82
喘息に效ある新劑 ……………… 100
〈木浦港談〉金髮美人女將の哀話▶帳翠
　夢童 …………………………… 102

〈時代映畫脚本〉浪花夜嵐▶竹本國夫 ……
………………………………… 95
公論文壇▶松本輝華選 ………… 110
公論詩壇▶內野健兒氏選 ……… 114
公論歌壇▶細井魚袋氏選 ……… 116
公論俳壇▶吉澤帝史氏選 ……… 118
藝妓席順番附 …………………… 120
編輯局より ……………………… 122

朝鮮公論 第12巻 12号, 1924. 12
通巻 第141号

〈巻頭言〉 ………………………… 1
大正十三年を送る▶石森久彌 …… 2
食糧米需給の前途▶尾崎敬義 …… 7
支那動亂の推移と帝國の地位▶佐藤安
　之助 ………………………… 13
支那の現狀と其軍閥▶松田北洋 … 20
産業視察團及び在鮮實業家交驩
　朝鮮産業視察團を迎へて▶渡邊定一
　郎 …………………………… 23
　半島の使命と世界的關係▶谷村一太
　郎 …………………………… 29
　帝都を京城に遷せ▶難波淸人 … 31
　朝鮮に於ける內地人は眞面目である
　▶池田龍藏 ………………… 32
　朝鮮米と內地移動の沿革▶天日常次
　郎 …………………………… 33
呆れ果たる現內閣の無能さ加減▶吉植
　庄一郎 ……………………… 36
從論橫議

奉直抗爭と我立場▶横田千之助 … 39
經濟界整理緊急▶井上準之助 …… 41
玉石を甄別せよ▶和田彦次郎 …… 42
貴族院改善方途▶福原俊丸 ……… 43
行財政整理方針▶高見之通 ……… 45
電氣料金改定要點▶武者鍊三 …… 47
朝鮮線直營と西鮮無煙炭の一大活路▶
　福井武次郎 ………………… 49
側面より見たる半島司法大官禮讚(二)
　▶翆郞生 …………………… 52
朝鮮取引所制定上の一考察▶翆郞生 …
………………………………… 61
滿鐵移管と當面の人物▶本誌記者 … 56
財界縱橫錄▶本誌記者 …………… 63
半島警察界と首腦的人物(三)▶豐島紫
　川 …………………………… 68
倭城臺中心の大旋風▶柴川生 …… 72
故內ヶ崎敬一郎君追悼 …………… 76
　ああ內ヶ崎君▶伊藤正義 …… 76
　孤燈の下▶佐木久松 ………… 77
　故內ヶ崎敬一郎氏の俤▶薄田美朝 …
………………………………… 80
　內ヶ崎君に就て▶高橋次郎 …… 81
　君は非常の努力の人であった▶近藤
　了徹 ………………………… 82
　內ヶ崎のことども▶石森久彌 … 83
青年と演劇▶故內ヶ崎敬一郎遺稿 … 86
僕の石森論▶故內ヶ崎敬一郎遺稿 … 90
公論餘滴 …………………………… 38
琵琶界往來 ………………………… 94
カフェー夜話 …………………… 101

キネマ界往來 …………………… 102
平壤府當局に與ふ ……………… 93
舞踊理論を讀む ………………… 107
〈忠南異聞〉戀か?恨か?謎々書記の死を
　環る女二人の自殺▶松本輝華 … 103
〈戲曲〉和解(一幕) ……………… 95
公論文壇▶松本輝華選 ………… 108
公論詩壇▶內野健兒氏選 ……… 112
公論歌壇▶細井魚袋氏選 ……… 115
公論俳壇▶吉澤帝史氏選 ……… 117
藝妓席順番附 …………………… 120
編輯局より ……………………… 122

```
朝鮮公論 第13卷 1号, 1925. 1
　　　通卷 第142号
```

〈卷頭言〉 ………………………… 1
朝鮮産業開發に就て▶下岡忠治 …… 2
內外の時事を剖觀して▶石森久彌 … 4
大正十四年を迎ゑて▶渡邊定一郎 … 9
〈年頭所感〉産業第一と食糧問題▶有賀
　光豊 …………………………… 11
家庭工業獎勵の急務▶篠田治策 … 14
産業第一と農家の副業▶米田甚太郎 …
　………………………………… 16
朝鮮現下の諸問題と産業第一主義に就
　て▶朴重陽 …………………… 21
産業獎勵に就て▶金寬鉉 ……… 29
京城に産業第一主義を實現せしむるに
　は▶谷多喜麿 ………………… 31
農を生業とのみ見るは誤れり▶向坂幾
　三郎 …………………………… 33
産業第一主義に就て▶入澤重麿 … 36
詩を作るより田を作れ▶井上收 … 38
鐵道敷設が第一也▶西田常三郎 … 44
産業第一主義と平壤炭田開放の急務▶
　內田錄雄 ……………………… 45
朝鮮の農業と畜産▶肥塚正太 … 47
産業第一と電氣事業▶見目德太 … 52
公論餘滴 ………………………… 60
産業第一主義と吾人の覺悟▶久松前平
　………………………………… 61
水利事業の官營を提唱す▶山田律山 …
　………………………………… 63
朝鮮鐵道咸南線の使命と現狀▶神谷三
　郎 ……………………………… 67
鮮鐵職員は寧ろ幸福也▶五城樓主人 …
　………………………………… 70
支那民族の國貨提唱主義▶廣江澤次郎
　………………………………… 71
現代社會思潮の省察▶平井三男 … 76
私人としての松村松盛君▶久松生 … 86
財界は何時好轉すべき乎▶紫川生 … 87
丑年を迎へた 朝鮮の工業都市▶瑞氣山
　人 ……………………………… 92
祝電か弔電か▶倭城臺人 ……… 94
司法官大異動評▶翠郎生 ……… 95
朝鮮官界の大異動と榮進の人々▶豊島
　紫川 …………………………… 97
牛に騎つた噺▶今村鞆 ………… 104
〈對談〉鮮人重用問題▶本誌記者 … 108
全北鐵道株式會社の暴狀▶本誌記者 …

……………………… 110	産業政策と里道網完成の急務▶豊島佐太郎 ……………………… 27
法廷浪漫話▶翠郎生 ……… 118	衣食足而知禮節▶本誌記者 … 31
或る鮮人求職者の話▶李壽昌 …… 122	公論餘滴 …………………… 33
〈水原秘話〉女琵琶師の行衞▶西湖住人 ……………………… 129	財界縱橫錄▶紫川生 ……… 34
路傍に摘む花の一束▶篠崎潮二 … 130	官界榮華物語▶倭城臺人 …… 39
京城說明者の懷中調▶樂屋鼠 … 139	得意の人と失意の人▶豊島紫川 … 41
冬は佳しカフェー巡禮▶てるくわ・まつもと ……………… 141	三代不吉の財務部長官舍▶本誌記者 ……………………… 48
公論文壇▶松本輝華氏選 … 147	戲曲的な併合秘史一齣(上)▶翠郎生 ……………………… 50
公論詩壇▶內野健兒氏選 … 152	
公論歌壇▶細井魚袋氏選 … 157	〈政治小說〉或青年の手記(上)▶翠郎生 ……………………… 54
公論俳壇▶吉澤帝史氏選 … 160	
藝妓席順番附 ……………… 162	總督府當局の猛斷を促す▶本誌記者 ……………………… 62
編輯局より ………………… 164	朝鮮民族の一考を望む▶觀水洞人 … 70
	ホーマーの敍事詩に就て▶遠藤辰治郎 ……………………… 72
朝鮮公論 第13巻 2号, 1925. 2 通巻 第143号	盤若姫の魂▶市山盛雄 …… 74
	雪に描かれた闘争の譜▶本誌記者 … 77
〈巻頭言〉 …………………… 1	京城映畫界の今昔▶竹本國夫 …… 84
朝鮮に於ける文官總督の可否を論ず▶石森久彌 …………… 2	京城花柳界片々錄▶紅燈下人 … 90
産業開發に對する所感▶池田秀雄 … 7	〈小品〉小豆婆の話▶篠崎潮二 … 93
咸北産業の現況と將來▶中野太三郎 … ……………………… 9	街頭の夜を求めて新春巡禮▶てるか・まつもと ………… 95
朝鮮財界の推移と其前途▶大原胤夫 ……………………… 12	公論文壇▶松本輝華氏選 … 103
國際聯盟の常識話▶山口三良 … 16	公論詩壇▶內野健兒氏選 … 106
佛教の物質觀▶村上專精 …… 18	公論歌壇▶細井魚袋氏選 … 110
享樂の心理▶守屋德夫 ……… 20	公論俳句▶吉澤帝史氏選 … 114
久保田東拓總裁逝去 ……… 26	藝妓席順番付 ……………… 116
	編輯局より ………………… 118

```
朝鮮公論 第13巻 3号, 1925.3
通巻 第144号
```

〈卷頭言〉……………………… 1
諺文に現はれたる文化政治の批判を評す▶石森久彌 ……………… 2
革命思想より漸進的改良主義へ▶小泉信三 …………………………… 9
治安維持法案の本質▶大山郁夫 …… 16
日露交渉の失敗により北樺太保障占領を無意義にす▶中村啓次郎 …… 20
滿鮮紹介宣傳の巧拙に就て▶上田恭輔
 ……………………………………… 23
人口食糧二問題と北海道關係▶島原鐵三 ……………………………… 30
公論餘滴 ……………………… 37
箕城放言▶牡丹臺若人 ………… 38
司法革新の曙光▶宮崎翠郎 ……… 43
取れる處から取らん哉主義の平壤商業會議所豫算▶大同漁夫 ………… 47
産業第一主義の根本觀念▶三島行義 …
 ……………………………………… 50
寶庫の鐵扉を開け▶蟠龍山人 …… 53
キネマ樂屋噺 ………………… 54
或ろ時の張作霖▶能勢岩吉 ……… 55
カフェ一夜話 ………………… 58
〈北鮮事實哀話〉運命の怒濤に散つて悲しく消えて住つた女の命▶松本輝華
 ……………………………………… 59
忠南産業の現況と將來▶本誌記者 … 65
整理期に入つた忠南の土木施設▶本誌記者 ……………………………… 77
年産貳百萬圓の韓山苧布▶本誌記者 …
 ……………………………………… 79
人物短評 忠南の官人民人▶豊島紫川 …
 ……………………………………… 81
公州電氣株式會社▶本誌記者 …… 88
京南鐵道株式會社▶本誌記者 …… 90
飛行挺について▶本誌記者 ……… 98
百濟舊都八景▶白倉としを …… 100
忠南の三奇人傳▶紫川生 ……… 106
公論文壇▶松本輝華氏選 ……… 113
公論詩壇▶内野健兒氏選 ……… 116
公論歌壇▶細井魚袋氏選 ……… 119
公論俳句▶吉澤帝史氏選 ……… 122
藝妓席順番付 ………………… 124
編輯局より …………………… 126

```
朝鮮公論 第13巻 4号, 1925.4
通巻 第145号
```

〈卷頭言〉……………………… 1
施政十五週年に當り所感を陣ぶ▶石森久彌 …………………………… 2
過去の十五年▶矢鍋永三郎 ……… 6
新産業時代に處するの途▶有賀光豊 …
 ……………………………………… 8
併合ノ詔書 …………………… 11
工業地としての朝鮮▶安達房次郎 … 12
朝鮮の農業を顧みて▶渡邊豊日子 … 18
朝鮮林業の發達▶後藤眞咲 ……… 22
公論餘滴 ……………………… 29

御都合政治の弊▶尹甲炳 ……………… 30
過去二十年の回顧▶藤谷作次郎 …… 32
朝鮮糖業の將來▶松井民次郎 ……… 34
溫突夜話 ………………………………… 40
朝鮮教育の改進▶本誌記者 ………… 41
半島警察界の變遷▶本誌記者 ……… 48
總督府の直營に還元した幾波瀾の朝鮮
　鐵道界▶豊島紫川 ………………… 52
歷代總督の風格▶五城樓主人 ……… 58
林間寸觀▶倭城臺人 ………………… 61
全北平野と水利事業▶本誌記者 …… 62
再度株式御買上の光榮に浴したる　株式
　會社朝鮮殖産銀行▶本誌記者 …… 65
社業隆々たる東洋拓殖株式會社(一)▶
　本誌記者 …………………………… 69
救貧から防貧へ　家庭工業を獎勵する平
　壤府▶大同漁夫 …………………… 77
京仁穀物市場の三巴戰▶明治町人 … 79
舒川苧布組合の業績▶李悳相 ……… 83
有望なる舒川水利組合▶片桐和三 … 87
產業政策と教育の連絡協調に就て▶初
　田太一郎 …………………………… 89
溫陽溫泉の改善▶本誌記者 ………… 91
〈政治小說〉或青年の手記(二)▶翠郎生
　……………………………………… 92
〈支那情話〉玉美の決心▶能勢岩吉 … 98
京城キネマ界風聞錄▶松本輝華 … 103
カフエー夜話▶YM生記 …………… 106
〈北鮮ロマンス〉運命の怒濤に散って悲
　しく消えて住つた女の命▶松本輝華
　……………………………………… 108

公論文壇▶松本輝華氏選 ………… 115
公論歌壇▶細井魚袋氏選 ………… 119
公論詩壇▶內野健兒氏選 ………… 122
藝妓席順番付 ……………………… 124
編輯局より ………………………… 126

朝鮮公論 第13巻 5号, 1925.5
通巻 第146号

〈卷頭言〉 ……………………………… 1
朝鮮及朝鮮人の煩悶▶石森久彌 …… 2
殖銀頭取の任期と有賀氏の去就 …… 7
勞働組合運動の本質と英國勞働組合▶
　鈴木文治 ……………………………… 9
不用意なる普選法案の正體▶花井卓藏
　………………………………………… 11
最近に於ける世界列強の財政經濟 … 15
後繼內閣物語▶城南隱士 …………… 26
政界秘話▶五城生 …………………… 28
朝鮮は斯く進まねば▶豊田重一 …… 29
公論餘滴 ……………………………… 32
米田產業知事に與ふる書▶大同漁夫 …
　……………………………………… 33
法曹近事片々▶千鶴夫 ……………… 36
東亞日報の見たる統治政策 ………… 38
僕の談話室▶石森生 ………………… 40
眞實は神ぞ知る司法秘話五篇▶翠郎生
　……………………………………… 44
教育の機會均等の運動▶松岡節子 … 49
警聲錄 ………………………………… 55
之れ丈けは是非心得度い▶本誌記者 …

| 朝鮮公論 第13巻 6号, 1925.6
| 通巻 第147号

……………………………………… 56
撓められた力▶柳井隆雄 ………… 62
人事消息 ………………………… 64
隨感隨筆▶石森生 ………………… 65
箕城放言▶牡丹臺若人 …………… 68
朝鮮の春▶石森生 ………………… 72
〈新綠の季〉運動界瞥見▶松山操生 … 73
〈支那小說〉或る支那武官の手記▶能勢岩吉 …………………………… 76
山陰道の旅▶池秧郎子 …………… 78
京城キネマ界風聞錄▶松本輝華 …… 81
星の娘・月の少女ー春を競ひ咲く女給物語▶てるか・まつもと ………… 86
カフェー夜話▶YM生記 …………… 89
釜山と港灣協會 …………………… 91
慶北に於ける東拓の業務概要 …… 92
慶南產業の現況 ………………… 96
慶北金融組合情勢 ……………… 106
釜山上水道の擴張計劃に就て▶小西恭介 …………………………… 108
慶尙北道の產業 ………………… 110
慶州古蹟誌▶本誌記者 …………… 117
慶尙南北兩道 一巡土產ばなし▶里吉敬水 ………………………… 123
公論文壇▶松本輝華選 …………… 125
公論詩壇▶內野健兒氏選 ………… 128
公論歌壇▶細井魚袋選 …………… 130

〈卷頭言〉……………………………… 1
吾人の新たなる使命▶石森久彌 …… 2
北樺太の利權の價値▶伊木常誠 …… 5
猶太人の政治的活躍と猶太思想の東漸 ▶本田恒三 ……………………… 10
ロシヤ貿易の現狀と其前途▶クラーシン ………………………………… 15
鹽の需給問題と關東州鹽の開發▶堀諫 ……………………………………… 18
公論餘滴 ………………………… 21
京取と仁取の將來に就て▶工藤重雄 ……………………………………… 22
移轉論を前にして▶桑野健治氏 …… 31
取引所移轉を論ずるに先だって仁取重役に呈す▶三井一三 ……………… 33
朝鮮の取引所及現物市場▶善生永助 ……………………………………… 38
朝鮮に擡頭しつゝある農村問題▶宮崎義男 …………………………… 43
〈半島在野法曹界〉人物分布の變遷(一) ▶翠郎生 ………………………… 50
鐵道直營に當り龍山鐵道病院の廓淸を促す ……………………………… 54
人事消息 ………………………… 58
司法界近時の不祥事 辯護士懲戒問題批判▶宮崎生 …………………… 59
產業第一主義と行政裁判所の必要▶福田甲斐 …………………………… 63

箕城放言▶牡丹臺若人 ………… 66
警察の民衆化と官僚化▶翠郎生 … 70
疑惑(創作)▶久行三郎 ………… 71
文藝雜感▶大木雄三 …………… 78
支那に於けるストライキの流行▶小野
　田生 …………………………… 81
ある青年の手記(三)▶翠郎生 …… 82
運動界寸觀▶千鶴夫 …………… 87
初夏と女の印象 ………………… 89
京城キネマ界風聞錄▶松本輝華 … 97
カフエー夜話▶YM生記 ………… 99
京城第一高女の同窓生藝妓愛子の哀話
　▶千鶴夫 ……………………… 101
〈事實罪話〉朝鮮白浪五人女▶松本輝華
　………………………………… 104
公論文壇▶松本輝華選 ………… 114
公論詩壇▶內野健兒氏選 ……… 116
公論歌壇▶細井魚袋選 ………… 117
公論俳壇▶吉澤帝史氏選 ……… 120

朝鮮公論 第13卷 7号, 1925.7
通卷 第148号

〈口繪〉
〈卷頭言〉……………………………… 1
朝鮮經濟企劃の統一と經濟調査中樞機
　關の設置提唱▶石森久彌 ………… 2
發電原動力より觀たる朝鮮電氣事業▶
　蒲原久四郎 ………………………… 8
朝鮮電氣協會の使命▶武者練三 … 10
電氣事業の特性▶見目德太 ……… 16

日常生活と電氣▶三山喜三郎 …… 20
農村と電氣▶寺村虎重 …………… 22
朝鮮鐵道の電化に就て▶宮內丈三郎 …
　………………………………… 30
朝鮮の農村電化▶福井武次郎 …… 36
水力と電氣▶鈴木靖 …………… 40
鐵道と電氣▶衛藤祐盛 ………… 43
電氣事業者各位に告ぐ▶高崎齊 … 47
現代の文化と電氣▶堂本貞一 …… 52
南鮮農村電化計劃▶本誌記者 …… 62
ディーゼル・エンジンに就て▶本儀正 …
　………………………………… 64
世界に誇る芝浦工場▶本誌記者 … 68
川北電氣會社槪況▶本誌記者 …… 69
富士電機川崎工場▶本誌記者 …… 73
半島電機事業界と當面の人物▶福田甲
　斐 ……………………………… 57
公論餘滴 ………………………… 79
對支文化事業の是非▶加藤定吉 … 80
朝鮮官界の小異動▶本誌記者 …… 82
渡邊東拓總裁の片影▶荒蕪山人 … 85
大塚君と生田君▶石森久彌 ……… 86
漱石氏と白村氏と朝鮮▶井上收 … 88
地方官場異動總評▶本誌記者 …… 90
嫩葉の頃の旅日記▶石森久彌 …… 92
人事消息 ………………………… 98
在野法曹界人物分布(二)▶翠郎生 … 99
箕城放言▶牡丹臺若人 ………… 103
中野氏と本社顧問 ……………… 109
石森社長の內地講演 …………… 110
贅六漫言▶洋外逸人 …………… 112

法廷雄辯史(其の一)▶翠郎生 …… 115	公論餘滴 ………………………… 39
守屋氏の二大著述 ……………… 122	隨感隨筆▶石森久彌 …………… 40
河津氏の訃 ……………………… 124	重任せる有賀殖銀頭取▶笠神志都延/
運動記者の寄せ書 ……………… 125	西本量一/東條哲士郎/潤野榮/河野可
戀愛淨土▶能勢岩吉 …………… 132	澄/宮崎義男 ………………… 44
カフェー夜話▶YM生記 ……… 129	京取市傷改善論 ………………… 52
洛陽の青葉 ……………………… 155	京城の勞働團體の使命▶甲斐生 …… 56
電氣頭番附に就て ……………… 141	敢て警務當局に呈す▶宮崎翠郎生 … 58
朝鮮名流電氣頭番附 …………… 142	總督府舊廳舎の利用▶各公職 …… 者62
公論文壇 ………………………… 143	京城辯護士界の紛亂▶翠郎生 …… 66
公論詩壇 ………………………… 145	鮮銀正副總裁異動▶宮崎生 ……… 71
公論歌壇 ………………………… 147	安田銀行を驅逐せよ▶黑頭巾生 …… 74
公論俳壇 ………………………… 149	夏と水郷の印象▶中島司/守屋德夫/岸
藝妓番附 ………………………… 152	嚴/有馬純吉/細井肇/石森久彌/丸山
編輯局より ……………………… 154	幹治/寺田壽夫/權藤九洲生/石本芳文
	………………………………… 77

朝鮮公論 第13巻 8号, 1925.8
通巻 第149号

〈口繪〉	人事消息 ………………………… 91
〈巻頭言〉 ………………………… 1	醫學界人物總まとり▶福田甲斐 …… 92
朝鮮民族性に對する考察▶石森久彌 …	紅木屋侯爵と三木將軍田淵仙人▶能勢
………………………………… 2	袖浦 …………………………… 98
日本よ亞細亞復興の先驅たれ▶ラスビ	平安北道の概況▶本誌記者 …… 101
リボース ……………………… 10	營林廠の事業▶本誌記者 ……… 104
特種銀行制度の研究▶尾崎敬儀 … 13	空前の大洪水記▶本誌記者 …… 106
最近の財界を窺ひて▶韓相龍 …… 26	出水と各社の活動振▶評論子 … 110
産米增殖と鐵道の效果▶伊藤利三郎 …	贅六漫言▶洋外逸人 …………… 111
………………………………… 30	新聞記者爭鬪錄▶新國劇仙人 … 115
證券の民衆化と金融▶平井熊三郎 … 34	美濃部氏の美擧▶本誌記者 …… 120
中央水利組合の事業▶藤井寬太郎 … 36	運動界時言▶千鶴夫 …………… 122
	キネマ界風聞錄▶松本輝華 …… 124
	山林巡禮▶別寶生 ……………… 126
	戀愛淨十▶能勢岩吉 …………… 129

停車場所見▶フカジオ・ハーン作/倉持高雄譯 …………………… 138
あまりに悲しい▶三田鄕花 ……… 142
公論文壇 ……………………………… 153
公論歌壇 ……………………………… 156
藝妓番附 ……………………………… 158
編輯局より …………………………… 160

朝鮮公論 第13巻 9号, 1925. 9
通巻 第150号

〈口繪〉
〈卷頭言〉 ……………………………… 1
公明政治の意義▶石森久彌 ………… 2
國民思想の啓發を圖れ▶長瀨鳳輔 … 6
朝鮮產米增收計劃▶池田秀雄 …… 11
治水策私見▶有賀光豐 …………… 15
一擧十得の治水策▶齋藤音作 …… 20
特種銀行制度の研究▶尾崎敬儀 … 27
國境の重要問題▶多田榮吉 ……… 34
勞働會議に就て▶守屋榮夫 ……… 36
公論餘滴 …………………………… 41
農露の近狀に就て▶鈴木文治 …… 42
支那人の人工孵化業▶上田恭輔 … 45
地方官大異動論評▶宮崎生 ……… 49
朝鮮參政權附與の日內地延長主義に據る衆議院議員選擧法の施行と朝鮮議會創設の孰れを可とする乎▶全鮮有力者の意見蒐集 …………………… 55
新聞記者が觀た本府各局長一人一評▶野崎眞三/高須賀虎夫/久松前平/河西喜雄/松村正彦/小川二郎/宮崎義男 …………………………………… 61
全道知事の展覽會▶魔劍塔 ……… 71
暗雲低迷の在野法曹界▶翠郞生 … 75
半島醫師界人物總捲り▶福田甲斐 … 80
朝鮮出の代議士さん▶翠郞生 …… 89
山陰の旅▶可旡菜 ………………… 93
人事消息 …………………………… 94
魔風戀風の倭城臺▶白脛紅裙山人 … 95
箕城放言▶牡丹臺若人 …………… 99
憲政內閣出現餘談▶能勢袖浦 …… 104
人間味▶尾崎敬儀 ………………… 107
鞍上奇談▶白袴生 ………………… 108
釜山府民よ冷靜なれ▶本誌記者 … 112
記者爭鬪餘談 ……………………… 113
野球界噂聞書▶千鶴夫 …………… 114
えんき棚▶ホクロの人 …………… 116
藝妓の行衛▶ホクロの人 ………… 117
吁倉橋銕君逝く …………………… 118
戀愛淨土▶能勢岩吉 ……………… 119
灼熱に觸れる女▶森二郎生 ……… 124
謎の死▶コナン・ドイル作/倉持高雄譯 …………………………………… 132
流れ來て▶三田鄕花 ……………… 137
地方官異動豫想大放言 …………… 111
京取改善を殖產局長に ……………… 60
安田銀行排斥論を豫告 ……………… 48
公論歌壇 …………………………… 146
藝妓番附 …………………………… 148
編輯局より ………………………… 150

朝鮮公論 第13巻 10号, 1925. 10
通巻 第151号

〈口繪〉
〈卷頭言〉……………………………… 1
朝鮮産業經國策の確立▶石森久彌 … 2
十箇年の經續事業で産業開發の根本方
　針樹立▶下岡忠治 ………………… 8
邊境開發と鐵道の普及▶木村卓一 … 10
北朝鮮の大富源▶木尾虎之助 ……… 11
中鮮縱貫鐵道の實現▶荒木武二郎 … 14
産業第一主義より産業經國主義へ▶本
　誌記者 ……………………………… 17
産米増殖の既定方針は絶體に變更せず
　▶綾田豊 …………………………… 24
朝鮮の産業一般▶本誌記者 ………… 25
　産業の大宗農業/前途ある工業界/有
　望なる林業/鑛業界の現勢/豊饒なる
　水産/一般貿易の進展
朝鮮の『金持』調べ▶二一轉作生 …… 50
亞細亞モンロー主義▶加藤定吉 …… 44
朝鮮の人口問題▶善生永助 ………… 48
中央政界最近の問題▶能勢袖浦 …… 52
官場小異動批判▶宮崎生 …………… 54
公論餘滴 ……………………………… 55
歷代政務總監の風格▶石森久彌 …… 56
將來ある西鮮の雄都▶福井武次郎 … 67
全道知事の展覽會(二)▶魔劍塔 …… 71
慨かはしき無氣力▶翠郎生 ………… 74
醫學界人物評傳(三)▶福田甲斐 …… 77
繰り廣げられた金繪卷魔風戀風の倭城
臺(二)▶白脛紅裙山人 …………… 80
箕城放言▶牡丹臺若人 ……………… 85
城北港灣紀行、都邑印象記、邊境に働
　く人々▶里吉敬水 ………………… 89
咸鏡南道の特産▶本誌記者 ………… 95
出來秋の全南一覽本誌記者 ………… 100
スカンヂナビアの旅より▶松村松盛 …
　………………………………………… 101
晩鐘を聽きつつ▶石森久彌 ………… 107
今日の俳句に就て▶白田亞浪 ……… 110
運動界噂聞書▶千鶴夫 ……………… 112
映畫界大喧嘩譚▶よしを生 ………… 114
河西青苔君をいたむ ………………… 117
鮮人女工の能率▶松本きん子 ……… 118
訪歐飛行と國際運送▶本誌記者 …… 120
いんぎ棚▶ホクロの人 ……………… 122
〈探偵小說〉謎の死▶コナン・ドイル作/
　倉持高雄譯 ………………………… 124
〈創作〉短銃 ……………條崎潮二 132
公論俳壇 ……………………………… 140
公論詩壇 ……………………………… 143
公論歌壇 ……………………………… 146
藝妓番附 ……………………………… 148
編輯局より …………………………… 150

朝鮮公論 第13巻 11号, 1925. 11
通巻 第152号

〈口繪〉
〈卷頭言〉……………………………… 1
鈴木鮮銀總裁を迎ふ▶石森久彌 …… 2

朝鮮に於ける航空條約の適用▶條田治策 …… 5
信用なき現在の政黨▶長瀨鳳輔 …… 9
支那の文明と民族性▶能勢岩吉 …… 11
鮮銀の整理方針と余の信念▶鈴木島吉 …… 19
幼兒擁護の爲めに▶高橋濱吉 …… 21
公論餘滴 …… 25
記者と鈴木總裁との對話▶宮崎義男 …… 26
各道知事の展覽會(四)▶魔劍塔 …… 31
〈一人一篇〉青年記者の觀た最近の社會相▶光峰滋/光永紫潮/山澤兵部/小野富雄/三田鄕花/伊集院兼雄/松本輝華/宮崎義男 …… 33
箕城放言▶牡丹臺若人 …… 41
朝鮮公論社新築 …… 43
司法高官異動短評▶翠郞生 …… 44
繰り擴げられた金繪卷魔風戀風の倭城臺(三)▶白脛紅裙山人 …… 46
南北滿洲の旅▶福井江南 …… 50
階級藝術に就て▶柳井隆雄 …… 54
運動界風聞錄▶みやさき生 …… 57
お祭興行繁昌記▶よしを生 …… 60
神宮大祭彙報▶本誌記者 …… 63
地方紹介
　京畿道內巡歷▶本誌記者 …… 65
　樂浪の都平壤▶同 …… 74
　黃海道行脚▶里吉敬水 …… 78
　鎭南浦港の現勢▶本誌記者 …… 81
　理想的大水力電氣事業 金剛山電氣會社の槪況 …… 85

〈長篇小說〉戀愛淨土(四)▶能勢岩吉 …… 87
〈現代映畫〉彼女は躍り跳る 全五卷 光▶永紫潮 …… 91
〈探偵小說〉謎の死(三)▶コナン・ドイル作/倉持高雄譯 …… 91
公論俳壇 …… 113
藝妓番附 …… 115
編輯局より …… 116

朝鮮公論 第13卷 12号, 1925. 12
通卷 第153号

〈口繪〉漢城時事片々
〈卷頭言〉烏兎勿々 …… 1
噫一代の巨星 下岡忠治氏の英靈を弔ふ▶石森久彌 …… 2
産米增殖の實行と警告▶石森久彌 …… 7
靑年團運動に就て▶末弘嚴太郞 …… 10
民族精神の消長▶大石正巳 …… 13
總監の訃報に接して深甚なる一般の哀悼 …… 16
親友の哀惜
　産米案を成就させ度い▶濱口雄幸 …… 26
　朝鮮の不幸此上もない▶齋藤實 …… 27
記者の追憶 逝ける總監の想ひ出▶笠神志都延/久松前平/別府西海/野崎眞三/光峰滋/高須賀虎夫/宮崎義男 …… 28
公論餘滴 …… 39
官界財界ふんふん錄▶白頭巾 …… 40
名士の生活振り▶翠郞生 …… 42

全鮮警察部長列傳(一)▶宮崎義男 … 47
産米増殖案で活躍した人々▶一記者 …… 50
〈内閣秘話〉解放的な閣議▶能勢岩吉 …… 52
倭城臺消息▶宮崎生 ……………… 54
朝鮮柔道界概觀▶一記者 ………… 56
箕城放言▶牡丹臺若人 …………… 59
釜山官民印象記▶一記者 ………… 62
南北滿洲への旅(二)▶福井江南 …… 64
全羅南道行脚記▶里吉敬水 ……… 67
魔風戀風の倭城臺(四)▶白脛紅裙山人
 …………………………………… 69
保險業者を筆誅す▶本誌記者 …… 71
運動界風聞錄▶みやさき生 ……… 72
映畫王國噂聞書▶よしを生 ……… 74
明暗花柳情界片々▶みどり山人 … 76
故下岡總監の遺業 産米増殖案 …… 25
下岡氏の略歷 ……………………… 27
鮮銀疑問の表札 …………………… 75
宮川翁の書談 ……………………… 75
退任した尾崎理事より …………… 46
東洋農事株式會社 ………………… 68
文藝
　〈長篇小說〉戀愛淨土(五)▶能勢岩吉
 …………………………………… 78
　〈現代映畫〉彼女は踊り跳る▶光永紫潮
 …………………………………… 82
　〈探偵小說〉謎の死▶コナン・ドイル作/倉持高雄譯 ………………… 90
公論文壇 …………………………… 98
公論詩壇 …………………………… 101
公論歌壇 …………………………… 103
公論俳壇 …………………………… 105
藝妓番附 …………………………… 108
編輯局より ………………………… 110

朝鮮公論 第14巻 1号, 1926. 1
通巻 第154号

〈口繪〉湯淺新政務總監/猛虎月に嘯く
〈卷頭言〉朝鮮のために ……………… 1
湯淺總監に對する吾人の希望▶石森久彌 ………………………………… 2
遙に聖壽の無疆を祈り鞠躬報效を期す▶齋藤實 …………………………… 8
渾身の力を致して朝鮮統治に盡さん▶湯淺倉平 …………………………… 10
興運に善處せよ▶鈴木島吉 ……… 11
戒心して進め▶有賀光豐 ………… 13
年柄活況を呈せん▶韓相龍 ……… 15
最善を竭す可き年▶和田一郎 …… 17
交通行政の重責を思ふ▶大村卓一 … 19
『河水淸』の感深し▶松寺武雄 …… 20
教育界の一轉期▶李軫鎬 ………… 21
好望なる海運界▶蒲原久四郎 …… 22
自作自給の急務▶水口隆三 ……… 25
開發の礎を築かむ▶池田秀雄 …… 28
新春一家言
　新春劈頭に當り朝鮮工業界の進展を望む▶時實秋穗 ……………… 31
　我等の大平壞の建設を建設せよ▶福

井武次郎 ………… 35
朝鮮の人口と勞働問題▶齋藤久太郎
　………… 37
湯淺新任政務總監に對する各方面の要望
　工業の振興を望む▶韓相龍 ………… 39
　万事に永遠の策を▶恩田銅吉 …… 40
　鐵道政策確立の要▶伊藤利三郎 … 41
　治山策を徹底せよ▶齋藤音作 …… 42
　只人格に信賴す▶和田一郎 ……… 45
　取引所法制定の急務▶天日常次郎 …
　………… 45
　金融機關整備を俟つ▶井內勇 …… 46
　多幸なる產米案▶二宮德 ………… 47
　交通整備を切望▶武者練三 ……… 48
　政治家的の働きを▶渡邊定一郎 ……
　………… 48
　政策踏襲を望む▶釘本藤次郎 …… 49
公論餘滴 ………… 51
何を恃とすべきか(上)▶守屋榮夫 … 52
日鮮同祖會設立の提唱▶本田恒三 … 58
私鐵の資金問題に就て▶荒木武二郎 …
　………… 63
支那に於ける婦人問題▶能勢岩吉 … 71
湯淺總監出廬の一幕▶翠郎散人 …… 78
さらば倭城臺よ▶蒼洞隱士 ………… 80
新總監を迎へて全鮮言論界の要求 … 87
思想は思想を以つて戰へ▶本誌記者 …
　………… 94
俳句「河水淸」▶臼田亞浪 ………… 95
全道知事の展覽會(完)▶翠郎生 …… 96
下岡氏の臨終まで▶一記者 ……… 101

春色麗かな倭城臺▶宮崎生 ……… 104
全鮮警察部長列傳(二)▶宮崎義男 ……
　………… 106
魔風戀風の倭城臺(五)▶白脛紅裙山人
　………… 109
簡易生命保險に就て▶本誌記者 … 113
〈京城花柳界〉うわさの立聽き▶紅燈子
　………… 117
保險業者を誅筆す(二)▶本誌記者 ……
　………… 121
運動界風聞錄▶みやさき生 ……… 122
寅年生れスター獻立▶光永紫潮 … 124
えんぎ柵▶ホクロの人 …………… 127
本誌特別寄稿家 …………………… 130
朝鮮統治の批判▶石森久彌氏の新著 …
　………… 131
朝鮮研究叢書豫約募集 …………… 134
藝術は進步しない▶河野通勢 …… 137
〈長篇小說〉戀愛淨土(六)▶能勢岩吉 …
　………… 138
〈現代映畵〉彼女は躍り跳ねる(後篇)▶
　光永紫潮 ………… 142
〈創作〉鞭の下に▶三田鄉花 …… 149
公論俳壇 …………………………… 154
藝妓番附 …………………………… 156
編輯局より ………………………… 158

朝鮮公論 第14卷 2号, 1926. 2
通卷 第155号

〈口繪〉病氣の新總監／朝鮮總督府新廳

舎
〈卷頭言〉總監の病氣 ……………… 1
若槻內閣の成立と朝鮮問題▶石森久彌
 …………………………………… 2
我國の財政と士族の商業▶長瀨鳳輔 …
 …………………………………… 6
解散か非解散か▶能勢岩吉 ……… 9
何を恃みとす何きか(中)▶守屋榮夫 …
 ………………………………… 13
好況來の財界前途觀▶平井熊三郎 … 19
最も有效なる產米增殖資金の消化方法
 最大の效果を收めむことを望む▶有
 賀光豊 ………………………… 22
 水利組合法改善の急務▶天日常次郎
 ………………………………… 24
 產米增殖システムを造れ▶藤井寬太
 郎 ……………………………… 26
 施肥の改革と畜牛▶足立丈次郎 … 32
司法社會化の提唱▶宮崎翠郎 …… 34
北滿動亂見聞錄▶伊集院兼雄 …… 37
公論余滴 ………………………… 41
光化門の新政廳▶宮崎生 ………… 42
名士のお道樂(宮人の卷) ………… 42
柔道界片々▶一記者 ……………… 45
箕城放言▶牧丹臺若人 …………… 47
全鮮警察部長列傳(三)▶本誌記者 … 50
法曹夜話身分の保障を輿へよ▶翠郎生
 ………………………………… 52
俳句の形式に就ての新提唱▶臼田亞浪
 ………………………………… 54
〈對話〉京城電氣動力料金問題▶本誌記

者 ……………………………… 57
我等の軍隊を求むる聲▶本誌記者 … 65
日本生命保險を筆誅す(二)▶本誌記者
 ………………………………… 66
運動界風聞錄▶みやさき生 ……… 70
名士のお道樂(民人の卷) ………… 70
映畫界噂聞書▶よしを生 ………… 72
えんぎ柵▶ホクロの人 …………… 74
カフエー夜話▶VM子 …………… 76
朝鮮統治の批判▶石森本社長の近著 …
 ………………………………… 79
第三回美術研究會 ………………… 83
〈時代劇捕物帳〉狂戀の刄▶竹本國夫 …
 ………………………………… 87
〈脚本〉惠まれた小作調停▶弘中諦一
 ………………………………… 90
〈情話〉モルヒネ中毒の女▶森二郎 …
 ………………………………… 94
公論歌壇 ………………………… 98
公論詩壇 ………………………… 100
藝妓番附 ………………………… 102
編輯局より ……………………… 104

朝鮮公論 第14巻 3号, 1926.3
通巻 第156号

〈口繪〉官界大異動近し/近く竣成の本
 社の外觀
〈卷頭言〉總督に持って行く ……… 1
朝鮮民族の教化と武道精神▶石森久彌
 …………………………………… 2

日本精神の研究▶筑紫熊七 ………… 6
朝鮮に於ける經濟政策▶善生永助 …
　………………………………………… 15
京城の貧民窟に就て▶野崎眞三 … 18
平元線中間延期說▶西田常三郎 … 27
取引所立法の根本義▶岡部駿策 … 30
何を恃みとす何ぎか(下)▶守屋榮夫 …
　………………………………………… 35
議會を中心とせる政狀▶能勢岩吉 … 43
公論余滴 ……………………………… 46
外遊を終へて ………………………… 47
　謎の米國物語▶松村松盛 ………… 48
　洋行中の一快心事▶中村寅之助 … 58
　外國は詰らない▶吉村謙一郎 …… 65
　戰後の獨乙▶石川登盛 …………… 67
　天幕生活の想ひ出▶佐藤七太郎 … 70
吁豊島佐太郎君▶本社同人 ………… 73
光化門風聞錄▶宮崎生 ……………… 74
法に喘ぐもの▶伊藤憲郎 …………… 77
支那の武將は大富豪▶廣江澤次郎 … 83
全鮮警察部長列傳(四)▶本誌記者 … 86
警務局の三課長▶本誌記者 ………… 88
財界近事片々▶翠郎散人 …………… 90
柔道界片々錄▶一記者 ……………… 92
武道記事に就いて▶三浦博 ………… 93
京城柔道界の尺八熱▶京雀 ………… 94
柔道界彙報▶本誌記者 ……………… 95
國土臺建設の事▶龍象子 …………… 96
麻雀はおもろおます▶紅燈子 ……… 97
えんぎ柵▶ホクロの人 ……………… 98
李完用侯薨去▶本誌記者 ………… 100

朽葉青草▶角田不案 ……………… 101
〈時代劇捕物帳〉狂戀の刄(二)▶竹本國夫 ……………………………………… 102
〈脚本〉惠まれた小作調停(二)▶弘中諦一 ………………………………………… 104
〈創作〉逃げむとする女へ▶鳥栖忠安 …
　………………………………………… 108
公論歌壇 …………………………… 114
公論俳壇 …………………………… 116
藝妓番附 …………………………… 118
編輯局より ………………………… 120

朝鮮公論 第14卷 4号, 1926. 4
通卷 第157号

〈口繪〉朝鮮の春/朝鮮新聞社專務室における下村海南博士
〈卷頭言〉犬養翁の悲鳴 ……………… 1
議會の醜態を朝鮮民族は如何に見る乎▶石森久彌 ……………………………… 2
朝鮮臺灣統治對策▶下村宏 ………… 6
金に就いて(上)▶鈴木島吉 ………… 13
赤魔と動亂に悩む支那(一)▶廣江澤次郎 ……………………………………… 20
第五十一議會の印象▶加藤定吉 …… 24
同盟休校考▶高橋濱吉 ……………… 27
鮮人有識者の觀た第五十一帝國議會 …
　………………………………………… 30
公論餘滴 …………………………… 32
李王職に波動あらん ………………… 5
香椎君の評傳 ……………………… 23

山梨大將野心の事 …………… 26
朝鮮統治の過去を知り將來を考へばる
　もの▶野田文一郎 ………… 29
全鮮內務部長評傳(一)▶宮崎翠郎 ‥ 33
朝鮮時事詩評▶龍象子 ……… 36
財界近事片々▶翠郎散人 …… 38
中野正剛君の物 ……………… 35
近頃讀むだ本▶石森生 ……… 40
朝鮮の春▶內野健兒/市山盛雄/光永紫
　潮/鳥栖忠安/能勢岩吉/松本輝華/小
　野峽二 ……………………… 41
〈隨筆〉春雨傘▶石森久彌 …… 49
詩人月旦 ……………………… 52
外國の新聞は?▶松村松盛 …… 55
朝鮮の匂ひ▶本誌記者 ……… 56
〈法曹夜話〉閑話五篇▶翠郎生 曹 58
大塚內府翰長を弔ふ▶本社同人 … 60
一句一章論概說▶臼田亞浪 … 61
朝鮮人の觀たる朴烈事件 …… 63
柔道界片々錄▶一記者 ……… 65
京城柔道界彙報▶本誌記者 … 67
朝鮮競技會の花形▶みやさき生 … 68
新聞評語 ……………………… 68
農村の一朝鮮人より▶李基鍾 … 71
近く入城する饗菊廬主方洛畫聖▶細井
　肇 …………………………… 72
脇谷技師奇言奇行の事 ……… 64
迷宮大流行の事 ……………… 74
朝鮮博覽會 …………………… 70
淺川畫伯作品頒布會 ………… 70
櫻咲く朝鮮▶花紅子 ………… 75

春と京城の近郊▶松村正彥 … 76
京城演藝風聞錄▶兎耳子 …… 78
映畫春秋▶松本輝華 ………… 79
スポーツ漫語▶よしを生 …… 83
漢銀商銀合併の捏造 ………… 77
レデーメード大流行 ………… 82
カフエー夜話▶YM生 ……… 84
えんぎ柵▶ホクロの人 ……… 86
〈映畫筋書〉夢みる人びと(上)▶竹本國
　夫 …………………………… 90
〈情話〉死を睹ける女▶森二郎 … 93
懸賞論文募集 ………………… 99
水野前內相より本社長への書翰 … 100
石森社長の快著「朝鮮統治の批判」と世
　評 …………………………… 101
下村海南博士より …………… 106
公論歌壇 ……………………… 107
公論詩壇 ……………………… 109
公論俳壇 ……………………… 112
公論文壇 ……………………… 114
藝妓番附 ……………………… 116
編輯局より …………………… 118

朝鮮公論 第14卷 5号, 1926.5
通卷 第158号

愁雲におほはれた昌德宮/本社新社屋
　上棟式
虔みて故李王垠殿下を悼み奉る …… 1
本社新築と吾人の使命▶石森久彌 … 2
內憂外患と世界の日本▶平井三男 … 5

下村博士の鮮臺統治策を讀む―朝鮮の
　參政權問題に就て▶金丸 ………… 10
朝鮮産業の一轉機▶安達房治郎 …… 13
內鮮民族の融合▶粕谷義三 ………… 16
金に就いて(下)▶鈴木島吉 ………… 19
政治の暴力化▶能勢岩吉 …………… 24
公論餘滴 ……………………………… 27
湯淺總監を斯く見る▶石森久彌 …… 28
朝鮮と國務大臣▶翠郎生 …………… 31
赤魔と戰禍に惱む支那(二)▶廣江澤次
　郎 …………………………………… 34
朝鮮と敎育問題▶本誌記者 ………… 39
朝鮮と日本刀▶三矢宮松 …………… 40
〈隨筆〉亂舞の春▶石森久彌 ……… 42
朝鮮警察界人物變遷錄▶宮崎生 …… 45
謀叛人と妓生と地方官▶今村鞆 …… 49
光化門風聞錄▶宮崎生 ……………… 54
產米增殖が朝鮮人の生活經濟に及ぼす
　影響
朝鮮の享くる幸福は寔に甚大▶韓相龍
　……………………………………… 56
絕大なる喜び▶李軫鎬 ……………… 57
水利組合を合理化せよ▶朴承稷 …… 57
心して不平の聲をきけ▶齋藤久太郞 …
　……………………………………… 58
全鮮內務部長評傳(二)▶本誌記者 … 59
新聞評語 ……………………………… 60
朝鮮總督府の大事業『樂浪時代の遺跡』
　の出版▶上田恭輔 ………………… 62
財界近事片々▶翠郞散人 …………… 66
北滿特產物取引狀況につきて▶秋良春
　夫 …………………………………… 68
柔道界片々錄▶一記者 ……………… 76
京城柔道界彙報▶本誌記者 ………… 79
鮮展を前に ……………………………… 81
　天才出でよ▶伊藤秋穗 …………… 81
　思ひ浮ぶまゝに▶多田毅三 ……… 82
　思ふこと二三▶加藤松林 ………… 81
　朝鮮藝苑の向上のために▶大館長節
　……………………………………… 81
李王殿下薨去を前に各新聞社の速報戰
　▶白綠騎士 ………………………… 86
朝鮮の匂ひ 最近の社會相 ………… 90
上棟式と本社の自祝 ………………… 92
朝鮮の銀座春の賑ひ▶翠帳夢童 …… 93
朝鮮體育協會に望む▶松村正彥 …… 94
〈隨筆〉藝術としての編輯▶井上收 … 95
輕快な感觸▶石本芳文 ……………… 96
〈花柳巷談〉えんぎ柵▶ホクロの人 …
　……………………………………… 98
〈映畫筋書〉狂戀の女(三)▶竹本國夫 …
　……………………………………… 101
〈戲曲〉投げ棄てられた骰子▶光永紫潮
　……………………………………… 105
公論歌壇▶細井魚袋氏選 …………… 110
公論詩壇▶內野健兒氏選 …………… 112
京城藝妓四月場所席順番附 ………… 114
編輯局より …………………………… 162

朝鮮公論 第14巻 6号, 1926. 6
通巻 第159号

初夏の田園/漢城時事片々
〈卷頭言〉妥協苟合を排す ……………… 1
朝鮮産業と教育との均齊▶石森久彌 2
朝鮮と實業教育の普及▶平井三男 … 7
燃料問題と朝鮮▶尾崎敬義 ……… 10
畜力並に廐肥利用の急務▶肥塚正太
 ……………………………………… 20
副業と貯金に就いて▶蒲原久四郎 … 23
赤露の近相と支那の動亂▶廣江澤次郎
 ……………………………………… 26
大京城の建設▶馬野精一 ………… 29
大朝鮮建設と鐵道網普及の急務 …… 33
鐵道網速成は朝鮮の最急務▶武者鍊三
 ……………………………………… 34
朝鮮鐵道網の促成に對する吾輩の意見
 ▶渡邊定一郎 ……………………… 35
朝鮮に於ける鐵道普及促進の意義▶松
 永工 ………………………………… 37
非進化の政治と既成政黨▶能勢岩吉 …
 ……………………………………… 40
産米増殖と土地改良會社▶宮小路晃 …
 ……………………………………… 43
實行期に入つた朝鮮産米増殖計劃▶朝
 鮮總督府原案 ……………………… 45
朝鮮社會運動概觀(一)▶星山學人 … 54
産米増殖助成機關として土地會社の使
 命▶藤井寛太郎 …………………… 61
初一歩が大切▶渡邊得司郎 ……… 65

世の誤解を解く▶湯村辰治郎 …… 66
新聞饑饉▶笠神志都延 …………… 72
半島産業の現勢▶宮崎翠郎 ……… 79
官界異動短評―我意を得た人材重用主
 義▶宮崎義男 ……………………… 87
朝鮮の遞信事業▶高橋利三郎 …… 90
上古より近代に至る内鮮同家の史的實
 證▶本誌記者 ……………………… 92
全鮮内務部長評傳(三)▶翠郎生 … 94
大朝鮮建設に從ふ 半島民間の有力者
 ▶宮崎生 …………………………… 98
鮮満柔道大試合▶一記者 ………… 100
今年の鮮展
 玉石混淆の洋畫▶山峽昂 …… 102
 嚴選された第三部▶怡軒道生 … 105
 今年の東洋畫▶松林生 ……… 107
 鮮展に關する希望▶尚重生 …… 109
土親むものゝ幸を青年弟子に實地教養
 ―朝鮮の二宮尊德 李圭完氏の美舉
 ▶本誌記者 ………………………… 111
朝鮮の匂ひ―最近の社會相▶本誌記者
 ……………………………………… 112
病める吾兒▶市山盛雄 …………… 114
女優の救濟に萬金を投出した満鐵幹部
 の暴狀▶一記者 …………………… 116
北満特産物取引狀況について(下)▶秋
 良春夫 ……………………………… 117
金虎門事件と佐藤君の危禍▶伊藤仁太
 郎 …………………………………… 124
〈帝國通信〉京城支社の飛躍▶一記者 …
 ……………………………………… 126

半嶋の産業と文化に一時代を劃せる朝鮮博覽會 …… 127
連翹▶内野健兒 ……………… 130
櫻處・女 …………………… 131
映畫春秋▶松本輝華 ………… 133
カフエー夜話▶YM子 ………… 138
〈花柳卷談〉えんぎ棚▶ホクロの人 …… 142
〈戲曲〉投げ棄てられた骸子▶南谷三十一 …… 145
朝鮮公論文壇振興に就て …… 153
〈詩壇〉▶内野健兒選 ………… 154
〈歌壇〉▶市山盛雄選 ………… 157
〈俳壇〉▶臼田亞浪選 ………… 158
京城藝妓五月場所席順番附 … 160
編輯局より ………………… 162

朝鮮公論 第14巻 7号, 1926. 7
通巻 第160号

〈卷頭言〉萬世に唱和せず ……… 1
朝鮮を異國視する勿れ▶石森久彌 … 2
下半期金融前途觀▶有賀光豊 …… 6
丁抹の農村教育▶松村松盛 …… 8
朝鮮農村振興策▶安達房治郎 … 16
歐米の職業教育▶高橋濱吉 …… 20
總裁辭任說と東拓の將來▶石森久彌 …… 24
不穩學生事件所感五則▶宮崎義男 … 27
赤露の眞相と支那の動亂▶廣江澤二郎 …… 32

政治の中心勢力と各政黨▶能勢岩吉 …… 36
公論餘滴 …………………… 39
皐水子爵淸話▶石森生 ……… 40
三十年後の大京城▶龜岡榮吉 … 42
光化門政廳風聞錄▶宮崎生 …… 48
財界近事片々▶翠郞生 ……… 52
日本の丁抹碧海農村 ………… 15
こゝに金儲けあり …………… 26
不逞鮮人歸順激增 …………… 31
兒玉君が資本主 ……………… 46
理窟つぽくなる朝鮮 ………… 51
讀者諸賢へ …………………… 53
京仁取合併運動批判 ………… 54
謂はれなき京仁取合體▶西本量一 … 61
柔道界片々錄 ………………… 67
京城柔道界彙錄 ……………… 69
歐米劇界噂聞書▶藤井秋夫 …… 70
仁川漫筆▶守屋德夫 ………… 74
新聞評語 …………………… 77
京城名士隱藝一覽表▶本社同人調査 …… 78
米人、朝鮮少年に私刑を加ふ … 79
農村振興一家言▶高畠種夫 …… 80
全南物産共進會▶一記者 …… 83
全羅北道の製紙 ……………… 84
合併問題私感 ……………… 59
鮮內生産品の現狀 …………… 66
アドバタイザート京日紙 …… 69
池田草間兩局長の面目 ……… 76
國葬と警備 ………………… 82

國葬賞與 …………………………	82
朝鮮の匂ひ▶本誌記者 …………	88
鮮滿對抗競技前記▶一老童生 …	90
映畫春秋▶松本輝華 ………………	91
カフェー夜話▶YM子 ……………	94
えんぎ柵▶ホクロの人 ……………	97
〈戲曲〉投げ棄てられた骸子▶李光洙 …	
………………………………………	100
〈創作〉冷え行く血の亂舞▶安士禮夫 …	
………………………………………	107
公論歌壇 …………………………	116
公論詩壇 …………………………	120
公論俳壇 …………………………	124
藝妓番附 …………………………	128
編輯局より ………………………	130

朝鮮公論 第14巻 8号, 1926.8
通巻 第161号

〈卷頭言〉現内閣より民心離れむとす …	
………………………………………	1
三層樓上より時流を觀る▶石森久彌 …	
………………………………………	2
鮮人の能力問題▶矢島杉造 ………	6
地主の足痕は黃金を生ず▶八尋生男 …	
………………………………………	10
赤露の眞相と支那の動亂(二)▶廣江澤二郎 …	
………………………………………	16
新興勢力と新時代の政治▶能勢岩吉 …	
………………………………………	21
私刑事件私感四則▶宮崎義男 ……	24

光化門風聞錄▶宮崎生 ……………	26
財界近事片々▶翠郎生 ……………	31
公論餘滴 …………………………	33
平壤の電氣府營案▶松井信助 ……	34
新聞評語 …………………………	39
斯る政費を節約せよ▶一記者 ……	40
和田一郎君の三省を促す▶本誌記者 …	
………………………………………	42
冷言熱語 …………………………	46
〈創作〉獨流豫告 …………………	47
北歐の旅路より ……………………	23
故長瀨鳳輔氏 ………………………	27
李王宮秘史 …………………………	38
京仁取合併頓坐 ……………………	30
和田頭取の記事に就て ……………	45
土地改良會社の三重役 ……………	51
高野省三君の活躍 …………………	55
平北開發の二大問題▶一記者 ……	48
平壤電氣問題の經緯▶瑞氣山人 …	52
山林大會及視察旅行 ………………	56
拓けゆく黃海道▶本誌記者 ………	58
天惠豐かな全羅南道▶本誌記者 …	63
朝鮮名士の隱藝及餘技一覽表▶本社同人調査 …	
………………………………………	64
夏と水邊の想出 ……………………	65
海の一日▶市山盛雄 ………………	66
幼き日の夢▶宮崎翠郎 ……………	68
水都元山紀行▶高畠種夫 …………	70
海が大好き▶伊集院兼雄 …………	75
生ける塑像▶吉浦禮三 ……………	76
夏の水邊▶內野健兒 ………………	78

女を抱いて水に飛込んだ男▶鳥栖忠安 ………………………………… 79
水のエピソード▶松本輝華 …… 82
柔道界片々錄▶一記者 ………… 85
朝鮮の匂ひ▶本誌記者 ………… 87
櫻井殖銀理事退任▶一記者 …… 89
映畫春秋▶松本輝華 …………… 90
運動界風聞錄▶みやさき生 …… 95
カフェー夜話▶YM生 ………… 97
えんぎ柵▶ホクロの人 ………… 101
〈誌上映畫〉惱ましき頃▶寺田光春 …………………………………… 105
女ゆゑ禍はこの世に來たのだ▶光永三十一 …………………………… 111
歌壇▶市山盛雄選 ……………… 116
詩壇▶內野健兒選 ……………… 120
俳壇▶臼田亞浪選 ……………… 123
小品文▶松本輝華選 …………… 127
藝妓番附 ………………………… 130
編輯局より ……………………… 132

朝鮮公論 第14巻 9号, 1926. 9
通巻 第162号

〈卷頭言〉湯淺總監の喚問と鮮人の輿論
黎明の朝鮮經濟界に向つて叫ぶ▶石森久彌 …………………………… 1
朝鮮當面の時務▶湯淺倉平 …… 9
朝鮮に於ける今昔の感▶荒井賢太郎 …………………………………… 12

海上交通路整備の急務▶蒲原久四郎 …………………………………… 14
拓殖省を設置せよ▶牧山耕藏 … 16
預金の內地吸收と朝鮮の産業▶能勢岩吉 ……………………………… 22
地方長官異動論評▶宮崎義男 … 25
麻雀政治の中華と民衆▶廣江澤次郎 …………………………………… 28
公論餘滴 ………………………… 31
農露近信二篇 …………………… 32
冷言熱語 ………………………… 36
財界近事片々▶翠郎生 ………… 37
復匐ひになりて▶石森久彌 …… 40
海外貧乏物語▶藤井秋夫 ……… 43
新聞評語 ………………………… 48
外國語の旨い連中▶YM生 …… 49
新時代の銀行家氣質▶翠郎生 … 50
知人よりの消息 ………………… 52
京城日々と石森本社長 ………… 53
忙裡漫談 ………………………… 54
朝鮮の匂ひ ……………………… 56
和田頭取攻擊中止に就て ……… 58
慶尙北道産業槪觀 ……………… 59
林産共進會の開催につき▶須藤素 …………………………………… 67
運動界風聞錄▶一記者 ………… 68
映畫春秋▶松本輝華 …………… 70
〈花柳巷談〉いんぎ柵▶ホクロの人 …………………………………… 74
カフェー夜話▶YM子 ………… 76
朝鮮名士の隱藝及餘技一覽表▶本社同

人調査 …………………………… 80
〈曲作〉惡戲藝者論▶島野白骨 …… 81
〈情話〉地獄への反抗▶福澤駿 …… 87
〈戲作〉藝者騙して骨まで舐り▶島野白骨 …………………………… 91
誌上映畫腦ましき頃(二)▶寺田光春 …………………………… 99
〈創作〉空腹▶安土禮夫 ………… 105
公論俳壇 ……………………… 113
藝妓番附 ……………………… 116
編輯局より …………………… 118

朝鮮公論 第14巻 10号, 1926. 10
通巻 第163号

〈卷頭言〉內地投資家に一言す …… 1
交通の電化と農村電化▶石森久彌 … 2
朝鮮電氣事業の將來▶武者練二 …… 8
鐵道網速成私見▶大村卓一 ……… 10
朝鮮と航空界▶堂本貞一 ………… 13
無煙炭田解放批判▶石森久彌 …… 17
朝鮮化學工業の前途▶片山嵓 …… 19
支那動亂と英國の煩悶▶廣江澤次郎 …………………………… 24
京城放送局の放送開始▶飯倉文甫 … 28
有望な朝鮮水電事業▶一記者 …… 32
鐵道網速成1年計劃案 …………… 34
一鮮人となつての所懷▶安達房治郎 …………………………… 35
自動車の沿革 …………………… 12
長津江水電認可 ………………… 16

鐵道に對する投資 ……………… 23
ビスマルクの篋 ………………… 27
水電基本調査 …………………… 46
天日さんの將棋 ………………… 51
粕谷議長と語る▶能勢岩吉 ……… 44
高松宮御視察に就て▶朴榮喆 …… 47
新任警務局長 淺利三朗論▶漢山樵 …………………………… 50
朝鮮國有鐵道の現勢 …………… 52
朝鮮電氣界の代表人物 ………… 59
電氣常識▶見目德太 …………… 64
朝鐵內紛仲裁につき▶中島司 …… 68
朝鮮鐵道界の人物▶本誌記者 …… 69
光化門風聞錄▶宮崎生 ………… 72
朝鮮銀行物語▶別府八百吉 …… 75
平南無煙炭統一 ………………… 78
鐵道國の附帶事業 ……………… 63
曇らぬ機關車窓 ………………… 71
清津の築港工事 ………………… 77
瞻津江水電計劃 ………………… 85
鈴木總裁の窓口視察 …………… 87
國有鐵道の連絡運輸 ………… 110
交換手のいらぬ電話機▶水谷九二吉 …………………………… 80
最近の社會相朝鮮の匂ひ ……… 82
新聞評語 ………………………… 82
公論餘滴 ………………………… 43
地方電氣界の人々▶本誌記者 …… 84
清和園の秋を探る▶石森生 …… 86
〈隨筆〉新秋來る▶石森久彌 …… 88
外遊中に於ける初秋の想ひ出 …… 91

吉村謙一郎/千葉了/安達房治郎/山縣五十雄/藤井秋夫/條原英太郎/高橋利三郎/渡邊豊日子/林茂樹/下村宏/中村寅之助/深澤新一郎/丸山幹治/田中梅吉/花村美樹/安倍能成/後藤一郎/矢田挿雲/鈴木孫彦/千葉龜雄/丹羽清次郎/松村松盛/尾崎敬義/今村重藏/守屋榮夫/高武公美

『奇書』倫敦から▶井上清 ……… 101
〈朝鮮事業界〉天下り列傳▶翠郎生 ……………… 105
〈花柳巷談〉えんぎの棚▶ホクロの人 ……………… 111
〈誌上映畫〉悩ましき頃(三)▶寺田光春 ……………… 114
〈創作〉山の反逆兒▶吉浦禮三 …… 117
公論歌壇 ……………… 123
公論詩壇 ……………… 126
公論俳壇 ……………… 129
藝技番附 ……………… 134
編輯局より ……………… 136

朝鮮公論 第14巻 11号, 1926. 11
通巻 第164号

〈卷頭言〉 ……………………… 1
高金利に慣れた因習を打破せよ▶石森久彌 ……………… 1
朝鮮に赴任して▶淺利三朗 ……… 8
極東における日英米▶副島道正 …… 11
朝鮮統治と有職階級の責任▶善生永助 ……………… 17
一鮮人となつての所懷▶安達房治郎 ……………… 21
朝鮮化學工業の將來▶片山嵩 …… 25
紛亂の中華と米の悔悟▶廣江澤次郎 ……………… 31
光化門風聞錄▶翠郎生 ……… 34
財界時言二則▶西本量一 ……… 36
公論餘滴 ……………… 38
宮部敬治論▶五城樓主人 ……… 89
地方官人物變遷史▶翠郎生 …… 43
市場は相撲場 ……………… 24
京日副社長後任問題 ……………… 42
廢殘の古都 ……………… 30
朝鮮當用日記 ……………… 47
〈隨筆〉讀後小感▶石森久彌 …… 48
支那人勞働者問題▶宮崎義男 …… 52
警察部長小異動 ……………… 53
新聞評語 ……………… 54
朴烈怪寫眞事件考察▶宮崎翠郎 … 55
冷言熱語 ……………… 62
黃海道行▶石森生 ……… 64
寄贈新刊雜誌 ……………… 67
京城印象記▶能勢岩吉 ……… 68
倫敦より(二)▶井上清 ……… 73
忠南の農事概況▶一記者 ……… 77
公州産業施設の一端▶本誌記者 … 84
名勝古跡に富む大邱附近▶一記者 … 86
日刊拓殖日報 ……………… 66
佐伯氏指紋上の新創案 ……… 88
朝鮮農林畜蠶大鑑 ……… 83

總督府新廳舍寫眞帖 …………… 63
芋の皮と宣傳文▶稻光黎民 …… 89
〈花柳巷談〉えんぎの棚▶ホクロの人 …
 ……………………………………… 90
最近の社會相 朝鮮の匂ひ ……… 93
〈情話〉愛人の屍を燒く▶島野白骨 94
歌壇特選九人集 ………………… 100
公論歌壇 ………………………… 101
公論詩壇 ………………………… 105
公論俳壇 ………………………… 112
藝技番附 ………………………… 112
編輯局より ……………………… 114

朝鮮公論 第14巻 12号, 1926.12
通巻 第165号

〈卷頭言〉泥合戰より政界淨化へ …… 1
大正十五年の朝鮮を顧みて▶石森久彌
 ………………………………………… 2
滿蒙と朝鮮人問題▶廣江澤次郎 …… 9
朝鮮官民東大學閥觀(一)▶宮崎義男 12
地方官人物變遷史(二)▶翠郎生 …… 15
議會と政局の前途▶能勢岩吉 ……… 18
一鮮人となつての所懷(三)▶安達房治
郎 …………………………………… 23
王公家規範制定 ……………………… 26
王公族と租稅 ………………………… 27
李王家彌榮の礎成る ………………… 28
悲しい誇り …………………………… 11
大擴張に入る金剛山電鐵 …………… 14
近衛將校が煙草業 …………………… 25

讀者諸賢へ …………………………… 31
公論餘滴 ……………………………… 29
光化門風聞錄▶宮崎生 ……………… 30
シユワルツ君の死▶井上收 ………… 32
〈法曹夜話〉無風帶の一年▶翠郎生 … 34
全道知事の更新▶宮崎生 …………… 36
柔道界片々錄▶一記者 ……………… 37
冷言熱語 ……………………………… 40
極樂の門▶能勢岩吉 ………………… 42
倫敦から▶井上清 …………………… 44
新刊寄贈圖書雜誌 …………………… 47
最近の社會相 朝鮮の匂ひ ………… 48
新聞評語 ……………………………… 49
朝鮮年鑑兼用當用日記 ……………… 60
新年短歌大會豫告 …………………… 61
除夜の鐘▶島野白骨 ………………… 62
映畫春秋▶みやさき生 ……………… 64
〈花柳巷談〉えんぎ柵▶ホクロの人 …
 ……………………………………… 68
新年號豫告 …………………………… 70
〈誌上映畵〉惱ましき頃▶寺田光春 …
 ……………………………………… 71
〈創作〉かわうその皮▶石森久彌 …… 76
公論歌壇 ……………………………… 82
公論詩壇 ……………………………… 85
公論俳壇 ……………………………… 89
公論柳壇 ……………………………… 91
公論短文 ……………………………… 94
藝技番附 …………………………… 100
本年下半期
歌壇入選者 表 ……………………… 84

詩壇入選者 表 ……………… 88
俳壇入選者 番附 ……………… 93
編輯局より ……………………… 102

```
朝鮮公論 第15巻 1号, 1927. 1
        通巻 第166号
```

〈巻頭言〉虔みて先帝陛下の御登遐を悼
み奉る ……………………………… 1
嗚呼英魂永へに返り給はず▶齋藤實 …
………………………………………… 2
先帝陛下を偲び奉りて▶本誌記者 ‥ 4
朝鮮御巡幸の想ひ出▶本誌記者 …… 9
埴殿下をお慈しみ▶本誌記者 ……… 12
至誠奉公を期す▶齋藤實 …………… 13
涓埃清時に答へん▶湯淺倉平 ……… 16
昭和二年の財界豫斷▶石森久彌 …… 18
官民協力一致の要▶鈴木島吉 ……… 22
本年經濟界前途觀▶有賀光豊 ……… 25
朝鮮産業界の將來▶韓相龍 ………… 28
大京城建設に邁進▶馬野精一 ……… 30
教育の生活化を圖らむ▶李軫鎬 …… 32
交通機關整備の要▶蒲原久四郎 …… 33
意義深き第一年▶大村卓一 ………… 35
司法の公正を期す▶松寺竹雄 ……… 36
朝鮮の二つの問題▶尾崎敬義 ……… 38
議會非解散の觀察▶能勢岩吉 ……… 41
天下の惡政と支那の民衆▶廣江澤次郎
………………………………………… 44
冷言熱語 ……………………………… 48
京城日報と朝鮮新聞▶五城樓主人 … 50

名士の評論と隨筆 …………………… 61
アンチ室内運動▶武者練三 ……… 62
朝鮮の雅樂▶李淵雨 ……………… 72
高麗燒の味ひ▶住井辰男 ………… 62
新聞漫語▶丸山幹治 ……………… 72
八十の手習ひ▶堤永市 …………… 62
素人の農場巡初り▶飯泉幹太 …… 74
子煩惱主義▶島原鐵三 …………… 64
人種平等論▶松村松盛 …………… 77
內鮮融和と小說▶近藤常尙 ……… 64
旅順開城の想出▶大村友之丞 …… 80
ホテルでお雜煮▶寺澤菅叡 ……… 65
雜詠▶尾崎敬義 …………………… 81
外遊日記より▶高武公美 ………… 66
野球の興味▶武安福男 …………… 81
時間を惜む▶藤井寬太郎 ………… 68
東上の途より▶守屋德夫 ………… 82
乘馬の妙味▶久保薰一 …………… 70
笑ひの凄味▶石森久彌 …………… 82
新年短歌大會 ………………………… 84
地方官人物變遷史(三)▶翠郎生 …… 85
柔道界片々錄▶一記者 ……………… 88
新聞評語 ……………………………… 91
光化門政廳風聞錄▶宮崎生 ………… 92
財政讀本を評す▶石森生 …………… 94
朝鮮の匂ひ …………………………… 96
罪史に繪取る▶伊藤憲郎 …………… 98
川柳新年十景▶横山巷頭子 ……… 109
〈花柳巷談〉えんぎ柵▶ホクロの人 …
………………………………………… 110
カフエー夜話▶翠帳夢童 ………… 112

公論歌壇 ……………………………… 115
公論詩壇 ……………………………… 118
公論柳壇 ……………………………… 125
公論文壇 ……………………………… 129
藝技番附 ……………………………… 132
編輯局より …………………………… 134

朝鮮公論 第15巻 2号, 1927.2
通巻 第167号

〈巻頭言〉何ぞ護憲運動の起らざる … 1
經濟的王國を樹立せよ▶石森久彌 … 2
總督を政府委員たらしめてはいけない
　▶石森久彌 …………………………… 8
國運の進展と婦人の覺醒▶守屋榮夫 …
　………………………………………… 10
朝鮮と參政權問題▶宮崎義男 ……… 14
朝鮮に於ける增兵の要▶翠郎生 …… 18
天下の惡政と支那の民衆▶廣江澤次郎
　………………………………………… 20
朝鮮財界の三巨頭▶能勢岩吉 ……… 23
地方官人物變遷史（四）▶翠郎生 …… 26
公論餘滴 ……………………………… 29
JODKの初放送を前に▶光永紫潮 … 30
官營雜誌の違法▶一記者 …………… 34
餘滴の餘滴 …………………………… 37
朝鮮時事評論二則▶本誌記者 ……… 38
植民地聞書帖 ………………………… 38
新聞評語 ……………………………… 41
冷言熱語 ……………………………… 42
孫秉熙事件對策秘話▶板東太郎 …… 44

〈隨筆〉南冥氏の明智光秀▶石森久彌 …
　………………………………………… 48
寒華鈔▶臼田亞浪 …………………… 51
女性の詠める川柳▶横山巷頭子 …… 52
獨逸より▶井上淸 …………………… 57
緣故林讓與令に就て▶園田寛 ……… 61
釜山港の現勢 ………………………… 64
妻妻妻▶廣瀨房一 …………………… 66
新刊寄贈雜誌 ………………………… 68
新年短歌會後記 ……………………… 69
朝鮮の匂ひ …………………………… 72
映畫春秋▶よしを生 ………………… 73
〈花柳巷說〉いんぎ棚▶ホクロの人 　78
カフェー夜話▶翠帳夢童 …………… 78
俳壇特選 ……………………………… 82
文錄遺聞 淸正と妓生▶佳麗男 …… 83
公論歌壇 ……………………………… 88
公論文壇 ……………………………… 91
公論俳壇 ……………………………… 93
公論柳壇 ……………………………… 96
藝技番附 ……………………………… 100
編輯局より …………………………… 102

朝鮮公論 第15巻 3号, 1927.3
通巻 第168号

時は移り人は動く
〈巻頭言〉政權投げ出しの潮時 …… 1
朝鮮經濟界の疾患▶石森久彌 ……… 2
山林事業の徹底を圖れ▶韓相龍 …… 6
金融組合の過去及び將來▶松本誠 … 10

政黨破産の機迫る▶能勢岩吉 ……… 13
實用期に於ける飛行機▶川端清一 … 16
植民政策論▶松岡正男 ……………… 19
公論餘滴 …………………………… 31
職業指導▶守屋榮夫 ………………… 32
天下の惡政と支那の民衆▶廣江澤次郎
　………………………………………… 38
朝鮮取引所實現 …………………… 15
歐米人とスポーツ ………………… 18
京城大學と學位令 ………………… 37
朝鮮展覽會の計劃 ………………… 42
財界時言四則▶西本量一 …………… 43
冷言熱語 …………………………… 46
京城大學の榮ある前途 …………… 48
地方官人物變遷史(五)▶翠郎生 …… 51
〈隨筆〉春日遲々▶石森久彌 ……… 54
滿鮮試合前記 ……………………… 56
新聞評語 …………………………… 57
野田印太郎氏逝去 ………………… 53
隱れたる歷史學者 ………………… 98
〈戲文〉チヤンポン▶廣瀬房一 …… 58
〈短歌〉動かぬ時計▶角田不案 …… 62
金剛山の公園化 …………………… 64
獨逸から(二)▶井上清 ……………… 65
朝鮮公論創刊十五週年紀念『昭和の朝
　鮮』號發刊豫告 …………………… 72
朝鮮の傳染病と地方病 …………… 74
京城美食行脚記▶よしを生 ……… 78
大邱附近の名勝 …………………… 80
〈花柳巷談〉えんぎ柵▶ホクロの人 …
　………………………………………… 83

〈情話〉大和新地より▶森二郎 …… 86
〈想苑〉街に歸りて▶李壽昌 ……… 92
春季川柳大會豫告 ………………… 99
公論歌壇 …………………………… 100
公論柳壇 …………………………… 103
公論短文 …………………………… 108
投稿家諸氏へ ……………………… 111
藝技番附 …………………………… 112
編輯局より ………………………… 114

朝鮮公論 第15巻 4号, 1927. 4
通卷 第169号

薫風
〈卷頭言〉昭和の朝鮮 ……………… 1
〈社說〉朝鮮產業政策の破綻▶石森久彌
　………………………………………… 2
〈主張〉湯淺中心政治を布け ……… 6
創刊十五週年を祝して▶齋藤實 …… 8
昭和新政と新朝鮮權威ある八大論策 …
　………………………………………… 10
　朝鮮統治の根本問題▶井上準之助 …
　………………………………………… 11
　拓殖務省▶下村海南 ……………… 12
　北鮮開發論▶鈴木島吉 …………… 21
　朝鮮住民と參政の權利▶井上角五郎
　………………………………………… 25
　治鮮方針確立の時期▶水野錬太郎 …
　………………………………………… 26
　國際的經濟の樹立▶有賀光豊 …… 32
　朝鮮問題の實相▶千葉了 ………… 34

守成より飛躍への新時代▶和田一郎
　　　　　　　　　　　　　　　………… 37
公論餘滴 ………… 39
冷言熱語 ………… 40
在外鮮人の實情と將來▶尾池禹一郎 43
民族運動と社會運動▶朝倉昇 ……… 50
開發途上の朝鮮と前途▶能勢岩吉 … 60
歷代警務局長評傳▶宮崎義男 ……… 64
道評議員會改制の要 ………… 18
金剛山電氣新株のプレシテム ……… 24
王公族特種戶籍法 ………… 38
近刊世界より朝鮮へ ………… 42
飽迄人道主義 ………… 59
總督政治の一面 ………… 63
塗料の話▶大島重義 ………… 69
鐵道網速成計劃案 ………… 72
朝鮮と今議會の收穫▶翠郎生 ……… 76
混沌亂脈の中華▶廣江澤次郎 ……… 78
朝鮮殖產銀行の業績 ………… 82
創刊十五周年に際して▶牧山耕藏 … 85
旅の記憶を辿る▶石森生 ………… 86
春興漫語▶漢城樓主人 ………… 95
京城電氣會社の發展 ………… 96
〈隨筆〉過ぎし五年の歲月▶青山秀丸 …
　　　　　　　　　　　　　　　………… 98
〈隨筆〉春の小窓に倚りて▶石森久彌 …
　　　　　　　　　　　　　　　………… 102
柔道界片々錄 ………… 105
京南鐵道會社の飛躍 ………… 108
新聞評語 ………… 112
孫秉煕事件祕話を讀みて▶匿名 …… 113

築地伯やの宴 ………… 94
キリンビールと明治屋 ………… 97
南鮮鐵道創立 ………… 104
講道舘支部新築寄附金 ………… 106
運輸計劃社長を辭して ………… 116
或夜の淸和園 ………… 138
煙草のけむり▶閑野山人作 ………… 117
〈花柳巷談〉えんぎ柵▶ホクロの人 …
　　　　　　　　　　　　　　　………… 118
國境の空▶川端淸一 ………… 121
〈創作〉或る面長とその子▶李壽昌 … 123
春季川柳大會の記 ………… 135
春寒鈔▶臼田亞浪 ………… 139
俳壇特選 ………… 140
公論俳壇 ………… 141
公論歌壇 ………… 144
公論柳壇 ………… 147
藝技番附 ………… 150
編輯局より ………… 152

朝鮮公論 第15巻 5号, 1927. 5
通巻 第170号

〈卷頭言〉飽迄產業第一主義 ………… 1
〈社說〉農村振興と農村工業▶石森久彌
　　　　　　　　　　　　　　　………… 2
農村振興論
　人口問題の解決▶大村卓一 ……… 8
　農村社會事業▶守屋榮夫 ………… 23
　農村振興の基本▶渡邊豊日子 …… 17
　土地改良施設▶池田泰次郎 ……… 20

農村振興の要諦▶足立丈次郎 …… 30
〈主張〉軍閥政治の再現を戒む ……… 5
評論
憲政常道と新政黨▶權藤四郎介 …… 36
治鮮策の轉換期▶野崎眞三 ………… 45
公論餘滴 ……………………………… 33
時論
　　金融界混亂の二焦點▶西本量一 … 42
　　光化門風聞三則▶宮崎義男 ……… 38
　　齋藤總督の進退▶能勢岩吉 ……… 48
　　近事一束▶南山人 ………………… 51
　　冷言熱語 …………………………… 34
　　談合流行の事 ……………………… 50
　　新鐵道敷設案 ……………………… 16
　　鮮銀補償法 ………………………… 41
　　土地改良令 ………………………… 22
　　朝鮮と櫻の話▶松田甲 …………… 52
社會記事
　　JODKの名花▶光永紫潮 ………… 73
　　鴨綠江心中▶安東守 ……………… 67
　　柔道界片々錄 ……………………… 76
　　新聞平語 …………………………… 75
不二興行會社の事業 ………………… 61
植民新論を讀む▶石森生 …………… 78
文藝
　　〈創作〉あるふたりの職業婦人▶吉村
　　幹子 ………………………………… 81
　　〈翻譯〉叢林の顔▶山木瑠璃子 … 91
　　〈創作〉蚤の踊▶川上喜久子 …… 106
　　〈創作〉面長とその子▶李壽昌 ‥ 111
公論歌壇 ……………………………… 122

公論俳壇 ……………………………… 124
公論短文 ……………………………… 127
藝技番附 ……………………………… 130
編輯局より …………………………… 132

```
朝鮮公論 第15巻 6号, 1927.6
通巻 第171号
```

初夏
〈巻頭言〉田中内閣と拓殖省の創設 ……
　……………………………………… 1の1
〈社說〉宇垣總督代理を迎へて▶石森久
　彌 ………………………………… 1の2
朝鮮に於ける地方行政▶生田淸三郎 …
　……………………………………… 1の9
朝鮮の産業に就て▶池田秀雄 …… 1の17
全鮮各道長官の經綸 ……………… 1の19
　　有數なる工業地平安南道▶青木戒三
　　……………………………… 1の20
　　全羅南道の産業對策▶石鎭衡
　　……………………………… 1の21
　　平安北道と二大事業▶谷多喜磨
　　……………………………… 1の23
　　朝鮮の寶庫咸鏡北道の情勢▶朴相駿
　　……………………………… 1の27
　　全羅北道開發の必須事業▶渡邊忍 …
　　……………………………… 1の30
　　江原道と內鮮同祖の實證▶全星漊 …
　　……………………………… 1の32
　　開發の餘地多大なる黃海道▶今村武
　　志 …………………………… 1の34

誇る可き慶尙北道の特産物▶須藤素
　　　　　　　　　　　　　　…… 1の35
〈主張〉朝鮮と政商問題 ………… 6
公論餘滴 ……………………… 1
朝鮮統治の沿革 ……………… 2
總督府幹部變遷錄▶翠郎生 …… 7
某長老と記者の對話 ………… 13
道廳塗說 ……………………… 22
朝鮮産業傳 …………………… 25
朝鮮博覽會 …………………… 26
婿八人の東拓總裁 …………… 15
朝鮮國有未墾地 ……………… 33
朝鮮と政商の種類 …………… 36
漁港の新設備 ………………… 46
講道舘寄附金 ………………… 38
電氣界通信 …………………… 12
神田氏の海外 ………………… 43
評論
　チームワークと政治▶石森久彌 ……
　　　　　　　　　　　　　　…… 31
　振興か整調か▶笠神志都延 …… 16
　財界漫言▶西本量一 ………… 22
　內鮮融和と鮮人生活▶能勢岩吉 … 10
　朝鮮と新聞▶翠郎生 ………… 26
冷言熱語 ……………………… 40
統營暴動事件の實相▶宮崎義男 …… 33
時評
　朝鮮と地方官大異動▶宮崎翠郎 … 28
　光化門風聞錄 ………………… 24
　柔道界片々錄 ………………… 17
　稅制革新期に當り▶大島良士 …… 42

〈紀行〉新綠海の如し▶石森生 …… 63
〈俳句〉黃花鈔▶臼田亞浪 ……… 65
〈短歌〉京城風物歌▶市山盛雄 …… 44
〈花柳巷談〉えんぎ栅▶ホクロの人 ……
　　　　　　　　　　　　　　…… 48
新聞評語 ……………………… 40
元山府新豫算に就て▶木村靜雄 …… 46
電氣事業號發刊豫告 ………… 47
〈諧謔小說〉處女の足▶廣瀬房一 …… 50
〈飜譯〉叢林の顏▶山本瑠璃子 …… 55
公論歌壇 ……………………… 69
公論柳壇 ……………………… 71
公論俳壇 ……………………… 66
藝技番附 ……………………… 74
編輯局より …………………… 76

```
朝鮮公論 第15巻 7号, 1927.7
通巻 第172号
```

時事片々
〈卷頭言〉學校爭議と敎育者の態度 ……
　　　　　　　　　　　　　　…… 1の1
〈社說〉東方會議と對支方策▶石森久彌
　　　　　　　　　　　　　　…… 1の2
〈主張〉滿鐵社長更任必要論 …… 1の6
協調外交か自主外交か▶丸山幹治 ……
　　　　　　　　　　　　　　…… 1の10
田中政友內閣の前途▶能勢岩吉 ……
　　　　　　　　　　　　　　…… 1の14
人口及食糧問題と朝鮮▶善生永助 ……
　　　　　　　　　　　　　　…… 1の18

朝鮮に於ける運送業界の將來▶小日山直登 …………………………1の22
拓殖省の創設と其組織 …………1の27
冷言熱語 …………………………1の28
萬國郵便聯合加盟五十周年を迎へて▶蒲原久四郎 ………………………1の30
朝鮮海運界の狀勢 ………………1の38
經濟界の發達と郵便振替貯金制度▶平尾壬午郎 ……………………1の40
航空界の現狀と朝鮮の地位 ……1の43
朝鮮に於ける電信電話史▶飯倉文甫 ……………………………………1の46
新聞評語 …………………………1の50
公論餘滴 …………………………2の1
鈴木鮮銀總裁と記者との對話▶宮崎義男 ………………………………2の2
退任した若松仁取社長▶桑野健治 2の6
〈法曹夜話〉時事小感五則▶翠郎生 ……………………………………2の6
財界人事噂文書▶翠郎生 ………2の12
兄弟そろつて有名な人々(一)▶漢山人 ……………………………2の15
光化門ゴシップ▶本誌記者 ……2の20
私の觀て來た露國▶萩原彥三 …2の22
ハルピンの牛面▶海州生 ………2の26
苦難の塔を遁れて―或る時の川田順氏その他▶井上收 ……………2の30
〈紀行〉大陸を流るゝ男▶石森久彌 ……………………………………2の34
柔道界片々錄▶一記者 …………2の38
西朝鮮の實相▶本社編輯部調査 …3の1

前途寬に洋洋たる平安南道の實狀▶本誌記者 ……………………3の2
冠絶なる地の利を有する工業都市平壤府▶本誌記者 ……………3の4
資源豐饒なる平安北道の概況▶本誌記者 ……………………………3の8
物資に惠まれた國境の要衝新義州府▶本誌記者 ……………………3の11
都邑を通じて見た黃海道の現勢と將來▶本誌記者 …………………3の12
新興貿易港鎭南浦府の輪廓▶本誌記者 ………………………………3の19
豐饒夥多なる慶尙北道の特產物▶本誌記者 ……………………………3の20
沈みゆく太陽▶市山盛雄 ………3の25
〈花柳卷談〉えんぎ柵▶ホクロの人 ……………………………………3の26
旅情哀唱(推薦)▶寺田光春 …3の28
歌壇▶市山盛雄選 ………………3の29
俳壇▶臼田亞浪選 ………………3の32
柳壇▶橫山巷頭子選 ……………3の34
京城藝妓六月場所席順番附 ……3の36
編輯局より ………………………3の38

**朝鮮公論 第15巻 8号, 1927.8
通巻 第173号**

舊交をあたゝむる集り/滿蒙對策刷新の重責を帶びて/奔馬▶鈴木尙重氏筆
〈卷頭言〉月俸金百五十圓也 …………1

內地事業家の對鮮投資態度を評す▶石森久彌 ……………………………… 2
朝鮮電氣界の現勢▶高崎齊 ……… 7
電氣事業發達の歸趨と公營問題▶武者錬三 ……………………………… 10
所謂電氣事業公營に就て▶見目德太 ……………………………………… 16
朝鮮の電氣事業は未だ過渡期▶上村三龜藏 ……………………………… 18
京電のバス創始に就て▶森秀雄 …… 19
公論餘滴 …………………………… 21
鳥居素川氏の對支意見▶石森久彌 … 23
レーニンを通して見たるマルキシズムへの根本的疑義▶森島黎民 …… 27
在鮮名士の勉強法と運動法 ……… 36
綠蔭閑話 …………………………… 46
朝鮮統治三首腦の將來▶宮崎義男 … 47
內大臣に內定の齋藤總督/第四代總督宇垣代將/動きなき湯淺總監
朝鮮に於ける電氣事業の沿革と將來▶本誌記者 ……………………… 51
好望極なりき水力電氣―朝鮮開發の必須事業― ……………………… 54
朝鮮に於ける電氣瓦斯事業概況 … 60
電氣料金問題と輿論▶本誌記者 … 64
朝鮮電氣協會の組織と事業 ……… 66
技術界へ寄する言葉
　百尺竿頭一步を進めよ▶鯨井恒太郎 ………………………………… 69
　文明開化の辯▶古川光造 …… 69
　技術家の進步は測器の進步に待つ可し▶青木保 …………………… 70
　技術家の責任▶稻葉實 ……… 72
　自己偏重に陷る勿れ▶降矢芳郎 … 72
　經驗に基く自信あれ▶中島友正 … 74
　機械の上にも國民性▶八木秀次 … 72
　寧ろ法科萬能に與みせん▶廣瀨先一 ……………………………… 76
　學問と技術との提携▶宮城音五郎 ………………………………… 77
冷言熱語 …………………………… 80
業蹟隆々たる京城電氣會社―鮮內有力電氣事業檢討(その一)― … 82
朝鮮電氣界の代表的人物▶本誌記者 84
ジュネーブ雜記▶土師盛貞 ……… 87
朝鮮瓦斯電氣會社―鮮內有力電氣事業檢討(その二)― …………… 93
財界人事縱橫錄▶翠郎生 ………… 94
兄弟揃って有名な人々(二)▶漢山人 ……………………………………… 96
　李王家の柱石末松兄弟/華□名門の出穗積兄弟/刀圭界の先覺古城兄弟/驥才揃ひの古宇田兄弟
本府課長稼業者評傳(一)▶宮崎生 ………………………………………… 100
一青年記者の觀たる總督府の諸公▶覆面子 ……………………………… 103
明大對京城審試合▶一記者 ……… 107
今夏野球界漫言▶よしを生 ……… 110
道治の概要▶米田甚太郎 ………… 112
新聞評語 …………………………… 114
南山夜景▶能勢岩吉 ……………… 115

〈情話〉私生兒とその母▶森二郎 … 121
俳壇▶臼田亞浪選 … 134
西鮮俳句大會 … 136
柳壇▶横山巷頭子選 … 140
藝妓番附 … 142
編輯局より … 144

朝鮮公論 第15巻 9号, 1927. 9
通巻 第174号

縱橫なる鐵道網/清澄▶杉浦若水氏筆
〈卷頭言〉産米增殖と鐵道完成 … 1
齊藤總督の歸朝と去就▶石森久彌 … 2
鐵道網完成と土木業者の覺悟 … 5
朝鮮産業の開發と鐵道▶大村卓一 … 8
鐵道十二ケ年延長計劃と貨物運輸▶戸田直溫 … 19
燃料問題の解決と新計劃線 … 23
山林事業の促進と鐵道の普及 … 27
金鑛の開發と鐵道の敷設 … 32
朝鮮鐵道界の沿革と現況▶本誌記者 … 35
朝鮮國有鐵道普及計劃▶朝鮮總督府鐵道局原案 … 38
私鐵買收の制令 … 44
朝鮮私設鐵道略史 … 45
鮮內私設鐵道の現勢▶朝鮮鐵道株式會社 … 51
公論餘滴 … 57
誤れる朝鮮の蠶業政策▶本誌記者 … 58
朝鮮にも人口食糧調査會を設置せよ▶石森久彌 … 68
朝鮮人は食ふて行かれぬ▶崔生 … 69
冷言熱語 … 72
朝鮮社會運動は何處にゆく―朝鮮の社會運動者諸氏にお答へする―▶森島黎民 … 74
光化門風聞錄―道長官の大更迭近し▶翠郎生 … 81
〈鐵道界の人物〉朝鮮鐵道專務 新田留次郎氏 … 84
〈隨筆〉凡愚人の言葉▶石森久彌 … 85
兄弟揃って有名な人々(三)▶漢山人 … 89
才華を競ふ松村伊藤兄弟/俊才揃ひの守屋兄弟/近江商人の典型三中井兄弟/法曹界の耆宿戸水松寺兄弟/憂國の志士佐々木兄弟
〈鐵道界の人物〉京南鐵道常務理事 立川芳氏 … 93
財界人事片々錄▶宮崎生 … 94
朝鮮土木建築界の代表的人物(一)▶本誌記者 … 96
〈鐵道界の人物〉金剛山電鐵專務 山內伊平氏 … 98
新聞評語 … 99
講道館朝鮮支部新築工事十一月中竣成の豫定 … 100
「朝鮮及朝鮮民族」を讀む―朝鮮思想通信社發行― … 101
映畫春秋▶よしを生 … 104
野球界漫言▶みやさき生 … 106

三十年後の大木浦▶飛鋪秀一 …… 108
寂心唱和▶市山盛雄 …………… 111
〈旭町夜話〉血の出る様な三千圓　御隠
　居様の正體▶ホクロの人 …… 112
詩
　　身邊秘唱▶草路忍 …………… 117
　　梅雨空▶鶴末知二 …………… 118
　　梅雨前後▶皿井勇 …………… 118
歌壇▶市山盛雄選 ……………… 119
藝妓番附 ………………………… 122
編輯局より ……………………… 124

朝鮮公論 第15巻 10号, 1927. 10
通巻 第175号

噫山縣伊三郎公/去就や如何に
〈巻頭言〉 ……………………… 1の1
〈社說〉官吏天降り論▶石森久彌 ………
　………………………………… 1の2
〈主張〉總督權限限論の誤謬 …… 1の7
人口食糧問題と滿蒙開拓▶松岡洋右 …
　………………………………… 1の10
南樺太の實相▶大村友之丞 …… 1の14
獨乙の內國植民政策▶朝倉昇 … 1の18
哲人政治の要望▶能勢岩吉 …… 1の22
京城の文化は何う動くか▶十津英武 …
　………………………………… 1の25
公論餘滴 ………………………… 2の1
今樣 知事異動雜談會 …………… 2の2
慶尙南道知事を更任せよ▶宮崎義男 …
　………………………………… 2の7

冷言熱語 ………………………… 2の10
滿鐵の經營に當るに際して▶山本条太
　郎 ……………………………… 2の13
社內の經濟化より滿蒙の「經濟化」へ▶
　松岡洋右 ……………………… 2の15
今後の朝鮮財界に於ける興味ある三井,
　三菱の商戰 …………………… 2の16
野球技の興行化を排す▶漢山逸人 …
　………………………………… 2の17
朝鮮巨頭の動き▶覆面子 ……… 2の21
朝鮮春秋錄 ……………………… 2の23
光化門風聞錄▶宮崎生 ………… 2の24
財界近事片々錄▶翆郞生 ……… 2の26
我等の『京城』▶馬野精一 …… 2の28
初秋の漢城を賑はせた全國畜産大會 …
　………………………………… 2の32
新聞評語 ………………………… 2の34
椰子の實みのる古倫母より▶守屋德夫
　………………………………… 2の35
倫敦より▶篠田治策 …………… 2の41
映畫漫談▶一記者 ……………… 2の42
豫約販賣に就いて―丁子屋の鈴木支配
　人と記者との問答― ………… 2の45
〈花柳巷談〉えんぎ柵▶ホクロの人 ……
　………………………………… 2の46
忠淸南道の農業▶本誌記者 …… 2の48
釜山府の歷史的回顧▶泉崎三郎 ………
　………………………………… 2の55
群山府勢の槪要▶一記者 ……… 2の60
詩五篇▶大口義夫 ……………… 2の67
　蛇/梟/手/彼等二人/彼岸の仲日

病葉冷ゆる▶西本公 ……… 2の70
梅雨明けの▶庄司鶴仙 …… 2の70
俳壇▶臼田亞浪選 ………… 2の71
柳壇▶横山巷頭子選 ……… 2の73
歌壇▶市山盛雄選 ………… 3の1
藝妓番府 ………………… 3の4
編輯局より ……………… 3の6

**朝鮮公論 第15巻 11号, 1927. 11
通巻 第176号**

老總督ゼネバよりかへる/千帆▶山田新一氏筆
〈巻頭言〉不逞輩の蠢動 ………… 1の1
〈社說〉中央政界の零圍氣より▶石森久彌 ……………… 1の2
〈主張〉總督留任と官界大異動 … 1の6
鮮産人物養成論▶韓相龍 ……… 1の9
資本主義理論より見たる金融恐慌▶高橋龜吉 ………… 1の11
歸朝した齊藤總督▶能勢岩吉 … 1の13
齊藤總督辭すまじ ……………… 1の16
指導者の失脚▶曾根朝起 ……… 1の18
我國主要小作人組合の現狀▶守屋榮夫 ………………… 1の21
新聞評語 ……………………… 1の24
公論餘滴 ……………………… 2の1
總督府學閥譚(一)▶翠郎生 …… 2の2
京城商議の改選近づく▶商工生 … 2の6
歷代鮮銀總裁物語り▶翠郎生 … 2の8
朝鮮に於て大演習を舉行す可し▶宮岐義男 ……………… 2の12
光化門政廳風聞錄▶宮崎生 …… 2の14
財界近事片々錄▶翠郎生 ……… 2の16
サイベリア丸から▶井上淸 …… 2の18
李王殿下と御同船歐洲への旅▶守屋德夫 ……………… 2の29
外國に於ける危險思想と其の取締の傾向▶田中武雄 ……… 2の42
鮮内酒造高 …………………… 2の44
銀座裏界隈　芝居から食物へ▶石森久彌 ……………… 2の46
冷言熱語 ……………………… 2の48
運動界噂聞書▶よしを生 ……… 2の50
酒を通して觀た財界非不況論▶北川子 ……………… 2の53
講道館朝鮮支部上棟式▶一記者 ……………… 2の56
朝鮮春秋錄 …………………… 2の59
暮るゝ秋▶臼田亞浪 …………… 2の60
唐黍畑を▶森實告天子 ………… 2の62
布團冷たく▶山本白鷺城 ……… 2の62
俳壇▶臼田亞浪選 ……………… 2の64
藝妓番附 ……………………… 3の4
編輯局より …………………… 3の6

**朝鮮公論 第15巻 12号, 1927. 12
通巻 第177号**

政界噂の人々/冬日▶加藤松林氏筆
〈巻頭言〉昭和二年を送る ……… 1の1
〈社說〉滿蒙開發と羅津築港問題▶石森

久彌 …………………………… 1の2
人口食糧問題の解決▶藤山雷太 … 1の6
空人氣防止と根本的政策▶安達房治郎
 ……………………………………… 1の14
根本的配給制度創設の急務▶綾田豊 …
 ……………………………………… 1の15
鮮米の威力と政府買上げ▶澤村九平 …
 ……………………………………… 1の18
増米事業は圓滿に進步▶久保薫一 ……
 ……………………………………… 1の20
東西南北 ……………………… 1の23
中樞院改善論▶宮崎義男 …… 1の28
忠言罵語▶深憂子 …………… 1の31
公論餘滴 ……………………… 2の1
現內閣と政治道德▶石塚英藏 … 2の2
山本農相の自作農創定案▶賴母木桂吉
 ……………………………………… 2の3
研究會の改革は出來るか▶南弘 … 2の4
補助艦艇の建造は實行すべし▶坂本俊
 篤 ………………………………… 2の6
軍部大臣改革に反對の運動起る▶一記
 者 ………………………………… 2の8
本年度麥作實收 ……………… 2の9
水野文相へ▶石森生 ………… 2の10
新聞評語 ……………………… 2の11
冷言熱語 ……………………… 2の12
法曹夜話 創意創案を望む▶翠郞生 …
 ……………………………………… 2の14
素川氏の支那は支那なりを讀む▶石森
 生 ………………………………… 2の16
ボムベイカヴァレーの一夜▶石森生 …
……………………………………… 2の17
蘇土よりナポリへ 歐洲への旅(三)▶守
 屋德夫 …………………………… 2の19
拓殖展,こども博の計劃 ……… 2の26
江原道紀行漫筆▶宮崎義男 … 2の27
財界近事片々錄▶一記者 …… 2の30
國友尙謙氏勇退▶一記者 …… 2の32
總督府官制一部改正問題―庶務部長を
 復活せよ― ……………………… 3の1
講道館朝鮮支部新築寄附金 … 3の2
國境の要衝に位する平安北道の農業▶
 本誌記者 ………………………… 3の3
富源豊かなる江原道勢の概要▶一記者
 ……………………………………… 3の13
最近に於ける滿洲產業の槪觀▶一記者
 ……………………………………… 3の18
運送合同問題の是非▶一記者 … 3の22
朝鮮煙草元賣捌會社創立成る … 3の25
創作 二篇
淸吉▶不知乃榮 ……………… 3の28
犬に懲りた話 ………………… 3の33
藝妓番府 ……………………… 3の38
編輯局より …………………… 3の40

朝鮮公論 第16巻 1号, 1928. 1
通巻 第178号

〈卷頭言〉齋藤政治の光輝 …………… 1
〈社說〉昭和維新と朝鮮統治▶石森久彌
 ………………………………………… 1の2
〈主張〉總督政治を斯く更新されたい …

……………………………… 1の8
小商工業金融と信用貸問題▶三土忠造
……………………………… 1の12
期待を裏切る財界救濟問題▶増田義一
……………………………… 1の14
退官に際して▶齋藤實 ……… 1の16
就任の辭▶山梨新總督 ……… 1の18
袂別の辭▶湯淺倉平 ………… 1の19
年頭所感
　年頭の辭▶有賀光豊 ……… 1の21
　本年朝鮮の財界は内地に先ちて好轉
　せん▶韓相龍 ……………… 1の24
　朝鮮の水電と基利導▶武者練三
　……………………………… 1の27
　財務行政の回顧と希望▶草間秀雄
　……………………………… 1の29
　朝鮮産業の現勢▶池田秀雄 … 1の30
　初等教育の普及は急務▶李軫鎬 …
　……………………………… 1の33
在鮮高等官職員表 …………… 1の35
講道舘朝鮮支部新築寄附金 … 1の48
公論餘滴 ……………………… 2の1
動亂の支那▶守屋榮夫 ……… 2の2
日本精神の研究▶高杉芳次郎 … 2の8
時事評論
　政變と京城の新聞戰▶漢山逸人 …
　……………………………… 2の21
　財界近事評論▶宮崎生 …… 2の12
　局部長はどう動くか▶翠郎生 2の18
　加藤鮮銀總裁論▶宮崎生 … 2の15
　齋藤子の辭任前後▶翠郎生 … 3の4

現代我國の刑事政策に就て▶益永豊水
……………………………… 3の7
朝鮮官場クロスワード▶三浦北川 …
……………………………… 3の13
時事短評
　東西南北 ………………… 3の1
　光化門風聞錄 …………… 3の16
　新聞評語 ………………… 3の15
　京城病院めぐり ………… 3の29
　冷言熱語 ………………… 2の24
　時事漫畫 ………………… 2の26
ジュネーブを訪ねて▶守屋房夫 ……
……………………………… 3の18
海員の見たる清津と雄基の築港▶山村
豊三 ………………………… 4の1
東京だより ………………… 4の7
京城商會新會頭決定 ……… 4の8
〈情話〉別れてから後▶森二郎 … 4の9
〈花柳巷談〉えんぎ柵▶ホクロの人 …
……………………………… 4の13
〈戯曲〉善竹橋▶松島生 …… 4の17
湯淺十框翁の事 …………… 4の22
伯林便り …………………… 4の23
公論柳壇 …………………… 4の24
藝技番附 …………………… 4の26
編輯局より ………………… 4の28

```
朝鮮公論 第16巻 2号, 1928. 2
通巻 第179号
```

〈卷頭言〉官界異動の重大性 …… 1の1

〈社說〉朝鮮經營の根幹▶石森久彌 …… ……………………………………… 1の2
金融界の事實▶米山梅吉 ………… 1の5
赤色露國の運命▶矢野竹治 …… 1の6
普選と國民の敎養▶守屋榮夫 … 1の16
朝鮮民衆よ猛省せよ▶金丸 …… 1の28
公論餘滴 ………………………… 2の3
時評
　中樞院建議論評問題▶宮崎義男 … ……………………………………… 2の8
　在滿鮮農壓迫解決策▶宮崎義男 … ……………………………………… 2の8
　議會解散と朝鮮の影響▶宮崎義男 … ……………………………………… 2の8
　官場クロスワード▶三浦北川 …… ……………………………………… 2の22
　光化門政廳風聞錄▶宮崎生 … 2の27
　財界近事片々錄▶翠郞生 … 3の4
冷言熱語 …………………… 2の30
家庭悲劇と兒童扶養法▶守屋榮夫 … ……………………………………… 2の4
親鸞上人の主義▶高楠順次郞 …… 2の2
隨筆 ウオン・クラシバアー▶方臺榮 … ……………………………………… 2の25
評論
　支那の秘密結社▶長野朗 …… 2の19
　普選へ朝鮮よりの出馬者▶翠郞生 … ……………………………………… 2の15
　京城病院めぐり▶N・M生 …… 3の8
天人語錄 ……………………… 2の29
滿洲紀行より得た偶感▶宮崎生 … 3の6

新年短歌大會の記 …………… 3の15
京畿道新豫算に就て▶大島良士 …… ……………………………………… 3の21
感興の電力問題▶里吉敬水 …… 3の12
國產肥料會社創立 …………… 3の20
朝鮮春秋 …………………… 3の2
〈花柳巷談〉えんぎ柵▶ホクロの人 …… ……………………………………… 3の32
〈キネマ漫談〉映畫春秋▶松本輝華 … ……………………………………… 3の28
新聞評語 …………………… 3の14
〈創作〉朝子の死▶韓再熙 …… 4の3
〈俳句〉挨まいて▶山本白鷺城 … 4の17
　原草に▶林實告天子 …… 4の17
公論俳壇 …………………… 4の18
藝技番附 …………………… 4の22
編輯局より ………………… 4の24

朝鮮公論 第16巻 3号, 1928. 3
通巻 第180号

〈卷頭言〉官界異動の停頓 …… 1の1
〈社說〉政局の歸趨と朝鮮統治▶石森久彌 ……………………………… 1の2
金融通貨の問題と解禁▶野田久太 …… ……………………………………… 1の9
輸出の有望な蘭領印度▶安江安吉 …… ……………………………………… 1の22
陪審法に就て▶大原昇 …… 2の1
公論餘滴 …………………… 2の7
朝鮮農民運動展開▶朝倉昇 …… 1の16

時評
  運送合同問題に就て▶南山下人 ……
  ……………………………………… 2の4
  光化門政廳風聞錄▶宮崎義男 …… 2の8
  財界近事片々錄▶翠郞生 ……… 2の24
  運送合同問題の是非▶漢山逸人 ……
  ……………………………………… 2の14
朝鮮鐵道界の今年と將來▶大村卓一 …
  ……………………………………… 1の7
冷言熱語 …………………………… 3の10
評論
  朝鮮關係の新選良▶翠郞生 ‥ 2の11
  官場クロスワード▶三浦北川 ……
  ……………………………………… 2の19
  株價と主要會社 ……………… 2の26
  總督府秘書官譚 ……………… 2の17
  京城興行場調べ▶北川生 …… 3の12
新聞評語 …………………………… 3の9
『皮と肉』の讚 …………………… 3の7
〈短歌〉何の淚▶角田不案 ……… 3の8
〈短歌〉三編▶市山盛雄 ………… 3の14
斷想▶信樂信夫 …………………… 2の23
蘇國より愛蘭へ▶守屋三葉 …… 2の30
社會惡▶矢野竹治 ………………… 3の15
キネマ狂時代か▶筑紫次郞生 … 3の19
カフエー夜話▶翠帳夢童 ……… 3の21
えんぎ柵▶ホクロの人 ………… 3の25
ラチオブレー　蒼海の波を蹴立てて▶
  光永紫潮 ……………………… 4の1
〈脚本〉底を流るるもの▶不知乃榮 …
  ……………………………………… 4の7

編輯局より ………………………… 4の22

朝鮮公論 第16巻 4号, 1928. 4
通巻 第181号

〈卷頭言〉産業合理化號に題す …… 1の1
〈社說〉官僚の倫理化と産業の合理化▶
  石森久彌 ……………………… 1の2
ルーソーよりベルトロまで▶牧野英一
  ……………………………………… 1の3
印度及近東の形勢▶米田實 …… 1の17
向後の經濟界に注目せよ▶川崎軍治 …
  ……………………………………… 1の9
財界尙危機にあり▶武內作平 …… 1の7
朝鮮産業界大觀 ………………… 2の2
評論
  總督定年制を提唱す▶宮崎義男 ……
  ……………………………………… 1の29
  本論に入らむとする朝鮮▶豊田重一
  ……………………………………… 1の20
  地方自治創始の機至る▶翠郞生 ……
  ……………………………………… 1の31
  主要會社の業績 ……………… 2の21
朝鮮開發の必須事業 …………… 2の26
豫測を許さぬ政局▶能勢岩吉 … 2の27
旣成政黨の戰術革新▶丸山幹治 1の24
職業婦人の保護▶遊佐敏彥 …… 2の10
旣成政黨の腐敗▶三浦北川 …… 2の12
朝鮮産業不振の一因 …………… 2の7
時論
  朝鮮官界の一搖ぎ▶石森生 … 2の28

財界近事片々錄▶翠郎生 ……2の24
　　府政調査研究會成る …………2の43
公論餘滴 …………………………2の71
朝鮮關係の貴族院議員▶翠郎生 ………
　　………………………………2の18
野田大塊と仁取の再興▶桑野健治 ……
　　………………………………2の15
東北産業博覽會 …………………3の2
冷言熱語 …………………………2の8
政戰餘燼▶石森生 ………………2の30
鳥居素川翁逝く▶石森生 ………2の44
大陸への旅▶守屋三葉 …………2の34
新聞評語 …………………………3の1
映畫界漫步▶白銀幕夫 …………3の7
創作 血書▶李光洙作/李壽昌譯 ………
　　………………………………3の11
〈脚本〉底を流れるもの▶不知乃榮 ……
　　………………………………3の25
藝技番附 …………………………3の34
編輯局より ………………………3の36

```
朝鮮公論 第16巻 5号, 1928. 5
　　　　通卷 第182号
```

〈卷頭言〉財界破綻一周年と朝鮮 ……1
〈社說〉日本の思想は何處へ行く▶石森
　久彌 …………………………………2
滿洲の國防狀況▶大井成元 …………34
大陸政策に就て▶阪利西八郎 ………8
金融機關整備の實行▶三土忠造 ……6
勞農ロシアの施設▶前田多門 ………10

ロシア教育▶志垣寬 …………………15
白系露人の活動 ………………………18
公論餘滴 ………………………………37
評論
　　朝鮮時事評論▶宮崎義男 ………27
　　明るい朝鮮▶能勢岩吉 …………24
　　教育界の怪聞▶漢山人 …………40
　　社會的教育學の趨勢▶李恩用 …30
朝鮮と新銀行 …………………………7
滿期兵國境移住計劃 …………………26
昨年度鐵道局業績 ……………………57
全鮮電信電話大增設 …………………23
釜福電話に多重法 ……………………17
馬賊の保護下にけし ……………………9
私鐵社債令改正 ………………………61
大洞江の筏流し ………………………49
南米の樂園ブラジル▶堀口九萬一 …20
國家主義と個人主義▶柴田德次郎 …36
不祥事件と地方自治▶安井英二 ……54
冷言熱語 ………………………………50
時評
　　光化門政廳風聞錄▶宮崎生 ……38
　　財界近事片々錄▶翠郎生 ………52
新聞評語 ………………………………81
滿されぬ心▶紀平正美 ………………55
男性中心主義の末期▶山田わか ……58
婦人から見た普選▶金子茂 …………60
新刊 太平洋時代來る▶田捨女 ……74
隨筆 阪神趣味▶石森久彌 …………62
紀行 大陸への旅▶守屋德夫 ………65
立川芳氏の訃 …………………………87

地方紹介
　平安北道の概要 …………………… 88
　忠清北道の産業 …………………… 90
　忠清南道の社會事業 ……………… 84
野田大塊と仁取(二)▶桑野健治 …… 42
慶長征韓餘聞(一)▶圓應生 ………… 75
〈創作〉血書▶李光洙作/李壽昌譯 … 98
編輯局より ………………………… 110

```
朝鮮公論 第16巻 6号, 1928. 6
通巻 第183号
```

〈巻頭言〉朝鮮協會の事業 …………… 1
〈社說〉朝鮮財界の二大問題▶石森久彌
　…………………………………………… 2
支那の正系思想▶市村瓚次郎 ……… 22
國際關係と道德▶新渡戸稻造 ……… 7
不戰條約問題▶高柳賢三 …………… 12
國際勞働會議▶河原田稼吉 ………… 17
副島伯の朝鮮統治論に贊意を表せず▶
　公論子 ……………………………… 27
評論
　田中内閣の前途▶能勢岩吉 ……… 36
　間島に於ける鮮農 ………………… 74
　取引所令發布の要なし▶某實業家 …
　……………………………………… 44
　法曹夜話▶翠郎生 ………………… 76
在滿鮮人壓迫の實相▶金健中 ……… 40
公論餘滴 …………………………… 35
農事改良の實蹟 …………………… 26
有賀頭取の夜ふかし ……………… 31

亞鉛鑛の開發 ……………………… 41
篠田次官と秘策 …………………… 45
全鮮製絲釜數 ……………………… 62
朝日幹部の來鮮 …………………… 64
支那人の入鮮數 …………………… 71
東京より …………………………… 39
よき保險を選べ …………………… 52
生命保險契約增加番附 …………… 55
生命保險事業費番附 ……………… 54
生命保險も大會社に集る ………… 38
冷言熱語 …………………………… 50
時論
　朝鮮時事評論▶宮崎義男 ………… 32
　光化門政廳風聞錄▶宮崎生 ……… 42
　財界近事片々錄▶翠郎生 ………… 72
　鎭南浦築港問題 …………………… 63
會員組織取引所出願の趣旨 ……… 46
地方紹介
　物産豐饒なる慶北の産業 ………… 85
　開發顯著なる慶南の産業 ………… 81
　朝鮮の農庫全北の農業 …………… 91
　湖南の沃野全南の農業 …………… 89
東洋拓植株式會社の事業 ………… 66
茶話室 ……………………………… 49
野球界漫言▶みやさき生 ………… 100
記念號續刊豫告 …………………… 102
野田大塊と引取の再興(三)▶桑野健治
　……………………………………… 78
慶長征韓餘聞(二)▶圓應生 ………… 56
新聞評語 …………………………… 65
〈探偵小說〉意地わる刑事▶山崎黎門人

………… 97
〈創作〉頭▶寺田壽夫 ………… 104
藝技番附 ………… 112
編輯局より ………… 114

```
朝鮮公論 第16巻 7号, 1928. 7
通巻 第184号
```

〈卷頭言〉兵備充實問題に就て ……… 1
〈社說〉朝鮮兵備充實の本體▶石森久彌
　　　………… 2
評論
　日本の國民經濟▶河津暹 ……… 7
　樞密院が流す害毒▶岩切重雄 …… 17
　北伐の完成と我國の難局▶長野朗
　　　………… 6
　張作霖沒後の滿洲と日本▶長野朗
　　　………… 11
　朝鮮統治の徹底的刷新▶能勢岩吉
　　　………… 12
中央朝鮮協會と其事業▶阪谷芳郎 … 14
公論餘滴 ………… 18
嘉納師範を迎へて▶阿部文雄 …… 53
聖上陸下の御下問 ………… 10
殖産銀行創立記念 ………… 13
キリンビールの盛況 ………… 39
サッポロビールの現況 ………… 102
夏は元山へ ………… 83
內國通運支店長異動 ………… 98
保險の本質に就いて▶志田鉎太郎 … 19
水田と養鯉に就いて▶福島百藏 …… 71

冷言熱語 ………… 37
北鮮地方民の死活問題 ………… 84
滿洲特産物の輸出概況▶大連商議調査
　　　………… 68
時論
　兵備充實と鮮滿の提携▶宮崎義男 …
　　　………… 89
　財界近事片々錄▶翠郎生 ……… 31
　光化門政廳風聞錄▶宮崎生 …… 92
京城府の現在と將來 ………… 32
朝鮮の産米事業と土地改良事業(一) 40
拓けゆく江原道の産業 ………… 49
朝鮮時事彙報▶編輯部調査 ……… 73
土城海州間鐵道敷設確定す ……… 94
電氣事業號刊行豫告 ………… 36
東都往還記(一)▶朴重陽 ………… 24
慶長征韓餘聞(三)▶圓應生 ……… 60
新聞評語 ………… 99
花柳界走馬燈(一)▶ホクロの人 … 100
初夏の昌慶苑▶市山盛雄 ……… 103
〈探偵小說〉名馬の行方▶創持高雄譯
　　　………… 106
〈映畫小說〉マノンレスコオ▶光永紫潮
　　　………… 112
〈隨筆〉半島のささやき▶秋良達之助
　　　………… 104
藝技番附 ………… 118
編輯局より ………… 120

朝鮮公論 第16巻 8号, 1928. 8
通巻 第185号

〈卷頭言〉官僚の氣合と結束 …………… 1
〈社說〉對支政策の更新▶石森久彌 … 2
社會主義より國家主義へ▶蜷川新 …… 8
今後の滿洲と日本▶長野朗 ………… 20
我思想は健全なり▶三谷一二 ……… 66
利益なき生命保險事業▶板谷宮吉 … 21
滿洲の對鮮鎖國主義を排す▶宮崎義男
　………………………………………… 16

評論
　京城交通の流れ▶酒井謙治郎 …… 78
　臺灣時事▶蓬萊迂人 ……………… 26
　運合問題側面觀▶三浦北川 ……… 54
　主要株最近の唱値 ………………… 70
隨感雜筆▶石森久彌 ………………… 11
公論餘滴 ……………………………… 19
松井前駐英大使は元朝鮮の警部 …… 87
堤漢銀專務の想出譚 ………………… 57
東亞勸業公司組織變更 ……………… 69
平壤の總スカン市岡君 ……………… 96
倫敦より ……………………………… 106
東京より一筆啓上 …………………… 50
明治座より …………………………… 25
鮮銀本店集權制度を採らむとす …… 10
冷言熱語 ……………………………… 30
取引所問題の經過▶本社編輯部調査
　………………………………………… 32

滿洲紀行
　山條滿鐵社長の實體▶翠郎散人 … 52
滿洲雜記(その一)▶翠郎生 ……… 67
滿洲事業界の人物(一) …………… 81
在滿人物寸觀錄(一) ……………… 85
東都往還記(二)▶朴重陽 ………… 41
在滿鮮人問題に就て 林總領事と語る▶
　宮崎美男 ……………………………… 22
談話室 ………………………………… 51
　朝鮮の産米增殖と土地改良
　朝鮮に投下した內地資本
　矛盾せる大同江防水計劃 ………… 75
新聞評語 ……………………………… 84
慶長征韓餘聞(四)▶圓應生 ……… 97
松毛蟲を食ふ話▶石田霧堂 ……… 88
電氣事業號刊行豫告 ……………… 107
軍人優遇座談會▶龍坊案/竝畵 …… 89
花柳界走馬燈(その二)▶ホクロの人 …
　………………………………………… 94
朝鮮博覽會要綱 …………………… 72
〈探偵小說〉名馬の行方▶コナン・ドイ
　ル作/倉持高雄譯 ………………… 108
〈創作〉夜逃げ▶篠崎潮二 ……… 115
藝技番附 …………………………… 124
編輯局より ………………………… 126

朝鮮公論 第16巻 9号, 1928. 9
通巻 第186号

朝鮮金融調査委員會
〈卷頭言〉京電の値下 ………………… 1
〈社說〉朝鮮金融經濟施設の改善を期す
　▶石森久彌 …………………………… 2

現下政界の二大題目▶能勢岩吉 …… 15
第三黨成立に就て▶湯地幸平 ……… 17
政府の對滿政策の失敗▶川崎卓吉 … 19
對滿政策の前途▶川崎卓吉 ……… 21
在鄉軍人の政治的地位▶深堀二郎 … 22
警務通信 ……………………………… 24
内地の對朝鮮研究▶高居瀧三郎 … 25
公論餘滴 ……………………………… 29
業績隆々たる殖銀の現況▶有賀光豊 …
…………………………………………… 30
龍山陸軍村の人物評▶覆面子 …… 32
殖銀株主總會 ………………………… 35
近來の篤志家 素封金閏煥老 …… 37
冷言熱語 ……………………………… 38
光化門政廳風聞錄▶宮崎義男 ……… 40
朝鮮に於ける電氣料金▶新貝肇 …… 42
農事電化の現況▶中川銀三郎 ……… 46
農業の電化▶宇山角次 ……………… 56
朝鮮電氣協會と其使命▶武者鍊三 … 61
風俗歷史 朝鮮漫談 ………………… 64
談話室 ………………………………… 65
電力界評論 …………………………… 66
月の夜の提燈▶鈴木尙重 …………… 71
電力界種々相▶増田次郎 …………… 74
　電力界を敵視する民衆/農村電化/農村電化と農林省の方針/電氣會社の重役に就て/電氣事業界の弱點/各縣へ波及した富山の電氣爭議/電氣會社の利益低下/電氣業法改正
京電の料金値下内容▶遞信局發表 … 78
百萬圓の利權？ 安岳の蘆田は大林組の
掌中に ………………………………… 83
各社の資本及發電力比較▶編輯部調査
…………………………………………… 84
電氣事業會社の概況▶本社編輯部調査
…………………………………………… 86
我が國に於ける電氣事業の創始と現在
…………………………………………… 93
國境警備の元動富永警察部長逝く … 95
朝鮮の電氣事業界の代表的人物 …… 96
京城電業會人物觀 …………………… 98
新聞評語 ……………………………… 103
電氣界茶話 …………………………… 104
海外電氣事情 ………………………… 106
拓けゆく江原道の現況▶兪星濬 … 107
蔚山甑城の籠城戰(一)▶圓應生 … 109
藝妓番府 ……………………………… 122
編輯局より …………………………… 124

朝鮮公論 第16巻 10号, 1928. 10
通巻 第187号

〈卷頭言〉敵本主義を去れ …………… 1
〈社說〉北鮮築港問題の歸趣▶石森久彌
…………………………………………… 2
自動水力發電所の現在と將來▶前原助市 …………………………………… 76
川北電氣の事業概況 ………………… 67
住友電線製造所の概況 ……………… 86
古河電工會社の事業概況 …………… 78
公論餘滴 ……………………………… 13
電力界いろいろ ……………………… 63

電力界評論 ………………………… 70
海外電氣事情 ………………………… 74
　ラナレックスCO2指示記錄器 …· 83
　日電式寫眞電送裝置 ………… 88
床次竹二郎と新黨組織▶能勢岩吉 … 6
資金偏在を如何に處すべきか▶三土忠藏 …………………………………… 9
經濟の目安をもて ………………… 11
獨逸の補習教育▶木村正義 ………… 12
政黨の思想的背景▶永井柳太郎 …… 54
冷言熱語 …………………………… 28
朝鮮時事論評▶宮崎義男 ………… 14
記者の眼に映じた 殖銀の誕生まで▶別府八百吉 ……………………… 17
創立十年を迎えた 殖産銀行の沿革▶翠郎生 …………………………… 24
朝鮮の運合問題▶北川子 ………… 26
朝鮮陶器は東洋の粹▶倉橋藤治郎 … 30
朝鮮と滿洲（一）▶高橋生 ………… 44
滿洲駐劄記▶龍坊生 ……………… 32
談話室 ……………………………… 61
殖銀の長期資金利下斷行 ………… 37
延海水利組合事業概況 …………… 40
鮮米收穫豫想 ……………………… 58
朝鮮東洋畫展覽會 ………………… 53
本宮に詣づるの記 ………………… 55
安岳郡の堆肥奬勵 ………………… 43
樺太だより ………………………… 90
川北電氣の大場氏 ………………… 62
加藤總裁と有賀頭取 ……………… 10
東京だより ………………………… 60

不良兒教育▶守屋東 ……………… 56
新聞評語 …………………………… 91
蓮池事件▶山崎黎門人 …………… 94
花柳界走馬燈（三）▶ホクロの人 … 92
〈掌篇〉母と娘▶不知乃榮 ………… 97
蔚山甑城の籠城戰（二）▶圓應生 … 110
藝技番附 …………………………… 122
編輯局より ………………………… 124

**朝鮮公論 第16巻 11号, 1928.11
通巻 第188号**

高松宮殿下御尊影
〈卷頭言〉伊藤公の銅像 ……………… 1
〈社說〉朝鮮移民問題私見▶石森久彌 … 2
千代を壽ぐ御大典の御儀 …………… 8
朝鮮各地の奉祝 …………………… 23
公論餘滴 …………………………… 41
評論
　昭和維新と政黨政治▶能勢岩吉 … 42
　社會經濟狀態と國民の覺悟▶增田次郎 ……………………………… 45
　現代の教育に就いて▶春山作樹 … 48
　傍系教育の必要▶小尾範治 ……… 52
　中等教育改善案▶三輪田元道 …… 54
　御大典と國民の覺悟 ……………… 39
　冷言熱語 …………………………… 58
時評
　吉會線終端港問題 ……………… 80
　朝鮮の産業 ……………………… 98

朝鮮の銀行令改正 …………… 97
　　朝鮮と滿洲(二)▶高橋生 …… 84
　　朝鮮に於ける支那人の活動 …… 102
池上總監物語▶覆面子 …………… 60
朝鮮史話 春畝公佳話▶迫江散史 … 72
談話室 ……………………………… 79
朝鮮旅行者の朝鮮觀 ……………… 57
不良者一掃案 ……………………… 69
人口問題講話 ……………………… 44
京城交通量調査 …………………… 82
大狼狽の東日編輯局 ……………… 110
倫敦の偶居より …………………… 106
金剛山に大ホテル計劃 …………… 79
山崎春日孃逝く …………………… 90
新聞評語 …………………………… 105
保險心理の研究▶粟津淸亮 ……… 92
日本選手の實力▶中馬越之助 …… 70
花柳界走馬燈(四)▶ホクロの人 … 112
蔚山甑城の籠城戰(三)▶圓應生 … 114
藝妓番附 …………………………… 122
編輯局より ………………………… 124

**朝鮮公論 第16巻 12号, 1928. 12
通巻 第189号**

〈卷頭言〉東拓異動近し ……………… 1
〈社說〉昭和三年を送る▶石森久彌 … 2
第五十六議會の前途▶能勢岩吉 …… 24
明治維新と我國の兵制▶金谷範三 … 36
婦人敎育問題 ………………………… 90
不戰條約の意義▶高橋生 …………… 42

公論餘滴 …………………………… 27
朝鮮統治の私見▶覆面士 ………… 6
朝鮮の林政に就いて▶朴重陽 …… 28
朝鮮運合の前途暗澹▶三浦北川 … 39
山梨朝鮮總督物語▶覆面散史 …… 48
冷言熱語 …………………………… 54
鮮銀の還元と鮮滿の財界 ………… 76
仁取の取引法を改善 ……………… 76
朝鮮の銀行令の主眼 ……………… 77
朝鮮の自作農 ……………………… 102
朝鮮會議所令の改正 ……………… 78
吉會鐵に反對の裏面 ……………… 80
殖銀高級職員異動 ………………… 78
商銀北鮮方面活躍 ………………… 23
談話室 ……………………………… 85
余の視たる北鮮▶各地名士の實際視察
　談 ………………………………… 56
大邱の槪要 ………………………… 96
冬を知らぬ溫陽溫泉 ……………… 81
龍山村だより ……………………… 47
殖銀の十年志 ……………………… 100
東京だより ………………………… 41
スポーツと國際親善 ……………… 75
體育の獎勵 ………………………… 69
公論の二大出版 …………………… 101
我が農業の特質と其將來▶恩田鐵彌 …
　……………………………………… 86
新聞評語▶花田天城 ……………… 89
胚芽米に就いて▶池田龍藏 ……… 82
專門學校柔道大會を觀て▶道田昌彌 …
　……………………………………… 104

健康増進と生活の改善▶古谷道賴 … 64
簡保と被保險者の福祉▶園田榮五郎 …
　……………………………………… 70
私言私語▶花田天城 ………………… 35
花柳界走馬燈(五)▶ホクロの人 … 106
藝妓番附 ……………………………… 108
編輯局より …………………………… 110

朝鮮公論 第17巻 1号, 1929. 1
通巻 第190号

〈卷頭言〉經濟不況と對策 ………… 1
〈社說〉財界不況の根本對策▶石森久彌
　……………………………………… 2
感激の池上總監 ……………………… 7
冷言熱語 ……………………………… 8
昭和四年政界展望▶能勢岩吉 …… 10
全鮮會社現況 ……………………… 13
ブルンナー博士と朝鮮の土地改良事業
　▶藤井寬太郎 …………………… 14
名士の年頭感
　朝鮮財界の現在と將來▶和田一郎 …
　……………………………………… 20
　朝鮮電氣事業の將來▶武者錬三 … 22
公論餘滴 …………………………… 25
朝鮮當面の諸問題▶三浦北川 …… 26
鮮人學生思想惡化は何に基因する?/
朝鮮官吏のウバ捨山煙草元賣捌會社
/朝鮮無煙炭合同問題
昭和四年度朝鮮總督府豫算 ……… 32
八人八題

私の感じた事共▶望月圭介 ……… 35
所謂地租委讓▶大口喜六 ………… 36
新聞及新聞記者▶德富蘇峯 ……… 37
電力界の將來▶福澤桃介 ………… 38
私の信條▶丸山鶴吉 ……………… 39
國家存在の意義▶木村泰賢 ……… 40
銀行家の特色▶松永安左衛門 …… 41
我が對支方針▶吉澤謙吉 ………… 41
十一月中朝鮮對外國及內地貿易額 … 43
昭和四年を迎へて▶山梨半造 …… 44
年頭の感懷及希望▶池上四郎 …… 46
昭和四年の鐵道計畫と施設▶大村卓一
　……………………………………… 47
朝鮮の警務行政▶淺利三朗 ……… 49
民刑事件の減少に努めよ▶松寺竹雄 …
　……………………………………… 51
朝鮮の産業施設に就いて▶今村武志 …
　……………………………………… 53
守屋令室の告別式より歸り來て一夕の
　感懷▶上井晩翠 ………………… 55
教育の普及充實へ▶李軫鎬 ……… 56
十萬圓投げ出した淺野君 ………… 57
吾が朝鮮の林政▶園田寬 ………… 58
朝鮮土地改良事業の將來▶松村松盛 …
　……………………………………… 62
人を見, 人を語る(その一)▶石森迫川
　……………………………………… 64
不況挽回方策 ……………………… 67
財界の回顧と其の前途▶加藤敬三郎 …
　……………………………………… 68
府民の頭割の貴い金 三千圓の使ひ途 …

冷言熱語 ………………………… 6
朝鮮當面の諸問題▶三浦北川 ……… 16
　火田整理救濟の要諦／朝鮮運合問題
　の雲隱れ／釜山の瓦電買收問題
朝鮮總督府の施政方針 …………… 26
朝鮮總督府人事大異動 …………… 78
公論餘滴 …………………………… 25
木材關稅と燃料問題▶三浦生 …… 76
支那工業の歷史的考察 …………… 82
楊氏最後の場面 …………………… 92
謎の處刑楊宇霆の死 ……………… 58
談話室 ……………………………… 77
德富蘇峰翁退社の眞相 …………… 22
各人各題
　保險改正論▶松本烝治 ………… 29
　消防御親閱所感▶望月圭介 …… 31
　模擬より創造へ▶勝田主計 …… 32
　天才碁客吳君▶瀨越憲作 ……… 33
　電力界の將來▶增田次郎 ……… 34
　地租移讓と上院▶川崎卓吉 …… 35
　政界淨化と婦選▶山脇房子 …… 35
　宮尾東拓總裁の顏▶能勢岩吉 … 14

……………………………………… 71
〈大京城繁昌記〉南大門通りの卷▶南山
　町人 ……………………………… 72
朝鮮の銀座街本町通りの卷▶松本輝華
……………………………………… 76
朝鮮銀行令の改正▶草間秀雄 …… 82
貯蓄銀行令(制今第七號) ………… 85
改正銀行令 ………………………… 88
池邊氏と朝鮮信託社長 …………… 91
雪降る國の思出▶石森久彌 ……… 92
朝鮮の歲末と正月 ………………… 98
談話室 ……………………………… 99
朝鮮紀行▶牟羅多生 …………… 100
太郎裙引退 ……………………… 121
〈隨筆〉變った白首▶村山智順 … 124
新聞評語 ………………………… 132
巳の歲の思出▶森二郎 ………… 133
千歲の大擴張 …………………… 135
藝妓番附 ………………………… 136
編輯局より ……………………… 138

```
朝鮮公論 第17卷 2号, 1929. 2
        通卷 第191号
```

〈卷頭言〉自然の異動 ……………… 1
〈社說〉更始一新の朝鮮官界▶石森久彌
……………………………………… 2
朝鮮の經濟政策と海運▶土師盛貞 … 8
都市の電氣事業經營に就て▶見目德太
……………………………………… 11
朝鮮に女子大學の要あるや▶北川子 54

```
朝鮮公論 第17卷 3号, 1929. 3
        通卷 第192号
```

〈卷頭言〉水野氏の奮鬪 ……………… 1
〈社說〉議會と政界の前途▶石森久彌 …
……………………………………… 2
評論
　理想に燃ゆる支那を見よ▶田川大吉

郎 ……………………………… 7
　支那國民黨の將來▶長野朗 …… 30
　思想問題對策▶土方寧 ……… 5
　地租營業稅の委讓問題▶車田篤 … 12
　京城の土地區域整理▶直木倫太郎 …
　　……………………………… 10
　國家及私經濟と保險▶小島昌太郎 …
　　……………………………… 65
內鮮民族の關係▶高松四郎 ……… 34
各人各論
　支那に對する外交▶幣原喜重郎 … 20
　日本の外交と策謀▶中村精一 …… 21
　日本産業の特色▶中橋德五郎 …… 21
　農村問題▶山崎延吉 …………… 22
　國民精神の作興▶宗像幸次郎 …… 23
　就職難と青年の覺悟▶下田次郎 … 24
　婦選運動に就て▶金子茂 ……… 24
　女子の參政權問題▶田淵豊吉 …… 26
　無産階級と酒▶杉浦武雄 ……… 27
政界漫談▶石森久彌 ……………… 40
日比谷劇場見聞記▶能勢岩吉 …… 37
朝鮮奇譚▶宮崎義男 ……………… 56
水!水!水▶豊田重一 …………… 87
曆と改年▶桃井福太郎 …………… 61
東都の劇壇より▶石森生 ………… 84
我社の中央進出に就て▶宮崎義男 … 48
公論餘滴 …………………………… 39
鮮銀東拓兩新總裁に對する希望▶渡邊
　定一郎/田川常次郎/藤田安進/戶島祐
　次郎/都築康二/中川湊/兒玉琢/高居
　瀧三郎/須藤久左衛門/覆面子 …… 44

貯銀開業期
朝鮮鐵道第一期工事
植野渡邊兩理事の略歷
支那新關稅と商品
在伯林竹內氏より
逝ける大垣老
尾崎氏の喫茶去
小さい遊覽汽車が動く
仙臺にて佐田氏より
冷言熱語 ………………………… 28
鮮滿の財界▶加藤敬三郎 ……… 58
　朝鮮と地方自治問題▶肥塚正太/李
　東善/藤村忠助/武上安一/安藤靜/高
　木德彌/方奎煥/寺尾三猛郎/芮宗錫
　……………………………… 52
本社新春短歌會の記 …………… 90
名妓その裙の引退 ……………… 95
新聞評語 ………………………… 55
德富蘇峰氏今後の出所 ………… 86
倫敦生活▶守屋德夫 …………… 75
殖銀出身のマネキン孃 ………… 96
私の環境を▶田中清子 ………… 98
〈創作〉氣違ひにされた話▶村田義光 …
　……………………………… 100
京城藝妓三月場所席順番附 …… 108
編輯局より ……………………… 110

朝鮮公論 第17巻 4号, 1929. 4
通巻 第193号

〈卷頭言〉議會に對する朝鮮人の心理 …

············· 1
〈社説〉議場心理と暴力心理の考察▶石森久彌 ············· 2
評論
　朝鮮問題と政黨▶能勢岩吉 ······ 59
　朝鮮林業一般▶渡邊豊日子 ······ 56
　引取所合併問題▶荒井初太郎 ··· 19
　朝鮮の土地改良事業▶松本松盛 ··· 61
豫算委員會に於ける朝鮮問題質問 ··· 40
各人各論
　貴族の特權を廢止せよ▶横山勝太郎 ············· 30
　治安法維持法案には大反對なり▶水谷長三郎 ············· 30
　句會に就いて俳壇の墮落を嘆く▶伊藤月草 ············· 31
　近代生活と華道▶大野理靜 ······ 32
　婦人公民權委員會を警告せよ▶菊川君子 ············· 33
　試驗地獄を不得受驗地獄▶藤森成吉 ············· 33
　對支外交を論評す▶水田秀次郎 ··· 34
　移動劇場提言▶内藤透 ············· 35
　實業教育の振興と技術者の尊重▶紫田德次郎 ············· 36
　政黨政治の弊害▶阪谷芳郎 ······ 36
　危險思想について▶内崎作三朗 ··· 37
　人を見る、人を語る▶石森迫川 ··· 72
　代行手數引上▶松村松盛 ········· 20
　農事に志す青年▶朴重陽 ········· 69
　貴族制度創設以來▶金弘賢 ······ 82

殖銀の大異動 ············· 85
土地改良技術官會議に於ける總督の訓示 ············· 91
滿洲經濟界は何處へ▶松尾愿 ······ 6
歌集さきもり ············· 27
伊藤さんの洋行 ············· 80
二部長の演述ぶり ············· 75
水谷さんの榮轉 ············· 65
朝鮮黨と大金持 ············· 58
緣故林拂下出願 ············· 70
冷言熱語 ············· 38
公論餘滴 ············· 71
生命保險に對する誤解▶石川文吾 ··· 21
支那漫談▶北河裸三 ············· 89
春と食物の話 ············· 92
現代社會の坩堝▶金澤山人 ······ 79
澤正逝く▶森二郎 ············· 86
新聞評語 ············· 82
元山爭議の眞相發表 ············· 76
取引所令と冷却療法 ············· 81
ジャナリストの苦樂を訪ねて▶蜃氣樓生 ············· 66
〈創作〉氣狂にされた話▶村田義光 ··· 94
談話室 ············· 104
京城藝妓三月場所席順番附 ············· 102
編輯局より ············· 104

朝鮮公論 第17巻 5号, 1929. 5
通巻 第194号

〈卷頭言〉本社の中央進出 ············· 1

〈社説〉內地延長の本質的意義▶石森久彌 …………………………………… 2
評論
　人口食糧夜話▶松村松盛 ………… 23
　孝課狀に依る保險會社の見方 …… 30
　拓植省が投げた▶波紋 …………… 38
　內地電力界評論 …………………… 40
噴火山口頭に立つ朝鮮請負業界 …… 59
各人各論
　趣味の俳畵に就いて▶平田香堂 … 44
　滿蒙開發方針▶阪谷芳郎 ………… 45
　議會圖書館の完成を要す▶田淵豊吉
　　………………………………………… 45
　貴族院の改革▶高橋琢也 ………… 46
　教育の生活化▶岸邊福雄 ………… 46
　國民警察の振興▶松井茂 ………… 49
　教育の弊害▶高島米峰 …………… 50
　農民藝術▶神田古畔 ……………… 51
　元錄快擧と其の後の評判▶中村孝也
　　………………………………………… 52
　宗教法案に對しての意見▶山室軍平
　　………………………………………… 53
　土の藝術▶吉田冬葉 ……………… 54
　貴族院の勢力問題▶山道襄一 …… 55
　犧牲的精神▶小林一郎 …………… 55
　地方行政區域と改正選擧法▶龜井貫一郎 ……………………………………… 56
　人を見る、人を語る▶石森迫川 … 122
朝鮮代表事業紹介
　朝鮮殖産銀行の沿革と業蹟 ……… 77
　京城電氣會社の過去と今日 ……… 80

半島産業開發廿餘年の東拓 ………… 82
一人一評 西鮮の指導者川添種一郎君 …
　………………………………………… 57
噫故池上總監
　池上總監の追懷▶石原憲一 …… 102
　亡き老總監を懷ふ▶權發九州 … 104
　池上故政務總監の臨終▶能勢岩吉 …
　………………………………………… 106
　故池上總監と朝鮮の新聞 ……… 108
公論餘滴 …………………………… 58
滿洲經濟界は何處へ▶松尾愿 ……… 7
朝鮮鴨綠江節 ……………………… 129
大同運輸の創設 …………………… 76
朝鮮に於ける養蠶業 ……………… 117
臺灣より …………………………… 126
民族の歸趣 ………………………… 107
彰德女學校の設立 ………………… 37
冷言熱語 …………………………… 70
朝鮮博覽會彙報 …………………… 85
飢えたるムッソリニ▶北河裸三 … 28
各道の産業紹介
　平北と火田耕作改善 …………… 141
　忠南の土地改良事業 …………… 142
　全南の産業 ……………………… 153
　全北の機業と製紙 ……………… 154
　忠北の産業概觀 ………………… 158
　全南と産米 ……………………… 168
　新義州と行政區域の變更 ……… 174
　大平壤建設と府尹の拘負 ……… 171
新聞評語 …………………………… 127
初見參初印象▶北河裸三 …………… 72

發展と矛盾▶山口謙次郎 ……… 115
春宵にビールを語る ……………… 118
團琢磨男は語る ………………… 118
天覽試合朝鮮柔道豫選記▶裸三散人 … ……………………………………… 125
春は搏つ▶角田不案 …………… 113
えんぎ柵▶ホクロの人 ………… 130
創刊 氣違された話▶村田義光 …… 135

朝鮮公論 第17巻 6号, 1929. 6
通巻 第195号

〈巻頭言〉拓殖大臣の人選 ……… 1の1
〈主張〉朝鮮統治の正黨化は必然なる時代の趨勢なり ……………… 1の2
貯蓄銀行に對しての意見▶三土忠造 … ……………………………………… 1の4
ソビエト政府と共産黨の關係▶泉哲 … ……………………………………… 1の6
現時の戰爭と國防▶廣瀨壽助 …… 1の8
朝鮮運合問題の重大性▶一記者 ……… ……………………………………… 1の10
貯蓄銀行々愈創立 ……………… 1の12
各人各論
　英國の國民性▶齋藤勇 ……… 2の2
　破格の人間を作り出す必要▶清水澄 … ……………………………………… 2の3
　不良少年は如何なる家庭より出るか▶松井茂 ………………… 2の3
　金解禁なくば景氣を回復することは出來ない▶増田次郎 ……… 2の4

學校教育は凡人教育のみ▶松田源治 … ……………………………………… 2の5
美國の移民問題▶竹田順一 …… 2の5
拓殖省問題と五團體の反對運動▶重藤末彦 ……………………… 2の7
〈人物評論〉中央に於ける朝鮮關係人（一）▶能勢岩吉 ………… 2の11
　宮尾舜治君/鈴木島吉君/守屋榮夫君/渡邊彌幸君
公論餘滴 ………………………… 2の15
農事より見た江原道の現況▶一記者 … ……………………………………… 2の16
吉會鐵道の終端港は淸津港に內議確定▶一記者 ……………… 2の22
前途洋々たる咸鏡北道の産業▶本誌記者 ……………………… 2の23
冷言熱語 ………………………… 2の36
近藤新總督秘書官論▶宮崎生 … 2の38
藝術漫談錄
　大衆文藝時代▶千葉龜雄 …… 2の41
　版畫の復興▶神田古畔 ……… 2の43
　美術家と生活▶木村莊八 …… 2の44
　繪畫と人間修業▶石井鶴三 … 2の47
　洋畫界の傾向▶足立源一郎 … 2の50
　トーキーとサイレント，ピクチュア▶水田靜兒 …………… 2の53
　興行映畫と教育映畫▶小尾範治 … ……………………………………… 2の54
朝鮮博覽會彙報▶本社調査部 … 2の56
〈隨筆〉夏日涼風漫筆▶裸三生 … 2の72
新聞評語 ………………………… 2の76

朝鮮總督府高等官々等表 ……… 3の1
〈創作〉生きるために▶長婦美 … 3の10
藝妓番附 …………………………… 3の24
編輯局より ……………………… 3の26

```
朝鮮公論 第17巻 7号, 1929. 7
      通巻 第196号
```

〈卷頭言〉鮮鐵移管問題 ……………… 1
〈社說〉兒玉新政務總監を迎ふ▶石森久
　彌 ………………………………… 2
公論餘滴 …………………………… 54
數字に現れたる滿洲財界▶篠崎勝郎 …
　………………………………………… 19
祖國の民としての道▶松江隆 …… 31
北鮮を見て▶石森生 ……………… 8
冷言熱語 …………………………… 60
〈隨筆〉迫川漫筆▶石森迫川 ……… 41
電力界評論 ………………………… 55
貨幣價値の下落と生命保險 ……… 62
新聞評語 …………………………… 59
鮮銀と損傷紙幣問題 ……………… 50
談話室 ……………………………… 30
慶尚北道の産業 …………………… 68
芭蕉と蕪村▶吉田冬葉 …………… 66
漫畫寸閑帳 ………………………… 44
綠蔭漫談
　半官半民の電氣會社▶川崎卓吉 … 88
　英國の女大臣▶下田次郎 ………… 88
　帝展の情實振り▶平田香堂 ……… 89
　軍艦生活▶海軍士官 ……………… 90

時計の話▶岡本公平 ……………… 92
人の長所を活かす道▶大妻こたか …
　………………………………………… 94
文學の解放▶內藤透 ……………… 94
日本婦人論▶高島米峰 …………… 95
戰爭の絶間なし▶某將軍 ………… 96
金不解禁に就て▶某實業家 ……… 97
朝鮮關係の中央人物評論▶能勢岩吉 …
　………………………………………… 47
〈花柳巷談〉えんぎ柵▶ホクロの人 …
　………………………………………… 98
〈創作〉生きるために▶長婦美 …… 100
京城藝妓六月場所席順番附 ……… 116
編輯局より ………………………… 118

```
朝鮮公論 第17巻 8号, 1929. 8
      通巻 第197号
```

〈卷頭言〉自動車局長に一言 ………… 1
〈社說〉三層樓上より世相をみる▶石森
　久彌 ……………………………… 2
電氣事業評論
　朝鮮に於ける電力開發と統制▶武者
　鍊三 ………………………………… 7
　歐米の公益事業取締▶中川銀三郎 …
　…………………………………………… 13
　歐米に於ける電力政策▶見目德太 …
　…………………………………………… 10
　電力界評論▶本誌記者 …………… 32
　京仁地方に於ける農事電化の將來 …
　…………………………………………… 18

富士電機會社の事業
　本邦唯一の大阪變壓器會社 ……… 38
　新內閣と電力統制
　金剛山電鐵の現況
　川北電氣製作の飛躍
　朝鮮に始めての重油發電機
　石渡ソケットのニューコン
　明電舍の沿革
　京城の電車新線
　本邦に於ける大容量水銀整流器一覽表 ……………… 38
公論餘滴
評論
　米國の帝國主義的發展▶石濱知行 ………………………… 40
　行刑制度に對する私見(二)▶益永豊水 ……………………… 79
　內鮮融和の根本原理▶福本貞義 …………………… 103
　昔の保險制度と思想▶粟津淸亮 … 90
　歐米衛生雜觀▶村山沼一郞 ……… 97
　火田整理と地方行政▶文元奎 …… 86
　朝鮮思想統治の一考察▶金義用 … 44
冷言熱語
各人各論
　政府の儉約令とその影響▶下田次郞 ………………………… 64
　支那の國民運動に就て▶井上昌 … 64
　始めて日本の官吏になつて▶橫山勝次郞 …………………… 65
　不戰條約と戰爭▶佐藤淸勝 ……… 66

　夏の海軍生活▶植村信男 ………… 66
　思想國難と敬神思想▶賀茂百樹 … 67
　婦選と新內閣▶市川房枝 ………… 69
　赤穗義士の處分問題▶渡邊世裕 … 70
　臺灣の今昔▶山田示元 …………… 71
　綠蔭經濟漫談▶廣江澤次郞 ……… 56
　紫明山莊の記▶石森久彌 ………… 108
　寸閑漫畫帖▶中島生 ……………… 62
　武者專務洋行▶一記者 …………… 89
　朝鮮博覽會彙報▶本誌記者 ……… 72
　朝鮮鐵道の現況 …………………… 110
　慶尙南道の產業 …………………… 93
　國際運輸の業績 …………………… 120
　加藤總裁の猛運動 ………………… 31
　鳴物入りの社會事業 ……………… 126
　日本空輸會社の旅客輸送 ………… 109
新聞評語
　〈映畫脚本〉朝鮮行進曲▶光永紫潮 ………………………… 128
　〈長篇創作〉生きるために▶長婦美 ………………………… 137

```
朝鮮公論 第17卷 9号, 1929.9
　　通卷 第198号
```

〈卷頭言〉齋藤子と新政策 …………… 1
〈社說〉三層樓上より世相を見る▶石森久彌 ………………………… 3
現下の經濟諸問題▶土方成美 ……… 30
滿洲の財界▶篠崎嘉郞 ……………… 41
行刑制度の改善に就て▶益永豊水 … 61

齋藤總督歡迎の辭

露支問題論藻
　日本の將來に重大影響▶井上昌 … 36
　結局我國に賴らう▶小川郷太郎 … 38
　體面觀が大分我國と違ふ▶内藤確介
　……………………………… 38
　我國威を張る機會▶西澤公雄 …… 40
就任に際して▶齋藤實 …………… 7
齋藤新總督に望む▶朴永喆/韓基岳/井上收/楠五郎/石原憲一/新田唯一/瀬戸潔/李圭完/山邊勇輔/金寬鉉/森二郎/安藤靜/金潤晶/蒲原久四郎/李仁/工藤武城/榮野健治/廣江澤次郎/香原助太郎/福井武次郎/小川延吉/笠神志都延/飯泉幹太/上田文三郎/山副界/山下秀隆/天日常次郎/大和與次郎/福島莊平/島崎龍一/張稷相/肥塚正太/方臺榮/山内伊平/松波千海/河井朝雄/長谷川義雄/濱田實/小杉謹八/田川常次郎/成松縁/迫間房太郎/西崎鶴太郎/松岡正男 ……………… 74

公論餘滴
とても面白い男 加藤敬三郎論▶斬劍馬
　……………………………… 84

各人各論
　世界は如何にして求むるか▶植村信男 ……………………………… 54
　不戰條約は形式のみ▶佐藤淸勝 … 55
　國民の保健と森林▶本多靜男 …… 56
　滿洲林業の經營▶内藤確介 ……… 57
　ッ伯號を購んとする問題▶河田烈 …

　　　　　　　　　　　　……… 59
　議會は閉會中と雖も解散が出來る▶
　　川崎卓吉 ……………………… 59
齋藤總督再任と新聞評 …………… 15
冷言熱語
　仙石總裁の滿鐵經營策▶鵠沿より … 60
　所謂參與官運動者▶紫明山莊より … 33
　國語を解する鮮人數▶怡軒書塾開始 …
　……………………………… 52
　兒玉伯は大いにやるだらう▶迫川生 …
　……………………………… 8
　朝鮮政界走馬燈▶宮崎義男 …… 11
　綠蔭經濟漫談▶廣江澤次郎 …… 66
談話室
　財界の大勢を語る
　鮮滿經濟界の實勢▶加藤敬三郎 … 90
　財界の不況依然たり▶有賀光豊 … 92
　朝鮮博覽會愈々開かる ………… 95
　朝鮮博覽會の規模會場の沿革、各舘案内記等 ………………………… 96
新聞評語
〈花柳巷談〉えんぎ柵▶ホクロの人 ……
　……………………………… 2の4
〈短歌〉湘南にて▶角田不案 …… 2の7
〈映畫脚本〉朝鮮行進曲▶光永紫潮 ……
　……………………………… 2の10
〈長篇創作〉生きるために▶長婦美 ……
　……………………………… 2の20

朝鮮公論 第17巻 10号, 1929. 10
通巻 第199号

〈卷頭言〉松田拓相に建言す ………… 1
〈社說〉三層樓上より世相を見る▶石森久彌 ……………………………… 2
不景氣の原因と金輪解禁の話▶井上準之助 ……………………………… 5
變態的金融狀態の打破 不動産金融の提唱▶馬傷鋏一 ………………… 8
開城の時邊に就て▶朝鮮殖産銀行調査 ……………………………… 13
金輸出解止問題▶朝倉昇 ………… 31
新聞漫語▶蜃氣樓生 …………… 43
公論餘滴
齋藤總督に望む▶熊本利平/板本由藏/K生/本岡卯之吉 ………… 48
半島の秋を飾る朝鮮博覽會 ……… 49
朝鮮博覽會見物記▶宿久五郎 ……… 61
冷言熱語
一人一題
　議會の解散は▶山道襄一 …… 68
　時勢に進步したる話▶牧野英一 … 68
　飛行船の法規違反▶村瀨末一 … 69
　海軍の威力▶橫山勝太郎 ……… 70
　久原房之助論▶小畑啓藏 ……… 70
　金解禁と農村經濟▶小川鄕太郎 … 71
　大切な運動精神▶大麻唯男 …… 73
　議院の大建築のみは▶河田烈 … 73
　保險の外交員▶山下恒雄 ……… 74
　學校の成績と實社會▶小橋一太 … 75

衆生の恩▶大谷尊由 …………… 75
國民的緊縮の秋▶新渡戸稻造 …… 77
生命保險經意は▶俵孫一 ……… 78
談話室
日本新聞協會大會 …………… 81
行刑制度の改善に就て▶益永豐水 … 88
新聞評語
社會と貯蓄▶山本遞信局長 …… 94
輓近の消防制度に就て▶山川秀好 … 95
生命保險會社は合同の時代が來る …………………………… 104
生命保險會社の合同は營業費の節約から ……………………………… 107
電力界評論 …………………… 112
藝者番附 …………………… 136
編輯局より
〈映畫脚本〉朝鮮行進曲▶光永紫潮 ……………………………… 121
〈長篇創作〉生きるために▶長婦美 ……………………………… 127

朝鮮公論 第17巻 11号, 1929. 11
通巻 第200号

〈卷頭言〉中央朝鮮協會の業蹟 ……… 1
〈社說〉三層樓上より世相を見る▶石森久彌 ……………………………… 2
緊縮政策と造成貯金▶保阪久松 …… 6
滿洲の實體 …………………… 19
冷言熱語
公論餘滴

朝鮮總督は事務官なりや▶禾山閑民 …
………………………………………… 46
有賀頭取の話・宮尾總裁の話 ……… 53
新聞評語
一人一題
　貧困兒童救濟の急務▶野村嘉六 … 56
　外國爲賛と物價問題▶勝正憲 …… 57
　官吏の最も注意すべき事柄▶河田烈
　………………………………………… 58
　昔の武士の金錢に對する感念▶渡邊
　世裕 …………………………………… 59
　憂ふべき思想問題▶加藤陸軍中將 …
　………………………………………… 60
　新劇時代へ▶水田靜兒 …………… 61
　勳章廢止論▶福澤桃介 …………… 61
　故田中男の仁俠▶小野寺陸軍小將 …
　………………………………………… 62
　政友會が割れても▶山道襄一 …… 63
　彫刻の寫實主義▶神田古畔 ……… 64
　嚴正中立を守るは難い哉▶松井茂 …
　………………………………………… 65
　にがき體驗を經て歸りて▶増田次郎
　………………………………………… 65
　新時代の國民的修養▶増田義一 … 66
　畵壇雜觀▶平田香堂 ……………… 69
　滿蒙視察所感並に現內閣施政方針▶
　松田源治 ……………………………… 70
談話室
　朝鮮人の賣笑婦▶吉川萍水 ……… 74
　節約の空宣傳より國民の保險心を高め
　よ▶匿名生 …………………………… 79

世界糖業の現勢▶一記者 …………… 83
電力界評論 …………………………… 85
新刊紹介 ……………………………… 88
閨房秘藥としての朝鮮人參の偉效 ‥ 91
〈花柳巷談〉えんぎ柵▶ホクロの人 …
………………………………………… 99
行政制度の改善に就て▶益永豐水 …
………………………………………… 102
北滿行日誌▶石森迫川 ……………… 107
〈映畵脚本〉朝鮮行進曲▶光永紫潮長篇
………………………………………… 109
〈創作〉生きるために▶長婦美 …… 115
藝者番附 ……………………………… 116
編輯局より …………………………… 128

朝鮮公論 第17巻 12号, 1929. 12
通巻 第201号

〈卷頭言〉太平洋會議と松岡代表の駁論
………………………………………… 1
〈社說〉三層樓より世相を見る▶石森久
彌 ……………………………………… 2
滿洲の實體 …………………………… 12
帝展審査の內幕 ……………………… 18
公論餘滴 ……………………………… 19
極東露領視察記▶柏木省吾 ………… 20
冷言熱語 ……………………………… 44
賣渡擔保は信託法上の信託なりや▶長
谷部正平 ……………………………… 46
新刊紹介 ……………………………… 56
一人一題

賣動事件と教育界▶下田次郎 …… 58
疑獄事件と大審院▶久保義郎 …… 58
酒が齎す貧困▶賀川豊彦 ………… 59
地方自治團體の負債問題▶河田烈 …
　…………………………………… 59
裸體以外に美を求めよ▶上田直治 …
　…………………………………… 59
輸出の增進策▶島田茂 …………… 60
農民文學としての俳句▶內藤透 … 61
俳句に於ける寫生に就て▶伊藤月草
　…………………………………… 61
大藏證券と地租▶井上準之助 …… 64
淺野侯は政界の大元老▶阪谷芳郎 …
　…………………………………… 65
映畫と繪畫美▶平田香堂 ………… 65
警視廳と分列式▶丸山鶴吉 ……… 66
人格主義▶小橋一太 ……………… 66
議會は解散▶橫山金太郎 ………… 67
談話室 ……………………………… 68
最近に於ける反蔣運動 …………… 69
ベニスより▶伊森明治 …………… 70
最近哈爾賓經濟界一覽▶一記者 … 71
ニューヨークより▶武者鍊三 …… 78
新聞評語 …………………………… 79
生命保險契約は一年以內の解約が三割
　強 ………………………………… 80
栗御飯の炊き方 …………………… 83
久原氏の半官半民會社論▶一記者 … 84
人造絹絲業の大勢▶一記者 ……… 85
昭和製鋼設置と朝鮮▶一記者 …… 87
全鮮銀行預金貸出高 ……………… 95

濟州島對內地貿易額 ……………… 96
電力界評論 ………………………… 97
本社主催　京城府協議會員候補　有志者
　立會演說會の記▶本誌記者 …… 103
全鮮地方議員改選 ………………… 105
臺灣行より▶石森迫川 …………… 116
〈長篇創作〉生きるために▶長婦美 ……
　…………………………………… 118
藝者番附 …………………………… 130
編輯局より ………………………… 132

```
朝鮮公論 第18巻 1号, 1930. 1
通巻 第202号
```

〈口繪〉勅題 海邊の巌 冬の洗劍亭
〈卷頭言〉朝鮮を落ちつかせよ ……… 1
〈社說〉再び人事異動を語る―知事諸公
　を語る, 府尹內務部長論, 課長級の人
　物▶石森久彌 …………………… 2
朝鮮統治の主腦者として▶佐藤實 … 8
人心を一新して民意の陽達に努めん▶
　兒玉秀雄 ………………………… 10
副業の振興・民心の作興▶今村武志 …
　…………………………………… 12
如何なる教育を施すべきか▶武部欽一
　…………………………………… 14
解禁に直面した朝鮮の財界▶林茂藏 …
　…………………………………… 16
效果を將來に期待する林業▶渡邊豊日
　子 ………………………………… 19
正義の維持に專念せん▶深澤新一郎 …

……………… 22	……………… 71
社會事情の變遷に順應の要▶山本犀藏	自分の事▶石森久彌 ……………… 77
……………… 24	朝鮮雜景▶能勢岩吉 ……………… 80
百數十哩の新線延長を見ん▶大村卓一	相場隨想▶桑野健治 ……………… 83
……………… 15	行刑法の改善について▶益永豊水 … 84
赫々たる白日を仰ぐが如き新春▶和田	朝鮮地方廳幹部一覽表▶本誌編輯局 88
一郎 ……………… 27	談話室 ……………… 90
昭和五年の初頭に立ちて▶藤井寬太郎	臺灣漫談▶石森迫川 ……………… 91
……………… 28	東宮殿下と臺灣の瑞竹▶石森久彌 ……
金錢信託と銀行定期預金▶長谷部正平	……………… 102
……………… 30	大日本製糖會社臺灣支社の概況 … 106
冷言熱語 ……………… 44	臺灣製糖會社の概況 ……………… 114
公論餘滴 ……………… 46	帝國製糖の主腦部 ……………… 125
一人一題	明治製糖と幹部 ……………… 126
生命保險に對する評論▶增田次郎 …	新高製糖の現勢 ……………… 127
……………… 48	〈花柳巷談〉えんぎ柵▶ホクロの人 ……
女傑奧村五百子▶小笠原長生 … 48	……………… 129
時代は耳の文化へ▶千葉龜雄 … 49	微光頌▶角田不案 ……………… 132
王政復古の歷史▶松井茂 ……… 49	〈長篇創作〉生きるために▶長婦美 ……
碁談餘話▶瀨越憲作 ……………… 50	……………… 133
機關車製作と日本▶山道襄一 … 51	藝者番附 ……………… 138
國際的に及ぼす勿れ▶丸山鶴吉 … 51	編輯局より ……………… 140
農事電化に就て▶松永安左衛門 … 52	
人間と物質▶田中隆三 …………… 52	朝鮮公論 第18巻 2号, 1930. 2
不景氣打開の根本策▶土方成美 … 53	通巻 第203号
浪漫詩人蕪村▶內藤吐天 ………… 56	
失業問題の解決▶安部磯雄 ……… 58	〈口繪〉朝鮮各道知事會議 冬の漢江
新聞評語 ……………… 60	〈卷頭言〉學生事件終熄 ……………… 1
電力界評論 ……………… 61	〈社說〉學生騷擾事件檢討▶石森久彌 …
輿論の味 ……………… 70	……………… 2
鐘乳洞蜘龍窟發見▶福田茂穗/朴定守	學生事件と嚴正批判 ……………… 7

一人一題
　佛國の料理▶永田秀次郎 ………18
　角力の沿革▶松內冷洋 ………19
　文豪賴山陽を思ふ▶下田次郎 …18
　はめ手について▶篠原正美 ……19
　皇室の衰へたもうたる時代▶渡邊世裕 ……………………………20
　昭五畵壇への期待▶平田香堂 …20
　子供の教育▶高野薰 ……………21
　築地の復活▶水田靜兒 …………21
　叫びの文學へ▶內藤透 …………22
冷言熱語 ……………………………24
極東露領視察記(其二)▶柏木省吾 …26
公論餘滴 ……………………………46
組織的植民運動の勃興を望む▶中西敏憲 …………………………………47
各道知事會議 ………………………53
電力界評論 …………………………56
講道舘昇級者發表 …………………60
輿論の味 ……………………………62
英國植民地功勞者列傳▶關屋悌藏 …63
新聞評語 ……………………………87
齋藤政治と儒教▶石森迫川 ………88
談話室 ………………………………91
獄刑を體驗して訴ふ▶越智啓 ……92
四溫の日▶石森迫川 ………………102
〈隨筆〉朝鮮雜景(二)▶能勢岩吉 …105
かささぎ▶角田不案 ………………107
生死の岐路に起ち▶長谷川華汀 …108
學生騷擾と其經過 …………………110
〈花柳巷談〉えんぎ柵▶ホクロの人 … 119
朝鮮疑獄をあばく(其一)▶MRNR生 …121
〈長篇創作〉生きるために(其九)▶長婦美 ……………………………125
編輯局より …………………………132

朝鮮公論 第18巻 3号, 1930.3 通巻 第204号

〈口繪〉濱口民政總裁 水暖まる
〈卷頭言〉朝鮮と救濟資金 …………1
〈社說〉三層樓上より世相を觀る▶石森久彌 ……………………………2
　其後の官界展望/殖產銀行と役員更迭/學生と警察問題/諺文紙投票有效問題/民政黨內閣歡迎
無產政黨と朝鮮問題▶能勢岩吉 ……7
一人一題
　社會主義か社會政策か▶北吟吉 …9
　堅實なる實業家▶橫山勝太郎 …11
　結婚生活と理想の婦人▶下田次郎 ………………………………12
　トーキーと國際性▶水田靜兒 …13
　兒童の爲めの公園▶松田常三 …14
　日本人は喰ひ過ぎる▶山本幸平 ………………………………14
　近代生活と繪畫▶平田香堂 ……15
　總選擧と生命保險▶山下恒雄 …16
　圍碁秘訣▶篠原正美 ……………16
　寫意と寫生▶志田素琴 …………17

能を外國に紹介せよ▶東秀 …… 18
雛祭り改良論▶岡田政子 ………… 19
手を働かせよ▶荒川五郎 ………… 19
打かけは黒で▶瀬越憲作 ………… 20
連句について▶志田素琴 ………… 21
美人觀の變化▶新井五郎 ………… 21
電力界評論 ……………………… 23
公論餘滴 ………………………… 31
國境警備員の心勞▶森岡二郎 …… 32
明倫學院設立の趣旨▶武部欽一 … 33
冷言熱語 ………………………… 34
鮮滿の財界大勢▶加藤敬三郎 …… 36
朝鮮財界の大勢と殖銀▶有賀光豊 … 39
新聞評論 ………………………… 42
朝鮮人物縱橫論▶石森迫川 ……… 43
國際調査實施に就て▶河野節夫 … 52
合理化朝鮮の一討究▶小野久太郎 … 60
喘ぐ東京人の思想▶梶志郎 ……… 64
談話室 …………………………… 69
財界片々錄 ……………………… 70
朝鮮關係代議士列傳▶迫川迂人 … 72
總選擧と朝鮮の輿論(各新聞紙の論調)
 …………………………………… 75
朝鮮文新紙は總選擧の結果を如何に觀
 る? ……………………………… 82
總選擧を如何に觀る(朝鮮人有力者) 88
公論漫畵 ………………………… 89
獄中苦を體驗して▶越智啓 ……… 90
朝鮮人の賣笑婦▶吉川萍水 ……… 99
〈花柳巷談〉えんぎ柵▶ホクロの人 …
 …………………………………… 103

路上の影▶角田不案 …………… 109
〈長篇創作〉生きるために▶長婦美 …
 …………………………………… 116
第十七回總選擧 衆議院議員一覽表 …
 …………………………………… 124
編輯局より ……………………… 134

朝鮮公論 第18巻 4号, 1930. 4
通巻 第205号

〈口繪〉齋藤總督の題字/春のおとつれ
〈卷頭言〉朝鮮の合理化號に題す …… 1
〈社說〉朝鮮と大乗的合理化▶石森久彌
 ……………………………………… 2
公論餘滴 …………………………… 7
朝鮮政治及經濟合理化▶兒玉秀雄 … 8
合理化運動と教育▶武部欽一 …… 10
警察の合理化▶森岡二郎 ………… 12
朝鮮產業の合理化▶松村松盛 …… 15
金融組合の發達を顧みて▶林繁藏 … 19
交通事業の合理化▶大村卓一 …… 25
朝鮮に於ける林業の合理化に就て▶渡
 邊豊日子 ………………………… 28
土地改良事業に就ての氣付數項▶中村
 寅之助 …………………………… 33
京城府政の合理化に就て▶關水武 … 34
朝鮮と產業合理化
 先づ調查せよ▶齋藤久太郎 …… 37
 內地大勢に順應せよ▶末森富良 … 37
 大勢順應標榜▶釘本藤次郎 …… 38
 相互扶助の精神▶恩田銅吉 …… 38

實情を察せよ▶澤村九平 ……… 38
赤裸々となつて▶飯泉幹太 ……… 39
大勢順應▶森悟一 ……… 39
新興の道程に在る朝鮮産業の合理化▶
　山下秀隆 ……… 39
談話室 ……… 44
電力界評論 ……… 45
冷言熱語 ……… 52
朝鮮人物縱橫論▶石森迫川 ……… 54
〈婦人講座〉空想と嗤ふや▶藤井寬太郎
　……… 62
公論漫畵 ……… 76
おでんの味▶石森迫川 ……… 78
一撞の梵音正に五千圓也▶上內彥策 …
　……… 80
鳩山一郎論▶新田唯一 ……… 82
合理化の前▶桑野健治 ……… 84
産業合理化に就て▶菊山嘉男 ……… 84
庶民階級の致富策▶土師盛貞 ……… 85
免囚の努力と社會▶越智啓 ……… 88
財界片々錄▶一記者 ……… 97
日鮮混血兒の仇討▶奧田生 ……… 102
花柳巷談▶花風醉人 ……… 107
雄基の港灣修築問題▶川村豐三 … 109
全鮮産業大觀
　全羅北道の産業 ……… 115
　全羅南道の現勢 ……… 122
　慶尙南道の物産 ……… 124
　慶尙北道の特産 ……… 126
　平安南道の實狀 ……… 134
　平安北道の現況 ……… 137

朝鮮鐵道の現況 ……… 139
釜山府の社會施設概要 ……… 141
黃海道の名勝と溫泉 ……… 143
編輯局より ……… 146

朝鮮公論 第18巻 5号, 1930. 5
通巻 第206号

〈口繪〉鎭海事變の軍法會議 はるさめ
〈卷頭言〉餘裕ある政治 ……… 1
〈社說〉朝鮮の失業問題▶石森久彌 … 2
公論餘滴 ……… 6
失業問題の檢討▶守屋榮夫 ……… 7
〈紙上講演〉關東州の水に就て▶清水本
　之助 ……… 35
取引所合理化の眞諦▶宮崎義男 …… 46
談話室 ……… 51
朝鮮失業問題と世論 ……… 52
一人一題
　その頃の回想▶宇垣一成 ……… 56
　政治の理解▶佐々木惣一 ……… 56
　歐米體育巡禮▶吉田章信 ……… 58
　我黨の天下▶橫山金太郎 ……… 62
　何故隅は大切か▶小杉丁 ……… 63
　劍劇に就て▶水田靜兒 ……… 64
　政界淨化と安定▶井上角五郎 …… 65
　陣笠連の悲哀▶作田高太郎 ……… 66
　國家の財政と陸海軍▶深井英五 … 66
　新聞記者の頃▶安達謙藏 ……… 68
　從軍記者としての經驗▶光永星郎 …
　　……… 68

従軍記者と待遇▶黑田甲子郎 …… 69
和歌と俳句▶內田吐天 …………… 69
高松宮同妃殿下の事ども▶高島平三郎 …………………………………… 70
俳句雜觀▶伊藤月草 ……………… 71
冷言熱語
朝鮮人物縱橫論▶石森迫川 ……… 76
新聞評論 ……………………………… 84
敬嘆す日本技術の進步▶アトロヤノフスキー ……………………………… 85
勤勞代償の減給と其の合理性の檢討▶益永豐水 ……………………………… 88
財界片々錄▶一記者 ……………… 91
〈隨筆〉餘裕▶桑野健治 …………… 93
新高山の朝な夕なに▶爲龍之助 … 94
誤解されたる朝鮮▶梶志郎 ……… 100
令夫人讀むべからず ………………… 106
妓生物語▶林青宇 ………………… 109
〈長篇創作〉生きるために▶長婦美 …………………………………… 114
編輯局より ………………………… 130

朝鮮公論 第18巻 6号, 1930. 6
通卷 第207号

〈口繪〉初御入城 秩父宮殿下 金剛山
〈卷頭言〉取引所令發布近し ……… 1
〈社說〉初夏の滿洲より▶石森久彌 … 2
公論餘滴 …………………………… 6
失業問題の檢討▶守屋榮夫 ……… 7
〈紙上講演〉警察官への希望▶後藤文夫 …………………………………… 33
取引所令の發布と兩取合併▶宮崎義男 …………………………………… 37
京仁取の合同を利權化せしめず實現する方策 ……………………………… 41
談話室 ……………………………… 44
東電改善に關する意見▶福澤桃介 … 45
日鮮混血兒の仇討▶奧田生 ……… 47
一人一題
　新聞の話▶粱田欽次郎 ………… 54
　産業合理化と信用保險▶石田祐六 …………………………………… 54
　新聞經營と鳩の使命▶小野賢一郎 …………………………………… 56
　東西兩洋藝術の精神▶堀內文次郎 …………………………………… 58
　藝術に就ての感想▶小笠原長生 … 59
　不況時代と産業成員養成▶野村嘉六 …………………………………… 61
　東邦に赴かんか▶福澤駒吉 …… 62
　復興事業とセメント業の現況▶駒井初次郎 …………………………… 63
　警察保護の買收▶大口喜六 …… 64
　國際的にならんとする圍碁▶瀨越憲作 ……………………………… 65
　教育費國庫負擔問題に就て▶井上準之助 …………………………… 65
　碁は堅實第一▶小杉丁 ………… 66
冷言熱語 …………………………… 68
帝國憲法と參謀總長及軍令部長の權限▶蜷川新 ……………………… 70

新聞評語 …………………… 74
現代政治の根本的改草▶神木鷗津 … 75
斯して事業成績を舉げ得た▶野田技監
　…………………………… 80
財界片々錄▶一記者 ………… 87
〈隨筆〉緊縮と新聞▶永井忠雄 …… 89
電力界評論 …………………… 91
〈コント〉六人集▶京城探偵趣味の會同
人 …………………………… 97
拓け行く咸鏡北道 …………… 101
忠清北道の名勝と古蹟 ……… 104
多年懸案の鎭南浦築港愈々起工 … 107
〈花柳巷談〉えんぎ柵▶ホクロの人 ……
　…………………………… 109
麥の穗▶角田不案 …………… 112
〈長篇創作〉生きるために▶長婦美
　…………………………… 113
編輯局より …………………… 134

朝鮮公論 第18巻 7号, 1930. 7
通巻 第208号

〈口繪〉道內務・產業部長會議 河童のむ
れ
〈卷頭言〉小阪次官の好評 ………… 1
若葉の東京より▶石森久彌 ……… 2
公論餘滴 …………………………… 10
內務行政の指針▶安達謙藏 ……… 11
海軍大將 谷口尙眞論▶一記者 …… 14
癩の歷史と癩菌の研究▶志賀潔 … 15
談話室 ……………………………… 24

政治と軍事に關する二重要史實▶蜷川
新 ………………………………… 25
信託の起源と信託法理の必要▶長谷部
正平 ……………………………… 29
日本の新商工政策 ……………… 42
一人一題
　國產品の愛用時代▶安達謙藏 …… 50
　婦人參政權問題は未だ早し▶齋藤隆
　夫 ……………………………… 52
　徹底せる獨逸の實際的教育▶池田林
　儀 ……………………………… 52
　オリンピック大會に日本特色の運動
　を入れよ▶澁澤正雄 …………… 54
　婦人の參政權問題▶片山哲 …… 54
　浮世繪と土佐と狩野▶大津城以知路
　…………………………………… 55
　國產品獎勵について國民に與ふるの
　書▶寒川恒貞 …………………… 55
　碁界雜話▶瀨越憲作 …………… 56
　行政刷新▶河田烈 ……………… 57
　自動車時代について▶福澤駒吉 … 57
　如何にして無駄を省くか▶小林一三
　…………………………………… 58
　日本畫の海外進出▶平田香堂 …… 59
　階級性より見たる和歌と俳句▶內藤
　透 ……………………………… 60
　不景氣時代に眞の金儲けが轉がつて
　居る▶寒川恒貞 ………………… 61
財界餘燼 ………………………… 63
冷言熱語 ………………………… 64
新聞評語 ………………………… 66

小阪次官を感激せしめた朝鮮の模範村 …………………………… 67
財界片々錄▶一記者 ………… 75
昭和製鋼のばけもの▶一記者 …… 77
何れが勝るや ………………… 79
福助姐さんの英語 …………… 80
學生の思想指導に就て▶第一高等學校 …………………………… 81
或る女給と新聞記者▶森二郎 … 83
カフェ風聞錄▶松本輝華 …… 94
華族の落胤と稱する女(實話)▶松本輝華 ………………………… 97
物資に惠まれたる新義州府 …… 104
江原道の名勝と古蹟 ………… 105
〈花柳巷談〉えんぎ柵▶ホクロの人 ……………………………… 109
〈創作〉生きるために▶長婦美 … 113
編輯局より …………………… 134

```
朝鮮公論 第18巻 8号, 1930. 8
        通巻 第209号
```

〈口繪〉端川事件の寫眞 絶壁
〈卷頭言〉仙石總裁の決斷 ……… 1
〈社說〉朝鮮時事問題考察▶石森久彌 … …………………………… 2
　端川事件の考察・多獅島の價値・朝鮮財界多事
公論餘滴 ……………………… 5
朝鮮統治の要諦▶松田源治 …… 6
朝鮮協會の使命▶阪谷芳郎 …… 9

各國に於ける郵便貯金の沿革と現況▶山本犀藏 ………………… 12
正米市場問題▶直野良平 …… 17
昭和製鋼所問題と中央朝鮮協會▶中島司 …………………………… 21
農村救濟の急務▶富永升 …… 23
一人一題
　無任所大臣設立について▶河田烈 … ……………………………… 26
　軍縮會議の經過▶川崎卓吉 … 26
　勞働爭議の調定に日も又足らず▶丸山鶴吉 ……………………… 27
　碁界雜話▶瀨越憲作 ………… 27
　插畫としての日本畫と洋畫▶平田香堂 …………………………… 28
　書籍の今昔觀▶千葉龜雄 …… 29
　勞働組合法案には第二の普選決意▶齋藤隆夫 ………………… 30
　婦人と讀書▶吉岡彌生女史 … 31
　明治時代の新聞 雜誌圖書館について▶穗積重遠 ……………… 32
　轉期に立つ無産派文學▶內藤透 … ……………………………… 33
　俳句と鄕土▶伊東月草 ……… 34
　將棋の話▶宮松關三郎 ……… 36
談話室 ………………………… 37
朝鮮人物縱橫論▶石森迫川 … 38
冷言熱語 ……………………… 46
軍縮會議の經過▶川崎卓吉 … 48
新日本政治の推奬▶神木鷗津 … 53
端川事件の眞相 ……………… 56

新聞評語 ………………………… 59
天日常次郎氏逝去 ……………… 60
電力界評論 ……………………… 61
財界片々錄▶一記者 …………… 72
東拓綾田技師辭任事情▶本誌記者 … 74
ロック，クライミングと金剛山▶福田登 ……………………………… 75
公論と三菱と松田君▶本誌記者 … 79
保險界評論 ……………………… 80
雪中富士登山▶金華山人 ……… 86
美人と僞少尉▶伯嶺生 ………… 88
共産黨事件と或る女優▶森二郎 … 92
〈花柳巷談〉えんぎ柵▶ホクロの人 …………………………… 101
〈創作〉生きるために▶長婦美 … 105
編輯局より …………………… 124

朝鮮公論 第18巻 9号, 1930. 9
通巻 第210号

〈卷頭言〉內地の世相と朝鮮人 …… 1
〈社說〉新秋の朝鮮より▶石森久彌 … 2
婦人問題▶下田次郎 …………… 6
公論餘滴 ………………………… 9
朝鮮財界の位置▶守屋德夫 …… 10
朝鮮林業投資の有望▶齋藤音作 … 27
人材の價値觀▶盆永豊水 ……… 45
冷言熱語 ………………………… 48
思想取締法規の變遷に就いて▶金弘賢 ……………………………… 50
火災保險の話▶合浦生 ………… 52

朝鮮の秋はいい▶公論子 ……… 64
財界片々錄▶合財子 …………… 66
柔道對抗試合▶加藤好晴 ……… 68
富田儀作翁逝去▶一記者 ……… 76
新聞評語 ………………………… 79
品川だより▶中島司 …………… 80
電力界評論 ……………………… 82
〈秋夜話〉ホクロ奇談▶吉井信夫 … 90
壹錢銅貨で買った春▶吉井信夫 … 92
蝗の怪異(その他)▶道田昌彌 … 94
〈實話〉カフェー女將と拳銃事件▶森二郎 ……………………………… 96
〈實話〉美人と僞少尉▶伯嶺生 … 105
平壤府の沿革と地勢 …………… 113
農事より見たる全羅北道 ……… 115
濟州島の槪要 …………………… 118
〈花柳巷談〉えんぎ柵▶ホクロの人 …………………………… 121
〈創作〉生きるために▶長婦美 … 125
編輯局より …………………… 136

朝鮮公論 第18巻 10号, 1930. 10
通巻 第211号

〈卷頭言〉朝鮮統治を穢さず …… 1
〈社說〉隨感隨想▶石森久彌 …… 2
　朝鮮財政獨立說/朝鮮青年に與ふ/殖銀異動を評す
國產品の愛用に就て▶齋藤實 …… 5
國產品愛用と國民の自覺▶兒玉秀雄 … ……………………………… 6

國産品愛用運動▶松村松盛 ………… 7
公論餘滴 ……………………………… 10
無業者の救濟と治水事業▶本間孝義 …
 ……………………………………… 11
國勢調査の完成を期せよ▶齋藤實 19
國勢調査は施政の基調▶兒玉秀雄 20
諸國に於ける國勢調査の概要▶河野節夫 ……………………………… 22
冷言熱語 ……………………………… 30
新しい婦人論の解剖▶神木鷗津 …… 32
物價問題研究 ………………………… 37
六人六題
　英字制限と今後の文學▶内藤透 … 41
　國産品奬勵問題▶横山勝太郎 …… 42
　積極的仕事を爲すべし▶福澤駒吉 …
 ……………………………………… 43
　條約問題と樞府の態度▶蜷川新 …
 ……………………………………… 43
　藝術の協同製作▶内藤透 ………… 45
　株式投資に就て▶石山賢吉 ……… 46
南漢山城の開城史▶篠田治策 ……… 49
財界片々錄▶一記者 ………………… 70
新聞評語 ……………………………… 73
丸ビルだより▶中島司 ……………… 74
電力界評論 …………………………… 75
〈隨筆〉警官と風流心▶石森迫川 … 80
如何にして彼は辭めたか▶笠神志都延 ……………………………… 83
好一對大目立番附▶本社編輯部 …… 92
デパートと彼女▶森二郎 …………… 93
〈實話〉美人と僞少尉▶伯嶺生 … 103

渤海を越ゆ▶市山盛雄 …………… 113
〈花柳巷談〉えんぎ柵▶ホクロの人 …
 …………………………………… 114
〈創作〉生きるために▶長婦美 … 118
編輯局より ………………………… 134

朝鮮公論 第18巻 11号, 1930. 11
通巻 第212号

〈卷頭言〉悲慘なる擊壞歌 …………… 1
〈社說〉敎勅渙發四十年・間島事件と歸化權問題・財界寸評錄▶石森久彌 … 2
朝鮮電氣事業の將來▶武者鍊三 …… 11
公論餘滴 ……………………………… 14
現在政黨に不滿を有つ一人▶守屋榮夫
 ……………………………………… 15
南漢山城の開城史▶篠田治策 ……… 17
農村は何處へ行く▶守屋榮夫 ……… 39
冷言熱語 ……………………………… 42
支那人の經濟的に優越せる國民性▶澁谷峻 ……………………………… 44
新聞評語 ……………………………… 55
財界片々錄 …………………………… 56
七人七題
　免囚に對する理解と同情を望む▶渡邊千冬 …………………………… 58
　爭碁雜記▶瀨越憲作 ……………… 59
　帝展と審查公開▶平田香堂 ……… 61
　神鴉の奇瑞▶木曾宗夫 …………… 62
　劇壇不振の因は何か▶内藤透 …… 64
　風俗警察▶丸山鶴吉 ……………… 65

最近の生保會社 …………………… 67
教育勅語と朝鮮民族▶上内彦策 …… 71
嬌笑錄 …………………………… 76
教育勅語渙發四十周年を迎へて▶大山
　一夫 …………………………… 77
朝鮮簡易保險の現況▶一記者 …… 82
電力界評論 ……………………… 83
安保海軍大臣との座談會 ………… 90
白紙委任狀附記名株券に就て▶長谷部
　正平 …………………………… 93
共産黨匪の情況 ………………… 100
朝鮮に於ける酒造業の現況と指導 …
　………………………………… 106
忠淸北道に於ける産業▶洪承均 … 110
忠北産米の現況▶田中三雄 ……… 112
〈俳壇〉若葉落▶角田不案 ………… 114
平安北道の名所と古蹟 …………… 115
〈隨筆〉淸州の秋を味ふ▶石森久彌 …
　………………………………… 117
丸ビルだより▶中島生 …………… 119
〈花柳巷談〉えんぎ柵▶ホクロの人 …
　………………………………… 121
編輯部より ……………………… 124

朝鮮公論 第18卷 12号, 1930. 12
通卷 第213号

〈卷頭言〉朝鮮人諸君はかくいふ …… 1
〈社說〉間島から歸って▶石森久彌 … 2
選擧革正問題に就て▶水田鍊太郞 … 8
財界寸評錄▶一記者 ……………… 11

間島在住同胞の實情を何と見る▶曺秉
　相 ……………………………… 14
間島在住四十萬の同胞を救へ ……… 17
冷言熱語 …………………………… 38
間島問題の回顧▶篠田治策 ………… 40
財界片々錄▶一記者 ……………… 45
財界問題の研究 …………………… 46
內地財界の所感▶韓相龍 …………… 60
米穀法改善論▶藤井寬太郞 ………… 66
藤井寬太郞氏の提唱する朝鮮米穀調節
　株式會社 ……………………… 74
矢作水力の現在▶福澤駒吉 ………… 76
七人七題
　資本家と無産派▶丸山鶴吉 …… 80
　敬神思想の涵養を要望す▶小栗孝三
　　郞 …………………………… 80
　秋夜碁談▶瀨越憲作 …………… 81
　人氣が消沈し切っている▶桑田熊藏
　　………………………………… 82
　不戰條約を提案すべし▶岡田朝太郞
　　………………………………… 82
　禁酒禁煙法は守られて居るか▶永田
　　基 …………………………… 83
　瀨々たる學校騷動▶三輪田元道 …
　　………………………………… 85
新聞評語 …………………………… 88
電力界評論 ………………………… 89
公論餘滴 …………………………… 98
全國經濟調査機關聯合會の沿革と事業
　………………………………… 99
〈隨筆〉共産黨の巢窟▶石森迫川 … 102

永井外務次官と中華漫談▶廣江澤次郎 ……………………………… 103
〈旅行漫筆〉間島夷遊記▶石森迫川 ……………………………… 108
慘憺たる朝鮮農村▶飄々山人 …… 113
淺草ネオン・サイン▶森二郎 …… 127
編輯局より ……………………… 132

**朝鮮公論 第19巻 1号, 1931. 1
通巻 第214号**

〈巻頭言〉常に明るく・快濶に ……… 1
〈社說〉昭和六年と朝鮮政治の樣式▶石森久彌 ………………………………… 2
朝鮮及朝鮮人物を語る▶石森迫川 … 5
昭和六年の新春を迎へて▶齋藤實 … 11
聖代の新春を迎へて昌平を壽ぐ▶兒玉秀雄 …………………………………… 13
公民教育の必要▶武部欽一 ……… 15
新春と朝鮮鐵道▶大村卓一 ……… 17
年頭所感▶森岡二郎 ……………… 19
朝鮮內務行政に就て▶今村武志 … 22
朝鮮法務行政に就て▶深澤新一郎 … 25
專賣事業の躍進を期す▶松本誠 … 28
新春と遞信事業▶山本犀藏 ……… 30
年頭と朝鮮殖産行政▶松村松盛 … 34
朝鮮財務行政に就て▶林繁藏 …… 39
新年所感▶和田一郎 ……………… 43
昭和六年と米穀問題▶藤井寬太郎 … 46
昭和五年の回顧▶韓相龍 ………… 51
公論餘滴 …………………………… 53

日本獨特の政治組織必要論▶神木鷗津 ……………………………………… 54
唐人里史話▶武者鍊三 …………… 71
新聞評語 …………………………… 82
滿洲粟に就て▶澁谷峻 …………… 83
談話室 ……………………………… 90
〈隨筆〉食べ物と芝居▶石森迫川 … 91
冷言熱語 …………………………… 94
丸ビルたより▶中島司 …………… 96
カフェー 銀座街▶M生 …………… 98
探偵巷談
　女スパイの死▶山崎黎門人 …… 105
　癲狂囚第十一號の告白▶吉井信夫 …………………………………… 113
空氣の差▶古世渡貢 ……………… 119
下駄の音▶角田不案 ……………… 123
朝鮮各道別人口概數▶一記者 …… 124
唐人里發電所概要▶一記者 ……… 125
彼は蹴飛ばされた▶仲小路文雄 … 130
編輯後記 …………………………… 138

**朝鮮公論 第19巻 2号, 1931. 2
通巻 第215号**

〈巻頭言〉失業救濟費六千五百萬圓 … 1
〈社說〉朝鮮財界の展望▶石森久彌 … 2
運送の合理化を更に統制へ▶中野金次郎 …………………………………… 11
天皇政治▶佐藤清勝 ……………… 16
電氣事業界の展望▶増田次郎 …… 19
如何にして現代を打開するか▶神木鷗

津 …………………………………… 21
京仁取合併理由を聲明す▶池田長次郎
　………………………………… 31
冷言熱語 ………………………… 36
滿洲粟に就て▶澁谷峻 …………… 38
公論餘滴 ………………………… 52
所謂米價對策の朝鮮農村に及ぼす影響
　▶大野道夫 …………………… 53
電力界評論 ……………………… 65
新聞評語 ………………………… 72
百貨店物語▶古志辨郎 …………… 73
談話室 …………………………… 80
米價表 …………………………… 81
阿部充家翁古稀頌壽 …………… 84
昭和五年度末經濟界の展望▶永井生 …
　………………………………… 86
〈隨筆〉滴水禪師の生涯▶守屋榮夫 ……
　………………………………… 88
昭和六年度 朝鮮總督府豫算概要 … 92
東都新聞界內輪話▶丸の內隱史 … 96
〈犯罪實話〉大正天一坊▶伯嶺生 … 102
〈探偵小說〉女スパイの死▶皐久生
　………………………………… 109
彼は蹴飛ばされた▶仲小路文雄 … 117
編輯局より …………………… 122

朝鮮公論 第19巻 3号, 1931. 3
通巻 第216号

〈卷頭言〉松田拓相の立場 ………… 1
〈社說〉道廳移轉と本質的檢討▶石森久

彌 ……………………………… 2
冷言熱語 ………………………… 12
忠南道廳移轉問題論叢
　道廳移轉▶石森久彌 …………… 14
　移轉反對理由▶梅園生 ………… 15
　疑心暗鬼時代▶司海生 ………… 16
　偶然たる移轉の理由▶一記者 … 17
忠南道廳移轉問題に就て
　移轉削除眞相▶森田茂 ………… 20
　總督が居る以上は▶齋藤總督談 … 21
　拓務大臣の責任▶東京朝日論說 … 23
　總督の地位▶石森久彌 ………… 25
　朝鮮統治の禍根▶朴春琴 ……… 27
　小問題を大問題化せんとす▶京城日
　報 ……………………………… 31
　有害無要の拓務省▶京城日日新聞 …
　………………………………… 31
　削除反對の申合せ▶京畿道評議員有
　志 ……………………………… 34
　原案を敢行せよ▶同民會 ……… 35
　死力を盡して闘へ▶京城日日新聞 …
　………………………………… 37
　公職者奮起す ………………… 38
　忠南道廳移轉理由▶今村武志 … 43
　道廳移轉物語▶迫川樓主人 …… 45
公論餘滴 ………………………… 49
軍曹半減論▶尾崎行雄 …………… 50
各人各論
　大臣責任論▶鳩山一郎 ………… 56
　國寶として展觀▶大津城以知路 … 56
　音表文字の文學へ▶內藤透 …… 57

思想對策▶中村嘉壽 ……… 59
教育方針▶田中香堂 ……… 59
新興大和繪會の解散を悔しむ▶平田香堂 ……… 59
議員は私鬪するの權利ありや▶大山郁夫 ……… 60
圍碁雜話▶瀨越憲作 ……… 60
婦人參政權問題▶星島二郎 …… 61
將棋の話▶宮松關三郎 …… 61
試驗地獄とは何ぞ▶建部遯吾 …… 62
新聞評語 ……… 63
富豪と社會教育▶李恩用 …… 64
電力界評論 ……… 68
三百年前 羅馬に使した支倉六右衛門▶片平清 ……… 80
日本性的見世物志▶吉井信夫 …… 83
〈探偵小說〉女スパイの死(その三)▶吉井信夫 ……… 89
〈犯罪實話〉大正天一坊▶伯嶺生 …… 97
彼は蹴飛ばされた▶仲小路文雄 … 108
編輯局より ……… 120

朝鮮公論 第19卷 4号, 1931. 4
通卷 第217号

〈卷頭言〉虛心坦壞たれ ……… 1
〈社說〉朝鮮の時事問題を語る▶石森久彌 ……… 2
菅原總裁を迎ふ/閑却された間島/兒玉總監の進退・取引所問題の動向/會議所更生の道

改正地方制度實施に際して▶齋藤實 ……… 7
社會の變遷と地方制度の改正▶兒玉秀雄 ……… 8
冷言熱語 ……… 10
電氣事業法改正に就て▶小泉又次郎 ……… 12
學術研究振興施設の要求▶櫻井錠二 ……… 14
朝鮮の寺院茶▶稻葉君山 ……… 17
公論餘滴 ……… 28
朝鮮産金增加計劃草案 ……… 29
阿部無佛翁▶德富猪一郎 ……… 36
鑛業の振興を圖れ▶迫間房太郎 …… 37
三大著書を讀む▶石森迫川 ……… 39
各人各論
　婦人に公民權を與へるがよい▶安達謙藏 ……… 44
　女子公民權問題と高等教育▶田中隆三 ……… 44
　新聞の勢力と議會問題▶横山勝太郎 ……… 44
　文理大問題▶嘉納治五郎 …… 46
　女子に男子同樣の權利を與へよ▶高橋琢也 ……… 46
　公娼制度廢止の要旨▶松山當次郎 ……… 47
　公娼存置論▶深澤豐太郎 ……… 48
　公娼制度廢止は世界的大勢▶永井柳太郎 ……… 48
　農民美術は地方色を確保せよ▶神田

古畔 ……………………………… 49
　　文壇沈滯時代▶內藤透 ………… 50
　　大學の解放▶田中忠治 ………… 51
新聞評語 ……………………………… 52
內地電力界評論 ……………………… 53
朝鮮地方選舉取締令發布 …………… 62
諺文新聞の聲
　　淸酒一合に籾十斤▶每日申報 … 64
　　賦役を斷然廢止すべし▶東亞日報 …
　　………………………………………… 65
　　春窮期の米價昂騰▶朝鮮日報 … 67
　　尨大な外來の資本力▶朝鮮日報 … 68
　　民意暢達せず▶東亞日報 ……… 70
三百年前羅馬に使した支倉六右衛門
　　(その二)▶片平淸 ……………… 72
內地保險界評論 ……………………… 75
〈隨筆〉春興閑語▶石森迫川 ……… 77
〈犯罪實話〉大正天一坊事件(その三)▶
　　伯嶺生 …………………………… 80
〈探偵小說〉女スパイの死(その四)▶大
　　世渡貢 …………………………… 88
日本性的見世物志(その二)▶吉井信夫
　　…………………………………… 94
〈文壇〉酒のルンペン▶森凡 …… 101
咸鏡北道の槪要 …………………… 105
彼は蹴飛ばされた▶仲小路文雄 … 107
編輯局より ………………………… 113

朝鮮公論 第19巻 5号, 1931. 5
通巻 第218号

〈卷頭言〉京城府のお化粧 ………… 1
〈社說〉自治精神の發露▶石森久彌 … 2
團結權槪論▶草深常治 ……………… 9
公論餘滴 ……………………………… 32
貴族院改革に關する諸問題 ………… 33
失業保險問題の考察 ………………… 35
最近の勞働組合運動 ………………… 40
府議選擧のもつ意義▶庄司文雄 …… 45
滿洲に於ける水田と朝鮮人戶數表 … 48
新聞評語 ……………………………… 54
一人一題
　　農業敎育の改善▶松田常吉 …… 56
　　都市美の問題▶大津城以知路 … 56
　　敎育映畫に就て▶水田靜兒 …… 57
　　版畫としての日本畫▶平田香堂 … 58
　　本因坊秀策に就て▶瀨越憲作 … 59
　　机上の句を排す▶淸水乘 ……… 59
　　展覽會の功罪▶神田古畔 ……… 60
　　感謝を忘れた近代人▶田中忠治 … 61
財界閑話 ……………………………… 62
三百年前羅馬に使した支倉六右衛門▶
　　片平淸 …………………………… 63
〈隨筆〉モーニングの話▶石森迫川 …
　　…………………………………… 66
各道の名勝舊蹟
　　慶尙北道の卷 …………………… 68
　　忠淸北道の卷 …………………… 71
　　全羅北道の卷 …………………… 75

全羅南道の巻 ……………… 78
仁川府の概要 ………………… 83
石森候補の少年時代▶管井正夫 … 85
〈探偵小説〉女スパイの死▶吉井信夫 ‥
　……………………………………… 91
日本性的見世物志▶吉井信夫 … 100
彼は蹴飛ばされた▶仲小路文雄 … 107
編輯局より …………………… 118

```
朝鮮公論 第19巻 6号, 1931. 6
       通巻 第219号
```

〈巻頭言〉官吏の團體行動 ………… 1
〈社説〉外地官吏減俸問題▶石森久彌 …
　……………………………………… 2
行政組織改造の着眼點▶山本條太郎 …
　……………………………………… 4
軍備を縮小し得るといふ論據如何▶佐
　藤清勝 ……………………………… 13
冷言熱語 …………………………… 20
經濟上の對策▶井上準之助 ……… 22
公論餘滴 …………………………… 24
利殖の點から見た郵便貯金▶山本犀藏
　……………………………………… 25
朝鮮家屋の改善に就きて▶森悟一 … 27
新聞評語 …………………………… 34
國民は若槻内閣に何を期待するか … 35
歳計緊縮問題の考察 ……………… 39
スポーツの諸問題▶武田一郎 …… 43
演劇と興業時間の短縮▶水田靜兒 … 44
女子の手藝教育▶高山眞砂子 …… 45

朝鮮人の間島(新刊批評) ………… 46
總督府官吏の減俸率 ……………… 47
朝鮮簡易生命保険の現況 ………… 49
初夏 銀ブラ漫談▶森凡 ………… 51
新茶保存法 ………………………… 56
菓子と彼氏▶Y・黎門人 ………… 57
父・善文を語る▶岩本善併 ……… 59
大邱府の概要 ……………………… 64
全鮮各道 名勝と舊蹟(その二)
　忠清南道の巻 …………………… 68
　慶尙南道の巻 …………………… 71
　平安南道の巻 …………………… 85
　平安北道の巻 …………………… 95
　咸鏡南道の巻 …………………… 102
　黃海道の巻 ……………………… 103
　江原道の産業 …………………… 108
彼は蹴飛ばされた▶仲小路文雄 … 112
編輯局より …………………… 122

```
朝鮮公論 第19巻 7号, 1931. 7
       通巻 第220号
```

〈口繪〉宇垣總督閣下 今井田政務總監閣
　下
〈巻頭言〉人事異動と先づ鮮産 ……… 1
〈社説〉綜合的調査機關の設立急務
　宇垣總督・今井田總監に要望す▶石
　森久彌 ……………………………… 2
今井田政務總監の聲明 ……………… 6
日本趣味を基調とする産業新制度の提
　唱▶久原房之助 …………………… 7

公論餘滴 …………………………… 20
善哉・滿鮮新政策▶廣江澤次郎 … 21
新聞評語 …………………………… 24
朝鮮首腦部更迭と各新聞紙の論評▶本
　誌記者 …………………………… 25
冷言熱語 …………………………… 36
森岡前局長と世評 ………………… 38
昭和五年 朝鮮國勢調查確定人口 … 42
池田局長の人物▶一記者 ………… 43
諺文の聲
　麥一舛二錢七厘也▶每日申報 … 46
　官吏購買組合問題▶朝鮮日報 … 47
　商工資本の現勢▶朝鮮日報 …… 48
間島に於ける鮮農救濟に對する一考察
　▶岡崎興 ………………………… 49
松濤園海水浴場 …………………… 58
朝鮮暴動事件の眞相▶本誌記者 … 59
暴動に對する諺文紙の態度 ……… 74
　每日申報/朝鮮日報/東亞日報
電氣公營問題
　曰く集 …………………………… 87
　菅原東拓總裁/中村土地改良部長/松
　本專賣局長/住井三井支店長
朝鮮官界異動を語る▶山田朗々生 … 91
　鮮やかな森岡氏/松村/林の兩氏退鮮/
　安達風が吹いて來た
京城漫談風景▶岩木善倂/岩本正二畫
　…………………………………… 95
漫・描・顏▶岩本正二 …………… 99
京城府會々議規則 ………………… 102
女給の話▶森凡 …………………… 107

彼は蹴飛ばされた▶仲小路文雄 … 113
編輯後記 …………………………… 122

朝鮮公論 第19巻 8号, 1931.8
通巻 第221号

〈卷頭言〉心氣を轉換せしめよ ……… 1
〈社說〉鮮支衝突事件と此後の對策▶石
　森久彌 …………………………… 2
朝鮮と統治哲學 …………………… 10
拓務省の必要なる理由 …………… 12
冷言熱語 …………………………… 18
樞密院はなぜ民政黨內閣を壓迫するか
　…………………………………… 20
民政兩派の軍縮案 ………………… 27
稅制整理硏究 ……………………… 33
公論餘滴 …………………………… 38
電氣公營問題檢討▶岡崎興 ……… 39
新聞評語 …………………………… 45
財界閑話 …………………………… 46
諺文紙の聲
　全會一致で邁進せよ▶東亞日報 … 47
　生活の實態を究明せよ▶朝鮮日報 …
　…………………………………… 48
　對流する暗潮▶東亞日報 ……… 50
　朝鮮硏究の新傾向▶朝鮮日報 … 52
　電氣府營と民衆運動▶朝鮮日報 … 53
　電氣府營は當然▶朝鮮日報 …… 53
萬寶山麓より▶庄司一郎 ………… 55
談合事件と結末▶一記者 ………… 58
加奈陀政府の文官保險制度 ……… 59

一人一題

行政整理問題▶横山金太郎 ……… 66
學生歐洲訪問飛行について▶秋山雅之介 ……………………………… 66
都市美山野美を破壞するものは何か▶平田香堂 ……………………… 67
プロ藝術運動と映畫價値▶水田靜兒 …………………………………… 67
農業教育の誤謬▶加藤弘三 ……… 69
學制改革か資格撤廢か▶武田一郎 ………………………………………… 70
文壇は何故衰頹するか▶內藤透 … 70
學生思想問題に就て▶田邊進二 … 72
『間島の實情』に對する世評 ……… 74
漫・描・顏▶岩本正二 …………… 75
京城漫談風景▶岩本善倂/岩本正二畫 ……………………………… 79
春京の新趣向 ……………………… 86
政治家 女 待合▶森凡 …………… 87
京城府町洞別世帶及人口槪數 …… 98
三橋前警務課長▶一記者 ………… 98
牧山前殖産局技師▶一記者 ……… 99
伽倻山海印寺▶市由盛雄 ……… 100
彼は蹴飛ばされた▶仲小路文雄 … 102
編輯後記 ………………………… 121

**朝鮮公論 第19巻 9号, 1931.9
通巻 第222号**

〈卷頭言〉電力統制は刻下の急務 …… 1
〈社說〉電力統制は産業振興の要諦▶石森久彌 ……………………………… 2
電氣事業の統制▶今井田淸德 …… 7
朝鮮に於ける電力政策▶吉原重成 … 9
電氣事業の進步と電力統制▶武者鍊三 ……………………………… 19
公論餘滴 ………………………… 22
電氣時代に於ける文明沃野開拓の現況▶由木保 ……………………… 23
朝鮮の鐵道電化に對する一考察▶米澤良三 ……………………………… 28
朝鮮電氣事業の統制▶一記者 …… 34
冷言熱語 ………………………… 44
英國の電氣事業統制 ……………… 46
米國の水力電氣革命▶一記者 …… 55
電氣瓦斯 公營問題に對する演說要旨 …………………………………… 61
　山中大吉氏/大村百藏氏
新聞評語 ………………………… 75
電氣府營問答 …………………… 76
日本に於ける電氣國營は不可▶バーネット・ウオーカー ………… 80
全鮮電氣會社一覽表 …………… 82
〈噂の立聞〉官人民人を語る …… 92
　朝鮮時事の座談
『間島の實情』に對する世評 …… 99
ルンペンは嘯く▶亂車生 ……… 101
購買組合に反對運動 …………… 106
東滿洲間島の實情▶栗原禮二 … 108
京城漫談風景 …………………… 117
漫・描・顏▶岩本正二 ………… 124
編輯後記 ………………………… 128

朝鮮公論 第19巻 10号, 1931. 10
通巻 第223号

〈卷頭言〉農業者の地位を高めよ ……1
〈社說〉農物經濟と販賣機關の統一▶石森久彌 …………………………2
公論餘滴 ……………………………6
朝鮮農村問題檢討
　農村の開發は中心人物の養成に在り▶洪承均 ……………………8
　全北の農業事情と其の救濟策▶金瑞圭 …………………………13
　現下の農村問題▶渡邊豊日子 …23
　農村を瞥見して▶關水武 ………29
　農村振興の基調▶渡邊忍 ………31
　農村の狀況と其施設並對策▶李範益 ………………………………34
　農村問題に對する意見▶林茂樹 …42
　農事改良及農村一般に關する狀況▶韓圭復 …………………………47
　朝鮮に於ける農事振興策の主眼點▶園田寛 …………………………52
　農村問題管見▶馬野精一 ………56
　咸北農事一般▶古橋卓四郎 ……60
　水利組合に就て▶中村寅之助 …67
第十四回大會を迎ふるに際して▶有賀光豐 …………………………73
デンマークとイギリスの農業生產力の比較研究▶アール・ゼイ・トムソン ………………………………75
冷言熱語 ……………………………90

東滿洲間島の實情▶原禮二 ………92
新聞評語 …………………………102
國際『江華』の面影▶高橋漢太郎 …103
倫敦より▶伊達四雄 ……………109
イブセンの國より▶伊達生 ……111
官界異動の話▶IKY ……………112
スパイと機密費▶森凡 …………115
京城漫談風景▶岩本善併/岩本正二畫 ………………………………118
漫・描・顏▶岩本正二 …………126
各道幹部一覽表 …………………131
編輯室 ……………………………132

朝鮮公論 第19巻 11号, 1931. 11
通巻 第224号

〈卷頭言〉商工聯合會々頭問題 ……1
〈社說〉支那式個性の暴露▶石森久彌 …………………………………2
支那の逆宣外交寂滅の日來る▶瀧川漁史 ……………………………8
支那實業家の活躍を語る▶一記者 …17
新聞評語 ……………………………22
公論餘滴 ……………………………23
朝鮮の工業と鐵道▶大村卓一 …24
賴山陽の脫藩事情▶賴成一 ……36
賴山陽▶大崎好尙 ………………39
農村を明るく住みよくするには▶高島米峰 …………………………44
極東を繞る國際不安▶匿名生 …48
朝鮮金屬鑛業發達史(一)▶志賀融 …54

シヤイロックホルムズの小切手▶平春日 ………………………………… 65
冷言熱語 ………………………… 70
東満洲間島の實情▶栗原禮二 …… 72
無盡經營の對象▶一記者 ………… 80
漫・描・顏(その五)▶岩本正二 … 88
アバッシュを泣かせた女▶高橋漢太郎 ………………………………… 92
憑魔の壺▶春海浩一郎/岩本正二畫 ………………………………… 108
編輯室 …………………………… 126

朝鮮公論 第19巻 12号, 1931.12
通巻 第225号

〈卷頭言〉昭和六年を送る ……… 1
〈社說〉日支事件と朝鮮統治▶石森久彌 …………………………… 2
公論餘滴 ………………………… 5
國際主義の勝利▶瀧川漁夫 ……… 6
大英帝國の解體▶高橋漢太郎 …… 15
〈時流悌觀〉內地の噂・朝鮮の噂 … 20
火災保險料金引上と理由▶一記者 … 24
新聞評語 ………………………… 29
朝鮮金屬鑛業發達史(二)▶志賀融 … 30
冷言熱語 ………………………… 42
東三省に於ける官兵匪賊暴擧實例▶一記者 ……………………… 44
朝鮮投資額▶本社調査部 ………… 57
陣內會頭と華山氏 ……………… 62
大穀會設立經過聲明書 …………… 64

二十年前の思ひ出(其の一)▶石森迫川 ………………………………… 66
朝鮮に關係ある內地輸入貿易品▶本社調査部 …………………… 69
朝鮮民衆の生活樣式と其の改善策▶金義用 ……………………… 70
沈菜を繞りて▶森悟一 …………… 78
漫・描・顏▶岩本正二 …………… 90
短篇『過去』の洗濯▶森凡 ……… 94
憑魔の壺▶春海浩一郎/岩本正二畫 ………………………………… 99
〈雜題〉宇垣總督と利權屋 ……… 4
滿鐵で朝鮮人採用 ……………… 14
大陸通信の新陣容 ……………… 19
石森社長へ伊太利より伊達生 … 56
香椎と水野幇間 ………………… 61
菅原東拓總裁の新方針 ………… 68
秋夜碁談 ………………………… 89
編輯室 …………………………… 116

朝鮮公論 第20巻 1号, 1932.1
通巻 第226号

〈卷頭言〉景氣のいい話 ………… 1
〈社說〉對滿蒙統一機關の設置▶石森久彌 …………………………… 2
公論餘滴 ………………………… 5
朝鮮統治の首腦者として▶宇垣成一 ………………………………… 6
年頭に立ちて官民一般の躍進を促す▶今井田淸德 ……………… 8

時流睥觀 内地の噂・朝鮮の噂 ……… 10
支那側の同胞驅逐急迫して慘憺たる間
　島奥地の近情▶栗原禮二 ………… 14
新聞評語 ……………………………… 18
朝鮮地方行政の振興▶牛島省三 …… 20
教育の普及と實社會的人格養成▶林茂
　樹 …………………………………… 23
國家財政と專賣事業▶土師盛貞 …… 25
鐵道建設事業を觀る▶大村卓一 …… 26
朝鮮産業の一般▶渡邊忍 …………… 28
遞信事業の進展▶山本犀藏 ………… 35
新時代に處する警察行政の樹立▶池田
　清 …………………………………… 38
朝鮮司法制度の一瞥▶深澤新一郎 … 32
府民の福祉增進▶井上淸 …………… 41
昭和6年の回顧▶韓相龍 …………… 43
不況打開と基準備▶森悟一 ………… 45
對滿商權の確立▶陣内茂吉 ………… 47
財界多難と隱忍自重▶朴榮喆 ……… 48
電力統制方策の確立に就て▶今井田淸
　德 …………………………………… 50
半島將來の海運と電氣事業▶山本犀藏
　……………………………………… 56
電氣事業統制問題に就て▶武者鍊三 …
　……………………………………… 62
朝鮮金屬鑛業發達史(三)▶志賀融 … 64
人物評論 朝鮮の第一人者を語る▶南山
　生 …………………………………… 80
森悟一氏との漫談から ……………… 85
冷言熱語 ……………………………… 90
金輸出再禁止のお話▶辰永義正 …… 92

滿蒙事變と朝鮮▶石森久彌 ……… 101
犬養內閣出現と財界▶韓相龍 …… 109
驚くべき乞食群の增加▶每日申報 …
　……………………………………… 119
農村の不況更に深刻化す▶東亞日報 …
　……………………………………… 117
未墾地と地元民▶朝鮮日報 ……… 120
政戰と新聞戰 ……………………… 122
電氣物語 …………………………… 123
丸ビルより▶中島生 ……………… 124
二十年前の思ひ出(その二)▶石森迫川
　……………………………………… 126
佛國寺雜詠▶市山盛雄 …………… 129
石窟庵▶市山盛雄 ………………… 129
〈戲曲〉相逢ふことなかりせば▶光永紫
　潮 ………………………………… 130
編輯室 ……………………………… 146

朝鮮公論 第20卷 2号, 1932. 2
通卷 第227号

〈卷頭言〉菅原總裁の地位 …………… 1
〈社說〉滿蒙新國家建設▶石森久彌 … 2
東滿洲開發論▶石本惠吉 …………… 8
最近に於ける職業市場の狀▶川野溫興
　……………………………………… 14
朝鮮金屬鑛業發達史(四)▶志賀融 … 18
合併の精神と使命に努力誓ふ▶荒井初
　太郎 ………………………………… 22
京仁取合併の有利なりし實證▶秋山滿
　夫 …………………………………… 24

朝鮮取引所職制と陣容成る ………… 25
廿九府議員聲明書發表 電氣公營代案
　について ………………………… 26
電氣府營代行案 申請書を提出す … 27
宇垣總督の心境を語る會 …………… 30
公論餘滴 ……………………………… 33
冷言熱語 ……………………………… 34
諺文紙の聲を聽け!!
　頻發する小作爭議▶東亞日報 …… 36
　昭和製鋼の敷地▶朝鮮日報 ……… 37
　咄!怪變▶每日申報 ………………… 39
　卒業期の男女學生▶朝鮮日報 …… 40
　在滿同胞救濟策決定さる▶每日申報
　……………………………………… 42
　咸北漁業者の苦痛▶朝鮮日報 …… 43
　陳情運動の弊害▶每日申報 ……… 44
　早婚反對事件▶朝鮮日報 ………… 46
二十年前の思ひ出(その三)▶石森迫川
　……………………………………… 48
新聞評語 ……………………………… 50
其日の首相官邸▶森兒羅夫 ………… 58
子の觀たる安住時太郎 父の晩年を語る
　▶安住康夫 ………………………… 62
子供は音樂に敏感レコードは嚴選せよ
　▶高山眞砂子 ……………………… 66
奉天省政府の新財政々策 …………… 67
〈味覺・感覺・觸覺〉おでんや戰線異狀あ
　り …………………………………… 70
朝鮮官界と東北閥▶川上柴山 ……… 73
講道館昇段者氏名(本年朝鮮關係の昇
　段者の氏名左の如し) …………… 74

昭和七年度朝鮮總督府特別會計豫算綱
　要(本社調査部) ………………… 76
昭和五年會社に關する統計(本社調査
　部) ………………………………… 81
朝鮮主要都邑の人口增加狀態 ……… 89
談話室 ………………………………… 95
〈戲曲〉ある女給の辿って行つた道▶光
　永紫潮 ……………………………… 96
憑魔の壺▶春海浩一郎 ……………… 104
編輯室局 ……………………………… 122

朝鮮公論 第20巻 3号, 1932. 3
通巻 第228号

〈卷頭言〉宇垣氏推載說 ……………… 1
政戰場裡より▶石森久彌 …………… 2
朝鮮薰は萬歳 ………………………… 5
朝鮮電氣事業令の制定に就て▶今井田
　淸德 ………………………………… 6
電氣事業令發布に就て▶山本犀藏 … 9
朝鮮電氣界は面目を一新せん▶武者鍊
　三 …………………………………… 12
昇段者を迎へて活氣づく日本棋院 春期
　大棋戰は3月2日から …………… 13
朝鮮電氣事業令 ……………………… 14
冷言熱語 ……………………………… 19
朝鮮金屬鑛業發達史(五)▶志賀融 … 20
小松署長の人情味 …………………… 32
公論餘滴 ……………………………… 33
反宗教運動の喜劇化を排す▶安住也々
　夫 …………………………………… 34

百貨店ではどういふ人を要求するか … …………………………………………… 37
諺文紙の聲を聽け!!
　朝鮮人と學問▶東亞日報 ……… 38
　物價と賃金▶東亞日報 ………… 39
　滿洲粟の輸入關稅を撤廢せよ▶東亞日報 …………………………………… 41
　先づ在滿朝鮮人の安全を▶朝鮮日報 …………………………………… 42
　二重越年を撤廢せよ▶朝鮮日報 … 44
　信託制度と朝鮮人▶朝鮮日報 … 45
　土改地移住獎勵制▶毎日申報 … 46
　この事實を正視せよ▶毎日申報 … 48
　産金事業の爲め▶毎日申報 …… 49
新聞評語 ……………………………… 51
二十年前の思ひ出(その四)▶石森迫川 …………………………………… 52
各人私語
　農村副業の統制機關を設けよ▶松田常吉 …………………………………… 54
　自然を愛する心 日本の獨得の華道▶松統濟理靜 ………………………… 55
　歌謠文學の重要性▶內藤透 …… 55
　漢字制限に就て▶東透 ………… 56
　ジャーナリズムの一轉向▶新井五郎 …………………………………… 57
　入學試驗場へ愛兒を送る時の注意▶武田一朗 ……………………………… 58
　家庭の狀況を顧慮した教育へ▶岡野武 ……………………………………… 59
　必要度を增す託兒所施設▶田中克子 …………………………………… 59
　製作慾と季的關係▶大津城以知路 …………………………………… 60
　子の觀たる安住時太郎 父の晩年を語る▶安住康夫 …………………… 61
人の噂 ………………………………… 65
總選擧漫談▶森兒羅夫 …………… 66
上海近信 ……………………………… 72
衆議院議員一覽表 …………………… 73
加藤總裁漫談 ………………………… 81
〈味覺・感覺・觸覺〉赤い花も咲く京城のあまいところ ……………………… 82
婦人矯風會が白酒廢止の運動 …… 85
〈戲曲〉彼女は『なぜ』拘留された?▶光永紫潮 ………………………………… 86
憑魔の壺▶春海浩一郎 …………… 97
編輯室 ………………………………… 116

朝鮮公論 第20巻 4号, 1932. 4
通巻 第229号

〈卷頭言〉新國家と朝鮮移民 ………… 1
〈社說〉朝鮮より一筆呈上▶石森久彌 …………………………………………… 2
公論餘滴 ……………………………… 5
滿蒙幣制整理方針要領 ……………… 6
滿鐵首腦の退却 ……………………… 16
談話室 ………………………………… 17
沿海州森林事業の推移▶島津透 … 18
東拓小言 ……………………………… 26
新聞評語 ……………………………… 27

大邱日報は資本家の魔手に 半島言論合
　理化に大邱日報が先驅するか▶兜山
　生 ……………………………………… 28
井上府尹昇格 ………………………… 32
權威ある二近業 下村博士の「吳越同舟」、
　板橋講師の「社債法論攷」▶迫川生 …
　…………………………………………… 33
朝鮮金屬鑛業發達史(六)▶志賀融 … 34
朝鮮號獻金琵琶大會 本社主催にて ……
　…………………………………………… 47
冷言熱語 ……………………………… 48
諺文紙の聲を聽け!!
　我等にパンを與へよ▶東亞日報 … 50
　梁山の警官發砲事件▶東亞日報 … 51
　日本社會のファッショ化傾向▶東亞
　日報 ………………………………… 52
　留置人の待遇改善案▶東亞日報 … 54
　朝鮮の産金業者に着眼せよ▶毎日申
　報 …………………………………… 55
　農村の薫香▶朝鮮日報 …………… 56
　思想警察擴張▶朝鮮日報 ………… 58
　誰の爲めの專門・大學▶朝鮮日報 …
　…………………………………………… 59
　勞働、小作爭議に就いて▶朝鮮日報
　…………………………………………… 60
選擧ところところ▶石森迫川 ……… 62
演說の悲鳴▶迫川生 ………………… 64
彼の橫顏 ……………………………… 65
野球閑談 本壘打記錄▶森兒羅夫 … 70
契約高は?會長の椅子は? 近頃の無盡會
　社 …………………………………… 75

仇討ナンセンス▶甲斐源次 ………… 76
遊廓臨檢後日譚▶劍々生 …………… 80
丸ビルに現れた?の女▶一記者 …… 83
暗殺の動機 …………………………… 85
花柳艷話 ……………………………… 86
紅い唇―カクテルの旋律― ………… 88
商店界評論　如何にしてデパートと鬪
　ふ可きか▶本社商況部 …………… 90
京城商店界漫語▶錄南子 …………… 93
最近の經濟界と朝鮮土地信託株式會社
　…………………………………………… 94
問屋街を訪ねて(一)
　履物にも景氣の動き▶野村千大郎氏
　談 …………………………………… 97
　良品は良きサービス▶鮫島氏談 ……
　…………………………………………… 97
　舶來品販売の面白味と惱み▶明治屋
　支店長談 …………………………… 98
　値上げ大反對▶日の出商行主談 … 98
　値上がりが頭痛の種▶萩原紙店奧田
　支配人談 …………………………… 99
　儲けは薄くサービスたつぷり▶夏川
　小間物店支配人談 ………………… 99
商店界ニュース ……………………… 100
京城名流夫人の見た『ホンマチ街』……
　…………………………………………… 103
〈戲曲〉彼女をこのまゝ放つておいてい
　いのか?▶光永紫潮 ……………… 106
黃海道の現勢 ………………………… 116
編輯室 ………………………………… 122

```
朝鮮公論 第20巻 5号, 1932.5
通巻 第230号
```

〈卷頭言〉政變と外地首腦者 ………… 1
〈社說〉特殊銀行會社首腦部更迭反對論
　▶石森久彌 ……………………… 2
公論餘滴 ……………………………… 6
我國の財界の現況▶高橋是淸 ……… 7
政治家は夢を說くもの▶望月圭介 … 8
東拓の經營方針は朝鮮農業第一主義 …
　………………………………………… 9
朝鮮金屬鑛業發達史(六)▶志賀融 … 11
冷言熱語 ……………………………… 21
談話室 ………………………………… 23
內地財界の歸趨―內地觀察より歸へり
　て―▶宮林泰治 ………………… 24
內地電力界評論▶一記者 …………… 26
京城電氣會社から府に百萬圓寄附 京城
　府電氣問題
解決す東京より▶中島司 …………… 35
島の西歸浦まで▶高橋漢太郎 ……… 38
諺文紙の聲を聽け!!
　文化革新を提唱す▶東亞日報 … 49
　新興と遊興▶朝鮮日報 ………… 51
　小作立法▶每日申報 …………… 52
　普校入學と峻嚴な誓約書▶東亞日報
　………………………………………… 53
　朝鮮人經濟の回復策如何▶東亞日報
　………………………………………… 55
　兵亂渦中の間島同胞▶朝鮮日報 … 56
　社會立法の必要▶東亞日報 …… 57

　兵亂渦中の間島同胞▶朝鮮日報 … 56
　結婚と離婚の自由▶朝鮮日報 …… 59
　何たる妖妄ぞや▶每日申報 ……… 60
末森富郎氏の「亡妻を偲びて」を讀み
　て▶小林朝生 …………………… 61
平安北道の特產品に就て …………… 62
新聞評語 ……………………………… 66
江原道の槪要と重要產物 …………… 67
忠淸南道の沿革と名勝舊蹟 ………… 69
全羅北道の現勢 ……………………… 71
釜山府 昭和七年度豫算に就て …… 72
全羅南道の名勝及古蹟 ……………… 74
商店界ニュース ……………………… 82
京畿道警察部の交通宣傳畫脚本の選
　に參加して▶光永紫潮 ………… 84
カフエーは叫ぶ 五十六割增稅果して
　妥當なりや▶劔劔生 …………… 89
花柳艷話 ……………………………… 91
夜のカフエー ………………………… 93
憑魔の壺▶春海浩一郎/岩本正二畫 …
　………………………………………… 95
〈戲曲〉彼女はどうすればいゝのか?▶
　光永紫潮 ………………………… 116
高居商店の大英斷 …………………… 123

```
朝鮮公論 第20巻 6号, 1932.6
通巻 第231号
```

〈卷頭言〉矜持と感謝 ………………… 1
〈社說〉朝鮮總督の地位竝に責任論▶石
　森久彌 …………………………… 2

公論餘滴 …………………… 9
春風今日感多少笑見南山萬朶櫻▶水野
　鍊太郞 …………………… 10
外人の眼に映したる日支紛爭▶泉哲 …
　……………………………… 17
惱める朝鮮人の心理▶高橋漢太郞 … 20
朝鮮人の滿洲移住に就て▶濱田恒之助
　……………………………… 27
內鮮の目覺め▶下村海南 …………… 29
春畝公・魯庵伯の趣味▶松田學鷗 … 30
我も亦た分からぬ記▶臍右老人 …… 33
迫川社長に望む▶中島司 …………… 36
南海象樹不知春秋▶大村友之丞 …… 38
チンドン屋風景▶西東生 …………… 40
朴春琴君議員當選默殺の朝鮮▶大東野
　人 …………………………… 42
百萬圓を如何に使ふか ……………… 44
〈漫談〉時局を漫談する▶丸山幹治 ……
　……………………………… 56
新聞人に物を聽く▶一記者 ………… 60
財界閑話 ……………………………… 68
餘興ある二論策
　總督府と寺内伯▶大隈重信 ……… 69
　滿鮮經濟統一論▶故三島太郞 …… 71
冷言漫語▶迫川學人 ………………… 74
新聞評語 ……………………………… 77
社會經濟隨想
　世界經濟の動向と朝鮮▶加藤敬三郞
　……………………………… 78
　普通銀行不動産貸出資金化の問題▶
　有賀光豊 …………………… 82

朝鮮の金融概況を語る▶兒島高信 …
　……………………………… 85
多端なる時局に直面して▶朴永喆 …
　……………………………… 88
滿蒙問題と北鮮開拓▶陣內茂吉 … 89
朝鮮産業團體の統制▶南宮營 … 90
管理通貨理論に對する若干の疑問▶
　吉田廉三郞 ………………… 92
動き行く朝鮮の人口▶善生永助 … 96
不景氣回復策と大土木事業の國營▶
　藤井寬太郞 ………………… 102
朝鮮の色服勵行▶金瑞圭 ……… 108
說苑
　感ずるまゝ▶今井田清德 ……… 112
　窮民救濟土木事業▶牛島省三 … 113
　朝鮮産業の現勢▶渡邊忍 ……… 114
　三防峽藥水にて▶市山盛雄 …… 116
　半島開發と卒業生指導▶林茂樹 ……
　……………………………… 117
　昭和七年度の命令航路▶山本犀藏 …
　……………………………… 120
丸ビルより▶中島生 ……………… 124
二十年前の思ひ出(その二)▶石森迫川
　……………………………… 126
京城府を語る▶井上淸 …………… 127
現時の朝鮮警察▶池田淸 ………… 130
道より眺めたる明日の朝鮮▶李範益 …
　……………………………… 131
談話室 ……………………………… 134
笑話 ………………………………… 137
朝鮮の舞臺に躍る人々▶石森迫川 ……

………………………………… 138
〈史實・詞藻〉滿洲の地名と歷史▶稻葉君山 ………………………………… 144
〈韓末餘聞〉兩雄の會見▶南山太郎 ………………………………………… 150
韓國時代の露西亞活躍史▶廣江澤次郎 ……………………………………… 156
青葉の扶餘▶岡崎哲郎 ……………… 180
滿鮮柔道試合の再興を提唱▶阿部文雄 ……………………………………… 184
半島唯一の樂園地 海の仁川▶一記者 ……………………………………… 186
京電百萬圓寄附金の使用方法▶中村三笑 …………………………………… 187
憑魔の壺▶春海浩一郎/岩本正二畵 ………………………………………… 189
公論歌壇▶寺田光春選 ……………… 204
編輯室 ………………………………… 206

朝鮮公論 第20卷 7号, 1932. 7
通卷 第232号

〈卷頭言〉朝鮮の農村救濟 …………… 1
〈社說〉朝鮮統治政策の態樣▶石森久彌 ……………………………………… 2
論叢
　日本精神の眞髓▶安岡正篤 …… 16
　詩と人生▶白鳥省吾 …………… 28
　朝鮮褐炭の低溫乾餾に就いて▶竹内良三 ……………………………… 44
　滿洲移民の一考察▶川村五峰 … 52

　朝鮮金屬鑛業發達史(七)▶志賀融 ………………………………………… 58
　朝鮮紙の聲を聽け▶東亞日報/每日申報 ………………………………… 68
隨筆
　質に歸れ▶西東生 ……………… 74
　民謠の社會性▶田中初夫 ……… 77
　書齋餘錄▶石森迫川 …………… 82
明治維新以後最初の朝鮮使節の日本見物記(一)▶菊地謙讓 …………… 84
公論餘滴 ………………………………… 15
談話室 …………………………………… 42
新聞評語 ………………………………… 67
經濟時言 ………………………………… 102
人物評論
　人間的に觀た齋藤首相▶石森迫川 ………………………………………… 86
　電力界評論▶一記者 …………… 92
　貯金の獎勵に就いて▶川面隆三 ………………………………………… 104
　簡易保險と我國の國民性に就いて ………………………………………… 106
慶尙北道の名勝及古蹟 ……………… 108
亂賣の橫顏▶本社商況部 ………… 110
東洋經濟の一大ブロックを造れ▶小林朝生 ………………………………… 112
三味線箱 ……………………………… 24
大阪エロ行脚 ………………………… 116
〈戲曲〉噫犬養首相▶光永紫潮 …… 119
公論歌壇 ……………………………… 128
雜題

佛國寺より ……………………… 76
內金剛明鏡臺にて ……………… 115
官吏の不正事件 ……… 31, 118, 129
楠本商店の滿洲進出 …………… 105
新刊紹介 ………………………… 109
編輯後記 ………………………… 130

```
朝鮮公論 第20巻 8号, 1932.8
       通巻 第233号
```

〈卷頭言〉電氣智識の普及號 ……… 1
〈社說〉『朝鮮』を忘れたる日本▶石森久
  彌 ………………………………… 2
公論餘滴 …………………………… 9
電氣研究と電氣普及欄
  朝鮮の電氣事業に就いて▶山本犀藏
    ……………………………… 10
  朝鮮の電氣問答 ………………… 20
  電氣知識の普及に就いて▶一記者 …
    ……………………………… 23
電力界評論 ………………………… 34
內地の電氣事業の歸向
  內地電氣事業視察の要領▶曾我勉 …
    ……………………………… 42
  內地電氣事業視察の感想▶吳珽煥 …
    ……………………………… 43
非常時の財界に直面して ………… 44
談話室 ……………………………… 57
滿洲及朝鮮移民の對策▶藤井寬太郞 …
    ……………………………… 58
滿洲農業の實績及將來▶酒井龜喜 … 64

國史教育の本質と使命▶平田雅彦 … 71
朝鮮金屬鑛業發達史(完)▶志賀融 … 78
印度人の朝鮮統治觀▶ローム・ナース・
  ビスワース ……………………… 80
新聞評語 …………………………… 89
京城府の人口▶菊山嘉男 ………… 90
泉筆餘瀝▶中島司 ………………… 92
滿洲特派 大日本府▶大東野人 …… 96
談合事件の思出▶林原憲貞 ……… 98
明治維新以後最初の朝鮮使節の日本見
  物記(二)▶菊地謙讓 …………… 106
世界の靈峰 金剛山探險の追憶(上)▶光
  永紫潮 ………………………… 108
經濟時言 ………………………… 119
三味線箱 ………………………… 120
夜のカフェー …………………… 122
公論歌壇▶寺田光春選 ………… 125
憑魔の壺(第七回)▶春海浩一郎 … 126
編輯局より ……………………… 144

```
朝鮮公論 第20巻 9号, 1932.9
       通巻 第234号
```

〈卷頭言〉政務統制が第一 ………… 1
〈社說〉宇垣政治の實體を論ず▶石森久
  彌 ………………………………… 2
論叢
  朝鮮産業情勢と鮮銀業績▶加藤敬三
  郞 ……………………………… 12
  財界一般と殖銀の實績▶有賀光豊 15
  電氣統制と營業年限更生▶大橋新太

**朝鮮公論 第20巻 10号, 1932. 10
通巻 第235号**

〈卷頭言〉ロボット內閣の前途 ……… 1
〈社說〉祖國精神の原理▶石森久彌 … 2
論叢
　駒井長官の朝鮮統治論▶善生永助 …
　　……………………………………… 10
　前進する?▶高橋漢太郎 ………… 16
　民族心理より觀たる內鮮融和問題▶
　　富加須肇 ……………………… 23
　日本精神の覺醒▶谷多喜磨 …… 36
　東洋の平和▶朴榮喆 …………… 45
隨筆
　聞いた話▶西東生 ……………… 50
　丸ビルだより▶中島生 ………… 53
〈人物評論〉總督府新幹部論▶石森迫川
　　……………………………………… 64
中野正剛氏歡迎座談會 ………… 114
死線を彷ふ人質遭難記▶三宅善平 … 55
地方官配置の眞相▶森二郎 …… 60
創作
　魅られた寫眞技師(下)▶秋良春夫 …
　　……………………………………… 83
　憑魔の壺▶春海浩一郎/岩本正二畫 …
　　……………………………………… 94
公論餘滴 ………………………………… 9
經濟時言 ……………………………… 35
新聞評語 ……………………………… 49
內地視察餘談▶朴疇明 ……………… 34
朝鮮統治の目標世標 ………………… 68

郎 ……………………………………… 18
滿蒙に於ける朝鮮人問題▶金義用 …
　……………………………………… 20
談合事件管考▶菊溪生 …………… 42
朝鮮に於ける產金の將來▶用合彰武
　……………………………………… 49
新らしき倫理▶安住也々夫 …… 53
地方長官の系統解剖▶森二郎 … 58
鮮米と滿洲粟の問題▶新井新藏 … 63
公論餘滴 …………………………… 11
新聞評語 …………………………… 57
經濟時言 …………………………… 41
編輯後記 …………………………… 132
朝鮮米座談會▶湯村辰二郎/三井榮長/
　齋藤久太郎/吉池四郎/澁谷禮治/松井
　房次郎/立川六郎/丸本章造/新田義民
　/中富計太/今村伊三郎/石森社長 …
　……………………………………… 68
中小商工業者の運動は何處へ行く▶小
　林朝生 …………………………… 94
彼女の一生▶森凡 ………………… 98
金剛山探險の追憶▶光永紫潮 …… 105
〈創作〉魅られた寫眞技師(上)▶秋良春
　夫 ………………………………… 118
公論歌壇▶寺田光春選 …………… 131
丸ビルより▶中島生 ……………… 126
三味線箱 …………………………… 116
總督府幹部論(豫告) ………………… 62
慶尙南道の名勝舊蹟 ……………… 127
朝鮮の處女配 ……………………… 104

蓄音器界のゴタゴタ ……………… 74
大邱府々勢 …………………… 112
公論歌壇▶寺田光春選 ………… 132
カフェー夜話 …………………… 77
艶風聞 ……………………………… 80
編輯局より ……………………… 134

朝鮮公論 第20巻 11号, 1932. 11
通巻 第236号

〈巻頭言〉宇垣總督動かず ……… 1
〈社說〉朝鮮時事小言▶石森久彌 … 2
經濟界の更生方法如何▶高橋是清 … 6
金が使ひ切れるかどうか▶山本達雄 …
……………………………………… 7
國民の精神的修練▶荒本貞夫 …… 8
農村窮乏の原因及對策▶勝田主計 … 10
在滿朝鮮人保護施設▶本社調査部 … 12
現代青年と社會主義傾向の一考察▶三
枝潤 ……………………………… 23
總督府新幹部論(二)▶石森迫川 … 30
加藤鯛一守屋榮夫兩氏歡迎座談會 … 34
政界の黨內團體を覗く▶森二郎 … 70
朝鮮殖産銀行の業態▶一記者 …… 76
京城電氣の今昔譚▶一記者 ……… 80
國を護る人々▶光永紫潮 ………… 90
〈創作〉憑魔の壺▶春海浩一郎/岩本正
二畫 ……………………………… 97
公論餘滴 …………………………… 5
新聞評語 ………………………… 33
經濟時言 ………………………… 11

大信託會社の計劃成る ………… 75
平安北道の名勝古蹟 …………… 116
公論歌壇 ………………………… 120
岡本代議士より ………………… 22
朝鮮の人蔘と三井 ……………… 83
港町の噂 ………………………… 84
朝鮮麥酒會社の計劃內容 ……… 79
明水臺の新住宅地 ……………… 118
詩三篇 …………………………… 121
丸ビルだより▶中島生 ………… 86
女房さがし ……………………… 87
箱根より ………………………… 117
編輯局より ……………………… 122

朝鮮公論 第20巻 12号, 1932. 12
通巻 第237号

〈巻頭言〉宇垣總督の態度 ……… 1
〈社說〉朝鮮と社會事業▶石森久彌 … 2
朝鮮へ注ぎ込みたる內地の資金▶上田
文三郎 …………………………… 6
朝鮮私設鐵道の特異性と其の對策▶東
條正平 …………………………… 25
米穀統制政府案の檢討▶新田義民 … 30
幸運四十七長官▶瀧川漁史 …… 33
總督府新幹部論(三)▶石森迫川 … 43
賀田直治さんを語る▶高橋漢太郎 … 49
政界の黨內團體を覗く▶森二郎 … 58
全琫準の末路▶長風槎客 ……… 63
東京電力界評論▶一記者 ……… 67
齋藤首相荒木陸相推裝の日本の決意を

讀む ……………………………… 80
朝鮮癩豫防協會 ………………… 82
〈創作〉千年と云ふ女▶秋良春夫 …… 87
公論餘滴 ………………………… 24
積極的に消費せよ ……………… 5
港町の噂 ………………………… 55
二十週年を迎へて共濟無盡會社 …… 86
公論歌壇 ………………………… 99
財界片々 ………………………… 98
新聞評語 ………………………… 48
關東軍參謀の博識 ……………… 62
丸ビルだより▶中島生 …………… 66
京城郊外軌道會社 ……………… 79
時實さんの披露 ………………… 97
ゴシップ ………………………… 44
編輯局より ……………………… 100

**朝鮮公論 第21巻 1号, 1933.1
通巻 第238号**

〈卷頭言〉總督府諸公の緊褌を望む … 1
〈社說〉朝鮮と陳情運動▶石森久彌 … 2
滿洲移民に對する考察▶柏田忠一 … 8
米穀統制案に對する卑見▶朴春琴 … 13
日本の外交政策と輿論▶高橋漢太郎 ………………………………… 15
公論餘滴 ………………………… 26
政黨親分乾分傳(一)▶森二郎 …… 27
經濟時言 ………………………… 32
新運四十七長官▶瀧川漁史 …… 33
新聞評語 ………………………… 55

朝鮮小作調停令 ………………… 59
品川より▶中島司 ……………… 68
朝海▶松田學鷗 ………………… 69
總督府新幹部論(四)石森迫川 …… 70
朝鮮統治の首腦者として昭和八年の春を壽ぐ▶宇垣一成 ……………… 74
農山漁村と指導精神▶渡邊忍 … 76
非常時と遞身施設▶山本犀藏 … 79
緊張せる新生活と自力更生▶林茂樹 ………………………………… 81
朝鮮の鐵道事業▶吉田浩 ……… 84
昭和八年と殖産設施▶穗積眞太郎 … 85
農村疲憊と根本對策▶松本誠 … 91
世界經濟の動向と鮮滿財界の前途▶加藤敬三郎 …………………… 93
經濟界の動向と我等の覺悟▶有賀光豊 ………………………………… 98
昭和七年の回顧▶韓相龍 ……… 105
朝鮮産業の一轉機—産業維持に直面して—▶賀田直治 ……………… 108
朴侯勅選さる
　勅選に任命された朴泳孝侯の經歷 ………………………………… 110
　老後を捧げて御奉公し度い勅選になった朴泳孝侯語る …………… 111
　朴泳孝侯の勅選に就いて宇垣總督語る ……………………………… 112
小松謙次郎氏の遺圖を語る▶谷口守雄 ………………………………… 113
國策と移民事業の重大性附所謂集團移民の實績▶藤井寬太郎 ……… 122

〈創作〉千年と云ふ女▶秋良春夫 … 134
公論歌壇▶寺田光春選 ……………… 151
編輯局後より ……………………… 152

```
朝鮮公論 第21巻 2号, 1933. 2
      通巻 第239号
```

〈卷頭言〉齋藤內閣總辭職が順當 …… 1
〈社說〉人間的な移民政策▶石森久彌 …
…………………………………………… 2
朝鮮財界の展望▶賀田直治 ………… 8
目覺めよ亞細亞▶中島司 …………… 14
滿洲移民に關する各方面の意見抄錄 …
…………………………………………… 26
豊太閤の雄圖と佐藤信淵の大陸經略論
▶川村五峯 ……… 52
富源開發を待つ熱河省經濟事情▶中島
司 ……………………………………… 69
政黨親分乾分傳(二)▶森二郎 ……… 75
朝鮮民心の動向▶東亞日報/每日申報/
中央日報/朝鮮日報 ………………… 80
昭和八年度朝鮮總督府豫算 ……… 95
不良青少年子女への墮落過程と防止策
▶一記者 ……………………… 100
雜題
　公論餘滴 ……………………… 13
　本誌定價改正 ………………… 91
　總督府新幹部論 ……………… 67
　渡邊植野兩理事重任 ………… 74
　仁川府營公設浴場開場 ……… 94
　三井物產重役改選 …………… 99

對滿朝鮮移民の堅實性 ………… 108
經濟時言 ………………………… 68
新聞評語 ………………………… 79
朝鮮癩豫協會の寄附に就て …… 98
公論歌壇▶寺田光春選 ………… 109
編輯局後より …………………… 110

```
朝鮮公論 第21巻 3号, 1933. 3
      通巻 第240号
```

〈卷頭言〉火田民の整理 …………… 1
〈詩評〉東京より▶石森久彌 ……… 2
滿洲國に於ける鮮人移民の重要性▶金
義用 ……………………………………… 5
公論餘滴 ………………………… 10
我が國の財政及金融▶菅原通敬 …… 11
朝鮮の大恩人 我が釘本老を惜む▶大村
友之丞 ……………………… 30
問題の起る毎に思出さる人▶森悟一 …
…………………………………………… 33
犧牲奉公の生涯▶齋藤久太郎 …… 34
淸濁併せ呑めた人▶古城菅堂 …… 35
再起の勇姿を見たかった▶古城龜之助
…………………………………………… 36
社會人としては不遇ではない▶前田昇
…………………………………………… 37
溫情溢るゝ如くにして極めて謙遜▶朴
營喆 ……………………………… 39
いさゝかも恩を賣らず　熱情の人，信
念の人▶韓相龍 ……………… 39
慈父の如き溫情▶小杉謹八 ……… 41

頼母しき相談相手▶荒井初太郎 …… 42
最も信頼し得る人物▶矢鍋三朗 …… 43
京城神社建立大努力▶進辰馬 …… 45
その重鎭たる所以▶肥塚正太 …… 45
千圓も儲けたら日本に歸らう▶高木德彌 …………………………………… 46
銅像建設を實現させたい▶淺野太三朗 ……………………………………… 49
公人の模範▶戸嶋祐次郎 …… 49
新聞評語 ……………………………… 51
爲替安に躍る事業界の全貌 ……… 52
世間注視の佳木斯 武裝移民團の近狀 …………………………………… 62
石森社長著の「對滿朝鮮移民の堅實性に對する世評 ……………………… 64
支那に傳はる月の神話▶林風天 … 71
北歐の冬を語る▶柳澤健 ………… 73
古人の飮食趣味▶長崎唐人 ……… 76
銃殺を見る▶須井一 ……………… 78
取引員支店設置を京城に請願 …… 82
時事漫談▶岩本正二 ……………… 91
公論歌壇▶寺田光春選 …………… 95
編輯局後より ……………………… 96

**朝鮮公論 第21巻 4号, 1933. 4
通巻 第241号**

〈卷頭言〉政黨と信用 ……………… 1
〈主張〉朝鮮新聞社副社長就任に際し▶石森久彌 …………………………… 2
工事請負入札に關する政府の答辯書 … 4
質問書 ……………………………… 5
法規の解釋統一に關する質問主意書 …………………………………… 6
聯盟脫退とわが財政の前途▶小川太郎 …………………………………… 19
美國の金輸出禁止は我國民生活に何う響く?▶南千壽 …………………… 21
朝鮮新聞社新陳容成る ……………… 23
新生活に轉向の權藤氏 ……………… 24
權藤氏の退任を惜しみ努力を感謝▶牧山社長語る …………………… 25
公論餘滴 …………………………… 26
滿洲國視察所見▶宮地久衛 ……… 27
韓鄕之島も八洲の一也▶川本達 … 30
市會議員と檢事局▶森二郎 ……… 37
鳳鳴館風景▶高橋漢太郎 ………… 42
萬里の長城に髑髏旗の飜るまで▶池上秀夫少尉手記 ………………… 49
地方雜論▶一記者 ………………… 55
溫泉に惠まれた黃海道 …………… 58
開城府の名所古蹟及遊園地 ……… 59
慶尙北道の名勝及古蹟 …………… 62
江原道の概要 ……………………… 64
全羅南道の名勝及古蹟 …………… 66
全羅北道の現勢 …………………… 70
振興の忠沿革南と名勝舊蹟 ……… 71
特産に惠まれる平安北道 ………… 73
仁川府本年度新規事業の數々 …… 77
時事漫談▶岩本正二 ……………… 79
諺文紙の聲を聞け
　生活難の對策▶東亞日報 ……… 84

少年犯罪の増加現象▶朝鮮日報 … 86
憂慮すべき子女發育の狀態▶東亞日報 …………………………………… 87
火田民生活の危機▶東亞日報 …… 88
學士群の就職戰線 ………………… 90
舍音取締の必要▶東亞日報 ……… 92
ヂャーナリズムの歸趨▶高須芳次郎 …………………………………… 94
小兒の扁桃腺炎▶內村良二 ……… 96
愛兒のために▶川野溫興 ………… 98
〈大衆小說〉轉變週旅日記▶秋春良夫 …………………………………… 102
公論歌壇▶寺田光春選 ………… 121
編輯局後より …………………… 122

```
朝鮮公論 第21巻 5号, 1933. 5
       通巻 第242号
```

〈卷頭言〉命惜しき政治家
朝鮮の現在及將來▶林茂樹 ……… 2
朝鮮産業の趨勢▶賀田直治 ……… 11
公論餘滴 ………………………… 18
米穀大會を好機に ………………… 19
　朝鮮産米に非常なる有意義▶今井田政務總監語る ……………… 19
　內鮮當業者の密接の連繫保持▶有賀光豊 …………………………… 20
　朝鮮米認識の好機▶穗積眞六郎 …………………………………… 22
　內鮮臺三者 一丸となり▶渡邊忍 … 24

大會の眞價 人の和に待つ▶齋藤久太郎 …………………………………… 25
內地側出席 會員に希望▶荒井初太郎 …………………………………… 26
朝鮮米と米穀檢查▶石塚峻 ……… 28
朝鮮癩予防協會 第1回評議員會開催 …………………………………… 32
今井田會長の挨拶 ……………… 33
池田理事長の事業報告 ………… 35
朝鮮棉花增産計劃 ……………… 40
時事漫談▶岩本正二 …………… 47
春のリーグ戰漫評▶秋山慶幸 … 53
男女混浴考▶森二郎 …………… 59
地方雜論 ………………………… 64
　中道を步む溫厚の關藤さん▶一記者 …………………………………… 64
　躍進を續くる歲若き淸津港 …… 65
　仕事は成るべくせぬといふ元山府尹 …………………………………… 67
　鐵原の「郡守花」 ………………… 67
　當局の施措宜敷を得て殷賑に向ふ京畿道 …………………………………… 69
頭のよくなる食物 ……………… 71
諺文紙の聲を聞け ……………… 72
　朝鮮米穀問題の再檢討 ………… 72
　朝鮮の失業者問題 ……………… 73
　頹廢的傾向の增長 ……………… 75
　朝鮮小作調停令の缺陷 ………… 76
　社還米制度實施の決定 ………… 77
　民可使由之の眞義 ……………… 79
　自力更生運動の效果 …………… 80

無智の悲惨 …………………… 81
科學小品 ……………………………… 84
　　人口增殖の生物學▶寺尾新 … 84
　　電氣の未來▶伊藤奎二 ……… 86
　　最近の飛行機▶小川太一郎 … 88
　　宇宙の神秘 …………………… 90
　　奇探偵小說 マダム一夜物語▶秋郎長
　　夫 ……………………………… 93
公論歌壇▶寺田光春選 ……………… 109
我が社新陣容成る …………………… 110

朝鮮公論 第21卷 6号, 1933.6 通卷 第243号

〈卷頭言〉大亞細亞主義と二つの命題 …
　………………………………………… 1
公論詩評▶松本於菟男 ………………… 2
恐慌對策に於ける獨裁の意義―ルーズ
　ヴェルトの新政策―▶蠟山政道 … 6
世界經濟會議の中心問題 …………… 10
銀問題の將來▶一記者 ……………… 16
餘滴 …………………………………… 19
世界經濟と東亞經濟▶加藤敬三郎 … 20
革新記念號 …………………………… 24
　　朝鮮公論社長に就任して▶金思演 …
　　………………………………… 24
　　革新記念號に寄す ………… 26
不可思議なる齋藤內閣の存在 …… 41
滿洲國の再認識▶小磯國昭 ……… 42
滿洲中央銀行の現況 ……………… 49
國民の更生▶肥塚正太 …………… 54

農山漁村振興計劃實施に就て▶渡邊忍
　………………………………………… 56
農村經濟更生の指導方針に就て▶岡田
　溫 …………………………………… 60
朝鮮開發と內地資本▶善生永助 …… 64
〈詩〉吐息する朝▶岩本善倂 ………… 69
季節的に見た郵便貯金▶一記者 …… 70
災厄と保險▶森義信 ………………… 72
意義深き朝鮮產業懇談會
　　產業政策を檢討更新轉換の機▶宇垣
　　一成 …………………………… 74
　　各部門に亘り研究の上根本對策を確
　　立 ……………………………… 75
　　新しき旗印 朝鮮產業策の樹立▶今井
　　田淸德 ………………………… 77
統治の諮問機關たる中樞院改任さる …
　………………………………………… 82
林間學校▶武田一郎 ………………… 85
道制實行最初の道會議員總選擧 …… 86
京大の瀧川敎授問題に對する朝鮮言論
　界の批判 …………………………… 102
學問の自由と政治の自由瀧川敎授問題
　をかくみる▶長谷川如是閑 …… 104
朝鮮の新聞 史話▶木春山人 ……… 105
昭和の女護ケ島全南濟州道視察▶岩佐
　祿郎 ………………………………… 109
防空都々逸▶ ………………………… 111
日本海軍の今昔▶武富邦茂 ………… 112
李朝陶磁器私考▶楢崎鐵香 ………… 122
娛樂機關と幼兒問題▶田中克子 … 126
啄木の再認識―かくれてゐた思想家啄

木一▶石川正雄 ………… 127
信の教育▶田中忠治 ………… 131
うつかりの記▶田中德太郎 ……… 132
國語教育と素讀の尊重▶岡野肇 … 134
破鏡符合▶尹白南 ………… 135
實業界重鎭韓相龍氏 ………… 139
巷說・生首事件▶Y・黎門人 …… 140
鎭南浦獵奇の新妻殺し一眞犯人は果して誰ぞ一▶池田和夫 ………… 147
和服の王座に立つユカタの味ひ▶東秀 ………… 160
公論歌壇▶寺田光春選 ………… 161
編輯局より ………… 162

朝鮮公論 第21巻 7号, 1933. 7
通巻 第244号

〈卷頭言〉何人をして次の時局を擔當せしむべきか ………… 1
〈時評〉宇垣總督と荒木陸相▶松本於菟男 ………… 2
朝鮮に於ける民族主義の轉向▶菊地謙讓 ………… 8
農產物の販賣統制▶矢鍋永三郞 … 14
北鮮の鐵道港灣の滿鐵委託貸付 … 17
朝鮮經濟の動向▶穗積眞六郞 …… 18
國有鐵道の促進と私鐵補助の更新▶西本量一 ………… 21
軍民被服の近接を提唱す▶千葉郁治 ………… 28
經濟會議は何處へ行く▶南山麓人 … 35

國際經濟會議の新議題勞働時間短縮か▶一記者 ………… 40
北滿洲の農業林業及鑛業 ………… 42
意氣潑溂たる新興朝鮮の現狀▶宇垣一成 ………… 50
公論春秋 ………… 51
思想善導の方法如何▶遠山三四郞 … 52
朝鮮言論界の新傾向▶X・Y・Z …… 58
政友會のお家騷動顚末記▶萬物相 … 64
隨筆
　山師, 鑛山屋, 鑛業家▶德野眞士 … 70
　福澤諭吉翁▶堀井啓二郞 ………… 73
　黃金ラッシユ▶碌々生 ………… 74
　求婚者の種々相▶田中孝子 …… 76
　懸引の話▶遠田運雄 ………… 78
　城大展望▶江間俊太郞 ………… 80
防空演習の實積を顧みて▶佐藤求己 ………… 87
燈火管制平和論者の大學教授連警察で「防空講義」聽講等々 ………… 87
伊藤博文と金充植▶木春山人 …… 91
朴泳孝侯亡命の思出 廣田止善翁回想錄 ………… 96
『ノー・タイ』の幸福▶渡邊晉 …… 99
裸體文化▶赤神良讓 ………… 101
〈夏の話題〉短艇の話▶村上勇次郞 ………… 103
詩海より見たる街から▶岩本善倂 ………… 105
フイルム檢閱より見た朝鮮映畫界近況

248

▶一記者 …………………… 106
いよいよトーキ時代　全國常設館はどんな映寫機を備へてゐるであらうか　―その種類ご分布狀態― ……… 110
六畜漫語▶崇一洞人 …………… 113
〈自由の鐘〉農村振興, 色服獎勵, 防空演習, 自力更生, 新聞記事, 投稿歡迎 ……………………………… 113
鐘路繁榮期▶雨亭 ……………… 118
熱帶のグロ果物の話▶石黑露雄 … 121
朝鮮の新聞史話に就て▶菊地謙讓 ……………………………… 123
「ひとのみち」教團の朝鮮進出 …… 124
自然を冒瀆するなかれ▶大津城以知路 ……………………………… 125
六月重要日誌 …………………… 151
獵奇實話
　〈巷說〉續生首事件―行商婦殺し等々―▶Y・黎門人 ……………… 126
　滿洲デカメロン　彼女の婚姻色▶島津透 ………………………… 138
編輯局より ……………………… 152
雜題
　鮮魚の鑑別法眼とエラで見別けよ ……………………………… 20
　餘技的境地の尊重▶神田利劍 … 26
　夏は皮膚の鍛へ時▶山田重雄 … 39
　雨期と通學兒童の傘▶岡村慶子 … 41
　兒童映畫週間に就て▶高山眞砂子 ……………………………… 49
　ゑらく勿體をつけた內地視察議員の申し合せ ……………………… 69
　暑中休暇中は不得手の學課に全力を注がしめよ ………………… 86
　避暑地を警戒せよ　不良の最も躍る所 ……………………… 109
　人格教育としてのゼミナールと私塾▶渡邊進二 ……………… 116
　咸南より▶關水咸南知事 ……… 122
　一般が認めれば至極結構▶林茂樹 … ……………………………… 137
　これは不思議―神出鬼沒の松島府尹君 ……………………………… 150

朝鮮公論　第21卷 8号, 1933. 8
通卷　第245号

〈卷頭言〉世界は轉向する・日本は轉向する ……………………………… 1
〈時評〉三つの國境問題―特に鮮滿國境問題―▶松本於菟男 ………… 2
世界人口問題の歸趨▶水野鍊太郎 … 10
公論春秋 ………………………… 15
豫算編成と增稅問題▶小川鄕太郎 … 16
非常時に於ける我財政計劃▶黑田英雄 ……………………………… 20
〈經濟時言〉世界の潮流はブロック經濟へ。……………………………… 25
上半期に於ける朝鮮財界と今後の展望▶澁谷禮治 ………………… 28
〈漫想〉廻れ右時代 ……………… 31
朝鮮と臺灣の地方自治制度▶井坂圭一

郎 …………………………… 32
朝鮮現下の急務▶宇垣一成 …… 38
〈社界時言〉時局と建國精神▶中村孝也
　…………………………… 42
滿洲事變後に於ける在滿鮮人に對する
　總督府の救濟及施設に就て▶田中武
　雄 ………………………… 44
北滿農業移民に就て▶佐藤丑次郎 … 50
農村更生計劃を探ねて▶朝倉昇 …… 53
警察と社會共同擔保▶清水重夫 …… 60
青年と宗教心▶兪萬兼 ……………… 64
咸北國境事情▶高尾甚造 …………… 67
結婚と人生▶永井潛 ………………… 74
逝ける女革命家ツエキトンの憶出 … 78
自由の鍾
　農村青年を目標の教育放送に留意せ
　　よ ……………………… 74
　官學沒落の第一步 ……………… 75
　映畫國策 …………………………… 77
　失業者 …………………………… 78
　役人の頭 ………………………… 79
女性批判 母の位置▶伊福部敬子 … 82
日本!!なぜ僕は日本へ行きたいか 米國
　青少年へ懸賞課題 ……………… 85
瑞西の夏▶西原寛一 ………………… 89
海外珍聞集▶田上豊 ………………… 98
　映畫檢閱の奧の手/『椿姬』のモデル/
　行方不明の孤島を求む/原始人の食
　物調べ/破られた名畫『晩鐘』/シネマ
　テック/シヤンパン酒の誕生日/チユ
　ウインガムの先祖/卷たばこの起源?/

雨傘を最初にさした男
夕涼江戸漫談▶品川漁郎 ………… 99
　遠めがね/疊替へ/煎じ茶皿屋敷/富士
　山/芭蕉/子日/茶の湯/くさめ/けいこ
　/まこと/聲の出る藥/蛸
新東京の印象▶清涼山人 ………… 107
綠蔭隨筆
　夏と旅と彼女と▶正岡蓉 ……… 114
　百合漫談▶大山一天 …………… 117
　目前の毒瓦斯攻撃▶日下篤 …… 118
　閻魔大王(その他)▶南扇子 …… 120
　朝鮮・朝鮮人▶新居格 ………… 122
趣味
　熱帶魚▶田中茂穗 ……………… 126
　競泳の今昔話▶仲野秀治 ……… 127
　面白い身振り手眞似の話▶近藤二三
　　郎 ……………………………… 129
　今をさかりのハイキング(その心得)
　　▶一記者 ……………………… 131
朝鮮映畫興業界の展望▶H・大梧桐 135
〈犯罪秘話〉彈丸にまつはる捜査物語▶
　島津透 …………………………… 138
〈獵奇〉生首事件の再吟味　犯人檢擧の
　鍵を握るまで▶朴獨步生 ……… 149
小品
　新しき道▶森脇正之 …………… 151
　夏と學生▶平綠生 ……………… 153
　スルチビ夜話▶玄雲生 ………… 156
　〈京城夜話〉ダークサイドの點描▶三柳
　　亭主人 ………………………… 160
「旭町へ出現」を苦に病む松島仁川府尹

…………………… 133
洋畫の日本畫化▶東秀 …… 134
月三題(漫畫) …………… 112
七月重要日誌 …………… 167
編輯後記 ………………… 168
雜題
　圖書館に於ける讀書相談部の擴充▶岡村慶子 ………… 14
　勤勞教育ご夏期實習▶田邊進二 … 24
　世界だより(七色照明燈の流行/涼味たっぷりの家庭裝飾) …… 27
　「國定教科書」習字手本はすべて草紙式に ……………… 59
　煙火の將來▶渡邊祐吉 ……… 66
　漢文教育に就て▶高野薰 …… 81
　家庭重寶記 …………… 84
　御存知ですか 水虫の家庭療法 ………………………… 97
　〈家庭メモ〉おいしい糠漬の作り方 ……………… 113
　寫生と寫眞▶新井梧桐 …… 132
　湖南銀行支店の美擧 ……… 137
　夏は何故食慾が減退するのか … 148
　投稿自由 ……………… 155
　「夏と兒童生活」或る程度の規律を持たせよ▶田中克子 …… 116

朝鮮公論 第21巻 9号, 1933. 9 通巻 第246号

〈卷頭言〉政薰のカタストロフイー … 1
〈時評〉人事移動綱紀及權限問題▶金思演 ………………… 2
公論春秋 ………………… 5
米穀統制は如何にすべきか▶朝倉昇 ……………………… 6
非常時の重加と更生日本の根本精神▶安岡正篤 ……… 18
經濟上より見た日露の修交關係▶松井喜代志 ……… 20
朝鮮の人口現象に關する一考察▶金魯聖 ……………… 24
朝鮮農家の疲弊沒落▶善生永助 … 36
松下江を下る北滿武裝移民團の實狀を視る▶N・D生 ……… 44
〈政界閑話〉宇垣大將と百萬圓▶M・凡兒 ……………… 48
政界夜話▶一記者 ………… 52
　達磨藏相の經綸/高橋式經綸の躍動/惑星久原房之助の暗躍/爆彈を抱く政友會/信念を失つた若槻總裁/國民同盟のロボット總裁/無産戰線大異狀
無理に發行された四分利功債の思ひ出て▶生田定之 ……… 61
經濟時事小論集
　經濟國難の打開策 國民消費經濟の改善が急務▶木村增太郎 … 66
　英國の保護貿易と關稅政策の將來 其の持續性が問題▶芦田均 … 71
　國際貿易に於ける日英綿業の將來戰 結局日本優勢▶槇山四郎 … 69

經濟的日本救出對策 輸出工業が重點▶上田眞次郎 …………… 71
非常時農村指導精神と國家の繁榮策 速に精神文化の更張を望む▶東鄉實 …………………………… 73
日貨ダンピングに脅威の獨乙品市場「經濟黃禍」の新說生る▶村田房吉 ……………………………… 74
圓爲替の騰貴と我生絲界の前途▶佐伯照夫 …………………… 76
我が下期海運界 近海運賃のみ順調▶高村友二郎 ……………… 79
經濟會議の決裂と世界戰爭の危機▶高林義行 ………………… 80
支那共産黨の現況と目前の剿匪事情▶日森虎雄 ……………… 84
私の渡鮮當時の京城▶田中德太郎 … 96
優秀客船の發達に就て▶石黑悌吾 ………………………… 100
朝鮮球界雜觀 都市對抗 全國中等大會を中心として▶渡邊謙二 … 105
兩大學より見て朝鮮野珠界の感想▶菊地生 …………………… 110
〈詩〉やなぎのなげき▶金岸曙 …… 108
訪日飛行今昔物語▶靑山航一郎 … 112
海外珍聞集▶田上豐 ………… 133
　身かくしのよろひ/天下の珍器/殺人光線/人造キッス/世界最初の飛行家/フォークの起源/奇癖病/偏執狂か神經質か/コロンブスの上陸地/世紀前の廣告

新涼夜話
　大島の旅▶吉村貞司 ……… 143
　滿洲の夜▶新居格 ………… 145
　ろくろ首▶砂門阿羅波 …… 148
　風流江戶小噺▶品川漁郎 … 143
　やきもち/二百石神木/百夜車
都會の屋根下で―モヒ患者の手記▶二條詩萃緒 ……………… 152
鎭南浦若妻殺 事件の辯護を終へて▶太宰明 ………………… 158
アメリカを支配する,ブレーン・トラストの話 ………………… 23
亂賣狂燥曲に乘つて, 踊るレコード業者 …………………………… 83
ジョーク・ア・ラ・モード …… 112
戀愛警句集 ………………… 145
漫畫漫談▶新井梧堂 ……… 151
編輯局より ………………… 166
雜題
　デパート等の假採用制度とは … 43
　朝鮮金融組合聯合會 ……… 47
　盲聾啞教育近く義務制に …… 60
　趣味の教育を施すべし ……… 64
　咽喉に效くポンゾの作り方・これからが時期 ………………… 82
　プロ選手權とアマチユア選手權・82
　藏書家間に流行しつゝある自刻藏書票熱 ……………………… 142
　空車を引かせるより小兒車をつくれ ………………………… 150
　時代が要求する兒童相談所 … 150

京城の秋季大競馬 ………… 157
矢島氏と誤植・松本主幹退社 …… 165

朝鮮公論 第21巻 10号, 1933. 10 通巻 第247号

〈巻頭言〉電氣統制問題 ………… 1
〈時評〉米穀統制に關する政府案を排撃す▶金思演 ……………… 2
朝鮮に於ける米穀統制問題の推移▶湯村辰次郎 ……………… 5
外來思想を藥籠中のものとせよ▶新渡戸稻造 ……………… 10
列國の行詰りと新興日本の偉力▶杉村陽太郎 ……………… 11
慨嘆すべき現代教育の弊▶安岡正篤 …………………… 13
公論春秋 ………………………… 17
國家の成立と承認の問題▶清家唯一 …………………… 18
朝鮮社會事業の趨勢▶俞萬兼 …… 23
最近の支邦對日動向▶一記者 …… 27
政界樂屋ばなし
　政府と政友會の國策協定劇▶一記者 ……………… 34
産米制限に反對する朝鮮文新聞の論調
　農林省の二案と朝鮮米朝鮮としては絶對反對▶朝鮮日報社說 … 38
　受難の朝鮮米 本末顚倒の生産制限▶東亞日報社說 ………… 40
　産米増産計劃の實績▶朝鮮中央日報社說 ……………… 41
經濟小論集
　逆睹し難い、下期世界物價の動向▶森孝市 ……………… 46
　「患外內憂」多事多難なる 財界の前途▶渡邊豊三郎 ………… 48
　我が貿易政策 急を要する國策樹立 何を目標とすべきか▶泉正男 …… 49
　ブロック經濟下に於ける滿洲市場への期待 日本貿易の轉換▶近藤邦孝 ……………… 50
　印度中心の日英經濟戰の激化 大英ブロック強化と期待簿のシムラ會商▶槇山四郎 ……… 52
　農村經濟の振興策 商工業搾取時代の實現が急務▶野田信介 …… 53
　ブロック強化と我が國經濟の動向▶岡村定義 ……………… 56
　有害無益なる改造▶生方敏郎 …… 56
特輯朝鮮電氣事業號
　朝鮮電氣事業の沿革と現勢 …… 64
　朝鮮に於ける過去十年に亘る進步と將來▶武者鍊三 ……… 70
　西鮮地方に於ける電氣事業の合同に就て▶今井賴次郎 …… 74
　電氣軌道問題▶宮內丈三郎 …… 79
　電線界の近況を語る▶高橋兼次郎 …………………… 81
　朝鮮電氣協會の沿革概要 ……… 88
　朝鮮及內地に於ける各電氣事業者の全貌

朝鮮電氣事業者の事業概況 …… 89
京城電氣株式會社 ……………… 97
朝鮮電氣株式會社 ……………… 98
春川電氣株式會社 ……………… 99
宣川電氣株式會社 ……………… 99
日新電氣株式會社 ……………… 100
元山水力電氣株式會社 ………… 100
新義州電氣株式會社 …………… 101
鎭南浦電氣株式會社 …………… 101
朝鮮瓦斯電氣株式會社 ………… 102
開城電氣株式會社 ……………… 102
平壤府電氣 ……………………… 103
朝鮮電氣興業株式會社 ………… 103
三菱電氣の最新式無軌度電車 … 104
安川電氣株式會社の製品 ……… 106
應用廣きN・E式簡易寫眞電送 … 110
川北電氣商事會社の現況 ……… 111
最新型式の優秀品特許K.Sターボ型
サイレン ………………………… 112
「シマダ」のルミノライト ……… 114
朝鮮文藝の現況▶萬德學人 …… 116
米穀統制案に對する卑見▶朴春琴 119
ジヨク・ア・ラ・モード ………… 58
 仲人/夢/守り力/浪人蜜柑/八百屋/半
 分の埒あき
第二次革命政府キユーバ革命の實相 …
 …………………………………… 44
大仁川の建設 五十周年を迎ふ … 120
九月中重要日誌 ………………… 143
〈實話〉港街の獵奇▶岡操 …… 122
〈犯罪小說〉地獄への入場券▶島津透 …

…………………………………… 130
編輯局より ……………………… 144
雜題
計量觀念の缺如家庭の主婦は心せよ
 ▶荒井信子 ……………………… 12
家庭で判る, 吃音は相當重い 速かに
 矯正せよ▶伊澤春子 …………… 16
秋から心せよ兒童の薄着主義▶山口
 醫學士 …………………………… 26
凄い三輪自動車出現 …………… 33
うつかり聞けぬ食事中の音樂 … 35
警視廳が目論む廣告研究會 …… 37
大興電氣の社長 ………………… 43
近頃變つた教員の赴任樣式 …… 43
素晴しい更正 宣川郡水淸面の振興會
 …………………………………… 57
婦人の鏡使用時間 ……………… 63
色情狂の四種類 ………………… 63
最初のタイピスト一 …………… 63
朝鮮電氣村上君の趣味 ………… 73
東亞の玄關口釜山府の現勢 …… 78
旱害地方の缺食兒童調査 ……… 118
校正檢閱に改正 ………………… 142
新裝なつた三中井デパート …… 110
窪んだ眠はどうして調和するか飛び
 出た眠は ………………………… 113

朝鮮公論 第21卷 11号, 1933. 11
通卷 第248号

〈卷頭言〉次の踊りを語るもの ……… 1

〈時評〉五相會議，米露國交回復の交渉，獨逸の聯盟脫退外地官吏加俸の減廢 …… 2
躍進するアジヤ民族▶滿川龜太郎 … 3
滿蒙農業移民定着問題▶朝倉昇 …… 10
農家經濟の打診▶中西重一 ……… 17
海外發展の第一步 先づ日本に卽した植民學を打建てよ▶東鄕實 ……… 21
米穀政策の方向を轉ぜよ▶一記者 … 24
國策確立に起ち上つた荒木陸相の心境と效果▶一記者 …………… 28
ソヴエート・ロシヤの軍備充實と極東集中▶X・Y・Z ……………… 32
朝鮮電氣事業令實施▶山本犀藏 …… 35
公論春秋 …………………… 37
東海岸地方產業行脚記▶賀田直治 … 38
時事經濟小論集
　我が財政インフレーの前途▶小島精一 …………………………… 42
　ルーズベルト經濟政策と產業復興法の批判▶佐伯照夫 …………… 43
　ナチスは何處へ ドイツ工業界の前途▶大野文雄 ……………… 43
　「一九三六年」の重大性と國民の覺悟▶村尾政治 ……………… 46
　米價對策問題▶原田淸治 …… 48
　我が貿易依然として好調 日印通商條約破棄問題▶森孝一郎 ……… 49
　日滿ブロック經濟の確立は目下の急務▶福田幸四郎 …………… 51
　思想善導は先づ國民性の理解から▶池田毅 ……………………… 52
滿漢人と日本人との民族性の根本的相違▶戶田貞三 …………… 54
歐米諸國に於ける活動寫眞映畫の統制に就て▶淸水重夫 ………… 56
紛糾を重ぬる日米建艦問題▶關根郡平 ……………………………… 59
兵器物語 戰車の重要性は裝甲と速度▶一記者 …………………… 61
ソヴエート外交の裏表▶一記者 …… 63
左翼作家の沒落▶生方敏郎 ……… 64
朝鮮京南鐵道沿線の全貌▶雲岩生 … 71
電氣商會主人俠骨の安藤直敏君 …… 64
朗らかな大日本ビールの木村さん … 66
國民精神作興週間 ……………… 69
精神作興週間に京城全市を擧げて 聖旨を奉體 ………………… 70
振興の開城府 ………………… 73
支那を風靡するアメリカニズム，ピエールリヨーテイ …………… 74
世界だより
　手無し飛行記錄／廢棄物から大獲物／新性飛行機燃料／硝子で圍つた教會堂／世界無二の素足警官／星の世界から見る地球色／メリー，ゴ，ラウンド陳列棚／他國を羨む獨逸人／英國に滿洲產古蓮 ……………… 91
赤い山 或る醫師の手記▶萬德學人 ……………………………… 75
〈探偵實話〉彼をやつつける▶Y・黎門人 …………………………… 80

黑三角▶廣川一二 ……………… 84
編輯局より ……………………… 92
雜題
　朝鮮土木建築協會役員總改選，新任
　會長前野定喜氏 ……………… 20
　中等教科書結局三四種類か …… 34
　「僞」の流行時代 ……………… 40
　家庭生活と兒童の役割▶荒井信子 …
　………………………………… 62
　大日本，キリン，兩社の麥酒共販會
　社，京城支店開始 …………… 73
　小學校準備教育文部省警告か …… 83

朝鮮公論 第21卷 12号, 1933. 12
通卷 第249号

〈卷頭言〉送年の辭 ……………… 1
〈時評〉農村振興と朝鮮小作令▶金思演
　……………………………………… 2
滿蒙農業移民定着問題（二）▶朝倉昇 12
表滿洲安全農村設定狀況▶楊在河 … 18
公論春秋 ………………………… 23
米國財界の推移▶片山市太郎 …… 24
現下政治經濟の動向▶道家齋一郎 … 30
國際主義並に國家主義の實在性に就て
　▶なかだに …………………… 32
朝鮮の村落改善運動▶善生永助 … 33
農家經濟更生計劃をどう吞み込ませ
　どう之を指導すべきか▶G・N・生 …
　………………………………… 39
先づ鮮産愛用▶高橋漢太郎 ……… 46

海外事情
　米國海軍の優越思想▶大山卯太郎 …
　………………………………… 52
　イタリー，及ドイツの青少年訓練實
　狀▶小尾範治 ………………… 54
　ソ國の政治根幹は新聞とグ・ベ・ウ▶
　T・T・生 …………………… 56
　政治的統一何處にありや名のみの中
　央政府▶X・Y・Z …………… 58
　重大岐路に立てる米國▶那須皓 … 59
　世界を敵とするドイツ▶志賀三郎 … 61
　跋扈して來た國際テロ▶邊成烈 … 68
　ホームスパンを語る或る日の宇垣總督
　………………………………… 73
時事經濟小論集
　死に瀕せる金本位制の打診▶牧野輝
　智 ……………………………… 78
　經濟的苦境に悶搔く各國▶青木得三
　………………………………… 78
　日本經濟の將來▶大野文雄 …… 80
　對滿取引國中日本は第三位▶谷本太
　郎 ……………………………… 82
　現狀と將來の豫測 低位替と財政イン
　フレ▶野田信介 ……………… 83
　反産運動の批判▶中里安廣 …… 85
　アメリカの平價切下ははたして可能
　か▶S・N・生 ……………… 86
　景氣基調は漸次上向▶T・H・生 … 87
　ブロック主義經濟と軍備擴張との關
　係▶K・S・生 ……………… 88
　猩紅熱の豫防に就て▶萩野正俊 … 89

猶太民族の研究▶安江仙弘 ………… 91
〈歳晩隨筆〉クリスマス・メモ …… 94
振興の黄海道の全貌 ……………… 98
油の乗つた京城商工會議所 ……… 101
十五週年を迎へた大澤商會京城支店 …
………………………………… 103
山本源作商店を覗く ……………… 104
唐辛子は傳染病の豫防劑 ………… 105
パプリカの今村十太郎氏 ………… 109
千代田グリル ……………………… 114
丁子屋の存在と生命 ……………… 111
共濟無盡株式會社 ………………… 112
〈スポーツ漫談〉スポーツマン,シップを忘れた野球—これからはゴルフ時代—▶A・B・C …………………… 76
個人主義の吊鐘=響く　自由は前世紀の遺物人生認識の産業革命 ……… 29
世界だより ………………………… 123
　何んと凄い鐵橋輸送/釣りをスポーツで行く倶樂部/楕圓卓會議々事堂/ナチスがラヂオで宣傳/超グロ鳥型輕氣球/ヒマラヤ山の低下説/土地が生む損害二億弗/自働落下傘の安全率/英國に廢物利用風起る/英軍砲車隊に軍馬なし
編輯後記 …………………………… 124
五・一五事件の被告者達を惟ふ▶中谷孝一 ………………………………… 5
〈獵奇實話〉好色獨逸女▶島津透 … 115
雜題
　ドイツの投じた巨石 …………… 17

赤露の空軍 ………………………… 22
北滿守備の將兵に慰問袋百個を送る
▶一女生 ………………………… 51
學校結婚式の提唱▶高山眞砂子 … 28
粹な大根料理 ……………………… 60
骨相學の金子サン ………………… 67
萬歳の唱へ初めは ………………… 34
昭和水利組合事務所 ……………… 94
揚肅川面長 ………………………… 95
肅川の山中源五郎氏 ……………… 95
キリン王國の八坂君 ……………… 97
お米の大洪水時代 ………………… 75
總督と乞人 ………………………… 103
小學校に於ける科學課程の無視 … 148
郡吏員とお百姓の大活劇 ………… 113
李王家の惠澤 ……………………… 114

朝鮮公論 第22巻 1号, 1934. 1
通巻 第250号

〈口繪〉瑞氣みたぎる大内山/宇垣總督とその筆蹟
〈巻頭言〉農村問題と國防 ………… 1
農村振興運動を此後　更ら具體化にし組織化する事が緊要▶朝鮮公論社長金思演 …………………………… 2
昭和九年の新春を迎へて▶宇垣一成 …
………………………………… 4
乾坤新に回り來りて昭和九年を迎ふ▶川島義之 ……………………… 6
世界經濟の圭潮と本邦財界▶加藤敬三

郎 …………………………… 7
財界の推移とその將來▶有賀光豊 … 13
非常時と國民の覺悟▶穗積重遠 …… 16
滿蒙を再認識せよ▶赤井春海 ……… 21
昭和九年財界の趨勢並に希望▶賀田直
　治 …………………………… 24
最近に於ける朝鮮金融界の狀況▶韓相
　龍 …………………………… 27
公論春秋 ……………………………… 30
迎春所感
　最近に於ける道治の趨勢を顧みて▶
　松本誠 ……………………… 32
　非常時局に於ける警察行政を惟ふ▶
　池田淸 ……………………… 35
　最近に於ける朝鮮經濟界▶穗積眞六
　郎 …………………………… 38
　非常時に於ける朝鮮の初等教育▶渡
　邊豐日子 …………………… 41
　朝鮮司法界の近況▶笠井健太郎 … 44
　朝鮮鐵道の近狀▶吉田浩 ……… 47
　昭和八年の金融界を回顧して九年へ
　の展望▶朴榮喆 …………… 53
　朝鮮電氣事業令の施行と業者の責務
　▶武者練三 ………………… 55
　非常時に對する國民の覺悟▶林繁藏
　 ……………………………… 58
　昭和九年を迎へて▶荒井初太郎 … 61
　小作令制定に就いて▶澤村九平 … 62
　新年を迎へ金融組合制度の過去と將
　來を想ふ▶矢鍋永三郎 …… 66
　農村振興運動の過去一年を顧みて▶

　金東勳 ……………………… 69
　朝鮮の運送界を顧みて▶竹島鋠太郎
　 ……………………………… 72
　昭和九年の財界豫想▶堤永市 … 74
　現代靑年と唯物論的傾向▶塚原正次
　 ……………………………… 76
　昭和九年の思想界動向▶小泉和久耶
　 ……………………………… 80
　本年度の政界を展望す▶沼本武次郎
　 ……………………………… 82
　非常時に直面し愈々責任の重大さを
　惟ふ▶伊達四雄 …………… 83
　新春を迎へて▶方義錫 ………… 86
　新年を迎へ更に責任の大なるものを
　惟ふ▶金正浩 ……………… 87
　滿蒙農業移民定着問題▶朝倉昇 … 89
名士一家言
　九年度豫算をかく見る▶菅原通敬 …
　 ……………………………… 94
　昭和九年度豫算案を評す▶小川郷太
　郎 …………………………… 96
　彌縫策は駄目對策は徹底なれ▶加藤
　鯛一 ………………………… 98
　フアッショ政治實現の可能性如何▶
　濱田國松 …………………… 100
　米國の根本對策に就て▶上山滿之進
　 ……………………………… 101
　デモクラシイとフアシズム▶安部磯
　雄 …………………………… 104
　最近の農村諸問題▶砂田重政 … 106
　教育界の腐敗▶生方敏郎 ……… 108

國際政治の動き▶芦田均 ……… 111
日ソ遂に戰ふか?―緊迫せる日ソ兩國の關係―▶天野三步 ………… 114
〈海外雜話集〉ビールの起源,自殺者激増觀相學の新研究,フランス人とは
……………………………………… 126
經濟學者評判記▶一記者 ……… 132
戌年の讀物
　犬に關するロマンス▶內池淸澄 140
　儂は犬じや▶六門舍郎 ……… 142
　名犬物語▶靑山航一郎 ……… 148
聞くも床しい古來正月の行事▶和田祥文 ………………………………… 152
門松の起源と由來 旣に神代に發す▶井川常郎 ……………………… 154
世界各國の元旦風景 興味あるその奇習▶山木忠年 ……………… 157
老妓から聞いた話▶一戶務 …… 160
お正月の小咄▶靑山航一郎 …… 163
鮮產酒禮讚▶漫畫家 とよじ …… 167
ジヨク・ア・ラ・モード ………… 126
見るスポーツか聞くスポーツか▶奧野昌 ………………………………… 52
世界珍聞 …………………………… 185
ダンス禍に就て 禮讚者の猛省を促す▶高島米峰 ……………………… 88
冬の山に情熱湧く 登山者心理魅力は實に素晴らしい ……………… 113
編輯後記 …………………………… 186
〈小說〉血だらけの拳鬪 一名拳鬪時代挿話▶山岡操 ……………… 169

〈ユーモア小說〉必虎の新年▶島津透
……………………………………… 177
雜題
　紙芝居▶淸水乘 ………………… 23
　足の疲勞 ………………………… 34
　歐洲の處世地に日本品出陣 … 40
　學校結婚式の提唱▶高山眞砂子 … 48
　小學兒童の襟卷を廢しましやう▶田中克子 ……………………… 65
　母親の不注意から起る子供の疳虫し▶都築盆世 ……………………… 79
　斯くして美しき手は美人の要素 … 71
　畏敬の名望市長夜は賊の首領 … 125
　交通事故と生るも死めるも夜が一番多い ………………………… 131
　知らず知らずにかかるニコチン中毒
……………………………………… 139
　交通事故と兒童係▶松野伸子 … 159
　幼少年と小遣▶田中克子 …… 162

**朝鮮公論 第22卷 2号, 1934. 2
通卷 第251号**

〈卷頭言〉政黨の聯携問題 ………… 1
外交工作の本質的使命と日本國策の將來▶中谷孝一 ……………………… 2
朝鮮に於ける農村振興自力更生の事業に就て▶宇垣一成 ……………… 18
農村經濟更生と隣保共助 精神的基調が肝要▶後藤文夫 ……………… 28
農業の本質と農道の本義▶渡邊忍 … 31

朝鮮工業界の回顧と展望▶加藤敬三郎 ………………………………… 42
自衛的傾向を有つ各國の經濟政策▶土方久徵 ………………………… 45
財界の現狀と國民の覺悟▶馬場鍈一 47
朝鮮の貿易と貿易協會の使命▶加藤敬三郎 ……………………………… 49
廣田外交の重要指標 大アジア主義の妄を棄て　一路日滿ブロックに進め▶高木友三郎 ………………… 51
日滿握手　明けゆく滿洲國▶中村豊治 …………………………………… 53
公論春秋 ………………………… 57
朝鮮統治の現狀 舊態より脱却して母國の進運に寄與所感を語る▶宇垣一成 ……………………………… 58
一九三四年思想界の動向 日本精神の再檢討▶鷲尾順敬 ……………… 60
列國空運競爭の集點となつた東亞に於ける航空界の現勢▶片岡直通 …… 62
滿洲に旅して▶山道襄一 ……… 67
世界の今日▶小村洋一郎 …… 81
兒童虐待防止法に就て▶山中大吉 84
家庭の主婦こそ日本精神の泉―昭和九年を語る―▶荒木錦子 ………… 87
王宮秘話　大院君引退の裏面　宙合樓埋銀掘出しの一幕▶木春山人 …… 89
京城の横顔▶龍王山人 ………… 95

隨筆
　冬籠り▶島田武 ……………… 98
　酒禮讚▶中田白雪 …………… 99

スキー夜話▶杉田忠治 ………… 101
子供に心を映す▶本誌記者 …… 102

健康欄
傳播力の凄い流行性感冒 豫防と其の治療法▶三田谷啓 …………… 104
チブス感染の道筋は斯うだ▶大村正夫 ……………………………………… 105
是れは恐ろしいヂフテリーの話 輕視すると大變です▶小島井讓 …… 106
火傷・熱湯傷の刹那的處致▶小島井古壽 ………………………………… 106
スキーやスケーテングに行く人これからかゝる凍瘡その豫防と療法▶鈴木孔三 …………………………… 107

農村の自力更生には先づ因襲を打破せよ ………………………………… 66

ジョーク・ア・ラ・モード ……… 95
　俳人/代筆/格子/しゃくりの妙藥/狩人/非人

朝鮮清涼飲料稅の新設に業者が斷乎排擊の烽火 …………………… 132

世界珍聞 ………………………… 133
犬がモーター代りの古型二輪自動車/二千年前の萬年筆發見/太古史前の動物畫を發見/車輪付汽船，大人氣/路傍にユログロ彫刻像/登山者携帶用ポンプ器具/珍らしい木洞喫店/珍奇な街燈掃除風景/寒い樣な温い樣な奇習/湖畔が祈りの世界/喫茶店にこれは大鐵瓶/ミラノ大伽藍模型建造計劃

編輯後記 …………………………… 134
〈連作連載探偵小說〉三つの玉の秘密▶
　山岡操 …………………………… 109
〈探偵小說〉捕物秘話▶秋良春夫 … 119
雜題
　何んと命を賭けての船內賭博 … 56
　スキー向きの雪とスキーの服裝 …
　………………………………………… 64
　世界の歷史をも改訂させる稀書 … 86
　米國の結婚奬勵 ………………… 108
　流石は美座君 …………………… 118
　競馬令改善 ……………………… 132

朝鮮公論 第22卷 3号, 1934. 3
通卷 第252号

〈卷頭言〉現內閣と政黨 ……………… 1
飽まで鮮米差別的制度を排擊せよ▶金
　思演 ……………………………………… 2
天皇と皇道精神▶中谷孝一 ………… 5
新滿洲帝國の盛典を奉祝す▶宇垣一成
　…………………………………………… 9
八年度產米は何時賣るか▶韓倉昇 … 11
日本精神を喚起し魂の充實を期せ▶平
　沼騏一郎 ……………………………… 19
建國精神を振起せよ▶丸山鶴吉 …… 20
非常時と危機 世界の衡平運動から▶一
　記者 …………………………………… 22
最近の敎育思潮▶楢崎淺太郎 ……… 24
第六十五議會 協和外交の宣言▶美濃部
　達吉 …………………………………… 27

公論春秋 …………………………… 30
經濟小論集
　最近の世界經濟の情勢▶津島壽一 …
　………………………………………… 32
　米國の新平價問題アメリカ株價・物
　價高で日本へは好影響▶村田房吉 …
　………………………………………… 33
　我が國の平價切下問題產金保有法案
　は切下準備の第一步▶一記者 …… 34
　弗の平價切下の行方▶一記者 …… 35
　日印協定の日本綿業に及ぼす影響▶
　正木千多 ……………………………… 41
　生絲と人絹の對立 蠶絲にも更生策期
　待▶一記者 …………………………… 45
公定米價の話▶荷見安 ……………… 47
中島商相の辭職まで▶XY生 ……… 50
支那西部の危機 英佛蘇三國勢力の侵潤
　▶小村洋一郎 ………………………… 54
世界の今日▶XX生 ………………… 61
航空機記號物語▶靑山航一郎 ……… 66
梅笑春花籠
　花婿/山笑ふ/初卯/香の物/百人首/竹
　の柱/孟宗/湯屋/浪人/裸/國家老/注
　進▶品川漁郞 ………………………… 66
永雪國境巡行記(一)▶上內彥策 …… 72
隨筆
　友情と戀愛▶中込芙美 ……………… 78
　機械時代▶森田治彥 ………………… 79
　ワグナーの逃走▶小玉雪夫 ……… 81
　映畵と宣傳▶笘見恒夫 ……………… 83
　我が日本の櫻花▶龍山陰士 ……… 85

吾が女性觀▶白雲生 ……………… 87
自力更生に精進する群山府 ……… 89
振興の沃溝 …………………………… 91
健康欄
　ウッカリ出來ぬ出血の手當▶小島井
　讓 ………………………………… 65
　一口に注射と云ふても色々危險があ
　る▶大村正夫 ………………… 96
　密接不離の姙娠と月經の關係▶今井
　環 ………………………………… 97
〈漫談〉手土産▶中野健一 ……… 99
〈奇談〉双生兒▶廣田一民 ……… 100
コント馬鹿馬鹿しい話▶内野運吉
　…………………………………… 101
滿洲國桃色行進曲▶礫川漁夫 … 103
テータ・テート▶毛利巣 ……… 103
　愛以上のもの/それほど/盲目/どうか
　と思ふ/寫實派/盛大
思考と病▶TH生 ………………… 60
自由主義沒落し民族主義漲る▶XY生 …
　…………………………………… 71
非常時女性は一筋道を歩め▶永山琴子
　…………………………………… 65
世界珍聞 …………………………… 139
編輯後記 …………………………… 140
〈連作連載探偵小說〉三つの玉の秘密
　（第二回）▶太田恒彌 ………… 109
〈探偵小說〉捕物秘話（續き）▶秋良春夫
　…………………………………… 119
雜題
　世界人宗敎信者別 ……………… 29

鮮民精神作興に金剛山に日の丸の旗
　…………………………………… 46
嫁入期の娘さん過剩 ……………… 53
イルクツク赤軍の能力檢查を施行 …
　…………………………………… 94
熱河には珍種色々の生物が棲息 ……
　…………………………………… 98
胃の腑を取つて食慾增進 ………… 88
十六萬の爲に內鮮入住宅 ………… 116

朝鮮公論 第22巻 4号, 1934. 4
通巻 第253号

〈卷頭言〉居坐つた內閣 …………… 1
善惡の哲學的硏究▶中谷孝一 …… 2
朝鮮工業振興の趨勢▶賀田直治 … 17
近代朝鮮に現れた亞細亞主義の檢討▶
　長風山人 ………………………… 24
昭和九年度上期國際情勢展望▶神川彥
　松 ………………………………… 34
日支關係の改善 對支論客の奮起を促す
　▶吉田靜夫 ……………………… 37
子弟の精神訓練に歷史敎育の改善を望
　む▶石原分 ……………………… 39
第六十五議會內閣改造問題▶今中次麿
　…………………………………… 42
昭和日本の敎育は何處へ▶有村北洲 44
公論春秋 …………………………… 52
經濟小論集
　ブロック經濟下の修正日本資本主義
　▶小笠原三九郎 ………………… 54

蠶糸産蘭對策とその影響▶一記者 ………………………… 56
糖業界 カルテル的統制力▶小山宗治 ………………………… 58
輸出産業を牛耳る我が綿織物綿製品▶本野辰雄 …………… 59
低利廻に買占は爲替相場に激變 殘るはフラン問題▶一記者 ………… 60
我が國貿易の現狀と將來日英協議會の重要性▶一記者 ………… 61
我が海運界の面目一新 助成施設の效果顯著▶一記者 ………… 64
文部大臣の辭職 第六十五議會雜感▶美濃部達吉 …………… 68
永雪國境巡行記（前承）▶上內彥策 … 70
岡本問題の側面觀▶一記者 ……… 78
民衆心理の指導者に就て▶龍山陰士 …………………………… 84
帝國海軍の使命▶海軍々事普及部員談 ………………………… 90
非常時皇軍の兵器運搬 戰爭ではドンナ風にやるか▶一記者 … 91
興味ある匪賊生活の斷面▶一記者 … 92
競馬雜話▶青山航一郎 …………… 93
テータ・テート▶品川漁郎 ……… 93
　名探偵／あゝら不思議／それだけ／女天下／知らぬが花／こはくない
〈春宵漫筆〉情死考▶鷲尾順敬 … 101
隨筆
　表情▶齋藤初太郎 …………… 103
　鐵道馬車時代▶堀內敬三 …… 104

感情の融和▶中桐確太郎 ……… 106
花のない都▶大垣二郎 ………… 107
四月馬鹿▶田上豊 ……………… 108
解頤錄 朝鮮奇人物語▶木春山人 … 111
朝鮮各道の實相 ………………… 113
　復興途上にある慶尙南道の狀況／經濟更生に邁進しつつある慶尙北道の現勢／資源豐饒なる平安北道の狀勢／前途洵に洋々たる平安南道の概況
時事問題掃き集め ……………… 122
健康欄
　春は種痘の季節▶井口乘海 … 125
　百日咳が流行る接觸傳染から・病を併發▶小島井讓 ………… 126
　男の罹る病氣と女の罹る病氣▶笹村鉞雄 ……………………… 127
家庭欄
　お臺所 ………………………… 128
　春はソロソロ摘草のお料理／肉類の食べ方見分け方／知らせて置きたいお魚の見分方
　お化粧 ………………………… 129
　お顏の皮膚がたるんだら若々しくする法／中年の御婦人に上品な夏向お髮／貴女のお顏が唇の色で引き立つ
教育の社會實際化は職業精神の涵養が中心▶窪田治輔 ……… 67
間島最近事情 白衣の同胞鮮人に心の春甦る ……………………………… 77
世界珍聞 ………………………… 145
編輯後記 ………………………… 146

〈連作連載探偵小説〉三つの玉の秘密（第三回）▶山崎黎門人 ………… 131

問題
　面白いニコチン中毒の研究 ……… 89
　可愛い世界一の小陸軍 ………… 100
　初めて通學する愛兒をもつ母さんへ ………………………………… 110
　女に參政權を認めてゐる國ゐない國 ………………………………… 121
　ホンコンより ………………… 130

朝鮮公論 第22巻 5号, 1934.5 通巻 第254号

〈口繪〉立雲頭山滿翁と其の揮毫／立雲先生と語る▶雲白生
〈卷頭言〉朗かな齋藤首相と朗かでない林陸相 ……………………………… 1
日韓合併の精神を再認識せよ▶中谷孝一 …………………………………… 2
道知事會議に於ける總督訓示▶宇垣一成 …………………………………… 8
京城並に附近工業の現在及將來▶賀田直治 ………………………………… 14
昭和日本の教育は何處へ▶有村北洲 22
李朝の朝鮮と事大思想▶長風山人 … 33
公論春秋 ……………………………… 37
文明轉換期に於ける正しく強き國民運動▶松岡洋右 ………………… 38
日本精神とは何にか▶池岡直孝 …… 39
我が國農道の本義▶肥部吾策 ……… 43

小人式政黨の排擊▶宮田久太郎 …… 47
社界政策から見た我國貿易關係▶上田貞次郎 …………………………… 50
朝鮮の産金に就て▶迫間房太郎 …… 53
新人を配した中樞院の新陣容なる宇垣總督のお手並▶永郊閑人 ……… 61
時事經濟解說
　朝鮮産業の大殿堂▶三浦悅郎 …… 66
　米穀根本策は何れに落着くか▶一記者 ……………………………… 68
　滿洲經濟購買力▶松井喜代志 …… 70
　羊毛工業 原料の對策を樹立し海外飛躍を期待される▶一記者 ……… 73
　輸出綿布の現勢▶一記者 ………… 75
　船質改善助成施設の實績に就て▶黒川新次郎 ……………………… 78
　六十五議會のあと▶一記者 ……… 84
最近に視たエチオピア▶大山卯太郎 ………………………………… 94
哲學時評▶竹下直之 ………………… 98
映畫批評の批評▶夏木潤 …………… 98
ステフアン, ゲオルグを憶ふ▶芳賀檀 ………………………………… 102
上海の玄關▶松井綠生 …………… 104
鯉幟笑初松魚▶品川漁郎 ………… 104
獨逸精神の確立▶服部纉 ………… 107
海外通信
　工業化に全力を注ぐ露國第二次計劃の全貌 …………………………… 110
　滑稽戰爭思感, 米國に大流行 …… 111
　國民政府の對滿策實に強硬 …… 112

反蘇農民の暴動頻リに起る ····· 111
〈隨筆〉逸話の謀計▶野上豊一郎 ··· 113
鷹宿梅▶谷一路 ················ 115
〈春宵夜話〉幽靈漫談▶南扇子 ····· 117
〈コント〉銀貨▶清田健吉 ·········· 119
小品 蕗の薹▶潮美登利 ·········· 121
朝鮮各道の實相 ················ 122
　産業中樞地たる全羅南道/前途洋々
　たる忠清北道/將來を約束さる全羅
　北道/自力更生に邁進する忠清南道/
　躍進途上にある開城府―開城人蔘同
　業組合設立に就て―/自力更生に奮
　闘の仁川府
健康欄
　貧血に肝臟食豚の血にも鐵分は多い
　▶大森憲太郎 ················· 138
　都會地に多い猩紅熱の豫防法▶井口
　乘海 ······················· 139
　病によつて異る濕布の知識▶小島井
　讓 ························· 140
家庭欄
　婦人心得 ····················· 141
　趣味の園藝 ··················· 141
　春の趣味 ····················· 142
　明るい家庭が ················· 142
　潮干狩りにこの智識 ············ 142
時事問題掃き集め ················ 144
〈散文詩〉男と女と▶岩本善併 ····· 65
財界片々綠 ····················· 77
世界だより ····················· 159
編輯後記 ······················· 160

同天秘史 劍法頰冠突擊流(其一)▶秋郎
　春夫 ························ 149
雜題
　中樞院參議發令 ················ 21
　新機軸 目からの農村振興に努む ··· 52
　ゴルフを國技にナチスが決る ····· 60
　顏剃り十ヶ條 ·················· 64
　宇垣總督の肝入りで街頭から農民教
　育 ·························· 83
　豐年踊りナンセンス ············ 109
　婦人病には桃はぜひ必要▶中山忠直
　···························· 122
　小壯實業家桑野健治君 ·········· 137
　キッス耐久選手權大會 ·········· 143

**朝鮮公論 第22卷 6号, 1934. 6
通卷 第255号**

〈口繪〉故東鄉元帥
〈卷頭言〉政局異變の前奏曲 ······· 1
滿一周年を迎へて▶金思演 ········· 2
緬羊國策樹立の必要▶賀田直治 ····· 4
昭和日本の教育は何處へ▶有村北洲 ···
····························· 11
文明諸國の政局と非常時日本の覺悟▶
　小野塚喜平 ··················· 27
ロシアの聯盟加入問題▶橫田喜三郎 ···
····························· 29
日本に目覺め日本に生きよ▶岡部長景
····························· 32
教育者よ奮起せよ魂を打込む教育▶小

松謙助 …………………………… 37
日本の工業と發明を觀る▶J・Aシヤラー …………………………… 39
その後に來る次期內閣は何れに▶永郊閑人 …………………………… 44
公論春秋 …………………………… 47
滿洲輸出海産物の現勢▶本誌記者 … 48
時事經濟解說
　ブロック經濟と國家貿易の統制▶田中新一 ………………………… 55
　ブロック經濟に關する若干の考察▶土方成美 ……………………… 58
　所謂平價切下げの意義▶深井英五郎 ……………………………… 58
　蠶糸業統制に就て▶松村勝次郎 … 59
　財界の建直しは整理の充實にある▶矢野恒太 …………………… 61
　黃金時代の炭界 生産販賣統制の擴充▶一記者 ………………… 61
現代に於ける三種の思想形態▶藤井親雄 …………………………… 65
〈文藝時評〉リアリズムの問題に就て▶中河與一 …………………… 69
映畫と教化▶板垣鷹穗 …………… 71
世界に於ける諸宗教の現勢▶田中澄徹 …………………………… 75
雨の成歡行▶高畠種夫 …………… 76
英船「高陞號」擊沈の實相▶青山航一郎 …………………………… 79
拳鬪界今昔物語▶多賀安郎 ……… 87

解頤錄 洪繼寬寄談▶木春山人 …… 93
瞳の色の遺傳の話 ………………… 93
やせる獻立表 …………………… 94
〈隨筆〉アメリカ人氣質▶鶴見祐輔 …………………………… 97
京城都市物語▶永郊閑人 ……… 101
朝鮮各道の實相 ………………… 105
　海陸無限の財寶を擁する江原道/工業の都市平壤府/自力更生の途上にある黃海道の近況▶雲岩生/躍進途上の釜山府
この頃の隨想▶松山平助 ……… 117
初夏ナンセンス
　晴れ後曇▶石川二郎 ………… 118
　流行と異國情緒▶O・H生 …… 119
　〈映畫短評〉勝利者▶O・T生 … 120
　スポーツ漫談▶綿貴菊雄 …… 121
　連絡船上のナンセンス▶中谷孝一 …………………………… 123
海外ニュース
　蔣介石の獨裁振りフアシズム强調の大獅吼 ………………… 126
　怖ろしい殺人光線發見 ……… 126
　脅迫觀念に襲はれ喘ぎ喘ぎ生きてゐる無慘な露農民 ……… 127
　日本精神の研究に赤軍縮み上る …………………………… 128
健康欄
　體內の營養分を吸ひ取る寄生虫▶富永哲夫 ……………… 129
　なぜ感冒にかゝるか▶三田谷啓 ……

自力更生の種々相とその根本義▶中谷孝一 ………… 2
滿洲移民問題の考察▶鶴鳴庵主人 … 15
昭和日本の教育は何處へ(其四)▶有村北洲 ………………… 22
非常時思想對策▶吉田熊次 ……… 34
國際危局に善處今後の太平洋問題▶關根郡平 ……………………… 35
法と事實から見た滿洲國承認問題▶美濃部達吉 ………………… 38
世界の中心は日本に移行▶滿川龜太郎 ……………………………… 40
公論春秋 ……………………… 44
時事經濟解說
　農村の經濟國策▶石坂橘樹 ……… 45
　列國の經濟的國家主義の強化▶牧野輝智 …………………………… 48
　獨占資本主義の壓迫▶三善清胤 … 49
　外交多難を加ふ▶一記者 ………… 51
　增產また增產世界の人絹▶一記者 53
　ブラジルの排日的移民制限▶一記者 ……………………………… 54
　軍縮豫備交涉▶相川幸雄 ………… 55
　日蘭會商の前途バーター制も暗礁か▶川添京二 ……………… 56
聲名禍三風景 ………………… 57
東鄉元師の逸話▶一記者 ………… 61
緣臺噺朧幽魂▶品川漁郎 ………… 61
宇桓總督と若き洋畫家▶青山航一郎 ……………………………… 65
記者と政變▶龍山陰士 …………… 68

　　　　　　　　　　　　　　　…………………………… 130
家庭欄 ……………………… 132
　心得てゐたい／玉子の見分方／海老の揚げ方／新しいお櫃／借家探しの條件／鍋の焦げ付き／壜の水氣／食物のしみ
時事問題掃き集め ………… 134
思想と病▶龍山陰士 ………… 75
總理患者發熱時代▶政界陰史 …… 64
世界だより ………………… 151
編輯後記 …………………… 152
同天秘史 劍法頬冠突擊流(其二)▶秋良春夫 …………………… 139
雜題
　空の威脅に備へ義務便役を强制 … 38
　學校の荷物は成るべく輕くするやう▶荒井信子 …………………… 54
　桑野君惡く思ふ勿れ ……………… 78
　蠅のために壽命が二年縮る ……… 86
　巴里より …………………… 92
　時代が要求する，見る新聞雜誌▶新井梧桐 ………………………… 128
　人工受精で雙兒が生れる ………… 104
　ロンドンより ……………… 46
　學校敎育萬能を排す ……………… 113
　お巡さんに女は向かぬ …………… 125

```
朝鮮公論 第22卷 7号, 1934. 7
　　　通卷 第256号
```

〈口繪〉有賀光豐氏
〈卷頭言〉次期政權は何れに ………… 1

宇桓總督の横顔▶岡田行一 …… 69
疑はれた職業婦人の生活▶下條久馬一
　…………………………………… 74
思想問題の解決▶鷲尾順敬 …… 75
極東大會の思ひ出▶杉田忠治 … 76
映畫評
　良心的な戰爭映畫「朝やけ」兒童映畫
　「少年探偵團」▶K・K・生 …… 78
　スポーツ心理學▶菅田道夫 …… 79
蔣介石の新生活運動▶李晶燮 … 81
笑ひのカクテル ………………… 81
〈犯罪實話至言〉性は善なり水甕が刑事
　の顔に ………………………… 88
センとメリンスの洗濯法 ……… 90
生きて行く妙味▶友松圓諦 …… 91
〈隨想〉ロレンスに就て▶唐木順二 95
乘馬隨筆▶小栗一好 …………… 97
〈隨筆〉光り▶本間惠美 ………… 99
臍の話▶南扇子 ………………… 100
〈綠陰夜話〉怖ろしや猪喰ひしむくひ▶
　南山生 ………………………… 102
〈感想〉生活種々相▶山路宗吉 … 105
朝鮮各道の實相▶本誌記者 …… 107
ホームセクション
　避暑と體質體質を知って一避暑をせ
　よ一▶佐々廉平 ……………… 113
　國寶元師をたほした喉頭癌▶小鳥井
　讓 ……………………………… 114
　恐ろしいヂフテリヤ▶高木義敬 115
　これから樂しみな朝顏の移植法▶主
　事 ……………………………… 116
時事問題掃き集め ……………… 117
鮮血遺聞▶秋良春夫 …………… 121
世界だより ……………………… 139
編輯後記 ………………………… 140

朝鮮公論 第22巻 8号, 1934. 8
通巻 第257号

〈卷頭言〉岡田内閣の政鋼 ……… 1
岡田大將推薦の經緯と組閣の迫力に就
　て▶金思演 …………………… 2
岡田内閣是非▶美濃部達吉 …… 7
農村更生の諸問題▶佐藤寬次 … 8
土地改良が滿洲に於ける最大問題▶田
　中貞次 ………………………… 12
現今の社會教育▶河原春作 …… 13
時事經濟解說
　米國新通貨政策の原理▶山定宗文 …
　………………………………… 15
　日蘭會商國際的カルテルの組織▶脇
　村義太郎 ……………………… 17
　日本商品に對する世界的防遏▶一記
　者 ……………………………… 18
　恐るべき日本の飛躍，列國の醜態▶
　一記者 ………………………… 19
　高橋財政の功罪▶青木潤 …… 21
　誤れる自由主義思想▶一記者 … 23
公論春秋 ………………………… 24
夫婦の道▶渡邊英一 …………… 25
百貨店の雜踏は日本が田舎の證據▶小
　林丑三郎 ……………………… 26

公娼廢止の眞義とその後に來るべき問題▶高島米峰 ………… 27
演劇と美術の融合▶平井淸次 …… 29
豫審決定に現れた前田事件▶庄司文雄 ……………………………… 32
〈銷夏珍談〉こんな話もある▶田上豊 … …………………………… 72
壯快な夏のスポーツ▶淺井榮資 … 81
わが國の遊泳術▶本田生 ………… 85
〈銷夏隨筆〉花火のはなし▶西澤勇志智 ……………………………… 88
〈感想〉亭樂主義と表現力の問題▶横須伊平 ……………………………… 91
三五聯盟▶夏勝己 ………………… 92
無駄なし亭主▶大門亭龍吉 ……… 94
家庭醫學
　恐怖病▶雨宮保衛 ……………… 96
　夏季に多い山岳病▶瀧川漁舟 … 97
　海水浴と皮膚　背中の日燒け　石鹼は禁物▶東信子 ……………… 98
　凉味の生花　澤桔梗と蒲▶廣瀨翠園 ……………………………… 98
〈婦人と衛生〉たのしい登山，キャムプ，海▶岡本寛 ………………… 99
〈季節の家具〉藤椅子の若返り法 … 99
〈季節料理〉燒き茄子酢もの▶大内幸江 ……………………………… 100
時事問題掃き集め ………………… 102
柳題 ………………………………… 101
世界だより ………………………… 129
編輯後記 …………………………… 130

浴衣粧軒風鈴▶品川漁郎 ………… 50
笑ひのカクテル …………………… 72
〈巷說〉くろぶね囃子▶紫雲繁 … 106
〈國際事實小說〉オランダ夜話▶伊東銳太郎 ……………………………… 118
雜題
　日本人を教育の指導者に選ぶ …… 14
　全歐戰亂の序曲伊國巧みに中止せん ……………………………… 31
　鬼部長の道草 …………………… 47
　佛國夏の流行に兎飼育競爭 …… 80
　二百年前の梟首臺を塗替 ……… 71
　過剩米の欠伸から新ビール飛出す … ……………………………… 103
　新内相による衛生事業 ………… 100

朝鮮公論 第22巻 9号, 1934. 9
通巻 第258号

〈卷頭言〉進まんとする吾等國民の道 … ……………………………… 1
水害對策とその批判▶金思演 …… 2
朝鮮鑛業振興策の重大綱要に就き敢て當局に猛省を促す▶桂川碩邦 … 5
對滿貿易と關稅並に運賃問題に就て▶工藤三次郎 ……………………… 11
土木談合と咸興事件の重要性▶庄司文雄 ……………………………… 20
皇道主義の指導原理の下に唯進展奮鬪あるのみ▶圓谷弘 …………… 29
皇道政治を確立し洋風の夢を精算せよ

▶田中國重 ……………… 30
非常時と倫理運動▶宇野哲人 ……… 31
重視されて來た現下の社會教育問題▶
　　春山作樹 ………………… 32
躍進の朝鮮工業と中等教育問題▶白扇
　　生 ………………………… 34
朝鮮法曹界異聞(釜山美人女中マリヤ
　　殺し)▶光榮紫潮 …………… 37
自然の魔戲より生じたる慘狀▶鮮于全
　　………………………………… 48
公論春秋 ……………………………… 57
時事經濟解說
　　國民生活を經濟的に合理化せよ▶木
　　村增太郎 …………………… 58
　　我が貿易品の有利性を堅實に發揮せよ
　　▶牧野輝智 …………………… 60
　　洋々たる我が輸出貿易の前途▶樽崎敏
　　雄 …………………………… 61
　　切迫せる太平洋上の危機▶北川信夫 …
　　………………………………… 62
　　產業日本の華々しき前途▶平川完 … 63
　　米の世界輸出問題▶荒川一舟 ……… 64
　　米國銀國有政策は所謂人氣取りに過ぎ
　　ぬ▶鈴木良三 ………………… 65
　　海軍會議の重大性 軍備權の平等▶有馬
　　一策 ………………………… 66
　　蔣介石の秘策 新生活運動の提唱▶長田
　　江介 ………………………… 67
隨筆
　　詩と山水の旅▶福田正夫 ……… 100
　　草花▶大井里子 ………………… 101

〈短篇〉さすらひ▶森谷一路 ……… 104
〈ユーモアコント〉金魚とお父さん▶玉
　　村八五郎 …………………… 106
海幽靈と人魚(怖い海底のぞき)▶荒川
　　涼 …………………………… 107
海外通信
　　所謂合從連衡時代 ……………… 109
　　蘇國北鐵會商成功を見越しダンピン
　　グ開始か ……………………… 109
　　ソ聯政府の軍刑法改革 ………… 110
　　赤誠に燃ゆる報國日本人會の結成 …
　　………………………………… 110
　　ドルフス首相の死で歐洲の褐衣隊猛
　　動 …………………………… 111
　　超殺人光線 ……………………… 111
　　歐洲に瀰漫する戰禍の合言葉 … 112
家庭醫學
　　子供の榮養不良は確かに多い▶三田
　　谷啓 ………………………… 113
　　肥滿症保健上痩せる▶青野原豊 114
　　〈人生と醫學〉混一血一兒知能は上るが
　　體質は下る▶池見猛 ………… 114
　　〈趣味の常識〉ボートの起源▶水上連 …
　　………………………………… 115
　　〈家庭と衛生〉冷藏庫を過信するな▶夏
　　目凉子 ……………………… 116
　　〈家庭と經濟〉渦卷線香こんな經濟の使
　　ひ方▶大江すみ子 …………… 116
時事問題掃き集め ………………… 118
〈探偵奇談〉闇に浮いた美人の姿▶白扇
　　生 …………………………… 121

海賊船秘聞▶秋良春夫 ……… 125
雜題
　今秋の大競馬 ……… 10
　品位と權威(遺稿)▶原敬 ……… 28
　內鮮語鴨綠江節 ……… 33
　世界珍聞 ……… 141
　朝鮮産業の唄(國境節) ……… 99
　蠹島遭難事件に就て ……… 96
　朝鮮古民謠片々 ……… 73
　朝鮮童謠 ……… 73
　蜂蜜藥用と美粧料 ……… 88
　子供に聞せる話 ……… 117
　博士濫造の跡 ……… 108
　編輯後記 ……… 142

朝鮮公論 第22卷 10号, 1934. 10
通卷 第259号

〈卷頭言〉米穀對策に就いて ……… 1
宇垣イズムの徹底へ▶金思演 ……… 2
朝鮮の將來(宇垣總督講演要旨) ……… 4
我が國陶磁器業の現狀と朝鮮陶磁器業の將來に就て▶小山一德 ……… 21
滿洲國發展に伴ふて朝鮮財界好轉▶有賀光豊 ……… 25
朝鮮産米の姿と動き▶賀田直治 ……… 27
公娼廢止の急務▶林白澄 ……… 32
岡田內閣と床次▶森凡二 ……… 37
所謂公娼廢止の是非▶貞白扇 ……… 41
フアツシヨ政治と立憲政治▶川原次吉郎 ……… 43
日本精神と民族意識▶高群逸技 ……… 44
太平洋を挾んで日米露問題▶溝川龜太郎 ……… 46
社界事業統制の急務▶松澤兼人 ……… 47
滿洲國の發展と領事裁判問題▶柏田忠一 ……… 49
近詠▶安達綠童 ……… 51
歷史的に觀た京城中心の地震朝鮮はやはり地震國▶白扇生 ……… 52
幽靈のはなし▶北行生 ……… 95
〈映畫評〉若草物語 ……… 95
〈短篇〉月の聯想▶富永英夫 ……… 100
〈漫談〉あをそら▶林一露 ……… 102
〈ユーモアコント〉おかめ般若とブルドツク▶前田菊雄 ……… 104
時事問題掃き集め ……… 107
海外通信 ……… 112
〈探偵奇談〉暗夜に狂ふ日本刀腦天唐竹割リの血吹雪▶倉白扇 ……… 114
〈家庭醫學〉家庭醫學 小兒の疲勞は午睡で恢復させよ▶三田谷啓 ……… 118
〈人生と醫學〉可愛い小兒が直ぐ死ぬる病▶稻岡朝太郎 ……… 118
〈保健と榮養〉榮養から覗く食ひ味の季節 ……… 119
〈婦人と修養〉危機線上を行く現代女性達へ▶芳野せ子 ……… 120
〈主婦と家事〉お芋には鹽をつけなさい ……… 121
〈趣味の園藝〉秋蒔きの草花(二十種)
〈大衆小說〉虎林街道▶秋良春夫 … 122

世界珍聞 ………………………… 139
編輯後記 ………………………… 140
雜題
  日本人入支制限運動 …………… 42
  昭和八年火災狀況 ……………… 54
  朝鮮農夫の歌 …………………… 59
  ソ聯滿洲領に侵入し軍事施設 …… 80
  女子オリムピックに男子出場 … 106
  武者振した戰の門出です ……… 103
  明夏米艦隊日本を目標として太平洋
  に大演習 ……………………… 117

朝鮮公論 第22巻 11号, 1934. 11
通巻 第260号

〈卷頭言〉東洋の平和と軍備の平等 … 1
半島工業界の大勢と使命▶宇垣一成 …
………………………………………… 2
朝鮮電氣界の地位▶賀田直治 ……… 4
野口遵氏を語る▶西島新藏 ………… 5
滿洲國行政區劃變革の檢討▶里吉基樹
………………………………………… 10
廢娼斷行の一步手前に▶庄司文雄 … 18
軍縮豫備會商を前に明年の本會議を觀
  る▶複本重治 ………………………… 25
臨時議會をめぐる政局▶坪川一完 … 29
私生子の保護に就て▶林白澄 ……… 32
地理的慢談 地震の豫知, 自然科學は沈
  默さる▶橋戸田勇 …………………… 40
公論春秋 ……………………………… 41
時事經濟解說

苦境の渦中から救ふ農村工業化の指
  針▶薗村光雄 ……………………… 42
軍需インフレの眞相果して好景氣來
  か▶一色藤太 ……………………… 43
惡化する滿洲景氣農業恐慌は深刻▶
  相川幸雄 …………………………… 44
日米共同保障を翹望する比島▶荒川
  一郎 ………………………………… 45
蘇領北樺太の活躍文化的施設も擴大
  ▶石川孝明 ………………………… 46
蘇聯の驚くべき躍進金産額は第三位
  ▶北川信夫 ………………………… 47
日伯移民問題敵視せずに好轉機を待
  て▶堤康次郎 ……………………… 48
米穀統制法齎した三ツの大きな收穫
  ▶東浦庄治 ………………………… 49
法律講座
  未成年者の商行爲, 相手方の損害? …
  ……………………………………… 123
  借家人よ誤るな造作權利の範圍 ……
  ……………………………………… 123
  大家と店子の爭ひ ……………… 124
  身元保證人の責任 ……………… 125
  手形 無效な取引でも書いたら有效だ
  ……………………………………… 125
所謂日本海時代東亞交通史上に歷史的
  變革を與ふ▶白扇生 ……………… 126
學校教育の弊と家庭教育の力說▶三輪
  田元道 ……………………………… 116
時事問題掃き集め ………………… 127
海外通信 …………………………… 132

家庭欄
　一般醫學 血族結婚の可否，勸めたくない理由 …… 134
　〈家庭醫學〉心得る可き心臟病の家庭療法 …… 134
　〈婦人と修養〉家庭の圓滿は愛に立脚した理解に …… 134
　〈主婦と家事〉考へねばならぬ貯藏法のいろいろ …… 134
　〈趣味と常識〉指輪の話 …… 135
　〈實話小說長友秘話〉戾り落葉▶秋良春夫 …… 136
世界珍聞 …… 145
編輯後記 …… 146

朝鮮公論 第22卷 12号, 1934. 12
通卷 第261号

〈卷頭言〉我等國民の覺悟 …… 1
本邦商品の進出を缺如せる通關手續▶里吉基 …… 2
滿洲問題再燃▶神川彥松 …… 8
日滿計劃經濟と統制指導方針▶森武夫 …… 10
融和より見た鮮滿對策▶高島峰 …… 11
非常時と國防問題▶摺澤茂材 …… 13
新義州高柳事件の再吟味▶庄司文雄 …… 13
全鮮土木談合事件控訴公判▶本誌記者 …… 22
時事經濟解說

蘇聯産業五ケ年計劃▶林群喜 …… 25
ムッソリーニと國際聯盟▶松島肇 …… 16
在滿機關の粉紏から滿洲國經濟萎縮▶大賀賢 …… 27
幣制改革の限界▶高垣寅次郎 …… 28
邦人の滿洲移民見込薄の岐路▶下村宏 …… 30
米國大統領は平價を切り下げるか▶川添京二 …… 31
米國N・R・Aの改造▶池田輝彥 …… 32
朝鮮の薄荷工業と內地資本の誘致▶豚兒生 …… 33
中小商工業の金融改善方策▶藤扇生 …… 34
拳鬪の話▶大里生 …… 35
法律常識 …… 35
鉛被防蝕電纜▶山崎喜雄 …… 38
電工界の好指針 古河電工會社 …… 44
業績赫々たる朝鮮瓦斯電氣會社 …… 46
躍進する朝鮮の電氣の事業界 …… 48
咸北電氣界の電力統制計劃 …… 48
滿洲及北鮮の資源開發輸送と裏日本の工業地域▶白藤生 …… 50
光輝ある前途をもつ全羅北道の全貌▶本誌記者 …… 51
資本金一千萬圓 金鑛製鍊會社創立 …… 93
將來を約束さる全羅南道の全貌 …… 97
地方開發に努める南朝鮮鐵道 …… 109
〈實話小說長友秘話〉戾り落葉(ソノ二)

▶秋良春夫 ………… 118
公論春秋 ………………………… 24
亭主異名集▶吹貫生 ………… 131
川柳漫談▶城田重夫 ………… 132
輕はずみな戀愛から家庭悲劇の根源▶
　河崎なつ子 ………………… 135
海外通信 ………………………… 139
新裝なれる大澤商會の新店鋪 …… 141
家庭欄 …………………………… 136
金剛山抄▶中尾昭夫 ………… 134
編輯後記 ………………………… 142

```
朝鮮公論 第23巻 1号, 1935.1
　　　　通巻 第262号
```

〈口繪〉朝鮮總督宇垣一成閣下
〈卷頭言〉新春第一日を迎ふ ………… 1
危機昭和十年を迎ふ▶金思演 ……… 2
年頭に當り國民に訴ふ▶岡田啓介 … 5
朝鮮統治の首腦者として年頭の辭▶宇
　垣一成 ………………………… 7
危機三十五年の我が外交▶廣田弘毅 …
　………………………………… 10
國防に備へる國民の覺悟▶林銑十郎 …
　………………………………… 12
年頭我等の決意▶大角岑生 ……… 14
民間航空事業發達の急務▶床次竹二郎
　………………………………… 15
年頭の辭▶兒玉秀雄 ……………… 16
我が國經濟界の動向▶土方久徵 … 17
世界經濟の歸趨と本邦財界の情勢▶加
　藤敬三郎 ………………………… 21
財界に處する我等の覺悟▶有賀光豐 …
　………………………………… 26
ホルモン劑の內服で來潮防止に成功 …
　………………………………… 28
朝鮮工業界展望▶賀田直治 ……… 29
ナンセンス笑話集 ………………… 30
米穀問題と移民問題▶藤井寬太郎 … 31
野口王國の素描▶興南隱士 ……… 38
光輝ある昔を偲ぶ朝鮮銀行 ……… 42
歐米都市交通雜感▶森秀雄 ……… 43
人生不惑を過ぎまだ大學生 ……… 46
昭和第十春を迎ふ▶金東勳 ……… 47
昭和十年朝鮮產業振興のスローガン▶
　賀田直治 ……………………… 49
國際危機の及す財界の影響▶堤永市 …
　………………………………… 50
朝鮮產業經濟の動向▶穗積眞六郎 … 52
年頭先づ覺悟を新にせよ▶渡邊豐日子
　………………………………… 55
半島財界の動向▶閔大植 ………… 57
我が國の財界展望▶朴榮喆 ……… 58
陸運の進展▶吉田浩 ……………… 61
年頭に當り朝鮮協同組合運動の情勢を
　記す▶矢鍋永三郎 ……………… 64
歐米の不緣起惡日 ………………… 66
年頭所感▶池田清 ………………… 67
重役一酒一女▶笠山貧重 ………… 70
子女の性教育と母親の責務▶河崎なつ
　子 ……………………………… 72
公論春秋 ………………………… 73

274

名流時言
  國民生活と國防の本義▶末次信正 ……………………………………… 74
  農村工業化の提唱▶大河内政敏 … 77
  最近に於ける聯邦事情▶川候雄人 ……………………………………… 80
  躍進する我輸出貿易の基礎▶樽崎敏雄 …………………………………… 82
  躍進日本の貿易政策▶平野常次 … 85
  ソ聯と國際聯盟▶横田喜三郎 …… 88
  勝海舟先生と金▶石川千代松 …… 91
  新らしき時代の母性▶穗積重遠 ……………………………………… 93
新年俳句 …………………………… 96
既成政黨の動向 …………………… 97
原敬氏を偲ぶ▶三角朗人 ………… 98
日本の理想▶鷲尾順敬 …………… 102
吾等の望み▶三角生 ……………… 103
東洋文化と佛教▶春秋一雄 ……… 104
銀行會社や其の他勤め先きでの失敗原因▶本誌記者 …………………… 106
〈世の母たる人〉二人の叛逆兒を育ぐむだ忠北の一寒村▶庄司文雄 …… 109
〈俳句〉川柳に現はれた寶船と初夢▶永田頑亭 ……………………… 116
新年賣出しの秘訣▶保坂粂一郎 … 119
貧乏神驅逐の秘法▶三角朗人 …… 121
三防峽▶市山盛雄 ………………… 124
時事經濟評論
  列國の對支投資と支那の經濟的沒落▶田中九一 ………………… 125
  零細農の基礎に立つ日本資本主義▶小林良正 …………………… 126
  帝國貿易躍進の基礎▶上田貞次郎 ……………………………………… 127
  日滿支ブロック結成貿易必勝對策▶木村增太郎 …………………… 130
  世界經濟の發展▶中山伊知郎 … 131
  トオキーと文學▶櫻内武夫 …… 133
  國際外交に躍る多岐多端なスパイ戰 ……………………………………… 134
  政教か邪教か！ひとのみち教團の教示▶吶印生 …………………… 135
  逐年躍進途上にある朝鮮火災海上保險株式會社 ………………… 140
  我國新聞界の開拓者▶三角朗人 … 141
  ビスマルクに轡を取らす ………… 143
  正月行事の緣起▶北村春雄 …… 144
  法律常識 ………………………… 144
  猪を題材とした和歌と俳句▶角田種三 ……………………………………… 149
  〈隨筆〉書道▶田山信郎 ………… 152
  猪の生活▶野中武夫 …………… 155
  〈新年落語〉七福神▶春風亭良山 … 159
家庭欄
  是非心得てほしいお正月の衛生▶窪川經廣 …………………………… 164
  子供の病氣で母の病が判る▶太田孝之 ………………………………… 165
  夜泣きや寢返りで▶清水茂松 … 165
  胎兒に直ぐ響く母親の精神修養▶笹村鍼雄 …………………………… 166

軍縮會議に絡む伊太利の動向 …… 167
消化と榮養からみたお正月の料理▶阿部四郎 ……………………………… 168
面白いトランプの占ひ方▶由比觀堂 …………………………………… 171
海外だより ………………………… 173
新年吉凶夢占ひ …………………… 175
亥歳の講談 子連れの猪▶昇天齊春吉 ……………………………………… 177
時事問題掃き集め ………………… 181
古川柳に見る商賣道のさまざま▶古屋金圃 ……………………………… 186
〈描寫小說〉引越乃一夜▶秋良春夫作/吉井彰子畫 ………………… 188
編輯後記 …………………………… 206

朝鮮公論 第23卷 2号, 1935. 2
通卷 第263号

〈卷頭言〉極東の平和と日本 ………… 1
農村振興の實績と將來の大方針▶宇垣一成 ……………………………… 2
朝鮮經濟力の發展と首都京城商工業者の使命▶賀田直治 ………… 14
朝鮮船舶安全令の公布に付て▶井上清 ……………………………………… 27
私設社會事業の使命に就て▶丸山鶴吉 ……………………………………… 34
滿洲移民問題に就て▶加藤新吉 … 36
青年教育に就て▶田澤義鋪 ……… 38
海軍軍縮問題に就て▶關根群平 … 40

道德の理論と實踐の優越▶下田次郎 ……………………………………… 42
皇道の大義と日本▶平沼騏一郎 … 45
世界に日本語を廣め國威を發揚せよ▶田中舘愛橘 …………………… 46
國際親善と婦人の力▶C・B・デフォレスト ………………………………… 47
朝鮮工業の現勢▶山澤和三朗 …… 50
二十世紀は流線型時代▶吉田直 … 64
縺れる政局の歸趨 ………………… 69
全鮮土木談合事件控訴公判廷に於ける舌端火を吐く福田檢事の大論告▶庄司文雄 ………………………… 70
賣笑婦の衛生對策▶加藤寬二郎 … 81
日本銀行の前途▶春日井薰 ……… 84
公論春秋 …………………………… 85
時事經濟評論
　我國製紙界の展望▶藤原銀次郎 … 86
　消費者の福利を增す市場の大衆本位化▶林久吉 ………………… 87
　最善の努力を要する醫藥行政の革新▶岡田文秀 ………………… 88
　米國ニラ政策の缺陷▶伊東岱吉 … 89
　赤字公債累積對策▶高田保馬 … 91
　我國綿紡事業の優越性▶和田清 … 92
　重要視するソ聯の毒瓦斯研究 … 93
　所謂酒に就いて▶白扇生 ……… 94
　臺灣の重要性▶平塚廣義 ……… 98
　航空事業の重要性▶片岡直道 … 99
　極東政局安定の鍵 …………… 100
　遺傳と結婚▶光本天造 ……… 103

成功の要諦▶山岡萬之助 ………… 105
〈世の母たる人〉二人の叛逆兒を育むだ忠北の一寒村(其の二)▶庄司文雄
　………………………………… 106
我が國人口増殖問題▶上田貞次郎 …
　………………………………… 114
新らしき國劇の形態▶永田衡吉 … 115
隨筆
　女・活花・鏡▶生田花世 ……… 119
　新しき佛教觀▶友松圓諦 ……… 121
　書と詩と料理▶中村竹四郎 …… 123
　藝術的學術的作物の商品化▶石濱知行
　………………………………… 125
　自由主義と新興短歌▶石原純 … 128
　滿洲の賣笑婦▶平林廣人 ……… 130
〈コント〉借り着▶北原進郎 ……… 132
〈漫談〉慾比べ▶飛田八郎 ………… 134
眉で判る運命判斷▶田川尊有 …… 136
家庭欄
　喫煙家は手先が冷え血壓が高くなる
　　▶小鳥井讓 ………………… 138
　轉ばぬ先の杖 …………………… 138
　新潟は毒です老人小兒に禁物▶大村
　正夫 …………………………… 139
　信仰に生きる悲しみ克服の魂▶高島
　米峰 …………………………… 140
　薬草の都市開城 ………………… 141
詩
　富士▶伊藤祐大 ………………… 144
　幸福の風 ………………………… 145
滿支通郵問題の解決 ……………… 146

時事問題掃き集め ………………… 147
〈旅順海戰秘話〉呪はれた花瓶▶島津透
　………………………………… 152
編輯後記 …………………………… 162

朝鮮公論 第23巻 3号, 1935.3
通巻 第264号

〈卷頭言〉爆彈動議をめぐる政局のもつれ ……………………………… 1
在滿鮮人の就籍問題に付て▶増永正一
　………………………………… 2
日本精神の眞髓▶野田義夫 ……… 7
建國の精神に結盟せよ▶丸山鶴吉 … 9
我國財界の現狀▶加藤敬三郎 …… 10
皇道の成立と君臣道▶清原貞雄 … 12
人間理想の最高峰▶帆足理一郎 … 14
鮮銀兌換券の將來▶山科銀濤 …… 16
靈的國防の提唱▶横井時常 ……… 18
宇垣政治の功業▶本誌記者 ……… 25
土木談合事件嚴正批判▶阪東太郎散人
　………………………………… 27
外國歷史に於ける利權思想▶徳富蘇峰
　………………………………… 31
福田檢事の談合論告を駁す▶岡田庄作
　………………………………… 32
戸頭重刑の談合判決を下る▶庄司文雄
　………………………………… 41
爆彈跡始末を繞る▶白馬生 ……… 45
歐洲各國の協調政策▶三龍生 …… 51
京城府職業紹介所 雜詠▶小田原豊 52

近代戰爭史を飾る日露大戰役 ……… 54
「クロパトキン著露土戰爭史」これによってまづ露軍の長所短所を研究した▶藤井茂太 ……………… 56
回顧珍談 外國武官と梅干 ……… 57
全軍壯烈を極む▶鈴木莊六 ……… 58
年齡を超越した國際ローマンス …… 59
アリゾナ排日事件の動向▶四至本八郎 …………………………………… 60
統制時代の朝鮮▶本誌記者 ……… 62
〈政界樂屋話〉議會に於ける政・民・國・三黨首を見る▶X・Y・Z ……… 64
極東と英國▶三漢生 ……………… 68
支那麻布の輸入防止と潮の如き人絹の進出▶白扇生 …………………… 69
時事經濟評論
　我が國財界の前途▶結城豐太郎 … 70
　ソ聯の民族政策▶正田淑子 …… 71
　日滿提携の鍵▶宮原民平 ……… 72
　世界貿易の圓滿は▶藤井新一 … 73
　景氣の周期性▶松浦要 ………… 74
宇垣インフレの擡頭氣運▶三角生 … 76
銀と中華民國▶兒玉謙次 ………… 77
廢娼は何處へ行く▶玉城肇 ……… 83
昌慶苑動物園の新陳容 …………… 85
五十萬元事件とはどんな問題か … 86
良い映畫とわるい映畫▶T・H・生 … 89
佛蘭西文壇の動向▶小松清 ……… 91
公論春秋 …………………………… 93
ユダヤ人に就いて▶持地ゑい子 … 94
生まれぬ先から呪はれた血 ……… 102

投げた賽から天國地獄 競馬にからむ女の姿 …………………………… 103
滿洲の女點景▶山科銀濤 ………… 104
この春の京城カフェー食堂界鳥瞰圖繪▶光永紫潮 …………………… 108
建築樣式の變遷▶石本喜久治 …… 113
半島金融界の最高峰 殖産銀行の大飛躍 …………………………… 116
人體活力の原基▶朝岡福太郎 …… 121
〈詩〉魚食人種／虛無僧▶伊藤祐大 …………………………………… 124
就職捷徑の極意 …………………… 126
法律常識 …………………………… 126
經濟常識 …………………………… 128
〈隨筆〉野鳥の生態撮影▶下村兼二 …………………………………… 133
醫療と迷信▶窪川經廣 …………… 135
西班牙の思ひ出▶蘆原英了 ……… 137
榮轉した三勅任 …………………… 139
河豚漫談 …………………………… 140
今昔物語に現れた猪の怪談▶笹野武彥 …………………………… 141
〈漫談〉無くせバナナを▶岩本正二 …………………………………… 143
家庭欄
　夢でわかる內臟の病氣▶高峰博 …………………………………… 147
　婦人勞動者の健康障害▶大西清治 …………………………………… 147
　受驗期のお子さんの健康▶山田尙允 ……………………………… 148

子供の嘘は危險▶三田谷啓 …… 149
健康と美の表徵 ………………… 149
少女に伸びる誘惑の桃色觸手 … 150
時事問題 ………………………… 151
支那奧地の文化 ………………… 156
〈戌辰夜話〉今樣大杯觴酒戰强者▶青山倭文二 ……………………… 157
編輯後記 ………………………… 163

朝鮮公論 第23巻 4号, 1935. 4 通巻 第265号

〈卷頭言〉朝鮮の再認識 ………… 1
國運に寄與する鮮農の自力更生▶宇垣一成 …………………………… 2
〈京城府政强力革新の要〉良心なき府當局▶山科銀濤 ………………… 4
天皇機關說に就いて▶御木德近 … 9
普通教育の機會均等▶中野伊三郎 ……………………………… 13
國民思想の動向▶鷲尾順敬 …… 17
日露戰役に關する裏面史▶多賀宗之 ……………………………… 19
郵便貯金の獎勵に就て ………… 27
煽動に乘るな惡思想問題▶野田義夫 ……………………………… 29
日に深刻化する失業對策打診▶森谷克己 …………………………… 30
佛陀敎說の基調▶岡本宜空 …… 31
對滿貿易と安奉線運賃に就て▶工藤三次郎 ………………………… 33

非常時に於ける婦人の覺悟▶三島雅清 ……………………………… 38
美濃部博士の學說は國權紊亂思想▶南樓散人 …………………… 43
朝鮮に於ける電氣統制問題と內地五大電力聯盟の進出▶豚兒生 ……… 46
公論春秋 ………………………… 48
消費二億圓の大京城 供給工場と銘鑑 … 49
所謂自治管理案と鮮內業者の立場▶鐵火面子 …………………… 54
戰死から見た大楠公▶林彌三吉 … 55
生活と佛敎▶宇井伯壽 ………… 58
腹力と不動精神▶三龍生 ……… 59
聖德太子と建國の精神▶高島米峰 … 60
時事經濟評論
　滿洲農業移民　日・蘇・支の緩衝役▶那須皓 ……………………… 65
　法律學の危機▶武藤智雄 …… 66
　帝國の發展と臺灣▶平塚廣義 … 67
　米穀の自治統制の反映▶東浦庄治 ……………………………… 68
　財界一抹の暗影▶荒木光太郎 … 69
　我が新興工業の躍進▶山內幸三 … 70
　現下の米穀問題▶月田權三郎 … 71
　敎育の機會均等▶赤坂靜也 …… 72
　金融界尙は緩慢▶ABC ……… 73
戰爭と佛敎の眞義▶籾山鬢幸 … 75
外紙の見たる日本の燃料問題▶瀧東生 …………………………… 76
國民保健衛生ト醫重大なる醫藥分業問

題▶三峰生 ……………… 78
ドイツ文學の動向▶芳賀檀 …… 80
公論之公論 ……………………… 80
〈畫房隨筆〉裸體と美術▶岩本正二 ……………………………… 83
知識階級の特性▶伊藤永之介 … 90
春と精神病▶西井烈 …………… 92
櫻物語り 小金井の櫻のみ▶白扇生 ……………………………… 95
朝鮮貿易の躍進 ………………… 96
名は體を現はす姓名漫談▶南仙子 … 97
春の濱▶鹽野百合子 …………… 100
〈詩〉白蓮/山櫻/林檎/鐘/鯖/薔薇▶伊藤祐大 …………………… 102
競馬をめぐる人々のそろばん勘定▶中澤忠一 ………………… 104
春陽氣酒くらべそろそろビールの季節 ……………………… 108
朝鮮農業倉庫の王座 米倉會社の偉容 … 109
半島海運界の覇者 伸びゆく朝鮮郵船 … 112
新版艷春聽書
　京城のカフェー戰線に異狀あり▶光永紫潮 ……………… 114
　業界を騷した日本間の是非ボア・グランの女給問題 ……… 119
自力更生意氣に躍進する半島各道の全貌
　飛躍途上の京畿道 …………… 121
　高陽郡 ………………………… 125

前途洋々たる平安北道の産業 … 125
燦として輝く咸鏡北道 ………… 127
天惠に富む咸鏡南道 …………… 128
振興途上の江原道 ……………… 130
産業の黄海道 …………………… 131
豊穰の地忠清南道 ……………… 133
振興の忠清北道 ………………… 134
北鐵讓渡と今後 ………………… 136
滿洲國の經濟狀態▶T・H・生 … 137
ジャズとヒットラー …………… 142
時事問題掃き集め ……………… 143
家庭欄
　極端な偏食は當養不良を促進▶清水茂松 ………………… 147
　春は浮氣心に御用心▶杉田直樹
　春は男女に危險 親は子の氣持を知れ▶笹村鉞雄 ……… 148
　春に働く男女の心▶雨宮保衛 … 149
　自然の風情を生かす▶N・T・生 … 149
　電車や汽車に乘つたときの心得▶荒川生 ………………… 150
〈大衆連載小說〉踊り子▶秋良春夫作/山口正夫畫 …………… 151
朝鮮溫泉めぐり▶SY生 ………… 165
東京支社通信 …………………… 169
編輯後記 ………………………… 170

朝鮮公論 第23巻 5号, 1935.5
通巻 第266号

〈卷頭言〉選擧意識の培養 ………… 1

社長就任に際して▶里吉基樹 ……… 2
朝鮮統治に一新紀元 心田開發の重要力
　　…………………………………… 4
保險と幸福▶井上清 ……………… 7
郡守會議を盛る朝鮮農村振興論陣▶中
　川伊三郎 …………………………… 9
屎尿汲取料に就て▶石原憲一 …… 12
北鐵讓渡とその後に來る問題▶庄司文
　雄 ………………………………… 17
天降妍を競ふ朝鮮と城大停年教授の身
　分問題▶阪東太郎 ……………… 24
若返り法と男女性の轉換▶池田林儀 …
　……………………………………… 27
日本精神に就いて▶平泉澄 ……… 34
我が九千萬の同胞 皇道の本義に目覺め
　よ▶荻原擴 ……………………… 37
日露提携の眼目 日本朝野の指導を俟つ
　▶臧式毅 ………………………… 38
戰はずして勝つ國防の安全感▶篠田次
　郞 ………………………………… 40
機關說と政友會
　法律論と農村問題に終始した六十七
　議會▶T・H・生 ………………… 41
　「政府が潰れる」に總裁會心の笑み？
　……………………………………… 42
日露大海戰(三十年)
　バルチック艦隊はなぜ出て來たか？…
　……………………………………… 45
　まさに『天佑と神助』▶鳥巢玉樹 ……
　……………………………………… 47
　三百代言掃倒必要論▶石下山人 … 49

府邑會議員 選擧取締陣緊張す ……… 51
重ねて府邑會議員選擧に就て▶佐伯京
　畿道警察部長談 ………………… 55
公論春秋 …………………………… 56
朝鮮製鍊會社の使命と人物▶S・S生 …
　……………………………………… 57
時事經濟小論
　金ブロックの崩壞と我が財界▶T・
　H・生 …………………………… 59
　北洋の生命線たる北樺太とはどんな
　所か▶小坂生 …………………… 60
　米の需給問題▶內池廉吉 ……… 62
　北鐵協定とは?▶松井龍太郎 … 63
　獨の再軍備宣言▶豊嶋生 ……… 64
　我が財界の前途▶土方成美 …… 65
　北鐵調印と共に開かるる北滿の大資
　源▶本誌記者 …………………… 66
〈詩〉植櫻賦/山櫻▶伊東祐大 …… 71
芭蕉とその俳文を語る▶岩田九郎 … 72
宗敎と文學▶加藤朝鳥 …………… 73
人の性格が唾液で判る …………… 78
美濃部達吉博士不敬事件告發狀 …… 79
王朝時代の文學と女性▶關美佐緒 … 85
法律常識 …………………………… 85
世界大戰間牒遺聞▶道本清 ……… 89
太平洋上に設けるアメリカの空港▶
　TH生 …………………………… 96
我が電氣界の先賢 ………………… 98
牛島地方開發特輯
　朝鮮富源の地・全羅北道 ………… 99
　沃野豊穰・全羅南道 …………… 100

南鮮の中央・慶尚北道 …… 101
朝鮮の大玄關・慶尚南道 …… 102
伸びゆく・黃海道 …… 103
藥都王國開城 …… 104
振興途上の・忠淸南道 …… 106
豊富なる資源に諸産業振興の平安南道をみる …… 107
國際都市に大躍進の大新義州 … 109
民衆の福利增進へ朝鮮運送の貢獻 …… 112
高潔溫情の人竹島社長 …… 114
海軍と緣故深き銘酒金剛鶴 朝日釀造の榮譽 …… 116
鐘路街百態圖解
　京城の新名所たらんとする▶筑紫次郎 …… 117
　期待されてゐる樂園別館の出現 …… 120
〈隨筆〉初春のころ▶小林巽 …… 122
〈漫談〉野球▶石塚一三 …… 124
施政二十五周年記念朝鮮産業博覽會開く …… 127
半島文化の精粹誇るべき朝鮮の實相 …… 128
自力更生と婦人 偉大なる母の愛▶本誌記者 …… 130
葉書交換 …… 131
國際女性三態▶SK生 …… 132
豚の靈魂を語る▶松原貞義 …… 134
家庭欄
　子供の病氣と罹病危險年齡▶竹內薰兵 …… 135
　小學兒童とお辨當▶山田義雄 … 134
　春は年頃の少女を狙ふ性的犯罪が多い▶T・H・生 …… 136
　帝都に遊學する子女の訓化方針▶坂本一角 …… 137
　お茶を上手にお客の喜ぶこと請合 …… 138
〈大衆連載小說〉踊り子(其の二)▶秋良春夫作/山口正夫畵 …… 139
時事問題掃き集め …… 153
社告 …… 156
編輯後記 …… 157

**朝鮮公論 第23卷 6号, 1935. 6
通卷 第267号**

時事萬態
〈卷頭言〉全面的朝鮮指導精神 …… 1
朝鮮關係者を滿鐵重役に擧げよ▶里吉基樹 …… 2
半島統治史に輝く榮與京城逐鹿戰の檢討▶山科銀濤 …… 5
朝鮮經濟竝に産業の現勢と動向▶賀田直治 …… 12
大楠公の信仰▶鷲尾敬順 …… 19
官規を無視する不純陋劣城大醫科教授の內職問題▶北漢隱士 …… 26
三陟保留炭田物語▶紅葉山人 …… 31
街頭に飛躍の遞信事業川面監督課長への期待 …… 35

誤り易い地方性と兒童文▶本山清 … 36
若返り法と男女性の轉換▶池田林儀 …
　　　　　　　　　　　　　　 40
籾檢査と道知事▶中野伊三郎 …… 48
歐洲の風雲に乘ずる米國の對策 …… 53
〈世界の動向〉何を狙ふ？米國海軍大演
　習 ……………………………… 57
全歐政局から見た佛蘇双互援助條約 …
　　　　　　　　　　　　　　 60
映畫と文化 …………………… 63
〈趣味ペーヂ〉ゴルフ奇談 ……… 64
公論春秋 ……………………… 65
〈詩〉緋鯉の戀／武藏野に泳ぐ▶伊東祐太
　　　　　　　　　　　　　　 66
朝鮮人國記（一）各府縣人分布觀▶本誌
　記者 ………………………… 68
民衆心理の感情的動向▶三角太郎 … 72
知識階級問題に就て▶土方定一 … 77
宗教文藝の現代性▶春秋一雄 …… 78
因果律▶保坂生 ……………… 81
痲藥取締令―中毒者の根絶を期ず … 85
鮮展觀▶岩本正二 …………… 88
人の噂 ………………………… 95
內閣審議會樂屋ばなし▶H・T・生 … 96
返り咲いた白根新書記官長 ずるい後
　藤吉田兩氏の工作▶一記者 …… 98
〈新聞と人物〉犬養毅氏奮鬪三十年▶三
　角朗士 ……………………… 100
東京支社通信
　帝都の暴力團狩 …………… 103
　有望なる朝鮮ドレッヂ鑛業株式會社
　　………………………………… 103
　內地セメント界 …………… 104
〈伊エ戰爭〉黑シャツ首相の高飛車黑人
　帝國の運命は ……………… 105
ジャーナリズムと現代の讀者層▶荒川
　生 …………………………… 106
柔道漫談▶小田生 …………… 107
隨筆
　山彦と鳴き龍▶栃木生 ……… 109
　養蠶▶石森直人 …………… 110
　ある女の素描▶和美生 ……… 112
精農家金元成翁の苦鬪美談▶石塚一三
　　………………………………… 114
特有の風味鮮產キリンビール昭和麒麟
　會社新製品 ………………… 120
芳醇な風味サッポロビール朝鮮麥酒株
　式會社製品 ………………… 121
北朝代表產業の新銳朝鮮油脂の跳躍 …
　　　　　　　　　　　　　　 122
人類の福祉增進に貢獻東洋拓植會社の
　偉業 ………………………… 123
四十男と十八女▶石塚かずみ …… 125
晚春の言葉▶銀濤子 ………… 129
〈時代長篇小說〉公用繼立道中かがみ▶
　緒方行雄 …………………… 132
〈趣味〉東洋蘭と西洋蘭の相違▶石井勇
　義 …………………………… 138
法律常識 ……………………… 138
〈戲曲〉餓になつての自殺▶石塚聖秋 …
　　　　　　　　　　　　　　 140
子供に重大な影響を與ふる母の行ひ▶

王子生 ……………………… 143
葉書交換 ……………………… 144
全鮮棉花の王座躍進全羅南道の全貌驚異的海陸産業の發展 ……… 145
全北の全面的農振策▶井坂圭一郎 …………………………… 147
大群山の建設 ………………… 149
歐亞連絡の關門清津の殷盛 …… 152
新興都市 咸興府 ……………… 155
日滿連絡の要衝地羅津 ………… 155
前途多望なる雄基 …………… 157
築港の擴築と松坪洞土地買收問題 158
前途洋々たる大元山 ………… 159
跳飛躍大京城の長壽鄕!!明水臺を觀る ………………………… 161
　理想的なよき住宅地 ……… 161
　開祖木下氏の努力 ………… 162
　冠岳山大公園の計劃 ……… 163
〈短歌〉雜詠▶古瀨ゆき子 …… 164
〈大衆連載小說〉踊り子▶秋良春夫作/山口正夫畵 ………………… 165
編輯後記 ……………………… 182

```
朝鮮公論 第23卷 7号, 1935. 7
      通卷 第268号
```

〈漫畵〉蔣の曲投げ/北支騷亂/帝展改組/陸相視察/寺刹淨化其他▶岩本正二
〈卷頭言〉朝鮮寺院の料亭化問題 … 1
始政二十五年に當り聖駕の御來鮮を奏請せよ▶里吉基樹 …………… 2

〈特輯〉國境警備の辛慘▶本誌記者 ‥ 5
國境ローマンス・實話 白馬に踊る▶不知火生 ……………………… 16
大陸交通の統制上の急務―鮮滿鐵道單一化を提唱す―▶阪東太郎山人 …… 21
三陟保留炭田物語▶紅葉山人 …… 28
朝鮮言論界の動向 論壇の彈壓は文化の遮斷▶庄司文雄 ……………… 24
宗教の本義―行動主義的宗教は生活全體に必要―▶宇野圓空 ……… 34
人事行政か藝術の殿堂か―帝展の改組と藝術の本道―▶北條正樹 …… 35
公論春秋 ……………………… 37
　歡迎の弊習/不自由なる傍聽
頭腦明快法(上)▶池田林儀 ……… 38
跳躍進朝鮮の工業▶本誌記者 …… 46
夫婦の道とは何か▶渡邊生 …… 123
朝鮮人國記 各府縣人分布觀▶本誌記者 ……………………………… 47
東京通信 ……………………… 72
　暴力團と巡査の人格知識の向上/布都の新聞側面記/M氏より政界の動き聞く
朝鮮開發の大長老 香椎源太郎翁の引退を惜む幸酸莿莉を分けた功績を讚へよ▶S・S生 ……………… 50
內地若人に映じた鮮滿見聞錄 …… 80
珈琲奇談 ……………………… 57
　バルザックによつて活を入れられた珈琲/反珈琲婦人聯盟すさまじや後年の鬪士達/熱いこと地獄の如く色

の黒いこと煤の如し
法律常識 …………………… 57
　家主は店子の作つた造作を買取らねばならぬ/連帯債務の効力發生は/僞書畫は文書僞造か
暹羅の棉化栽培計劃▶植松秀雄 …… 62
郷土の傳說考「蟾」▶具斗書 ……… 66
心田開發と新聞▶三角生 ………… 91
〈詩〉汽車/薔薇/海▶伊藤祐太 …… 78
米國經濟間諜團の陰謀▶伊藤銳太郎 …
 ……………………………………… 98
帝展改組の表裏　文展以來の華々しい
　騷動史 …………………………… 76
海,空,海中　太平洋爆火の交錯　日本を
　包圍する米,露,英の航空指呼の間に
　迫る島帝國 ……………………… 94
全英國民を騷せた對日世界同盟論　エ
　コノミスト誌の提案に對し賛否の論
　戰囂々として起る ……………… 96
躍進する朝鮮製鐵工業▶本誌記者 … 90
姙娠は月經直後生殖生理と姙娠法▶朝
　岡稻太郎 ………………………… 113
〈新聞と人物〉世界の製造者故ノースク
　リック卿▶三角生 ……………… 110
泥峴庵落書譜　歷史妓生夢▶和田泥峴庵
 ……………………………………… 114
支那時局に躍る人々▶　記者 …… 92
隨筆
　古代人の釣▶中村星湖 ………… 118
　朝鮮人蔘の效能▶本誌記者 …… 167
　〈實話〉死期への汚點▶島野白骨 … 124

西洋怪異談　謎金塊妖異譚▶三上輝夫
 ……………………………………… 128
古代史に現はれた猪▶石田幸男 … 120
會社と事業
　將來を約束さる朝鮮商工株式會社,
　半島鑛業界の發展に貢獻 ……… 136
　金剛山電氣鐵道,電鐵と電供事業 …
 ……………………………………… 138
　朝鮮皮革の繁榮 ………………… 140
　大衆の金融機關たる京城四大無盡會
　社 ………………………………… 137
あきらめ▶石塚一三 ……………… 49
猛威振ひ初めた夏の病魔　宵越の食物に
　御用心▶T・H生 ………………… 142
僕の生活斷片,禮をする婦▶岩本正二
 ……………………………………… 144
混亂する支那に唯一の親日省「廣西」…
 ……………………………………… 141
輝く朝鮮の窯業▶本誌記者 ……… 169
編輯机上 …………………………… 170
〈大衆連載小說〉踊リ子▶秋良春夫 …
 ……………………………………… 152
雜題
　資源開發さる東邊道 …………… 23
　人の噂 …………………………… 77
　佛國の金本位危機 ……………… 125
　今井田總監滿洲國視察談 ……… 49
　世界に誇る佛國の空軍 ………… 89
　蘇聯と對峙する國境の街「黑河」阿片
　と賭博の街 ……………………… 109
　支那の辮髮も歐洲でも流行した … 51

ビール黨の影響 …………………… 56
政友會の四大方針 ………………… 90
夏に乗ずる不良の魔手 家庭の注意が肝
　心 ………………………………… 65
鑛業警察規則の制定 ……………… 61
北鮮唯一の清津國際ホテル ……… 143
作家的良心に就いて ……………… 117
夏の樂園 …………………………… 75
ヒリッピンの獨立 ………………… 112
駐日滿洲國新大使謝介石 ………… 117
全朝鮮人口 ………………………… 135

朝鮮公論 第23巻 8号, 1935. 8
通巻 第269号

〈漫畫〉宇垣不動/伊ェ紛爭/總督上京/
　陸軍大演習/對伊强硬/天災恐怖/其ノ
　他
〈卷頭言〉內地移民の淚を見よ ……… 2
宇垣朝鮮總督の恒久的存在を望む▶里
　吉基樹 …………………………… 3
不公平なる水利救濟案 累々たる産業
　犧牲者を救へ誹謗論難は明日への統
　治に影響▶山科銀濤 …………… 6
堅實なる財産の作り方▶井上淸 … 10
公債補充金減債基金及參政權の要求▶
　中野伊三郎 ……………………… 12
職業紹介所雜感▶宮原馨 ………… 18
非常時意識に官吏制度の大改革 非現
　業官吏の陶汰▶一記者 ………… 22
頭腦明快法(下)▶池田林儀 ……… 25

納稅心理の破壞を避けよ 稅務署への進
　言無收益課稅の錯誤▶一記者 …… 37
公論春秋 …………………………… 71
茶道の眞髓▶無草庵居士 ………… 60
大陸國策の陣營 日露關係の再討 … 40
獨逸海軍復興の影響▶大石堅志郎 … 49
時の人　ボールドウイン新首相と英國
　の動向▶平川生 ………………… 100
滿洲國の治外法權問題▶本誌記者 …
　…………………………………… 61
開戰か和協か伊ェ關係はどうなる 問題
　をめぐる英佛の態度▶德田六郎 …
　…………………………………… 54
我が外交の　二大問題 當局の先見を望
　む▶芳澤謙吉 …………………… 57
實父殺しの二大事件▶庄司文雄 … 62
迷信の開拓と綴方敎育▶本山淸 … 67
朝鮮の重要性 南綿北羊政策産業の自給
　自足進捗▶本誌記者 …………… 85
朝鮮人國記 各府縣人分布觀▶本誌記者
　…………………………………… 85
心田開發と音樂 …………………… 97
ラジオの社屋性 新聞との相剋はどう
　解決するか▶園田生 …………… 131
東海岸の開發工作 江原道廳移轉說▶本
　誌記者 …………………………… 79
奇怪天下の靈峯 金剛山神溪寺道流血超
　速官用車への非難▶一記者 …… 88
陰鬱なる政界の現狀 ……………… 72
ソ聯邦の特務機關▶伊藤銳太郎 … 91
哈爾巴嶺事件の全貌 東に村上あり西に

金應泰あり▶光永紫潮 ………… 112
〈詩〉戀/瓜畑/鏡/誰かの顔▶伊藤祐太 …
……………………………………… 98
市街綠化と愛樹精神▶三坂生 …… 128
藝術の本義に就いて▶岩本正二 … 101
帝都の新聞側面記(ソノ二)▶東京一記
者 …………………………………… 129
「人の噂」外金剛驛の印象▶S・S生 … 90
〈新聞と人物〉西園寺公望公 東洋自由新
聞の創刊者として▶三角生 …… 133
隨筆
日本の庭園▶小花貞三 …………… 135
恐るべきロボット▶小坂生 ……… 132
〈鎖夏漫談〉釣の哲學▶松本福 …… 138
東洋の水景 香港と大同江の思ひ出▶一
戶義良 …………………………… 140
〈此の夏此の人〉海へ山への夏は盛りそ
の人々の還境によつて動くあり，動
かざるあり眞の夏の夢も又涼味の一
つてはあるが此夏この人の語るその
ものが，一つの銷夏法の樣に涼しい/
好きなテニス▶安井誠一氏/心配事
で涼味滿喫▶江頭三郎氏/丘を越へ
て行く大衆▶伊藤憲郎氏/ゴルフの
爽快さ▶佐伯八郎氏/讀書の涼味▶
鷹松龍菫氏/擊劍が避暑法▶谷多喜
磨氏/將棋の相手が▶早田福藏氏/金
剛山の探勝▶國崎裕/避暑▶朴榮喆
氏/東萊受信所の話▶保城久松氏/冠
角山登り▶賀田直治氏/避暑地は狩
勝峠▶鴨居大每/火も赤凉し▶土田

春松氏/避暑に緣なき衆生です▶海
金源次氏/神宮參拜が銷夏法▶井上
淸氏/禪書に求道▶本多公男氏/妙高
山と白頭山の興味▶時實秋穗氏/避
暑の餘暇ない涼味▶近藤確郎氏/耶
馬溪の探勝▶脇鐵一氏/多島海の海
水浴▶井上收氏/金ない强味▶五井
節藏氏 …………………………… 101
潑淵たる夏の健康
働くことが唯一の銷夏法▶橋本寬敏
……………………………………… 144
山や海に牙を磨いて待つ避暑地に不
良はつきもの何より主意が肝要 ……
……………………………………… 145
カフエ評判記(樂園別館) ………… 161
國民協會の大飛躍▶選擧法實施促進運
動 …………………………………… 59
朝鮮製紙工業の前途 ……………… 87
會社と事業
半島信託界の王座，朝鮮信託株式會
社，その顯著なる業績を見よ … 146
東拓の工業朝鮮への活躍，工業金融
積極化 …………………………… 147
躍進途にの小林工業所 ………… 148
輪業界の明星 高居瀧三郎商店の繁榮
……………………………………… 150
ドライアイスの應用 ……………… 155
編輯机上 …………………………… 163
法律常識 …………………………… 140
〈大衆連載小說〉踊リ子(其五)▶秋良春
夫 ………………………………… 153

朝鮮公論 第23巻 9号, 1935. 9
通巻 第270号

〈漫畵〉有賀觀音/松岡新滿鐵總裁/陸軍部內/ ム首相/其の他
〈卷頭言〉東海岸線の全通を急ぐ ····· 1
農業滿洲國の開發は鮮農移民に俟つ處多大―鮮滿開拓會社の設立を支援す―▶里吉基樹 ················ 3
日本は東洋の航空權を把握せよ▶山科銀濤 ······························· 7
朝鮮簡易生命保險制度に就て▶井上淸 ·································· 10
朝鮮米の海軍政策▶中野伊三郎 ···· 12
身元保證に關する法律解說▶庄司文雄 ·································· 17
新興朝鮮の財政 三億三千萬圓の新豫算 鮮滿拓殖と京釜線一部の大事業▶一記者 ··························· 24
維新產業の建設と大久保利通公の偉績▶賀田直治 ···················· 26
滿洲政治經濟我觀▶里吉岳洲 ········ 36
滿洲人物素描(その一)▶東坂太郞 ··· 42
天降り非か社員重役是か 鮮銀東拓を閱す▶K・N・生 ····················· 46
獨逸共和國大統領ヒンデンブルグ元師會見記▶池田林儀 ············· 48
朝鮮に於ける紡績業の檢討▶本誌記者 ·································· 61
作戰的見地より觀たるエチオピヤ▶那須昭郞譯 ······················· 58

公論春秋 ···························· 63
奇談 木乃伊の怪異▶一記者 ········· 94
工業に於ける燃料節約と能率增進▶辻元謙之助 ······················· 64
東京支社通信
　帝人公判傍聽記 (その一) ········· 67
　外國武器と東洋 ·················· 68
　總選擧へ對策, 政黨人を覗く ······· 70
　選擧に目差す政友の新政策批判▶T・H・生 ··························· 75
誤れる外物模倣のメートル法の强制の實施―メートル法は明朗なるべき家庭を闇くする矛盾極まる國定敎科の不統制―▶三城樓主人 ············ 78
〈詩〉夏降る雪・龍・鮎▶伊東祐大 ··· 82
交通產業の國策自動車工業法なる ··· 76
野球地理學▶藤本隆一 ·············· 84
朝鮮銀行新理事 橫瀨守雄論 ········· 90
都市對抗と全京城▶瀨戶俊夫 ······· 99
メートル法を止めて尺貫法を存續せしめよ▶一記者 ················· 104
戰爭と武器はどうして作られるか?列强兵器工場を裏から覗く▶伊東銳太郞 ································ 106
朝鮮製糸業令 ····················· 116
流行型と流線型, 流行も一種の迷信 ··································· 93
〈新聞秘誌〉漸く十日目で知れた朝鮮事變▶南木雄策 ··············· 95
鐘路夜市風景獨語▶福永俊之 ······ 114
大邱だより ······················· 120

宇垣農振總督來邸, 朗かに農振訓示のひとくさり, 東海中部線改修と大邱府營ガス問題及道路鋪裝工事の今後, 虫單の聲々▶藤倉白扇

此の人の趣味 ………… 120
　廣くて淺い主義▶小川彌太郎氏/アウト・ドアーが▶新見信氏/謠曲觀世流▶竹内善造氏/珍品の勾ひ▶伊達四雄氏/人生哲學は俳句だ▶新田留次郎氏/ゴルフに熱が高い▶土井誠一氏/園藝の魅力▶増永正一氏/盲の垣覗き▶山口重政氏/園藝に手の届く▶馬場蔀氏/毎朝の乘馬▶富永文一氏/句作の苦心▶野田新吾氏/クラブを振る瞬間▶渡邊豊日子氏/長唄の妙味▶堤永市氏/朝風昌十年▶植野勳氏/無趣味が趣味▶三井榮長氏/魚釣を味つて呉れ▶穎川忠治氏/見事なスポーツ振り▶佐脇精氏/讀書▶森辨次郎氏/野球がすき▶態谷保佐氏/下手の横好き▶小田武夫氏

社會動脈 自動式電話の話を聞く▶本誌記者 ………………… 128
隨筆
　旅情▶岡倉由三郎 ………… 132
　立秋▶今井邦子 …………… 134
會社と事業
　朝鮮に由縁深き第一銀行 … 136
　土木建築界の重鎭株式會社間組 …… 138
　優良財源的存在半島産金界の巨豪朝鮮金鑛株式會社 ………… 140
明朗快活の新天地西鮮の寶庫 水利と鑛産に富める黄海道 ………… 142
廣告と配給 ………………… 103
法律常識 …………………… 114
編輯机上 …………………… 162
フランス文學の大衆性 文學の大衆化は必然に藝術性を低下▶生島生 … 131
〈實話〉死期への汚點以後▶島野白骨 ……………………… 144
〈大衆連載小說〉踊り子▶秋良春雄 …… 148

朝鮮公論 第23巻 10号, 1935. 10
通巻 第271号

〈漫畫〉歷代總督の圖/日韓合併/武斷政治/憲兵治制/言論壓迫/武斷是非論/齋藤總督來る/警察制度/教育制度/其ノ他
〈卷頭言〉始政二十五年に題す ……… 1
大朝鮮の二十五年▶宇垣一成 ……… 5
施政二十五周年に際して▶里吉基樹 ……………………… 2
始政二十五周年記念式典に際して▶今井田清德 ……………… 8
日韓合併合前後の風雲▶山科銀濤 … 10
始政二十五周年を祝する心構▶賀田直治 …………………… 20
始政二十五周年の記念日を迎へて▶岡崎哲郎 …………………… 22

難關を通過した二十五年▶長風山人 ……
………………………………………… 25
俗始政二十五年史▶紅葉山人 ……… 29
始政二十五周年顧 在鮮四十有餘年夢
　の如し▶森啓介 ………………… 37
カフェー, 食堂界打診錄 始政二十五年
　を繞りて業界頓に活況を帶ぶ▶光永
　紫潮 ……………………………… 41
遊廓街二十五年史▶赤萩興三郎 …… 46
昭和九年度產金獎勵 金探獎勵, 低位金
　鑛石賣鑛獎勵 …………………… 51
跳躍進朝鮮の現勢 見よ四半世紀間に於
　ける飛躍的發展, 奇蹟的跳躍を … 49
公論春秋 ……………………………… 62
明日の朝鮮に鳴るべき新進實業家評傳
　…………………………………… 54
三宅教授の轉向聲明書▶庄司文雄 … 56
東京に居る朝鮮關係の人々▶蒲田町人
　…………………………………… 64
朝鮮に認識不足の內地大衆に働きかけ
　よ▶藤原茂平 …………………… 66
滿洲人物素描(二)滿洲紀行餘錄▶阪東
　太郞山人 ………………………… 70
朝鮮人國記(四)各府縣人分布觀▶本誌
　記者 ……………………………… 66
國勢調查の大要▶鹽田正洪 ………… 77
全南北旱害地救濟決定の急務 乾田に蠢
　めく生ける屍▶一記者 ………… 81
〈詩〉林檎／はな／鐘／野茨／食卓▶伊東祐
　大 ………………………………… 84
心田開發運動は何處へ 指導精神なき敎

化運動▶大東野人 ………………… 86
歐美農地施設視察感▶山本尋己 …… 89
質の利下げ問題 適切なる金融機關を持
　たぬ庶民階級のために金融の道を講
　ずるが刻下の急務 ……………… 95
歸任に際して▶范漢生 ……………… 100
眞個の藝術と惡魔藝術▶鷹田其石 ……
………………………………………… 103
佛敎側面觀▶淸谷閑子 ……………… 107
此の人此の趣味 …………………… 148
　三木淸一氏／堂本貞一氏／武者錬三氏／
　佐伯顯氏／池田淸氏／荒井八朗氏／矢鍋
　永三郞氏／龜田周一氏／池田林儀氏／田
　中靜夫氏／穗積眞六郞氏／堀正一氏／西
　龜三圭氏／松木己之介氏
〈隨筆〉秋は忍びよる▶武野耕 …… 108
〈ホームセレクション〉胸やけの方は御
　用心▶ ………………………… 103
柳家金語樓との漫談かけ合ひ▶茶々馬
　…………………………………… 112
都市對抗野球より歸りて▶李榮敏 110
半島産業開發特輯 無盡の寶庫江原道
　先進國を凌駕せるこの素晴らしき振
　興振りを見よ …………………… 118
靈峰「金剛山」の奇勝(壯烈一萬二千
　峰) ……………………………… 131
　春川邑／春川郡／華川郡／楊口郡／通川
　郡／高城郡／伊川郡／原州郡／寧越郡／蔚
　珍郡／鐵原郡／平昌郡／旌善郡／麟蹄郡／
　淮陽郡／橫城郡／三陟郡／江陵郡／金化
　郡／襄陽郡／洪川郡等 ………… 129

大邱だより
  東雲の邊にて▶藤倉白扇 …… 148
  醜怪を極めた綜合運動場問題 … 150
  ジーブルージュ要塞戰從軍記▶三上輝夫 …… 153
  〈立志美談〉苦闘の女布教師▶秋春一雄 …… 158
  昭和藝妓のスタートを切った百太郎 …… 163
地方の話題 …… 83
  名刹の擔保/濟州道と赴戰高原
〈大衆連載小說〉踊リ子▶秋良春夫 …… 165

雜題
  罐詰にされた罐詰大會 …… 94
  人の噂 久永麟一氏 …… 62
  韓國併合條約 …… 19
  三菱大寶炭坑 …… 53
  歷代總督總監 …… 24
  ソ聯の國內政策 …… 71
  鮮滿鐵道の一元化 …… 107
  美濃部博士起訴猶豫 …… 74
  伸びゆく朝鮮 …… 55
  大興電氣の躍進陣容 …… 100
  京城秋季競馬賣上げ高 …… 40
  伊エ紛爭と世界經濟 …… 164
  全鮮の荒地面積 …… 105
  飛躍朝鮮の足跡 …… 48
  綜合大博覽會建設 …… 50
  始政二十五周年記念式典にて譽れの表彰者 …… 99

新興宗教を尻目に全國佛教大會開催 …… 69
流線型と現世相 …… 116
共匪跋扈して北支一帶極度に險惡 …… 157
答案に現はれた非常時局の新傾向 …… 88
榮轉の本町署長 …… 105
期待さる國勢調査 …… 111

朝鮮公論 第23巻 11号, 1935. 11
通巻 第272号

〈漫畫〉イギリス/フランス/各國/宇垣總督東上/豫算難/北支鎭壓/羅津港/季節打診其ノ他
〈卷頭言〉朝鮮の將來性 …… 1
將來の反動に備へよ▶里吉基樹 …… 2
國際通路半島 朝鮮觀光事業の强化▶山科銀濤 …… 7
再び擡頭せる産米增殖復活說▶阪東太郎山人 …… 9
俗始政二十五年史 多難の閘門式築港▶紅葉山人 …… 11
北支政局の展望▶川合彰武 …… 16
歐洲の危機を胚む伊エ開戰に至る經過▶古川鐵岳 …… 22
維新産業建設と大久保利通公の偉績▶賀田直治 …… 29
朝鮮景氣實相を檢討▶小西善三 …… 39
頹廢惰落せる現代の教育家▶原耕三 …

………… 45

朝鮮統治暢達のため 諺文制限必要論▶
　漢城蜻 ……………… 48

公論春秋 ………………… 51

次の政權は何處へ後繼內閣下馬評 … 77

朝令暮改の産米案 虫のいい拓務省 朝鮮
　米歡迎のゲリラ戰術▶一記者 …… 52

鮮滿に立脚して新東亞モンロー主義を
　提唱す▶平賀渉 …………… 54

三億圓の道路鋼 國際都市京城府 將來
　三十年と見込む大英斷▶本誌記者 …
　………………………… 59

滿洲政治經濟我觀▶里吉岳洲 ……… 62

佛教の藝術化運動宗教劇の普及 …… 66

無風帶の映畫統制 ………………… 107

朝鮮人國記 各府縣人分布觀▶本誌記者
　………………………………… 67

小學校經營上の着眼點に關する研究▶
　谷東百合雄 ……………… 69

寄々怪々大邱府の公金費消問題 … 76

女の魅力は三十過ぎが全盛 ……… 105

東京支社通信

　帝都新聞雜誌側面記 …………… 81

　海の生命線南洋群島（ツヅキ）…… 82

硫化鐵時代來る 朝窒・日鑛・多木・釘本
　一進一退▶城南山人 ……… 84

晩秋初冬の漢城味覺界變異▶光永紫潮
　…………………………… 87

文化建設と女性問題▶苫城夢村 …… 94

日本國民の優雅性と藝術性▶高木武 …
　…………………………… 77

文化建設の前途▶鷲尾順敬 ……… 98

東靈原頭にて▶藤倉白扇 ………… 98

朝鮮が鬼門の老爺さん・することなす
　こと喰ひ違ひ ……………… 94

演奏室藝人行狀記▶嶋謙太郎 …… 101

熊本だより

　森の都・歷史の都から産業熊本へ躍
　進▶吹間孝太郎 ……………… 109

　躍進途上の熊本縣下工藝界・將來性
　ある輸出工藝品 ……………… 110

　健實なる地盤を誇る古莊合資會社 …
　…………………………… 111

　斯界に君臨する千德百貨店 …… 112

秋月▶嵐岳生 ……………… 113

ホームセクション

　惡い癖のある子供もキットよくなる
　…………………………… 101

　馬鹿に出來ない民間藥▶T・K生 ……
　…………………………… 102

半島庶民金融會の覇者，朝鮮金融組合
　聯合會 ……………………… 116

ストーブ界の明星・國神ストーブ出現
　▶根木久作商店京城支店 …… 119

住宅地の王者・明水臺 …………… 127

銀杏夜話▶十四公 ………………… 125

古刹報恩寺で兩劍客の果合ひ▶城南隱
　士 …………………………… 122

〈大衆連載小說〉惡魔の鬪爭 踊子續編
　▶秋良春夫 ………………… 130

朝鮮公論 第23巻 12号, 1935. 12
通巻 第273号

〈漫畫〉松岡總裁飛行機東上/鮮銀滿鐵委任/北支自治/東洋一の大送電所/聖なる板ばさみ其の他
〈卷頭言〉朝鮮の將來性 ………… 1
政界の前途を展望す▶里吉基樹 …… 2
米統法及自治管理案檢討▶中川伊三郎
………………………………… 5
情落頹廢せる現代の教育家▶原耕三 …
………………………………… 11
迷信の開拓と綴方教育▶本山清 … 141
文化と利潤の寶果▶喜多順輝 …… 18
日本に救を求めるシベリア住民▶中島英春 ………………………… 21
朝鮮の高地帶農業開發▶小西善三 … 25
經濟時事解說 …………………… 31
　貿易躍進裡の空前の入超膨脹/地價暴騰で悩む自作農創定計劃/再登場して來た, 米穀自治管理法案/日滿爲替の安定, 國幣金圓パー實現/工業の一元統制虫のよい內地本位
公論春秋 ………………………… 39
蔣政權の動向 汪氏の兇變と銀國有の前途 …………………………… 40
中山兵曹殺射事件―傳統的以夷制夷の支那外交― ……………… 41
議會の切迫と兩黨の對策/國民同盟の凋落, 歐洲政局を支配する英佛の接近/北支の黎明殷汝耕の第一聲戰區自治を宣布
菊池寬の英語演說▶那須昭郎 …… 48
ヴエルサイユ條約の桎梏大戰勃發の兆? …………………………… 53
特輯朝鮮電氣事業號 …………… 54
黃金時代を豫想さる朝鮮電力界の動靜▶山科銀濤 ………………… 61
工業と電氣事業のタイアツプ▶賀田直治 ………………………… 66
伸び行く電氣▶米倉元一 ……… 68
農村電化と失業▶山本興 ……… 72
政友會と鈴木總裁 後任總裁問題で久原系の暗躍 ………………… 75
統制されたる朝鮮の電氣事業 … 54
朝鮮電氣協會の組織と事業 …… 76
朝鮮に於ける電氣事業者全貌(電氣事業者事業概況) ……………… 78
發送, 配電事業の現勢 ………… 85
電氣に運輸に瓦斯に京城電氣の大超躍素晴しき伸展振りを見せる其の業績
………………………………… 89
電車の變遷と業績 ……………… 91
金剛山電鐵と水力送電 ………… 92
港の繁榮が映ずる朝鮮電氣株式會社 …
………………………………… 94
電氣統制の實を結ぶ西鮮合同電氣株式會社 ……………………… 95
躍進途上の大興電氣の盛業 …… 94
文化の源泉開城電氣株式會社 … 94
產業振興の原動力新義州電氣株式會社
………………………………… 96

中鮮開發の動力大田電氣株式會社 … 97
世界に覇を唱ふ 工業日本が誇る古河電氣工業株式會社の偉業 …… 99
研鑽發明に餘念なき電氣界の至寶 富士電氣製造株式會社 富士通信機製造株式會社 ……………… 106
電業界の覇王 河浪商會の堅陣 店主河浪惣助氏の飛躍 ……………… 142
神秘的な宇宙線▶秋野一生 ……… 113
工業と工業教育 科學と實際とは如何に協調すべきか▶D・Cジヤクスン氏談 ……………………………… 117
〈爐邊夜話〉不知火物語 ………… 131
支那幣制改革と今後の動向 ……… 74
〈半島開發特輯〉陸海共に產業大發展の平安北道を見る ……………… 119
　更生振興しつゝある定州郡 …… 125
　前途を約束さる宜川郡 ………… 126
　振興の鐵山郡 ………………… 124
　發展途上の寧邊郡 …………… 123
　伸びゆく藥都開城 …………… 126
　自力更生の模範面長金承右氏 … 127
人口全國第七位 躍進大京城の大觀▶一記者 ……………………… 128
農業鑛業の豪華版 統制整然たる忠清北道 靈泉天然炭酸泉の味覺は斷然東洋一を誇る ……………… 132
　敬神の念あつき忠北知事金東勳氏 ……………………………… 136
　忠北農家の一大福音, 安參與官の綠肥栽培に成功 ……………… 146

中鮮の雄都淸州邑 ……………… 138
將來多幸なるべき忠州邑 ……… 138
著名なる煙草の產地忠州郡 …… 139
自力更生の鎭川郡 ……………… 140
躍進途上の陰城郡 ……………… 141
農山物豊饒なる槐山郡 ………… 141
忠北關門の永同躍進相 ………… 145
前途輝く丹陽郡 ………………… 143
經濟更生の報恩郡 ……………… 143
伸びゆく沃川郡 ………………… 144
平和の道▶市村今朝氏 ………… 147
親の不注意が子の天分を殺す小女達の心理を理解して情操教育に力を注げ ……………………………… 147

熊本だより
　銀杏夜話▶十四日公 ………… 154
　九州全土を抱擁する熊本電氣の偉容 ……………………………… 155
　阿蘇登山道中記▶十四日公 … 150

朝鮮公論 第24卷 1号, 1936.1
通卷 第274号

〈漫畫〉海軍々縮/二福神/支那關係/宗教改革/農村振興/風俗浮華其他
〈卷頭言〉昭和十一年を讚ゆ ……… 1
昭和十一年に題す▶里吉基樹 …… 2
昭和十一年の新春を迎へて▶宇垣一成 ……………………………… 4
天業恢弘の先驅者として世界皇化に精進せよ▶小磯國昭 ……………… 9

第二「四半世紀」の第一年頭に立ちて▶今井田清德 ……… 7
世界經濟の動向と我經濟の將來▶加藤敬三郎 ……… 11
經濟界の動向と我等の覺悟▶有賀光豊 ……… 17
朝鮮經濟の一轉機的新年頭に立ちて▶賀田直治 ……… 23
既往を顧みて昭和十一年を思ふ▶谷多喜麿 ……… 25
農家經濟建直しの好機▶矢鍋永三郎 27
將來に於ける航空界の重要性▶池田康人 ……… 33
亞細亞民族興廢の跡を訪ねて▶山科銀濤 ……… 36
子年因む　人類と鼠との物語▶荒木忠雄 ……… 40
朝鮮經濟の特異性に鑑み更に一致協力の努力を要す▶朴榮喆 ……… 43
半島財界の趨向▶堤永市 ……… 46
非常時局に際し警務行政の重責を惟ふ▶池田清 ……… 51
日英兩國の關係に就いて▶松井慶四郎 ……… 58
朝鮮鐵道の現況▶吉田浩 ……… 50
道民幸福のために▶富永文一 ……… 55
自己犧牲▶石森生 ……… 31
專賣事業の大乘的機能發揮▶安井誠一郎 ……… 48
神棚に就いて▶淺香融 ……… 64
非常時に對する國民の覺悟▶保坂荒川 ……… 73
公論春秋 ……… 202
漫畫・近頃名士の噂話▶根岸民彌 … 76
滿洲國の幣制改革と朝鮮▶中野伊三郎 ……… 79
改造支那の提唱▶平賀涉 ……… 67
一人一題
　我國體と日本民族▶二荒芳德 … 85
　立憲政治と政黨▶松本重敏 …… 85
　我國宗教の現狀▶菊澤季麿 …… 86
　國際政局とエチオピヤ▶加藤玄智 ……… 87
　我國航空施設の不振▶片岡直造 … 88
　露國の極東政策▶前田稔 ……… 89
　佛教と經濟理念▶賀來俊一 …… 90
　經濟と國民生活▶矢野恒太 …… 90
　時代と教育▶高嶋米峰 ……… 91
經濟時事解說 ……… 93
　一、農家階級の推移
　二、鰮油肥統制の改再期の諸問題
　三、愈々本格的の無盡會社の整備
　四、水組甦生は順調監督強化が必要
　五、籾强制檢查と米穀業者の立場
外國婦人の服飾美▶森井美樹 …… 102
維新產業建設と大久保利通公の偉績（下）▶賀田直治 ……… 106
比島の獨立と其の將來▶庄司文雄 ……… 114
太平洋上の要地　布哇と日本との史的關係及日系市民に就て▶兼田一雄 ……… 120

日本の思想と教育▶鷲尾順敬 …… 125
近時の復古思想と大亞細亞運動▶藤井
　草宣 ……………………………… 128
日本畫と洋畫▶小泉秀雄 ………… 131
ホームセクション ………………… 131
　子供に多い感冒からの腎臟病／家庭
　と婦人の心得
髭漫談▶太田眞美 ………………… 134
露支接近と支那の對日牽制の波紋 … 84
東西浪曲界の展望▶筑柴路海光 … 168
愈々本年實施斷行大邱行政地域擴張▶
　藤倉白扇 ………………………… 138
東雲原頭にて▶白扇生 …………… 136
戰爭か平和か　現世界の狀勢と有色人
　種の使命 ………………………… 138
僕の生活斷片, 女給問答▶岩本正二 …
　………………………………………… 139
高層建築物の魅力▶東山甘泉 …… 145
肥後の士道を語る下馬橋を朱に染め郡
　代の伜斬り殺さる▶城南隱士 … 154
半島地方開發 ……………………… 146
　天然の資源に富む洋々たる全北の天
　地／湖南一大理想港, 前途洋々たる大
　群山／全南政治經濟の中心地光州府／
　廣茫たる沃野を擁し五穀豐穰の地沃
　溝郡
〈諷刺小說〉嘆きの妻君渡世▶大庭眞介
　………………………………………… 157
〈大衆連載小說〉踊り子續編▶秋良春夫
　………………………………………… 171
滿洲問題の實質的檢討　二月號より

大々的に誌面提供 ………………… 202
編輯机上 …………………………… 205

朝鮮公論　第24巻 2号, 1936. 2
通巻 第275号

〈漫畫〉軍縮會議脫退／女性運動起る／永
　登浦京城編入／去勢牛好評／ソノ他
〈卷頭言〉活力ある朝鮮 ……………… 1
總選擧後の政局觀測　朝鮮統合に無影響
　▶里吉基樹 ……………………………… 2
本年の財界と吾人の覺悟▶賀田直治 …
　………………………………………… 6
最惡の運命を睹する現下政局の展望▶
　山科銀濤 ………………………… 11
朝鮮に於ける遞信事業の將來性▶井上
　清 ………………………………… 16
金融機構も檢討されん▶中野伊三郎 …
　………………………………………… 26
現實問題として纖維女工に對する根本
　對策▶原耕三 …………………… 30
農村眞の更生は精神の更生に俟つ▶山
　下荒川 …………………………… 35
軍縮會議決裂と大アジア政策▶巨巖生
　………………………………………… 39
ホームセクション ………………… 39
　怖ろしい小兒結核／子供の躾はお母
　樣の心得一つ
眞實の軍縮達成は帝國政府の提案に據
　る　永野全權演說 ……………… 37
官公醫員の內職は官紀紊亂ではないか

▶杉山謙一 ……… 44
都市中心主義は農村を不況にする▶T・H生 ……… 48
公論春秋 ……… 49
過重なる宿題は純眞なる小學校子女の魂を歪める▶南山隱士 ……… 50
〈經濟事時解說〉▶小西善三
　十一年豫算, 待機の新規事業 ……… 54
　地方稅制整理・朝鮮稅制體系完成 ……… 55
　內銀支店の撤退, 十八を鮮銀買收 ……… 56
　林政の新目標, 林利の開發問題 ……… 58
易經直觀▶南部英雄 ……… 105
まこと▶村田昇 ……… 61
梅の花考▶松尾生 ……… 73
民間の代表人材 田吉之助の存在 ……… 83
世界人類の平和確立は日本國民の使命 ……… 75
〈東京支社通信〉帝都の新聞側面記(其ノ二)▶種市生 ……… 76
非常時一九三六年を迎ふるに際して日滿支經濟ブロック確立の急務を提唱す▶宮長生 ……… 78
心田開發半島更生陣 ……… 84
國際交通路の恥辱 關釜連絡船客の悲鳴▶一記者 ……… 87
〈隨筆〉東拓株▶紅葉山人 ……… 89
オリンピックスケート 最近の世界スケート界▶小出秀世 ……… 94
藝妓ガールは果して藝術家か, 社交と社交婦人 ……… 151
百貨店が齎らす文化▶伊藤昌雄 ……… 96
書きたいもの「下宿」と「愛」の二編▶白扇生 ……… 98
熊本だより
　米穀自治管理法案排擊に全九州米穀業者蹶起 ……… 103
　總選擧のお題目, 熊本電氣の縣營問題 ……… 100
　六百年の傳統を誇る名刹大慈寺の亂脈振り ……… 101
全羅南道の産米 ……… 152
忠北の關門永同の躍進相 ……… 155
〈大衆連載小說〉踊り子(續編)▶秋良春夫 ……… 131
雜題
　選擧肅正に紙芝居を使用 ……… 71
　東拓鑛業の業務擴充 ……… 97
　ソ聯の極東進出工作 ……… 15
　産業開發に資すべく江原道の大事業京春鐵道 ……… 154
　水産界の王座釜山水産株式會社 ……… 154
　〈醫業漫談〉醫は仁術金儲け ……… 34
　夢の様なソ聯の計畫間宮海峽の埋立 ……… 95
　北鮮の麗人, 春に寄せて ……… 47
　明治證券の會社設立・極東平和の基礎冀察委員會 ……… 53
　滿鐵忘恩 ……… 28
　碓井新課長の腕に期待 ……… 104

人心振作の要 ……………… 86
世界の無電界を驚倒せしめた佐々木技師の快發明 ……………… 85
光風齊月, 豪放にして酒說, 敬神家上田保安課長 ……………… 60

朝鮮公論 第24卷 3号, 1936. 3
通卷 第276号

時事漫畫▶岩本正二筆
〈卷頭言〉產業統計の更改 …………… 1
〈社說〉動機至純說を排す▶里吉基樹 2
論策
　時勢は實力人を要求▶渡邊信治 … 4
　滿鐵改組問題卑見▶關屋悌藏 …… 7
　入學試驗の準備教育▶西東千秋 … 12
　朝鮮經濟機構統制私觀▶本社記者 岩本萬翠 ……………………………… 26
　朝鮮農業經濟に就いて▶中島英春 …………………………………… 40

公論餘滴 ……………………………… 17
鮮滿鐵道一元化の可否 ……………… 43
寄稿者(順序不同)　新田留治郎/伊藤正慤/森辨治郎/池田林儀/石原磯次郎/大和與次郎/大木良作/工藤武城/西田當三郎/野川新吾/井上收/金正浩/岡本桂次郎/大野史郎/信田秦一郎/森幸次郎/鹿野秀三/曺秉相/村田慇磨/築島信司/藤貞市/加藤銕治郎
時評
　經濟時事解說 ………………… 48

朝鮮社會時評▶一記者 ………… 76
時事雜觀▶本誌記者 …………… 57
時事日誌 ……………………… 82
〈隨筆〉臺灣遊記(一)▶宮崎義男 …… 72
研究
　南京虫の蔓延▶小琳晴治郎 …… 18
　傳說と日鮮同根▶花岡淳二 …… 33
　古代の日韓關係▶伊藤春史 …… 37
　世界の寵兒を語る▶細谷駿太郎 … 64
　趣味の郵便切手▶宇野眞一 …… 92
野口遵氏世界制覇を急ぐ▶紅葉山人 …………………………………… 20
學園から賤語一掃 …………… 16
滿洲洋灰生產過剩 …………… 32
滿鐵全滿鐵道統制 …………… 47
滿洲國鐵財政公開 …………… 56
眼と耳 ………………………… 47
京城かれこれ集 ……………… 60
本府歲入激增 ………………… 63
朝鮮拳鬪選手躍進 …………… 113
易經直觀(二)▶南部英雄 ……… 85
名士文苑
　一人一研究▶田澤義鋪 …… 103
　時事二片▶金子しげり ……… 104
　『話』の種▶竹田菊夫 ………… 105
　指紋と性格▶池見猛一 ……… 107
　良寬の忍苦▶津田靑楓 ……… 108
　斷想▶菅圓吉一 …………… 109
我等の籠球は斯くして▶李性求 … 111
朝鮮映畫界大觀▶みやさき生 …… 114
訪問手帖から▶岩本生 ………… 118

保健郷の別天地金剛荘 ……… 117
〈戲文〉當世百貨店孃行狀記▶山岡操 …
　……………………………………… 119
〈長篇創作〉踊り子▶秋良春夫 …… 125
編輯後記 ……………………… 134

```
朝鮮公論 第24巻 4号, 1936. 4
　　　通巻 第277号
```

時事漫畫▶岩本正二筆
〈卷頭言〉鮮滿諒解促進の要 …… 1
〈社說〉朝鮮統治の特殊性▶里吉基樹 …
　……………………………………… 2
論策
　大陸政策と馬場財政▶板東太郎山人
　……………………………………… 5
　軍事費に就いて▶大内靑里 ……… 8
　米專賣をやるなら▶紅葉山人 …… 11
公論餘滴 ……………………… 40
時評
　時事我觀▶中野伊三郎 ………… 16
　時事日誌 ………………… 113
　宗敎の歸趨▶岩本明 …………… 18
　野田醬油旅行團隨行記 駈足名所紀
　行▶岩本正二 …………………… 95
硏究
　朝鮮開拓の先覺者▶花岡淳二 … 23
　映畫批判の一提唱▶岩本正二 … 29
　奉天吉川組の活躍(三六)▶植野勳氏 …
　……………………………………… 10
　職業斡旋の苦衷▶宮原馨 ……… 37

大京城實現に際して▶賀田直治 … 78
永登浦ビール工場の卷 僕の見學記▶
　岩本正二 ………………………… 82
アルゼンチンの話▶岩越葉太 …… 82
漢城カフェ街に春が來る▶光永紫潮 …
　……………………………………… 88
京城に齋藤子の記念碑 …………… 77
新著北滿の落花 …………………… 91
詩と夢の國熊本 …………………… 92
博多築港記念博 …………………… 93
坂本由藏氏 ………………………… 94
易經直觀(三)▶南部英雄 ……… 108
拓けゆく朝鮮
　京畿道 …………………………… 42
　忠淸北道 ………………………… 45
　忠淸南道 ………………………… 47
　全羅北道 ………………………… 49
　全羅南道 ………………………… 51
　慶尙北道 ………………………… 54
　慶尙南道 ………………………… 56
　黃海道 …………………………… 61
　平安南道 ………………………… 64
　平安北道 ………………………… 66
　江原道 …………………………… 69
　咸鏡南道 ………………………… 71
　咸鏡北道 ………………………… 74
編輯後記 ………………………… 138
〈創作〉日本の戀人▶花村薫 …… 116
〈長篇連載小說〉踊り子▶秋春良夫作 …
　………………………………… 127

朝鮮公論 第24巻 5号, 1936. 5
通巻 第278号

時事漫畫▶岩本正二筆
〈卷頭言〉朝鮮も肅正の秋 …………… 1
〈社說〉朝鮮統治更新の秋▶里吉基樹 …
…………………………………………… 2
論策
　風雲急なる極東の天地▶東都荒川 …
…………………………………………… 7
　近代朝鮮の社會經濟構造▶千川盛 …
………………………………………… 11
　無意味なる通信統制▶坂東太郎 … 15
　偉大なる「母ごゝろ」▶高橋濱吉 … 4
公論餘滴 ………………………………… 29
宗敎
　私の觀た「ひとのみち」▶靑葉町人 …
………………………………………… 20
　日本途上の基督▶鮫島盛隆 ……… 29
〈隨筆〉臺灣游記(二)▶宮崎義男 … 40
蘇聯經濟政策破綻 ……………………… 8
種の播けぬ極東の田園 ………………… 9
我對滿投資七億圓 …………………… 10
滿獨貿易協定成立 …………………… 34
大村氏の要職就任說 ………………… 39
朝鮮第二追加豫算 …………………… 57
時評
　經濟時事解說 …………………… 49
　　一 劃期的低利時代/二 利下と附帶
　　問題/三 朝鮮の對外貿易/四 朝鮮鐵
　　鑛業開發/五 副業獎勵上一針

米界漫步三題▶凹凸生 ……………… 35
時事日誌 ……………………………… 87
惜しまれて去った池田前警務局長 … 18
榮譽ある表彰警官 …………………… 48
高周波重工業工場新設 ……………… 62
學校騷動減少 ………………………… 65
漫畫にならぬ武者專務 ……………… 73
堤漢銀專務の長唄 ………………… 101
朝鮮高等警察强化 …………………… 80
メーター制實施 ……………………… 95
評論
　炭都平壤へ▶中野伊三郎 ………… 43
　展覽會の社會性▶佐藤九二男 …… 64
　朝鮮の映畵界▶松山草平 ………… 66
　舞踊素感▶趙澤元 ………………… 78
　春麗カフェー圓舞曲▶光永紫潮 … 74
鮮內十七府煙草消費高▶藤倉白扇 … 62
僕の見學記　野田醬油會社の卷▶岩本
　正二 ………………………………… 81
給仕生活卅年の所産　內鮮名士の橫顏
　▶紫潮生 …………………………… 58
易經直觀▶南部英雄 ………………… 91
京城かれこれ集　目と耳 …………… 70
朝鮮産業經濟調査會提案事項決定 … 86
地方紹介
　忠北のホームスパン ……………… 95
　慶北地方振興施設 ………………… 96
　前途洋々たる群山巷 ……………… 97
訪問手帖から ………………………… 102
〈史譚〉孝女十二年の本懷▶靑山倭文二
　……………………………………… 103

〈長篇創作〉踊り子▶秋良春夫 ……115
編輯後記 …………………………128

```
朝鮮公論 第24巻 6号, 1936.6
      通巻 第279号
```

時事漫畫▶岩本正二筆
〈巻頭言〉改惡に陷る勿れ ……………1
鮮内増兵必要論▶里吉基樹 ………2
産業經濟調査會檢討▶紅葉山人 ……9
時事小言▶坂東太郎 ………………19
詩歌壇から敎界を叱す、北原白秋の提
　言　半島の兒童は無垢なり▶西東十
　四春 …………………………………22
鮮展縱橫觀▶早月魚羊士 …………25
公論春秋 ………………………………33
國際オリムピック陸上競技の豫想▶一
　記者 …………………………………34
田中新警務局長論▶宮崎義男 ………5
研究文苑
　高血壓の低下▶吳建 ………………37
　魚肉營養價▶木村金太郎 …………39
　樹木類の觀相▶田村剛 ……………41
　都鄙の榮養差▶藤卷良一 …………42
　果樹の私栽培▶黑田鐵彌 …………44
　新性病に就いて▶朝田稻太郎 …46
紀行二題
　廈門雜記南部支那を旅して▶藤井草
　宣 ……………………………………48
　新興印度の旅▶高良富子 …………50
映畫よもやま噺▶松山洪吉 ………53

〈研究欄〉民衆心理と政黨▶東都荒川 …
　………………………………………60
自殺考▶楠本良一 ……………………67
目と耳 …………………………………67
京城かれこればなし …………………79
靑風千里カフェー異聞帳▶光永紫潮 …
　………………………………………77
僕の見學記 東京玉の井の巻▶岩本正二
　………………………………………82
銷夏漫談▶伊藤壽夫 …………………90
假名文字論たたる、敎育界の重大問
　題 ……………………………………21
滿獨通商協約內容 ……………………32
中樞院參議任命 ………………………8
京城府會議員增員選擧 ………………81
性本位になるから女は馬鹿になる …
　………………………………………74
易經直觀(五)▶南部英雄 ……………94
地方紹介
　朝鮮の農業王, 熊本農場主熊本利平
　氏 …………………………………103
　光州府の活況 ……………………102
　木浦の乾海苔 ……………………100
〈長篇創作〉踊り子▶秋良春夫 ……104
時事日誌 ……………………………123
編輯後記 ……………………………128

```
朝鮮公論 第24巻 7号, 1936.7
      通巻 第280号
```

〈漫畫〉時事漫熊▶岩本正二筆

〈卷頭言〉治鮮上の一提唱，新時代朝鮮と參政權問題 …………………… 1
政局の前途を打診す▶里吉基樹 …… 2
百害あつて一利なき空想 漢字廢止論の愚▶小柳司氣太 ………………… 4
知事會議の諸問題▶中野伊三郎 …… 12
都市問題と醫學▶工藤武城 ………… 19
保險と幸福 …………………………… 34
反響なき荒野の叫び▶池田淸士 …… 36
我が國民性に對する新考察▶西岡秀雄 ………………………………… 39
新家庭のマスコット ………………… 42
童心を傷ける 俗惡低級の流行歌▶池內淸太 ……………………………… 44
經濟時事解說
　一，産業政策の新修正 …………… 73
　一，繭共販制の檢討 ……………… 75
　一，金組機能の强化 ……………… 76
　一，南棉北羊の擴充 ……………… 78
後藤常尙氏を悼む▶宮崎義男 ……… 18
朝鮮類宗の特異性▶早月魚羊士 …… 46
公論春秋 ……………………………… 54
妄說・漢字廢止論の是非▶本誌記者 55
敎育者の映畫感 學童映畫會檢討▶本誌記者 …………………………… 58
吏道の刷新 …………………………… 65
統制と朝鮮の特殊性 ………………… 72
私の見たひとのみち▶靑葉町人 …… 66
京城の女裝美▶竹內淸太郞 ………… 81
〈隨筆〉山の表情▶川島理一郞 …… 87
加藤淸正の間島征伐 ………………… 153

水無月カフエ漫談▶光永紫潮 ……… 90
易經直觀(六)▶南部英雄 …………… 95
特輯地方紹介版
　一，國際都市大淸津の躍進 ……… 117
　一，內容外觀兼備の大咸興 ……… 126
　一，輝く大羅津の雄飛 …………… 128
　一，第一機船底曳漁業水產組合 … 120
　一，咸鏡北道鰯油肥製造水產組合 ……………………………………… 120
　一，淸津漁業組合 ………………… 122
　一，咸鏡北道輸出鹽魚水產組合 ……………………………………… 122
　一，咸鏡北道機船巾着網漁業水產組合 ……………………………… 123
　一，國際運輸株式會社淸津支店 ……………………………………… 130
鰮漁業の功勞者　金浚丸船主安達誠三氏 …………………………………… 124
初瀨丸船主▶川本彰一氏 …………… 125
第六第十二大漁丸船主▶飯澤淸氏 ……………………………………… 125
築城丸船主▶城崎才次郞氏 ………… 125
進漁丸船主▶森野和一郞氏 ………… 125
第一大興丸船主▶德廣要之助氏 …… 125
拓けゆく間島 ………………………… 132
資料
　トマトサージン更に加重統制半島に迫る ……………………………… 100
　北支の密輸 ………………………… 101
　ソ聯の新憲法 ……………………… 100
世界改造生活の大轉步 歐洲大戰亂の經

緯 ………………………………… 105
一茶と蜀山人▶松原晃 ………… 156
絶好の健康地・延喜莊住宅地 … 99
千葉縣人學生寄宿舍養俊舍の完成 … 42
時事日誌 ………………………… 100
現內閣の下馬評 ………………… 87
斷然王座として輝く明水臺住宅地 ……
………………………………… 161
編輯机上 ………………………… 164
雜題
　新京より, 牧山耕藏 ………… 92
　朝鮮人移民統制, 滿鮮拓殖會社法公布 ……………………………… 160
　ソヴエイトに移植される日本菊 … 38
　產馬の好適地濟州道 ………… 41
　滿洲から卅二萬五千圓流入 … 35
　半島の事業國策的見地より立案 … 71
　ソ聯の極東軍備擴充 ………… 33
　新任全羅南道知事松本伊織氏 … 80
　各道に社會課新設 …………… 130
　銀行統制・保險國營 ………… 89
　銀行大合局論擡頭 …………… 17

朝鮮公論 第24卷 8号, 1936. 8
通卷 第281号

〈漫畫〉時事漫態▶岩本正二筆
總督, 總監送迎の辭 ………… 1の1
〈卷頭言〉御聖德を公表せよ … 1
〈社說〉庶政一新と朝鮮統治▶里吉基樹
………………………………… 2

總督府豫算編成批判▶中野伊三郎 … 4
現代日本の動搖相▶黑河逸平 … 12
庶政一新の波紋▶森凡 ………… 23
義務敎育年限延長問題▶片岡喜三郎 …
………………………………… 27
京城師範, 同女子師範校長に聽く義務八年制と敎育の本義▶岩本正二 … 31
公論春秋 ………………………… 42
內地鄉倉制度の硏究▶花岡淳二 … 43
本邦代表的事業家見參記―津田信吾氏の卷―▶宮崎義男 ………… 48
殖銀副頭取新設▶宮崎生 ……… 50
天氣豫報は何故當らぬ―朝鮮は豫測條件が不利―▶谷川英雄 ……… 52
經濟時事解說
　朝鮮鑛山の膨脹 ……………… 62
　低利時代と鮮內 ……………… 65
　鮮白袋米の不賣 ……………… 66
　朝鮮の石油統制 ……………… 68
冷言熱語錄▶宮崎義男 ………… 60
各省人事興信曲▶道塚八十三 … 71
甘庶府尹の處世訓▶岩本正二 … 78
京城カフェー街縱走記▶武落具/鬼奴兔 ……………………………… 83
百貨店の新聞廣告▶田中高司 … 89
職業婦人よ家庭に還れ▶池田淸士 … 91
隨筆四題
　斷酒と着物▶月原橙一郎 …… 95
　限定版に就て▶小林巽 ……… 98
　衣食住▶伊藤春夫 …………… 98
　犯罪者の隱語▶長谷川義夫 … 99

三小國譚▶伊東銳太郎 ………… 108
文藝
　　露國秘語 七日間の皇帝▶島津透 ……
　　………………………………… 114
　〈創作〉マドロスと石鹼▶伊藤春夫 …
　　………………………………… 120
　〈長編創作〉踊り子(完結篇)▶秋良春
　　夫 ……………………………… 125
時事日誌 ………………………………… 103
重産統法鮮內不施行 …………………… 26
兒島新咸北知事 ………………………… 47
漢城銀行事務更任 ……………………… 51
金剛山施設完備 ………………………… 70
朝鮮都市防護令制定 …………………… 77
京電々車賃金引下 ……………………… 82
貧弱な京城の社會施設 ………………… 102
朝鮮産業振興の根本策樹立 …………… 107
南鮮で防空演習 ………………………… 112
編輯後記 ………………………………… 146

```
朝鮮公論 第24卷 9号, 1936.9
　　　　通卷 第282号
```

〈漫畫〉時事漫態▶岩本正二筆
〈卷頭言〉治鮮方針の刷新 ……………… 1
〈社說〉新時代朝鮮の施政▶里吉基樹 …
　　………………………………………… 2
農村振興運動▶中野伊三郎 ……………… 4
慘膽たる南鮮の風水害 …………………… 8
資本主義と現代靑年▶谷川英雄 ………… 9
鮮滿一丸共存共榮▶紅葉山人 ………… 20

西班牙革命の影響▶岩本萬翠 ……… 24
公論春秋 ………………………………… 32
電力國營論▶黑河逸平 ………………… 33
冷言熱語錄▶宮崎義男 ………………… 40
北支三巨頭論▶細谷駿太郎 …………… 42
早く家庭に還れ▶池田淸士 …………… 48
隨筆集
　　金を堀る話▶田中浩 ……………… 52
　　高山植物の話▶岡現次郎 ………… 53
　　山陽紀行▶賀田一牛 ……………… 54
　　光線の音樂▶保田齊 ……………… 56
　　鳴蟲漫語▶鈴木淸 ………………… 57
　　鋪道にて▶南扇子 ………………… 59
　　街路樹▶金澤文先 ………………… 60
　　器の連想▶福山順一 ……………… 62
　　江華島游記▶岩本正二 …………… 65
　　晚夏初秋珈啡館見聞帖▶光永紫潮 … 73
　　百貨店から見た朝鮮▶三輪邦太郎 … 78
　　世界改造人類生活の轉步歐洲大戰亂の
　　　經緯(その二) …………………… 80
經濟時事解說
　　朝鮮景氣に暗影 …………………… 88
　　北支開發と朝鮮 …………………… 90
　　産業指導策不動 …………………… 91
　　森林國策と朝鮮 …………………… 93
　　新庶民金融機關設立 ……………… 94
易經直觀(七)▶南部英雄 ……………… 95
時事日誌 ………………………………… 105
伸びる簡易保險 ………………………… 109
〈飜譯探偵小說〉夜行列車奇談▶ヒアル
　ト・アルクナア作/伊東銳太郎譯 ……

………………………………… 110
〈探偵小説〉水兵服の膺贋札少女▶青山
　倭文 ……………………………… 117
編輯後記 ………………………… 130

```
朝鮮公論 第24巻 10号, 1936. 10
     通巻 第283号
```

〈漫畫〉時事漫態▶岩本正二筆
〈卷頭言〉大官虐待防止論 ………… 1
〈社說〉總督更任と工業政策▶里吉基樹
　………………………………………… 2
三橋新警務局長論▶宮崎義男 ……… 10
電力國營の基調▶奧村喜和男 ……… 16
外來語問題の分析▶谷川英雄 ……… 22
各省人事興信曲(二)▶道塚八十三 … 29
時代と感覺と美術▶佐藤九二男 …… 35
偉大なる新聞人▶池田林儀 ………… 38
ソビエートの旅▶內田孝藏 ………… 43
公論春秋 ……………………………… 50
隨筆集
　秋の味覺▶中島貞次郎 …………… 51
　秋庭點景▶龍居松之助 …………… 52
　秋とカメラ▶野田暎二 …………… 54
　爆擊機▶市山盛雄 ………………… 54
　葡萄の傳說▶山野澄 ……………… 55
　極光の話▶松江淸二 ……………… 57
　病床吟▶名島さゆり ……………… 58
　神憑の話▶式場隆三郎 …………… 59
　上野瞬穎頡師に物を聽く▶岩本正二…
　……………………………………… 61

時相偶感▶凌曼壽 …………………… 70
朝鮮映畫の現在と將來▶山崎行彦 … 72
カネボウ戲談▶矢竹齊 ……………… 75
人類生活の大轉步 歐洲大戰亂の經緯 …
　……………………………………… 78
馬場蓓氏の人物▶本誌記者 ………… 86
經濟時事解說
　稅制改革と朝鮮 …………………… 88
　金融界の轉換期 …………………… 90
　茂山鐵鑛の開發 …………………… 92
　細農の轉落熄む …………………… 95
高津新二の人物を觀る▶萬翠生 …… 98
平北產業の豪華版▶本誌記者 …… 101
朝鮮運送會社の現況▶一記者 …… 207
時事日誌 …………………………… 110
〈實錄〉伴林光平の最後▶松原晃 … 117
〈小說〉蔭の道▶春海浩一郎 …… 123
奉天で國際競技開催 ………………… 15
數字は增收實際は凶作 ……………… 21
棉の全南大打擊 ……………………… 49
京城府三部制實施 …………………… 69
產業調查會諮問事項 ………………… 71
南鮮配電統制成る …………………… 74
大阪で袋人鮮白米不賣 ……………… 77
內鮮航空時間短縮 …………………… 85
米國から平壤栗注文 ………………… 97
釜山埠頭大棧橋實現 ……………… 100
大型連絡船愈々就航 ……………… 106
產業調查會日程 …………………… 109
滿洲輕金屬會社創立 ……………… 116
狹くなつた京城驛 ………………… 133

編輯後記 ……………………… 134

```
朝鮮公論 第24巻 11号, 1936. 11
       通巻 第284号
```

〈漫畫〉時事漫態▶岩本正二筆
〈卷頭言〉不況に備へよ ……………… 1
〈社說〉兩首腦會見の意義▶里吉基樹 …
……………………………………… 2
支那の政治と思想▶小柳司氣太 …… 4
産業朝鮮の側面觀▶賀田直治 …… 8
産業經濟調查會を終りて▶中野伊三郎
……………………………………… 15
庶政一新の對照物▶岡部長景 … 24
防空と國民の覺悟▶坂東太郎 …… 26
自由主義の再檢討(一)▶谷川英雄 … 28
滿洲紀行雜記▶宮崎義男 …… 27
公論春秋 ……………………… 41
危言私語▶宮崎生 ……………… 42
隨筆集
　婦人雜考▶高田義一郎 …… 44
　秋を語る俳句▶志田義秀 …… 45
　スポーツと建築風俗▶今和生 …… 47
　菊と庭園趣味▶龍居松之助 …… 48
　鳥と音樂▶大月多賀志 …… 49
　秋夜淡傷▶雄定司 …… 50
　悲劇性の浪漫主義▶田邊耕一郎 …… 51
各省人事興信曲(三)▶道塚八十三 … 53
淸談戲語▶正二生 ……………… 62
新京の色・味を探る▶光永紫潮 …… 67
經濟時事解說

日滿一體化の新旗幟 ……………… 73
米穀自治管理法 ……………… 75
本年度貿易の檢討 ……………… 77
朝鮮化學工業陣 ……………… 80
時事日誌 ……………………… 83
歐洲大戰亂の經緯(その三) …… 89
赤露の極東建設 ……………… 98
地方紹介版
　伸びゆく平安南道 …………… 99
　平南特産品販賣組合 ……… 105
　工業平壤の振興 ……………… 106
　西鮮雄港鎭南浦 ……………… 107
　延海水利組合 ……………… 108
　黃海水利組合 ……………… 109
　平南各郡勢槪觀 ……………… 110
　前途洋々たる咸南の水産 …… 114
　偉大なる咸北の水産 ……… 120
　躍進途上の會寧 ……………… 125
　會寧燒の聲價 ……………… 128
　會寧ホームスパン ……………… 133
〈維新史談〉宮古灣の海戰▶柴田慶二 …
……………………………………… 137
スポーツ興行化排除 ……………… 7
大邱飛行場落成 ……………… 14
唯物思想と皇道精神 ……………… 23
鮮內に工場地帶設置 ……………… 27
滿洲國財政策積極化 ……………… 72
釜山都市計劃案 ……………… 82
漢江大橋の竣工 ……………… 88
白石平南內務部長 ……………… 114
淸津漁港の巨星群 ……………… 116

朝鮮油肥の活躍 ……………… 117
清津漁糧會社 ………………… 117
公海興産工業會社 …………… 118
巾着網組合 …………………… 118
北鮮水産工業會社 …………… 118
日本食料出張所 ……………… 119
林兼商店の躍進 ……………… 119
安達巾着綱組合長談 ………… 120
木村寛藏氏の努力 …………… 121
川本清津漁業組合長 ………… 122
德弘要商店 …………………… 123
海東丸 ………………………… 123
進漁丸 ………………………… 124
會寧營林署の活動 …………… 129
豆滿江林業會社 ……………… 129
三田三樹氏 …………………… 131
岩村王國の事業 ……………… 132
百貨店間島貿易 ……………… 135
會寧商工會の活動 …………… 135
編輯後記 ……………………… 144

**朝鮮公論 第24巻 12号, 1936. 12
通巻 第285号**

〈漫畫〉時事漫態▶岩本正二筆
〈卷頭言〉電氣事業號に題す ………… 1
〈社說〉起業金融改善必要論▶里古基樹
……………………………………… 2
朝鮮電氣事業號 ……………………… 11
　統制された朝鮮の電氣事業 ……… 13
　特色を有する半島の發電水力 …… 16

全鮮電氣事業大觀▶本社調査部 …… 17
電氣事業者營業槪況 ………………… 21
朝鮮發電資源の特色▶安達遂 ……… 29
工業技術の獨立性▶松前重義 ……… 30
京城の送電に就て▶米倉元一 ……… 35
商業戰術上の電燈問題▶田中高司 … 39
朝鮮事業界鳥瞰錄 …………………… 43
　京城電氣躍進の跡 ………………… 44
　朝鮮窒素肥料會社 ………………… 46
　南朝鮮電氣會社 …………………… 50
　新義州電氣會社 …………………… 52
　朝鮮送電會社 ……………………… 53
　長津江水電會社 …………………… 54
　朝鮮電氣會社 ……………………… 55
　金剛山電氣會社 …………………… 56
　咸南合同電氣會社 ………………… 58
　會寧電氣會社 ……………………… 60
　朝鮮瓦斯電氣會社 ………………… 61
　大興電氣會社 ……………………… 62
　西鮮合同電氣會社 ………………… 63
朝鮮電氣協會の組織と事業 ………… 64
我電氣事業界の偉觀 ………………… 64
藤倉電線會社 ………………………… 66
富士電機會社/富士通信機製造會社 …
…………………………………………… 67
日本パイプ製造會社 ………………… 73
島田の硝子製品 ……………………… 75
電整社製作所 ………………………… 76
古河電氣工業の偉業 ………………… 77
株式會社明電社 ……………………… 82
經濟時事解說 ………………………… 87

企業金融の全機關 …………… 87
北鮮進出本格化 …………… 89
纖維工業の全貌 …………… 90
對外貿易振興策 …………… 93
公論春秋 …………… 96
失業▶小田原豊 …………… 97
危言私語▶宮崎生 …………… 100
カフヱー戰陣譜▶光永紫潮 …… 102
東郷靑兒を觀る▶岩本正二 …… 109
吉田雅一翁 …………… 115
窒素石鹼 …………… 119
蔘精元賣捌會社 …………… 120
工都大京城の躍進 …………… 122
時事日誌 …………… 125
咸鏡南道大觀
　獻身報國の國境警官 ……… 139
　新笂坡營林署 …………… 150
　躍進途上の大咸興 ………… 141
　躍進淸津を觀る …………… 151
　輝く大元山 …………… 144
　咸南郡勢槪觀 …………… 153
　興南邑 …………… 146
　北鮮人物記 …………… 156
　咸南水産の發達 …………… 148
〈創作〉幸子子爵夫人▶花村薰 …… 163
〈小說〉歳晩愁▶春海浩一郎 …… 170
編輯後記 …………… 180
入學試驗制度改革 …………… 29
唐人里發電所 …………… 45
整備された遞信事業 …………… 47
住友電線製造所 …………… 51

中臺里發電所 …………… 57
仁川の大發電計劃 …………… 59
白茂山延長工事繼續 …………… 63
風水害慰問金五十萬圓 ……… 97
初等敎育倍加運動 …………… 106
値上げも響かぬ煙草の賣行 …… 119
元山水産界 …………… 135
特産明太魚 …………… 136
咸南のスキー …………… 139
吉良警察部長 …………… 139
酒は芳醇『灘元山』 …………… 145
肥料統制に朝窒不參加 ……… 150

朝鮮公論 第25卷 1号, 1937. 1
通卷 第286号

〈漫畵〉時事漫態▶岩本正二筆
〈卷頭言〉內鮮融和の眞意義 …… 1
〈社說〉健康朝鮮の建設▶里吉基樹 … 2
鮮滿は一如たれ▶南次郎 …… 4
發淵たる朝鮮の開發▶大野綠一郞 … 8
國民的試練を勇躍征破せん▶小磯國昭
…………… 11
本邦財界の動向▶加藤敬三郞 …… 13
朝鮮の農工併進▶有賀光豊 …… 23
新春の所懷
　治安の十全を期す▶三橋孝一郎 … 28
　時代の進運相▶增永正一 …… 31
　皇道の恢弘と國民敎育▶富永文一 …
　…………… 36
　變りゆく農村の實情▶矢島杉造 … 38

朝鮮の諸産業▶穗積眞六郎 ……… 44
朝鮮の地方行政▶大竹十郎 ……… 49
專賣事業の展望▶棟居俊一 ……… 55
朝鮮の經濟界▶林藏繁 …………… 58
益々重大となる鐵道の使命▶吉田浩 …
 ……………………………………… 61
遞信業務の現勢▶山田忠次 ……… 63
氣魄の釀成に努めよ▶湯村辰二郎 … 70
半島大衆國家觀念▶金東勳 ……… 72
大京城建設の劃期的第一年▶甘蔗義邦
 ……………………………………… 75
財界昭和十二年年頭觀測▶賀田直治 …
 ……………………………………… 78
先覺の盡瘁を偲ぶ▶矢鍋永三郎 … 81
國富の增進は貯蓄に始まる▶伊森明治
 ……………………………………… 85
朝鮮に於ける「信託」の使命▶谷多喜磨
 ……………………………………… 87
非常時に備へん▶朴榮喆 ………… 90
上乘な新春景氣▶伊賀誠一 ……… 94
時務時論▶宮崎義男 ……………… 96
隨感隨筆▶中野伊三郎 …………… 101
公論春秋 …………………………… 106
インテリ・映畵・ファッシズムの哲學▶
 谷川英雄 …………………………… 107
國境警備の苦心 …………………… 114
國境警備八景▶岩本正二 ………… 116
除かれぬ財政の不安▶一記者 …… 124
私言危言▶宮崎生 ………………… 126
失業者の存在は富源の浪費▶桂悅朗 …
 ……………………………………… 128

スポーツ對話▶M・C・K生 ……… 131
新春映畵漫筆▶松本輝華 ………… 137
創刊二十五週年紀念事業 ………… 140
歐洲大戰亂の經緯(その四) …… 141
時事日誌 …………………………… 150
〈ユーモア小說〉空俄かに曇る▶伊藤春
 夫 …………………………………… 155
〈維新奇談〉五萬兩の聖像▶林杢兵衛 …
 ……………………………………… 159
編輯後記 …………………………… 172

朝鮮公論 第25卷 2号, 1937. 2
通卷 第287号

〈漫畵〉時事漫態▶岩本正二筆
〈卷頭言〉總督の軍服常用に一言 …… 1
〈社說〉『政變』と『朝鮮統治』▶里吉基
 樹 …………………………………… 2
時事我觀▶覆面冠者 ……………… 5
鮮米連帶輸送好績 ………………… 8
入學試驗に就いて▶江頭六郎 …… 9
日本重要事業を語る▶城北斬雲 … 15
鮮滿協同の鴨綠江水電開發 ……… 20
自由主義の再檢討(下)▶谷川英雄 … 21
小作問題漫談▶紅葉山人 ………… 30
從兄林新總理を語る▶高木善人 …… 37
農地令不可解▶中野伊三郎 ……… 41
鴨綠江水電開發と南總督の意向 … 48
天然水の問題▶天岸敏介 ………… 49
下級古參官吏登用 ………………… 51
公論春秋 …………………………… 52

今夏の氷は何うなるか▶光永紫潮 … 53
朝鮮の對外輸出增進▶本誌記者 … 59
危言私語▶宮崎生 ……………… 62
國境一日の旅▶小野田塚 ……… 64
幼兒に還れ▶M・C・K ………… 73
大弓を語る▶井野眞太 ………… 77
滿鐵の傍系會社投資五億圓 …… 76
歐洲大戰亂の經緯(之の五)▶保坂生 …
 ……………………………………… 81
朝鮮觀光協會創立 ……………… 87
時事日誌 ………………………… 94
全羅南道々勢概觀▶本誌記者 … 95
小倉武之助氏 …………………… 95
〈時代諧謔〉出放六傳兵衛▶林杢兵衛 …
 ……………………………………… 97
〈小說〉姉妹▶東眞一 ………… 113
編輯後記 ………………………… 124

朝鮮公論 第25卷 3号, 1937. 3
通卷 第288号

〈卷頭言〉金融統制に一言 ……… 1
〈社說〉企業金融 機構改善と朝鮮▶里吉基樹 ……………………………… 2
內鮮滿の依存關係▶賀田直治 …… 8
女子敎育と職業▶野々村修瀛 … 13
デマゴギーの性格▶谷川英雄 … 17
農村振興指導の第一線▶中野伊三郎 …
 ……………………………………… 22
公論春秋 ………………………… 27
二將軍の語る實戰史

第二軍奉天戰秘史▶鈴木莊六 … 28
旅順攻圍戰の回顧▶奈良武次 … 37
隨筆集
　大自然の寵兒▶腹部生 ……… 42
　火星の神秘▶岡田 恒雄 ……… 43
　魚の話▶田中茂穗 …………… 45
　敎と女性▶清谷閑子 ………… 47
　傳敎大師の宗敎▶長澤德玄 … 51
　淨土▶貴司山治 ……………… 54
　焦燥越へて▶伊藤末知 ……… 55
　當地インチキ商賣▶杉浦次郎 … 56
新聞及新聞記者の自覺▶漢江生 … 58
危言私語▶宮崎生 ……………… 62
早婚考▶岩本萬翠 ……………… 64
職業紹介雜話▶小田原豊 ……… 73
店員採用の二方針▶本誌記者 … 76
警察官の素質▶上野盛一 ……… 79
國家資本主義者 野口遵▶一記者 … 82
群山の危機▶本誌記者 ………… 84
時事日誌 ………………………… 88
男の女性觀▶伊藤春夫 ………… 94
樂園チエーン躍進▶光永紫潮 … 96
〈小說〉或る童話▶春海浩一郎 … 105
〈實話〉邪戀一家慘殺事件▶富山三郎 …
 ……………………………………… 115
新黃海道知事姜弼成氏 …………… 2
鮮銀南支に進出 ………………… 16
富寧水力電氣會社 ……………… 47
娛樂時代の新聞 ………………… 59
眞の價値ある人間 ……………… 60
朝鮮にも漁船保險 ……………… 83

農地令丸呑み ……………… 87
鮮內私鐵受難時代 ……………… 125
編輯後記 ……………… 126

朝鮮公論 第25巻 4号, 1937.4 通巻 第289号

〈卷頭言〉誌齡二十五年 ……………… 1
〈社說〉廿五周年に際して▶里吉基樹 …
……………… 2
一層の自重努力を祈る▶南次郎 … 4
前途を祝福す▶大野綠一郎 ……… 6
益々社業隆盛を祈る▶阪谷芳明 … 5
一段の奮勵を切望す▶三橋孝一郎 … 7
發刊當時の趣旨▶牧山耕藏 ……… 8
感想一片▶石森久彌 ……………… 9
祝詞一言▶中島司 ………………… 75
言論界の功績▶松本於兎男 ……… 78
朝鮮產業の現勢と金融▶有賀光豐 … 11
金融組合の使命▶矢鍋永三郎 …… 19
興隆朝鮮と貯銀の使命▶伊森明治 … 26
議會に上つた運送問題▶河合治三郎 …
……………… 28
朝鮮產業の發達と將來▶賀田直治 … 14
四半世紀に亘る京城の伸展▶甘蔗義邦
……………… 64
世界的名勝金剛山を語る▶岡本柱次郎
……………… 88
國防と鑛業▶內田鯤五郎 ………… 45
農漁山村と十二年度豫算▶大口喜六 …
……………… 31

不備缺點多き新年度豫算▶勝正憲 … 39
公論春秋 ……………… 80
我國政治經濟の動向▶谷川英雄 …… 60
朝鮮の日本一▶中野伊三郎 ……… 81
鯤景氣に狂喜亂舞▶紅葉山人 …… 55
牛島畫人の性格▶岩本正滋 ……… 93
議會・道會・府會▶覆面冠者 …… 89
國史に現れた女性▶伊藤春夫 …… 106
ユトランド海戰の秘密▶泉蓮太郎 …
……………… 102
俳句行脚▶中川龜三 …………… 110
結婚と家族制度▶一記者 ……… 178
東西古今惡食物語▶本誌記者 … 175
算盤發明綺談▶一記者 ………… 178
危言私語▶宮崎生 ……………… 100
文藝映畫の大衆性▶一記者 …… 114
映畫と道德▶美馬滿三郎 ……… 117
鎧物の新展開▶本誌記者 ……… 117
舞姬 崔承喜▶岩本生 ………… 117
色彩映畫の將來性▶貘龍太郎 … 122
十三道お國自慢▶漫畫並文 岩本正二
……………… 145

隨筆集

　宗教文藝雜話▶春秋一雄 …… 124
　光亂轉▶井上琢爲 …………… 126
　國民性を象徵する櫻花▶矢吹生 … 130
　無名草紙と王朝文學▶峯岸義秋 134
　古川柳口三味線▶米雨山人 … 126
　鯨の話▶河野正郎 …………… 128
　春の丘▶淸水重道 …………… 134
　文學を行ずる▶津三喜夫 …… 135

全鮮地方都邑大觀▶本誌記者 …… 167
三東鑛業の躍進▶一記者 …… 141
東道企業證券▶一記者 …… 137
朝鮮の新稅法 …… 13
鮮鐵滿鐵對立 …… 54
道知事權限擴張 …… 126
內鮮電報スピード化 …… 27
時事日誌 …… 113
〈探偵實話〉犯罪實驗者▶青山倭文二 …
…… 181
編輯後記 …… 190

日露大海戰記 永遠の記念日五月廿七
日 …… 49
日本海々戰の思ひ出▶佐藤鐵太郎 … 52
人造肥料の人造相場▶一記者 …… 55
危言私語▶宮崎生 …… 58
映畫欄
　檢閱を繞る茶咄▶山口寅雄 …… 60
　米國の映畫教育▶美馬滿三郎 …… 64
　日活映畫鮮內配給の確立 …… 63
　蒼氓の場合 …… 66
鮮滿新聞の新聞 …… 68
鮮展と朝鮮畫壇を打診する座談會 … 69
隨筆集
　佛教徒の新使命▶伊福部敬子 …… 81
　風の科學▶本間生 …… 83
　孔子の逸話▶宇野哲人 …… 84
　茶器の話▶石野力藏 …… 86
　藝藝品香水▶棚田槇造 …… 87
　支那の文人墨客▶後藤朝太郎 …… 89
　茶道の眞髓▶無草庵 …… 91
悽慘無比の歐洲大戰(六) …… 93
寸言壁語錄▶翠郎山人 …… 100
或農村靑年の悩み▶宗像壽 …… 102
大興砂金會社の設立 …… 105
日本採礦會社の內容 …… 106
中鮮金山行脚▶本誌記者 …… 107
　黃鶴金山/高山孝友氏/淸和金山/松本
　近彦氏/金井金山/林山金山/二宮泰三
　氏/澤村貞次氏/大況金山
時事日誌 …… 116
〈ユーモア小說〉チョン畓種奇譚▶伊

朝鮮公論 第25巻 5号, 1937. 5
通巻 第290号

〈卷頭言〉在滿鮮人第二世問題 …… 1
〈社說〉中樞院組織改善論▶里吉基樹 …
…… 2
躍進滿洲と銀行の使命▶田中鐵三郎 …
…… 4
國防と鑛業(二)▶內田鯤三郎 …… 8
朝鮮に於ける新聞人の重責▶池田林儀
…… 20
朝鮮文化と百貨店の使命▶三輪邦三郎
…… 24
新朝鮮徒然草▶山元百千穗 …… 27
公論春秋 …… 32
軟式國語普及政策▶紅葉山人 …… 33
盡きせぬ朝鮮の日本一▶中野伊三郎 …
……38
農村協同組合機構明徵▶覆面隱士 …43

藤春夫 …………………… 117
〈小說〉女心▶松原千惠 ………… 123
私鐵補助を増額 …………… 23
明年度豫算更に膨脹 ………… 48
東郷神社造營要望 …………… 54
人絹續々朝鮮に進出 ………… 127
編輯後記 …………………… 128

朝鮮公論 第25巻 6号, 1937.6
通巻 第291号

〈漫畵〉時事漫態▶牧田飄畵
〈卷頭言〉曲解された不言實行 ……… 1
〈社說〉北支移住鮮人問題▶里吉基樹 …
　………………………………………… 2
工業生産品の對外輸出▶澁谷禮治 … 5
全體主義に就て▶齊藤武五郎 ……… 9
信仰正系と日本精神▶飛澤行祐 … 13
副島伯が社長時代の京城日報▶山田勇
　雄 ……………………………… 18
滿洲國に於ける阿片政策▶岩本萬翠 …
　………………………………………… 24
〈清談戲語〉京畿道知事湯村辰二郎氏▶
　正二生 ………………………… 31
在東京朝鮮關係名士訪問記(一) 安井誠
　一郎氏を訪ねて▶根本透 ……… 35
京城府會を衝く▶春沼水之 ……… 38
時評
　企劃廳の見る時代性▶A記者 … 43
　物價騰貴の現象▶B記者 ……… 45
都市計劃より見たる京城の住宅地▶吾

妻生 …………………… 47
公論春秋 …………………… 52
隨筆集
　乘馬の趣味▶鞍馬天狗 ……… 53
　女性問題小觀▶春秋生 ……… 54
　蜜蜂▶田村利男 ……………… 55
　雨・雲・雪▶井關貢 ………… 57
　花二つ▶松崎直枝 …………… 58
　雨の隨想▶河井醉茗 ………… 59
　天才と藝術▶吉田明 ………… 62
　初夏漫步記▶今田吉人 ……… 65
　滿洲北支旅日記▶中川龜三 … 69
　危言私語▶宮崎生 …………… 72
展覽會素描 ………………… 74
南總督の出馬贊成せず▶宮崎生 …… 76
鮮滿新聞の新聞 …………………… 78
日本映畫事業の企業性▶美馬滿三郎 …
　……………………………………… 79
外地取材映畫の傾向に就て▶M生 … 79
京城に進出する小林一三 ………… 81
美容室を裏から覗く記▶本誌記者 ……
　……………………………………… 82
時事日誌 …………………… 86
當軍將校の蘇聯脫走記▶一記者 …… 88
天惠に富む慶尙北道大觀 ………… 96
淸州邑 ……………………………… 99
工業群山に躍進 ………………… 101
主婦の赤誠一家を興す …………… 105
自由軟弱教育の幣 ………………… 107
故高村巖君に就いて▶本誌記者 … 108
〈創作〉芽▶大原沙知子 ………… 116

〈小説〉溫泉場の氣まぐれ者▶伊藤春夫 ………………………… 124
新東京城間に超々特急列車 ……… 12
大和魂と非常時局 ………………… 17
大連驛竣工す ……………………… 85
激增する朝鮮の航空郵便 ………… 95
滿洲の濕地干拓調査 ……………… 34
全南水産會 ………………………… 43
黃岳金山の槪貌 …………………… 114
編輯後記 …………………………… 134

朝鮮公論 第25巻 7号, 1937. 7
通巻 第292号

現代朝鮮の顏役(其の一)▶牧田瓢畵
〈卷頭言〉治鮮制度の長所 ……… 1
〈社說〉産金獎勵と産金課稅▶里吉基樹 ……………………………… 2
現代社會と靑年▶贋松龍種 ……… 5
靑年に寄す言葉▶高木善人 ……… 8
靑年指導の根本原理▶辻菫重 …… 11
經濟斷面摘評▶紅葉山人 ………… 18
二つの社會的なる考察▶酒井正 … 22
信仰正系と日本精神▶飛澤行祐 … 33
現代日本の進むべき道▶漢南居士 … 39
公論春秋 …………………………… 46
混迷の蘇聯を衝く▶X・Y・Z …… 42
時評
　現內閣財經方針/ソビエト赤軍事件
　　▶城龍隱士 ……………………… 47
危言私語▶宮崎生 ………………… 52

明暗縱橫▶春沼水之 ……………… 54
映畫欄
　米國ニュース映畫小史▶美馬滿三郎 ……………………………… 64
　映畫公衆機關說 ………………… 72
　京城映畫街を橫斷する▶牧田飄 … 76
　檢閱時事片片▶Y・T生 ………… 74
　配給閑談▶吉住慶之助 ………… 63
可捨不可求論▶黃金町人 ………… 80
〈漫畵〉無風帶を行く▶岩本正二 … 84
〈漫畵〉時事漫態▶牧田飄/岩本正二 59
〈短歌〉石南花▶美島梨雨 ………… 90
年魚▶名越 那珂次郞 …………… 91
人體の生理▶林驊 ………………… 94
近代亞米利加詩壇を語る▶杉本長夫 …
　……………………………………… 96

隨筆集
　純文藝大衆文藝など▶安岡黑村 …
　……………………………………… 102
　花火と硝石▶橫山淸一 ………… 104
　夜汽車の客▶鈴木純雄 ………… 103
　書籍の獻辭▶島津昌三 ………… 106
　女の腕▶南祥三 ………………… 107
　〈詩〉住み馴れて▶藤木春彦 …… 103
　南洋の印象▶守屋東 …………… 109
　〈詩〉夢▶船崎德太郞 …………… 107
　ヨットを語る▶安田貞次 ……… 112
　〈繪〉せんたく婦▶關口隆嗣 …… 105
　ふるさと▶東辰一 ……………… 123
　〈繪〉夏▶佐藤九二男 …………… 109
　東京雜記▶宮崎義男 …………… 116

| 慶南の産業線を截る ………… 123
| 國際都市伸びゆく大淸津 ……… 130
| 北鮮文化の開拓者 朝鮮電氣會社の業績
| ………………………………… 135
| 躍進途上の大咸興 ……………… 136
| 會寧ホームスパン ……………… 139
| 燦として輝く釜山商工會議所 …… 141
| 展覽會素描 ……………………… 118
| 寄贈誌 …………………………… 163
| 教員の職業化 …………………… 147
| 學校防護團を組織せよ ………… 148
| 佐々木準三郎の橫顏 …………… 144
| アウト・ライン ………………… 115
| 簡易保險を利用しませう ……… 120
| 夏休み・映畵に心せよ ………… 58
| 電話度數制實施の影響 ………… 51
| 東京支社通信 …………………… 144
| 朝鮮新聞の新聞 ………………… 122
| 〈文藝〉妹と猫▶伊藤春夫 …… 149
| 編輯後記 ………………………… 164

朝鮮公論 第25巻 8号, 1937.8　通巻 第293号

漫畫
　躍進朝鮮の顏役(其の二)▶牧田飄筆
　時事漫熊▶岩本正二/牧田飄筆
〈巻頭言〉北支事變に伴ふもの ……… 1
〈社說〉中央及大陸經濟會議▶里吉基樹
　………………………………………… 2
日・滿一體と産業五ヶ年計劃 ………… 5

日滿一體と朝鮮の立場▶賀田直治 …… 9
鮮・殖銀・東拓の機構と監督權▶中野伊三郎 ……………………………………… 3
公論春秋 ……………………………… 81
事變に際し言論界に望む▶南次郎 … 22
擧國一致の眞精神▶前田昇 ………… 25
起ち上る支那の軍備▶黑川逸平 …… 33
蘆溝橋事件を巡る日支關係▶漢南居士
　……………………………………… 46
排日支那暴狀記▶H・G・M ……… 72
〈時評〉ソ支兩事件の重大性/事變に見る市場動向▶城龍隱士 ……………… 53
滿洲北支旅日記▶中川龜三 ……… 98
蘇聯の二つの貌▶牧田飄 ………… 60
現代議會政治擁護論批判▶高村嚴 …
　……………………………………… 103
常識と教養▶酒井正 ………………… 26
鮮滿新聞の新聞 ……………………… 80
中央政界展望▶東都閑人 ………… 120
　裏から見た政務官設置/總裁問題で行惱む政友會/社會保健省と初代大臣/軍需インフレと勞働爭議
展覽會素描 ………………………… 114
隨筆集
　文學の指導性▶中島榮次郎 …… 82
　宗教と大衆文藝▶春秋一雄 …… 82
　宗教藝術の問題▶秋山大 ……… 86
　佛蘭西自然主義▶杉捷夫 ……… 56
　日本と支那の水景▶紫朗生 …… 87
　能樂の觀賞▶小泉秀雄 ………… 88
　香道を語る▶都筑幸哉 ………… 91

朝鮮公論 第25巻 9号, 1937.9
通巻 第294号

〈漫畫〉躍進朝鮮の顔役(其の三)▶岩本正二 筆
　時事漫態▶岩本正二 筆
〈卷頭言〉徵兵令施行問題 ………… 1
〈社說〉對支事變と朝鮮兵備 ………… 2
事變擴大と朝鮮經濟界▶中野伊三郎 … ………………………………… 6
鑛業資源開發の急務▶島村新兵衛 … 18
京城府特別府制施行▶桂鴻峰 ……… 26
公論春秋 ……………………………… 33
日本の大陸政策▶花岡淳二 ………… 34
精神と制度▶高村巖 ………………… 40
現代青年の特質▶成末俊之 ………… 46
東都雜記▶宮崎義男 ………………… 54
危言私語▶宮崎生 …………………… 98
事變擴大に伴ひ官民に望む▶南次郎 … ………………………………… 61
事變を巡る諸條約▶漢南居士 ……… 66
北支の歸着點▶黑河逸平 …………… 74
酸鼻の通州事件▶本誌記者 ………… 116
歐洲大戰追想記▶杉本潔 …………… 100
鮮滿新聞の新聞 ……………………… 59
隨筆集
　女性文學に就いて▶笹村久貴子 … 84
　女の立場▶深堀靜技 ……………… 85
　上海の女性▶益田 貴美 …………… 87
　朝鮮婦人に就いて▶李成淑 ……… 89
　千人針▶山田とし子 ……………… 92

　神秘境蒙古の話▶笹目 恒雄 …… 94
　〈詩〉傷恨▶藤木春彦 …………… 83
　〈詩〉桑港▶海田讓治 …………… 84
皇軍武運長久祈願祭記▶本誌記者 … 44
藝界往來 ……………………………… 97
支那の陸軍▶X・Y・Z ……………… 42
大局を誤る地方癖 …………………… 70
ローカルトピックス ………………… 134
アウト・ライン ……………………… 136
奇怪なる鮮文紙の態度 ……………… 31
特色ある馬山淸酒 …………………… 148
慶北産業部長李昌根氏 ……………… 147
規約に見る釜山酒造組合 …………… 149
慶北の産業線を截る▶本誌記者 … 136
時事寸評
　信賴される三橋局長 ……………… 11
　北支事變と外紙の批判 …………… 59
　冀東と冀察 ………………………… 69
　黑龍江岸から見た滿ソ兩國風景 … 71
　朝鮮文藝協會批判 ………………… 155
　拓務省外地ヶ年計劃 ……………… 41
　ソ聯の見た乾岔島事件 …………… 43
　朝鮮の多角的産金鑛 ……………… 102
　賴母しい朝鮮の特殊鑛 …………… 32
　退官勅任組の財界入 ……………… 119
　脅える京城石鹼界 ………………… 113
　浦ジボの囚人生活 ………………… 30
〈文藝〉濡衣▶松原魚子 ……………… 151
編輯後記 ……………………………… 156

メートル法に寄す▶田中智學 …… 93
楠木正成▶荒川生 ……………… 95
さくらの話▶谷口梨花 ………… 96
露路(詩)▶相繁明 ……………… 85
再見高浪浦(詩)▶朴世汶 ……… 86
嵐(詩)▶東龍介 ………………… 90
議會に見る擧國一致▶東都閑人 … 107
時務小言▶晚雨生 ……………… 52
北支事變と日蘇の關係▶X・Y・Z … 118
北支と上海 ……………………… 120
支郡兵の素質▶逢城參併 ……… 30
軍閥と支那 ……………………… 60
驛頭の見送り …………………… 60
張り切る放送陣 ………………… 65
現地報告(天津より) …………… 115
アウト・ライン(富永、山口、橫瀬三理事其他) ………………… 112
中央無盡惡弊打破 ……………… 32
一頁人物評 (李聖根氏/嚴昌燮氏/張憲根氏) ………………………… 122
藥水のはなし(忠北の名物) …… 125
時事寸評
　今年は豊作 ………………… 58
　暴利取締令は國民の恥辱 … 31
　殖產局長土產話 …………… 25
　米國の觀たソ聯 …………… 114
　老人退轉要望論 …………… 39
　本社來訪 …………………… 115
　物凄いソ聯の出生率 ……… 106
　朝鮮と重工業 ……………… 131
〈文藝〉青年後籐新平▶伊藤春夫 … 126

編輯後記 ………………………… 132

```
朝鮮公論 第25巻 10号, 1937. 10
通巻 第295号
```

〈漫畵〉躍進半島の顏役(其の四)▶岩本正二筆
時事漫態▶牧田飄筆
〈巻頭言〉輕薄なる讚辭 …………… 1
〈社說〉北支朝鮮移民問題▶里吉基樹 …………………………………… 2
朝鮮人移民の現狀とその將來▶朴準秉 ………………………………… 26
事變と朝鮮經濟界▶中野伊三郎 … 20
農林局の爆彈技師▶紅葉山人 …… 39
知事候補者誌上推薦記▶翠郎山人 … 44
現代青年指導私見▶辻董重 ……… 29
幸福論▶酒井正 …………………… 34
公論春秋 …………………………… 50
告諭▶近衛文麿 …………………… 100
諭告▶南次郎 ……………………… 101
危言私語▶宮崎生 ………………… 31
日支事變
　墓標に立つ蔣介石▶黑河逸平 … 76
　抗日戰線巨頭人物檢討▶浦尾純 … 88
　察南政府建設譜 ………………… 84
　便衣隊夜話▶逢城參併 ………… 62
鮮滿新聞の新聞 …………………… 75
隨筆集
　秋風▶加古悠子 ………………… 51
　秋の厨▶小山いと子 …………… 51

鋼鐵の貞操帶▶朝岡稻太郎 …… 53
女に化けた男▶竹本喜代春 …… 54
空の旅▶上田美津 ………………… 57
書物漫談▶山口靑邨 ……………… 59
悲みしの言葉▶馬場ミチ ………… 60
母へ送る言葉(歌)▶大原沙知子 … 52
時思拾句▶吉住風子 ……………… 55
時務小言▶晚雨生 ………………… 104
高浪浦紀行▶繪：堅山坦/短歌：美島
　梨雨 ……………………………… 106
朝鮮の昔の女▶萬翠生 …………… 108
歐米よりの歸朝談話▶齊藤淸治 … 202
汽車と自動車二重走▶中山龜三 … 49
天津より▶天野利吉 ……………… 86
上海より▶高岡熊彥 ……………… 87
秋の司厨街雜記▶光永紫潮 ……… 113
米國映畵教育の一側面▶美馬滿三郎 …
　…………………………………… 110
捕虜活用論▶H・メリベルグ …… 95
〈中央政界展望〉內閣强化策の裏面/政
　府政黨の街頭進出/外交陣の舊起/思
　ひ起す田中義一▶東都閑人 …… 65
時事寸評
　鮮銀券の發行膨脹せん ………… 103
　業者を惱ます不良豆電氣 ……… 105
　殖銀コンツの全貌 ……………… 112
　蔣介石の腹の中を探る ………… 83
　高官教育必要論 ………………… 115
　支那貨幣の話 …………………… 133
　張り切る朝鮮工業 ……………… 64
　ゴーリキの著作年表 …………… 61

巢立つ若き發明家▶本誌記者 …… 116
一頁人物評
　本府水產課長梶川裕 …………… 118
　淸津府尹前田茂助 ……………… 119
　淸津警察署長池內勝太郎 ……… 120
　會寧警察署長市山重太郎 ……… 121
　會寧郡守俵四朗 ………………… 122
　羅津府尹田口禎意 ……………… 123
〈文藝〉夷人上陸▶伊藤春夫 …… 124
編輯後記 …………………………… 134

朝鮮公論 第25巻 11号, 1937. 11
通巻 第296号

〈漫畵〉躍進半島の顏役(其の五)▶岩本
　正二筆
〈卷頭言〉世界を二つに分けた日支事變
　……………………………………… 1
〈社說〉長期抵抗は彼に不利▶里吉基樹
　……………………………………… 2
殖產契を語る▶覆面隱士 ………… 10
戰爭と豐作▶中野伊三郎 ………… 15
內鮮一體の歷史的記錄 …………… 5
內地の諸君に告ぐ▶南次郎 ……… 8
公論春秋 …………………………… 27
日本の外交をふりかへる▶花岡淳二 …
　…………………………………… 21
冷麵・言葉・公衆道德▶酒井正 … 28
宇宙の親近性▶小山得郎 ………… 32
日本人の敎養▶長井眞琴 ………… 36
鮮滿新聞の新聞 …………………… 35

随筆集
　旅愁▶田中靜夫 …………… 47
　高山の特徵▶木暮理太郎 ……… 48
　ガンヂー訪問記▶高良富子 …… 51
　文學者の社會的地位▶中島健藏 … 52
　南北兩米の旅▶久布白落實 …… 54
　肉食の今昔考▶宮部生 ………… 55
　大蛇と出會つた話▶宮良道部 … 56
　態狩りの話▶鹽島鎰司 ………… 57
　秋深く▶竹內てるよ …………… 59
內閣參議の人物を觀る▶倉田良平 … 39
日支事變
　支那人を裸にする▶逢城參併 …… 64
　列國は咆吼する▶H・G・M ……… 77
　蠢動する蘇聯▶X・Y・Z ………… 74
　事變の高潮に乘る軍需工業▶R・K・O
　………………………………………… 72
　上海・滿洲事變の犧牲▶浦尾純 … 62
有賀殖銀頭取の辭任 ……………… 61
日本文化と神道▶關東太郞 ……… 46
戰時司厨街雜記▶光永紫潮 ……… 83
日本の秋▶木木高太郞 …………… 88
朝鮮の巫女▶萬翠生 ……………… 90
批判私語▶岩本正二 ……………… 116
黃海道を展望する▶本誌記者 …… 93
黃海道溫泉めぐり ………………… 107
黃海・延海・信川水利組合 ……… 102
高麗人蔘の話 ……………………… 111
人物評
　黃海道知事姜弼成氏 …………… 97
　黃海道警察部長瀨戶道一氏 …… 101

　黃海道內務部長佐々木忠右衛門氏 …
　……………………………………… 114
　清津の名物男大河內雪氏 ……… 115
中央自動車創立 …………………… 60
借金と戰爭 ………………………… 133
戰時體制下の勞動團體 …………… 121
朝鮮運送の新陳容 ………………… 96
政黨の自稱畵家 …………………… 42
京城の火災調べ …………………… 14
京城一日の電話度數 ……………… 87
ソ聯朝鮮人部隊 …………………… 34
文藝
　幹陰▶天久卓夫 ………………… 122
　帶▶春海浩一郞 ………………… 128
編輯後記 …………………………… 134

朝鮮公論 第25卷 12号, 1937．12
通卷 第297号

〈漫畵〉躍進半島の顔役(其の六)▶岩本正二筆
〈卷頭言〉デマの一掃 …………… 1
〈社說〉躍進の電業及水產業▶里吉基樹
　………………………………………… 2
新聞及新聞人の使命▶宮崎義男 … 3
年の瀨と金融▶紅葉山人 ………… 11
北支の產業經濟を觀る▶賀田直治 … 17
公論春秋 …………………………… 27
〈社會時評〉斷髮令と學生の關係▶酒井正 ……………………………………… 23
日本人の特性に就て▶花岡淳二 … 35

尺貫法の存續を訴求する ………… 31
　政府の英斷を望む▶荒川五郎 …… 31
　日本人の生活樣式との考察▶平山淸
　次 …………………………………… 33
　國體明徵の實踐に關聯して▶石川與
　二 …………………………………… 34
天津だより▶天野利吉 ……………… 40
京城食房記▶光永紫潮 …………… 126
アウトライン
　水田新財務局長 …………………… 48
　農林局長湯村辰二郎氏 …………… 66
危言私語▶宮崎生 …………………… 28
電氣事業特輯
　朝鮮電氣事業の現段階 …………… 42
　電氣事業統制の成果を觀る ……… 45
　電氣事業營業槪況▶本社調査部 … 49
　統制された電氣事業の槪況 ……… 54
　朝鮮のラヂオ事業の現況 ………… 58
朝鮮電氣事業界鳥瞰錄 ……………… 61
　朝鮮電力株式會社/會寧電氣株式會
　社/長津江水電株式會社/南鮮合同電
　氣株式會社/朝鮮窒素肥料株式會社/
　南朝鮮電氣株式會社/朝鮮送電株式
　會社/長津江水電株式會社/金剛山電
　氣株式會社/朝鮮電氣株式會社/咸南
　合同電氣株式會社/京城電氣株式會
　社/西鮮合同電氣株式會社/朝鮮電氣
　協會
日本電氣工業界の偉容 ……………… 85
　古河電氣株式會社/株式會社日立製
　作所/日本パイプ製造株式會社/富士

　電氣工業株式會社/東京電氣株式會
　社/株式會社明電舍/島田硝石製作所
高踏勇退せる有賀前殖銀頭取 …… 118
林新殖銀頭取に期待する ………… 120
水產業特輯
　朝鮮水產業の現在 ……………… 155
　朝鮮の魚市場の現況▶山元百千穗 …
　…………………………………… 159
東海岸漁業人物誌 ………………… 185
飛躍する水產團體 ………………… 162
　朝鮮水產會/京城水產株式會社/淸津
　漁業水產組合/咸北輸出鹽魚水產組
　合/咸南鰯油製造業水產組合/咸北鰯
　油肥製造業水產組合/朝鮮鰯油肥製
　造業水產組合聯合會/淸津漁港の工
　業陣
躍進江原道の水產界 ……………… 172
咸南水產業の全貌 ………………… 174
咸北水產活況 ……………………… 177
湖南地方紹介版
　全羅南道を素描する▶本誌記者 ……
　…………………………………… 129
　全羅南道農山漁村振興運動全貌▶本
　誌記者 …………………………… 133
湖南地方人物誌 …………………… 146
　全南水產會の組織 ……………… 153
　雄町米について ………………… 131
　明朗光州府の槪觀 ……………… 144
　群山港の現在及將來 …………… 140
　全南の米 ………………………… 136
　群山府尹佐藤德重氏 …………… 132

木浦府の概觀 …………… 131
朝滿新聞の新聞 …………… 121
編輯後記 …………… 194

```
朝鮮公論 第26巻 1号, 1938.1
       通巻 第298号
```

〈口繪〉南總督元旦試筆
〈卷頭言〉朝鮮を知らしめよ ………… 1
〈社說〉印度問題と朝鮮統合▶里吉基樹
　　　　…………………………… 2
朝鮮殖產銀行稗史▶紅葉山人 ……… 20
松原新鮮銀總裁▶宮崎生 …………… 26
戰時體制經濟と米價▶山元百千穗 … 28
半島青年への待望▶桂悅朗 ………… 66
公論春秋 …………………………… 65
日滿支三國の提携▶近衛文麿 ……… 6
歐亞を貫く防共の堅陣▶廣田弘毅 … 9
覺悟を新にせよ▶南次郎 …………… 12
年頭の誓願▶大野綠一郎 …………… 15
不退轉の氣魄を要望す▶小磯國昭 … 18
支郡共產黨は動く▶城龍隱士 ……… 72
ソ聯經濟地理▶エス・スラーヴイ … 78
ソビエイト電力問題▶ウエ・エル・コマ
　ロフ …………………………… 82
日ソ苦し戰はば▶X・Y・Z ……… 85
蒙古及蒙古人▶杉本敏 ……………… 88
危言私語▶宮崎生 …………………… 36
朝鮮は日滿共同防衛の紐帶▶三橋孝一
　郎 ……………………………… 38
民衆の待望に沿はん▶大竹十郎 …… 40

國際情勢と我國經濟の將來▶松原純一
　………………………………… 46
年頭所感▶林繁藏 …………………… 52
年頭感あり
　金融組合の使命▶失鍋永三郎 …… 90
　戰時經濟の自給確立を期す▶林茂樹
　………………………………… 94
　我經濟界の現動向▶賀田直治 …… 96
歷史小說論▶酒井正 ………………… 102
個性の純粹性▶小山得郎 …………… 109
新生日本と童心▶飛澤行祐 ………… 58
映畫
　銀幕街點描▶山口寅雄 …………… 116
　子女と映畫▶王子太郎 …………… 118
　明都幻夢▶春海浩一郎 …………… 120
　海賊夜話▶別枝達夫 ……………… 126
アウトライン
　南總督 …………………………… 49
　小野久太郎氏 …………………… 54
　啐啄同時の農會改變 ……………… 34
　馬鈴薯の話▶遠田晃 ……………… 102
時事寸評
　關稅免稅撤廢後の重油問題 ……… 21
　水を流さぬ古阜川治水 …………… 22
　來年度の鮮農移住 ………………… 64
　義經の墓現存說有力化 …………… 119
　時局と鎭南浦港 …………………… 79
　日本漁船の世界的進出 …………… 60
　北支新政權の活躍開始 …………… 103
　忠南燕岐郡のニッケル鑛 ………… 87
　百年山タングステン創立 ………… 129
```

321
```

漫然渡航は禁物 …… 84
文藝
　軒影▶天久卓夫 …… 132
　外人教師と少年達▶奈良二朗 … 138
編輯後記 …… 144

朝鮮公論 第26巻 2号, 1938. 2
通巻 第299号

〈漫畵〉亂反射鏡▶岩本正二筆
〈卷頭言〉志願兵制度の實施 …… 1
〈社說〉日本經濟ブロック研究室▶里吉基樹 …… 2
教育令改正に就いて▶宮崎義男 …… 5
石塚峻論▶中野伊三郎 …… 8
技術一般の概念▶酒井正 …… 22
社會思想と法律▶落合龍三 …… 26
朝鮮殖産銀行秤史▶紅葉山人 …… 15
志願兵制度に寄す …… 44
只感激に堪えず▶朴春琴 …… 47
朝鮮軍新聞班に聽く▶本誌記者 …… 49
鮮文紙の感想に見る …… 52
志願兵制度と鮮文紙 …… 54
公論春秋 …… 85
東都雜記▶宮崎義男 …… 88
重大局面に乘る政府▶近衛文麿 …… 68
新政權と日支の展望▶島居卓藏 …… 74
長期抗戰の新態勢▶黑河逸平 …… 56
政民合同と新黨樹立▶東都閑人 …… 93
蘇聯最高選擧の性質▶J・スターリン …… 79

朝鮮新聞の新聞 …… 67
昇る軍需株▶S・O・S …… 62
英米兩國の國防擴張▶O・P・Q …… 64
半島治水と川澤技師▶本誌記者 …… 25
日本在留の華僑 …… 86
冷遇に泣く朝鮮の子供達▶楠本良一 …… 42
ちんぴら行狀記▶村木哲也 …… 40
閉め出されたダンスホール▶須藤連 …… 118
日支佛敎の研究▶荒川住人 …… 98
朝鮮の類似宗敎▶萬翠生 …… 100
動く朝鮮畫壇▶早月魚羊士 …… 28
戰後の文學動向▶花岡淳二 …… 34
尊攘義賊▶伊藤春夫 …… 106
訪問手帖拔▶岩本正二 …… 102
街燈錄 …… 96
映畫
　京城映畫街往來 …… 120
　映畫評「どん底」▶內田都思 …… 122
　大地の試寫を見て▶S・生 …… 121
梅花▶上田忠成 …… 114
アウトライン …… 39
人の橫顏▶崔碩珍 …… 55
文藝
　あの娘(民謠)▶美島梨雨 …… 116
　聖戰句控切拔(俳句)▶山下靜山 …… 73
　面影(短歌)▶大原沙知子 …… 131
　軒影▶天久卓夫 …… 124
　菊枝の歸鄕▶松原魚子 …… 132
編輯後記 …… 138

朝鮮公論 第26巻 3号, 1938. 3
通巻 第300号

〈巻頭言〉難航の二法案 ………… 1
〈社説〉總動員法と朝鮮▶里吉基樹 … 2
時局對策委員會▶山元百千穂 …… 5
日ソ漁業問題▶花岡淳二 ………… 16
改革か合同か新黨樹立か▶東都閑人 …
………………………………………… 23
財界雜話▶黃金通人 ……………… 30
朝鮮殖産銀行稗史▶紅葉山人 …… 8
二大時局對策▶里吉基樹 ………… 13
公論春秋 …………………………… 33
支郡思想の虛構的象徵性▶酒井正 … 38
大亞細亞主義の基本當爲▶高村巖 … 43
對戰經濟力夜話▶時局研究會 …… 84
滿鮮新聞の新聞 …………………… 69
朝鮮朝鮮人春香傳▶本誌記者 …… 73
大都會の交通統制問題▶花房巡 … 81
産金政策の一私見▶迫間房太郎 … 36
漢銀海東銀行を買収▶本誌記者 … 34
國境警備の現狀
　一, 國境地方の重要性 ………… 58
　二, 國境警備の辛苦 …………… 63
　三, 國境警察部の陳容 ………… 66
牛島統合の推進力▶李昌根 ……… 102
味覺戰線を巡る▶黒潮生 ………… 112
僕の人物評▶岩本正二 …………… 53
朝鮮の繪畵▶滿翠生 ……………… 118
大陸の印象▶山原隆夫 …………… 70
〈隨筆〉路上▶島居卓三 …………… 106
プラウダ紙の表情▶X・Y・Z …… 54
人の横顔▶崔碩珍 ………………… 68
危言私語▶宮崎生 ………………… 100
大男のはなし▶王子太郎 ………… 104
滿洲國の角力熱 …………………… 83
悩む國民政府 ……………………… 205
學制改革に寄す …………………… 135
日本人の畫心▶Fヘッヂス ……… 57
人望ある川本氏 …………………… 42
實を結ぶ併合の大精神 …………… 117
第一徵兵保險株式會社 …………… 130
富國徵兵保險會社 ………………… 132
朝鮮實業界の麒麟兒 ……………… 127
文藝
　スナミ十六(小曲)▶美島梨雨 … 110
　近詠十句(俳句)▶吉住礱 ……… 126
　春の句帳より(俳句)▶山下静山 …
　……………………………………… 144
　死の偵察▶青山倭文二 ………… 120
　虛榮の市▶伊藤春夫 …………… 136
　筆名恨▶春海浩一郎 …………… 145
編輯後記 …………………………… 154

朝鮮公論 第26巻 4号, 1938. 4
通巻 第301号

〈巻頭言〉目を掩ふ官公吏の醜態 …… 1
〈社説〉知事會議と新生命▶里吉基樹 …
………………………………………… 2
時局と農會金組改造▶中野伊三郎 … 11
肥料配合自由統制▶山元百千穂 …… 6

朝鮮鰯漁業の現段階▶東都閑人 …… 24
耐戰經濟力夜話▶時局研究會 ……… 30
朝鮮殖産銀行秘史▶紅葉山人 …… 16
志願兵制度と各自の襟度▶鄭勳 …… 50
公論春秋 …………………………… 29
躍進十三道の全貌▶本誌記者 …… 125
バイカル▶ハリソン・ブラウン …… 56
レーニンの遺骸の秘密▶A・T・チヨ
　ラートン ………………………… 60
朝鮮の觀光▶ヘンリ・ノエル …… 94
鮮滿新聞の新聞 …………………… 69
朝鮮同胞の愛國運動 ……………… 72
無電臺 …………………………… 103
獨立に燃える回教民族▶逢城參併 … 47
櫻花と日本精神▶城西逸人 ……… 34
鮮文紙の論調 ……………………… 65
前進線上の放談(橫瀨鮮銀理事の卷) …
　………………………………… 53
名物男寸評▶金東鎭 ……………… 46
轉向時代出現▶西城生 …………… 70
行き惱む文化事業 ………………… 71
貴重な一錢 ………………………… 67
朝鮮建物株式會社 ……………… 122
排外思想に自覺めよ ……………… 64
日本の二つの文化 ………………… 23
東鄉靑兒の辯 …………………… 100
映畫
　映畫放談▶蔘倉浩 ……………… 108
　映畫題名考▶吉住信天翁 ……… 113
大衆小說と純粹小說▶酒井正 …… 98
文藝
梅十題(俳句)▶山下靜山 ………… 93
早春抄(俳句)▶谷川英雄 ……… 152
就職難▶松原魚子 ……………… 151
編輯後記 ………………………… 168

朝鮮公論 第26卷 5号, 1938. 5
通卷 第302号

〈卷頭言〉よく働きよく貯へよ
〈社說〉自由より統制へ▶里吉基樹 … 2
時局は何故永引くか▶朝鮮總督府 … 5
伊太利のファシズム▶外務省情報部 …
　………………………………… 10
蘇聯視察談▶鎌田澤一郎 ………… 31
産金會社の受精及孵化▶山元百千穗 …
　………………………………… 38
朝鮮殖産銀行秘史▶紅葉山人 …… 15
公論春秋 …………………………… 31
前進線上の放談(米倉常務立川六郎の
　卷) …………………………… 32
最も感激した話
　感激尙は新なり▶渡邊信治 …… 50
　感激しない話▶齊藤淸治 ……… 52
　大乘の淚▶寺田瑛 ……………… 54
素描京城府▶本誌記者 …………… 58
議員さんと府民に▶西城生 ……… 46
社會寸評 …………………………… 44
學藝寸評 …………………………… 56
鮮滿新聞の新聞 …………………… 48
京城府會議員缺席番附表▶本誌調査部
　………………………………… 49

無電臺 …………………………… 66
街のおしやべり ………………… 80
十三道瞥見慶北の卷 …………… 84
國語を解す京城府民 …………… 84
話題三點 ………………………… 83
時局と宗教統制 ………………… 35
護國團事件と政黨 ……………… 30
映畫
　青年子女と映畫 ……………… 78
　M・Pレヴユーに就いて ……… 76
〈現地報告〉天津より▶天野利吉 … 36
軍艦「鎭遠」騷動▶島津透 …… 85
文藝
　春風(俳句)▶吉住墾草 ……… 82
　稚子夭淅逝(俳句)▶大原沙知子 … 79
　炭山日記抄(小說)▶尾木鏡平 … 94
編輯後記 ………………………… 100

朝鮮公論 第26巻 6号, 1938. 6
通巻 第303号

〈卷頭言〉斷じて之を行へ ……… 1
〈社說〉對露問題と朝鮮▶里吉基樹 … 2
世界の政局は躍る▶黑河逸平 …… 14
起ち上る蒙古▶逢坂一平 ………… 23
鶴丘漫筆▶岡崎哈爾雄 …………… 56
農會産業ブロツク改造▶中野伊三郎 …
　……………………………………… 61
皇運を扶翼し奉れ▶鄭勳 ………… 9
公論春秋 …………………………… 31
日本精神を統一せよ▶飛澤行祐 … 34

非常時下朝鮮簡易保險の役割 …… 79
朝鮮殖産銀行秘史▶紅葉山人 …… 43
晚春初夏業界風聞帖▶黑潮生 …… 67
西洋模倣の俗惡レヴユー ………… 75
トロツキーは暗殺を怖れてゐる … 28
朝鮮婦人考▶楠本良一 …………… 82
安東より▶安田六造 ……………… 73
躍進半島繪卷
　水産王國へ驀ら ………………… 111
　米の群山より工業群山へ躍進 … 113
拓け行く湖南の雄都 ……………… 118
鮮滿新聞の新聞 …………………… 60
〈詩〉爺さん元氣▶山下靜山 …… 49
苺▶赤木美子 ……………………… 100
さむらひ冥利▶伊勢鉉一郎 ……… 87
編輯後記 …………………………… 120

朝鮮公論 第26巻 7号, 1938. 7
通巻 第304号

〈卷頭言〉日支事變一週年 ……… 1
〈社說〉鮮滿一如を曲解する勿れ▶里吉
　基樹 ……………………………… 2
ソ聯の侵略戰は如何に準備されてゐる
　か▶ヘンリーチエンバレン …… 62
支那事變はこれからだ▶東海散士 … 69
公論春秋 …………………………… 40
滿洲紀行▶宮崎義男 ……………… 20
有賀さんと草間さん ……………… 41
朝鮮殖産銀行稗史▶紅葉山人 …… 5
日本精神を統一せよ▶飛澤行祐 … 27

日本國民の理想と使命▶笹野竹一郎 ……………………………………………… 23
精神力の國防▶原耕三 ……… 35
朝鮮の林政と温突問題 ……… 91
現地報告 天津より▶天野利吉 …… 77
野口遵を裸にする ……………… 12
城大蒙疆學探險隊成る ……… 87
大學・山・犬・釣▶岡崎哈爾雄 ……… 75
盛夏の食堂街を行く▶黑湖生 …… 95
鮮滿新聞之新聞 …………… 74
朝顔つくり ………………… 79
果物 ……………………… 81
作詩家の苦心 ……………… 84
危言私語 …………………… 51
貯蓄報國
　國民貯蓄獎勵に就いて▶大藏省國民貯蓄獎勵局 …………………… 44
　郵便貯金の獎勵に就いて▶遞信局 …………………………………… 42
流行歌 旅の渡り鳥▶山田としを … 90
蘇つたわが大陸政策 ………… 54
創作
　夜霧▶大原沙知子 ………… 104
　四季の戀▶木村鉉一郎 …… 109
編輯後記 …………………… 120

**朝鮮公論 第26卷 8号, 1938. 8
通卷 第305号**

〈卷頭言〉冷靜沈着なれ ……………… 1
畏し勅語を賜ふ ……………………… 2
〈社說〉治鮮機構改革論▶里吉基樹 … 5
世界創造と日本▶花岡淳二 ………… 8
亞細亞大陸に描く▶飛澤靖山 ……… 13
公論春秋 …………………………… 39
精神力の國防▶原耕三 ……………… 17
朝鮮殖産銀行稗史▶紅葉山人 ……… 22
肚と不動精神 ……………………… 45
米穀統制放談▶小笠原儀雄 ………… 42
餓狼の餌となる支那 ……………… 49
銃後の日本女性に▶荒川生 ………… 52
リュシコフの告白から我等は何を感じたか …………………………… 59
教化と教育者 ……………………… 47
鮮滿新聞之新聞 …………………… 62
歐米雜感▶加藤廉平 ……………… 29
鮮內會社經營の解剖▶解剖子 …… 63
鎭夏漫筆
　水と空▶青山倭文二 …………… 81
　夏の思出▶河西省三 …………… 87
諺文紙の聲
　滿洲の移民問題▶朝鮮日報 …… 89
　學生と娛樂に就いて▶東亞日報 … 90
　綿製品の制限と主婦の自重▶每日新報 …………………………………… 91
盛夏カフエー交響樂▶紫潮生 …… 93
時事日誌 ………………………… 99
鄕里の家▶伊藤春夫 …………… 102
野口財閥氣質となる石橋を叩き始める ………………………………… 108
國策線に添ふて朝鮮水産開發會社 ………………………………… 109

燦として輝く釜山商工會議所 …… 110
釜山商工の進展に多大の貢獻者立石
　良雄氏 …………………………… 111
就業工の精神的訓練に就て▶大野峰
　次郎 ……………………………… 112
躍進する南鮮酒業界 ……………… 116
編輯後記 …………………………… 120

```
朝鮮公論 第26巻 9号, 1938. 9
        通巻 第306号
```

〈卷頭言〉國家總動員と朝鮮 ………… 1
〈社說〉張皷峯事件の教訓▶里吉基樹 …
　…………………………………………… 2
帝都雜信▶宮崎義男 ……………… 23
御詔勅を冒瀆する勿れ …………… 26
滿洲に於ける鮮農▶滿洲拓植公司 … 6
朝鮮殖產銀行稗史▶紅葉山人 …… 51
信淵の大陸政策▶花岡淳二 ……… 14
精神力の國防▶原耕三 …………… 19
鐵腕勤勞保國隊より▶裡里農林學校 …
　……………………………………… 29
叱られた副島伯▶PRQ …………… 32
公論春秋 …………………………… 50
鮮滿新聞之新聞 …………………… 85
尺貫法の本位存續を決し生業を安定さ
　せよ▶波多野一郎 ……………… 66
亂反射鏡▶岩本正二 ……………… 71
鍋中駄言▶王子生 ………………… 74
少額債券發行論▶岡崎哈爾雄 …… 60
鮮內銀行會計經營解剖▶解剖子 … 36

商業銀行の堅實主義 ……………… 36
堅實步調を見せる漢城銀行の業蹟 …
　……………………………………… 41
業態著しく向上する東一銀行の決算
　……………………………………… 46
初秋漫筆
　人心と天災▶鷲風生 …………… 68
　人生哲學漫想▶酒井正 ………… 69
聲明書のあとから醜聞 …………… 64
天津より▶天野利吉 ……………… 93
諺文紙の聲
　滿洲の朝鮮移民 ………………… 78
　朝鮮工業組合令 ………………… 79
　朝鮮の旱害 ……………………… 80
戰爭と娛樂▶宮里一郎 …………… 81
ソ聯を繞る國際情勢 ……………… 97
初秋業界評判種々相▶光永紫潮 … 86
流行歌 皇國の兄弟▶山田としを … 96
時代の波に乘った日產鑛業社の霸業▶
　一記者 ………………………… 107
大邱朝鮮酒々造組合 …………… 209
展け行く春川 ……………………… 73
編輯後記 ………………………… 110

```
朝鮮公論 第26巻 10号, 1938. 10
        通巻 第307号
```

〈卷頭言〉張皷峰事件に示された內鮮融
　和と防諜の重要性 ……………… 1
〈社說〉航空朝鮮の建設▶里吉基樹 … 2
朝鮮殖產銀行稗史▶紅葉山人 …… 7

國防思想の先覺者林子平▶花岡淳二 …
　………………………………………… 21
國立公園所感と尺貫法問題▶岡部長景
　………………………………………… 28
獅子の子と若い技師▶岡崎哈爾雄 … 30
中央無盡一部幹部の積惡剔抉さる▶本
　誌記者 ………………………………… 29
公論春秋 ………………………………… 35
宣傳機關の主義精神▶王舟逸士 … 19
チエッコスロバキヤの畜産政策▶鎌田
　澤一郎 ………………………………… 40
時局下に於ける國防防諜▶坊蝶不空 43
大阪府知事及府民へ▶山本百千穗 … 47
革新は運動界に及ぶ▶PQR ………… 53
商工會議所の機能を再檢討せよ … 57
道廳駄語▶王子生 ……………………… 59
鮮滿新聞之新聞 ……………………… 65
味噌をつけた貿易協會 ……………… 6
進退兩難に陷れる蔣介石最後の足掻▶
　黑川逸平 ……………………………… 67
隨筆
　『紅』考▶惠島三郎 ………………… 68
　萩▶熊本照江 ………………………… 76
戰線小唄『かへらぬ戰友』▶山田としを
　………………………………………… 78
仲秋以後の業界は何うなるか▶光永紫
　潮 ……………………………………… 79
人絹、ス・フのパルプの需給 …… 84
鮮內會社經營の解剖▶解剖子 …… 86
朝鮮無煙炭の業態 …………………… 86
時事日記 ……………………………… 91

拓け行く全羅北道 …………………… 93
　內地に歡迎さるる全北米の誇り … 94
　朝鮮隨一の工業都市『群山』▶佐藤德
　重 ……………………………………… 97
　飛躍の一路を辿る本道の水産業界 …
　………………………………………… 99
躍進全羅南道の産業 ……………… 101
　重要物産となれる全南海苔の活況 …
　………………………………………… 106
　光州府の産業 ……………………… 109
全羅兩道の官民の橫顏 …………… 112
編輯後記 ……………………………… 114

朝鮮公論 第26卷 11号, 1938. 11
通卷 第308号

〈卷頭言〉我國體の精華 …………… 1
〈社說〉第三段階の戰局▶里吉基樹 … 3
廣東攻略の凱歌▶王舟孤士 ………… 8
新嘗祭の御神事 ……………………… 2
發展水力資源▶坂上漫壽雄 ……… 12
朝鮮に於ける電力國策▶武者練三 … 9
朝鮮電界放談▶山元百千穗 ……… 83
重責の新電氣課長▶鶴岡五月 …… 80
精神力の國防▶原耕三 …………… 27
支郡に於ける文化工作の重大性▶花岡
　淳二 …………………………………… 21
支郡事變のオランダに及ぼした影響▶
　鎌田澤一郎 ………………………… 32
燈下漫語 ……………………………… 44
わがスポーツ界の新しい目標▶PQR …

328

……………………………………… 59
鮮內銀行會社經營解剖▶解剖子 … 74
赤軍の政治機關 ………………… 41
蔣の焦土戰術 …………………… 49
珍寶石橋湛山, 吉野信次▶一記者 … 54
鶴丘漫筆▶岡崎哈爾雄 ………… 36
お祭り前後の業界の話題▶光永紫潮 …
………………………………… 61
亂反射鏡▶(繪と文)岩本正二 ……… 70
天津より▶天野利吉 …………… 51
隨筆
　茶は日本が世界一▶王舟孤士 … 56
　日本建築の特異性▶中山忠直 … 57
〈小唄〉統後の花/噫! 療機よ何處▶桐雄
二郎 …………………………… 52
電氣特輯號
　動力資源としての電力の重要性 … 86
　國策線上に躍る電氣事業 ……… 87
　伸びゆく京城電氣の業蹟 ……… 88
　南鮮合同電氣株式會社 ………… 91
　朝鮮電力株式會社 ……………… 94
　金剛山電力株式會社 …………… 98
　咸南合同電氣株式會社 ………… 102
　北鮮合同電氣株式會社 ………… 103
　長江津水力電氣株式會社 ……… 105
　富寧水力電氣株式會社 ………… 108
　西鮮合同電氣株式會社 ………… 109
　春川電氣株式會社 ……………… 112
鴨綠江電化問題 ………………… 113
朝鮮電氣協會 …………………… 114
朝鮮重石水鉛鑛組合 …………… 117

時事日記 ………………………… 115
編輯後記 ………………………… 118

朝鮮公論 第26卷 12号, 1938. 12
通卷 第309号

〈卷頭言〉全國防共團體結成を望む―長
期建設産業陣 …………………… 1
〈社說〉鰮巾着網合同論▶里吉基樹 … 3
時局に對する農, 山, 漁村民の覺悟▶南
朝鮮總督訓示 …………………… 9
水難漁船救濟事業に就いて▶中谷竹三
郎 ……………………………… 15
朝鮮鰮油肥製造業の地位と統制の重要
性▶松野二平 …………………… 17
罐詰業界の槪況と組合の現在▶稻井組
合長 …………………………… 20
魚市場改善論▶汐野八重路 ……… 22
水産界へ貢獻せる人々▶鶴岡五月 … 27
公論春秋 ………………………… 25
新聞の新聞 ……………………… 82
建國の大理想實現と銃後國民の覺悟▶
王舟逸士 ……………………… 32
特輯國策線上に踊る水産朝鮮
　伸び行く水産朝鮮の全貌 ……… 35
　朝鮮水産の指導機關朝鮮水産會 … 59
　全鮮鰮油の統制聯繫に當る朝鮮鰮肥
製造業水産組合聯合會 ……… 60
　朝鮮油肥の覇業 ………………… 62
水産咸北の偉觀
　長期建設下に於ける水産報國 …… 64

海の幸勿驚四千萬圓 …………… 64
魚港清津の偉觀 ……………… 65
世界一鰯の港清津 …………… 66
清津漁業組合の發展 …………… 69
咸北鰯油肥製造業水産組合 …… 70
咸北機船巾着網漁業水産組合 … 72
咸北輸出鹽魚水産組合 ………… 75
朝鮮第一區機船底曳網水産組合 … 77
清津水産株式會社 ……………… 78
秋田水産工業の業績 …………… 79
清津魚糧工業會社 ……………… 83
藤野産業株式會社 ……………… 84
川南工業株式會社 ……………… 85
能美漁業株式會社 ……………… 87
井川工業株式會社 ……………… 88
東海水産株式會社 ……………… 90
公海興業株式會社 ……………… 91
漁港清津の飛躍 ………………… 92
城津漁港擴張が急務 …………… 93
城津魚糧株式會社 ……………… 94
雄基魚業組合 …………………… 94
北鮮水産株式會社 ……………… 101
北鮮合同電氣株式會社 ………… 97

水産界に活躍する人々
　沼田礎助氏 …………………… 95
　木村藏氏 ……………………… 95
　飯澤清氏 ……………………… 80
　川本彰一氏 …………………… 98
　林兼商店川上氏 ……………… 102
　辛鍾昇氏 ……………………… 102
　清津の中堅的人物 …………… 99

川本氏の昔話 …………………… 98
日本商品は日本人の手で ……… 61
輝く水産加工業 ………………… 67
鰯漁業機船數 …………………… 76
ヂーゼル機關の燃料 …………… 97
水難漁船事業計劃 ……………… 106

資料
　魚油 …………………………… 103
　明太魚の年齡と産卵期 ……… 105
待望の油肥水組共濟會成る …… 63
許可漁業出願者は心得べし …… 73
水産加工業の研究を要す ……… 86
空から「サカナ」見 …………… 68
事變下の罐詰輸出動向 ………… 111

水産王國咸南
　沖合漁業の進展 ……………… 114
　鰯油肥工場狀況 ……………… 122
　新浦港 ………………………… 117
　新浦漁業組合 ………………… 116
　河水浸入鹹度を減ず ………… 125
　水産團體所在地 ……………… 118
　牡蠣の養殖 …………………… 119
　咸南魚油肥製造水産組合 …… 119
水産江原道の全貌 ……………… 126
長箭漁業組合の横顔 …………… 132
長箭魚糧株式會社 ……………… 133

水産界人物
　佐々木準三郎氏 ……………… 121
　小野寺靑義氏 ………………… 124
　田邊馨氏 ……………………… 123
　北川三策氏 …………………… 92

燈下漫筆▶逸人 ………………… 134
歳晩カフエー狂想曲▶光永紫潮 … 138
〈涙の子守唄〉悲しき母に捧ぐ▶山田とし
　しを ……………………………… 179
産金振興株式會社 ………………… 176
西鮮紹介特輯
　地下資源豊かな平北 …………… 147
　(豊かな林野資源―林道開設計劃―無
　盡藏の地下資源、産金事業活況を呈
　す/金鑛床は含金石英脈)
　平安南道を解剖する …………… 152
　(躍進平南の農業, 畜産, 養蠶, 土地改
　良事業, 平南の植木事業, 平南振興期
　成會成る, 伸びゆく平壤, 躍進する鎭
　南浦)
　躍進する黃海道 ………………… 169
　(農業, 林業, 水産業, 地下資源, 工業,
　交通, その他　黃海道農山漁村振興運
　動, 府制を敷いた海州府―海州港)
編輯後記 …………………………… 180

朝鮮公論　第27巻 1号, 1939. 1
通巻　第310号

〈卷頭言〉正しき時局の認識・以つて明
　日に備へよ ……………………… 3
新生朝鮮の姿▶里吉基樹 ………… 4
年頭國民の覺悟▶近衛文麿 ……… 5
血を以つて歴史を綴る▶南次郎 … 9
昭和十四年年頭所感▶中村孝太郎 … 11
大使命に邁進せん▶大野緑一郎 … 13

國民精神總動員の再吟味▶岡部長景 …
　……………………………………… 15
大陸建設と朝鮮▶松原純一 ……… 18
新東亞建設と國民の使命▶山本忠興 …
　……………………………………… 22
事變年頭朝鮮經濟所感▶林繁蔵 …… 24
長期建設と平和産業問題▶井原經雄 …
　……………………………………… 28
時局下に於ける金融組合の重大性▶松
　木誠 ……………………………… 31
長期建設と銃後の治安▶三橋孝一郎 …
　……………………………………… 37
昭和十四年々頭財界大觀▶賀田直治 …
　……………………………………… 39
日本米穀會社と朝鮮米はこちらが本場
　▶中野伊三郎 …………………… 41
時局下に於ける朝鮮の産業▶穗積眞六
　郎 ………………………………… 46
今年の財界の事始め　朝郵社長の物色
　……………………………………… 53
事變年頭の感▶王舟孤士 ………… 55
危言私語▶宮崎生 ………………… 57
公論春秋 …………………………… 36
國民の均しく赴くべき道▶金東勳 … 59
〈東京通信〉新官僚跳躍の牙城　官吏身
　分保障令の廢止▶一記者 ……… 61
東亞の新秩序建設とソ支二正面戰爭の
　準備、東篠前次官の說明を聽いて …
　……………………………………… 62
鶴ケ丘新年漫筆▶岡崎哈爾雄 …… 79
物質統制の眞目的は國力飛躍の策・統制

強化の誤解を解け▶保毛田五郎 ……
　　………………………………………… 66
沒落近き蔣政權を前に千思萬考の英支
　　佛、廣東陷落に親支國の苦悶▶坂本
　　龍太 ………………………………… 70
ゲリラ戰術も結局無效・蔣、最早下野
　　の外なし▶江南道人 ……………… 73
コミンテルンの暗躍・極東狀勢の新展
　　開▶一山三郎 ……………………… 75
國民精神總動員の聲は大なり▶荒川孤
　　舟 …………………………………… 84
〈鮮滿〉新聞の新聞 …………………… 89
天津より▶大野利吉 …………………… 90
時事喎言▶飛鳥山人 …………………… 92
爐邊閑談▶百面道士 …………………… 96
隨筆
　　現代と報德精神▶高島生 ………… 99
　　圓ブロックの主都京城▶山元百千穗
　　……………………………………… 101
鮮內會社經營の解剖 ………………… 103
新春業界繁昌記▶光永紫潮 ………… 110
目醒しい躍進振り・日本電氣工業界の
　　偉觀
　　業界の大老舖・古河電氣工業株式會
　　社 ………………………………… 114
　　電業界に雄飛する 富士電機株式會社
　　……………………………………… 120
　　世界工業界を席捲する 株式會社日立
　　製作所 …………………………… 126
　　防空用マツダ電球 東京電氣株式會社
　　……………………………………… 135

　　日本パイプ製造株式會社 ………… 139
　　東西電球會社 ……………………… 140
　　株式會社明電舎 …………………… 142
　　國家的大使命に立つ 日本電氣工業の偉
　　觀 ………………………………… 146
　　健氣・軍國の母▶桐雄二郎 ……… 148
ホームセクション
　　むかしは鏡に餅を供へた ………… 148
　　年頃の娘さんを持つ親へ▶鈴木生 …
　　……………………………………… 149
　　春先の命取り病▶佐多醫博 ……… 150
　　黑子は躍る・京城府水產市場 …… 153
編輯後記 ……………………………… 154

朝鮮公論 第27卷 2号, 1939. 2
通卷 第311号

〈卷頭言〉朝鮮宣傳の要 ……………… 1
兵站基地朝鮮▶里吉基樹 ……………… 2
新東亞長期建設に際し我等一般國民は
　　何をなすべき乎▶藤井寛太郎 …… 6
不純革新派の掃滅 …………………… 15
日本人である事を大に誇れ、威張れ▶
　　白面道士 ………………………… 16
民衆娛樂の統制問題▶權田保之助 … 21
日本人の自負▶花岡淳二 …………… 25
長期戰下國民經濟力の重點▶岡崎義成
　　……………………………………… 30
擬裝國家主義の精算▶呑舟生 ……… 33
米高は大阪府の責任▶山元百千穗 … 35
官界の精神改革が先決▶呑舟生 …… 40

帝都雜信▶宮崎義男 ……… 41
時事喝言▶飛鳥山人 ……… 45
噴火山に踊る歐洲政局 對立する英・獨・佛・伊▶南山隱士 ……… 50
戰時體制下に於ける重工業の躍進 ・54
豚と萬頃江▶鶴岡五月 ……… 58
算盤發明綺談 ……… 65
鮮內會社經營の解剖▶解剖子 ……… 67
公論春秋 ……… 78
肥料界の寵兒「フイッシユーミル」と「アルソ撒大豆」の登場まで▶大西勵治 ……… 79
統營郡の棉作報國▶一記者 ……… 83
吉例總督府春場所▶錦城山 ……… 84
〈ホームセクション〉結婚と家族制度▶孤舟生 ……… 85
神經衰弱症▶朝岡滔太郎 ……… 87
朝鮮の貞女▶岩本萬翠 ……… 88
新聞の社會的性質▶王舟孤人 ……… 90
東一銀行の五十萬圓不正貸付事件 … 95
街頭巷說 ……… 98
街の噂の聽きがき▶光永紫潮 …… 100
成南特産明太魚肝油に就て▶道當局談 ……… 104
兄よ戰へ!▶伊藤春夫 ……… 105
あ〜なつかしき軍歌▶山田としを … 118
朝鮮東海鰮巾着網漁業水産組合 … 119
時事日記 ……… 121
編輯後記 ……… 122

朝鮮公論 第27巻 3号, 1939.3 通巻 第312号

〈卷頭言〉鮮米統制に一言 ……… 1
防共・防諜の徹底▶里吉基樹 ……… 2
長期建設と人的資源問題▶田中寬一 ……… 5
「日本學」確立の急務▶花岡淳二 ……… 8
朝鮮米輸出許可停止▶中川龜三 …… 15
文化映畫に就いて▶仲木貞一 …… 20
國境警備報告記▶本誌記者 ……… 22
公論春秋 ……… 30
國境警備の唄▶山田としを ……… 29
春陽の夕に集ふ新人暴談會▶本社主宰 ……… 35
更正する朝鮮中央無盡▶安住康夫 … 47
日本米穀會社を廻る問題▶阿賀進一 ……… 53
九官鳥飛日記▶九官鳥九太郎 …… 101
新典獨逸の四ケ年計劃と畜産問題▶鎌田澤一郎 ……… 75
危言私語▶宮崎生 ……… 56
日本精神と時局▶江南舟一 ……… 31
圓ブロック政策問答▶讚井源介 …… 60
ラヂオ放送短評 ……… 60
鮮內會社經營の解剖 ……… 88
會社設・九州電力界の工座 熊本電氣會社 ……… 97
〈隨筆〉氣候と藝術の關係▶中山忠溫 ……… 68
〈新聞時評〉▶王舟・孤士 ……… 84

朝鮮公論 第27巻 4号, 1939. 4
通巻 第313号

〈巻頭言〉惡魔を折伏せしむるの時
明治中興の大理想 萬世不易の教育勅語
　▶里吉基樹 ………… 1
新東亞建設と朝鮮▶賀田直治 ……… 3
籾上場及移出米統制▶中野伊三郎 … 7
第一回朝鮮書道展覽會 …………… 10
獨ソの「ウクライナ」爭奪戰と日本の今
　後の國策▶内田鯤五郎 ………… 11
日支提携と國内變革▶花岡淳二 …… 14
圖書課の福江さん新聞社に入社 …… 19
長期建設への覺悟▶三浦一郎 ……… 20
公論春秋 …………………………… 31
春陽の夕に集ふ 新人爆談會 ……… 32
　吉川義弘/紫原正一/中川龜三/中山幸
　三郎/小田忠夫/森谷克己/里吉基樹/
　安住康夫
無駄話全集 ………………………… 46
金融界に三大分野▶山本百千穂 …… 47
〈自由論壇〉躍進半島の推進力 …… 50
〈隨筆〉能面の話▶小見秀雄 ……… 54
〈詩〉祖國の花嫁，春の乙女▶山田とし
　を ………………………………… 55
投資相談 …………………………… 57
春宵獨言 …………………………… 62
鮮内會社經營の解剖▶解剖子 …… 65
〈會社觀〉球磨川電氣株式會社 …… 75
全鮮一三道お國自慢
　東亞建設に知らねばならぬ朝鮮の事

〈戰線小唄〉黃塵を浴びて▶山田としを
　…………………………………… 99
國家社會主義への糾弾▶呑舟 …… 70
〈自由論壇〉半島智識階級論▶WXQ　64
時局認識と一石二鳥案▶桂峯 …… 82
朝顔は釣瓶取らず　DK放送に一言す▶
　中野伊三郎 …………………… 101
街頭寸觀 …………………………… 64
躍る東海岸水產業の豪華版 …… 108
雜題
　清津だより …………………… 119
　レコード短評 ………………… 101
　生活戰線 ………………………… 34
　指を切る風習 …………………… 87
　日本黃金會社 ………………… 105
　穴をあけて儲ける金融機關 …… 106
　孤があたる ……………………… 56
　揚子江千里まで ………………… 57
　貧乏專務で得する ……………… 58
　古典主義の歌 ………………… 121
　サムプルを食ふ商賣 …………… 74
　〈趣味〉春の園藝綺麗に咲かせる栽培法
　…………………………………… 125
ホームセクション
　待たるる雛の由來　嫁入道具の一つ
　ゆかしい早春情緒▶孤舟 …… 123
　妙齢の人に多い赤鼻の治し方▶中島
　醫博 …………………………… 125
非常呼集▶伊藤春夫 …………… 126
編輯後記 ………………………… 134

情 …………………………………… 76
京畿道 ………………………………… 77
忠淸南道 ……………………………… 81
忠淸北道 ……………………………… 84
全羅南道 ……………………………… 87
全羅北道 ……………………………… 91
慶尙南道 ……………………………… 95
慶尙北道 ……………………………… 98
黃海道 ………………………………… 101
江原道 ………………………………… 103
平安南道 ……………………………… 107
平安北道 ……………………………… 111
咸鏡南道 ……………………………… 115
咸鏡北道 ……………………………… 118
地方都邑 ………………………………… 122
京城府 …………………………………… 135
京城府營水産市場の業績 ……………… 138
編輯後記 ………………………………… 139

朝鮮公論 第27巻 5号, 1939. 5
通巻 第314号

〈卷頭言〉貧弱なる航空朝鮮當局の考究
　を切望す ……………………………… 1
對露協會の設立を提唱す▶里吉基樹 …
　……………………………………………… 2
列國の對支文化政策と日本の使命▶岡
　部長景 ………………………………… 6
興亞議會を顧みて▶一記者 ………… 12
統制と生命力▶花岡淳二 …………… 18
彌榮えるの道 ………………………… 23

齋藤久太郎と加藤平太郎▶紅葉山人 …
　……………………………………………… 24
三千年來傳統の淳風「尺貫法」斷じて存
　續せしめよ …………………………… 30
現狀勢と日本魂▶孤舟 ……………… 33
公論春秋 ……………………………… 35
葉がくれ漫筆▶岡崎哈爾雄 ………… 38
愈よ國民登錄制 ……………………… 41
〈自由論壇〉詩のない都會▶WXQ … 42
浮世繪帖 ……………………………… 42
投資相談 ……………………………… 46
京城競馬迫る ………………………… 57
國民精神總動員▶鶴岡五月 ………… 58
時事吐氣寄せ▶孤舟 ………………… 60
人體保健の源泉「ホルモン」………… 62
肥沃豊饒の地 蘇北平野の新戰場 … 63
サラリーマンは如何にして蓄財すべき
　か▶井上朝鮮商業銀行專務 ……… 66
豊臣秀吉の韜略▶伊藤健二 ………… 68
〈隨筆〉花器の話▶蒲田生 …………… 74
人間生活と畜産資源▶鎌田澤一郎 … 76
鮮內會社經營の解剖 朝鮮運送の現狀▶
　解剖子 ………………………………… 82
〈會社觀〉熊本電氣新社長に中島爲喜氏
　が就任 ………………………………… 95
朝鮮鑛業開發と機械研究の獎勵▶山田
　敏男 …………………………………… 97
〈趣味〉酒の味くらべ ………………… 99
〈詩〉日の丸馬車，君に召されて▶山田
　としを ………………………………… 100
新聞時評 ……………………………… 102

浮世繪帖 …………………… 102
新聞と人物 島田三郎氏▶T・H・生 ……
　　　　　　　　　　　　　　　　106
爛春業界の現地報告書▶光永紫潮 ……
　　　　　　　　　　　　　　　　109
工業都市としての新興仁川の相貌▶春
　野文男 ……………………… 113
〈ホームセクション〉春と性ホルモン▶
　朝岡醫博 …………………… 117
職もなく終に浮び上らないで堕落の深
　淵へ▶T・H・生 …………… 118
白襷隊の一兵卒▶伊藤春夫 ……… 120
振興途上の慶尙北道 ……………… 129
編輯後記 …………………………… 130

朝鮮公論 第27巻 6号, 1939.6
通巻 第315号

〈卷頭言〉戰地の半島同胞 ………… 1
朝鮮の參政權問題▶里吉基樹 …… 2
東洋文化の發展と日本の使命▶井上哲
　次郎 ………………………………… 7
貯蓄の人生意義▶花岡淳二 ……… 11
民間航空の重要性 國防第三軍としての
　防空充實が急務▶蜻舟 ………… 16
東拓の自由戀愛▶紅葉山人 ……… 18
大楠公と建武中興▶荒舟 ………… 23
公論春秋 …………………………… 25
興亞會議から各會社に轉出する官僚天
　降群に頂門の一針 ……………… 26
企劃院の一考を促す▶鶴岡五月 … 28

隨筆
　櫻ケ丘移居記▶熊本正男 ……… 31
　夏の女性美▶小倉生 …………… 33
　選擧肅正▶S・N・生 …………… 34
鼓浪嶼問題の重大性▶大坂一郎 … 36
東都雜信▶本社記者 ……………… 38
歐洲畜産界の現狀 ソビエートロシア
　▶鎌田澤一郎 …………………… 41
佛極東艦隊 根據地たらんとする カム
　ラン灣▶黑川二郎 ……………… 46
國府の小單位事業計劃 …………… 49
躍進朝鮮簡易保險▶朝鮮總督府遞信局
　53
英傑 ムソリニー▶三角生 ……… 55
〈散步〉記者は精神的の偉人 ……… 56
時事吐氣寄せ▶孤舟 ……………… 60
京城府會議員への感想▶南山生 … 62
物價物資の統制基調 ……………… 66
〈詩〉戰地報告/戰線の兄よ▶山田とし
　を …………………………………… 68
烈々としての愛國の赤誠に燃ゆる內田
　鯤五郎氏▶荒川舟一 …………… 70
〈東亞の先覺者〉我が新聞界の元勳 岸
　田吟香翁▶豊舟 ………………… 76
南總督訓諭 ………………………… 77
自肅自戒 國民に範を垂れよ▶三城樓主
　人 …………………………………… 78
日獨伊軍事同盟締結の叫び ……… 80
新版京城繁昌記▶光永紫潮 ……… 82
輝く北鮮に躍る淸津 ……………… 87
大田工科學校參觀記 ……………… 90

躍進途上の朝鮮東海岸鰮巾着網漁業水産組合 …… 93
水虫をやっつける簡単な民間療法▶家本生 …… 94
〈家庭と修養〉近頃の娘達はお裁縫が嫌ひ▶H・T生 …… 95
〈小説〉中尉の偵察機▶伊藤春夫 …… 96
編輯後記 …… 104

朝鮮公論 第27巻 7号, 1939.7
通巻 第316号

〈巻頭言〉人間兵器－特に朝鮮同胞諸君に望む－ …… 1
主張 貴族院改革と朝鮮▶里吉基樹 …… 2
內外地一體化の親族相續法確立 …… 7
東亞協同體と皇道精神▶荻原擴 …… 8
日支戰と對歐米▶花岡淳二 …… 14
公論春秋 …… 19
鮮銀と野口遵▶紅葉山人 …… 20
百億貯蓄と朝鮮郵便貯金狀況 …… 25
臺灣紀行▶宮崎義男 …… 30
住宅難と地下鐵道(雜感)▶阿部享治 …… 33
全鮮都市市場政策確立の急務▶小林壽一 …… 42
民族意識と現世相 國民生活の基調と日本精神▶保坂蜻舟 …… 27
英佛蘇露三國協定と極東の形勢緊迫▶日笠舍人 …… 50
報德精神と自力更生▶町田保一 …… 65

〈道廳途說〉あれは官製品だ/內鮮一體/志願兵を見る/外形より魂▶MS生 52
〈大都市公直營の先驅たる〉京都府中央御賣市場鮮魚部の概況 …… 45
再び企劃院の一考を促す▶鶴岡五月 47
總督府映畵係は何をしてゐるか▶笹木貞三 …… 58
趣味の釣り …… 62
〈隨筆〉夏と讀書▶齋藤生 …… 63
近代女性の男性化▶成瀨無極 …… 66
野生植物の食用法▶刈米達夫 …… 68
海軍と鰮▶龜三郎 …… 70
漢銀・商銀・東一普通銀行の業態を見る▶解剖子 …… 72
精動は現代スポーツを何んと見るか▶南城哲士 …… 83
結婚に關する迷信▶二井生 …… 85
〈詞〉土の男/幻影▶水原哲夫 …… 88
時事寸觀▶孤舟 …… 90
〈散步〉記者は剛健なる意志が必要 …… 93
伊太利▶鎌田澤一郎 …… 96
朝鮮に於ける酸素製造工業寸描▶王舟孤士 …… 101
平壤栗の獎勵施設に就て …… 108
產米雄道の面目躍如 燦!全北米の聲價 …… 111
家庭
　これから多くなる精神病に▶宇都醫博 …… 112
　避暑地での生理的變化 …… 113

神聖な山にも不良の魔手 …… 114
今後の業界は何う動くか?▶光永紫潮 …
　…………………………………… 115
〈美談〉任侠旅鳥圖繪▶孤峯 …… 122
編輯机上 …………………………… 130

```
朝鮮公論 第27巻 8号, 1939.8
　　　通巻 第317号
```

〈卷頭言〉下意不相達・適切なる對策を
　講ず可し ………………………… 1
張皷峯事變一週年▶里吉基樹 …… 2
聖勅に違ふことを懼る▶蜻州 …… 5
東亞建設と滿洲移民問題▶松浦繁太 …
　……………………………………… 7
日支融和の根本問題▶後藤朝太郎 … 10
排英の烽火と信淵▶花岡淳二 …… 14
臺灣紀行(其二)▶宮崎義男 …… 20
森菊氏と五・一五精神▶中野伊三郎 …
　…………………………………… 24
茂山の鐵鑛開發▶紅葉山人 …… 25
公論春秋 …………………………… 29
多獅島と大東港▶岡崎哈爾雄 …… 30
ユダヤの陰謀▶帆佐加一 ………… 32
人間の社會的本能▶保佐太一 …… 35
〈人口問題雜考〉騒音と出生率/人口と
　風俗/魔産兒制限▶町田太一呂 …
　…………………………………… 37
〈自由論壇〉私立學校に起った丁順ちゃ
　んの"授業料"は何を敎へるか▶
　WXQ …………………………… 40

頑張れ！地下鐵▶阿部享治 …… 42
檢問檢索の天津より▶中田利吉 … 46
滿銀・商銀・東一普通銀行の業態を見る
　(二)▶解剖子 ………………… 48
隨筆
　ロック,トラバース▶冠生 …… 57
　異郷にて知る母戀ふる胸の中▶山田
　健二 …………………………… 58
　釜中唱言 ………………………… 60
〈詞〉母戀し・月の歩哨線▶水原哲夫 62
豫算と吏道の刷新▶笹木貞三 …… 64
投資相談 …………………………… 65
興亞聖戰下朝鮮に於ける金融組合の業
　況 ……………………………… 77
〈散步〉新聞界の戰鬪員▶王舟 … 85
瑞典▶鎌田澤一郎 ………………… 89
浮世繪帖 …………………………… 89
經烺風俗婦人を逐へ▶孤仙 …… 97
燦として輝く釜山商工會議所 …… 100
慶尙南道水産會の活躍 ………… 102
躍進する南鮮酒造業界 ………… 105
京春鐵道の開通 ………………… 107
家庭
　家庭生活と女性の道▶横田太郎 …
　………………………………… 108
　夏海水浴にはどんな處がよいか …
　………………………………… 108
　灼熱下の食堂街をゆく▶光永紫潮 …
　………………………………… 110
編輯机上 ………………………… 114

朝鮮公論 第27巻 9号, 1939.9
通巻 第318号

〈卷頭言〉歐洲に戰亂起る ……………… 1
旱害と皇國臣民道▶里吉基樹 ……… 2
事變下の我が金融情勢▶石渡莊太郎 …
……………………………………………… 5
政治と民衆▶花岡淳二 ……………… 10
經濟事犯の三つの問題▶木村龜二 … 15
東都雜記▶宮崎義男 ………………… 18
汪政府の樹立と我が對事變處理▶日笹
舍人 ………………………………… 22
茂山の鐵鑛開發▶紅葉山人 ………… 28
新首相の勇斷に俟つ▶漢江太郞 …… 33
公論春秋 ……………………………… 35
銃後半島の純情を慰問煙草のカードは
傳ふ ………………………………… 36
金融組合と農會の調整▶岡哈爾雄 … 40
〈興亞建設と漢學〉漢詩の稽古をすれば
心にも餘裕を生ず▶故松田獨靑氏談
……………………………………… 46
〈自由論壇〉歐洲文明の挽歌▶WXQ …
……………………………………… 50
事變下の旱害爲福國力消耗より國力增
進へ▶中野生 ……………………… 52
國家と道德日本民族の統一は生活それ
白體の融合▶西生 ………………… 54
時事寸觀▶無外 ……………………… 56
佳銀金山を探ぐる▶山田敏男 ……… 58
ダンチヒとは ………………………… 60
重大變局に際して國民よ自戒せよ … 61

〈涼臺漫談〉河童の話▶孤葉 ………… 62
カナダ選手とその置土産▶山地清 … 64
ギリシア、ローマはなぜ滅亡したか▶
亞野竹一 …………………………… 66
〈天津より〉藤井さんの大風呂敷▶天野
利吉 ………………………………… 68
〈赤毛の日本人モラエス〉彼の日本精神
觀▶高神生 ………………………… 71
鮮內會社經營の解剖▶解剖子 ……… 72
投資相談 ……………………………… 78
〈隨筆〉井戶浚へ▶熊本正男 ………… 91
平和の爲なら銃とりて▶水原哲夫 … 94
外語に就いて▶荒舟 ………………… 96
〈散步〉新聞の營業に就いて▶王舟 …
……………………………………… 98
動物學上から見た猪▶石川千代松 102
現代女學校教育の噂▶曇舟 ……… 104
畜産王國の丁抹▶鎌田澤一郞 …… 106
自力邁往あるのみ ………………… 114
〈法醫閑談〉我が國では明治四十一年か
ら科學的な指紋法▶久保生 …… 115
獨ソ不侵略條約を廻って▶町田太郞 …
……………………………………… 117
非常時克服は農村より 忠南產業の大宗
……………………………………… 118

家庭
　人間に適當な睡眠時間は？ ……… 120
　弊害を增長させる血族結婚 …… 121
　病氣の素人判斷舌の見方 ……… 122
銃後奉公の誠を盡せ▶T・H生 … 123
初秋の京城食堂街噂聽書▶光永紫潮 …

………………………… 124
京城帝國大學大陸文化研究會 第一回大陸文化講座開催に就て▶速水滉 …… 127
編輯机上 ………………………… 128

| 朝鮮公論 第27巻 10号, 1939. 10 |
| 通巻 第319号 |

〈卷頭言〉自主獨住 ……………… 1
〈社說〉旱害對策を誤るな▶里吉基樹 … 2
大陸兵站基地 伸びゆく朝鮮▶南總督 … 9
朝鮮電氣事業の特異性▶白石光次郎 … 11
我が國電氣工業進步の現狀▶梶井剛 … 15
半島電力界展望 ………………… 20
〈特輯〉國策線に躍る朝鮮の電氣事業
　伸びゆく京電限りなきその將來性▶大橋新太郎 ……………… 27
　京電の前身韓美電氣の思ひ出 …… 30
　南鮮八道に跨る南電の配電網▶小倉武之助 ………………… 32
　半島の躍進電氣界に貢獻する朝鮮電氣協會▶山田忠次 ………… 37
　躍進一途を辿る　金剛山電鐵▶櫻井小一 ……………………… 38
　時代の脚光浴び伸びる朝鮮電力 … 42
　北鮮產業を助長する富寧水力電氣 … ……………………… 45
　產業興發に貢獻せるとする漢江水力電氣▶有賀光豊 …………… 46
　北鮮文化の中樞西鮮合同電氣▶今井賴次郎 ……………… 47
　國境產業陳の活力素朝鮮鴨綠江水力▶久保田專務 ………… 49
　電業統制の實結ばる朝鮮送電 …… 51
　北鮮開發に雄飛する江界水力電氣 … ……………………… 53
　產業開發の先驅長津江水力電氣 … 53
　北鮮文化開拓の先驅北鮮合同電氣 … ……………………… 56
　飛躍途上の咸南合同電氣 ……… 58
　銃後資源開發を擔ふ南鮮合同大邱支店 ……………………… 59
　時局下に飛躍する朝鮮遞信事業の元締遞信局 …………… 61
〈內地電力界たより〉電力供給の不足 … ……………………… 62
公論春秋 ………………………… 64
歐洲情勢と對支事變處理▶太舟子 … 66
榛葉孝平さんと江界水電▶中野伊三郎 ……………………… 67
全鮮及各道購販聯▶岡哈爾雄 ……… 69
我が出產率の遞減 頹廢文化を一掃し獨自の文化へ進め▶漢江子 …… 72
一等國の人口日英煙草戰▶一記者 … 74
漢銀・商銀・東一、普通銀行の狀態を見る▶解剖子 …………… 76
〈特輯〉西洋の寶庫三道の躍進譜

鮮満一如に輝く國境道 ………… 85
産業に文化に飛躍する新義州 …… 91
新興平安南道 ………………… 101
工都平壌の偉觀 ……………… 109
躍進の波に乘る港・鎭南浦▶河村周助
　氏談 …………………………… 112
海陸共に惠まれたる産業王國黄海道 …
　………………………………… 92
黄海道唯一の呑吐港海州港の躍進振り
　………………………………… 98
西鮮官民の横顔 ……………… 123
朝鮮簡易保險十週年を迎ふ …… 125
雜題
　太公望の季節十月の釣り …… 71
　用紙配給減に新聞關係者立つ … 44
　横領罪に新判例 ……………… 19
　無駄米の一蹴朝郵の早手廻し … 84
　茂山の鐵鑛開發と穗積殖産局長 … 69
　躍進平南の農業概觀 ………… 103
　平南の植林事業 ……………… 105
　平南振興期成會 ……………… 108
　國策線に躍る　朝鮮セメン株式會社
　………………………………… 117
　諸機械製作に當る朝鮮商工株式會社
　………………………………… 120
　産業開發に貢獻する西鮮中央鐵道株
　式會社 ………………………… 121
　愈々精白米に禁止令 ………… 122
編輯机上 ………………………… 122

朝鮮公論 第27巻 11号, 1939.11
通巻 第320号

〈卷頭言〉歐洲に比すれば樂天地
聖戰の意義▶里吉基樹 ………… 2
東亞協同體論の根據▶新明正道 … 5
日本外交の確立に就て▶花岡淳二 … 8
旱害防禦の第三線▶岡吟賓雄 …… 13
日本國民の特性▶花岡淳二 …… 16
帝都雜記▶宮崎義男 …………… 21
目覺めよ拓務省▶山元百千穗 … 24
現内閣の特異性▶南城江舟 …… 26
百貨店の公共性と將來▶阿部享治 … 31
公論春秋 ………………………… 36
榮養經濟兩方面より見たる生活法▶福
　島善 …………………………… 37
朝鮮に於ける中等校入試は國語一本に
　決定 …………………………… 41
教育上の三つの問題▶官武五郎 … 44
注目すべき歐洲戰の動向▶笹山先勝 …
　………………………………… 48
東京で活躍する朝鮮言論界出身者▶宮
　崎翠郎散人 …………………… 50
豚▶保村舟夫 …………………… 52
對支事變處理▶漁舟 …………… 54
矢島さん轉業▶中野伊三郎 …… 55
〈自由論壇〉秋風に思ふもの▶WXQ …
　………………………………… 57
大和心と短氣 性格の長所と短所 … 59
朝鮮の英雄―金庚信と李成桂▶岩本萬
　翠 ……………………………… 60

唄
　匪賊討伐の唄 …………………… 64
　月の露營▶水原哲夫 …………… 65
時局と皇道精神▶町田太郎一 …… 66
〈時事吐き寄せ〉重油の悩み/制度より
　人間/弊根芟除▶漢江生 ………… 68
〈散步〉廣告起源(上)▶王舟 ……… 71
朝鮮の文藝復興▶大井望 ………… 73
鮮內會社經營の解剖▶解剖子 …… 76
晚秋の業界は何う動くか▶光永紫潮 …
　…………………………………… 86
〈家庭〉結婚は二十臺で三十越えての子
　供は弱い/姙產婦の死亡 ………… 90
國民精神總動員全羅南道聯盟の活躍 …
　…………………………………… 93
躍進途上の光州府▶難波照治 …… 98
工業都市大群山 ………………… 100
〈創作〉毒素▶青山倭文二 ……… 102
自江戶村 ………………………… 117
編輯机上 ………………………… 118

朝鮮公論 第27巻 12号, 1939. 12
通巻 第321号

〈卷頭言〉東亞新秩序建設と水產朝鮮の
　使命
水產界に橫たはる問題▶里吉基樹 … 2
時局下に於ける朝鮮の水產▶梶井裕 …
　……………………………………… 7
朝鮮鰯油肥製造業者の覺悟▶松野二平
　…………………………………… 10

牛島水產の將來性▶江東漁舟 …… 12
朝鮮水產界の人々▶山元百千穗 … 15
〈特輯〉水產朝鮮の躍進譜 ………… 20
水產 ………………………………… 23
朝鮮水產關係團體槪況 …………… 35
朝鮮水產會の活躍 ………………… 38
一致協力水產報國 ………………… 40
朝鮮鰯油肥製造業水產組合聯合會 … 40
前途洋々たる朝鮮水產開發會社 … 43
本邦油肥工業に貢獻，協同油肥株式會
　社 ………………………………… 45
躍進途上の朝鮮油肥株式會社 …… 46
朝鮮罐詰業組合 …………………… 47
產業日本の驚異 朝鮮東海岸の鰯漁業 …
　…………………………………… 48
世界に冠絕せる鰯の港淸津 ……… 51
淸津漁業組合 水產開發の恩人 … 52
咸北機船巾着網漁業水產組合 …… 55
咸北鰯油肥製造水產組合 ………… 65
沿海と道內の二區に操業する 第一區機
　船底曳漁業水產組合 …………… 67
鹽魚輸出に促進 咸北輸出鹽漁水產組合
　…………………………………… 68
淸津水產株式會社 ………………… 70
秋田水產株式會社 北鮮水產界のホー
　プ 飯澤淸氏 …………………… 72
東海水產工業株式會社▶薛鄕東氏 … 77
林兼商店淸津出張所▶川上高市氏 … 81
調味料に凱歌 朝鮮水產化工業株式會社
　…………………………………… 82
雄基漁業組合 雄基開發の恩人 藤井大

吉氏 …………………………… 84	好漁場を舞臺とする長箭漁業組合 133
鰯の山城津港の風景 ………… 87	長箭漁糧株式會社 …………… 135
城津陸上の雜踏入會が齎す潤ひ … 86	東海岸水産業界功勞者
城津港漁業組合 城津開拓の先驅▶北川	富山修氏/大西源二郎氏/長尾堅藏氏/
三策氏 …………………………… 87	德弘要之助/沼田礎助氏/本田米一
城津魚糧株式會社 …………… 89	氏/鈴木和三郎氏/日本油肥工業株式
雄基漁業組合 雄基開發の恩人 藤井大	會社/宋文源氏/安炳仁氏/河村良藏氏
吉氏 …………………………… 84	/葭濱信夫氏/陳內利夫氏/是技宗一
天然の漁港漁大津と能美工場 …… 90	郎氏/伊藤利一氏/朝井三郎氏/中島正
漁大津漁業組合 ……………… 92	一氏/中川淳平氏/有馬謚氏/小泉藤三
漁業組合中央會 ……………… 98	郎氏/吉田重治氏/內田萬吉氏/高裁東
鰯の話 ………………………… 69	氏/森野和一郎氏/岡田仁藏氏/崔雲善
鰯油肥の話 …………………… 94	氏/李德議氏/中尾彌太郎氏/天野郡治
一般に漁價が高かすぎる 鰯の食料化	氏/坂口幸吉氏/芮奉來氏/中島爲一氏
は先づ値段を下げることである ……	/川南工業所/金成和氏/高橋喜一郎氏
…………………………………… 123	/平田太一氏/大西淸平氏/長久伊勢吉
鰯と明太魚で名高い咸鏡南道 …… 100	氏/粕谷春之助氏/中野淸市氏/井上米
咸鏡南道漁業組合聯盟會 …… 100	吉氏/崔準集氏/李東根氏/鈴木芳明氏
咸南鰯油肥製造業水産組合 …… 103	/白木原勘十郎氏/金信亨氏/矢島孝三
東海岸巾着網漁業水産組合▶北鮮水産	郎氏/堀兵吉氏/姜篤氏/上田龜太郎氏
界の王者佐々木準三郎氏 …… 106	/矢島考三郎氏/堀兵吉氏/太田盛三氏
咸南の良港 新浦の漁港 ………… 118	/鳥井德太郎氏/石丸菊八氏/阿部晃榮
新浦漁業組合 ………………… 119	氏/松本伊織氏/東一商會/竹原健一郎
明太の中心漁場 西湖津 ……… 120	氏/小野寺菁莪氏/田邊馨氏/崔智煥氏
遮湖漁業組合 ………………… 121	/和田态氏/補陀一雄氏/金利聖氏/津
〈詩〉たそがれの飛行場▶水原哲夫 ……	田梅吉氏 ……………………… 136
…………………………………… 126	危機にある日米▶花岡淳二 ……… 160
國民組織再編成燃か ………… 11	文化の必勝に備へよ▶原耕三 …… 165
前途洋々たる水産江原道 ……… 127	新しい首のすげ替へ 京城商業會議所に
五ケ年計畫で長箭港の完成▶北鮮水産	期待するもの ………………… 170
界の功勞者 黃雲天氏 ………… 133	〈自由論壇〉宣傳の限界效用▶WXQ …

……………………………… 173
獨逸爆彈事件の示唆▶堀船太郎 … 175
師徒の業界はどう動くか 近頃京城食堂
　界風聞帖▶粹樓通人 ……………… 177
編輯机上 …………………………… 181

朝鮮公論 第28巻 1号, 1940. 1
通巻 第322号

〈口繪〉南朝鮮總督元旦試筆/瑞雲搖曳
〈卷頭言〉新年の辭 ………………… 1
治鮮三十年の新春▶里吉基樹 ……… 2
興亞維新に邁進せん▶南次郎 ……… 5
皇紀二千六百年の新春を迎へて▶中村
　孝太郎 …………………………… 8
嶮難實破の年▶大野綠一郎 ……… 11
特殊會社首腦部論▶宮崎義男 …… 13
長期建設と朝鮮經濟躍進▶松原純一 …
　…………………………………… 22
八紘一宇・聖業の達成▶林繁藏 … 22
昭和十五年の新春を迎へて▶黑吉基水
　…………………………………… 26
公論春秋 ………………………… 27
東亞新秩序の建設と新國家思想▶西晉
　一郎 ……………………………… 34
我が猶太人對策を提唱す▶野崎眞三 …
　…………………………………… 40
商工會議所の改造▶中野伊三郎 … 48
大東港築港再檢討▶岡哈爾雄 …… 51
聖德太子の憲法▶花岡淳二 ……… 56
建國二千六百年を迎ふ▶保村太一 … 61

本年度の政界はどう動くか▶岸田俊二
　…………………………………… 64
統制一途の本年度經濟界▶大村敦松 …
　…………………………………… 67
新支那の諸勢力と其の統一問題▶平貞
　藏 ………………………………… 70
興亞大業の完遂は先づ新東洋醫學の創
　造より▶保佐加太郎 …………… 75
人見次郎▶紅葉山人 ……………… 77
朝鮮を知らしめよ、古くして新しき必
　要政策 …………………………… 83
〈隨筆〉興亞の鷄鳴▶中川龜三 …… 84
俳句は實踐の藝術▶伊藤未知 …… 156
時局下の蠶絲業▶林繁藏 ………… 83
時局下半島經濟界の使命▶野田新吾
　…………………………………… 87
農業生産の重要性と金融組合の使命▶
　松本誠 …………………………… 89
皇紀二千六百年迎春の希望と覺悟▶賀
　田直治 …………………………… 92
年頭所感▶兪萬兼 ………………… 95
科學日本の躍進譜　本邦電業界の大觀
　規模の大なる驚く可き　古河電氣工
　業株式會社 ……………………… 130
飛躍につぐ飛躍を示す　富士電氣株
　式會社 …………………………… 135
二億四百萬圓の大會社　株式會社日
　立製作所 ………………………… 140
技術の絶對優秀を誇る　東京芝浦電
　氣工業株式會社 ………………… 144
外國製品凌駕する名聲　日本パイプ

製造株式會社 …………… 148
本邦發電機業界の王者 株式會社明電舍 …………… 150
電氣化學工業界の異彩 昭和電氣工業の偉觀 …………… 152
世界の驚異滿洲國の躍進譜
　東亞新秩序建設に戰時經濟に寄與 ……………… 95
　輝かしい治外法權撤廢全世界へ完全獨立誇示 …………… 96
　日滿一體 滿洲は我が大陸經營の據點 …………… 99
　無限の寶庫 滿洲の開發 …… 102
　支那事變を契機に全滿洲文化產業開發に貢獻する鐵道總局の展望 …… 112
　大奉天市の雄姿 東亞經濟活動の中樞 …………… 109
　國際情勢豐かなるハルピン市 …… 108
　面目躍如たる國都大新京 ………… 106
　世界文化都市 洋々たる大連市の前途 …………… 111
　東亞協同體制實現に重責を荷なって邁進　開發滿洲重工業株式會社 … 123
　最近に於ける滿洲經濟事情▶田中鐵三郎 …………… 115
　興亞經濟の推進力 滿洲中央銀行 … 119
　國策振興に貢獻する滿洲興業銀行 ………… 132
　文化のバロメータ擴がる 電波, 滿洲電信電話株式會社 …………… 126
　滿洲旅行の所感▶金東鎭 ………… 127

戰時下社會の風潮と生活の實際▶福島善範 …………… 160
生鮮食料の低物價政策に就いて▶小林壽一 …………… 164
〈詩〉お人形と兵隊▶山田としを … 129
產業道江原と宋產業部長 ………… 172
〈新聞〉邪戀一家慘殺事件▶富山三郎 … 115
雜題
　鯤漁業の科學的改善(吉田理事談) … 110
　水產界の功勞者▶加藤彌一郎氏 … 74
　新裝なれる青木堂 …………… 169
　質實剛健の氣風を …………… 91
　今や優秀なる新東洋文化建設の秋 … 63
　二千六百年社會事業について … 39
家庭
　學校家庭の名コンビ 愛を培ふ我が愛兒の育方▶孤峰 …………… 168
　健腦と頑軀 誠の人を創れ▶江舟 … 169

朝鮮公論 第28卷 2号, 1940. 2
通卷 第323号

謹而皇紀二千六百年の紀元節を迎ふ
〈卷頭言〉重大時局に直面して ……… 1
朝鮮銀行副總裁▶里吉基樹 ………… 3
諺文廢止再論▶吉村太郎 ………… 10
物價引上禁止の重要意義▶阿部賢一

……………… 14
民族興隆と人口問題▶髙田保馬 …… 17
政治家の責任▶花岡淳二 ……………… 21
中央政局展望▶宮崎義男 ……………… 25
戰時體制下に遺憾 魚さんの大紛騒▶山
　科銀濤 ……………………………… 97
公論春秋 ………………………………… 38
英國の戰時財政政策▶中村政人 …… 29
鬼門に島田農相▶中野伊三郎 ……… 31
朝鮮から見た新內閣へ▶岡哈再雄 … 34
和は天下の達道なり和を以って時難を
　克服せよ▶寒心齊 ………………… 57
新政權を繞り一層の國民の緊張を要す
　▶保佐加太郎 ……………………… 40
關釜連絡せん大陸特窮▶山本百千穗 …
　……………………………………… 42
〈早春隨筆〉梅花賦詩▶TS生 ……… 46
米内新內閣に期待▶江東太一 ……… 48
人口增殖問題を繞って▶荒川峰太 … 54
猶太金權の嚴戒を要す▶小峰一州 … 58
內外の庶務更始一新と誤まれる思想の
　是正▶無量坊 ……………………… 61
疾病と迷信▶富川游 …………………… 62
內閣更迭 ………………………………… 65
超政治家的性格米內大將の魅力 …… 68
財界人の聲を聞く經濟關係大臣評 … 70
事變段階に於ける日本地位の重大性▶
　孤仙 ………………………………… 74
〈詩〉愛國千人針・ありがだうお母さん
　▶山田外靜夫 ……………………… 76
オランダチウトン民族の覇氣▶鎌田澤
　一郎 ………………………………… 78
〈新聞〉廣告の起源(下)▶王舟 …… 82
凡百の事業悉く新時代の觀點に立つ可
　し▶宮田幾太郎 …………………… 84
日米通商條約回顧▶XO生 …………… 86
二千六百年の春・料理業はどう動く▶
　光永紫潮 …………………………… 90
家庭
　輕佻風俗を絶滅せよ、賢實婦人の蹶
　起を望む …………………………… 94
　お母さんの叱言は皮肉と愚痴、小供
　に反抗心を起す …………………… 95
　體質の弱い幼兒に注意 …………… 96
雜題
　半島事業界の先達 小林源六翁 …… 81
　ソ聯に對する我が態度 …………… 28
　東海岸水產界の雄 全明信氏 …… 62
　大澤商店京城支店長 相羽氏勇退　64
　禪に入った德王 …………………… 37
〈小說〉蒼女▶岩本文四郎 ………… 104
編輯机上 ……………………………… 126

```
朝鮮公論 第28巻 3号, 1940. 3
       通巻 第324号
```

〈卷頭言〉何の誤りか、朝鮮の眞價を知
　れ ……………………………………… 1
支那新政權樹立▶里吉基樹 …………… 2
優渥なる大詔を拜す・世界平和建設の
　大理想 ………………………………… 9
國境警備の苦心 ………………………… 5

時局下商工業者の使命▶明石照男 … 12
歐洲大戰と東亞の將來▶鹿島守之助 …
　………………………………………… 24
對支認識の是正▶高濱公男 ……… 31
帝國不動の方針▶飛鳥山人 ……… 35
禪と偉人▶花岡淳二 ……………… 40
朝鮮特殊會社首腦部論▶宮崎義男 … 18
　朝鮮殖産銀行副頭取　渡邊彌幸氏/日
　本高周波重工業會社取締役 高橋省三
　氏/朝鮮信託會社社長 谷多喜磨氏
スフに悩む内地を救へ▶中野伊三郎 …
　………………………………………… 38
建國の大使命 ……………………… 17
企劃院よ內閣よ朝鮮の棉花を見直せ▶
　山元百千穗 ……………………… 60
總督府記者團滿支視察思ひ出▶一記者
　………………………………………… 39
旱害克服また克服▶山川健二郎 … 48
國策線に沿ふ節米方法の一考察▶帆坂
　巨荒 ……………………………… 52
〈隨想〉愛馬報國▶伊藤春雄 …… 57
石炭不足憂ふるに足らぬ▶圓勝太兵 …
　………………………………………… 70
我等こそは世界の優秀民族▶飛鳥散人
　………………………………………… 78
重臣物語▶一記者 ………………… 81
獨特なる日本文化と神道の包容性▶木
　代波朗 …………………………… 45
宗教の眞生命　現實の世相から起る慈悲
　の念こそ無限の生命▶奈加千里 … 46
對ソ關係▶無量庵士 ……………… 68

春宵夜話▶孤峯 …………………… 86
〈隨筆〉春晝の幻想▶TH生 ……… 77
支那と阿片▶南陽野人 …………… 74
目下華化の文化界に就て▶胡漢翔 … 64
列強を操つる猶太の魔手▶保村太呂 …
　………………………………………… 72
時局下一般運送業者の集約合同が必要
　▶鐵道國大和田營業課長談 …… 88
〈詩〉船頭の娘▶山田外靜夫 …… 101
空の友情▶伊藤春夫 ……………… 102
〈新聞〉論說と報道　物事を過大に騷ぎ
　立て相手方を乘せしむる勿れ▶王舟
　………………………………………… 91
〈通信〉三一五萬圓を丸吞み、物資質問
　戰で賑や東海岸巾着總會 ……… 118
　江原道油肥水組總代會 ………… 119
陽春を前に洋司厨業界に波荒し▶光永
　紫潮 ……………………………… 94
精密工業界の華 東京計器 ……… 109
編輯机上 …………………………… 132
家庭
　婦人と風俗 ……………………… 98
　保健と衛生新陳代謝の春 厭なフケが
　出る ……………………………… 99
　これから蔓延する寄生虫 兒童の成
　績に影響 命まで奪ひます …… 100
雜題
　朝鮮語の浪花節 ………………… 56
　犬肉大いに食すべし …………… 59
　流れゆく轉職者 ………………… 71
　鰮の煮汁から營養劑製造に成功 …

| ………………………………………… 80
實業の朝鮮鎌田社長に發行許可 … 34
弱音の吹くな ………………………… 63
醉ふ酒も出る ………………………… 73
天空快闊 ……………………………… 97
滿洲國誕生八周年 …………………… 11
朝鮮新聞主催の興亞博の成功を祈る
…………………………………………… 67
いよいよ全鮮的にトラック統制 … 76
世界一の大金持 ……………………… 27
播種の準備　早春の園藝 …………… 21
南京 …………………………………… 38

朝鮮公論 第28巻 4号, 1940. 4
通巻 第325号

〈卷頭言〉流石に衆議院、氏の創設反對
　　請願を一蹴 ………………………… 1
民間航空の振興　兵站基地朝鮮に不可
　缺の時務▶里吉基樹 ………………… 2
中小企業の重要性と其の振興策▶河津
　暹 ……………………………………… 5
中央時局展望▶宮崎義男 ……………… 9
續禪と偉人▶花岡淳二 ……………… 11
野口と鮎川・洋灰と蛙▶山元百千穗
……………………………………………… 16
購販聯の資金プール▶岡哈爾雄 …… 22
食糧難に伴ふ生活難とその救濟策▶福
　島善範 ……………………………… 24
公論春秋 ……………………………… 31
漁組中央會の生鮮魚販賣▶鶴岡五月 …

……………………………………………… 28
アセ車時代來る▶一記者 …………… 32
〈隨筆〉親ごころ▶熊本正男 ………… 36
〈史料〉韃靼國漂流の顚末―日本海北岸
　の慘劇―▶園田一龜氏著拔粹 …… 38
天津より　車窓つれづれ▶天野利吉 …
…………………………………………… 45
〈特輯〉兵站基地半島の飛躍 ……… 47
産業朝鮮の重荷/各道の特色
編輯机上 …………………………… 126
青宵夜話▶孤仙 …………………… 118
雜題
　北鮮開拓の功勞者能薇猪勇武氏 ……
…………………………………………… 119
　躍進途上の江原道鰯油肥製造業授産
　組合 ………………………………… 120
　新興途上の東草漁業組合 ………… 123
　仁邱漁業組合將來性ある仁邱漁港 …
…………………………………………… 124
　水産開拓に努力した田中牛次郎翁 …
…………………………………………… 125

朝鮮公論 第28巻 5号, 1940. 5
通巻 第326号

〈卷頭言〉嚴罰主義贊成闇取引を根絶せ
　よ ……………………………………… 1
利潤統制と朝鮮▶里吉基樹 ………… 2
外地の役割と其の食料政策▶森谷克
　己 ……………………………………… 5
戰時經濟と國民生活▶鈴木憲久 …… 9

工業立地と國土計劃▶川西正鑑 … 13
法律ブロックと經濟斷想▶遊佐慶夫
………………………………… 23
中央時局展望▶宮崎義男 ……… 29
海州東亞連衡策▶花岡淳二 …… 18
漢銀肩代り石炭百萬噸死藏▶山元百
千穗 ……………………………… 34
公論春秋 ………………………… 33
總督指示事項所見▶中野伊三郎 … 40
韃靼國漂流の顚末▶園田一龜氏著 拔
萃 ………………………………… 44
〈馬の話〉民族と馬術▶權藤五七郎 …
…………………………………… 50
國民精神の國體强化
總動員は國體の本義に徹すること/全
鮮各學校教職員總動員、精神聯盟の
結成、實生活への覺醒▶巨州生 …
…………………………………… 59
時異畫人評傳▶岩本正二 ……… 63
特務兵と馬▶我妻大陸 ………… 68
〈放談〉海州へ海州へ▶中川龜三 … 54
〈時事吐き寄せ〉國民機關說/米の極東
への協力/擧國體制 …………… 96
歐洲大戰と都市防空問題▶藤本練雄 …
…………………………………… 74
ソ聯の侵略は何處・怪奇歐州の情勢▶
西海漁郎 ………………………… 83
歐洲戰禍の波及▶有明雲峯 …… 82
〈新聞〉新聞事業の發達と敗路擴張▶王
舟 ………………………………… 74
思ひ出深き漢城衛生會 肥汲み漫談▶孤

峯 ………………………………… 115
近頃の音樂▶孤舟 ……………… 72
代用食▶飛舟 …………………… 87
王昭君▶青山倭文二 …………… 89
〈家庭〉明日に備へて斷種法成る/明る
い電燈の下に寢る人に拔け毛が多い
…………………………………… 99
時局下重大役割を演ずる慶尙南道 ……
…………………………………… 117
朝鮮總督府專賣局の各事業槪觀 …… 80
〈小說〉斜感情▶岩本文四郞 …… 102
編輯机上 ………………………… 118

朝鮮公論 第28巻 6号, 1940. 6
通巻 第327号

〈卷頭言〉日本臣民の幸福、變轉極りな
き歐洲諸國 ……………………… 1
朝鮮の關心、ソ聯問題▶里吉基樹 …
…………………………………… 2
國家總力戰と戰時經濟道德の確立▶
岡部長景 ………………………… 5
統制經濟と國策會社▶河西太一郎 …
…………………………………… 8
明石一銀頭取の演說▶中野伊三郎 …
…………………………………… 18
世界混亂の見透と英國▶松田定久 …
…………………………………… 22
ドイツの勤勞奉仕隊▶花岡淳二 … 32
公論春秋 ………………………… 17
中等學校新考査の再檢討・敎育の根本

▶常陸山人 …………… 36
中央政局展望▶宮崎義男 …… 14
批判、ラヂオ、教育費▶山川健二郎・
　………………………………… 40
〈馬の話〉民族と馬術▶權藤五七郎 … 50
米內閣近來の大英斷▶飛鳥逸人 … 42
〈放談〉海州へ海州へ▶中川龜三 …… 44
〈隨筆〉體臭の話▶HN生 ……… 49
韃靼國漂流の顚末▶園田一龜氏著　抜
　萃 ……………………………… 56
歐洲戰と國民の覺悟▶富州生 …… 13
酸素製造街史▶荒川散人 ……… 60
時事吐き寄せ
　統制更に一ト奮發/近來の善政▶南
　城太郎 ………………………… 68
山田長政▶伊藤春夫 …………… 76
簡易保險美談・保險組合を作つて校庭
　に大楠公の銅像を建立 ……… 67
東西古今食物語▶荒野一郎 …… 83
商人道を履き違へるな▶孤仙 … 72
ひいき觀▶鯖州 ………………… 94
無言の戰士▶我妻大陸 ………… 88
初夏の譜▶山下靜山句畫 ……… 75
時評
　來るべき世界の新事態に直面して/
　佛白の敗因は何か▶坂本保一 … 94
東西ユーモア比べ▶H・M生 … 73
新聞
　外交記者の資格と準備、唯だそれ努
　力の人を探る/世界に蔓る猶系新聞
　▶王舟生 …………………… 106

科學理研の精華・テトラリン溶解法に
　よる理研ゴムゴムの製品▶理研護謨
　工業株式會社 ………………… 95
〈隨想〉金鱗躍る鯛網の思ひ出▶保佐加
　漁郎 …………………………… 100
東邊道開發株式會社 …………… 96
皇軍慰問 ………………………… 120
難題
　興亞の補給基地躍進大仁川 …… 25
　國語を解する半島人漸く三百萬を突
　破 ……………………………… 71
　斤目ごまかし御法度 ………… 21
　修了式を前に志願兵全部が創氏 … 35
　京畿道知事更迭　後任は鈴川專賣局
　長 ……………………………… 48
　北鮮鐵道還元に伴ふ貨物運賃調整成
　る ……………………………… 31
〈家庭〉「お茶は」支那から
　今は日本が世界一　身を修めるのが道
　となつた茶の流儀/兒童の成績に影
　響　命まで奪はんとする寄生蟲の害
　▶今井利久 ……………………
　………………………………… 104
海軍原事件▶青山倭文二 ……… 110
編輯机上 ………………………… 122

朝鮮公論　第28巻 7号, 1940. 7
通巻　第328号

〈卷頭言〉社會的制裁の要 ……………… 1
歐洲の事變と民族精神▶里吉基樹 … 2

日本國民道の本義▶西村眞次 ……… 8
隣保相扶の美風涵養を要す▶保佐加生
　………………………………………… 7
岐路に立つ日本統制經濟▶松崎寅二郎
　………………………………………… 12
公論春秋 ……………………………… 17
生産合理化と中小工業問題▶須藤義房
　………………………………………… 18
帝都雜記▶宮崎義男 ………………… 22
萬古不易の大道を踏み誤る勿れ▶坂保
　一 ……………………………………… 25
水産界の諸問題▶山元百千穗 ……… 26
米漫談▶中野宗三郎 ………………… 29
日本精神の再檢討▶崎村正雄 ……… 32
姓氏談義▶仁井宗太 ………………… 38
〈馬の話〉民族と馬術▶權藤五七郎 ……
　………………………………………… 44
機構よりも日本精神▶荒生 ………… 51
〈銷夏漫談〉熱帶魚の話▶保司信太 ……
　………………………………………… 53
四川・雲南を政略せよ・事變處理に人心
　倦怠は禁物▶荒川太郎 ……………… 56
鮮展を觀て▶帆佐佳生 ……………… 58
鴨綠江發電迫る▶一記者 …………… 60
酸素工業街史▶荒川散人 …………… 62
學生の意志頹廢と青年に負荷せる責務
　▶福島善範 …………………………… 64
入社の辭に代へて▶崎村正雄 ……… 69
歐洲戰亂と事變處理▶常陸山人 …… 73
闇取引の防止は間接射撃を以て效果的
　と信ず▶咲村生 ……………………… 76

支那の文化と藝術▶武井秀雄 ……… 78
國內の幣芟除▶孤峰 ………………… 81
自主を忘れた崇外精神を精算せよ▶王
　子太郎 ………………………………… 82
朝鮮の民譚▶岩本萬翠 ……………… 84
焦燥事を誤るな▶蜻州 ……………… 87
ビール漫談▶呑舟 …………………… 88
城津の印象▶南山隱士 ……………… 90
小國分立時代去る▶九重麗 ………… 51
見よ國民思想頹廢は佛國をして今日の
　敗因を招いた▶洁州逸人 ………… 99
〈新聞〉外交記者の資格と準備▶王舟 …
　………………………………………… 101
金鑛業の情勢と探鑛事業▶野附常務談
　………………………………………… 103
〈地方版〉燦として輝く釜山商工會議所
　………………………………………… 92
慶尚南道水産會の活躍 ……………… 93
慶南漁業組合聯合會 ………………… 95
水産界の王座, 釜山水産會社 ……… 95
躍進する南鮮酒造業界 ……………… 96
好評を博す寒牡丹 …………………… 96
朝鮮の灘, 馬山銘酒の聲價 ………… 97
忠南産業の大宗 ……………………… 97
咸北の名物, 會寧ホームスパン農村使
　命完璧と時局認識に拍車 ……… 108
家庭
　初夏の頃は喀血する人が多い, 病勢
　の惡化を防ぐ療養心得 ………… 105
　子供の結核は多く潛伏性,こんな子
　供には注意せよ ………………… 106

蚊と, 蠅, 今のうちに驅除, 驚くべき
蠅の繁殖率 ………………… 106
望樓の五十日▶杉盆夫 ………… 109
編輯机上 ……………………… 114

朝鮮公論 第28巻 8号, 1940.8
通巻 第329号

〈巻頭言〉精動に一言・一段の工夫と研
究を望む …………………… 1
獅子吼!!!近衛首相の放送意義 ……… 2
統制朝鮮の將來▶里吉基樹 ……… 6
時局と大國民的修練▶田澤義鋪 … 8
切符制度と國民生活▶今泉孝太郎 … 14
〈經濟評論〉三菱, 理研, 鴨電, 商議▶中
川龜三 ……………………… 22
公論春秋 ……………………… 27
明治の革新▶花岡淳二 ………… 28
御晶負から近衛さんヱ▶山元百千穂 …
……………………………… 32
姓氏談義(二)▶仁井宗史 ………… 38
太平洋恒久的平和確立の機▶王子太郎
……………………………… 45
〈馬の話〉馬の種族「オルデンブルヒ馬」
▶權藤五七郎 ………………… 48
米漫談▶中野宗三郎 …………… 56
〈事時片言〉美食國を亡ぼす・神武的兵
力▶馬骨 ……………………… 59
女性と現世相 歐米の模倣に依り女性
の美點は退化す▶松坂太一 …… 62
讀書と人格 偏頗的智慾を避け 情操人

格の陶冶が肝要▶芝野一夫 …… 63
〈隨筆〉體臭の話▶HN生 ………… 65
一般消費面への肅正 奢侈抑制生活へ,
更に學生生活の廓肅要望▶帆左佳 …
……………………………… 66
朝鮮海運業の使命と海員の待遇▶玄海
浪人 ………………………… 69
非常時隨感隨筆▶崎村正雄 ……… 71
名將東郷, 名相村田, 名頭取堀▶一記者
……………………………… 74
新黨運動の純眞性を攪亂するものは何
か …………………………… 76
酸素工業街史(つづき)▶荒川散人 … 82
海外雄飛と支那撫民▶品川玄雪 … 91
東歐近東に於けるソ露の攻勢愈々峻烈
……………………………… 93
〈資料〉韃靼流の顚末 日本海北岸の慘
劇(四) ……………………… 94
朝鮮造船業の擴充は焦眉の急務なり▶
唉村生 ……………………… 97
〈新聞〉何事にも緻密と注意を要す▶王
舟 …………………………… 99
朝鮮服の美を探る▶岩本正二 …… 100
〈修養〉時難克服は一家の團欒より 知
恩報恩の生活▶荒峰 ………… 105
雨に題して▶南山隱士 ………… 111
編輯机上 ……………………… 118
家庭
　銃後に潑溂たる夏の健康, 銷夏法よ
　り働くが第一 ……………… 108
　署中の映畵▶心せよ ………… 109

間食も與へ方によつては害がある …
　　　………………………………… 110
雜題
　　ぢ・根本療法無料公開 ……… 17
　　外人スパイ ………………………… 73
　　イソテリーも學生にも宗教教育を徹
　　　底せよ ………………………… 107
　　外人の誇張に眩惑されるな …… 44
　前線の銃後▶青山倭文二 ……… 113
　編輯机上 …………………………… 118

**朝鮮公論 第28巻 9号, 1940.9
通巻 第330号**

〈巻頭言〉出來秋に際して,天の試鍊を
　無にする勿れ ……………………… 1
新體制上の第一義的先決事項 天皇御親
　政體制の整備 ……………………… 2
皇運扶翼のため我が一億の同胞一心一
　體たれ▶祐玄 ……………………… 5
新體制と朝鮮▶里吉基樹 …………… 6
民族の理想▶花岡淳二 ……………… 8
國家興隆と科學政策▶山本忠興 … 12
日本男子の誇りは何か▶祐峯 …… 15
歐洲戰爭と日本經濟の重要課題▶岡山
　亨一 ……………………………… 16
對支經濟政策の重點▶麻生平八郎 … 20
公論春秋 …………………………… 25
朝鮮官界の大搖れ▶宮崎義男 …… 26
長期建設と社會事業▶城戸幡太郎 … 30
〈經濟評論〉三陟開發,勞務調整,米▶

中川龜三 …………………………… 34
大自然の法則▶龍訓生 …………… 39
米漫談▶中野伊三郎 ……………… 40
ロータリー寸描▶保坂祐玄 ……… 46
新體制の準備委員會の天才や如何▶祐
　信 ………………………………… 51
時局と國民人生觀の建直し▶大倉邦彦
　…………………………………… 52
安定圈擴大の積極的軍備要望▶町田哺
　…………………………………… 54
〈馬の話〉馬の種族▶權藤五七郎 …… 56
青少年工の犯罪への脫線より救濟▶有
　坂太郎 …………………………… 61
新內閣へ▶一記者 ………………… 64
朝鮮海運の任務と其の根本對策▶玄海
　浪人 ……………………………… 66
外國スパイは何して潛入するか 忘國
　腐腸の拜外を精算せよ▶訓弘居士
　…………………………………… 69
外國依存的經濟生活より,東亞新秩序的
　生活へ▶漢江迂人 ……………… 71
京城名物乞食群を救濟せよ, 乞食免狀
　も或は新體制▶南山隱士 ……… 73
東亞に推進されんとする侵冠諸勢力▶
　穗佐嘉一 ………………………… 74
〈新聞〉敏捷にして, 機略あり禮讓あれ
　▶王舟 …………………………… 77
國境物語▶青山毅 ………………… 78
注目される獨逸の世界政策▶王子太郎
　…………………………………… 84
〈史料〉韃靼漂流の顛末 日本海北岸の

惨劇▶園田一龜 ……… 88
趣味の釣り・秋の陽を俗びて豪快な鯉つり・一度覺えたら忘れられない ………………………………… 91
〈隨想〉信仰と宗教教育の必要・時艱克服と銃後女性の覺悟▶荒峰 …… 92
〈偶感〉贅澤は過去の夢・外米混食禮讚と所謂積極的精神力▶哺左蚊 …… 97
酸素工業街史(四)▶荒川散人 …… 100
日本人は獨自の識見と獨自の立場を堅持せよ▶馬骨 ……………… 105
北支・邦人農場の先驅中野農場の容姿▶一記者 ……………… 106
燦として輝く馬山商工會議所 …… 111
城大總長, 漢民同化▶山川健 …… 29
家庭
　春は伸び秋は實る, 人間の發育と同樣
　體育は今が好適 …………… 109
　子供のはしかと猩紅熱 ……… 110
　齒の痛む手當法 ……………… 110
雜題
　政黨どこへゆく …………… 14
　里芋ご飯 ……………………… 96
　佛蘭西のユダヤ人 …………… 87
　封ソ聯外交の刷新 …………… 68
　高麗人蔘は萬藥の原料「朝鮮麗蔘」…………………………… 55
　分進合擊 ……………………… 45
　學園の新體制 ……………… 108
　朝鮮大博會開催, 京日壯舉 … 76
　ジユー介石 …………………… 50

忍苦十年 ……………………………… 11
土地家屋 ……………………………… 90
明惠上人と北條泰時▶伊藤春夫 … 112

朝鮮公論 第28巻 10号, 1940. 10
通巻 第331号

〈卷頭言〉英米の跳梁, 不敵なる自己尊大振り ………………………… 1
優渥なる大詔渙發・日獨伊三國同盟成立「日本國獨逸國伊太利國三國條約要旨」…………………………… 2
始政三十周年記念日を迎へて▶南次郎 …………………………………… 4
聖業の完遂と斯域の興隆▶大野綠一郎 …………………………………… 9
日獨伊三國同盟と朝鮮▶里吉基樹 … 6
三國同盟と國民の覺悟・その意, 使命の自覺が肝要▶諭弘生 ………… 7
特輯
大陸兵站基地・飛躍半島の全貌「半島臣民を皇國臣民化・南總督の經綸」………………………………… 10
東亞大陸のルート聖戰完遂へと朝鮮鐵道局の貢獻 ………………… 16
事變處理と國民の覺悟▶熊谷憲一 … 18
信淵の經濟思想▶花岡淳二 ……… 22
産業團體電擊調整策・下部組織殖産契普及を強化せよ▶岡哈爾雄 …… 38
朝鮮當面の人物▶宮崎義男 ……… 28
政治と經濟の新體制▶加田哲二 … 33

航空醫學斷片▶橋本滿次 ……… 42
統制經濟と國民の意識▶土方成美 … 46
施政五十年に相當▶山川健 ……… 51
公論春秋 …………………………… 37
施政卅年に餘る回顧▶水波守一 …… 52
金融組合大會及聯絡會議▶一記者 … 56
日獨伊三國同盟・愈々新秩序建設へ邁
　進▶孤峯 ………………………… 65
〈馬の話〉馬の種族▶權藤五七郎 …… 60
藝者の嫌がる話▶熊本正男 ……… 72
官界の人心刷新・事務官の拔擢制▶祐
　玄 ……………………………… 27
半島の産金と德太「金本位制度及銀」▶
　白扇生 ………………………… 66
〈秋宵漫談〉ぜいたく▶訓弘居士 …… 84
〈生活向上法〉自然の法則　勞働神聖▶
　保坂祐玄 ……………………… 75
新體制と町會▶漢江坊 …………… 21
修得と忘却▶蜻州 ………………… 71
〈偶感〉肉體と精神▶哺左加太郎 …… 87
米ソの動向▶王子太郎 …………… 81
農は國家の大本なり・農漁村報國式に
　於ける南總督の訓話要旨 ……… 91
特輯　地方紹介
産業王國黃海道 …………………… 93
發展途上の海州府 ………………… 97
近代工業の勃興平安南道の進展 …… 98
大陸の關門平安北道の躍進 ……… 104
將來の工都を目指す新義州府 …… 104
國策に躍る朝鮮セメント株式會社 … 105
産業開發に貢獻する西鮮中央鐵道株式
　會社 …………………………… 106
輝しき工都群山の將來 ………… 108
大躍進の機運漲る平壤▶佐藤德重 … 99
渾然內鮮一體の具現・創氏に現れた忠
　南道民の赤誠 ………………… 116
家庭
　修養　信仰による心身改善▶太祐 …
　…………………………………… 112
　家庭醫學　結核の自然治癒 …… 114
馬術大會瞥見▶馬骨 …………… 115
編輯机上 ………………………… 120
〈新聞〉時間の嚴守は新聞社の生命▶王
　舟 ……………………………… 111
雜題
　朝鮮の志願兵はますます健かに … 36
　短氣は損氣 …………………… 59
　英米財閥の對日本攻勢 ……… 50
　南畫の伸興 …………………… 107
官幣大社扶餘神宮 ……………… 110
官幣大社朝鮮神宮 ……………… 41
皇國臣民誓詞の柱 ……………… 110
幕末の勤王家・梅田雲濱▶山中春泉 …
　…………………………………… 117

朝鮮公論　第28卷　11号, 1940. 11
通卷　第332号

〈卷頭言〉舉國一致時局に善處せよ … 1
明治天皇の御聖德▶有馬良橘 ……… 2
治鮮は德を基とす▶里吉基樹 ……… 5
新體制と國民の覺悟▶大倉邦彦 …… 8

朝鮮當面の人物▶宮崎義男 ………… 20
近時斷想▶花岡淳二 ……………… 12
米漫談▶中野伊三郎 ……………… 17
朔望休息の古慣例と日曜休息の現在實
　況▶故權藤成鄉翁口述速記 …… 25
國民總力體制早わかり▶一記者 … 31
公論春秋 …………………………… 34
戰場の花▶山田としを …………… 69
國土計劃▶保坂祐玄 ……………… 38
霜月考▶秋月祐星 ………………… 41
新體制とスポーツ▶孤峰 ………… 43
〈馬の話〉顔面相馬▶權藤五七郞 … 45
尊い經驗▶やつさか …………… 125
新體制と宗教▶訓弘居士 ………… 51
愛菊卽ち愛國▶松本誠 …………… 35
〈秋窓漫語〉時間と贅澤▶漢江坊 … 53
朝鮮電氣事業特輯
發電水力の問題▶髙田浩吉 ……… 56
電氣作用と其の應用▶穴山永之助 … 58
兵站基地半島の電力界 東亞共榮圈の資
　本的水力電源と國土計劃 ……… 55
半島電力界展望▶本社調査部 …… 62
躍進半島の電力界に貢獻する朝鮮電氣
　協會 ……………………………… 70
新體制下電業報國に邁進する京城電氣
　 …………………………………… 71
朝鮮事業界に誇る南鮮合同電氣 … 77
水力電氣に先鞭をつけた金剛山電氣鐵
　道 ………………………………… 80
北鮮産業を助長する富寧水力電氣 … 83
産業興發に飛躍する漢江水力電氣 … 85

鮮滿開發の推進力東洋一の鴨綠江水電
　 …………………………………… 88
半島唯一の送電會社朝鮮送電 …… 87
半島火力發電小倉傘下の朝鮮電力 … 82
北鮮の山奧に大化學工業勃發江界水力
　電氣 ……………………………… 89
黃海工業ブロックの推進力西鮮合同電
　氣 ………………………………… 90
北鮮産業に華と吹く北鮮合同電氣 … 91
鮮滿電力の調整當面の重大問題 … 92
〈科學日本の躍進曲 我が國電業界大觀〉
　三億五千八百萬圓の大會社 株式會社
　日立製作所 …………………… 105
技術の優秀と設備の雄大 東京芝浦電氣
　會社 …………………………… 109
外國品を凌駕するコンヂットチユーブ
　日本パイプ製造會社 ………… 112
朝鮮開發に貢獻深き株式會社明電舍 …
　 ………………………………… 114
本邦電業界の誇り昭和電工會社 … 116
〈新聞〉專問第一要素はニュースの價値
　を知る事▶王舟 ……………… 126
家庭
　修養「異體同心」一億一心東亞新秩序
　建設に邁運せよ▶訓弘 ……… 128
　秋と映畫 子供は映畫にどれほど疲れる
　か,年齡により違ふ▶宇都野生 … 130
雜題
　清貧に甘ずべし ………………… 11
　米の本音 ………………………… 131
　躍進するの朝鮮の産業 …………… 8

「清津日報」の誕生 ………………… 127
油と水 ……………………………… 42
國家觀世界觀 ……………………… 54
米の恫喝 …………………………… 96
國家と黨 …………………………… 40
君國の母と米國の母 ……………… 52
無制限の膨脹 ……………………… 16
親和企業の發展 …………………… 33

朝鮮公論 第28巻 12号, 1940. 12
通巻 第333号

〈卷頭言〉新體制下・水産報國 ……… 1
紀元二千六百年祝典に列して▶里吉基
　樹 ………………………………… 2
日支新條約成立・朝鮮の影響重大 …… 5
潑刺たる新體制下に隆々たる水産業▶
　岡信俠助 ………………………… 6
水産中央機關の急速なる强力を望む▶
　山元百千穂 ……………………… 14
西園寺公望公薨去 ………………… 13
躍進半島水産展望▶本社調査部 …… 20
水産と時局/水産業の重要性/新體制
　下に於ける水産業の近況/製罐會社
　と水産開發會社/水産罐詰業者奮起
　の時/漁業區域撤廢問題/鰮油肥事業
　發展/水産業の將來
銃後奉公の完璧を期す國民總力朝鮮聯
　盟 ………………………………… 120
新しい水産人の使命▶馬骨 ………… 40
朝鮮水産會の活躍 ………………… 41

國策線に沿ふ朝鮮鰮油肥製造業水産組
　合聯合會 ………………………… 42
咸北の水産
世界に君臨する咸北鰯漁業戰時下食料
　問題に貢獻 ……………………… 45
世界に冠絶する鰯の港清津 ……… 49
時局たつぷりの咸鏡北道鰯漁業水産組
　合聯合會 ………………………… 50
北鮮漁業に至大な活躍清津漁業組合▶
　水産功勞者川本彰一氏 ………… 51
咸鏡北道輸出鹽魚水産組合 ……… 56
化學的漁業へ躍進する咸鏡北道鰮油肥
　製造業水産組合▶北鮮開拓の功勞者
　木村寬藏氏 ……………………… 54
咸鏡北道機船巾養網漁業水産組合 … 58
朝鮮第一區機船底曳網漁業水産組合 …
　…………………………………… 59
漁都城津の飛躍・鰯の山城津漁港風景
　…………………………………… 76
城津漁業組合▶城津の恩人北川三策氏
　…………………………………… 76
城津魚糧工業株式會社 …………… 77
漁大津漁業組合 …………………… 77
天然の漁港, 漁大津と能美工場 …… 78
堅實なる業績を上げる清津水産株式會
　社 ………………………………… 63
秋田水産株式會社の製品▶水産界の功
　勞者飯澤淸氏 …………………… 64
淸津魚糧株式會社▶水産界功勞者宮本
　照雄氏 …………………………… 64
罐詰造船に飛躍する川南工業株式會社

.... 77
躍進一途を辿る井川工業株式會社▶井川駒之助氏 68
東海水産株式會社 69
隆々たる實力ある藤野産業株式會社▶藤野辰次郎氏 70
能美漁糧株式會社▶能美猪勇武氏 … 71
林兼商店漁業出張所▶中部幾次郎氏/川上高市氏 72
朝鮮水産化工業株式會社 74
咸海漁業株式會社 75
雄基漁業組合▶藤井大吉氏 75
公論春秋 19
偶感▶祐玄 80
〈鰯〉農産村營養配給 國民體位と水産食糧 82
躍進途上の朝鮮油肥株式會社 60
國策の波に乘る朝鮮水産開發株式會社 61
協同油脂株式會社 62
形より精神▶訓弘 48
咸南の水産
東海岸銀鱗の王妃代表的咸南の明太漁業 94
咸南漁業組合聯合會 99
東海巾着網漁業水産組合▶水産功勞者佐々木準三郎氏 100
咸鏡南道輸出鹽魚水産組合 102
第二區機船巾着底曳網漁業水産組合 103
咸鏡南道鰮油肥製造業水産組合 … 103

海に惠まれた元山の水産 105
元山漁業組合 106
咸南の良港新浦漁港・新浦漁業組合▶山崎巽氏/金進亨氏/朱克中氏 … 107
西湖津漁業組合▶有馬諭氏 109
新昌漁業組合 110
穩波澽灘の遮湖流▶太田房藏氏 ‥ 111
退湖漁港底角網の本場 113
咸南肝油前津製造組合▶朱義淑氏 …
 114
漁組中央會で取扱ふ明太卵百萬圓 …
 116
年年增加を辿る明太漁獲と製造高 …
 115
明太魚の習性と産卵と産卵期 116
明太魚の利用價値 117
海に資源を求める水産日本の新體制▶有明漁郎 118
時事隅言▶孤舟 93
鍼灸按師聯盟の誕生 155
水産の江原
江原道水産界の偉容 121
水産江原を背負ふ寶の海五大漁場 …
 122
躍進水産に拍車, 江原道水産會 … 122
江原水産界の伸展 125
五箇年計劃で長箭港の完成 126
長箭漁業組合▶和氣孫吉氏/天野郡治氏 127
長箭魚糧株式會社 127
輝く牛島の水産に功獻 水産開發に貢獻

せし人々(但し一部) ……… 130
京畿道の水産・水産總額六百萬圓▶松川成吉氏 ……… 147
慶北の水産・水産總額二千三百萬圓▶中谷竹三郎氏/十河彌三郎氏 …… 149
慶南の水産釜山を中心に鮮魚の集荷活發▶香椎源太郎氏 ……… 151
新設會社
國策線に登場朝鮮寒天共販會社 …… 39
資本金二百五十萬圓朝鮮漁網會社 ……… 153
釜山に誇る釜山水産株式會社 …… 154

朝鮮公論 第29巻 1号, 1941.1
通巻 第334号

〈口繪〉南朝鮮總督閣下元旦試筆/漁村の曙
〈卷頭言〉新年の辭 ……………… 1
總力昂揚▶南次郎 …………… 2
皇紀二千六百一年 年頭の辭▶中村孝太郎 ……………… 9
一途邁進あるのみ▶大野綠一郎 …… 11
新春初頭の警告舊體裁人の反省を求む ……………… 5
大東亞共榮圈の建設と朝鮮▶松原純一 ……………… 18
政治の要諦▶花岡淳二 ……… 30
難局突破▶林繁藏 ……… 34
新年行事の由來▶松原和光 …… 13
昭和一六年の新春を迎へて▶野田新吾 ……………… 40
新經濟理論としての公益優先▶波多野鼎 ……………… 42
支那事變と日本の使命▶井上哲次郎 ……… 58
戰時國民生活と人口問題▶永井亨 … 54
公論春秋 ……………… 23
日本精神の躍動▶紫田一能 ……… 52
神武紀元元年後 爰に二千六百年を經た今年こそ劃期的第一步 ……… 29
神道と國民性 神道は我國獨自の國民信仰の表現▶深坂一玄 ……… 63
職域奉公に徹せん▶里吉基樹 …… 6
二千六百一年を飾る 鴨綠江水力發電開始▶中川龜三 ……… 46
共存同榮▶飛鳥生 ……… 37
保健と運動▶蜻州 ……… 101
遼東及山東環府を惟ふ朝鮮の一角に在りて▶一記者 ……… 86
最近の轉失業問題と其の對策▶坂口肇 ……………… 72
經濟戰下の覺悟▶荒川一夫 …… 68
蛇のいろいろ物語▶水上養生 …… 65
支那知識階級と日本文化▶實藤惠秀 ……………… 74
國難超克の大道▶町坂一舟 …… 78
爐邊漫談▶馬骨 ……… 91
陸の瞳▶百山來鳥 ……… 71
民衆心理の感情の傾向▶保坂祐玄 … 92
〈馬の話〉顔面相馬▶權藤五七郎 …… 80
大自然の法則・進化律▶枕坂一郎 ……

………… 110
〈散步〉營業 販賣、發送、廣告、會計
　▶王舟 ………… 113
人口國策の重大性▶犀川訓玄 …… 117
應召の陰に▶伊藤春夫 ………… 120
個人主義普選法改善の要▶漢江坊 ……
　……………………………………… 130
米國頹廢風俗輸入に吸々▶孤峯 … 132
〈家庭〉結核の簡易治療▶荒川一豊 ……
　……………………………………… 134
我等の歡喜▶山田とし을 ………… 137
歐洲動亂の前夜(一)▶青山倭文二 ……
　……………………………………… 138
編輯机上 ……………………………… 156

```
朝鮮公論 第29巻 2号, 1941. 2
         通巻 第335号
```

〈卷頭言〉朝鮮の新政治問題內地選擧資
　格の改正 ……………………………… 1
超非常時朝鮮の責務▶里吉基樹 …… 2
大東亞永遠平和の大道 ……………… 11
戰陣道義の昂揚〈戰陣訓〉 ………… 12
禍を轉じ福となす▶上泉德彌 ……… 8
〈隨筆〉梅と旅▶布九矢磨 ………… 26
精一杯の生き方▶花岡淳二 ………… 22
官場小異動評 附朝鮮留學生指導問題▶
　宮崎義男 …………………………… 32
資金の重大性加はる▶中川龜三 …… 36
日本國家の優越性 統治權の絕對性こそ
　國民道德の基礎▶池帆祐介 ……… 19

事變處理の世界的構想▶三技茂智 … 40
新體制とモラルの意義▶高桑純夫 … 28
米政一變畜産に好影響▶大場義雄 … 44
米漫談▶中野伊三郎 ………………… 60
朝鮮借地借家調停令の槪要に就て▶宮
　本元 ………………………………… 72
公論春秋 ……………………………… 35
秘密力▶祐嶽 ………………………… 47
蘭印を繞る日米關係▶高瀬五郎 …… 54
繁滅精神▶魯雪 ……………………… 21
爐邊漫言▶孤峯 ……………………… 100
戰爭經濟の理想的の形態▶宮川實 … 48
〈馬の話〉顏面相馬▶權藤五七郎 … 66
〈紅葉山莊隨筆〉扶桑槿域の春から日滿
　支一家の春へ ……………………… 63
はきちがへ▶馬骨 …………………… 43
〈詩〉五人の決死隊▶山田二郎 …… 53
燈下漫筆▶保坂祐玄 ………………… 80
戰慄の統制と沿バルト國の悲劇 …… 65
紀元節奉祝行事 ……………………… 59
腦味噌の新體制▶訓弘居士 ………… 88
水産業者の覺悟▶江舟 ……………… 99
漁村の文化▶巨星 …………………… 94
朝鮮西海岸水産業展望
全南の水産 海苔は全南の代表もの ……
　……………………………………… 90
全北の水産 內地人通漁者が開發の先驅
　……………………………………… 91
平南の水産 大洞江名産の白魚 …… 92
黃海道の水産 グチと海苔 ………… 96
忠南の水産 ………………………… 98

平南の水産 …………………… 95
維新志士 横井子操▶上屋春祐 …… 104
〈新聞〉觀察力は小事件を語る▶王舟 …
　………………………………… 102
〈家庭〉家庭醫學　胃腹が弱いと風邪を
　引き易い …………………… 122
雜題
　再思三省 …………………… 10
　獨言 ………………………… 46
　希望 ………………………… 20
　嚴肅な氣分 ………………… 103
　ソ聯の農民 ………………… 58
　文化の指導ユダヤ ………… 18
　歐洲動亂の前夜(續編)▶青山倭文二 …
　………………………………… 111
　編輯机上 …………………… 124

朝鮮公論 第29巻 3号, 1941. 3
通巻 第336号

〈卷頭言〉地方民の蒙を啓け 故なき外
　人崇拜熱を排除せよ ……… 1
對米認識を深めよ▶里吉基樹 ……… 2
共存共榮の大道 ……………… 11
革新日本の指導精神▶遠藤隆吉 …… 14
英米資本の驅逐と東亞經濟▶今田裕道
　………………………………… 18
近時雜感▶花岡淳二 ………… 34
帝都雜記▶宮崎義男 ………… 24
〈經濟評論〉金增産農村團體調整▶中川
　龜三 ………………………… 26

華北の合作社と金融組合▶山根憓 … 38
隨筆
　茶道の眞體▶無量庵居士 … 21
　子供と笑▶矢間二郎 ……… 22
國境際警備を犒へ▶本誌記者 …… 7
戰爭の性格と支那事變▶村上利雄 … 40
公論春秋 ……………………… 67
日米戰爭と對ソ方策の確立▶柳澤健二
　………………………………… 64
モンロー主義を逸脫したアメリカの素
　描 皇國民!!奮起せよ 擧國一致時艱克
　服に▶三角庵居士 ………… 54
自姿放縱・無軌道 アメリカ思想▶孤峯
　………………………………… 74
太平洋恒久平和確立の鍵▶町田玄太 …
　………………………………… 99
萬惡の根源 歐米崇拜思想を淸算せよ▶
　訓弘居士 …………………… 96
朝鮮の養蠶及機織▶猪候修次郎 …… 52
庄田眞次郎技師 平凡にして非凡▶一記
　者 …………………………… 76
兩記者團舌戰會・總督出入の記者と軍
　出入の ……………………… 80
〈生活向上法〉人生の目的▶保坂祐玄 …
　………………………………… 68
〈詩〉長江に船乘り▶由田としを …… 84
獨伊凱旋の目標的 英本土とバルカン作
　戰 …………………………… 13
盟邦ナチスの利潤統制▶丸尾顯陽 … 70
〈近世馬術家銘々傳〉森岡小將/宗野少
　佐/花島大尉▶權藤五七郎 ……… 102

〈史料〉韃靼漂流の顚末　日本海北岸の惨劇▶園田一龜 …………… 108
〈偉人小說〉或日の頭山滿▶伊藤春夫 ………………………… 114
〈散步〉世界で最古の新聞 … 120
三萬市民果して眠れる乎▶宮內幾太郞 …………………… 123
〈家庭〉信仰の力▶豚骨 …… 125
歐洲動亂の前夜▶靑山倭文二 … 128
成就は發心より▶崎村正雄 … 137
大日本戰史大觀 …………… 138
編輯机上 …………………… 140

```
朝鮮公論 第29卷 4号, 1941. 4
     通卷 第337号
```

〈卷頭言〉隱險なる策動　英米の常套手段 ………………………… 1
治鮮の基本的一要務▶里吉基樹 … 2
萬邦協和の大理想 …………… 5
帝都雜記▶宮崎義男 ………… 8
思想精神が第一▶祐玄 …… 11
〈經濟評論〉無煙炭の氾濫近し▶中川龜三 …………………… 12
公論春秋 …………………… 23
萬葉防人の歌▶花岡淳二 … 24
支那をかき廻す宋美齡とは … 29
低物價政策と油脂工業▶三好孝 … 30
米國の陰謀▶漢江坊 ……… 33
油脂工業の再編成期▶新井富 … 34
泰佛紛爭調停成立の效果　大東亞共榮圈の安定に寄與 ………… 36
防諜小唄▶山田としを …… 39
生產擴充の花籃▶一記者 … 40
民族と科學▶船山信一 …… 44
南洋の邦人活躍現況▶橋本盟吾 … 48
蘭印の重要農產物▶長野明次 … 52
〈春宵雜記〉緊張と遲緩▶訓弘居士 …………………………… 56
〈隨筆〉謠曲に現はれた佛敎思想と幽靈趣味▶一角庵居士 …… 60
〈雜感〉闇▶孤峯 …………… 62
朝鮮半島の全貌 …………… 64
各道新規事業　生產擴充に重點 …… 71
飛躍する半島
京畿道 ……………………… 72
忠淸南道 …………………… 75
忠淸北道 …………………… 78
全羅南道 …………………… 79
全羅北道 …………………… 82
慶尙南道 …………………… 85
慶尙北道 …………………… 87
江原道 ……………………… 90
黃海道 ……………………… 92
平安南道 …………………… 95
平安北道 …………………… 97
咸鏡南道 …………………… 100
咸鏡北道 …………………… 103
都會人には油斷が多い …… 107
自然界のギャング　活躍期に入る害蟲列傳▶荒坂一 …………… 110
家庭

春光の衛生▶S・O生 ……………… 112
これから嫌はれる春の體臭わきがの療法▶L・T生 ……………… 113
列國の軍神▶杉盆夫 ……………… 115
編輯机上 ……………… 118

朝鮮公論 第29巻 5号, 1941.5
通巻 第338号

〈巻頭言〉感慨寔に深し十年以前の鮮農驅逐策 ……………… 1
鮮滿一如の再認識▶里吉基樹 ……… 2
高度國防國家の要素▶久保義夫 …… 8
日ソ中立條約成る ……………… 5
信頼と自信▶花岡淳二 ……………… 14
獨逸軍の英本土作戰期迫る▶三角庵居士 ……………… 55
清平の發電▶本間孝義 ……………… 30
日本高周波重工業▶山元百千穂 … 107
公論春秋 ……………… 29
慶南の聯盟と愛國班▶中川龜三 …… 22
太平洋の風雲▶御成町隱士 ……… 40
弓▶石川重三郎 ……………… 56
朗か愛國班常會を語る 八日會 國民總力朝鮮聯盟 山岸事務總長講演 … 60
〈隨筆〉體息の話▶H・N・生 ……… 79
民謠を聞く▶画佐駕　郎 ………… 101
都市の面目一新と物價配給整備▶有坂幽玄 ……………… 72
地方文化の新建設・その根本理念▶訓弘居士 ……………… 7

第十八回ソ聯共産黨代表者會議の目標 ……………… 74
雜感▶尾賀三郎 ……………… 80
維新的革新は國體明徵にあり▶荒坂祐介 ……………… 69
本格的總力運動を展開・國民生活に實際化 國民總力聯盟の實踐要綱 … 33
〈近世馬術家銘々傳〉宮崎義一大佐／白石千代太郎大佐／小池順大佐▶權藤五七郎 ……………… 86
阿弗利加サハラ砂漠の土人 ……… 103
戰後の對策▶孤峯 ……………… 71
〈史料〉韃靼漂流の顚末　日本海北岸の慘劇▶園田一龜 ……………… 82
〈隨想〉目に青葉▶漢江坊 ………… 95
躍る江原道▶一記者 ……………… 97
南方諸民族の體格と血統▶橫尾安夫 ……………… 104
日本高周波重工業▶山元百千穂 … 107
〈散步〉漫畫と婦人記事 ………… 111
〈家庭〉慌てることが一番禁物です▶S・K生 ……………… 113
發展途上の巨津漁業組合 ………… 114
時事掃き寄せ ……………… 116
坂本龍馬▶坂堀保一 ……………… 124
編輯机上 ……………… 128

朝鮮公論 第29巻 6号, 1941.6
通巻 第339号

〈卷頭言〉視野を弘くせよ・民間指導者

階級に望む …………………… 1
亞細亞の自覺と日本▶里吉基樹 …… 2
大國民學の八要點▶富塚淸 …… 6
日米危機と知識人の任務▶橋本關藏 10
增米・蔣政權打倒▶伊東廣 ………… 36
帝都雜記▶宮崎義男 ………… 14
慶南の聯盟と愛國班(二)▶中川龜三 …
………………………………… 20
公論春秋 …………………… 19
土木工事とアセチレン事業▶增田國司
………………………………… 43
〈偶感〉映畫文字▶祐峯 …………… 33
〈於定列八日會〉事變下朝鮮に於ける貯
蓄に就て▶伊森明治 ………… 25
アメリカ經濟の長期戰準備 ………… 53
〈ラヂオビーコン〉 ………………… 51
見透のきく小田さん/自家用飛行機/
起てよ群山ドイツに倣って/加藤平
太郎氏の自家用 ……………… 51
〈隨筆〉針のメドから大空を▶帆佐加生
………………………………… 56
動かない顔▶幽玄 …………… 35
蒙古共和國の經濟事情 ……… 39
豚▶中野伊三郎 ……………… 46
禮法に科學的解釋▶長野生 ……… 13
ギゴチないパン▶孤州生 …… 64
敎學の刷新▶鼠骨 ……………… 55
〈史料〉韃靼凜流の顚末　日本海北岸の
慘劇▶園田一龜 ……………… 58
〈散步〉誘惑に打勝て …………… 63
時事掃き寄せ …………………… 66

特輯 躍進滿洲國の全貌 ………… 71
高度國防國家建設と産業五ケ年計劃
………………………………… 72
五族協和に築く ……………… 75
國威世界に燦たり國際的地位愈々高
まる …………………………… 80
建國精神の顯揚 協和會の活躍 … 82
滿洲國の二大銀行 …………… 86
新に飛躍に備ふ國際運輸 ……… 89
躍進滿洲の實情を知るこそ刻下の急務
東洋一の怪急速列車 ………… 90
滿洲の旅と季節 ………………… 91
王道の光遍ねく滿洲國の治安は絶對
安全 …………………………… 92
解熱劑の服み方▶T・N・生 …… 93
所謂風呂の闇▶漢江坊 ……… 95
〈近世馬術家銘々傳〉荻原盛種大尉▶權
藤五七郎 ……………………… 97
編輯机上 ……………………… 102

朝鮮公論 第29巻 7号, 1941. 7
通巻 第340号

〈卷頭言〉朝鮮の實力・理由なき白人崇
拜 ……………………………… 1
獨ソ戰爭我觀▶里吉基樹 ……… 2
聖戰茲に四ケ年 一億の決意愈々固し
—事變處理の國は不動—
更に一段の精進を期す▶南總督談 …
………………………………… 8
新たなる覺悟と實行あるのみ▶中村

軍司令官談 …………… 9
更に一層の奮闘を望む▶川岸聯盟事
務局總長 …………… 11
日華兩國政府當局の牢固たる決意簡明
近衛汪共同聲明發表 ………… 12
汪首席來朝と大興亞大業の一翼 … 13
朝鮮の近事片々▶宮崎義男 …… 18
物の經濟▶花岡淳二 ……… 33
一路躍進に十年輝く轉賣事業を觀る …
…………… 43
教育刷新の急務▶鼠骨 ……… 23
戰時食糧油調整▶中野伊三郎 …… 24
事變四周年に際し▶帆佐加祐玄 …… 66
埠頭荷役增强を急ぐ▶山名酒喜男 … 30
豊作氣構へと米穀操作▶加藤平太郎 …
…………… 36
新體制で麥を刈る全北▶庄田眞次郎 …
…………… 40
公論春秋 …………… 17
一途皇國强化に邁進せよ▶訓弘居士 …
…………… 15
定例八日會に於ける 御手洗京城日報社
長の滿洲視察談 ………… 46
歷戰四ヶ年を顧みて▶荒川生 …… 89
ユダヤ▶漢江坊 ………… 39
〈隨筆〉南京興亡の二千年▶加藤繁 ……
…………… 72
ラヂオビーコン …………… 74
丸公の要ある林勞務課長/全北に惡
弊を刈る細見さん/大田の名物促成
胡瓜

朝鮮自慢の歌「鴨綠江發電に際して」…
…………… 65
〈新聞〉思想肅正の根源的方策が必要▶
王舟 …………… 67
〈家庭〉日本婦道▶三輪田元道 …… 86
時事掃き寄せ …………… 79
獨逸ソ聯に宣戰/功利主義排斥/權利
と義務/王道と覇道/預金凍結を恐る
蔣/積極的國防力の要/正信か迷信か/
意味のないことになる/角を矯めて
牛を殺すな/敵性國家群あるを忘る
な/外國製思想の根絶/國語教育と排
外思想/チンドンヤ式虛名流行/惡質
の迷信/新平和原理/美國參戰決意/準
備を忘るな/特別行政官廳/白系の指
導
國策戰に躍る朝鮮水産開發株式會社 …
…………… 62
思想の肅正▶孤峯 ………… 29
編輯机上 …………… 94

朝鮮公論 第29巻 8号, 1941. 8
通巻 第341号

〈卷頭言〉 …………… 1
問題とならない英米の經濟攻勢▶里吉
基樹 …………… 2
時評 …………… 6
躍進日本の基礎 忠孝一如の國民的信念
▶久坂祐人 ………… 12
戰時國民生活强化運動の展開▶川岸文

三郎 …………………………… 14
法律道德と經濟違反▶瀧川辛辰 …… 16
街の世相を語る▶宮崎義男 ………… 20
大和の精神▶花岡淳二 ……………… 24
鴨綠江發電の偉勳者▶中川龜三 …… 28
物價政策と統制經濟▶永田淸 ……… 34
公論春秋 …………………………… 37
朝鮮の認識▶田村浩 ………………… 38
海と朝鮮▶朝本船三 ………………… 41
國策と合致する不拔の海軍精神▶帆佐
　　加祐玄 …………………………… 44
スパイの話▶荒川健二 ……………… 47
新しき文化の内容▶岸田國士 ……… 51
今日の化學肥料▶宇野昌平 ………… 53
米漫談▶中野伊三郎 ………………… 58
隨筆
　　戰場の勇土馬 …………………… 66
　　改善葬禮基準制定ノ趣旨 ……… 69
戰時 國民生活を強化 ……………… 74
待つあるの農政▶嶋谷 篤 …………… 76
歐洲を裏切る英國▶靑山 裕 ………… 79
國民總力戰の意氣▶鳥川僑源 ……… 82
學校とスポーツ …………………… 84
アングロサクソンの自己心▶吉田福藏
　　………………………………………… 86
ビルマ人の反英抗爭 ……………… 90
ウクライナ及び白露 豐富なる大資源▶
　　西村不二 ………………………… 94
商業道德▶漢江坊 …………………… 99
蘭印の防衛と實力▶一記者 ………… 101
海と船▶孤峯 ……………………… 105

鳴蛙噪蟬錄 ………………………… 106
言論の特殊性について …………… 111
新體制と婦人問題▶山本昌浩 …… 113
編輯机上 …………………………… 116

朝鮮公論 第29巻 9号, 1941. 9
通巻 第342号

〈卷頭言〉天降り諸公に呈す/戰時生活
　　來を望む ………………………… 1
〈時評〉粗暴漢英米/英米の慾望に伴ふ
　　南方威/世界の激變に備へよ …… 4
中小工業問題に就て▶小島新一 …… 9
米國の哨戒區域擴大▶匝瑳胤次 … 12
前線と銃後の一體化▶川岸文三郎 … 18
南方政策の前進▶吉植庄一 ………… 20
廣量のたれ▶花岡淳二 ……………… 22
臨戰體制と朝鮮理研▶伊丹忠雄 … 26
生産擴充力絶大 京畿道の大殖産契▶
　　重松韶修 ………………………… 29
纖維雜貨一元配給▶光石郡治 …… 32
米漫談▶中野伊三郎 ………………… 34
公論春秋 …………………………… 41
世界戰爭と印度▶一記者 …………… 42
防空の心構へ ……………………… 47
〈隨筆〉物資の增産と健康▶帆坂太郎 …
　　………………………………………… 51
日本の大義名分的指導精神▶翠保生 …
　　………………………………………… 3
我が國體と民族性 國家の鞏固性は君民
　　一體に歸因する▶河合武 ……… 7

〈ラヂヲビーコン〉墨湖に天降つた鈴木さん、羽衣脱いでよく舞ふ/水豊ダムの流筏路世界の観光客を招くか/眠れる獅子の群棲、内務局人材多し ……………………………… 53
鍛練主義教育▶常陸生 ……… 55
衣食住事物の起源 上杉謙信もドブロクを呑んだ▶訓弘居士 ……… 57
頬笑みと食べ物▶幽玄坊 …… 59
〈新聞〉雑誌編輯者の立場▶王舟 …… 75
時事問題掃寄せ ………………… 62
　感謝と感慨/督戰隊の假面/火中の栗を拾ふ英/銃後のソ露パルチン戰への檄文/ソ聯の精神力/米國の極東政策/「後に來るもの」/歐露放棄と新しき課題/魔獸正體を見誤るな ……… 62
〈漫言〉碁と殿様/血統尊重/お大官さん▶飛鳥山人 ………………… 66
法律紙上顧問 …………………… 66
『ユーモアーゴート』鳥人▶安田東燐 ………………………………… 71
近世馬術家銘々傳▶權藤五七郎 … 76
編輯机上 ………………………… 85

朝鮮公論 第29巻 10号, 1941. 10
通巻 第343号

〈卷頭言〉内鮮一體と朝鮮の人的資源 ……………………………………… 1
大陸前進兵站基地たる使命と内容充實に邁進 …………………………… 3

〈詩評〉 …………………………… 9
　モスコー會談/微妙なる帝國の地位/グリーヤ號事件の發展性
國民皆勞の總進軍働らかざるものは國民にあらず ………………………… 8
報徳の精神▶花岡淳二 ……… 14
大和合の力▶荒卷太郎花 …… 18
日佛印經濟進展の意氣▶高圓寺二郎 … 32
滿洲事變十周年回顧▶訓弘居士 … 28
喫緊なる思想對策▶馬骨 …… 31
日本の國▶青山倭文二 ……… 24
心得問答▶十九近生 ………… 41
都市の皆勞運動と農村の皆勞運動農▶一記者 ……………………… 38
公論春秋 ……………………… 21
聯盟情報 ……………………… 47
我等の生くる▶町田一郎寺 … 22
〈隨筆〉外米禮讚▶帆坂祐玄 … 53
國家百年の大計▶神谷質郎 … 45
狸寝入り▶ほさか生 ………… 63
敵性國家明示が必要▶孤峯 … 56
老年と青年▶常陸山人 ……… 50
臨戰食糧罐詰を見る・乾燥食糧と共に重要▶有明伍郎 …………… 65
水産の國防國策に貢獻・魚粉の食糧化 ……………………………… 67
物資の節約▶龍山坊 ………… 37
不老長壽の妙藥「朝鮮人蔘」に止めを刺す▶荒川迂人 ……………… 60
靈界雜考▶幽玄道人 ………… 58

鮮度低下時代出現について▶TH生 ……………………………………………… 69
滿洲鬼▶伊藤春夫 ………………… 70

朝鮮公論 第29巻 11号, 1941. 11 通巻 第344号

〈巻頭言〉朝鮮の實力發揮の日近し … 1
明治節 ………………………………… 3
新內閣に强化を期待す ……………… 5
〈詩評〉 ………………………………… 8
　太平洋の火藥
　モスクワ陷落せば
　米國の頑迷發不戾
中小商工業の再編方針▶櫻田弦二 … 15
軍馬の靈に捧ぐ▶天岸事務局總長 … 20
偶感▶花岡淳二 …………………… 25
時局と青年▶杉盆夫 ……………… 32
興亞民族への關心▶川路佛辛 …… 36
公論春秋 …………………………… 19
南進の魅力▶水野武夫 …………… 29
青年詩宗の果斷 …………………… 7
支那を語る▶保村次郎 …………… 40
燈下漫筆▶孤峯 …………………… 43
隨筆
　國民皆勞▶帆坂祐玄 …………… 53
雜感▶幽玄道人 …………………… 48
勤勞報國隊準則▶朝鮮總力聯盟 … 50
共榮圈の食糧自給 ………………… 39
特輯
　電氣報國に邁進 ………………… 53

非常時下電氣報國に邁進する京城電氣 ………………………………… 55
金剛山電氣鐵道株式會社 ………… 57
南鮮合同電氣株式會社 …………… 58
北鮮合同電氣株式會社 …………… 59
產業興發に飛躍する漢江水力電氣株式會社 ……………………………… 60
黃海工業ブロックの推進力西鮮合同電氣 ………………………………… 62
電氣應用の深鑛と顯微鏡▶大山松次郎 …………………………………… 65
躍進半島の電力界に貢獻する ……… 67
西北鮮の經濟構成 ………………… 68
科學日本の大威力鴨綠江水豊發電所 … 70
北鮮の水力電氣 …………………… 73
幕末勤王美談―賴三樹三郎▶高瀬靖 … 81

朝鮮公論 第29巻 12号, 1941. 12 通巻 第345号

〈巻頭言〉敵を克く知る司し ……… 1
一億國民よ奮起せよ ………………… 3
特輯
躍進半島の水產 …………………… 7
國家本位の經營へ ………………… 14
一億七千萬圓を突破する半島の鰯漁業 ………………………………… 17
朝鮮鰯油肥統制十周年を顧みて▶岡信俠助 ……………………………… 29

過去を顧み現狀に照し晏如たるを赦さず▶北野退藏 …………31
水産部門に於ける科學技術振興の必要と科學檢查の確立に就て▶山內超一 ……………………………………34
公論春秋 …………………47
非常時と魚肉蛋白▶關根秀三郎一………………………………40
年産三千四百萬圓を突破する國民保健食料としての朝鮮の明太漁業 ……48
鰮綱漁業の發展に就て▶翠酸生 …60
鰮榮養食魚粉の試驗經過について▶樽岐敏夫 ………………62
水產統制の方向▶三宅發士郎 ………66
萩皮ロープの性態 果して實用化されるか▶咸南水試の功
エキスに優る 漁綱染料材「ノブキ」▶失野堤 ……………86
魚類の基本調查なくして計劃生產は不可能▶內田惠太郎 ……56
生産性の昂揚▶訓弘居士 ………72
漁船の愛護 ………………81
東亞の於ける油田展望 ……………88
漁油と木炭瓦と帆船の問題▶漢江太郎 ……………………108
水産新體制について▶祐玄 …92
〈資源〉漁業では日本人獨占 鑛業開發は將來の問題▶幽玄道人 ……83
全漁業組合の總力を以て增産必死の努力を望む ………………95
漁都清津 …………………96

清津漁業組合 ……………96
咸北油肥製造組合 ………97
第一區機船底曳組合 ……97
咸北機船巾着組合 ………98
咸北輸出鹽魚組合 ………98
咸北道水產會 ……………99
佐々木總師の下 東海岸巾着の陣容堅し …………………………99
明太漁業第二區機船底曳組合 …100
咸南鰮油肥組合 …………100
咸南輸出鹽魚組合 ………100
元山の水產 ………………101
漁大津漁業組合 …………107
西湖津漁業組合 …………105
城津漁業組合 ……………102
雄基漁業組合 ……………59
江原道の水產 ……………101
半島水產の雄 鯖漁業 ……55
食糧品の本質的基礎條件を外視する勿れ ……………………117
明太魚の中心漁場,西湖津 ……103
代燃試驗の成績滿點 ……107
天然の漁港 漁大津と能美工場 …105
國策第一線に活躍する諸工場の雄姿 ……………………111
朝鮮聯盟制定の主婦の生活豫定表發表さる▶國民總力朝鮮聯盟 ………118
編輯机上 …………………122

朝鮮公論 第30巻 1号, 1942.1 通巻 第346号

〈口繪〉南朝鮮總督閣下元旦試/燦たりこの光榮・山本聯合舟監隊司令官長
〈卷頭言〉諭告▶南次郎 ………… 1
〈對米英宣戰の大詔渙發〉宣戰布告詔書 優渥なる勅語陸海軍に賜ふ ……… 2
宣戰に關する帝國政府聲明 ……… 4
米英非道の挑戰・帝國斷乎膺懲に起つ ……………………………………… 6
宣戰の大詔を拜し奉りて▶祐玄 … 20
大東亞戰爭第一次の新春に際して … 9
ただ戰ひ拔かん▶南次郎 ……… 12
天下の正位に立つ▶大野綠一郎 … 14
皇紀二千六百二年年頭の辭▶三岸文三郎 …………………………… 16
光輝ある年頭の辭▶林繁藏 …… 26
公論春秋 ………………………… 17
車中で▶根木生 ………………… 29
大東亞戰の感覺▶宮崎義男 …… 36
廢刊の辭▶里吉基樹 …………… 18
大東亞戰爭と經濟の完勝體制▶松原純一 ……………………………… 30
米國の野心は傳統である▶花岡淳二 ……………………………………… 48
英國の牙城香港陷落 …………… 55
決戰體制下に於ける半島農村の使命▶松本誠 …………………………… 33
頑迷不靈米英を征討す、宣戰の大義極めて昭明▶漢江隱士 ………… 23
犧牲的精神▶石黑忠篤 ………… 74
國體の尊嚴と國民の天職▶佐藤鐵夫 ……………………………………… 52
醇風美俗▶小坂信玄 …………… 45
恆久遠大の構想▶孤舟 ………… 43
大東亞戰爭と國民の覺悟▶蜻州 … 57
重慶の地獄想 …………………… 11
沒落前夜の重慶政權▶町田朝慶 … 68
南洋と日本を語る▶伊藤春夫 … 60
南洋の氣候と風土病▶山田格三 … 65
社告 ……………………………… 76
御挨拶をかねて ………………… 89
廢刊に際して▶保坂祐玄 ……… 77
幕末勤皇美談 橋本佐内▶帆佐春峯 …………………………………… 80

朝鮮公論 改卷 第1巻 1号, 1942.2 通巻 第347号

〈口繪〉油斷大敵/マレー戰線にて
〈卷頭言〉 …………………………… 1
創刊の辭▶鎌田正一 …………… 10
〈社說〉本分を盡せ ……………… 12
國士的信念に俟つ▶大野綠一郎 … 16
使命を完遂せよ▶中村孝太郎 … 17
祝辭▶三橋孝一郎 ……………… 17
思想戰の堅壘を固めよ▶倉茂周藏 … 18
祝辭▶松原純一 ………………… 19
朝鮮公論の發刊を祝す▶川岸文三郎 ……………………………………… 20
祝辭▶御手洗辰雄 ……………… 21

〈論壇〉世界歷史の根本轉換と大東亞戰の性格 …………………………… 23
日本外交の新たなる課題▶木下半治 34
眞の翼贊道▶安藤紀三郎 ……… 37
〈對談〉朝鮮貿易振興策▶朝鮮東亞貿易株式會社 社長 橫瀨守雄氏/朝鮮商工會議所理事 經濟學博士 田村造氏 …………………………… 39
大東亞戰爭と朝鮮米の威力▶吉池四郎 ………………………………… 56
貫け大東亞戰爭▶朝鮮總督府情報課 …………………………………… 61
大東亞共榮圈の確立と皇國の道▶松月秀雄 …………………………… 104
海南島記▶中野直枝 ………… 128
〈教育・時評〉教育振興方策 …… 133
〈社會・時評〉國策と電車苦の場合▶大口義夫 …………………… 143
名士にものを聽く
　甘蔗義邦/石田千太郎/西山力/矢島杉造/芳賀文三郎/川岸文三郎/篠田治策/松本誠/古庄逸夫/吉田英三郎/桑野健治/朝生平四郎/中谷秀邦/木尾良清/石森久彌/寺田金司/野崎眞三/矢鍋永三郎/後藤長治/本田秀夫/倉茂周藏/佐藤芳彌/阿部千一/赤木鈴雄/井上收/黑田幹一/渡邊信治/町田定治/上內彥策/白神壽吉/田尻正光/上野彥八/佐藤德重/丸田進/土屋傳作/森五六/石崎賴久/小松榮/內田三之助/龜谷敬三/田中初夫 …………………… 94

眼耳口 ……………………… 149
時の人
　南鮮合同電氣株式會社社長 小倉武之助氏 …………………………… 92
　西鮮合同電氣株式會社社長 今井賴次郎氏 …………………………… 93
誌上座談會 南方圈開發と朝鮮 … 66
　南方諸地域と朝鮮經濟▶松原純一 67
　南方の開拓と朝鮮▶松本誠 … 73
　新東亞と半島の將來▶御手洗辰雄 …………………………………… 74
　大東亞戰爭と朝鮮▶野田新吉 … 79
　南方開發と朝鮮▶賀田直治 … 83
　共榮圈建設の前程▶井上收 … 86
　先進地の意氣▶芳賀文三 …… 88
　寧ろ急を要す▶吉田英三郎 … 88
　一億一心の境地▶石原憲一 … 89
　耳目南するとき心北せよ▶白堂生 …………………………………… 90
將來戰と科學兵器▶淺田常三郎 … 110
壯烈な軍艦爆擊(圖解) …………… 114
隨筆
　節約の目標▶寺尾元志 ……… 115
　貯蓄▶片山隆三 ……………… 120
　春の隨想▶佐藤九二男 ……… 121
　四十七士の場合▶松岡脩三 … 123
　北と南▶土屋傳作 …………… 125
　南十字星▶高橋濱吉 ………… 126
話の種
　日本婦人の嗜み▶德川義親 … 135
　家庭野菜の自給▶藤井健雄 … 139

四方八方の話▶岩本正二 ……… 145
文苑
　梅▶山上梅之函 ……………… 150
　俳句▶北川左人抄 …………… 154
編輯後記 …………………………… 156

朝鮮公論 改卷 第1巻 2号, 1942. 3
通巻 第348号

〈口繪〉我が主力艦隊の偉容/特別攻擊
　隊襲擊想像圖▶松添畫伯筆
〈卷頭言〉……………………………… 1
〈社說〉世界政策を確立せよ ……… 10
論壇
　農業界に知識を割當てよ ……… 14
　太平洋の覇者日本▶鶴見祐輔 … 17
　戰時經濟と決戰態勢▶木村禧八郎 …
　…………………………………… 20
　昭南港と太平洋時代▶佐々木勝太郎
　…………………………………… 23
　南方開發と朝鮮▶杉山茂一 …… 39
　貫け大東亞戰爭▶總督府情報課 … 32
　半島產業界の全面的飛躍▶松原純一 …
　…………………………………… 27
　食糧增產に邁進▶佐々木駒之助 … 30
對談會
　農村振興問題▶前京畿道知事 朝鮮金
　融組合聯合會長　松本誠/前農林局長
　朝鮮木材株式會社長　湯村辰二郎 …
　…………………………………… 136
　新時代と國民敎育▶京城帝國大學敎
授　文學博士　松月秀雄/前總督府學務
局長　京春鐵道株式會社長　林茂樹 …
　……………………………………… 52
蘭領印度を語る▶伊藤春夫 ……… 89
歷史を顧る▶花岡淳二 …………… 64
義士所感▶靑谷文峰 ……………… 86
眼耳口 …………………………… 118
半島事業界展望 ………………… 128
下級生から觀た松月博士 ……… 112
大仁川の將來 …………………… 83
誌上座談會大東亞共榮圈と朝鮮
　文化西漸史上に重任▶倉島至 … 69
　半島資源の重要性▶木野藤雄 … 70
　皇民化運動の裏打を要す▶本田秀夫
　……………………………………… 72
　南方圈開發の根幹▶讚井源輔 … 74
　內鮮一體を主軸▶澁谷恒治郎 … 77
　共榮圈の一中核▶賀田直治 …… 80
　地味ではあるが▶飯島滋次郎 … 82
時の人
　京城電氣株式會社長▶武者鍊三 … 84
　國產自動車株式會社長▶山下佐太郎
　……………………………………… 85
名士にものを聽く
　三田淳/野崎眞三/大森貫一/片山慶助
　/佐藤九二男/工藤武城/山田新一/寺
　田瑛/石原憲一/朝生平四郎/山名酒喜
　男/吉岡久/中川龜三/片山隆三/丸田
　進/渡邊得司郎/大口義夫/小野益雄/
　金川聖/山內秀雄/桑野健治/田中初夫
　/佐藤圭四郎/谷助市/德野眞士/矢橋

水明/田花爲雄/武田誓藏/辻萬太郎/井上收/荻山秀雄/木尾良清/松重末式/衛藤吉之助/崎山信/酒井政之助/赤津基/高井邦彦/加藤好清/立川六郎/福本市太郎/木下榮 …… 94

随筆
　支那民族の研究▶大藪幹太郎 …… 42
　或る日の幕府風景▶明波緒 …… 43
　贅澤▶片山隆三 …… 47
　偏する勿れ▶訓弘居士 …… 49
　『ノロ高地』上の民族意志▶前川勘夫 …… 107
〈漫畵・漫文〉四方八方の話▶岩本正二 …… 114
主婦の生活一日の豫定表▶國民總力朝鮮聯盟 …… 111
文苑
　短歌▶前川勘夫抄 …… 132
　俳句▶北川左人抄 …… 134
　勇將 篠原國幹▶はるを …… 119
編輯後記 …… 150

朝鮮公論 改卷 第1卷 3号, 1942.4
通卷 第349号

〈口繪〉海鷲英驅隊艦轟沈/馬と兵隊
〈卷頭言〉 …… 1
〈社說〉歷史の必然性・印度は善處せよ …… 10
論壇
　世界はどうなるか …… 15

東亞經濟力の增强▶岸信介 …… 24
神國日本の偉力▶大平秀雄 …… 27
國民體位の向上▶松田道一 …… 30
臣道實踐の理念▶小田次郎 …… 33
共榮圈と朝鮮の使命▶工藤三次郎 …… 36
ボルネオの大密林 …… 50
南海に潜水する …… 52
義士所感▶青谷文峰 …… 73
〈座談會〉實踐の體驗を語る …… 38
　出席者：陸軍大佐 厚地兼彥/陸軍中佐 近藤嘉名男/陸軍中佐 中田吉穗/陸軍少佐 和田敬道/陸軍曹長 村上利久(於 朝鮮軍報道部)
眼耳口 …… 128
時の人
　北鮮製紙化學工業專務 藤原喜藏 …… 76
　京城商業會議所副會頭 田中三郎 …… 77
馬も戰時體制▶吉原吉彌 …… 85
今日の問題
　伊森貯蓄銀行頭取に戰時貯蓄を聽く …… 78
　南方圏と米穀問題に就て▶語る人・石塚朝鮮米倉社長 …… 144
南方共榮圈事情▶前川勘夫 …… 104
随筆
　三月の言葉▶吉岡久 …… 107
　見えるもの・見えざるもの▶大和二策 …… 109

別府から▶德野慶助 ……… 110
南方圈我觀▶幽玄生 ………… 112
雜誌と統制▶河野年 ………… 113
傷春行▶佐瀨直衛 …………… 114
牛島中將と富永中將 ………… 124
〈誌上討議〉戰時戰後の教育問題 … 54
大東亞戰爭下の家庭教育▶島田牛稚 …
……………………………… 55
戰時及び戰後の教育問題▶小山一德 …
……………………………… 59
戰時戰後の教育に就いて▶高橋武臣 …
……………………………… 60
知の世界から行の世界へ▶大保吉藏 …
……………………………… 62
日本主義に集注せしめよ▶瀨戶潔 … 64
現下教育の目標と方法▶片山隆三 … 65
情意合一の德育敎化▶小野益雄 …… 67
皇道敎育の振起▶鳥飼生駒 ………… 68
敎育體制の確立▶市村秀志 ………… 69
半島事業界展望 ……………………… 129
西鮮ところどころ …………………… 137
〈漫畵・漫文〉四方八方の話▶岩本正二
……………………………… 130
〈誌上座談會〉半島産業と重點主義 …
……………………………… 90
半島産業の重點と方向▶松原純一 … 91
國土計劃下の半島産業▶三州海用 … 93
經濟時事管見二題▶本田秀夫 ……… 98
重點を何れに置くか▶山本爲善 …… 101
半島産業の重點措置▶賀田直治 …… 103

朝鮮公論 改卷 第1巻 4号, 1942. 5
通巻 第350号

〈口繪〉敵の破壞したイロイロ橋を前進する皇軍/精銳我が鐵牛部隊の市内行進(戰車記念日)
〈卷頭言〉 ……………………………… 9
〈社說〉世界歷史の轉換期 ………… 10
論壇
　長期戰敢て辭せず ………………… 14
　水戶學と日本武士道▶高須芳次郎 …
……………………………… 20
　濠洲は何處へゆく▶堀眞琴 ……… 24
　印度の軍需工業▶齋藤博厚 ……… 27
　伸びる敵の手, 北太平洋 ………… 31
　ニュージーランドの風貌 ………… 34
　國際狀勢は斯く動く▶御手洗辰雄 … 38
　南方共榮圈事情 …………………… 68
〈誌上座談會〉中小商工業者の維持育成
……………………………… 46
方法を如何にするか▶松本誠 ……… 47
國策隊行と照應せしめよ▶栗田眞造 …
……………………………… 53
維持育成法に就て▶李家玄載 ……… 49
根本的改革を要す▶河村國助 ……… 52
積極的に擴大强化▶柴原正一 ……… 57
朝鮮に於ける現段階▶川合彰武 …… 58
戰爭目的完遂の爲めに▶阿部享治 … 61
企業單位を引上げて▶竹中保夫 …… 60
職分奉公の認識を徹底▶野田新吾 … 64
財界放談▶三宅生 …………………… 136

英國經濟の弱點を發く▶元村八洲士 …
………………………………… 66
初空襲を體驗して▶中島司 … 74
東亞建設と技術者精神▶前川勘夫 … 43
各道施設の概觀 ……………………… 107
代用燃料とガス發生機▶矢野生 … 130
半島事業界展望 …………………… 146
〈座談會〉半島思想の動向と現狀
　秋田重季/川岸文三郎/三谷淸/額賀大
　直/奧平武彥/高橋濱吉/寺尾元志 ……
　……………………………………… 80
時の人
朝鮮畜産株式會社社長 岡崎哲郎 …… 78
仁用商工會議所會頭 森秀雄 ………… 79
名士にものを聽く
　森本喜德/兒玉琢/野崎眞三/代田繁治
　/一市民/大橋恭彥/平佐周三/中江悌
　一/失名生/木尾良淸/堀野仙策/西村
　省吾/大塚健之助/岸本源三郎/小笠原
　儀雄/宮崎準一/玉田公三/近藤篤雄/
　小野利幸/吉岡久/沼田技師/田尻正光
　/森本太郎/水谷一政/古川甚二郎/和
　氣孫吉/長與謹三/畑田硏三/井上之介
　/平野長一/松木己之助/三木淸一 ……
　……………………………………… 122
〈對談〉お隣り同志對談者:生田花世・矢
　橋水明 …………………………… 102
隨筆
　北から南への旅▶長谷井一沫 … 108
　交通の仕事亦難い哉▶見目德太 ……
　…………………………………… 109

街頭に拾ふ▶黑頭巾 ……… 110
年齡を忘れよ▶飛鳥山人 ……… 111
必勝の哲理▶石森久彌 ………… 113
演劇文化運動隨想▶工藤努 …… 115
隨神道愚見▶臼井靖晃 ………… 117
貴誌を讀みて▶阿部千一 …… 138
御國の爲めなら ………………… 77
目耳口 ……………………………… 144
西鮮ところどころ ……………… 145
〈漫畵・漫文〉四方八方の話▶岩本正二
　………………………………… 140
文苑
大東亞戰爭▶武田全 …………… 148
邵城俳壇▶吉岡富士堂選 ……… 148
〈詩〉南方の掟▶中尾淸 ………… 149
短歌▶前川勘夫抄 ……………… 150
俳句▶北川左人抄 ……………… 152
漢詩 ……………………………… 76
編輯後記 ………………………… 154

朝鮮公論 改卷 第1卷 5号, 1942. 6
通卷 第351号

〈口繪〉小磯新總督と筆蹟/田中新政務
　總監と筆蹟
〈卷頭言〉……………………………… 9
小磯新總督を迎へ ………………… 10
南前總督を送る …………………… 11
〈社說〉戰後經營の根本理念 ……… 12
論壇
　朝鮮同胞に徵兵制度實施 ……… 18

日本海海戰と大東亞海戰▶安保清種 ……………………………………… 21
大東亞戰爭と朝鮮經濟▶鈴木武雄 … ……………………………………… 24
大東亞戰爭と世界觀▶木原通雄 … 28
國民思想と國語常用▶橫瀨守雄 … 32
船が語る日本民族發展史▶沖禎吉 … 36
〈誌上座談會〉聖戰と思想戰對策
默々として對處せよ▶黑木剛一 …… 71
思想戰でも勿論勝つ▶倉島至 ……… 73
青年諸君の自覺▶桂谷連俊 ……… 78
根本的に且つ具體的に▶三木清一 … 80
思想の勝者たるを要す▶野中增一 … 82
日米科學普及比較▶田澤修一 ……… 17
パプア島の奇習 …………………… 86
感激の徵兵制實施に就て
　皇民道の本體に突入せよ▶波田重一 ……………………………………… 48
　建軍の本義と徵兵制實施▶磯矢五郎 ……………………………………… 50
　先づ國語の常用▶八木彥助 ……… 52
中小商工業問題に就て▶堀正一 …… 40
中小商工業者維持育成法▶藤森鐵藏 … ……………………………………… 45
〈對談〉銃後國民の保健問題▶對談者：
　增田道義・岡久雄 ………………… 54
御手洗京日社長に待望 …………… 69
財界の新人三鬼隆 ………………… 123
〈誌上討議〉學校教育の戰時體制化▶安部亨二／山下久男／石原憲一 …… 89
各道施設の槪觀 …………………… 145

時事片々▶黑川逸平 ……………… 118
公論春秋 …………………………… 117
名士にものを聽く
　池田裟裟六／田中初夫／高井邦彥／田口澄太郎／黑澤猪平／江上征史／小高五郎／河野綱／椚田政勝／片山慶助／平佐周三／橫瀨守雄／橋本峯三／瀨戶潔／西條利八／松崎靜男／鈴木文次郎／川澤章明／安藤博／武良竹市／片山隆三／德野眞士／元村八洲士／金谷豐正／山田新一／門井昌一／天岸敏介／村岡太之助／伊藤重次郎／吉岡久／佐伯弼／大木盛三郎／金川榮治／藤川吉久／梅林卯三郎／下郡山誠一／成澤克衛／前川兼一郎／德住宮藏／渡邊得司郎／立川六郎／島田被吉 ……… 102
時の人
　窒素肥料販賣株式會社專務▶岡崎康一 …………………………………… 31
　小林鑛業株式會社長▶小林采男 … 35
北鮮を一瞥する …………………… 142
朝鮮の母▶生田花世 ……………… 114
事業界展望 ………………………… 146
隨筆
　思索と映畫▶德田馨 ……………… 124
　偶感一則▶巨濤生 ………………… 130
　時流と時勢▶片山慶助 …………… 131
　明君と暗君▶平林泉 ……………… 133
　人間の評價▶山本一策 …………… 135
　大東亞戰爭▶武田全 ……………… 141
〈漫畫・漫文〉四方八方の話▶岩本正二 ……………………………………… 136

悼吉田秀次郎翁 …………… 141
文苑
　詩▶杉本長夫 …………… 101
　短歌▶前川勘夫抄 ……… 150
　俳句▶北川左人抄 ……… 152
　川柳▶柴田靑芳抄 ……… 149
編輯後記 …………………… 154

**朝鮮公論 改卷 第1巻 6号, 1942. 7
通卷 第352号**

〈口繪〉アリューシャン列島に飜る我が軍艦旗/サルウィン河上流を決翔する我が陵の荒鷲
〈卷頭言〉 ………………………… 9
諭告▶小磯朝鮮總督 …………… 10
〈社說〉日本文化を以て太平洋を彩色せよ ………………………… 12
論壇
　大東亞に國語の普及 ………… 16
　戰果に應へる道▶高橋三吉 …… 21
　東亞の將來と朝鮮▶御手洗辰雄 … 24
　建軍の本義と徵兵制▶磯矢五郎 … 29
　大東亞戰の起因▶倉島至 ……… 36
重慶の苦悶▶金內良輔 ………… 110
防空の科學化▶松原宏遠 ……… 63
燃料科學教育振興▶大森貫一 … 79
小磯新總督に望むもの
　安部能成/橫瀨守雄/賀田直治/本田秀夫/釋尾春芿/立川六郎/平野長一/石原憲一/野崎眞三/生田花世 ……… 66

釜山靑年道場瞥見 ……………… 138
時事片々▶黑河逸平 …………… 126
目耳口 …………………………… 148
座談會 共榮圈と朝鮮經濟
　出席者：伊藤俊夫/臼井靖晃/川合彰武/中山幸三郎/前川勘夫 …… 42
〈誌上討議〉學校教育の戰時體制化
　市村秀志/島田牛稚/市川榮三/宇野鬼芳 ……………………………… 96
葉書回答補遺 …………………… 81
アヌラタブラ …………………… 137
登山の起源と登山精神▶長谷井一沫 …
…………………………………… 130
名士にものを聽く
　額賀大直/大藪幹太郎/石井由紀/森武彦/小林勇二/田口澄太郎/田花爲雄/小笠原儀雄/山崎信一/川合彰武/一住民/井上收/辻萬太郎/吉原秀熊/牧山仁亮/吉良義弘/臼井靖晃/金川榮治/池田裂姿六/鄭在旭/直野良平/高力得雄/柴田靑芳/伊藤只平/中山幸三郎/勝村長平/寺尾元志/齊家良成/佐瀨直衛/長崎祐三/李圭載/藤井安正/中野良夫/小堀英雄/松木己之助/伊達平野/田中淸一/加藤好晴/大和町生/藥師寺淸彦 …………………………… 114
流行る兵隊ごつこ ……………… 115
澁谷常務訪問記▶牧はちろ …… 129
朝鮮事業界展望 ………………… 146
隨筆
　往來で木を買ふ▶飯島滋次郎 … 82

手の貌▶佐藤九二男 ……… 84
氏の訓み・名の呼び方▶松岡修三 …
………………………………… 86
やりくり▶片山隆三 ……… 88
とりとめのないこと▶川村光也 … 90
漢江と人命▶平林泉 ……… 93
断片一束▶中村宗太郎 ……… 94
七月總力運動實踐申合事項 ……… 113
南海の魚 …………………………… 23
公營質屋 …………………………… 109
麥酒の山 …………………………… 14
印度國號考 ………………………… 28
四方八方の話▶岩本正二 ……… 140
文苑
　川柳▶柴田靑芳抄 ………… 149
　短歌▶前川勘夫抄 ………… 150
　俳句▶北川左人抄 ………… 152
　百姓の歌▶武田全 ………… 137
邵城俳壇▶富士堂選 ………… 151
編輯後記 …………………………… 154

朝鮮公論 改卷 第1卷 7号, 1942. 8
通卷 第353号

〈口繪〉第二回內外地情報連絡懇談會/
半島に湧き上る國語熱
〈卷頭言〉 ………………………… 9
〈社說〉優秀なる日本民族 ……… 10
論壇
　華僑を善導せよ ……………… 12
　支那事變解決への道▶金内良輔 … 16

東亞の將來と朝鮮▶御手洗辰雄 … 20
南方發展と新日本敎育▶鶴見祐輔 …
…………………………………… 27
京城府尹の地位▶石原憲一 ……… 30
大東亞農業並食糧政策斷片▶高田實 …
…………………………………… 36
小磯新總督に望むもの
　山下佐太郎/小堀泰一郎/丸山虎之助/
　森五六/佐藤德重/野田新吾/木下榮 …
…………………………………… 40
帝都雜記▶大木生 ………………… 72
時事片々▶黑河逸平 ……………… 86
目耳口 ……………………………… 71
〈座談會〉半島の地下資源を探る
　出席者:/信原聖/越宮朝太郎/高濱保/
　野附勤一郎/田口禎憙/花田甚三郎 …
…………………………………… 52
時の人
　朝鮮銀行總裁 松原純一 ……… 35
　朝鮮商業銀行頭取 堀正一 …… 51
〈誌上座談會〉農民魂の鍊成
　渡邊豊日子/松本誠/田村浩/吉池四郎
　/三州海用/上野彥八 ………… 74
朝鮮の地下資源開發▶河野年 …… 122
南方一巡 …………………………… 116
北邊の護りは固し ………………… 114
〈座談會〉朝鮮農林業の再檢討
　出席者:山澤和三郎/林茂樹/渡邊豊日
　子/矢島杉造 …………………… 126
半島庶民金融の統制強力化 ……… 125
半島事業界展望 …………………… 118

朝鮮公論 改卷 第1巻 8号, 1942. 9
通卷 第354号

名士にものを聽く
　小山一德/鷹尾司能衛/山下堅/白神壽吉/見目德太/佐藤隆義/大藪幹太郎/山形靜智/田川常次郎/目黑紫樓/肥塚正太/丸田進/松村子玄/及川民次郎/牧山正德/高橋武臣/高井邦彥/竹中要/土師盛貞/阿部醇/大森貫一/金井清治/芳賀文三/生田花世/水谷一政/川岸文三郎/新海公/中島正彌/山口悅三/湯澤勉治/佐藤彥三郎/飯倉文甫/土屋博作/武田誓藏/龜谷敬三/三木清一/平澤永/加納一米/出宮喜三郎/天野利武/鈴木文次郎/德野眞士 …… 102
總力運動八月實踐事項 ………… 29
アミノ酸工業の勃興▶十河官太郎 ………………………………… 120
東印度の家 ……………………… 70
隨筆
　蛙鳴蟬聲錄▶佐瀨雄山 ……… 90
　冗談ぢやない▶河部生 ……… 91
　國語普及問題に就て▶片山隆三 … 94
　愛國班長選任問題▶片山慶助 … 93
　銃後國民生活確立の急務▶市野澤西之助 …………………………… 99
　四方八方の話▶岩本正二 …… 143
文苑
　俳句▶北川左人抄 …………… 148
　川柳▶柴田靑芳抄 …………… 150
　短歌▶前川勘夫抄 …………… 152
　邵城俳壇▶不二堂選 ………… 26
編輯後記 ………………………… 154

〈口繪〉靈峰を望んで決翔する我が海鷲の偉容/大詔奉戴日の朝(京城近郊にて)
〈卷頭言〉 ………………………… 9
〈社說〉大東亞に黎明來る ……… 10
論壇
　合從連衡は一塲の夢 ………… 12
　思想戰を貫くもの▶下村榮二 … 16
　猶太民族鬪爭史▶西久保博 … 20
　大東亞農業並食糧政策斷片▶高田實 ………………………………… 24
　天の試鍊を克服せよ▶總督府情報課 ………………………………… 29
滿洲建國十周年式典 …………… 138
〈誌上座談會〉道義朝鮮の確立
　牧野四郎/波田重一/倉島至/阿部千一/大河原重信/金川聖/小高五郎/上野彥八 …………………………… 48
半島事業界展望 ………………… 127
眼耳口 …………………………… 142
各道施設の槪況 ………………… 140
〈座談會〉朝鮮交通運輸に新體制
　出席者:林茂樹/田邊多聞/淸水幸次/廣瀨博/見目德太/堀重一 …… 60
九月總力運動實踐申合事項 …… 23
ツリ・マカシ …………………… 85
帝都雜記▶大木生 ……………… 84
スワデシ運動 …………………… 15

中小商工業問題に就て▶堀正一 ‥‥ 44
時事片々▶黑河逸平 ‥‥‥‥‥‥‥ 94
朝鮮經濟界の總力發揮▶松原純一 ‥ 96
時の人
　朝鮮殖産銀行理事▶本田秀夫 ‥‥ 19
　朝鮮鐵道會社專務取締役▶清水幸次
　‥‥‥‥‥‥‥‥‥‥‥‥‥‥‥ 83
〈誌上討議〉學校教育の戰時體制化
　池田利明/中村隆次郎/重松正良 ‥ 52
重量擧と體育新體制▶李丙學 ‥‥‥ 82
學園だより ‥‥‥‥‥‥‥‥‥‥‥ 152
〈座談會〉半島青少年を鍊成せよ
　出席者:石田千太郎/岡久雄/高橋濱吉/
　武者鍊三/堀正一/中馬越之助 ‥‥ 110
空の記念日
　半島航空に就て▶下城義三郎 ‥‥ 86
　航空夜話▶荒木正信 ‥‥‥‥‥‥ 91
名士にものを聽く
　田口澄太郎/福本兵吉/鄭有鐘/內田至
　/半場平七/野村稔/山本智道/坂本由
　藏/古賀弟五/江頭六郎/小野廣佐/富
　山民藏/兒玉琢/田所三次郎/松本豊作
　/宗光清/八束周吉/野崎眞三/永田秀
　治/市野澤酉之助/古賀代木/吉岡久/
　渡邊信治/平野長一/酒井政之助/印村
　延洙/寺尾元志/賀田直治/森五六/鷹
　松龍種/桑land隆人/趙泉錫鳳/井上收/
　桂谷連俊/野村盛之助/伊東致昊/藥師
　寺清彦/島田牛稚/渡邊得司郎/柴田青
　芳/山田新一/齊藤亦吉/海北誠/一市
　民/中津川源吉/石澤謙宗/佐藤剛藏/

小西竹次郎 ‥‥‥‥‥‥‥‥‥‥ 102
隨筆
　空虛な四斗樽より充滿した一升壜▶
　幽玄生 ‥‥‥‥‥‥‥‥‥‥‥ 128
　橋田閣下に對する感謝▶平林泉 ‥‥
　‥‥‥‥‥‥‥‥‥‥‥‥‥‥‥ 129
　北京の雨▶石森久彌 ‥‥‥‥‥ 131
　四方八方の話▶岩本正二 ‥‥‥‥ 143
文苑
　俳句▶北川左人抄 ‥‥‥‥‥‥ 148
　短歌▶前川勘夫抄 ‥‥‥‥‥‥ 146
　川柳▶柴田青芳抄 ‥‥‥‥‥‥ 150
編輯後記 ‥‥‥‥‥‥‥‥‥‥‥ 153

朝鮮公論 改卷 第1卷 9号, 1942. 10
通卷 第355号

〈口繪〉長驅大西洋上に活躍する帝國潛
　水艦の勇姿/戰時色も濃く盛大に催
　された神宮奉讚體育大會
〈卷頭言〉‥‥‥‥‥‥‥‥‥‥‥‥ 9
〈社說〉支那に始まり支那に終る ‥‥ 10
論壇
　新歷史を創造する日本 ‥‥‥‥‥ 12
　國體本義の透徹▶倉島至 ‥‥‥‥ 18
　世界制覇と船舶問題▶住田正一 ‥ 24
　印度洋の一考察▶早川成治 ‥‥‥ 28
　朝鮮地方制度の現段階▶石原憲一 ‥ 36
　中小商工業問題に就て▶堀正一 ‥‥ 40
　印度を動かす人々 ‥‥‥‥‥‥‥ 32
　道義朝鮮の確立

熱と愛とにより指導▶木下敏 …… 15
重點主義によれ▶新海公 ……… 16
〈座談會〉半島府政の翼贊新體制
　出席者:石森久彌/石原憲一/伊藤奉圭
　/濱田虎熊/加納一米/梅林卯三郎/梁
　川在昶 ……………………………… 54
馬事啓蒙八戒▶朝鮮馬事會 ……… 72
十月總力運動實踐申合事項 ……… 34
カーバイトに就て ………………… 53
〈誌上座談會〉責任觀念の鍊成
　山田新十郎/岡崎哲郎/芳賀文三/木下
　榮/見目德太/大村豊樹 …………… 48
大東亞戰爭と朝鮮工業▶小山一德 … 74
時事片々▶片山重三 ……………… 90
帝都雜記▶大木生 ………………… 92
親ごころ▶岡崎康一 ……………… 88
半島事業界展望 …………………… 116
〈誌上討論〉學校教育の戰時體制化
　伊藤文治/鹽崎文治郎/井上三之助 …
　…………………………………… 80
山田理事長訪問記▶牧はちろ …… 117
各道施設の概況 …………………… 141
晴天を仰いで ……………………… 142
〈座談會〉特殊鑛物開發問題
　出席者:西本計三/大村豊樹/奧島盛三
　郎/笠井章/中本明/柳生六郎/天野正武
　/齊藤秀郎/木下文知/木原二壯 …… 94
名士にものを聽く
　村井博/高井邦彦/佐藤剛藏/青木福司
　/工藤三次郎/額賀大直/山下金平/河
　野年/中江悌 /信田芳/二階堂昇/中

山幸三郎/田尻正光/大保吉藏/岩本運
平/片山隆三/柚木正行/亀田喜三郎/
黑澤猪平/崎山信/小松榮/野津鎭意/
大澤武雄/上野雅男/西村省吾/加藤鼎
/岸本忠雄/薮内佳香/廣江澤次郎/琴
川寬/松村子玄/牧山軒求/木村英一/
一市民/上野彦八 ………………… 120
隨筆
　成歡マッカの正體▶鴻城主 …… 130
　四十七士に對する稱謂▶松岡修三 …
　…………………………………… 132
　産めよ殖せよ▶加藤伯嶺 ……… 135
　智識層の覺醒に俟つ▶秋本梧桐 …
　…………………………………… 138
　大東亞共通の大精神▶平林泉 … 139
四方八方の話▶岩本正二 ………… 144
文苑
　川柳▶柴田靑芳抄 ……………… 148
　俳句▶北川左人抄 ……………… 152
　大東亞戰爭▶武田全 …………… 87
　短歌▶前川勘夫抄 ……………… 150
　邵城俳壇▶富士堂選 …………… 93
古池の河童 ………………………… 147
編輯後記 …………………………… 154

朝鮮公論 改卷 第1巻 10号, 1942.11
通巻 第356号

〈口繪〉第二次ソロモン海戰/陸軍志願
　兵訓練所生の堂々市街行進
〈卷頭言〉 ……………………………… 9

〈社說〉陣頭指揮 …………… 10
論壇
　國民に警告す ……………… 12
　われ完勝の日まで戰はん▶奧村喜和男 …………………… 15
　國體本義の透徹▶倉島至 …… 20
　大東亞建設と民族科學▶宇垣一成 …………………………………… 25
　先驅者出でよ▶加藤與五郎 …… 28
　感恩報謝の至情▶吉池四郎 …… 30
　生產能率とその科學化▶松前重義 …………………………………… 61
戰時下に於ける商業組合の結成▶阿部享治 ……………………………… 38
朝鮮中小商工業問題に就て▶堀正一 …………………………………… 78
滿洲文化の使命▶川村光也 …… 42
皇道を昂揚せよ▶額賀大直 …… 82
輓近軍用航空機の展望▶森榮吉 …… 48
大東亞戰と母の力▶三輪田元道 …… 34
半島に於ける人的資源の移動狀況▶前川勘夫 ……………………………… 120
〈誌上座談會〉徵兵制實施に備へ半島青少年鍊成
　青少年の皇民化鍊成▶加藤寬一郎 …………………………………… 72
　官公職者範を示せ▶小野廣吉 …… 74
　平凡の非凡▶中川太郎 ……… 75
帝都雜記▶大木生 …………… 46
遵法強調運動 ………………… 53
時事片々▶片山重三 ………… 66

〈座談會〉半島燃料界にこの構へあり
　出席者:星子敏輝/大森貫一/鏑木得二/高濱保/安田宗次/小山一德/佐藤德重/木野藤雄/森淸義雄 ……… 90
生產力を擴充せよ▶田村浩 …… 112
官界新陣容成る ……………… 68
短歌に顯現さるる日本文化▶天久卓夫 …………………………………… 87
內外に涉る行政新機構 ………… 118
名士にものを聽く
　大村金治/木全力一/野附勤一郎/木原二壯/吉原吉彌/板倉邦介/方臺榮/田中律登/靑木福司/橋本峰三/金川榮治/中瀨濱治/黑沼恒治/西山力/山手順一郎/白神壽吉/森下敷/米倉淸三郎/後藤長治/山本智道/小日向秀雄/高橋武臣/板井才吉/肥塚茂/木下文知/大場源七/關根十七司/小口肇/綿林光雄/前川兼一郎/小林勇二/吉武豊利/井上三之介/木村六郎/松村秀雄/加藤尹/一市民生/石井豊/山本光風 …… 54
西鮮ところどころ ………………… 117
朝鮮馬事會の機構と使命 ……… 45
半島事業界展望 ……………… 70
隨筆
　畫うつる活動寫眞▶木全力一 … 128
　無駄話貳題▶大橋泰彦 ……… 129
　放談あれこれ▶永田秀治 …… 133
　世相を拾ふ▶小曾戶俊男 …… 135
　民族性▶鎌田白堂 …………… 137
北の科學で南の海を拓く ……… 19

十一月國民總力運動實踐申合事項 ……
………………………………… 33
哀悼と感激▶福本兵吉 …… 139
仁川商業學校大觀 ………… 86
四方八方の話▶岩本正二 … 140
文苑
　俳壇▶北川左人抄 ………… 144
　歌壇▶前川勘夫抄 ………… 148
　柳壇▶柴田靑芳抄 ………… 146
　大東亞戰爭▶武田全 ……… 65
編輯後記 …………………… 150

朝鮮公論 改卷 第1卷 11号, 1942. 12
通巻 第357号

〈口繪〉出擊する海鷲を送る整備員/健兵へ雄々しく巢立つ!志願兵訓練所修業式
〈卷頭言〉………………………… 9
〈社說〉開戰初の感激を忘るゝ勿れ …
………………………………… 10
論壇
　國體本義の透徹▶倉島至 …… 12
　必勝不敗の態勢▶小尾大佐 … 44
　南方發展と皇道精神▶伏見猛彌 …
………………………………… 18
　潛水艦の今昔▶匝瑳胤次 …… 22
　輓近軍用航空機の展望▶森榮吉 … 30
　中小商工業問題に就て▶堀正一 26
　住宅絕緣裝置に就て▶永山薰三 40
　森の生活▶土方久功 ………… 34

時局下證券業者の心構へに就て▶辻桂五
………………………………… 72
〈座談會〉朝鮮財界の大動脈を語る
　出席者:保坂時太郎/田村浩/辻健三/內海淸藏/井本悅郎/山口重政/秋山滿夫/秋田秀穗/雨森恒次郎/三井一三/三浦直 ………………………… 74
滿洲に居る牛島農民▶大熊良一 … 91
生產力を擴充せよ▶田村浩 …… 58
世界戰史に輝く大戰果 ………… 62
〈誌上座談會〉戰力增強能率增進
　賀田直治/長野直彥/渡邊得司郎/寺田貞雄/波田重一/藤田文吉 ………… 48
帝都雜記▶大木生 ……………… 70
朝鮮經濟昭和十七年の回想▶橫瀨守雄
………………………………… 64
時事片々▶片山重三 …………… 46
南進の先驅者▶沖禎吉 ……… 116
短歌に顯現さるゝ日本文化▶天久卓夫
………………………………… 140
〈時の人〉京城土木合資會社　坂井淸治式 ……………………………… 25
大東亞戰爭一週年と總力聯盟の行事 29
總力聯盟機構の改革 …………… 28
松本誠氏に農村增產問題を訊く … 96
ベルリン市民の家とその生活 … 21
敵機への備へ ………………… 102
〈座談會〉統制經濟と生產力擴充
　出席者:植木總/栗田眞造/前川勘夫/藤田文吉/相川尙武/下川春海
事業界展望 …………………… 122

黒澤支部長訪問記▶牧はちろ ……119
名士にものを聽く
　伊森明治/矢橋水明/豊永和久/野崎眞三/岸本忠雄/勝屋三郎/赤堀薫/竹内健郎/山崎信一/渡邊得司郎/木村丑之助/湯澤勉時/飯島滋次郎/中村孝嗣/川崎文次/松村重一/石森久彌/津毛百六/土居菊丸/中江悌一/平野長一/山下久男/三井一三/澤木茂正/小笠原儀雄/永田秀治/一市民生/阿部吉助/山田新一/岸米作/木下榮/町田定治/玉田公三/川西信藏/佐瀨直衛/金谷要作/臼井靖晃/兒玉兵一郎/西村省吾/金築勇逸/田花爲雄/吉岡久/武田全/上野彦八 ……………………130
隨筆
　地圖を賣りに來た男▶飯島滋次郎 …
　………………………………124
　知識階級への反省▶嘉林生 ……127
　誠の心▶幽玄生 …………………128
簡易生命保險十萬圓突破 ………… 33
聯盟十二月實踐申合事項 …………101
四方八方の話▶岩本正二 …………143
文苑
　俳壇▶北川左人抄 ………………150
　歌壇▶前川勘夫抄 ………………148
　川柳▶柴田靑芳抄 ………………152
　邵城俳壇▶富士堂選 ……………39
編輯後記 ……………………………154

朝鮮公論 改卷 第2卷 1号, 1943. 1
通卷 第358号

〈口繪〉遲しき樞軸の攻勢
〈卷頭言〉………………………………19
〈社說〉昭和十八年を迎ふ ………… 20
一億悉く決戰に起つ▶小磯國昭 …… 2
唯一絶對の臣道▶田中武雄 ………… 4
年頭所感▶田中鐵三郎 ……………… 5
年頭の辭▶林繁藏 …………………… 8
總力を擧げて勝ち拔かん二年目▶松本誠 ……………………………………11
年頭所感▶野田新吾 …………………13
論壇
　生產擴充の構想 …………………22
　八紘一宇の鴻業▶東條英機 ……26
　日本精神の顯揚▶津久井龍雄 …30
　靖國精神を昂揚せよ▶鈴木孝雄 …36
　敵を侮るなかれ▶野村吉三郎 …39
アラスカ嵐とシベリアの寒波 …… 35
松原前朝鮮銀行總裁を送る ……… 31
朝鮮の新興工業▶前川勘夫 ……… 53
〈誌上座談會〉職域奉公の道
　野田新吾/黒木儀壽圭/木野藤雄/宮内幾太郎/山田鐵二郎/吉田英三郎/石田干太郎/堂本敏雄/山根譓/寺尾元志/本田秀夫/岡崎哲郎/信原聖/倉島至/阿部享治(原橋到着順) ……………42
米國經濟の戰時態勢▶村山公三 …58
眞實日本人への思慕▶田花爲雄 …64
愈々朝鮮に義務教育制 ……………68

〈鼎談〉青少年の鍊成を語る
　出席者：簡牛凡夫/松月秀雄/増田道義
　　　　　　　　　　　　　　　………… 102
皇道精神と國民教育▶後藤長治 …… 70
職域をかたる▶高橋敏 ……………… 84
名士にものを聽く
　石森久彌/加藤鼎/松村重一/遠藤順治/兒王琢/綾部守太/德野眞士/木谷重榮/三本生/川澄正吉/黑田亮/大藪幹太郎/鎬木德二/生田花世/廣田明/井上賢太郎/橋本央/江頭六郎/波田重一/植村實/杉本長夫/藤森鐵藏/豊村裕/名越那珂次郎/若山七三郎/野村稔/花田博/藤本準三/芳賀文三/江澤辰美/池田袈裟六/下山茂助/沼山礎助/乃臺兼治/森武彦/森田梧郎/菊池亨/寺島安/山根幸助/松川政五郎/大友畔主/山崎好一/亀谷敬三/加藤好晴/菰田康一/山田忠次/佐藤恕一/菅岡隆身/牧野四郎/久保昇/三浦武美/古市進/石川常夫 …………………………… 92
ビルマ風俗二題▶齋藤博厚 ……… 122
〈時の人〉國民總力朝鮮聯盟　簡牛凡夫氏 ……………………………………… 83
半島アルミ工業界の問題▶高田實
　　　　　　　　　　　　　………… 126
隨筆
　朗かな顔▶井上收 ………………… 76
　權利と義務▶平林泉 ……………… 74
　俘虜▶片山隆三 …………………… 78
　ハワイマレー沖海戰を觀て▶鬼塚一夫 ……………………………………… 80
　文藝賞のことゞも▶添谷武男 …… 81
怒濤の正體 …………………………… 84
日本婦人の三要素▶大藪幹太郎 …… 88
時事片々▶片山重三 ……………… 130
眼耳口 ……………………………… 137
躍進を續ける朝鮮簡保事業 ……… 129
朝鮮聯盟と戰爭生活强調運動 …… 125
府尹と陣頭指揮 …………………… 73
戰時下讀書の心構へ ……………… 120
魚捷まぬ湖▶星野新吉 …………… 155
子寶部隊長を訪ねて ……………… 132
四方八方の話▶岩本正二 ………… 138
新春朗話
　おほあたり(落語)▶柳家金語樓
　　　　　　　　　　　　………… 143
　南進問答(漫才)▶今男・アチヤコ 146
　米英會談▶玉川一郎 …………… 149
　力士くらべ(講談)▶大島伯鶴 … 152
文苑
　俳句▶北川佐人抄 ……………… 158
　歌壇▶前川勘夫抄 ……………… 156
　偶作▶三井六九 ………………… 128
　川柳▶紫田青芳抄 ……………… 160
　旅日記▶吉岡富士堂 …………… 63
編輯後記 …………………………… 162

朝鮮公論 改巻 第2巻 2号, 1943. 2
通巻 第359号

〈口繪〉ガタルカナル島の椰子林を縫つ

て進撃する陸の精鋭/○○部隊氷上戰闘演習(神宮氷上大會最終日)
〈卷頭言〉 …………………………… 11
〈社說〉本誌一周年に當りて ……… 12
必勝の信念を持て▶板垣征四郎 … 18
戰時國民生活に徹せよ▶波田重一 19
自己を内省せよ▶倉茂周藏 ……… 20
國民的課題▶穗積眞六郎 ………… 22
水產業界に告ぐ▶谷多喜磨 ……… 23
生產主義經濟の確立▶三洲海用 … 25
論壇
　農業再編成の重點 ……………… 14
　獨逸の攻勢と歐洲の新狀勢▶匝瑳胤次 ……………………………… 34
　決戰下第二年の認識を實踐▶堂本敏雄 …………………………… 29
　實業陣總進軍の年▶賀田直治 … 37
明日の空に挑むもの▶大西次郎 … 42
南方共榮圈めぐり ………………… 44
〈誌上座談會〉決戰下國民の心構へ
　今年こそは決戰の年▶倉島至 … 76
　滅私奉公の最低生活▶古庄逸夫 77
　利潤追及思想の打破▶森五六 … 77
　勤勞の強化▶松本誠 …………… 78
　座右銘五訓▶渡邊得司郎 ……… 79
　一言に盡きる▶鹽田正洪 ……… 81
　己を空しふせよ▶三木清一 …… 79
　大阪赴任第一感▶本田秀夫 …… 81
　日常生活を反省せよ▶金川聖 … 82
　今度の戰は拳闘式だ▶三浦武英 84
　窮乏に堪えよ▶森秀雄 ………… 86

　生か死か▶阿部享治 …………… 87
　旺盛なる生活力の昂揚▶武田誓藏 ……………………………… 90
　滅私生產增強に邁進▶平澤永 … 93
　親の心構を持て▶岡崎哲郎 …… 93
　心氣一新決戰に對處せん▶山本文憲 ……………………………… 91
〈對談會〉時局下農業再編成に就て … 52
　總督府農林局長 鹽田正洪/不二興業會社々長 三井榮長
愛國班と隣組▶吉岡久 …………… 124
朝鮮に於けるカーバイトに就て▶泉路易 ………………………… 132
血液型に現はれた日獨伊の優秀性 135
〈座談會〉銃後學生の動向を訊く … 98
　出席者:赤尾孝太郎/成田不二男/倉本雄三郎/藤田榮/齊藤俊章/杉本長夫
三谷牡丹江省長に滿洲の現狀を聽く ……………………………… 70
農馬と其の利用▶朝鮮馬事會 …… 49
〈時の人〉朝鮮石油會社常務 中山彌一郎氏 ……………………… 95
愛國班を一段と活用する方策について名士にものを聽く
　石原憲一/芳賀文三/木尾良清/相川尙武/久永麟一/鎬木德二/近藤庸太郎/永田秀治/丸田進/佐藤芳彌/桑野健治/下城義三郎/小松榮/綾部守太/吉岡久/佐藤九二男/片山隆三/三井一三/前川兼一郎/柴田靑芳/宮內幾太郎/片山慶助/木村七郎/高橋軍次/木下榮/

田尻正光/中上虎平/生田花世/波多江千代藏/大保吉藏/井上賢太郎/小田清/稅田谷五郎 ……………… 114

随筆
  偉大なる國民的自覺▶新川豊 … 126
  指導階級の自覺に就て▶鬼塚一夫 ……………………………………… 127
  或る先生の話▶山下信 ………… 129
  病床偶感▶平林泉 ……………… 130
牛島經濟界展望 ………………………… 96
時事片々 …………………………………… 74
眼耳口 ……………………………………… 141
四方八方の話▶岩本正二 ……………… 136
文苑
  俳句▶北川左人抄 ……………… 141
  歌壇▶前川勘夫抄 ……………… 146
  偶作▶佐藤南山/三井六九 …… 94
  川柳▶柴田青芳抄 ……………… 144
  邵城俳壇▶富士堂選 …………… 148
  忠農俳壇▶筑峰選 ……………… 148
編輯後記 …………………………………… 149

```
朝鮮公論 改卷 第2卷 3号, 1943. 3
         通卷 第360号
```

〈口繪〉敵舟監隊撃滅に驀進する我が水雷戰隊/銃後の産業戰士を視察
〈卷頭言〉………………………………… 9
〈社說〉前線將兵の自爆 ……………… 10
論壇
  敵國への憎惡心を昂揚せよ ……… 12

敵國情報 對日進攻の據點 ……… 18
決戰下の企業整備と新原則▶峯村光郎 …………………………………… 21
實業陣總進軍の年▶賀田直治 …… 59
敵國在留同胞への感謝 ………………… 25
〈鼎談〉食糧と榮養に就て權威者ば語る …………………………………… 26
永遠の生命▶波田重一 ………… 42
錬成と禪▶坂野龍雄 …………… 46
會合 ……………………………………… 53
決戰下國民の心構▶井上三之介 … 54
決戰下に於ける國民の覺悟▶武永憲樹 …………………………………… 57
公論春秋 ………………………………… 64
決戰に勝拔く「無心」の德▶伊藤康安 …………………………………… 59
日本の世界的使命と「八」字考▶寺尾元志 …………………………………… 59
京城府に區制實施の急なる理由
  戰時體制強化の爲め▶山中大吉 … 74
  區制所感▶本吉兵次郎 ………… 75
  府民生活の利便▶楊潤植 ……… 76
  區制所感▶蘇完奎 ……………… 76
  われらの宿願成就▶石森久彌 … 77
  不自由を押し切れ▶植田群治 … 77
  區制實施の急なる所以▶立本光世 …………………………………… 78
  區役所と町會整備▶石原憲一 … 78
  區制を急務とする京城府の實情▶杉市郎平 ……………………………… 81
  京城區制實施に就て▶廣綱德太郎 82

年來の持論▶上杉直三郎 ……… 83
大京城の前途を祝福▶木下榮 … 83
區制の施行に就て▶石川倦造 …. 84
焦眉の急務▶南條晟 ……………… 86
時間的不經濟をも解消▶西原宏 … 87
往時を回想して現在を思ふ▶竇諸彌七 …………………………………… 87
實現の機運到來▶松原圖南 ……. 89
區制なき政府は半身不隨▶中馬越之助 ………………………………… 90
跛行的發展を是正せよ▶康本容杓 …………………………………… 91
行政機構の根本的改革急務▶神岡昌熙 ………………………………… 91
分權主義こそ簡素化に合致▶神山永晧 ………………………………… 92
區の權限は廣範圍に▶江村相鎬 … 93
都市の均衡的發展を期待▶平松源祥 …………………………………… 93
愼重檢討を要す▶內山寬正 …… 94
決戰下學用品に對する理念と新體制(座談會) ……………………… 96
眼耳口 ………………………… 114
隨筆
　菊池謙讓翁と語る▶飯島炙次郎 ………………………………… 116
　大人の再教育▶添谷武男 …… 119
　向日葵禮讚▶佐藤九二男 …… 120
葉書便り ……………………… 121
〈時の人〉渡邊忍 ……………… 126
半島産業經濟界展望 …………… 128

決戰下私の實踐事項(座談會) …… 130
四方八方の話▶岩本正二 ………… 139
公論歌壇▶前川勘夫抄 …………… 146
公論俳壇▶柴田青芳抄 …………… 148
公論柳壇▶北川左人抄 …………… 150
邵城俳壇▶富士堂選 ……………… 152
編輯後記 …………………………… 153

朝鮮公論 改卷 第2卷 4号, 1943. 4
通卷 第361号

〈口繪〉決戰下五穀豐穰の增産を神明に誓ふ/魚雷へ沸る二千萬總進軍
〈卷頭言〉 ……………………………… 9
〈社說〉總督の心を心とせよ ……… 10
論壇
　米英の唯物至上主義を叩き潰せ … 12
　總督賞決定を聽きて …………… 17
　日支問題解決の鍵▶吉井淸春 …. 18
　熱帶太平洋研究の急務▶內海富士夫 ……………………………… 25
　企業の最高形態「營團」▶中山伊知郎 ……………………………… 28
　アメリカの人種統一難▶美土原武 … …………………………………… 32
　大東亞戰爭と住宅政策▶辛島禮吉 … …………………………………… 36
　醜草を刈れ▶堂本敏雄 ………… 41
〈鼎談〉半島水産事情を語る
　出席者:朝鮮水産開發會社專務 相澤毅/總督府水産課長 岡信俠助/朝鮮魚

業組合中央會副會長 北野退藏 … 46
〈時評〉海戰の實相▶松本一郎 …… 66
總力聯盟四月の實踐徹底事項 …… 68
商工會議所は果して何處へ往く?▶阿部享治 …………………………… 70
擊ちてし止まむ
　職場に注げ擊滅の決意▶廣綱德太郎
　………………………………… 74
　絕後の大戰爭▶吉野金良 ……… 75
　天意に合した戰爭目的▶山中大吉 76
　道義朝鮮の樹立▶吉岡久 ……… 77
　當面の重大使命▶信原聖 ……… 78
　青少年鍊成の方向▶野津謙 …… 79
〈座談會〉朝鮮木材の自給態制を語る
　出席者:石田常英/伊藤重次郎/長鄕衛二/海藤雅夫/木谷重榮 ……… 82
〈時の人〉京城商工會議所會頭穗積眞六郎 ………………………………… 69
半島豆新聞 …………………… 138
葉書回答
　池田裟裟六/大藪幹太郎/辻萬太郎/川澤章明/安住康夫/井上主計/小日向秀雄/椚田正勝/山本正誠/生田花世/植木總/木全力一/永田秀治/大沼喜久衛/兒玉琢/瑞原世甲/大村豊樹 …… 101
隨筆
　今日此の頃▶佐藤九二男 ……… 118
　國境警察官を偲ぶ▶鬼塚一夫 … 121
　阿佐美▶片山隆三 ……………… 123
　モンペへの懷しき追憶▶坂野龍雄 …………………………………… 124

ハルピン雜觀▶白堂生 ………… 127
街頭風景▶片山慶助 …………… 128
橋本左千代先生の歌▶添谷武男 …
………………………………… 144
櫻島山 橫山海運少佐の生家を訪ねて▶
　脇田新之助 …………………… 108
炭坑地帶 古野海運少佐の故鄕を訪ねて
　▶白土寶作 …………………… 110
青少年鍊成と讀書▶諏訪多房之助 114
藤山夫妻の獻納 ………………… 113
公論春秋 ………………………… 64
不親切撲滅私案▶大沼喜久衛 … 70
眼耳口 …………………………… 106
感激的實話二題▶宇佐見一郎 … 130
三月中主要落札工事 …………… 129
須磨より一筆▶釋尾東邦 ……… 130
比島の近況▶近藤嘉名男 ……… 134
半島產業經濟界展望 …………… 136
四方八方の話▶岩本正二 ……… 140
文苑
　公論歌壇▶前川勘夫抄 ……… 146
　公論柳壇▶柴田靑芳抄 ……… 148
　公論俳壇▶北川左人抄 ……… 150
　邵城俳壇▶富士堂選 ………… 65
編輯後記 ………………………… 152

朝鮮公論 改卷 第2卷 5号, 1943.5
通卷 第362号

〈口繪〉第三回大陸連絡會議/防空第一線に挺身する半島婦人

〈卷頭言〉……………………… 9
〈社說〉大陸連絡會議の成果 ……… 10
論壇
　日本海々戰の歷史的教訓 ……… 12
　我が航空工業の趨勢▶橋口義男 … 18
　米國造船界實狀▶佐東賢 ……… 22
　大東亞の民族と人口問題▶小山榮三
　橋 ……………………………… 27
　ドイツ航空工業の現狀▶辻猛三
　……………………………………… 30
　牛島の航空事情を語ろの會 ……… 40
時評
　東條首相の朝鮮訪問 ……… 17
　汪主席とパーモ長官▶蜷川豊文
　……………………………………… 58
　十三道陣頭指揮者と地方事情の片鱗
　……………………………………… 62
　鍊磨育成に就いて▶宮城小平 … 119
　〈會社評論〉朝鮮無盡會社の業況▶阿部
　享治 ……………………………… 66
　〈產業時評〉朝鮮のマグネシユム工業▶
　前川勘夫 ……………………… 33
少國民文學試論▶南川 博 ……… 124
死鬪計劃造船▶山田新一 ……… 57
戰ふ詩人▶松村紘一 ……………… 74
五月中主要落札工事 ……………… 101
何故貯蓄せねばならぬか ……… 26
大東亞戰爭水戶藩政▶市野澤酉之助
　……………………………………… 116
京城府會議員推薦候補者 ……… 61
椎名社長の資源愛護論を謹みして … 38

物資配給機構改善に就いて ……… 95
　等しからざるを憂ふ▶十河官太郎 …
　……………………………………… 95
　決戰國民生活の確立▶北原弘治 … 96
　公正なる等分配給▶諏訪多房之助 97
牛島の鍊成運動を語る ……… 76
葉書回答 …………………………… 104
隨筆
　好きな言葉▶榮田秀治 ……… 132
　綠地綠化▶賀田秀治 ………… 134
　日本人▶吉井清春 …………… 136
　ソガリの味▶佐瀨直衛 ……… 137
　牛乳壜の蓋▶佐藤九二男 ……… 140
　俳句と日本精神▶吉岡 久 …… 138
　京城薪炭政策▶高橋喜七郎 ……… 98
　食糧難克服の道▶堂本敏雄 …… 115
　牛島產業經濟界展望 …………… 130
　公論春秋 ………………………… 72
　眼耳口 …………………………… 102
　四方八方の話▶岩本正二 …… 142
文苑
　公論歌壇▶前川勘夫抄 ……… 146
　公論俳壇▶柴田靑芳抄 ……… 150
　公論柳壇▶北川左人抄 ……… 148
　邵城俳壇▶富士堂選 ………… 100
編輯後記 …………………………… 152

朝鮮公論 改卷 第2卷 6号, 1943. 6
通卷 第363号

〈口繪〉海軍特別志願兵制實施奉告祭並

に宣誓式/兵器はいくらで?出来るか
〈巻頭言〉………………………… 9
〈社說〉海軍特別志願兵制度の感激 ……
……………………………………… 10
論壇
　個人訓練の重要性 ……………… 12
　戰爭經濟と日本の農業▶原田勝利 …
　……………………………………… 26
　敵の狙ふ六つの重點▶田村武二 … 31
　日本經濟と五重點產業▶金子鷹之助
　……………………………………… 35
　素戔嗚尊半島開發の御偉業▶宮內幾
　太郎 ………………………………… 38
　統制經濟と銀行合同▶渡邊佐平 … 44
　蘭學者の熾烈なる日本精神▶乙竹岩
　造 …………………………………… 98
〈座談會〉半島の輕工業を語る
　出席者:原田五十男/大野季男/十河官
　太郎/前川四郎/前川勘夫/綾部守太/
　佐藤三郎(以上イロハ順) ………… 48
時評
　安田將軍の航空新戰術▶鎌田正一 …
　……………………………………… 18
　半島の青少年に寄す▶牧野四郎　117
　流言愼戒▶堂本敏雄 ……………… 74
　山本元帥の戰死▶本誌記者 ……… 25
特輯
　遊休徒食の徒をして國難克服に協力
　せしめるの道 ……………………… 82
　遊休者を調査せよ▶牛島貞吉 …… 82
　組織機會を與へよ▶松本誠 ……… 84

　先づ公事に挺身▶石森久彌 ……… 85
　人は誠,情は味方▶中山幸三郎 … 86
　愛國班より一掃▶野崎眞三 ……… 87
　徒食者の調查▶野臺兼治 ………… 88
　遊休徒食の輩▶井上收 …………… 89
　遊休者の判別▶永田秀治 ………… 90
　徵用令を發動せよ▶古庄逸夫 …… 92
　導く親切心を持て▶賀田直治 …… 92
　五つの對策▶三洲海用 …………… 93
　街の淸掃▶美根三郎 ……………… 94
　失業者對策▶上野彥八 …………… 95
　自立つ白晝の閑人▶高橋喜七郎 … 96
　絕滅對策私案▶安武知雄 ………… 96
　人的統制の立遅れ▶見目德太 …… 97
　大東亞戰爭と水戶藩政▶市野澤酉之助
　……………………………………… 102
　五月中の主要落札工事 …………… 43
　朝鮮總力聯盟六月實踐事項 ……… 30
產業時評
　朝鮮石炭の現在と將來▶高濱保 … 66
　朝鮮の耐火煉瓦工業▶前川勘夫 … 70
　警察畠の人々▶石森久彌 ………… 107
〈近況・心境・感想〉誌上交驩(回答到着
順)
　津矢田種三/池淸/安江仙弘/千田薰/
　大澤武雄/立川六郎/安部能成/山本重
　雄/飯島滋次郎/田尻正光/島田牛稚/
　辛島驍/井上隆造/綾部守太/三浦武美
　/神谷小一/津田央/田中傳次郎/逸名
　氏/淺見匡雄/泉儀志良/三井實雄/廣
　江澤次郎/兒玉琢/金川榮治/野崎眞三

朝鮮公論 改巻 第2巻 7号, 1943. 7
通巻 第364号

〈口繪〉早苗手に田植の小磯總督／國民營養報國聯盟で決戰獻立を聞く婦人達

〈卷頭言〉……………………………… 9
〈社說〉地主階級の奮起を望む ……… 10
論壇
　國內戰場化的施策着々と進む …… 12
　金なき經濟の確立策▶荒木光太郎 …
　　……………………………………… 18
　戰ふドイツの學生▶獨逸大使舘情報部 ………………………………… 22
　放送戰の實際と日本の勝利▶森勝次
　　……………………………………… 26
　新體制に卽應せる勞働力の再檢查▶淺見匡雄 …………………………… 32
　大東亞戰爭と水戶藩政▶市野澤酉之助 ……………………………………… 29
無煙炭增産の急務を語る語る人：鳳泉無煙炭鑛會社長 福井武次郎
　聞く人：本社長 鎌田正一 ………… 44
半島工業今日の諸問題▶川合彰武 … 50
朝鮮の松脂工業▶前川勘夫 ………… 39
〈特輯〉朝鮮軍報道練習記
　戰陣に立つ報道班▶蜷川豊文 …… 78
　待機▶星野二彦 …………………… 81
　若鷲▶山田新一 …………………… 82
　撮影報道班▶岩本正二 …………… 86
　高原の朝▶今田慶一郎 …………… 90

／笠井淳／河野年／江良定治／山田判治／八木政三／野村盛三郎／橫瀨守雄／中島司／原田弌雄／山田新一／松浦秀雄／九田一／金谷要作／永田秀治／中馬越之助／佐藤九二男／長谷井一沫／生田花代／井坂圭一良／井田末喜／秋山三男／濱田陽兒／堤永市／武者練三／福井武次郎／河野國太郎／永田三郎／石橋一郎／橋本央／諏訪田房之助／片山慶助／吉岡久／木尾良淸／永松雨郎／石森久彌 … 114
隨筆
　東條英機將軍のこと▶鬼塚一夫 ……
　　……………………………………… 132
　海の子▶河野年 …………………… 133
　主藥と補藥▶宮城小平 …………… 135
　旅思切々▶土師盛貞 ……………… 139
半島産業經濟界展望 ………………… 130
小舟圖南の志成るか ………………… 47
公論春秋 ……………………………… 80
闇對策▶橫瀨守雄 …………………… 97
眼耳口 ………………………………… 112
四方八方の話▶岩本正二 …………… 141
文苑
　公論歌壇▶前川勘夫抄 …………… 146
　公論柳壇▶柴田靑芳抄 …………… 148
　公論俳壇▶北川左人抄 …………… 150
　邵城俳壇▶富士堂選 ……………… 73
編輯後記 ……………………………… 152

國民一億突擊寸前の心構へ
  恩惠に馴れるな▶牛島貞吉 ……64
  戰場化せし銃後▶林繁藏 ……66
  生死只大命の儘▶河井戸囚雄 …68
  一億醜の御▶和田傳五郎 ………69
  天皇に歸一▶石森久彌 …………69
  軍人精神で進め▶服部卯三郎 …70
  職場も戰場▶湯村辰二郎 ………71
  戰力增强に邁進▶永田秀治 ……72
  突擊あるのみ▶江頭六郎 ………73
  綜合戰力の强化▶內田三之助 …74
  命のいらぬ人間▶井上收 ………75
  凡てを皇國に捧げよ▶高橋喜七郎 …
    ………………………………75
朝鮮と短歌▶添谷武雄 ……………107
五月中の主要落札工事 ……………63
朝鮮總力聯盟七月實踐事項 ………106
〈時の人〉京城府會副議長 伊達四雄氏
  …………………………………49
重慶の物價仰騰ぶり …………………17
京春鐵道會社の業態▶阿部享治 …100
ラヂオの鮮語放送を全廢せよ▶木戶二
  郞 ………………………………112
鮮語放送の可否 葉書回答(回答到着順)
  田花爲雄/森本治良/勝屋三郎/宮野寬/山口友造/矢部與太郎/猪又正一/江良定治/眞甲六文/竹內健郎/永井災鐘/松本斗用/高橋生/中田晴康/小高五郎/森武彥/望月僧仁郎/飯泉幹太/山田新一/湯澤茂彌太/岡信俠助/中村郁一/伊藤辰次郎/梁川在昶/佐藤芳彌/中家壽/渡邊政喜/太宰明/小曾戶俊男/板井信藏/河野年/松浦秀雄/瀨戶誠/最能忠雄/川端音吉/小畠太市/赤澤高夫/石原憲一/村松廣/藤津實/片山慶助/佐藤三郎/額賀大直/松本巳之助/安住康夫/牧山正德/野崎眞三/佐藤九二男/逸名氏/AK生/桑野健二/栗本正隆/中光彌平/北野退藏/杉山茂一/田中直一/野川淸四郎/土井良一/田中傳次郎/稅田谷五郎/藤田文市/山崎廣龜/金丸直利/安武知雄/湯山淸一/木尾良淸/鎌田方/坂本茂三島小六/弘津貞三/市木孝嗣/鏑木德二/下郡山誠一/岸本源三郎/高井春五郎/河野國太郎/兒玉琢/酒井貞雄/犬丸勝良/橋本央/內山寬正 …………………………114

隨筆
  アムール河を下る▶鬼塚一夫 …132
  街に思ふ▶恩田耿助 ……………133
  ウイスキーとパン▶佐藤九二男 …135
  夜襲戰▶飯島滋次郎 ……………137
  一ケ年の回顧▶澁谷禮治 ………140
半島產業經濟界展望 ………………130
公論春秋 ……………………………76
眼耳口 ………………………………110
四方八方の話▶岩本正二 …………142
文苑
  公論歌壇▶前川勘夫抄 …………146
  公論柳壇▶柴田靑芳抄 …………148
  公論俳壇▶北川左人抄 …………150
  邵城俳壇▶富士堂選 ……………129

編輯後記 ……………………… 152

> 朝鮮公論 改卷 第2卷 8号, 1943. 8
> 通卷 第365号

〈口繪〉訪滿の小磯朝鮮總督梅津關東軍司令官と會見/米英擊滅線を驀進する列車
〈卷頭言〉……………………………… 9
〈社說〉貯蓄新紙幣の發行を提唱す …… ………………………………… 10
論壇
　東條首相につゞけ▶本誌記者 …… 12
　生產增強と工場教育▶會田軍太夫 … ……………………………………… 18
　國民徵用と正しき保護▶森戶辰雄 … ……………………………………… 21
　歐洲戰線の怪事件▶橫田喜三郎 … 24
　戰爭と結婚の意義▶伊藤七司 …… 28
　新體制に卽應せる勞働力の再編成▶淺見匡雄 …………………………… 32
　治外法權撤廢と日本人の覺悟▶達崎達志 ………………………………… 39
　大東亞戰爭と水戶藩政▶市野澤酉之助 …………………………………… 79
半島の徵兵を語る鼎談會
　出席者:（イロハ順）中樞院參議 豊原以尙/朝鮮特別志願兵訓練所長 陸軍大佐 海田要/朝鮮軍報導部陸軍大佐 厚地兼彥 ……………………… 58
三年振りの京城▶釋尾東邦 ………… 48

史實より見たる內鮮一體▶佐瀨雄山 54
朝鮮に敎はる▶木內高音 …………… 44
徵兵制施行に備へて▶馬杉一雄 … 106
時代の寵兒小型熔鑛爐▶前川勘夫 … 72
滿洲の增產上朝鮮の協力すべき事項
　種苗種畜の供給先決▶矢鍋永三郎 … ………………………………………… 92
　開發資材基地たれ▶渡邊勢起 …… 93
　計劃交易の發展▶賀田直治 ……… 93
半島企業整備現段階への所見
　企業整備を前進せしめよ▶橫瀨守雄 ………………………………………… 94
　理解ある當局の處置▶古庄逸夫 … 95
　業者の協力を望む▶永田秀治 …… 96
時局認識の薄い朝鮮 ………………… 71
報德式農村指導の實績▶堀田三四磨 … ………………………………………… 84
七月中主要落札工事 ………………… 87
總力聯盟八月實踐事項 ……………… 117
異色ある人々▶石森久彌 …………… 97
大東亞戰下日本人の斷乎改むべきこと ……………………………………… 117
時の人 京城府理事 濱田虎態氏 …… 83
放送臺 ………………………………… 90
新刊紹介「旅と自然」▶長谷井一沫氏著 ……………………………………… 53
〈葉書回答〉朝鮮を內地に認識せしめる方策
　藤本準三/湯澤勉時/藥師寺淸彦/阿部勳平/見目德太/兒玉琢/石原憲一/金子薰/杉山茂一/石森久彌/猪又正一/

渡邊勢起/黑澤猪平/安武知雄/伊藤辰次郎/村松廣/井上收/山下久男/赤堀薫/林榮均/齋藤亦吉/舞鶴山人/田中高司/森武彦/飯泉幹太/加藤好晴/海田要/武田誓藏/黑木儀壽圭 …… 120

隨筆
　一粒の米▶宮城小平 ……… 130
　美しき歌▶添谷武雄 ……… 136
牛島産業經濟界展望 ……… 138
公論春秋 ……… 88
眼耳口 ……… 118
四方八方野話▶岩本正二 …… 140
文苑
　公論歌壇▶前川勘夫抄 …… 146
　公論柳壇▶柴田靑芳抄 …… 148
　公論俳壇▶北川左人抄 …… 150
　邵城俳壇▶富士堂選 …… 145
編輯後記 ……… 152

朝鮮公論 改卷 第2卷 9号, 1943. 9
通卷 第366号

〈口繪〉〇〇山脈を越えて爆擊に向ふ陸鷲/豊穰を祈り種蒔く婦人―咸興效外
〈卷頭言〉 ……… 9
〈社說〉食糧國家管理の眞意義 …… 10
論壇
　朝鮮統治の過去現在▶本誌記者 … 12
　大東亞文學の本質▶林田絹二 …… 17
　南方建設と法律政策▶大濱信泉 … 21
　ボース氏と印度の將來▶佐々木欣二 ……… 24
〈會社批判〉其の三 朝鮮農地開發營團の解剖▶本紙記者
徵兵制實施に際し半島人に望む
　家庭本位より國家本位に▶波田重一 ……… 34
　皇國魂を注入諄化せよ▶江良定治 ……… 34
　主婦の覺醒を望む▶長屋尙作 …… 36
　三つの希望▶賀田直治 ……… 38
　急速皇民化▶嘉川義英 ……… 39
　責任感を持て▶森田安次郎 …… 36
　半島人に望む▶伊藤辰次郎 …… 41
　我等は大東亞の中核分子▶金川聖 ……… 40
　傍觀的態度を捨てよ▶島田牛稚 … 37
　私の希望▶二階堂昇 ……… 39
　傳統的惡風を一掃せよ▶豊原以尙 ……… 42
　生活態度を改めよ▶市木孝嗣 …… 44
　皇民を基調とする生活▶伊藤槇雄 ……… 46
　絕對の義務精神▶市村秀志 ……… 47
公論春秋 ……… 80
時の人
　朝鮮石炭株式會社長　石田丁太郎氏 ……… 78
　朝鮮證券取引所理事長　野田新吾氏 ……… 79
大東亞戰爭と水戶藩政▶市野澤酉之助

　　　　……………………………………… 31
一休の時代と辰女▶杉山希一 …… 120
中等入試に對する一考察▶寒泉精舍人
　　　　……………………………………… 100
范電々北京總局長歡迎 ……………… 118
仁川松島に海洋道場建設 …………… 129
半島航空の現況を下城航空課長に聽く
　　　　………………………………………… 66
時評 原價計算協會支部と大東亞戰▶山
　川四郎 ………………………………… 49
〈座談會〉決戰下の社會を語る
出席者:(イロハ順) 東大門署長 泉川秀
　雄/西大門署長 樋口善久/本町署 東
　海林熊一/鐘路署長 佐野吾作/城東署
　長 福田定雄 ………………………… 52
陸士二十一期生に寄す▶崎田安正 …
　　　　……………………………………… 104
報道陣に警告 ………………………… 106
金剛山の禊道場から▶野崎眞三 … 28
ハガキ回答=科學心の昂揚について
　信原聖/池崎鷹太/野崎眞三/稅田谷五
　郎/服部卯三郎/牧山正德/大保吉藏/
　新井康弘/竹內健郎/杉山茂一/高橋喜
　七郎/村岡太之助/木野藤雄/石森久彌
　/橫山勇/山崎廣龜/乃臺兼治/鎌塚扶
　/木下文知/無名氏/上野彥八/河野年/
　青木福司/高澤藤子 ………………… 82
日本の母について▶穗積重遠 …… 90
隨筆
　美術家の立場▶佐藤九二男 …… 108
　增產時代▶坂野龍雄 …………… 110

我が父の記▶小曾戶俊男 ……… 113
俳人浩一郎▶河野年 …………… 116
放送臺 ………………………………… 107
眼耳口 ………………………………… 103
四方八方の話▶岩本正二 ………… 124
半島產業經濟界展望 ………………… 98
文苑
　公論歌壇▶前川勘夫抄 ………… 130
　公論柳壇▶柴田青芳抄 ………… 134
　公論俳壇▶北川左人抄 ………… 132
編輯後記 ……………………………… 136

朝鮮公論 改卷 第2巻 10号, 1943. 10
通卷 第367号

〈口繪〉半島出身少年飛行兵の鄕土訪問
　飛行/家庭の廢品は國家の重要資源
〈卷頭言〉 ……………………………… 9
〈社說〉昭和維新を斷行 …………… 10
論壇
　眞の陣頭指揮▶本誌記者 ……… 12
　西南太平洋の基地攻防▶近藤良信 …
　　　　……………………………………… 20
　企業整備の意義▶岸信介 ……… 30
　米英沒落の原理▶加瀨憲 ……… 16
　石炭增產の根本策▶中野豐 …… 26
時局下の鍊成と防空を語る 座談會
　出席者(イロハ順)
　朝鮮總督府囑託陸軍大佐 大堀知武
　造/京城府防空主事陸軍中佐 松尾德
　之助/總督府警務局囑託陸軍中佐 江

良定治/本社々長 鎌田正一 ……… 36
朝鮮鹽水産對策▶鹽田正洪 ……… 58
興亞の起因▶入江種矩 ……… 56
科學心の昂揚に就て▶岡本寛 ……… 89
闇取引について▶中尾近義 ……… 86
朝鮮聯盟十月中實踐徹底事項 …… 124
内地より朝鮮を望む
　　三つの希望▶牧野四郎 …………… 32
　　新朝鮮史の編修▶本田秀夫 …… 32
　　至誠一貫▶千田薫 ……………… 33
滿洲より朝鮮に望む
　　緊密なる鮮滿關係▶笠原幸雄 …… 34
　　鮮滿一如▶眞井鶴吉 …………… 34
隨筆
　　鐵道局の窓から▶田邊多聞 ……… 76
　　團地の聲▶門脇喜惣治 …………… 78
　　呑舟の魚を逸して▶岡信俠助 …… 79
　　在城邦樂家に檄す▶直江兼孟 …… 81
物質主義より精神主義に復歸する爲の
　　錬成の效果(上)
　　死所を職域に▶長屋尙作 ………… 61
　　文化の毒素を祓ふ▶大堀知武造 … 65
　　更に一段の努力を▶嘉川義英 …… 63
　　要は目的と方法▶青木福司 …… 60
　　習性たらしめよ▶渡邊得司郎 …… 64
　　錬成の實感▶橋本一男 ………… 61
　　成果良好▶橋本峯三 ……………… 65
　　精神的損害は致命的▶石森久彌 … 62
　　民族發展の錬成▶飯島滋次郎 …… 63
　　形式に墮するな▶松本誠 ……… 64
　　惟神道は物心一如▶堤政助 ……… 66

軍隊式の普遍化▶松尾德之助 …… 68
爲して學ぶ▶重松正良 …………… 68
〈座談會〉京城新設區長に訊くの會
出席者:(イロハ順) 城東區長 市木孝嗣/
　府經濟課長 西脇權治/鍾路區長 黑木
　儀壽圭/龍山區長 福島二一/西大門區
　長 三和卓 ………………………… 90
〈社會批判〉其の四 朝鮮水産開發會社
　の進路 本紙記者 ………………… 70
〈時の人〉朝鮮水産開發會社々長　竹內
　健郎氏 …………………………… 35
〈葉書回答〉生活の引緊めと慰問袋につ
　いて
　伊藤重治郎/藤吉岩吉/矢部與太郎/江
　良定治/黑澤猪平/佐藤九二男/木全力
　一/石原憲一/福森五兵衞/高井邦彦/
　芳賀文三/古川甚次郎/廣江澤次郎/田
　村浩/北野退藏/佐瀬直衛/陵部守太/
　大橋恭彦/土屋傳作/谷助市/元村常一
　/木村友譽/十河官太郎/鍛治三四史/
　田尻正光/松浦秀夫/金光慶松/延澤照
　平/張祥浩 ……………………… 106
公論春秋 ……………………………… 54
比島便り▶近藤嘉名男 ……………… 51
聖戰俳句抄▶出田儀一 ……………… 74
隨筆
　乾盃學徒諸君▶鬼塚　男 ……… 114
　在職當時の思ひ出▶神山榮三 … 116
　惡書の始末▶木戶二郎 ………… 118
　文祖菅公の强硬外交▶大藪幹太郎 …
　　　………………………………… 118

芭蕉二百五十年忌▶吉岡富士堂 …… 120
　九月中主要落札工事 ……………… 123
　半島産業經濟界展望 ……………… 104
　眼耳口 ……………………………… 122
　四方八方の話▶岩本正二 ………… 125
　文苑
　　公論歌壇▶前川勘夫抄 ………… 130
　　公論柳壇▶柴田靑芳抄 ………… 132
　　邵城俳壇▶富士堂選 …………… 124
　　公論俳壇▶北川左人抄 ………… 134
　編輯後記 …………………………… 136

朝鮮公論 改卷 第2卷 11号, 1943. 11
通卷 第368号

〈口繪〉靖國神社大祭御親拜時刻の民草の默禱/田中政務總監産業戰士激勵
〈卷頭言〉 ……………………………… 5
〈社說〉朝鮮の特殊事情と國民的責任 …… 6
大國民と人格敎育の徹底▶原田讓 … 8
空襲下人口疎散の構想▶石川榮耀 … 12
空中電氣と生物の關係▶岡田聰 …… 14
日本國民の使命▶吉井淸春 ………… 70
〈座談會〉半島企業整備の性格 …… 16
　內地・滿洲より朝鮮に希望▶弓削幸太郎/德野眞士/釋尾東邦/朝倉昇/村山太郎 ……………………………… 34
滿洲東滿總省新設 ………………… 65
公論春秋 …………………………… 66

武田信玄の戰時食糧政策▶市木孝嗣 …… 68
科學心の昂揚▶寺尾元志 ………… 100
眼耳口 ……………………………… 121
道義經濟建設の基礎▶中尾近義 …… 97
半島産業經濟界展望 ……………… 110
總力聯盟十一月實踐徹底事項 …… 81
鍊成の效果(二)▶橋本央/江上征史/河野宗一/井上收/藤澤秀三郞/野崎眞三/鈴木義夫/宇野勇彦/福島燿三/小矢野忠雄/宇野鬼芳/內田三之助/木尾良淸(原稿到着順) ………………… 48
最重點産業としての電極工業▶福井武次郞 ……………………………… 60
中華民國京城總領事馬永發氏と語る▶本誌記者 ………………………… 40
人物隨筆▶石森久彌 ……………… 78
東京陸軍航空學校を訪ねて▶寺尾よしたか ……………………………… 122
日本美術報國會結成に就て▶佐藤九二男 ……………………………… 102
葉書回答問題 ……………………… 72
〈時の人〉朝鮮食糧營團理事長▶成田務氏 ………………………………… 11
西鄕隆盛征韓論議▶二階堂昇 …… 98
忙中閑話▶市野澤慈水 …………… 125
隨想
　朝鮮の石油資源▶靑木留一 …… 104
　圖書館に映ずる世相の動き▶荻山秀雄 ……………………………… 107
〈座談會〉食品工業界の現勢 ……… 82

随筆
  東京・大阪・京城▶大野宏平 …… 112
  少年工の手紙▶神山榮三 ……… 113
  未亡人の問題▶野崎眞三 ……… 115
  聲の錬成鬼塚萃 ………………… 117
  看護婦▶林誠 …………………… 120
四方八方の話▶岩木正二 ………… 120
文苑
  公論歌壇▶前川勘夫抄 ………… 130
  邵城俳壇▶富士堂選 …………… 64
  公論俳壇▶北川左人抄 ………… 134
  公論柳壇▶柴田青芳抄 ………… 132
編輯後記 …………………………… 136

朝鮮公論 改卷 第2巻 12号, 1943. 12
通巻 第369号

〈口繪〉春川牛頭山會尸茂梨の全景/會尸茂梨山頂の全景/神代の磐墳と稱せらるるもの/會尸茂梨南方二粁大石墳の一部
〈卷頭言〉 …………………………… 3
〈社說〉學徒戰列動員と朝鮮統治 …… 4
內鮮同祖發祥聖地特輯號に寄す
  中里義美/鈴川壽男/高尾甚造/松本誠/山本高春/鏑木德二/波田重一/石田千太郎/早山靜夫/伊倉健治/及川民次郎/村上九八郎/宮內幾太郎/橘秀雄/柳生繁雄 ……………………… 38
論壇
  本土空襲の備へて▶足原武一 …… 6

噫！富永信政大將▶錢田白堂 …… 76
〈時の人〉簡牛凡夫氏 ……………… 9
公論春秋 ……………………………… 36
〈錬成所感〉松浦鶴三/片山隆三/森田梧郎 ……………………………… 69
隨想
  評論・反省▶横瀬守雄 ………… 80
  生保の動き▶龜田周一 ………… 82
總督府機構の劃期的改正と人事異動 …………………………………… 99
〈葉書回答〉問題 今冬低溫生活の心構へ 過ぎ行く一年の回顧 ……… 84
四方八方の話▶岩本正二 ………… 93
文苑
  公論歌壇 ………………………… 96
  公論柳壇 ………………………… 97
  公論俳壇 ………………………… 68
  邵城俳壇 ………………………… 68
  錬成所感▶松浦鶴造/片山隆三/森田梧郎 ……………………………… 69
聖諭服履踐
〈特輯〉內鮮同祖發祥聖地の闡明の座談會
  出席者:石森久彌/豊原以尙/大堀知武造/渡邊得司郎/金川聖/加藤漕覺/高橋昇/天野遵夫/都養吉/宮內幾太郎/白神壽吉(イロハ順) ………………… 10
編輯後記 …………………………… 101

```
朝鮮公論 改卷 第3卷 1号, 1944. 1
     通卷 第370号
```

〈口繪〉旭日に映ゆる皇居/極寒を冒して北方の護りにつく我が兵士
〈卷頭言〉 …………………………………… 5
〈社說〉朝鮮行政機構改革の意義 …… 6
決戰第三年に當りて
　　▶小磯國昭 ………………………… 8
　　▶韓相龍 …………………………… 9
　　▶富永文一 ………………………… 10
　　▶穗積眞六郎 ……………………… 12
新段階への突進▶津久井龍雄 ……… 14
笑止！「怪路」「手屁亂」怪談▶繩田白堂
　　……………………………………… 44
英才學徒出でよ▶永井浩 …………… 40
〈時の人〉萩原三郎氏 ………………… 45
新銳戰鬪機に寄す▶鄕古潔 ………… 35
南方密林戰の體驗▶濱野正男 ……… 38
京城府內の燃料對策▶高橋喜七郎 … 54
半島肥料界雜感▶巴月生 …………… 72
隨想
　紙芝居▶吉田安治 ………………… 74
　途上・車中▶鳥山喜一 …………… 76
　曾尸茂梨史跡顯彰の急務▶宮內幾太郎
　　……………………………………… 68
　曾尸茂梨に就て▶綿貫六助 ……… 67
〈會社批判〉其五 殿樣稼業の朝鮮火災
　　▶阿部享治 ………………………… 60
朝鮮の移り變り▶寺本寬 …………… 50
隨筆

群衆を刻む心▶中島司 ……………… 78
慰問袋その他▶佐藤九二男 ………… 84
もんぺと脚絆▶河野年 ……………… 86
公論春秋 ……………………………… 48
目耳口 ………………………………… 49
產業界展望 …………………………… 47
〈葉書回答〉問題・決戰期迎年の覺悟〉…
　　……………………………………… 87
四方八方の話▶岩本正二 …………… 96
共榮圈▶古今亭今輔 ………………… 93
文苑
　公論歌壇▶前川勘夫抄 …………… 99
　公論柳壇▶北川左人抄 …………… 100
　公論俳壇▶柴田靑芳抄 …………… 101
　邵城俳壇▶富士堂選 ……………… 98
〈座談會〉朝鮮の現狀と日本精神の問題
　出席者：鈴川壽男/鳥川矯源/小島倭
　夫/田中捨彦/三輪和三郞 ………… 16
編輯後記 ……………………………… 102

```
朝鮮公論 改卷 第3卷 2号, 1944. 2
     通卷 第371号
```

〈口繪〉都市急降下爆擊の慘狀/感激のその日！學徒憧がれの出陣に賑ふ○○驛頭
〈卷頭言〉 …………………………………… 5
〈社說〉勝利への道 …………………… 6
〈鼎談會〉最近に於ける靑少年の愛國思想の動向
　出席者：大堀知武造/高橋濱吉/曾田

道義 …………………… 46
朝鮮産業陣の役割▶加賀直治 …… 15
造船の御製を拝して▶佐野美好 … 38
學徒志願兵制管見▶水野軍次 …… 64
國民鍊成の重點▶石川頼彦 ……… 8
總力聯盟の進路▶簡牛凡夫 …… 40
私の空襲體驗▶森田幸夫 ……… 33
〈時の人〉渡邊豊日子氏 ………… 43
隨想
　パンの問題▶綾部守太 ……… 80
　冠婚葬祭▶吉岡久 …………… 82
陸士二十一期生に寄す▶神子田次郎三郎/平林盛人 ……………… 32
曾尸茂梨史跡の顕彰▶宮内幾太郎 … 68
曾尸茂梨語源▶鈴木貞一 ……… 84
京城府尹論▶石森久彌 ………… 66
朝鮮の移り變わり▶寺本寬 …… 68
朝鮮工事界の動向 ……………… 63
京城花街百面相 ………………… 79
明石元二郎の少年時代▶綿貫六助 … 74
公論春秋 ………………………… 44
四方八方の話 …………………… 96
目耳口 …………………………… 72
産業界展望 ……………………… 87
編輯後記 ……………………… 102
〈葉書回答〉空襲時の心構へ …… 88
文苑
　公論歌壇▶前川勘夫抄 ……… 99
　公論柳壇▶北川左人抄 …… 100
　公論俳壇▶柴田青芳抄 …… 101
　邵城俳壇▶富士堂選 ………… 98

〈對談〉決戰期に處する國民の覺悟
　朝鮮軍報道部長陸軍少將　長屋尚作/本社々長 鎌田正一 …………… 24

朝鮮公論 改卷 第3巻 3号, 1944.3
通卷 第372号

〈口繪〉軍艦旗の下對空防備全し
〈巻頭言〉 …………………………… 5
〈社說〉內鮮同祖發祥聖地決定の急務 ……………………………………… 6
〈座談會〉曾尸茂梨聖地神宮御造營の急務
　出席者(イロハ順)：波田重一/豊原以尚/小田省吾/大堀知武造/渡邊得司郎/金原邦光/加藤灌覺/谷多喜麿/長屋尚作/村瀬示路/牛島貞吉/松月秀雄/厚地兼彦/都養吉/宮内幾太郎/島田牛稚 ……………………………………… 8
陸軍記念日と國民の覺悟 ………… 60
珊瑚礁の戰略的價值 ……………… 68
決戰林業を語る▶石田常英 ……… 62
噫！柴崎提督▶岩本一美 ………… 66
國民總蹶起運動の實相▶蜷川豊文 … 70
〈時の人〉谷多喜麿 ……………… 61
〈葉書回答〉空襲時の心構へ
曾尸茂梨史蹟顕彰の急務▶宮内幾太郎 …………………………………… 56
氷山を睨む將軍と印度に羽搏く親鸞▶鎌田白堂 ……………………… 68
京城百面相(百貨店混雑の卷) …… 94
朝鮮の移り變り▶寺本寬 ……… 80

四方八方の話▶岩本正二 ………… 95
公論春秋 ……………………………… 56
塩原時三郎氏より ………… 73
近藤嘉名男氏より ………… 93
御稜威に蘇る朝鮮を讀みて ………… 73
明石元二郎の少年時代▶綿貫六助 … 74
隨想
　偶感三題▶佐藤九二郎 ………… 90
　創意と工夫▶神山榮三 ………… 92
産業界展望 ……………………… 89
目耳口 ………………………… 69
編輯後記 ………………… 101
文苑
　公論歌壇▶前川勘夫抄 ………… 98
　公論柳壇▶北川左人抄 ………… 99
　公論俳壇▶柴田靑芳抄 ………… 100
　邵城俳壇▶富士堂選 ………… 51
曾尸茂梨特輯號に寄す ………… 46

朝鮮公論 改卷 第3巻 4号, 1944. 4
通卷 第373号

〈口繪〉最前線を偲んで/小磯朝鮮總督の生産陣頭指揮/決戰美術展と板垣軍司令官/決戰下國民の動靜/戰色漲る銃後の學園
〈卷頭言〉 ………………… 5
〈社説〉少國民に盛り上る殉國の氣風 … ………………… 6
〈座談會〉保健と人參に就て
　出席者(イロハ順)：伊藤菊治郎/朴敬雄/西中五郎/和永博光/河村勘一郎/神立啓三郎/金江勲/金正浩/九谷昇/須藤久左衛門 ………… 36
松蔭先生と伊藤公▶鈴川壽男 …… 8
錬成と牛島民心の動き▶大堀知武造 … ………………… 12
朝鮮の工業的戰力▶前川勘夫 … 18
巷に拾ふ銃後敢鬪譜 ………… 80
公論春秋 ………………… 64
眼耳口 ………………… 67
四方八方の話▶岩本正二 ………… 95
〈時の人〉監川濟吉氏 ………… 66
〈葉書回答〉銃後報告帳 ………… 58
寄慰問特輯號
　一兵卒、一水兵▶波田重一 …… 26
　銃後の心構へ▶曾田平八 ……… 27
　慰問袋のこと▶大橋恭彦 ……… 28
銃後の意氣と覺悟
　三つの手紙▶野崎眞三 ………… 31
　必死の時▶佐藤九二男 ………… 34
文苑
　公論歌壇▶前川勘夫抄 ………… 98
　公論柳壇▶北川左人抄 ………… 99
　公論俳壇▶柴田靑芳抄 ………… 100
　邵城俳壇▶富士堂選 ………… 51
學生兒童の愚問作品集 ………… 84
銃後を護る女店員の意氣・座談會 … 68
編輯後記 ………………… 101

```
朝鮮公論 改巻 第3巻 5号, 1944. 5
       通巻 第374号
```

〈口繪〉宮參拜の雛鷲/米の第一線を一擧血祭り
〈卷頭言〉……………………………… 3
〈社說〉社會層の軍隊式戰力化の急務 …
………………………………………… 4
〈鼎談〉決戰下の半島防空
　出席者：菰田康一/大堀知武造/石森久彌 ……………………………… 52
總督訓示の精神▶鎌田白堂 ………… 6
軍需會社と國體の護持▶岩本一美 … 10
在滿蒙支半島人の現狀▶大堀知武造 …
………………………………………… 36
〈對談〉南方經濟と朝鮮 中島正彌/鎌田正一 ……………………………… 22
公論春秋 ……………………………… 46
〈卷頭言〉……………………………… 3
編輯後記 ……………………………… 102
三大祝日の宇宙性▶有馬廣士 ……… 28
增產は勝利の道▶清水孝太郎 ……… 18
造林不急論者を擊つ▶江頭虎雄 …… 32
水產國體統合の性格▶白川一圭 …… 64
海軍記念日を有意義ならしめよ …… 16
國運の消長と婦人の力▶市木孝嗣 … 43
宗敎・人格・うるほひ▶小坂八郎 … 69
神國日本と正氣歌▶市野澤酉之助 … 48
〈時の人〉阿部千一氏 ………………… 35
〈葉書回答〉我等の構へ(前々號に續く)
………………………………………… 71

〈座談會〉決戰輸送はこれでよいか
　出席者(イロハ順)：新原政吉/高田英雄/中山金作/山田吉次/松岡正一/福留已之助 ………………………… 76
眼耳口 ………………………………… 51
隨筆
　家庭音樂會▶河野年 ……………… 91
　皇民化といふ言葉▶ありま生 …… 93
　高級娛樂追放▶佐藤九二男 ……… 94
　四方八方の話▶岩木正二 ………… 96
文苑
　公論歌壇▶前川勘夫抄 …………… 100
　公論俳壇▶柴田靑芳抄 …………… 99
　公論柳壇▶北川左人抄 …………… 101
　邵城俳壇▶富士堂選 ……………… 70

```
朝鮮公論 改巻 第3巻 6号, 1944. 6
       通巻 第375号
```

〈口繪〉第三實務豫備訓練所開所式/第三十九回海軍記念日・總督府前庭に集合せる海洋少年團/京城食糧報國隊の職域敢鬪大會
〈卷頭言〉……………………………… 3
〈社說〉ベンガルを制するものは印度を制す ……………………………… 4
敵擊滅に敢鬪せよ …………………… 6
中小工業と戰略▶岩本一美 ………… 10
小日山滿鐵總裁を語る▶石森久彌 … 61
小磯總督の放送 大東亞を呑む …… 27
朝鮮の輕金屬工業▶松山祝 ………… 22

水産團體の統合▶白石一途 ……… 16
食慾と滿腹感▶廣川幸三郎 ……… 28
〈時の人〉髙尾甚造氏 ……………… 61
公論春秋 ……………………………… 54
時の話題 ……………………………… 91
眼耳口 ………………………………… 53
半島各道の現況 ……………………… 31
編輯後記 ……………………………… 102
神國日本と正氣歌▶市野澤酉之助 … 65
二宮尊德傳記評論▶飯島滋次郎 … 62
日本國民性と趣味▶龜田周一 …… 68
生活に卽した鍊成▶坂野龍雄 …… 73
〈名士の意見〉勤勞報國の大道 …… 78
隨筆
　詩吟と國民性▶大薮幹太郎 …… 84
　音樂も軍需品▶たけはら生 …… 86
　三つの夢▶佐藤九二郎 ………… 86
　戰時下の鑛山人▶川崎鐵平 …… 88
　小野警備隊長▶鬼塚一夫 ……… 89
神代文字に就て▶安江健弘
北鮮のある旅▶寺本寬 …………… 92
四方八方の話▶岩本正二 ………… 96
文苑
　公論歌壇▶前川勘夫抄 ………… 100
　公論俳壇▶柴田靑芳抄 ………… 98
　公論柳壇▶北川左人抄 ………… 99
　邵城俳壇▶富士堂選 …………… 101
〈座談會〉戰時經濟と國民生活
　出席者：中山幸三郎/山崎三二/松下武二/小杉豐次郎/安住康夫/櫻井由藏/三苫夏雄/黑和俊/杉山茂一(イロハ順) ……………………………… 34

朝鮮公論 改卷 第3卷 7号, 1944. 7
通卷 第376号

〈口繪〉海鷲・堂々ブーゲンビル島沖に向かふ/雄々し！職域に敢鬪する銃後の半島女性/鍊成直前の凛々しき乙女等！
〈卷頭言〉 ……………………………… 3
〈社說〉直ちに身命を投ぜん ………… 4
〈誌上座談會〉心のゆとりを何れに求むべきか
　出席者：下飯坂元/森五六/芳賀文三/大堀知武造/和田傳五郎/島田牛稚/賀田直治/西鄕重樹/石森久彌/小堀泰一郎/河野宗一(順序不同) …………… 50
卽時實行に移せ！ …………………… 6
中小工業と戰略▶岩本一美 ……… 10
戰時經濟と信賞必罰▶阿部享治 … 16
牛頭山城に遺跡發見▶宮內幾太郎 … 46
末端配給機構の改善▶濱田政一 … 42
朝鮮の輕金屬工業▶松山祝 ……… 19
食慾と滿腹感▶廣川幸三郎 ……… 22
小磯總督の放送・マニラを動かす▶近藤嘉名男 ……………………… 48
木材增產協力問題▶大薮幹太郎 … 64
神國日本と正氣の歌▶市野澤酉之助 ……………………………… 59
君か代の奉唱▶吉村定哉 ………… 66
日本國民性と趣味▶龜田周一 …… 69

〈名士の意見〉勤報精神の普及徹底方策 …………………………………… 76
公論春秋 ………………………… 62
編輯後記 ………………………… 82
四方八方の話▶岩本正二 …… 74
眼・耳・口 ……………………… 49
半島各道の現狀 ………………… 72
〈時の人〉▶木谷重榮氏 ……… 41
文苑
　公論歌壇▶前川勘夫抄 …… 79
　公論俳壇▶柴田青芳抄 …… 80
　公論柳壇▶北川左人抄 …… 81
　邵城俳壇▶富士堂選 ……… 21
〈座談會〉輸送卽生産・生産卽輸送
　出席者：林茂樹/萩原三郎/清水幸次
　………………………………… 26

朝鮮公論 改卷 第3巻 8号, 1944. 8
通卷 第377号

〈口繪〉銃後の輸送報國に敢闘する産業
　戰士と製品の山
〈卷頭言〉 ………………………… 3
〈社説〉自己の職責下に死せ …… 4
〈座談會〉戰時經濟下の國民生活を如何
　に導くか
　出席者(イロハ順)：岩坪友至/岡村峻
　/山口重政/三宅一郎/白石甚吉/鈴木
　武雄 …………………………… 38
阿部新總督に望む ……………… 20
一億の民音樂は一つ▶白堂生 …… 16

反國體哲學擊攘論序▶岩本一美 …… 12
強力なる經濟革新を圖れ▶阿部享治 …
　………………………………………… 9
阿部大將を迎へ小磯大將を送る▶鎌田
　白堂 ………………………………… 16
遠藤總監素描▶石森久彌 ………… 36
曽尸茂梨慶州說を爆碎す▶豊原以尙 …
　………………………………………… 64
金融機關非常措置▶三宅一郎 …… 27
指導者といふこと▶江口政之助 …… 68
敢闘する半島增産陣▶一記者 …… 57
須磨の海岸より▶東邦山人 ……… 67
〈時の人〉三井榮長氏 …………… 19
公論春秋 …………………………… 30
各道の現狀 ………………………… 75
編輯後記 …………………………… 81
四方八方の話▶岩本正二 ………… 76
隨想
　二つの場合▶佐藤九二郎 …… 73
　心構へ▶河野一瓢子 ………… 72
文苑
　公論歌壇▶前川勘夫抄 ……… 78
　公論俳壇▶柴田青芳抄 ……… 80
　公論柳壇▶北川左人抄 ……… 79
　邵城俳壇▶富士堂選 ………… 56
〈誌上座談會〉心のゆとりを何れに求む
　べきか ……………………………… 32

朝鮮公論 改巻 第3巻 9号, 1944. 9 通巻 第378号

〈口繪〉翻へる大軍艦旗の下海岸線警備の海の勇士/阿部總督の廳内初巡視/板垣軍司令官の鐵道青訓視察激勵
〈卷頭言〉 …………………………… 3
〈社說〉決死の覺悟に勝利あり ……… 4
〈座談會〉移りゆく日本產業の指標
　出席者：鈴木武雄/末廣勝巳/三苫夏雄/太田昭二/藤本香藤/白井靖晃/安住康夫/丹野宰吉 …………………… 20
　朝鮮の實力發揮と隘路▶白堂生 …… 6
　企業國營論の再檢討▶岩本一美 … 12
　〈回答文〉阿部新總督に望むを讀みて感あり …………………………… 17
　朝鮮輕工業の現段階▶松山祝 ……… 9
　末端配給機構改善▶濱田政一 …… 38
公論春秋 ……………………………… 37
〈時の人〉岩坪友至氏 ………………… 19
阿部新總督に望む …………………… 35
人物漫語▶石森久彌 ………………… 40
通俗科學・電氣製品と牛島▶松山生 43
潤滑技術と生產力增强に就て▶增田熊之祐 ………………………………… 63
半島各道鐵壁の布陣(檢閱削除) …… 78
〈名士に聞く〉勤勞報國の大道 ……… 60
隨筆
　蘇峰翁の修史獎勵▶中島司 ……… 70
　國粹文學と時局▶吉岡富士堂 …… 71
　解らない話を語る▶牧山正德 …… 72
　四方八方の話▶岩本正二 ………… 76
文苑
　公論俳壇▶柴田青芳抄 …………… 81
　公論柳壇▶北川左人抄 …………… 80
　公論歌壇▶前川勘夫抄 …………… 79
編輯後記 ……………………………… 82
〈座談會〉半島民衆の時局認識
　出席者(イロハ順)：伊坂和夫/原努/福田定雄/脇田惠/渡邊虎次 …… 44
心のゆとりを何れに求むるか▶堤政助/山崎廣龜/石井市重郎/石田常英/蟹江堂人 ………………………………… 64

朝鮮公論 改巻 第3巻 10号, 1944. 10 通巻 第379号

〈卷頭言〉 …………………………… 3
〈社說〉一億總入營を斷行せよ ……… 4
論壇
　第一線將兵と應徵戰士は車の兩輪 ……………………………………… 6
　第八十五帝國議會の大收獲 ……… 8
　國家興亡戰と勤勞動員▶松本誠 … 11
〈座談會〉決戰下朝鮮の發明振興策 … 14
猛將井上中將の片貌▶白堂生 ……… 28
生活必需品の末端配給機構改善▶濱田政一 ………………………………… 31
公論春秋 ……………………………… 34
半島の新兵入營諸君に與ふ/半島の應徵戰士諸君に與ふ ………………… 36
時の人 ………………………………… 47

人物發見(其一)▶石森久迩 ………… 48
若き世代と共に▶田中捨彥 ……… 50
〈座談會〉勞務動員の現況と其の對策 …
……………………………………… 52
眼・耳・口 ………………………… 67
趣味に現れたる日本國民性▶龜田周一
……………………………………… 68

隨筆
　朝鮮文化と綠林▶佐野美好 ……… 72
　國籍なき科學者▶鬼塚一夫 ……… 73
　文化既に勝てり▶嘉林容吉 ……… 74
四方八方の話▶岩本正二 …………… 76
公論歌壇▶前川勘夫抄 ……………… 78
公論俳壇▶北川左人抄 ……………… 79
公論柳壇▶柴田靑芳抄 ……………… 80
邵城俳壇 ……………………………… 46
編輯後記 ……………………………… 81

朝鮮公論 改卷 第3巻 11号, 1944. 11
通巻 第380号

〈卷頭言〉 ……………………………… 3
〈社說〉一億拔刀進め ………………… 4
インフレーションと其の對策▶岩坪友
　至 …………………………………… 6
經濟戰と國力の形成▶岩本一美 …… 8
戰爭を動かす若き力 ………………… 12
〈人物發見〉石森迫川 ………………… 43
朝鮮事業界産業界展望 ……………… 20
石綿系新資源の開發 ………………… 11
陣頭の人・十倉宗宏氏 ……………… 49

福票に就て▶山本準一郎 …………… 48
軍需會社法の性格▶牧山正彥 ……… 15
船員管理組織の現段階▶池田長市 … 20
內に戰ふ人・外に鬪ふ人▶石森久彌 … 38
噫巨人頭山滿翁逝く▶佐鄕屋嘉昭 … 44
公論春秋 ……………………………… 22
〈時の人〉表谷佐平氏 ………………… 37
眼・耳・口 …………………………… 46
半島の新入營兵應徵戰士諸君に與ふ …
……………………………………… 40

隨筆
　武田信玄の國民皆兵策▶市來孝嗣 …
　………………………………………… 47
　燐寸▶河野年
　その日その時▶石佛生
　必殺の翼▶矢橋水明 …………… 45
　臺灣沖海戰▶江良定治 ………… 49
　聖骨力▶田中禾牛 ………………… 19
　矛盾哲學▶玄門子 ………………… 19

文苑
　公論俳壇▶柴田靑芳抄
　公論柳壇▶北川左人抄
編輯後記 ……………………………… 50
〈座談會〉緊迫せる半島の燃料對策
　出席者：鈴木高麗雄/牟田亮平/高濱
　保/肥塚茂/菊地亨/土井誠一/西脇權
　治/堀重　/中山彌一郎/鶴野收 … 24

第3部

人名索引編

あ行

相川幸雄 ……………… 267, 272
アール・ゼイ・トムソン ……… 231
相繁明 ………………………… 317
藍波漁人 ………………………… 68
青木戒三 ……………… 143, 149, 184
青木戒三 …………… 34, 58, 63, 73
青木潤 ………………………… 268
青城生 …………………………… 2
青木靜軒
  20, 21, 22, 25, 26, 27, 29, 30, 31,
  32, 33, 35, 36, 37, 39, 40, 41, 42,
  44, 45, 47, 48, 50, 51, 52, 53, 54,
  55, 56, 57, 59, 60, 61, 62, 64, 65,
  66, 67, 69, 70, 71, 72, 73, 74, 76,
  77, 78, 80, 81, 82, 84, 85, 86, 87,
  88, 89, 90, 91, 92, 93, 95, 96, 97,
  98, 99, 100, 101, 103, 104, 105, 106,
  107, 108, 109, 110, 111, 112, 113,
  114, 115, 116, 117, 118, 119, 122,
  123, 125, 127, 129, 131, 135, 136,
  137, 138, 139, 140, 141, 142, 143
青木保 ………………………… 187
青木得三 ……………………… 256
青木初子 ……………………… 21,
  23, 32, 35, 36, 37, 39, 40, 42, 43, 45
青木福司 ……………………… 397
青木留一 ……………………… 398
青澤窕路 …………… 134, 138, 140
青澤てる路 … 121, 122, 124, 125, 133

青谷文峰 ……………… 372, 373
青野原豊 ……………………… 270
青葉町人 ……………… 300, 302
青水戒三 ……………………… 78, 80
青柳營司 ……………………… 72
青柳篤恒 ……… 112, 133, 145, 65, 89
青山逸史 ……………………… 106
青山航一郎
  … 252, 259, 259, 261, 263, 266, 267
青山毅 ………………………… 353
青山秀丸 ……………………… 183
青山裕 ………………………… 366
青山倭文 ……………………… 305
青山倭文二 … 279, 300, 312, 323, 326,
  342, 349, 350, 353, 360, 361, 362, 367
赤井春海 ……………………… 258
赤萩興三郎 …………………… 290
赤神良讓 ……………………… 248
赤木美子 ……………………… 325
赤坂靜也 ……………………… 279
明石元二郎 ……………………… 6
明石照男 ……………………… 347
赤司鷹一郎 …………… 116, 129
紅頭巾 …………………………… 61
赤田愁葉 ……………………… 125
曉太郎 ………………… 117, 119
赤堀薰 ………………………… 395
赤松繁吉 ……………………… 147
赤毛布 …………………………… 26
紅嶺女史 ……………………… 12
阿汗貝生 ……………………… 15

秋風嶺生 …………………… 108	朝岡稻太郎 …………… 285, 318
秋風樓主人 ………………… 107	朝岡醫博 …………………… 336
秋草生 ………………… 78, 89, 91	朝岡福太郎 ………………… 278
明島浪 ……………………… 122	淺香融 ……………………… 295
秋月祐星 …………………… 356	朝倉外茂鐵 ………… 104, 105, 105
秋野一生 …………………… 294	朝倉昇 ………………… 183, 189,
秋原彦三 …………………… 90	193, 211, 250, 251, 255, 256, 258, 398
秋春一雄 …………………… 291	朝田稻太郎 ………………… 301
秋春良夫 ……………… 246, 299	淺田常三郎 ………………… 371
秋水愛山生 ………………… 107	淺野太三朗 ………………… 245
秋元興朝	淺野長七 …………… 5, 12, 15, 20
…… 2, 4, 6, 26, 30, 31, 44, 47, 53, 57	淺見匡雄 ……………… 392, 394
秋本梧桐 …………………… 381	淺見倫太郎 …………… 9, 10, 39
秋山生 ……………………… 145	朝本船三 …………………… 366
秋山大 ……………………… 315	淺利三朗 ……………… 178, 202
秋山雅之介 ………… 121, 230, 9, 91	葦上修 ………………… 109, 99
秋山満夫 …………………… 233	紫陽花 ………………… 28, 36, 37
秋山慶幸 …………………… 246	芦田均 ………………… 155, 251, 259
秋山好古 …………………… 68	蘆原英了 …………………… 278
秋良達之助 ………………… 197	足原武一 …………………… 399
秋良春夫 …………… 172, 173, 241,	芦上山人 …………………… 96
243, 244, 261, 262, 267, 268, 271,	飛鳥逸人 …………………… 350
273, 276, 287, 280, 282, 284, 285,	飛鳥山人 …… 332, 333, 347, 367, 375
291, 292, 296, 297, 299, 301, 301, 304	飛鳥生 ……………………… 359
秋良春雄 …………………… 289	東媛二 ……………………… 1
阿岐良 ……………………… 74	吾妻生 ……………………… 313
秋郎長夫 …………………… 247	我妻大陸 ……………… 349, 350
秋郎春夫 …………………… 265	東信子 ……………………… 269
アグスアレンカール ……… 117	安住時太郎 …………………… 8, 10
淺井榮資 …………………… 269	安住康夫 …………… 234, 235, 333
朝岡滔太郎 ………………… 333	安住也々夫 …………… 234, 241

麻生平八郎 …………………… 353
足立源一郎 …………………… 207
安達謙藏 ……… 217, 219, 219, 226
足立丈次郎 ……………………
　　　66, 67, 138, 144, 145, 146, 169, 184
足立瀧二郎 ………………… 18, 72
足立瀧次郎 ………………… 24, 45
安達遂 ………………………… 307
安達房次郎 …………………… 159
安達房治郎 ……………………
　　…… 172, 174, 177, 178, 178, 179, 191
安達緑童 ……………………… 271
阿谷芳郎 ……………………… 65
あぢさい ……………… 27, 31, 33
匿名 …………………………… 183
匿名生 ………………… 212, 231
安土禮夫 ……………… 175, 177
アトロヤノフスキー ………… 218
穴山永之助 …………………… 356
姉崎正治 …………… 43, 55, 107
亞野竹一 ……………………… 339
阿部磯雄 ………………… 14, 52
安部磯雄 ……………………
　　… 3, 40, 90, 130, 136, 139, 214, 258
阿部享治 ……… 337, 338, 341, 374,
　　382, 386, 389, 390, 393, 400, 404, 405
安部亨二 ……………………… 376
阿部勳平 ……………………… 394
阿部賢一 ……………………… 345
阿部秀太郎 ……………… 59, 63, 64
阿部四郎 ……………………… 276

阿部千一 ……………………… 375
安武直夫 ……………………… 134
安武知雄 ……………… 391, 395
阿部文雄 ……………… 197, 239
安部充家 ……………………… 25
阿部讓 ………………………… 69
安倍能成 ……………………… 178
安保清種 ……………………… 376
天岡貯金局長 ………………… 125
天岡道嘉 ……………………… 112
天岸敏介 ……………………… 309
天野郡治 ……………………… 358
天野三歩 ……………………… 259
天野爲之 ………………… 2, 111
天野利吉 ……………………
　　318, 320, 325, 326, 327, 329, 339, 348
天久卓夫 ……… 319, 322, 322, 382, 383
天日常次郎 …………………
　　…… 138, 143, 146, 156, 168, 169, 210
雨宮保衛 ……………… 269, 280
雨村 …………………………… 87
綾田豊 ………………… 165, 191
綾部守太 ……………………… 401
荒井賢太郎 ……… 6, 18, 57, 133, 176
新井梧堂 ……………………… 252
新井梧桐 ……………… 251, 267
新井五郎 ……………… 216, 235
新井靜波 ……………………… 95
新井新藏 ……………………… 241
新井生 ………………………… 93
新井富 ………………………… 362

新井虎太郎 …………………… 19	荒舟 …………………… 336, 339
荒井信子 …………… 254, 256, 267	荒峰 …………………… 352, 354
新井初太郎 …………………… 95	荒牧句平 …………………… 26
荒井初太郎 …………… 16, 205, 233, 245, 246, 258	荒卷太郎花 …………………… 367
荒川一舟 …………………… 270	荒本貞夫 …………………… 242
荒川一郎 …………………… 272	有明雲峯 …………………… 349
荒川迂人 …………………… 367	有明漁郎 …………………… 358
荒川一夫 …………………… 359	有明伍郎 …………………… 367
荒川一豊 …………………… 360	有風生 …………………… 78
荒川健二 …………………… 366	有賀光豊 …………… 35, 45, 72, 82, 146, 157, 159, 164, 167, 169, 174, 180, 182, 192, 199, 210, 216, 231, 238, 240, 243, 246, 258, 271, 274, 295, 308, 311, 340
荒川孤舟 …………………… 332	
荒川五郎 …………………… 216, 320	
荒川散人 …………… 350, 351, 352, 354	
荒川住人 …………………… 322	有坂太郎 …………………… 353
荒川生 …………… 280, 283, 317, 326, 365	有坂幽玄 …………………… 363
荒川太郎 …………………… 351	有島武郎 …………………… 115
荒川舟一 …………………… 336	有馬一策 …………………… 270
荒川峰太 …………………… 346	有馬易水 …………… 26, 30, 32, 33, 35, 36, 37, 39, 41, 42, 43, 45, 46, 47, 52, 53, 54, 56, 57, 58, 62, 63, 64, 66, 67, 68, 69, 71, 72, 74, 75, 78, 81, 83, 86, 88, 87, 93, 96
荒川凉 …………………… 270	
荒木錦子 …………………… 260	
荒木光太郎 …………… 279, 392	
荒木武二郎 …………… 165, 168	
荒木忠雄 …………………… 295	有馬諭 …………………… 358
荒木正信 …………………… 380	有馬純吉 …………………… 163
荒坂一 …………………… 362	ありま生 …………………… 403
荒坂祐介 …………………… 363	有馬泰山 …………………… 39
嵐芳子 …………………… 15	有馬廣士 …………………… 403
荒生 …………………… 351	有馬賴寧 …………………… 135
荒野一郎 …………………… 350	有馬良橘 …………………… 355
荒蕪山人 …………………… 162	有村北洲 …… 262, 264, 265, 267, 267

有吉忠一 …………………… 143	生田定之 …………………… 251
安藤紀三郎 ………………… 371	生田水産課長 ………………… 51
安藤堅次 ……………………… 49	生田淸三郎 ……… 63, 68, 143, 184
安藤靜 ………………… 204, 210	生田花世 ………………… 277, 376
安東友哉 …………………… 125	井口乘海 ………………… 263, 265
安藤ひろし …………………… 84	井口彌壽男 …………………… 24, 48
安藤正純 …………………… 129	池秋郎 …………………… 112, 138
安藤又三郎	池內淸太 …………………… 302
……… 11, 12, 20, 26, 72, 78, 98, 139, 144	池秩郎子 …………………… 161
安東守 ……………………… 184	池岡直孝 …………………… 264
鞍馬天狗 …………………… 313	池上四郎 …………………… 202
飯尾藤三郎 …………………… 97	池上秀夫少尉手記 ………… 245
飯尾藤次郎 ………………… 147	池尻林太郎 …………………… 23
飯泉幹太 ……… 180, 210, 217, 395	池田和夫 …………………… 248
飯倉文甫 ………………… 177, 186	池田淸 ……… 233, 238, 258, 274, 295
飯澤淸 ……………………… 302	池田淸士 ……………… 302, 303, 304
飯島炙次郎 ………………… 388	地田兼三 ……………………… 96
飯島滋次郎	池田謙三 ……… 120, 16, 23, 58, 95, 99
…………… 372, 377, 384, 393, 397, 404	池田十三郎 …………………… 4
飯島生戲 …………………… 102	池田正健 ……………………… 15
飯田生 ……………………… 106	池田毅 ……………………… 255
飯塚徹 ……………………… 16	池田龍藏 ………………… 156, 201
井內勇 ……………… 67, 146, 168	池田長市 …………………… 407
庵原文一 ……………… 34, 37, 79	池田長次郎 ………………… 225
伊賀誠一 …………………… 309	池田輝彥 …………………… 273
井川駒之助 ………………… 358	池田秀雄 ……… 158, 164, 167, 184, 192
衣川生 ……………………… 92	池田泰次郎 ………………… 183
井川常郎 …………………… 259	池田康人 …………………… 295
伊木常誠 …………………… 161	池田錫 ……………………… 133
生島生 ……………………… 289	池田林儀
生田葵山 …………………… 130	219, 281, 283, 284, 286, 288, 305, 312

池帆祐介 …… 360	石坂銀杏 …… 108, 111
池見猛一 …… 298	石鎮衡 …… 184
池見猛 …… 270	石下山人 …… 281
怡軒書塾開始 …… 210	石田太郎 …… 129
怡軒道生 …… 173	石田常英 …… 401, 406
猪候修次郎 …… 361	石田霧堂 …… 198
井坂圭一郎 …… 249, 284	石田祐六 …… 218
伊澤春子 …… 254	石田幸男 …… 285
石井市重郎 …… 406	石塚英藏 …… 1, 2, 4, 6,
石井鶴三 …… 207	34, 42, 44, 46, 59, 92, 114, 191, 130
石井勇義 …… 283	石塚一三 …… 282, 283, 285
石川榮耀 …… 398	石塚かずみ …… 283
石川倦造 …… 388	石塚峻 …… 151, 246
石川與二 …… 320	石塚聖秋 …… 283
石川重三郎 …… 363	語る人・石塚朝鮮米倉社長 …… 373
石川二郎 …… 266	石津漣 …… 107, 108, 109, 111, 115, 116
石川孝明 …… 272	石野力藏 …… 312
石川千代松 …… 275, 339	石濱知行 …… 209, 277
石川登盛 …… 170	石林生 …… 134
石川寅治 …… 69	石林久彌 …… 141, 142, 143, 144, 146, 147
石川文吾 …… 205	石原憲一 …… 206,
石川正雄 …… 247	210, 281, 371, 376, 378, 380, 387, 394
石川幹明 …… 17	石原純 …… 277
石川義一 …… 125	石原分 …… 262
石川賴彦 …… 401	石佛生 …… 407
石黒五十二 …… 121	石丸梧平 …… 125
石黒忠篤 …… 370	石丸重美 …… 124
石黒露雄 …… 249	石村秀治郎 …… 105
石黒悌吾 …… 252	石本喜久治 …… 278
石子糸川 …… 112, 113, 134	石本惠吉 …… 233
石坂橘樹 …… 267	石本芳文 …… 163, 172

石森五城樓主人 ………… 147, 148, 151
石森胡蝶 ……………………………
11, 13, 39, 41, 42, 44, 45, 47, 48,
50, 51, 52, 54, 57, 59, 60, 61, 62,
64, 65, 66, 67, 69, 70, 72, 73, 74,
76, 77, 78, 80, 81, 82, 84, 85, 86,
87, 88, 89, 90, 91, 92, 93, 95, 96,
97, 98, 99, 100, 101, 102, 103, 104,
105, 106, 107, 108, 109, 110, 111,
112, 113, 114, 115, 116, 117, 118,
119, 121, 122, 123, 125, 127, 129, 131
石森生 ……………… 28, 54, 56, 69,
71, 74, 75, 77, 82, 83, 84, 88, 93, 94,
99, 101, 105, 117, 121, 153, 160,
161, 171, 174, 177, 178, 180, 183,
184, 185, 191, 194, 195, 204, 208, 295
石森直人 …………………… 283
石森迫川 ………… 132, 134, 135,
136, 138, 139, 140, 205, 206, 208,
212, 213, 214, 215, 216, 217, 218,
220, 222, 223, 224, 226, 227, 232,
233, 234, 235, 236, 238, 239, 241, 242
石森久彌 ………………… 20, 22,
32, 116, 121, 130, 132, 133, 134,
135, 136, 137, 138, 139, 140, 148,
149, 150, 151, 152, 153, 154, 155,
156, 157, 158, 159, 160, 161, 162,
163, 164, 165, 166, 167, 169, 170,
171, 172, 173, 174, 175, 176, 177,
178, 179, 180, 181, 182, 183, 184,
185, 186, 187, 188, 189, 190, 191,

193, 194, 195, 196, 197, 198, 199,
200, 201, 202, 203, 204, 205, 206,
208, 209, 211, 212, 213, 214, 215,
216, 217, 218, 219, 220, 221, 222,
223, 224, 225, 226, 227, 228, 229,
230, 231, 232, 233, 234, 235, 237,
239, 240, 241, 242, 243, 244, 245,
311, 375, 380, 387, 391, 393, 394,
397, 398, 401, 403, 405, 406, 407
石森久迩 ……………………… 407
石森本社長 ………………… 169
石山賢吉 ……………………… 222
伊集院兼雄 ………… 166, 169, 175
伊集院かねを ……………… 106
伊集院樂陽 ……………………
……… 111, 112, 113, 114, 115, 135
伊集院蘆生子 ……………… 110
葦上脩 …………………………… 110
石渡新太郎 ………………… 58
石渡莊太郎 ………………… 339
石渡敏一 ………………… 40, 43
泉崎三郎 ……………………… 189
泉哲 ……………………… 207, 238
泉正男 ………………………… 253
泉蓮太郎 ……………………… 311
井關貢 …………………………… 313
伊勢鉉一郎 ………………… 325
磯野千太郎 ………………… 145
磯矢五郎 ……………… 376, 377
板垣征四郎 ………………… 386
板垣退助 ………………… 20, 31

板垣鷹穗 …………………… 266	356, 359, 361, 362, 363, 366, 367, 405
板谷宮吉 …………………… 198	市來孝嗣 …………………… 407
板橋菊松 ………… 55, 56, 59, 148	市木孝嗣 …………… 395, 398, 403
板橋春秋 …………… 62, 63, 64, 74	一給仕 ……………………… 3
坂橋生 ……………………… 58	一女生 ……………………… 257
板橋生 … 54, 59, 60, 66, 67, 68, 72, 79	一鮮人 ……………………… 106
伊丹忠雄 …………………… 366	市野澤慈水 ………………… 398
市川弘 …………………… 118, 140	市野澤酉之助 ……………… 379,
市川房枝 …………………… 209	390, 391, 392, 394, 395, 403, 404, 404
一閑人 ……………………… 10	市原成宏 …………………… 12
一木喜德郎 …………… 120, 72, 98	市原盛宏 …… 1, 3, 7, 20, 22, 26, 29, 30
一記者 …………………… 1, 2,	一宮房次郎 ………………… 118
3, 4, 5, 6, 8, 9, 10, 11, 12, 15, 16,	市村今朝 …………………… 294
18, 19, 20, 21, 22, 23, 27, 29, 30, 31,	市村瓚次郎 ………………… 120
33, 36, 39, 40, 42, 44, 46, 48, 65, 69,	市村讃次郎 ………………… 196
71, 72, 78, 81, 82, 83, 85, 86, 87, 88,	市村秀志 ……………… 374, 395
89, 90, 91, 92, 93, 94, 97, 98, 102,	一名 ………………………… 127
103, 104, 105, 111, 115, 122, 126,	一山三郎 …………………… 332
128, 137, 147, 167, 168, 169, 170,	市山盛雄 …… 158, 171, 173, 175, 185,
171, 172, 173, 174, 175, 176, 177,	186, 189, 190, 194, 197, 222, 233,
178, 179, 180, 181, 186, 187, 189,	233, 238, 275, 305, 174, 176, 186, 189
190, 191, 207, 209, 212, 213, 217,	市由盛雄 …………………… 230
218, 219, 220, 221, 222, 223, 224,	一立齋文庫 ………………… 130
225, 229, 230, 231, 232, 236, 237,	一立富文車 ………………… 124
238, 239, 240, 242, 244, 245, 246,	一老選手 ……………… 91, 92, 98
247, 248, 250, 251, 253, 255, 259,	一老童生 …………………… 175
261, 263, 264, 266, 267, 268, 283,	五井節藏 …………………… 287
285, 286, 288, 290, 292, 294, 297,	一角庵居士 ………………… 362
298, 301, 305, 309, 310, 311, 312,	逸子 ………………………… 104
313, 327, 329, 331, 333, 335, 340,	一公僕生 …………………… 133
347, 348, 351, 352, 353, 354, 355,	一戶義良 …………………… 287

一戸務 ………………… 259
一色藤太 ……………… 272
逸人 …………………… 331
逸名逸人 ……………… 137
逸名士 ………………… 69
逸話子 ……………… 21, 22, 26
糸井生 ………………… 84
伊東鋭太郎 ……… 269, 288, 304, 304
伊藤鋭太郎 …………… 285, 286
伊藤永之介 …………… 280
伊藤霞城 ……………… 95
伊藤銀月 …………… 130, 57
伊東月草 ……………… 220
伊藤月草 ………… 205, 213, 218
伊藤憲郎 ………… 170, 180, 287
伊藤康安 ……………… 387
伊藤定弘 ……………… 75
伊藤槇雄 ……………… 395
伊藤七司 ……………… 394
伊藤秋穂 ……………… 172
伊藤春史 ……………… 298
伊藤商事課長 ………… 119
伊藤仁太郎 …………… 173
伊藤生 ………………… 89
伊東岱吉 ……………… 276
伊藤辰次郎 …………… 395
伊藤壽夫 ……………… 301
伊東知也 ……………… 22
伊藤春夫 ……… 303, 304, 309, 310, 311, 312, 314, 315, 317, 318, 322, 323, 326, 333, 334, 336, 337, 347,

350, 354, 360, 362, 368, 370, 372
伊藤春雄 ……………… 347
伊東廣 ………………… 364
伊藤昌雄 ……………… 297
伊藤正義 ……………… 156
伊藤末知 …………… 310, 344
伊東祐大 …………… 281, 288
伊東祐太 ……………… 283
伊藤祐大 ………… 277, 278, 280
伊藤祐太 …………… 285, 287
伊藤利三郎 …………… 168
伊藤利三郎 …………… 163
伊東凌潮 ……………… 123
糸川生 …………… 118, 119, 120
稲井組合長 …………… 329
稲茂登三郎 …………… 151
稲田春水 ………… 1, 3, 44, 46
稲葉君山 …………… 226, 239
稲葉實 ………………… 187
稲光黎民 ……………… 179
犬養毅 ……… 9, 11, 16, 22, 25, 38, 47, 48, 50, 51, 53, 54, 55, 57, 58, 63, 89
稲岡朝太郎 …………… 271
稲原勝治 ……………… 118
井上收 ……… 152, 157, 162, 172, 179, 186, 210, 287, 371, 385, 391, 393, 395
井上角五郎 …… 97, 124, 129, 182, 217
井上主計 ……………… 144
井上一男 ……………… 50
井上清 ……… 144, 178, 178, 179, 181, 182, 190,

233, 238, 276, 281, 286, 287, 288, 296
井上三之介 …………………… 387
井上準之助
　　　84, 97, 156, 182, 211, 213, 218, 228
井上孝哉 ………… 28, 42, 48, 54, 101
井上琢爲 …………………… 311
井上辰九郎 ………… 81, 102, 105
井上朝鮮商業銀行專務 ………… 335
井上哲次郎
　　…64, 86, 91, 95, 109, 114, 137, 336
井上昌 ………………… 209, 210
井上雅二 …………………… 13
井上友一 ………………… 26, 29
井野眞太 …………………… 310
猪原貞雄 …………………… 49
猪又正一 …………………… 394
貘龍太郎 …………………… 311
井原經雄 …………………… 331
伊福部敬子 ……………… 250, 312
今井田清德
　　　230, 232, 233, 234, 238, 247, 289, 295
今井邦子 …………………… 289
今泉孝太郎 ………………… 352
今泉嘉一郎 ………………… 123
今井田政務總監 …………… 246
今井環 ……………………… 262
今井利久 …………………… 350
今井嘉幸 …………………… 89
今井賴次郎 …………… 253, 340
今男・アチヤコ …………… 385
今田慶一郎 ………………… 392

今田裕道 …………………… 361
今田吉人 …………………… 313
今丹次郎 …………………… 29
今津明 ………………… 52, 53, 64
今中次麿 …………………… 262
今成覺禪
　　……… 109, 111, 112, 114, 115, 116
今村重藏 …………………… 178
今村武志
　　……… 184, 202, 213, 224, 224, 225
今村鞆 ……… 11, 23, 100, 155, 157, 172
伊森明治 ………… 213, 309, 311, 364
入江海平 ……… 24, 34, 40, 69, 153
入江貫一 …………………… 117
入江新八 …………………… 121
入江種矩 …………………… 397
入澤重麿 ………………… 35, 157
入尋生男 …………………… 150
伊藤健二 …………………… 335
伊藤奎二 …………………… 247
色川三男 …………………… 40
岩井生 ……………………… 148
岩井誠四郎 ………………… 113
岩木正二 ………………… 399, 403
岩岐眞英 …………………… 95
岩切重雄 …………………… 197
岩越葉太 …………………… 299
岩崎德松 …………………… 107
岩崎虎次郎 ………………… 138
岩佐生 ……………………… 76
岩佐祿郎 …………………… 247

岩田九郎 …………………… 281
巖谷小波 …………………… 62
巖谷小波 …………………… 43
岩坪友至 …………………… 407
岩原謙三 …………………… 152
岩本明 ……………………… 299
岩本一美 ………………………
　…… 401, 403, 403, 404, 405, 406, 407
岩本正二 ………………… 229, 230,
　231, 232, 245, 246, 278, 280, 283,
　284, 285, 287, 296, 299, 300, 301,
　303, 304, 305, 308, 309, 311, 314,
　315, 316, 319, 322, 323, 327, 329,
　349, 352, 372, 373, 374, 375, 376,
　378, 379, 380, 381, 383, 384, 385,
　387, 388, 389, 390, 392, 393, 395,
　396, 398, 399, 400, 402, 404, 405, 407
岩本正滋 …………………… 311
岩本正二 ……………………
　229, 230, 231, 232, 237, 239, 241,
　242, 298, 299, 300, 301, 303, 304,
　305, 306, 307, 308, 309, 317, 318, 322
岩本生 ………………… 298, 311
岩本善併 …… 228, 229, 230, 231, 248
岩本姫路 ………………… 62, 67
岩本萬翠
　………… 304, 310, 313, 333, 341, 351
岩本文四郎 ……………… 346, 349
岩本善文 …… 106, 107, 108, 110
宇井伯壽 …………………… 279
ウエ・エル・コマロフ ……… 321

上杉愼吉 …… 35, 83, 88, 110, 117
上杉直三郎 ………………… 388
上田獻心 …………… 11, 15, 27
上田喜助 …………………… 72
上田恭輔 …… 123, 133, 159, 164, 172
植田群治 …………………… 387
上田貞次郎 ………… 264, 275, 277
上田眞次郎 ………………… 252
上田忠成 …………………… 322
上田直治 …………………… 213
上田文三郎 ……… 91, 92, 210, 242
上田外男 ……… 121, 126, 129, 130
上田美津 …………………… 318
上塚可 ……………………… 124
植野勳 ………………… 289, 299
上野英三郎 ………………… 93
上野盛一 …………………… 310
上野彦八 …………………… 391
植原悅二郎 …………… 76, 79, 82
植原政務局長 ……………… 88
植松秀雄 …………………… 285
上村三龜藏 ………………… 187
上村敬次郎 ………………… 34
上村爲人 …………………… 82
植村信男 ……………… 209, 210
上山滿之進 …………… 112, 258
魚佳露葉 …………………… 130
宇垣一成 ………………… 217, 243,
　247, 248, 250, 257, 259, 260, 261,
　264, 272, 274, 276, 279, 289, 294, 382
宇垣成一 …………………… 232

浮田和民	4, 38, 86, 94	内岐生	96
宇佐川一正	9	内田嘉吉	103
鵜崎鷺城	17, 23	内田賀吉	110
宇佐見一郎	389	内田惠太郎	369
宇佐美勝夫	4, 7, 13	内田孝藏	305
鵜澤總明	105, 109, 121, 123	内田鯤三郎	312
潮惠之助	22, 27, 129	内田鯤五郎	311, 334
潮美登利	265	内田三之助	393
牛島省三	233, 238	内田都思	322
牛島貞吉	391, 393	内田吐天	218
氏原佐藏	131	内田康哉	48, 83
兒島惣次郎	82, 99	内田良平	11, 14, 61, 65, 82
兒島高信	238	内田錄雄	157
臼井哲夫	107	内野運吉	262
臼井靖晃	375	内野健兒	150, 151, 155, 156, 157, 171, 172, 174, 175, 176, 158, 159, 160, 161, 162
臼田亞浪	168, 169, 171, 174, 176, 181, 183, 185, 186, 188, 190		
薄田美朝	156	内村良二	246
倦土重來生	6	内山寬正	388
兒玉謙次	278	美島梨雨	314, 318
兒玉貞平	130	美村生	7
兒玉沙二郎	129	宇都宮太郎	82
兒玉勝之助	100, 101, 105, 108	内海青城	5
兒玉琢	204, 394	内海富士夫	388
兒玉伯爵	48	内海安吉	19, 25
兒玉秀雄	6, 34, 121, 213, 216, 221, 222, 224, 226, 274	雨亭	249
		宇都醫博	337
内池廉吉	281	宇都野生	356
内池清澄	259	宇野圓空	284
内崎作三朗	205	宇野三郎	38, 47, 49, 56
内ヶ崎作三郎	80, 84	宇野昌平	366

宇野眞一	298	易水散史	45
宇野哲人	270, 312	易水生	8
生方敏郎	253, 255, 258	江木翼	138
馬杉一雄	394	易堂	12
馬野精一	173, 180, 189, 231	江口政之助	405
海金源次	287	江子城	3, 5, 6, 10
梅の市	12	惠島三郎	328
宇山角次	199	江舟	345, 360
兜山生	236	エス・スラーヴイ	321
浦生大夢	110	江東漁舟	342
浦尾純	317, 319	衛藤祐盛	162
浦原久四郎	149	江東太一	346
うらわかい女	26	江藤哲藏	58
上井權太	127	江南哲夫	1
雲岩生	255, 266	江南舟一	333
運動記者	32	江南子城	7
雲白生	264	江南生	2
江畔逸民	24, 25	江南道人	332
潁川忠治	289	江南浪客	149
永郊閑人	264, 266, 266	榎坂佳人	143
榮田秀治	390	江原小彌太	140
榮野健治	210	江原素六	25, 85
影苞子	101	蠻劍櫻	126
永樂町人	133, 134, 135	蠻楚桂	41
瓔珞詩社同人	127	海老名彈正	27, 28, 41
エーコロンビノ	116	蝦農江子城	1
江頭三郎	287	江間俊太郎	248
江頭虎雄	403	兪萬兼	250, 253, 344
江頭六郎	309, 393	江村相鎬	388
江上白榮	6	柳建寺土左衛門	142
易々郎	14, 15	江良定治	395, 407

碌々生 …………………… 248	大井里子 …………………… 270
圓應生 … 196, 197, 198, 199, 200, 201	大石堅志郎 ………………… 286
緣眼子 …………………… 119	大石正巳 ……… 7, 13, 16, 28, 166, 63
圓勝太兵 ………………… 347	大石正己 …………………… 19
圓谷弘 …………………… 269	大井成元 …………………… 195
遠田晃 …………………… 321	大井望 ……………………… 342
遠田運雄 ………………… 248	大内夏畦 …………………… 105
遠藤廣吉 ………………… 21	大内要 ………………… 88, 98, 111
遠藤武 …………………… 108	大内私要 …………………… 109
遠藤辰治郎 ……………… 158	大内生 ……………………… 112
遠藤隆吉 ……………… 59, 86, 361	大内青里 …………………… 299
綠葉山人 ………………… 118	大内幸江 …………………… 269
尾池禹一郎 ……………… 183	大内暢三 …………………… 23
黃金町人 ………………… 314	大江すみ子 ………………… 270
黃金通人 ………………… 323	大工原銀太郎 ……………… 143
逢坂一平 ………………… 325	大岡育造 ……………………
王子生 …………… 283, 327, 328	……… 49, 53, 58, 68, 88, 100, 105, 123
王子太郎 … 321, 323, 351, 352, 353, 355	大垣二郎 …………………… 263
王舟 ………………………	大垣丈夫 …………………… 47
338, 339, 342, 346, 347, 349, 351,	大恒太夫 …………………… 1
352, 353, 355, 356, 360, 361, 365, 367	大賀賢 ……………………… 273
王舟逸士 ………………… 328, 329	大木遠吉 …………… 1, 13, 65, 122
王舟孤士 …… 328, 329, 331, 333, 337	大木生 ………… 378, 379, 381, 382, 383
王舟孤人 ………………… 333	大木雄三 ………………… 132, 162
王舟生 …………………… 350	大口義夫 ………………… 189, 371
逢城參併 ………… 317, 319, 324	大口喜六 ………………… 202, 218, 311
大同江生 ………………… 108	大久保利武 ………………… 4
大同漁夫 ………………… 159, 160	大隈重信 …………………… 1, 2, 3, 4, 6,
凹凸生 …………………… 300	7, 8, 10, 13, 17, 19, 30, 36, 111, 238
小江平吉 ………………… 58	大熊良一 …………………… 383
大麻唯男 ………………… 211	大倉邦彦 ………………… 353, 355

大藏省國民貯蓄獎勵局 …… 326	大塚常三郎 …………… 34, 97
大藏將英 ………………… 111	大月多賀志 …………… 306
大倉喜入郎 ……………… 65	大槻龍治 ………………… 5
大河内生 ………………… 112	大津城以知路 … 219, 225, 227, 235, 249
大河内近之 ………… 112, 115	大妻こたか …………… 208
大河内政敏 ……………… 275	大西我羊 …………… 42, 48, 49
大坂一郎 ………………… 336	大西次郎 ………………… 386
大崎好尙 ………………… 231	大西清治 ………………… 278
大里生 …………………… 273	大西勵治 ………………… 333
大澤藤十郎 ……………… 147	大沼喜久衛 ……………… 389
大島重義 ………………… 183	大野宏平 ………………… 399
大島至靜 ……………… 66, 73	大野傳次朗 ……………… 106
大島伯鶴 ………………… 385	大野豊四 …………… 110, 99
大島正德 …………… 98, 106	大野文雄 …………… 255, 256
大島良士 …………… 185, 193	大野道夫 ………………… 225
大角岑生 ………………… 274	大野峰次郎 ……………… 327
大世渡貢 ………………… 227	大野利吉 ………………… 332
大竹十郎 …………… 309, 321	大野理靜 ………………… 205
大田三郎 …………… 24, 38	大野緣一郎 ……………… 308,
太田三郎 … 8, 11, 15, 33, 50, 61, 75	344, 359, 370, 311, 321, 331, 354, 370
太田孝之 ………………… 275	大場 …………………… 112
太田恒彌 ………………… 262	大庭柯公 ………………… 17
大館長節 ………………… 172	大庭柯風 …………… 119, 124, 124
大舘長節 ………………… 137	大場茂馬 …… 29, 31, 34, 44, 47, 53, 99
大谷光瑞 ………………… 107	大橋次郎 ………………… 34
大谷尊由 ………………… 211	大橋新太郎 ………… 240, 340, 68
太田秀穂 ……………… 35, 36, 37,	大橋恭彦 ………………… 402
39, 41, 42, 43, 45, 47, 49, 64, 74, 76	大橋泰彦 ………………… 382
太田房藏 ………………… 358	大庭眞介 ………………… 296
太田正孝 ………………… 103	大庭生 …………………… 122
太田眞美 ………………… 296	大濱信泉 ………………… 395

大場義雄 ……………………… 360	岡吟賓雄 ……………………… 341
大原沙知子 … 313, 318, 322, 325, 326	岡倉由三郎 …………………… 289
大原庄太郎 …………………… 42	岡今朝雄 …………………… 34, 89
大原胤夫 ……………………… 158	岡現次郎 ……………………… 304
大原昇 ………………………… 193	岡崎哈爾雄 ……………………………
大平秀雄 ……………………… 373	325, 326, 327, 328, 329, 331, 335, 338
大平野虹 ……………………… 3	岡崎邦輔 …………………… 4, 60, 82
大保吉藏 ……………………… 374	岡崎桂一郎 …………………… 125
大堀知武造 ………… 397, 402, 403	岡崎興 ………………………… 229
大曲生 …………………… 91, 134	岡崎哲郎 …………… 239, 289, 386
大村敦松 ……………………… 344	岡崎康一 …………………… 376, 381
大村有之丞 …………………… 26	岡崎義成 ……………………… 332
大村謙太郎 …………………… 112	尾賀三郎 ……………………… 363
大村琴花 ……………………… 10	小笠原三九郎 ………………… 262
大村卓一 ……… 167, 177, 180, 183,	小笠原長生 ……………… 214, 218
188, 194, 202, 214, 216, 224, 231, 233	小笠原儀雄 …………………… 326
大村友之丞 ……………………………	岡田 …………………………… 310
… 12, 78, 99, 148, 180, 189, 238, 244	岡田朝太郎 …………………… 223
大村正夫 …………… 260, 262, 277	岡田鬼千代 …………………… 47
大森貫一 ……………………… 377	岡田溫 ………………………… 247
大森憲太郎 …………………… 265	岡田金物部長 ………………… 126
大屋權平 ……………………… 5	岡田啓介 ……………………… 274
大藪幹太郎 ………… 373, 385, 397, 404	岡田榮 ……………………… 9, 23, 58
大山郁夫 …………… 137, 159, 226	岡田三郎 ……………………… 24
大山卯太郎 …………… 256, 264	岡田庄作 ……………………… 277
大山一夫 ……………………… 223	岡田聰 ………………………… 398
大山一天 ……………………… 250	岡田文秀 ……………………… 276
大山松次郎 …………………… 368	岡田政子 ……………………… 216
岡哈爾雄 …… 339, 340, 344, 348, 354	岡田道一 ……………………… 125
岡哈再雄 ……………………… 346	緒方行雄 ……………………… 283
丘淺次郎 ……………………… 105	岡田行一 ……………………… 268

岡田良平	151	小川滋次郎	35
岡野武	235	小川二郎	164
岡野肇	248	小川太一郎	247
岡信俠助	357, 368, 397	小川太郎	245
岡久雄	376	小川平吉	50, 53, 65, 68, 90, 94, 95, 103, 121
岡部駿策	170	小川彌太郎	289
岡部次郎	23	尾木鏡平	325
岡部長景	265, 306, 328, 331, 335, 349	沖禎吉	376, 383
岡正矣	45, 47	荻田悦造	94
岡操	254	沖野岩三郎	142
岡實	102, 133	御木德近	279
岡村介石	36	荻原擴	281
岡村金太郎	130	荻山秀雄	398
岡村慶子	249, 251	荻原擴	337
岡村定義	253	奥田生	217, 218
岡村左右松	57, 65	奥田定一郎	140
岡本宜空	279	奥野昌	259
岡本君川	45	奥村喜和男	305, 382
岡本桂次郎	311	小倉生	336
岡本公平	208	小倉武之助	141, 340
岡本常時郎	24	小倉右一郎	125
岡本常次郎	27, 33, 68	小栗一好	268
岡本生	50	尾崎敬儀	153, 163, 164, 164, 156, 173, 178, 180, 180
岡本豊喜	100	尾崎行雄	1, 10, 11, 12, 13, 25, 225
岡本寬	269, 397	小澤武雄	121
岡本靈華	123	押川方義	80
岡本籟庵	46, 47, 49	尾高次郎	74
岡山亨一	353	小田幹治郎	110
小川延吉	210	小田切惜香	7
小川鄉太郎	210, 211, 249, 258		

小田省吾	150
小田次郎	373
小田生	283
小田武夫	289
小釼	70
小田原生	83
小田原豊	277, 308, 310
落合龍三	322
越智啓	215, 216, 217
御手洗辰雄	370, 371, 374, 377, 378
男之助	99
乙竹岩造	391
御成町隠士	363
鬼塚一男	397
鬼塚一夫	385, 387, 389, 392, 393, 404, 407
小野久太郎	148, 216
小野峽二	171
小野賢一郎	218
小野廣吉	382
小野武夫	106
小野田生	162
小野田塚	310
小野塚喜平	265
小野寺陸軍少將	212
小野敏雄	144
小野富雄	166
小野益雄	374
小野義一	153
小野練太郎	50
小畑啓藏	211
小花貞三	287
小尾大佐	383
小尾範治	200, 207, 256
小見秀雄	334
恩田耿助	393
恩田鐵彌	201
恩田銅吉	168, 216

か行

カーマン	115
甲斐源次	236
海州生	186
甲斐生	163
海田要	395
海田讓治	316
會田軍太夫	394
海野行德	24
解剖子	326, 327, 328, 329, 333, 334, 335, 337, 338, 339, 340, 342
外務省情報部	324
紅紫汗人	21
河内山樂三	92, 126, 146
カウボー井	119
嘉悦孝子	62
薫風樓綠雨	141, 142
董偓樓	48
加賀直治	401
嘉川義英	395, 397
賀川豊彦	213
可旡菜	164

臥牛 …… 106
各公職者 …… 163
角田生 …… 39, 41, 42, 91
角田種三 …… 275
角田廣堂 …… 21
角田廣司 … 22, 26, 27, 39, 41, 42, 44, 45, 47, 48, 50, 51, 52, 54, 55, 58, 59
角田不案 …… 13, 60, 61, 62, 64, 65, 66, 67, 69, 70, 72, 73, 74, 76, 77, 78, 80, 81, 82, 84, 85, 86, 87, 88, 89, 90, 91, 92, 93, 95, 96, 97, 98, 99, 100, 101, 102, 103, 104, 105, 106, 107, 108, 109, 110, 111, 112, 113, 114, 115, 116, 117, 118, 119, 122, 123, 125, 127, 129, 131, 170, 182, 194, 207, 210, 214, 215, 216, 219, 223, 224
角田紅紫 …… 15
各地名士の實際祝祭 …… 201
賀來俊一 …… 295
樂屋鼠 …… 153, 158
樂陽公 …… 120
荷見安 …… 261
蔭の男 …… 81, 82, 85
加古悠子 …… 317
笠井愛次郎 …… 54
笠井健太郎 …… 258
笠神志都延 …… 163, 166, 173, 185, 210, 222
金澤文先 …… 304
笠原寬美 …… 49, 59

笠原幸雄 …… 397
笠原隆輔 …… 129
笠松生 …… 110
笠山貧重 …… 274
歌澤夢子 …… 132
梶井剛 …… 340
梶井裕 …… 342
梶志郎 …… 216, 218
鹿島守之助 …… 347
堅山坦 …… 318
可笑山人 …… 102
春日井薰 …… 276
霞城生 …… 95, 97, 101
和美生 …… 283
加瀬憲 …… 396
賀田一牛 …… 304
片岡怡軒 …… 150
片岡喜三郎 …… 303
片岡直造 …… 295
片岡直道 …… 276
片岡直通 …… 260
片岡安 …… 132
片上伸 …… 76, 114
片桐和三 …… 160
加田哲二 …… 354
賀田直治 …… 90, 95, 100, 104, 109, 111, 113, 114, 115, 118, 122, 136, 138, 138, 140, 243, 244, 246, 255, 258, 262, 264, 265, 271, 272, 274, 274, 276, 282, 287, 288, 289, 291, 293, 295,

295, 296, 299, 306, 309, 310, 311,
　　315, 319, 321, 331, 334, 344, 371,
　　372, 374, 386, 387, 391, 394, 395
賀田秀治 …………………………… 390
片平清 ………………………… 226, 227
片山市太郎 ………………………… 256
片山慶助 ……………… 376, 379, 389
片山繁雄 ……………………… 76, 83
片山重三 …………… 381, 382, 383, 385
片山嵓 …………………… 105, 177, 178
片山哲 ……………………………… 219
片山隆三 ……………… 371, 374, 385, 389
片山隆三 ……………… 373, 378, 379, 399
勝村長城 …………………………… 119
勝本勘三郎 ………………………… 59, 101
桂悦朗 ………………………… 309, 321
桂川碩邦 …………………………… 269
桂鴻峰 ……………………………… 316
桂谷連俊 …………………………… 376
加藤寛一郎 ………………………… 382
加藤寛二郎 ………………………… 276
加藤敬三郎
　　202, 204, 210, 216, 238, 240, 243,
　　247, 257, 260, 260, 274, 277, 295, 308
加藤玄智 …………………………… 295
加藤與五郎 ………………………… 382
加藤定吉 ……………… 162, 165, 170
加藤繁 ……………………………… 365
加藤松林 ……………… 121, 172, 190
加藤新吉 …………………………… 276
加藤朝鳥 …………………………… 281

加藤弘三 …………………………… 230
加藤弘之 …………………………… 38
加藤平太郎 ………………………… 365
加藤末郎 …………………………… 38
加藤廉平 …………………………… 326
加藤彌一郎 ………………………… 345
加藤好晴 ……………………… 221, 395
加藤陸軍中將 ……………………… 212
加藤儉吉 …………………………… 123
加藤鯛一 …………………………… 258
加藤伯嶺 …………………………… 381
香取浪彦 ……… 104, 107, 111, 114, 140
香取波彦 ……………………… 116, 125
門脇喜惣治 ………………………… 397
金井泉 ……………………………… 143
金井彜寬 …………………………… 128
金井嶺堂 …………………………… 9
金內良輔 ……………………… 377, 378
金澤山人 …………………………… 205
金丸 ……………………………… 172, 193
金谷範三 …………………………… 201
金谷充 ……………………………… 45
蟹江堂人 …………………………… 406
金川聖 ……………………… 386, 395
金子薫 ……………………………… 394
金子しげり ………………………… 298
金子茂 ……………………… 195, 204
金子鷹之助 ………………………… 391
金原亭馬 …………………………… 123
嘉納德三郎 ……… 85, 94, 133, 138
嘉納治五郎 ………………………… 226

河內山樂三	138, 144	龜岡榮吉	174
花房巡	323	龜三郎	337
蒲生大夢	113	龜田周一	399, 404, 404, 407
鎌田榮吉	23, 29, 32, 40, 47, 50, 51, 53, 59, 84, 102, 104	賀茂百樹	209
		鴨居大每	287
兼田一雄	295	家本生	337
鎌田澤一郎	324, 328, 328, 333, 335, 336, 337, 338, 339, 346	鴨綠江人	137
		茅野滿々	118
鎌田正一	370, 391	禾山閑民	212
蒲田生	335	唐木順二	268
鎌田白堂	382, 401, 403, 405	辛島禮吉	388
蒲田町人	290	刈米達夫	337
蒲原久四郎	141, 143, 146, 151, 162, 167, 173, 176, 180, 186, 210	杏林	31
		嘉林生	384
釜山支局調查	3	嘉林容吉	407
上井晚翠	202	カルル・ウエーゲナア	291
上内彥策	217, 223, 261, 263	河井戶囚雄	393
神岡昌熙	388	川合彰武	291, 374, 392
神川彥松	262, 273	河井朝雄	100, 210
神子田次郎三郎	401	河合治三郎	135, 136, 136, 311
神崎蠻楚桂	12	河井醉茗	313
上林敬次郎	9, 29, 34, 71, 87	河合武	366
上林垈安太郎	122	川上喜久子	184
紙室治兵衛	6	川上高市	342, 358
神谷三郎	157	川上柴南	37
神谷質郎	367	川上柴山	234
上屋春祐	361	川上常郎	60, 63, 64, 72, 75
神山永晧	388	川岐繁太郎	95
神山榮三	397, 399, 402	川岸文三郎	365, 366, 370
龜井貫一郎	206	川岸聯盟事務局總長	365
龜石淵	90, 97, 99	河口慧海	64

川候雄人	275
川崎軍治	194
川崎卓吉	199, 203, 208, 210, 220, 220
河崎なつ子	274
川路佛辛	368
川崎鐵平	404
川島義之	257
川島理一郎	302
川添京二	267, 273
川添種一郎	149
河田烈	210, 211, 212, 213, 219, 220
河田嗣郎	134
川田治一	99
河津暹	105, 119, 197, 348, 97
川面隆三	239
川鍋鐵馬	49
川西正鑑	349
河西省三	326
河西太一郎	349
河西喜雄	164
川野溫興	233, 246
河野一瓢子	405
河野衛	36, 37
河野可澄	163
河野節夫	116, 120, 216, 222
河野通勢	168
河野恒吉	14, 17, 19
河野年	374, 378, 392, 396, 400, 403, 407
河野廣中	19
河野正郎	311
川端清一	182, 183
川原次吉郎	271
川原茂輔	119, 127, 153, 155, 54, 59, 93
河原春作	268
河原田稼吉	196
河部秀太郎	73
河部生	379
河村寛靜	11
河村國助	374
川村五峯	244
川村五峰	239
河村周助	341
川村宗五郎	23
川村豊三	217
河村寛靖	28
河村雅亮	15
川村光也	378, 382
川本彰一	302
川本達	245
簡牛凡夫	401
韓圭復	231
漢江隱士	370
漢江迁人	353
漢江子	340
漢江生	310, 342
漢江太郎	339, 369
漢江坊	355, 360, 362, 363, 364, 365, 366
韓再熙	193
監澤昌貞	105

漢山逸人	189, 192, 194	官武五郎	341
寒山寺和尙	99	韓基岳	210
漢山樵	177	閑由迁史	107
漢山人	186, 187, 188, 195	漢陽逸人	85
韓昌洙	6	麓庵主人	50
漢城樓主人	183	小磯朝鮮總督	377
漢城散士	31	きいち生	116
漢城蜻	292	木毎生	7, 9
甘蔗義邦	309, 311	木內高音	394
寒心齊	346	黃岡宇一郎	117
寒水	25	木尾虎之助	165, 91
冠生	338	木曾宗夫	222
關水咸南知事	249	奇怪樓主人	153
關水武	216, 231	木木高太郎	319
觀水洞人	158	菊川君子	205
寒泉精舍人	396	菊溪生	241
韓倉昇	261	菊澤季鷹	295
韓相龍	18, 163, 167,	菊地愛二	113, 115, 115, 116
	168, 172, 180, 181, 190, 192, 223,	菊地謙讓	239, 240, 248, 249
	224, 233, 233, 243, 244, 258, 400	菊地生	252
神田古畔	206, 207, 212, 226, 227	菊の家主人	125
神田伯鯉	123	喜久家女將	59
神田伯龍	131	菊山嘉男	217, 240
神田鐳藏	104	木魂生	5
神田利劍	249	岸嚴	163
關東太郎	319	岸城	61
漢南居士	314, 315, 316	岸田俊二	344
咸南水試の功	369	岸田國士	366
閑野山人	183	岸邊福雄	206
寒灰樓主人	11	岸信介	373, 396
神林敬太郎	52	岩木善併	247, 265

岸本雄二 …………………………… 94
木舍嘲花 …………………………… 74
木全力一 …………………………… 382
木代波朗 …………………………… 347
北川佐人抄 ………………………… 385
北川左人抄 ………… 372, 373, 375,
　　377, 378, 379, 380, 381, 383, 384,
　　387, 388, 389, 390, 392, 393, 395,
　　396, 398, 399, 400, 401, 402, 402,
　　403, 404, 405, 405, 406, 407, 407
北川三策 …………………………… 343
北川子 ………………… 190, 200, 203
北川生 ……………………………… 194
北川信夫 …………………… 270, 272
北河裸三 …………………… 205, 206, 206
北漢隱士 …………………………… 282
北寒山麓人 ………………… 134, 136
喜田貞吉 …………………………… 104
北島春石 …………………………… 124
喜多順輝 …………………………… 293
北豊吉 ……………………………… 126
木谷重榮 …………………………… 405
北野退藏 …………………………… 369
北原進郎 …………………………… 277
北原弘治 …………………………… 390
北村花汀 ……………………………… 19
北村春雄 …………………………… 275
黃德純 ……………………………… 144
木戸二郎 …………………… 393, 397
鬼奴免 ……………………………… 303
紀の國家 …………………………… 58

木下榮 ……………………………… 388
木下生 ……………………………… 92
木下敏 ……………………………… 381
木下半治 …………………………… 371
木野藤雄 …………………………… 372
木場貞長 …………………………… 36
木原通雄 …………………………… 376
木春山人 ………… 247, 248, 260, 263, 266
紀平正美 …………………… 153, 195
木暮理太郎 ………………………… 319
君川 …………………………… 49, 50
君川槎客 ……………………………… 45
君川生補 ……………………………… 47
君野民子 ……………………… 36, 37
木村龜二 …………………………… 339
木村禧八郎 ………………………… 372
木村金太郎 ………………………… 301
木村鉉一郎 ………………………… 326
木村靜雄 …………………… 126, 128, 185
木村正義 …………………………… 200
木村泰賢 …………………………… 202
木村增太郎 ………………… 251, 270, 275
木村莊八 …………………………… 207
木村卓一 …………………………… 165
木村東次郎 ………………………… 92, 97
木村春明 …………………………… 122
木村雄次 …………………………………
　………… 7, 102, 105, 18, 25, 43, 45, 54
木村柳子 ……………………………… 29
鬼面散人 …………………………… 130
木本倉二 …………………… 141, 65

九官鳥九太郎 …………… 333	金岸曙 ……………………… 252
九星子 …………………… 147	金寬鉉 ………………… 144, 157
九鳥子 …………………… 151	金義用
九兵衛浪人 ……………… 114	113, 115, 116, 117, 209, 232, 241, 244
牛步官人 …………………… 33	金景泰 ……………………… 147
久松生 ……………… 154, 157	金健中 ……………………… 196
牛步山人 ………………… 30	金弘賢 ………………… 205, 221
行雲子 ……………………… 8	金寬鉉 ……………………… 210
京城エム生 ……………… 119	金思演 ……………… 247, 251,
京城探偵趣味の會同人 …… 219	253, 256, 261, 265, 268, 269, 271, 274
京畿道評議員有志 ……… 225	金潤晶 ……………………… 210
京城日報 ………………… 225	錦城山 ……………………… 333
京城日日新聞 …………… 225	金昇默 ……………………… 151
京口貞子 ………………… 31	金心石 ………………… 138, 139, 142
京雀 ……………………… 170	金瑞圭 ………………… 231, 238
京童 ……………………… 111	金進亨 ……………………… 358
京龍 ……………………… 112	金童 ………………………… 40
巨巖生 …………………… 296	金東鎭 ………………… 324, 345
玉淚生 …………………… 36	金東勳 ………… 258, 274, 309, 331
巨州生 …………………… 349	金洞散人 …………………… 54
巨星 ……………………… 360	金童子 ………………… 39, 41
淸谷閑子 …………… 290, 310	銀濤子 ……………………… 283
擧刀庵 …………………… 2, 3	金洞主人 ………………… 53, 58
巨濤生 …………………… 376	金鳥山人 …………………… 143
淸原貞雄 ………………… 277	銀杏隱士 …………………… 152
氣流軒競右衛門 …………… 2	權發九州 …………………… 206
桐雄一郎 ………………… 329	銀兵衛 ……………………… 120
黑木剛一 ………………… 376	銀鞭騎手 …………………… 134
金一 ……………………… 155	金正浩 ………………… 141, 258
金凞善 …………………… 76	金魯聖 ……………………… 251
金華山人 ………………… 221	久坂祐人 …………………… 365

釘本藤次郎 …………… 20, 95, 130, 138, 143, 144, 146, 168, 216	久原房之助 …………… 228
草路忍 …………………… 189	久布白落實 …………… 319
草深常治 ………………… 227	窪川經廣 ………… 275, 278
草間秀雄 …………… 192, 203	久保薰一 ………… 180, 191
九重麗 …………………… 351	久保生 …………………… 339
鯨井恒太郎 ……………… 187	久保田專務 ……………… 340
楠五郎 …………………… 210	窪田治輔 ………………… 263
楠本良一 ………… 301, 322, 325	久保要藏 ……… 68, 71, 99, 109
久次米久米藏 …………… 8	久保義夫 ………………… 363
久次米邦藏 …… 51, 52, 138, 147	久保義郎 ………………… 213
屈本竹松 ………………… 141	熊谷憲一 ………………… 354
工藤英一 ……… 44, 57, 87, 97, 98	熊谷直太 ………………… 119
工藤吳山子 ……………… 43	熊谷鐵扇 ………………… 25
工藤三次郎 ……… 269, 279, 373	熊谷菊麿 ………………… 125
工藤重雄 ……… 42, 90, 94, 161	熊本照江 ………………… 328
工藤壯平 ……………… 83, 92	熊本利平 ………………… 211
工藤善太郎 ……………… 8	熊本正男 ……… 336, 339, 348, 355
工藤想仙 ………………… 8	雲の上人 ………………… 85
工藤武雄 ………………… 14	曇舟 ……………………… 339
工藤武城 …………………… 16, 20, 210, 26, 302, 39, 41, 42, 47, 49	クラーシン ……………… 161
	倉島至 …………… 372, 376, 377, 380, 382, 383, 386
工藤努 …………………… 375	倉白扇 …………………… 271
具斗書 …………………… 285	倉田良平 ………………… 319
國井泉 …………………… 100, 101, 102, 103, 104, 105, 106, 115	倉富勇三郎 ……………… 4
	倉橋藤治郎 ……………… 200
國井天外 ………………… 110	倉茂周藏 …………… 370, 386
那尾牙次郎 …… 135, 136, 137, 138	倉持高雄 …… 164, 165, 166, 167, 198
國崎裕 …………………… 287	創持高雄 ………………… 197
國澤新兵衛 …………… 64, 65	栗田四郎 ………… 103, 104, 105
久態省三 ………………… 18	栗田眞造 ………………… 374

粟津清亮 …………………… 201	桑原一郎 …………………… 142
粟津清亮 …………………… 209	桑原八司 ………… 57, 72, 88
栗原玉葉女史 ……………… 69	郡司成忠 …………………… 88
栗原禮二 ………… 230, 232, 233	訓弘 …………………… 356, 358
車田篤 ………………… 148, 204	訓弘居士 ……… 353, 355, 356, 360,
黑川逸平 ……… 315, 328, 376	361, 362, 363, 365, 367, 367, 369, 373
黑河逸平 ………………… 303,	鷄口子 …………………… 27
304, 316, 317, 322, 325, 377, 378, 380	啓平生 …………………… 16
黑川二郎 …………………… 336	桂峯 …………………… 334
黑川新次郎 ………………… 264	下考郎 …………………… 87
黑木儀壽圭 ………………… 395	樑本卯平 …………………… 105
黑々子 …………………… 33	煙山專太郎 ………………… 114
黑湖生 …………………… 326	玄雲生 ………………… 114, 250
黑澤明九郎 …………… 100, 12	元應常 ……… 87, 97, 138, 143
黑澤猪平 …………………… 395	玄海浪人 ………………… 352, 353
黑潮生 ……… 89, 91, 138, 323, 325	亥角仲藏 … 10, 34, 66, 116, 138, 147
黑頭巾 ………………… 100, 375	劍々生 ………………… 236, 237
黑頭巾生 …………………… 142,	研堂迂叟 …………………… 107
143, 145, 147, 148, 150, 154, 155, 163	玄濤居士 …………………… 81
黑旋風 ……… 11, 94, 120, 125	玄濤散士 ………… 1, 2, 12, 22
黑旋風人 …………………… 83	玄濤浪客 …………………… 22
黑田甲子郎 ………………… 218	舷頭浪客 ………… 10, 12, 16
黑田鹿水 …………………… 33	玄波樓主人 ……… 45, 56, 57, 85
黑田鐵彌 …………………… 301	玄門子 …………………… 407
黑田英雄 …………………… 249	鯉城生 …………………… 102
贋松龍種 …………………… 314	小泉信三 …………………… 159
黑吉基水 …………………… 344	小泉藤三 …………………… 125
桑木嚴翼 …………………… 88	小泉秀雄 ………………… 296, 315
桑田熊藏 …………………… 223	小泉又次郎 ………………… 226
桑野健治 …………………… 131,	小泉和久耶 ………………… 258
161, 186, 195, 196, 196, 214, 217, 218	小磯國昭 ……………………………

……… 247, 294, 308, 321, 384, 400
小出秀世 ……………………… 297
小日山直登 …………………… 186
小岩井兼輝 …………………… 84
合浦生 ………………………… 221
光永紫潮 ……………… 133, 135,
　151, 166, 166, 167, 168, 168, 171,
　172, 181, 184, 194, 197, 209, 210,
　211, 212, 233, 234, 235, 236, 237,
　237, 239, 240, 241, 278, 280, 286,
　290, 292, 299, 300, 301, 302, 304,
　306, 308, 310, 310, 318, 319, 320,
　327, 328, 329, 331, 332, 333, 336,
　336, 338, 338, 339, 342, 346, 347
光榮紫潮 ……………………… 270
甲應熙 ………………………… 97
光菊 …………………………… 49
鄉古潔 ………………………… 400
硬骨散人 ……………………… 16
合財子 ………………………… 221
紅紫生 ……………… 15, 16, 18, 19, 20
鴻城主 ………………………… 381
古城梅溪 ……………………… 58
洪承均 …………………… 223, 231
香推原太郎 …………………… 151
香椎源太郎 …………… 143, 146, 150
幸田露伴 ……………………… 2
與太郎 …………………… 37, 131
故内ヶ崎敬一郎遺稿 ………… 156
紅燈下人 ……………………… 158
紅燈子 …………………… 168, 170

耿堂生 ………………………… 66
興南隱士 ……………………… 274
香原助太郎 …………………… 210
公民生投 ……………………… 130
香村英大 ……………………… 111
紅屋角兵衛 …………………… 20
紅葉山人 ……………………………
　282, 284, 290, 291, 297, 298, 299,
　301, 304, 309, 311, 312, 314, 317,
　319, 321, 322, 323, 324, 325, 326,
　327, 335, 336, 337, 338, 339, 344
高嶺仙人 ……………………… 124
公論子 ………………… 6, 196, 221
小萩 …………………………… 117
小曾戶俊男 ……………… 382, 396
交換子 ………………………… 78
胡漢翔 ………………………… 347
鵠沿より ……………………… 210
小口みち子 …………………… 131
黑頭布生 ……………………… 148
國府小平 ……………………… 69
國分象太郎 …………………… 109
國分三亥 …………… 5, 13, 26, 78
小久保喜七 ………… 4, 10, 117, 55
國民總力朝鮮聯盟 ……… 369, 373
小栗孝三郎 …………………… 223
吳建 …………………………… 301
故權藤成鄉翁口述速記 ……… 356
心せよ ………………………… 352
古今亭今輔 …………………… 400
小坂順造 ……………………… 59

小坂信玄	370	胡蝶子	
小坂生	281, 287	8, 9, 11, 12, 13, 26, 29, 30, 35, 36,	
小坂八郎	403	37, 50, 56, 72, 73, 74, 81, 82, 89	
小坂燎原	93	胡蝶庵主人	60, 67, 86, 91
小崎弘道	137	胡蝶菴主人	61, 62, 80
古志辨郎	225	胡蝶生	14, 63, 67, 68, 81, 82, 93
小島井古壽	260	胡蝶坊	19, 26, 27
小島井讓	260, 262, 263, 265	吳斑煥	240
小島昌太郎	204	後藤朝太郎	312, 338
小島精一	255	後藤一郎	178
五十四名士	49	後藤新平	38, 60, 109
孤州生	364	後藤長治	385
古庄逸夫	386, 391, 394	後藤文夫	218, 259
古城龜之助	244	後藤矢峰	11
古城管常	138	後藤眞咲	159
古城菅堂	95, 105, 244	後藤亭	128
五城生	160	後藤亨	137
苫城夢村	292	小鳥井讓	268, 277
五城樓主人		胡南生	109
85, 86, 93, 94, 96, 97, 98, 100, 116,		コナン・ドイル	
124, 126, 128, 154, 157, 160, 178, 180		164, 165, 166, 167, 198	
小杉謹八	210, 244	小西恭介	161
小杉丁	217, 218	小西善三	291, 293, 297
古世渡貢	224	小橋一太	7, 211, 213
孤仙	338, 346, 348, 350	小林朝生	237, 239, 241
孤鮮生	16	小林一郎	135, 206
小僧牛	2	小林丑三郎	24, 28, 40, 68, 98,
吾孫子勝	148, 150	100, 104, 105, 108, 109, 118, 153, 268	
小瀧元司	50	小林一三	219
小玉雪夫	261	小林采男	376
胡蝶	18	小林巽	282, 303

439

小琳晴治郎 …………………… 298
小林藤右衛門 ………………… 44
小林良正 ……………………… 275
小林壽一 ………………… 337, 345
小原信三 ……………………… 86
小原新三 …………… 10, 101, 13,
　23, 41, 43, 55, 61, 65, 7, 71, 72, 79
小原鳥兎先生選 ……………… 24
小原三保松 …………………… 51
小原燎原 ……………………… 89
孤舟
　334, 335, 335, 336, 337, 349, 358, 370
孤舟生 ………………………… 333
古府樓主人 ……………… 74, 76
孤峰 ………………… 345, 351, 356
孤峯 …………… 338, 347, 349, 355,
　360, 360, 361, 362, 363, 365, 367, 368
孤峰生 ………………………… 28
駒井初次郎 …………………… 218
小松清 ………………………… 278
小松謙助 ……………………… 265
小松綠 …………… 12, 15, 24, 32, 40
小峰一州 ……………………… 346
小宮三保松 ……………… 1, 6, 9, 22
小村洋一郎 ……………… 260, 261
小村欣一 ……………………… 136
小室爽雲 ……………………… 121
鴨居武 ………………………… 129
小柳司氣太 ……………… 302, 306
小山一徳 …………… 271, 374, 381
小山いと子 …………………… 317

小山榮三橋 …………………… 390
小山琴八郎 ……………… 132, 133
小山得郎 ………………… 318, 321
小山宗治 ……………………… 263
古郵生 …………… 54, 56, 66, 67, 68, 69
孤葉 …………………………… 339
梧柳洞人 ……………………… 139
今和生 ………………………… 306
今和次郎 ……………………… 133
根木久作商店京城支店 ……… 292
根木生 ………………………… 370
權田保之助 …………………… 332
近藤確郎 ……………………… 287
近藤嘉名男 ………… 389, 397, 404
權藤九洲生 …………………… 163
近藤邦孝 ……………………… 253
權藤五七郎 … 349, 350, 351, 352, 353,
　355, 356, 359, 360, 361, 363, 364, 367
權藤震二 …………………… 1, 2
近藤常尚 ……………………… 180
近藤訥軒 ……………………… 7
近藤二三郎 …………………… 250
近藤兵三郎 …………………… 71
近藤良信 ……………………… 396
權藤四郎介 …………………… 184
近藤了徹 ……………………… 156

さ行

西園寺公望 …………………… 95
西海漁郎 ……………………… 349

西海郎	96	水産功勞者川本彰一	357
犀川訓玄	360	在伯敬一郎	86
西湖住人	158	佐伯敬一郎	68, 83
栽松生	154	佐伯京畿道警察部長	281
西城生	324	佐伯照夫	252, 255
崔生	188	佐伯八郎	287
崔碩珍	322, 323	三枝潤	242
西東生	238, 239, 241	酒井龜喜	240
齋藤勇	207	酒井謙治郎	198
齋藤音作	111	深坂一玄	359
齋藤久太郎	168, 172	酒井正	314, 315, 317, 318, 319, 321, 322, 323, 324, 327
齊藤珪次	90, 124		
齋藤生	337	榊原芳樹	67
齋藤總督	225	坂口肇	359
齋藤隆夫	219, 220	阪田貞一	106
齊藤武五郎	313	阪谷芳郎	21, 28, 98, 128, 133, 197, 205, 206, 213, 220
西東千秋	298		
齊藤繼述	122	坂出鳴海	11, 40
西東十四春	301	坂堀保一	363
齋藤初太郎	263	坂本一角	282
齋藤博厚	374, 385	坂本俊篤	191
齋藤實	95, 109, 111, 139, 149, 166, 167, 180, 180, 182, 192, 210, 221, 222, 224, 226	坂野龍雄	387, 389, 396, 404
		坂上漫壽雄	328
		坂本保一	350
齋藤亦吉	395	板本由藏	211
齋藤雄藏	47	坂本龍太	332
崔晩達	119	坂保一	351
齋藤音作	3, 11, 17, 28, 35, 65, 72, 104, 113, 164, 168, 221	阪谷芳明	311
		相良春雄	111
齋藤久太郎	216, 244, 246	向坂幾三郎	157
齊藤清治	318, 324	崎田安正	396

咲間孝太郎 …………… 292	佐々木駒之助 …………… 372
佐木藤次郎 …………… 87	佐々木照山 …………… 40
吹貫生 …………… 274	佐々木惣一 …………… 217
佐木久松 …………… 156	笹木貞三 …………… 337, 338
咲間孝太郎 …………… 292	佐々木久松 …………… 146
咲村生 …………… 351, 352	佐々木藤太郎 …………… 71, 97
崎村正雄 …………… 351, 352, 362	佐々木元夫 …………… 114, 117
作田高太郎 …………… 217	佐々木安五郎 …………… 12
櫻井熊太郎 …………… 5	篠崎嘉郎 …………… 209
櫻井小一 …………… 92, 99, 139, 340	笹野竹一郎 …………… 326
櫻井錠二 …………… 226	笹野武彦 …………… 278
櫻井恒次郎 …………… 78, 79, 81	笹原印度村 …………… 137
櫻內武夫 …………… 275	笹村鍼雄 …………… 263, 275, 280
櫻田弦二 …………… 368	笹村久貴子 …………… 316
佐郷屋嘉昭 …………… 407	笹目恒雄 …………… 316
迫江散史 …………… 120, 201	笹山先勝 …………… 341
迫川迂人 …………… 87, 91, 92, 94, 216	佐治修三 …………… 27
迫川學人 …………… 238	佐瀬直衛 …………… 374, 390
迫川漁客 …………… 74	佐瀬雄山 …………… 379, 394
迫川散 …………… 82	佐多醫博 …………… 332
泊川散史 …………… 89	佐田草人 ……………
迫川散史 …………… 88, 90, 91	…… 121, 137, 141, 142, 143, 145, 146
迫川散人 …………… 75, 77, 78, 80, 81	貞白扇 …………… 271
迫川生 ……………	佐田派千郎 …………… 122, 123
69, 70, 72, 88, 99, 100, 210, 236, 236	佐々廉平 …………… 268
迫川樓主人 …………… 225	佐藤丑次郎 …………… 250
迫間房太郎 …………… 323	佐藤榮三郎 …………… 67, 108, 111, 113
迫間房太郎 …………… 210, 226, 264	佐藤寛次 …………… 268
佐々木有風 …………… 63, 74, 76, 77	佐藤求己 …………… 248
佐々木勝太郎 …………… 372	佐藤清勝 …………… 209, 210, 224, 228
佐々木欣二 …………… 395	佐藤九二男 ……………

300, 305, 314, 371, 378, 388, 389, 390, 393, 396, 398, 400, 402, 403	
佐藤九二郎 …………… 402, 404, 405	
佐東賢 ……………………………… 390	
佐藤七太郎 …………… 142, 145, 170	
佐藤恒丸 ………………… 27, 28, 29	
佐藤鐵夫 …………………………… 370	
佐藤鐵太郎 …………………… 8, 312	
佐藤得四郎 ………………………… 76	
佐藤南山 …………………………… 387	
佐藤德重 …………………… 328, 355	
佐藤實 ……………………………… 213	
佐藤安之助 ………………………… 156	
里吉敬水 …………………… 161, 167	
里吉岳洲 …………………………… 292	
里吉敬水 …………… 165, 166, 193	
里吉基 ……………………………… 273	
里吉基樹	
281, 282, 288, 289, 291, 296, 317, 323, 326, 327, 332, 334, 335, 336, 337, 338, 339, 340, 341, 342, 359, 360	
佐野耿堂 …………………………… 61	
佐野淳郎 …………………………… 88	
佐野直喜 ………………………… 18, 26	
佐野美好 …………………… 401, 407	
佐野利器 …………… 107, 128, 132	
寒川恒貞 …………………………… 219	
鮫島 ………………………………… 236	
鮫島盛隆 …………………………… 300	
砂門阿羅波 ………………………… 252	
左右子 ………………………… 15, 16	

皿井勇 ……………………………… 189
佐藤綱次郎 …………… 85, 100, 101
佐脇精 ……………………………… 289
澤田豊丈 …………………… 142, 34
澤田吉男生 ………………………… 154
さわはび …………………………… 28
澤村九平 ………… 71, 191, 217, 258
澤村亮一 …………………… 139, 147
澤柳井太郎 ………………………… 86
澤柳政太郎 …… 41, 63, 93, 99, 114
讚井源輔 …………………………… 372
讚井源介 …………………………… 333
杉浦武雄 …………………………… 204
三角庵居士 ………………… 361, 363
三角生 ……… 275, 278, 285, 287, 336
三角朗士 …………………………… 283
三角朗人 …………………………… 275
杉捷夫 ……………………………… 315
三漢生 ……………………………… 278
斬劍馬 ……………………………… 210
珊瑚鞭 ……………………………… 50
南仙生 ……………………………… 111
三土忠藏 …………………………… 200
三土忠造 …………………… 99, 100, 105, 109, 110, 119, 153, 192, 195, 207
三州海用 …………………………… 374
三洲海用 …………………… 386, 391
三笑生 ……………………………… 100
三疊生 ……………………………… 119
三城樓主人 ………………… 288, 336
贊成人會の主張 …………………… 147

燦之介	114
産米增殖案	167
三峰生	279
斬魔樓主人	11
三遊亭圓窓	123
三龍生	277, 279
三柳亭主人	250
紫雲繁	269
紫雲女史	33
吉澤帝史	150, 151, 154, 155, 156, 157, 158, 158, 159, 162
紫烟生	20
紫煙生	19
鹽川孝悟	99
鹽澤お千代	47
鹽澤昌貞	103, 124
鹽島鎰司	319
鹽田正洪	290, 386, 397
汐野八重路	329
鹽野百合子	280
司海生	225
志垣寬	195
志賀潔	219
志賀三郎	256
志賀重昂	108, 59
志賀融	231, 232, 233, 234, 236, 237, 239, 240
信樂信夫	194
志賀良三郎	109
時實秋穗	144, 167, 287
志岐信太郎	117, 128, 130
式場隆三郎	305
執行猪太郎	141
時局研究會	323, 324
重田勘次郎	152
重信文敏	140, 142
幣原喜重郎	204
重松韜修	366
時耕雨讀書樓主人	52
時耕野人	55
紫五郎	7
柴崎鉄吉	110
紫山生	108
時實秋穗	143, 146
事實多郎生	128
四至本八郎	278
四十五名士	56
紫川生	141, 143, 145, 150, 157, 158, 159
志田鉀太郎	197
志田素琴	215, 216
志田義秀	306
詩壇入選者	180
紫潮生	300, 326
柴潮樓客	106
紫潮樓客	105
失敬生	120
室然太郎	52
實藤惠秀	359
失野堤	369
疾風閃手	120
幣原坦	127, 129, 133

品川漁郎 ……………………	
……… 250, 252, 261, 263, 264, 267, 269	
品川玄雪 …………………… 352	
篠崎勝郎 …………………… 208	
篠崎潮二 …… 131, 135, 151, 158, 198	
條崎潮二 …………………… 165	
篠崎牛助 …………………… 147	
しのさま …………………… 155	
篠田治策 … 35, 152, 157, 189, 222, 223	
篠田次郎 …………………… 281	
條田治策 …………………… 166	
篠原英太郎 ……… 109, 112, 113	
條原英太郎 …………………… 178	
篠原正美 …………………… 215	
柴川生 …………… 148, 150, 156	
柴崎鐵吉 …………………… 61	
紫田一能 …………………… 359	
柴田慶二 …………………… 306	
紫田駒三郎 ………………… 21	
紫田青芳抄 ………………… 385	
柴田青芳抄 ……… 377, 378, 379, 380,	
381, 383, 384, 387, 388, 389, 390,	
392, 393, 395, 396, 398, 399, 400,	
401, 402, 402, 403, 404, 405, 406, 407	
柴田善三郎 ………… 97, 98, 109	
柴田德次郎 …………………… 195	
紫田德次郎 …………………… 205	
芝野一夫 …………………… 352	
柴原正一 …………………… 374	
四原峯次郎 …………………… 140	
桐風生 …………………… 112	
澁川春水 …………………… 113	
澁澤榮一 …… 1, 18, 19, 22, 40, 44, 58,	
60, 75, 104, 105, 116, 125, 129, 137	
澁澤正雄 …………………… 219	
澁谷恒治郎 …………………… 372	
澁谷峻 ………… 222, 224, 225	
澁谷元良 …………………… 35	
澁谷禮治 ………… 249, 313, 393	
嶋謙太郎 …………………… 292	
島崎龍一 …………………… 210	
島田牛稚 ……………… 374, 395	
島田三郎 ………………… 14, 19, 40	
島田茂 …………………… 213	
島田志良 …………………… 59	
島田武 …………………… 260	
島田俊雄 …………………… 78	
島津昌三 …………………… 314	
島津透 …………………… 235,	
249, 250, 254, 257, 259, 277, 304, 325	
島野白骨 ……… 177, 179, 285, 289	
島原鐵三 ……………… 159, 180	
島村新兵衛 …………………… 316	
島村抱月 …………………… 3	
清水澄 …………………… 207	
清水幸次 …………………… 380	
清水孝太郎 …………………… 403	
清水重夫 ……………… 250, 255	
清水茂松 ……………… 275, 280	
清水重道 …………………… 311	
清水乘 ……………… 227, 259	
清水靜幹 ……………… 102, 105	

清水文之輔	28, 75, 120	主事	268
清水本之助	217	酒扇生	289
志村源太郎	46	守陽生	116
紫明山莊より	210	ジオルヂ、サンド	137
下岡忠治	153, 157	春秋	64
霜下傑	6	春秋一雄	275, 283, 311, 315
下城義三郎	380	春秋生	313
下條久馬一	268	春秋晩民	10
下田次郎	131, 141, 204, 208, 209, 213, 215, 221, 276	春雪生	106
		春風亭良山	275
下村榮二	379	春洋生	143
下村海南	182, 238	嘯月生	64
下村兼二	278	松月秀雄	371, 372
下村宏	137, 170, 178, 273	商工生	190
下村充義	144	庄司一郎	229
釋尾東邦	389, 394, 398	庄司鶴仙	190
社中同人	64, 66, 67	庄司文雄	227, 269, 272, 273, 275, 276, 277, 281, 284, 286, 288, 290, 295
しやらくさい生	86		
十九近生	367	松統濟理靜	235
朱克中	358	尚重生	173
朱潤	92, 98	松翠	96
禿石生	91	鐘聲	2
秋雪	24	城西逸人	324
重藤末彦	207	勝正憲	212, 311
愁葉	116	上泉德彌	360
十四日公	294	勝田主計	40, 44, 46, 110, 122, 203, 242
十四公	292		
十六各士	56	庄田眞次郎	365
朱潤生	102	正田淑子	278
朱義淑	358	粂民之助	114
宿久五郎	211	城津の恩人北川三策氏	357

昇天齊春吉	276	白頭巾	166
城東隱士	78	城田重夫	274
城南隱士	160, 292, 296	城戸幡太郎	353
城南山人	292	白袴生	164
小白瞼	14, 30	仁井宗史	352
小白瞼女史	24, 25, 29	仁井宗太	351
菖蒲治太郎	12	申應熙	57
城北斬雲	309	申應熙	42
昇曙夢	115, 137	新海公	381
常陸山人	349, 351, 367	新貝肇	199
常陸生	367	新川豊	387
城龍隱士	314, 315, 321	神木鷗津	219, 220, 222, 224
諸氏	119	蜃氣樓生	205, 211
吉植庄一	366	新國劇仙人	163
吉住信天翁	324	審査委員會	106
諸名士	67	新參記者	54, 56
白石一途	404	深山樵人	133
白石光次郎	340	進辰馬	17, 245
白上貞一	44, 49	陣内茂吉	233, 238
白川一圭	403	神野藤之助	127
白倉としを	159	信原聖	389
不知乃榮	191, 194, 195	新副會頭	134
白田亞浪	165	深堀靜技	316
白土寶作	389	深堀二郎	199
白鳥省吾	239	新明正道	341
不知火生	284	眞有恒	130
白藤生	273	深憂子	191
汁野芙蓉	129	振羅禮男	81, 82
紫朗生	315	菅圓吉一	298
白神壽吉	110	瑞氣山人	146, 147, 149, 157, 175
城崎才次郎	302	水産界功勞者宮本照雄	357

水産界の功勞者飯澤清 …………… 357	末森富良 ………………… 147, 216
水産漁郎 ……………………………… 87	陶山武二郎 ……………………… 144
水産功勞者佐々木準三郎 ………… 358	管井正夫 ………………………… 228
翠酸生 …………………………… 369	菅田道夫 ………………………… 268
粹城生 ……………………………… 15	菅沼源之助 ……………………… 86
翠帳夢童 …………… 172, 180, 181, 194	管沼源之助 …………………… 93, 106
須井一 …………………………… 245	管原傳 …………………………… 126
水府浪人 ………………………… 133	菅原通敬 …………………… 244, 258
粹坊 ……………………………… 122	杉市郎平 ………………………… 387
翠保生 …………………………… 366	杉浦若水 ………………………… 188
翠郎山人 …………………… 312, 317	杉浦次郎 ………………………… 310
翠郎散人 …… 168, 170, 171, 172, 198	杉江童太郎 ……………………… 113
翠郎生 ……………	杉江龍太郎 ……………………… 115
…… 128, 130, 131, 132, 135, 136,	杉田忠治 …………………… 260, 268
137, 138, 139, 140, 141, 144, 148,	杉田定一 ……………… 89, 94, 155
151, 154, 155, 156, 157, 158, 160,	杉田直樹 …………………… 132, 280
161, 162, 163, 164, 165, 166, 168,	杉益夫 ……………… 352, 363, 368
169, 171, 172, 173, 174, 175, 176,	杉村陽太郎 ……………………… 253
178, 179, 180, 181, 182, 183, 185,	杉本潔 …………………………… 316
186, 187, 188, 189, 190, 191, 192,	杉本敏 …………………………… 321
193, 194, 195, 196, 197, 198, 200	杉本長夫 …………………… 314, 377
粹樓通人 ………………………… 344	杉本義郎 ………………………… 113
崇一洞人 ………………………… 249	杉森孝次郎 ……………………… 136
數後生 ……………………………… 88	杉山希一 ………………………… 396
數十名家 …………………………… 66	杉山金之助 ……………………… 126
末次信正 ………………………… 275	杉山謙一 ………………………… 296
末廣嚴太郎 ……………………… 151	杉山茂一 …………………… 372, 394
末弘嚴太郎 ……………………… 166	杉山直次郎 ……………………… 106
末藤吉德 ………………………… 132	管生 ……………………………… 96
末松態彦 ………………………… 16	筋瀨德松 …………………… 104, 111
重松正良 ………………………… 397	鈴木一來 ……………… 99, 138, 140

鈴木清	304	摺澤茂材	273
鈴木孔三	260	鈴木坂鐵	155
鈴木正藏	115	鈴水穆	86
鈴木純雄	314	諏訪紫浪	140
鈴木生	332	諏訪多房之助	389, 390
鈴木莊六	278, 310	素破拔記生	3
鈴木孝雄	384	諏訪原義衞	107
鈴木隆	42	寸鐵禪	128, 130, 131, 132, 133
鈴木武雄	376	青煙公	62
鈴木貞一	401	盛鹽生	120
鈴木島吉	166, 167, 170, 172, 180, 182	政界陰史	267
鈴川壽男	402	せいきう生	84
鈴木尚重	152, 199	正義の人	128
鈴木憲久	348	清家唯一	253
鈴木文治	160, 164	青軒	88
鈴木穆	14, 40, 63, 139, 152	靜軒	45, 52, 61, 62, 68, 70, 81, 86
鈴木孫彥	178	星山學人	173
鈴木靖	162	鯖州	350
鈴木良三	270	蜻州	338, 351, 355, 359, 370
雀の子	88	蜻舟	336
須藤久左衞門	204	正二生	306, 313
首藤定	51	成清生	117
須藤素	176, 185	芮宗錫	204
須藤義房	351	清田健吉	265
須藤連	322	稅田谷五郎	111
砂田重政	258	成坊	9
砂田翠月	134, 135	政友本黨調査	155
墨板勝美	81	清涼山人	250
住井辰男	139, 148, 180	關口隆嗣	314
住田正一	380	關直彥	31
角戀坊	77	關根群平	276

關根郡平 …………………… 255, 267
關根秀三郎一 ……………… 369
關美佐緒 …………………… 281
關屋忠正 …………………… 70
關谷貞三郎 ………………… 20
關屋貞三郎 ………… 3, 27, 73, 82
關屋悌藏 ………………… 215, 298
石龍子 ……………………… 48
瀨越憲作 ……………… 203, 214,
　216, 218, 219, 220, 222, 223, 226, 227
瀨下清 ……………………… 151
雪堂生 ……………… 102, 103, 91, 92
說明辯士 …………………… 12
瀨戶潔 ………………………
　62, 64, 66, 67, 69, 70, 71, 72, 76,
　77, 78, 80, 81, 82, 84, 85, 86, 87,
　88, 89, 90, 91, 92, 93, 94, 96, 98,
　100, 101, 105, 106, 108, 109, 111,
　112, 113, 116, 118, 124, 154, 210, 374
瀨戶俊夫 …………………… 288
錢田白堂 …………………… 399
千川盛 ……………………… 300
鮮于全 ……………………… 270
鮮于鐵 ……………………… 115
選舉法實施促進運動 ……… 287
善生永助 ……………… 161, 165,
　170, 178, 185, 238, 241, 247, 251, 256
全星溎 ……………………… 184
全鮮有力者の意見蒐集 …… 164
千田薰 ……………………… 397
千鶴夫 …………… 160, 162, 163, 164, 165

施風生 ……………………… 90
泉路易 ……………………… 386
草光生 ……………………… 117
匝瑳胤次 ……………… 366, 383, 386
臧式毅 ……………………… 281
宋秉畯 ……………………… 2, 95
双蝶子 ……………………… 120
蒼洞隱士 ……………………
　130, 131, 132, 133, 134, 135, 136,
　137, 138, 139, 140, 141, 142, 144, 168
總督府情報課 ……… 371, 372, 379
草莽臣 ……………… 39, 71, 87, 100
雙龍齊貞圓 ………………… 125
副島道正 ………………… 178, 88
添田壽一 ……………………
　……… 18, 28, 40, 105, 130, 133, 133
添谷武男 ……………… 385, 388, 389
添谷武雄 ………………… 393, 395
曾我祐準 …………………… 20
曾我勉 ……………………… 240
蘇完奎 ……………………… 387
楚桂生 ……………………… 53
十河官太郎 ……………… 379, 390
十河彌三郎 ………………… 359
鼠骨 ……………………… 364, 365
曾田平八 …………………… 402
曾根朝起 …………………… 190
園田一龜 ……………………
　…… 348, 349, 350, 353, 362, 363, 364
園田榮五郎 ………………… 202
園田寬 ……………… 181, 202, 231

園田生	286
薗村光雄	272
梁川重孝	124

た行

第一高等學校	220
瀧川生	8
泰山樵客	43, 44, 46, 47, 48, 49, 51, 52, 53, 57, 58, 60
泰山生	66
秦秀作	35
大正成金	59
大廷儀三郎	144
大東野人	238, 240, 290
太平町人	100
太祐	355
太舟子	340
大夢堂主人	113
大門亭龍吉	269
態谷保佐	289
大連商議調査	197
高居瀧三郎	199, 204
高圓寺二郎	367
高岡熊彦	318
高尾甚造	250
高垣寅次郎	273
高神生	339
高木背水	37
高木善人	309, 314
高木大州	110
高木武	292
高木德彌	204, 245
高木友三郎	260
高木正人	60, 62
高木益太郎	84
多賀京三郎	125, 130
高木義敬	268
高楠順次郎	90, 95, 193
高桑純夫	360
高崎齋	151
高崎齊	162, 187
高島生	332
高島平三郎	63, 96, 137, 218
高島米峰	206, 208, 231, 259, 269, 277, 279
高島米峯	106, 132
高嶋米峰	295
高島峰	273
貴司山治	310
高須賀虎夫	134, 164, 166
高須賀默	78, 135, 136
高杉芳次郎	192
高須芳次郎	246, 374
高瀨五郎	360
高瀨靖	368
高田義一郎	306
高武公美	178, 180
鷹田其石	290
高田早苗	35, 38, 57, 76, 121
高田浩吉	356
高田實	378, 379, 385

高田保馬	276, 346	高峰博	278
高野薫	215, 251	高見之通	156
高野省三	44, 49, 63, 65, 67, 72	田上豊	250, 252, 263, 269
高群逸枝	271	多賀宗之	279
高橋龜吉	190	高村巖	315, 316, 323
高橋漢太郎	231, 232, 237, 238, 241, 242, 243, 245, 256	高村友二郎	252
		多賀安郎	266
高橋喜七郎	390, 391, 393, 400	高谷武助	152
高橋兼次郎	253	高柳賢三	196
高橋光威	129	高谷久綱	67
高橋作太郎	129	高山眞砂子	228, 234, 249, 257, 259
高橋三吉	377	高良富子	301, 319
高橋章之助	10, 58	寶諸彌七	388
高橋次郎	156	田川常次郎	204, 210
高橋生	200, 201	田川尊有	277
高橋琢也	206, 226	田川大吉郎	23, 203
高橋武臣	374	瀧川辛辰	366
高橋直巖	39	瀧川漁史	231, 242, 243
高橋是清	41, 44, 46, 60, 62, 69, 83, 91, 93, 95, 96, 123, 127, 237, 242	瀧川漁夫	232
		瀧川漁舟	269
高橋敏	385	田錦心	151
高橋利三郎	173, 178	武井秀雄	351
高橋濱吉	100, 166, 170, 174, 300, 371	竹内薫兵	282
高橋幽波	115, 116	武内作平	194
高畠種夫	174, 175, 266	武内尉	44
高濱保	391	竹内清太郎	302
高濱公男	347	竹内てるよ	319
高林義行	252	竹内善造	289
高松四郎	204	竹内良三	239
鷹松龍菫	287	竹馬	5, 6, 8, 9
田上禿山	64	竹馬生	13

武男	85	田澤修一	376
武上安一	204	田澤義鋪	276, 298, 352
武川重太郎	127	田捨女	195
竹越與三郎	28	多田榮吉	132, 164
竹下直之	264	端氣山人	144
竹下康之	44, 46, 47, 49	多田毅三	172
竹島鋠太郎	258	多田憲一	117
武田一朗	235	辰中女將	59
武田一郎	228, 230, 247	立川芳	147
竹田菊夫	298	立花小一郎	6, 7, 8
竹田順一	207	立本光世	387
武田誓藏	386, 395	達崎達志	394
武田全	375, 376, 378, 381, 383	達成山樓主	108
武富邦茂	247	伊達啞人生	16
武富時敏	4	眞井鶴吉	397
竹中多計吉	38	伊達四雄	231, 258, 289
武永憲樹	387	伊達生	231
竹中保夫	374	眞野文二	76
武野耕	290	建部遯吾	57, 91, 110, 226
たけはら生	404	田中昭郎	115, 118, 129, 130
武部欽一	213, 216, 224	田中捨彦	407
竹本喜代春	318	田中卯二	82
竹本國夫	154, 156, 158, 169, 170, 171, 172	田中卯三	74, 93, 104
武安福男	180	田中梅吉	178
田健次郎	10, 117	田中禾牛	407
田健治郎	44, 60, 73, 86	田中克子	235, 247, 251, 259, 259
田子一民	103, 132	田中舘愛橘	276
田子勝彌	3	田中希一郎	148
多恨子	27	田中九一	275
太宰明	252	田中國重	269
		田中香堂	226

田中貞次	268
田中茂穗	250, 310
田中靜夫	319
田中新一	266
田中萃一郎	81, 85, 89, 95, 114
田中澄徹	266
田中生	113
田中清子	204
田中孝子	248
田中高司	303, 307, 395
田中武雄	190, 250, 384
田中智學	317
田中忠治	227, 248
田中朝鳥	153
田中鐵三郎	312, 345, 384
田中德太郎	248, 252
田中初夫	239
田中寬一	333
田中浩	304
田中列三	148
田中穗積	15, 38, 112
田中三雄	85, 89, 223
田中義一	94
田中隆吉	145
田中隆三	129, 214, 226
棚田槇造	312
棚橋絢子	41
田邊耕一郎	306
田邊進二	230, 251
田邊水車朗	106
田邊多聞	397
田邊元	120
谷一路	265
谷川梁溪	103
谷川英雄	303, 304, 305, 306, 309, 310, 311, 324
谷口梨花	317
谷口與四郎	71
谷口守雄	243
谷坂生	113
谷村一太郎	156
谷本太郎	256
種市生	297
種田虎雄	113
田花爲雄	384
田淵豊吉	204, 206
玉川一郎	385
玉城肇	278
玉村八五郎	270
田村義次郎	38
田村武二	391
田村剛	301
田村利男	313
田村浩	366, 382, 383
田山信郎	275
樽岐敏夫	369
樽崎敏雄	270, 275
俵孫一	211
團伊能	136
擔軍王者	135, 137, 139
探勝一客	84
丹次郎	86

淡々子 …………………… 28
丹羽淸次郎 ………………
　… 8, 19, 23, 27, 37, 38, 40, 103, 178
葭濱忠太郎 ………… 141, 148, 151
呑舟 ………………… 334, 351
呑舟生 ……………………… 332
近衛文麿 …… 317, 321, 322, 331
千賀鶴太郎 ………………… 18
亂車生 ……………………… 230
築崎潮二 …………………… 134
千葉郁治 …………………… 248
千葉龜雄 ……… 178, 207, 214, 220
千葉敬止 …………………… 120
千葉春樹 …………………… 51
千葉了 ………… 104, 178, 182, 99
茶目做主 …………………… 149
茶目吉 ……………………… 5
中央日報 …………………… 244
曺秉相 ……………………… 223
帳翠夢童 ………………… 135, 136,
　138, 141, 145, 147, 148, 149, 153, 155
楊在河 ……………………… 256
楊潤植 ……………………… 387
朝鮮公論社同人 ……………… 10
朝鮮公論社長 金思演 …… 257
朝鮮總督府 ………………… 324
朝鮮總督府原案 …………… 173
朝鮮總督府遞信局 ………… 336
朝鮮總督府鐵道局原案 …… 188
朝鮮總力聯盟 ……………… 368
朝鮮中央日報社說 ………… 253

朝鮮鐵道株式會社 ………… 188
朝鮮東亞貿易株式會社 …… 371
朝鮮日報 ………………… 227, 229,
　233, 234, 235, 236, 237, 244, 246, 326
朝鮮日報社說 ……………… 253
朝鮮馬事會 …………… 381, 386
朝鮮殖産銀行調査 ………… 211
張稷相 ……………………… 210
蔦次 ………………………… 31
聽天翁 …………………… 75, 82
長婦美 ………………………
　208, 209, 210, 211, 212, 213, 214,
　215, 216, 218, 219, 220, 221, 222
張間源四郎 …………… 142, 145
鄭勳 ………………… 324, 325
塚原正次 …………………… 258
塚本靖 ……………………… 129
塚本靖次 …………………… 121
月田權三郎 ………………… 279
月田藤三郎 ………………… 111
月原橙一郎 ………………… 303
津久井龍雄 ………………… 384
筑柴路海光 ………………… 296
筑紫熊七 …………… 155, 170
筑紫次郎 … 131, 132, 134, 136, 151, 282
筑紫次郎生 ………………… 194
筑峰 ………………………… 387
築地虎雄 …………………… 116
津三喜夫 …………………… 311
辻桂五 ……………………… 383
辻猛三 ……………………… 390

辻武美	101	328, 329, 333, 335, 336, 337, 348	
辻薫重	314, 317	鶴鳴庵主人	267
津島壽一	261	鶴原定吉	4
辻本生	91, 92, 104	鶴末知二	189
辻村楠三	18	鶴見祐輔	266, 372, 378
辻元謙之助	288	趙義聞	43, 57, 71
辻本雪堂	102	泥峴町人	53
津田信	106	趙澤元	300
津田青楓	298	趙重應	31, 54
津田鍛雄	40, 43, 44	遞信局	326
土井伊右衛門	141	遞信局發表	199
土井誠一	289	趙明鎬	144
土方久功	383	テーエム生	149
土方久徹	260, 274	摘發生	128
土方寧	204	出田儀一	397
土方成美	209, 214, 266, 281, 355	鐵扇生	69
土方定一	283	鐵斧散人	48
土師盛貞	187, 203, 217, 233, 392	鐵火面子	279
土田春松	287	鐵血選手	40, 42
土屋傳作	371	鐵道國大和田營業課長	347
堤永市	180, 258, 274, 295, 289	デ、パルスキイ	33
堤政助	397, 406	デ、パルスキー	29
堤康次郎	272	てふぢ	155
是谷古之介	136	寺内政毅	65
津野田是重	111, 112, 124, 126	寺内正毅	4
橘破翁	79	寺尾新	247
橘秀子	110	寺尾三猛郎	204
坪内孝	113	寺尾元志	371, 387, 398
坪谷水哉	36	寺尾よしたか	398
棟居俊一	309	寺澤菅叡	180
鶴岡五月		寺田瑛	324

寺田榮	124	東鄉實	252, 255
寺田壽夫	134, 163, 197	筆劍煌人	134
寺村虎重	145, 152, 162	東山甘泉	296
寺本寬	400, 401, 404	對山妻	3
寺田光春	141, 148, 153, 155, 176, 177, 178, 179, 186, 239, 240, 241, 242, 244, 245, 246, 247, 248	對山樓主人	5
		東秀	216, 251
		東透	235
てるか・まつもと	158	東條正平	242
てるくわ・まつもと	158	藤小武男	96
テルミ生	119	東條哲士郎	163
輝華生	119, 120	東條英機	384
天外散史	104	藤水園子	127
天外生	106	東都荒川	300, 301
天岸事務局總長	368	同同	68
電氣號社告	150	桃洄學人	139
天倪子	16, 9	東都閑人	315, 317, 318, 322, 323, 324
天聲樓主人	27	對南山人	6
天地狽樓主人	10	藤野辰次郎	358
天々生	93	道當局	333
天風粹人	123	東邦山人	405
天風生	123	同民會	225
同	40, 68, 70, 166	堂本貞一	117, 162, 177
東亞日報	227, 229, 233, 234, 235, 236, 237, 239, 244, 245, 246, 326	堂本敏雄	386, 388, 390, 391
		濤陸生	6, 7
東亞日報社說	253	卜雲山人	21
臍右老人	238	十津英武	189
藤扇生	273	遠山熙	18, 27
東海散士	325	遠山三四郎	248
東京朝日論說	225	遠山椿吉	116
東京一記者	287	戶川秋骨	3
道家齋一郎	256	時岡欣堂	8, 9, 11,

	13, 24, 42, 43, 45, 46, 62, 63, 67, 70
怒牛	2
獨逸大使舘情報部	392
徳川義親	371
徳田馨	376
徳田六郎	286
徳富蘇峯	202
徳當蘇峰	277
徳富猪一郎	226
徳野慶助	374
徳野眞士	248, 398
徳廣要之助	302
床次竹次郎	55, 92
床次竹二郎	274
兎耳子	171, 96, 99
戸島祐次郎	204
戸嶋祐次郎	245
戸田海市	67
戸田貞三	255
戸田直温	188
戸谷白羽	18, 24, 25, 27, 32, 35
栃木生	283
都築康二	204
都築益世	259
都筑幸哉	315
欣草生	7, 8
欣堂	12, 43, 49, 50, 64
欣堂散史	51, 52
欣堂生	35, 59, 78
欣々散史	53, 57
欣々散士	14, 41
欣々散子	38
欣々郎	13
吶印生	275
突表子	23
飛澤行祐	313, 314, 321, 325, 325
飛澤靖山	326
飛鋪秀一	189
飛田八郎	277
飛舟	349
土訪久徹	96
富井政章	100
富樫佐衛門	47, 49
富川游	346
富州生	350
戸水寛人	7, 14, 17, 22, 25, 29, 30, 38, 44, 46, 47, 78, 83, 90
富田儀作	144, 149
富塚清	364
富永升	220
富永哲夫	266
富永英夫	271
富永文一	289, 295, 308, 400
富山三郎	310, 345
友松圓諦	268, 277
豊鴨佐太郎	141
豊嶋昌	127
豊島佐太郎	140, 142, 143, 144, 147, 152, 158
豊島紫川	140, 141, 143, 144, 145, 147, 148, 150, 152, 153, 154, 155, 156, 157, 158, 159, 160

豊嶋生	281
豊田重一	160, 194, 204
豊太島佐太郎	145
豊田明敬	26, 98
豊永眞里	30, 42
豊原以尙	395, 405
眈堂生	71
虎猫記者	11
島居卓三	323
島居卓藏	322
鳥井みち子	23, 24, 25, 26, 28, 29, 31, 32, 33, 35, 36, 37
鳥井三鶴	91
鳥兎	61
鳥飼生駒	374
鳥川僑源	366
鳥栖忠安	170, 171, 176
鳥巢玉樹	281
鳥山喜一	400
豚兒生	273, 279
鈍禿生	126
鈍頭生	98

な行

內藤確介	210
內藤吐天	214
內藤久寬	68
內務省社會局發表	111
內藤透	205, 208, 213, 215, 219, 220, 222, 225, 227, 230, 235
直江兼孟	397
直木倫太郎	151, 204
永井生	225
永井潛	250
永井忠雄	219
永井享	118
永井亨	359
永井浩	400
長井眞琴	318
中井錦城	133, 135
永井柳太郎	1, 25, 31, 32, 52, 52, 77, 104, 200, 226
中馬越之助	201, 388
中尾昭夫	274
長岡外史	79
中尾清	375
中尾近義	397, 398
中川象三郎	140
長風槎客	242
長風山人	262, 264, 290
中川伊三郎	281, 293
中川龜三	311, 313, 315, 333, 344, 349, 350, 352, 353, 359, 360, 361, 362, 363, 364, 366
中川銀三郎	199, 208
中川太郎	382
中川湊	204
中河與一	266
仲木貞一	333
中桐確太郎	263
仲小路文雄	

‥‥ 224, 225, 226, 227, 228, 229, 230	永田衡吉 ……………………… 277
中小路廉 ……………………… 30, 46	中田白雪 ……………………… 260
仲小路廉 … 4, 34, 44, 51, 70, 91, 108	なかだに ……………………… 256
中込芙美 ……………………… 261	中谷孝一 257, 259, 261, 262, 264, 266
長崎縣人會 …………………… 48	中谷竹三郎 ……………… 329, 359
長崎唐人 ……………………… 245	永田秀治 ………… 382, 391, 393, 394
中里安廣 ……………………… 256	永田基 ………………………… 223
中澤忠一 ……………………… 280	中田利吉 ……………………… 338
長澤德玄 ……………………… 310	中田劉吉 ……………………… 121
中島醫博 ……………………… 334	長壽鳳輔 ……………………… 18
中島榮次郎 …………………… 315	中西重一 ……………………… 255
中島健藏 ……………………… 319	中西敏憲 ……………………… 215
中島貞次郎 …………………… 305	中西正樹 ……………………… 7
中島生 …………………………	中西六三郎 …………………… 121
209, 223, 233, 238, 241, 241, 242, 243	長野明次 ……………………… 362
中島司 163, 177, 220, 221, 222, 224,	長野朗 ……… 193, 197, 197, 198, 204
237, 238, 240, 243, 244, 244, 311,	中野伊三郎 ……………… 279, 283,
375, 400, 406	286, 288, 295, 296, 299, 300, 302,
永島のぶ子 …………………… 122	303, 304, 306, 309, 310, 311, 312,
中島英春 ………………… 293, 298	315, 316, 317, 318, 322, 323, 325,
長島隆二 ………… 76, 83, 94, 95, 99	331, 334, 338, 340, 341, 344, 346,
中島友正 ……………………… 187	347, 349, 353, 356, 360, 364, 365, 366
長瀨鳳輔 103, 164, 166, 58, 61, 63, 64,	永野清 …………………… 14, 16,
67, 76, 79, 80, 85, 91, 113, 169, 22,	21, 46, 81, 88, 137, 138, 142, 144, 148
27, 33, 83, 84, 99	中野金次郎 …………………… 224
奈加千里 ……………………… 347	中野健一 ……………………… 262
長田勝郎 ………… 127, 131, 137, 138	中野憲二 ……………………… 28
永田頑亭 ……………………… 275	中野生 ………………………… 339
永田清 ………………………… 366	長野生 ………………………… 364
長田江介 ……………………… 270	中野正剛 …………………… 23, 40
永田秀次郎 …………………… 215	中野宗三郎 …………………… 351

中野太三郎	158
中野直枝	371
仲野秀治	250
中野武營	1, 4, 18, 21, 23, 40, 56, 71
長野幹	149
中野有光	8, 9, 11, 33, 61
中野有水	46
中野豊	396
中橋德五郎	2, 4, 30, 58, 69, 73, 73, 77, 79, 86, 90, 92, 93, 97, 204
中原抱兎	102
中部幾次郎	358
長松千代	113, 116, 117
長松千代子	114
中村嘉壽	226
中村軍司令官	364
中村啓次郎	159
中村啓太郎	153
中村光吉	29, 63, 65, 75
中村孝太郎	331, 359, 370
中村孝也	206, 250
中村三笑	239
中村進午	22, 24, 118
中村精一	204
中村星湖	285
中村精太郎	73
中村宗太郎	378
中村竹藏	6
中村竹四郎	277
中村常右衛門	39
中村豊治	260
中村寅之助	170, 178, 216, 231
中村彦	34, 8
中村誠	144
中村政人	346
中村與資平	115, 23
永森稔	137
長屋尚作	395, 397
中山伊知郎	275, 388
中山勝之助	6
中山龜三	318
永山薫三	383
中山幸三郎	391
永山琴子	262
中山忠直	265, 329
中山忠温	333
長永義正	233
鳴原篤二	144
名倉勝	145
名越 那珂次郎	314
那須昭郎	288, 293
那須皓	256, 279
夏勝己	269
夏川小間物店支配人	236
夏木潤	264
夏目涼子	270
名島さゆり	305
茶々馬	290
波岡茂輝	8
波岡彌生女史	8
楢崎鐵香	247
楢崎淺太郎	261

奈良二朗 …………………… 322	南部露庵 …………………… 36
奈良武次 …………………… 310	二荒芳德 …………………… 295
成末俊之 …………………… 316	新居格 ………………… 250, 252
成田瀧川 …………………… 6	二井生 ……………………… 337
成田務 ……………………… 398	新見信 ……………………… 289
成田鐵郎 …………………… 141	二階堂昇 ……………… 395, 398
成田魯石 …………………… 7, 8	二木生 ……………………… 93
成松緣 ……………………… 210	西井烈 ……………………… 280
成清蝸牛 ………………… 114, 115	西江靈弦 …………………… 124
成島秋雪 ………………… 3, 6, 7, 9	西岡秀雄 …………………… 302
成島明雪 …………………… 5	西久保博 …………………… 379
成瀨無極 …………………… 337	西崎鶴太郎 ………………… 210
繩田白堂 …………………… 400	西澤公雄 …………………… 210
南木雄策 …………………… 288	西澤勇志智 ………………… 269
南山隱士 … 154, 297, 333, 351, 352, 353	西島新藏 ……………… 101, 272
南山下人 …………………… 194	西晉一郎 …………………… 344
南山生 …………… 150, 233, 268, 336	西生 ………………………… 339
南山太郎 …………………………… 130, 132, 133, 134, 136, 137, 150, 239	西田常三郎 … 100, 119, 136, 157, 170
南山町人 …………………… 203	西原龜三 …………………… 30
南山人 ……………………… 184	西原寬一 …………………… 250
南山麓人 …………………… 248	西原宏 ……………………… 388
南條晟 ……………………… 388	西村榮 ……………………… 131
南城太郎 …………………… 350	西村茂樹 …………………… 137
南城哲士 …………………… 337	西村眞次 …………………… 351
南斗星 ……………………… 1	西村不二 …………………… 366
難波志都 …………………… 152	西村道彥 ………………… 24, 47
難波照治 …………………… 342	西村保吉 …………………………… 97, 100, 101, 102, 139, 143, 146, 149
難波清人 …………………… 156	西本公 ……………………… 190
南部英雄 …………………………… 297, 298, 299, 300, 301, 302, 304	西本柏堂 …………………… 137
	西本量一 ……………………

　　　　………163, 174, 178, 182, 184, 185, 248
二一轉作生 ………………………… 165
二十一名士 ………………………… 56
二條詩萃緒 ………………………… 252
新田留次郎 ………………………… 289
新田唯一 ………………………… 210, 217
新田義民 ………………………… 242
新渡戸稲造 ………………………… 29, 34,
　　38, 55, 57, 60, 70, 88, 196, 211, 253
蜷川新 ……… 115, 198, 218, 219, 222
蜷川豊文 ……………… 390, 392, 401
二宮徳 …………………… 74, 83, 84, 168
如是閑 ………………………………… 70
額賀大直 ……………………………… 382
額田豊 ………………………………… 133
布衣客 ………………………… 2, 10, 23, 24
布九矢磨 ……………………………… 360
布村寬 ………………………………… 152
沼本武次郎 …………………………… 258
根岸民彌 ……………………………… 295
根本透 ………………………………… 313
野依秀一 ……………………………… 134
能美猪勇武 …………………………… 358
野上俊夫 ……………………………… 135
野上豊一郎 …………………………… 265
野坂直次 ……………………………… 92
野崎眞三 ………………………………
　　117, 118, 120, 124, 134, 164, 166,
　　170, 184, 344, 391, 396, 399, 402
野崎テルミ …………………………… 134
野晒醸人 ……………………………… 134

野島小蟹 ……………………………… 7
能勢岩吉 ………………………… 159, 160,
　　161, 163, 164, 166, 167, 168, 169,
　　170, 171, 172, 173, 174, 175, 176,
　　177, 178, 179, 180, 181, 182, 183,
　　184, 185, 187, 189, 190, 194, 195,
　　196, 197, 199, 200, 201, 202, 203,
　　204, 205, 206, 207, 208, 214, 215
能勢袖浦 ……………………… 163, 164, 165
野臺兼治 ……………………………… 391
野田卯太郎 ……………………… 20, 28,
　　30, 40, 42, 44, 46, 64, 69, 75, 83, 86
野田外太郎 …………………………… 71
野田技監 ……………………………… 219
野田久太 ……………………………… 193
野田咲二 ……………………………… 305
野田新吉 ……………………………… 371
野田新吾 ……… 289, 344, 359, 374, 384
野田信介 ……………………… 253, 256
野田義夫 ……………………… 277, 279
野附常務 ……………………………… 351
野津謙 ………………………………… 389
野手耐 ………………………………… 139
野中武夫 ……………………………… 275
野中増一 ……………………………… 376
野々村修瀛 …………………………… 310
野村嘉六 ……………………… 212, 218
野村吉三郎 …………………………… 384
野村生 ………………………………… 116
野村千大郎 …………………………… 236
野村法外 ……………………………… 121

野村雅庭 …………………… 128
乘杉嘉壽 ……………… 117, 129

は行

パートランドラッセル遺稿 … 113, 114
バーネット・ウオーカー ……… 230
梅園生 ……………………… 225
陪席記者 …………………… 99
俳壇入選者 ………………… 180
蕢開皺 ……………………… 23
萩野正俊 …………………… 256
破鏡生 ……………………… 96
萩原紙店奥田支配人 ……… 236
萩原彦三 …………………… 186
白雲山客 …………………… 94
白雲生 ……………………… 262
朴永喆 ……………… 210, 238
朴營喆 ……………………… 244
朴榮喆
　　177, 233, 241, 258, 274, 287, 295, 309
白綠騎士 …………………… 172
白扇生 ……………………… 270,
　　271, 272, 276, 278, 280, 296, 297, 355
白眼翁 ………… 86, 90, 96, 97, 101
白眼頑童 ………………… 25, 27
白眼子 ……………………… 122
白眼童子 …………………… 134
柏木省吾 ……………… 212, 215
白銀幕夫 …………………… 195
白脛紅裙山人 … 164, 165, 166, 167, 168

漠江坊 ……………………… 356
朴齊純 ……………………… 6
朴春琴 ……… 225, 243, 254, 322
朴準秉 ……………………… 317
朴承稷 ……………………… 172
白人武 ……………………… 47
朴相駿 ……………………… 184
柏田忠一 ……………… 243, 271
朴疇明 ……………………… 241
朴重陽
　　… 143, 155, 157, 197, 198, 201, 205
朴定守 ……………………… 214
白堂生 ………… 371, 389, 405, 406
朴獨步生 …………………… 250
白馬生 ……………………… 277
白面道士 …………………… 332
百面道士 …………………… 332
粕谷義三 ……… 130, 153, 172
朴世汶 ……………………… 317
伯嶺生 ……… 221, 222, 225, 226, 227
馬骨 …… 352, 354, 355, 357, 359, 360
嬌溢子 ……………………… 120
矯溢散人 …………………… 104
橋口義男 …………………… 390
橋戸田勇 …………………… 272
橋本一男 …………………… 397
橋本關藏 …………………… 364
橋本キリン ………………… 120
橋本圭三郎 ………………… 40
橋本茂雄 …………………… 127
橋本生 ……………………… 106

橋本寛敏 …… 287	333, 334, 335, 336, 337, 338, 339, 341, 343, 344, 346, 347, 348, 349, 352, 353, 354, 356, 359, 360, 361, 362, 363, 365, 366, 367, 368, 370, 372
橋本滿次 …… 355	
橋本光義 …… 106	
橋本峯三 …… 397	
橋本盟吾 …… 362	花影女史 …… 85
馬傷鍈一 …… 211	花風醉人 …… 217
筈見恒夫 …… 261	花かたみ …… 19
長谷井一沫 …… 375, 377, 394	花紅子 …… 171
長谷川華汀 …… 215	花田天城 …… 201, 202
長谷川生 …… 74, 98, 101	花村梅人 …… 18
長谷川丈助 …… 67, 96, 97	花村薫 …… 299, 308
長谷川如是閑 …… 111, 247	花村晨二郎 …… 26
長谷川義夫 …… 303	花村美樹 …… 178
長谷川義雄 …… 100, 210	花柳散人 …… 135, 136
長谷部正平 …… 212, 214, 219, 223	馬場鍈一 …… 260
裸三散人 …… 207	馬場蔀 …… 289
裸三生 …… 207	馬場ミチ …… 318
畑生 …… 113, 114	伴食太郎 …… 99
波田香三 …… 132	葉舟 …… 101
畑黄村 …… 99, 100	濱口雄幸 …… 166
波田重一 …… 376, 386, 387, 395, 402	濱田國松 …… 258
畠中生 …… 25	濱田政一 …… 404, 406, 406
波多野二郎 …… 327	濱田恒之助 …… 238
波多野鼎 …… 359	濱田實 …… 210
初田太一郎 …… 160	濱野正男 …… 400
八田吉平 …… 146	波紋 …… 206
馬詰次男 …… 45	早川成治 …… 380
鳩山一郎 …… 225	早川整爾 …… 43
花井卓藏 …… 15, 17, 22, 59, 160	早川千吉郎 …… 71, 110, 118
花岡淳二 …… 298, 299, 303, 316, 318, 319, 322, 323, 326, 327, 328, 332,	早川鐵治 …… 31, 35, 76
	早速整爾 …… 76

林教陸	115	速水滉	340
林榮均	395	馬結恭子	29
林益相	119	原敬	30, 38, 41, 57, 58, 60, 61, 69, 77, 85, 90, 94, 95, 95, 271
林一露	271		
林金五郎	70	原耕三	291, 293, 296, 326, 326, 327, 328, 343
林群喜	273		
林毅陸	1, 4, 22, 31	原靜男	107
林繁藏	216, 224, 258, 321, 331, 344, 370, 359, 384, 393	原靜雄	139, 149
		原勝一	44
林茂樹	178, 231, 233, 238, 243, 246, 249, 321, 372	原田鑛治	74
		原田金之祐	25, 33, 42, 45, 54, 57, 64, 72
林茂藏	213		
林實告天子	193	原田讓	398
林省三	151	原田勝利	391
林青宇	218	原田清治	255
林銑十郎	274	原田忠一	137, 138, 139
林藏繁	309	原田朝郵社長	51
林田龜太郎	27, 107	原鐵三郎	71
林田絹二	395	原禮二	231
林白澄	271, 272	ハリエットユーアンドレー	113
林博太郎	53, 95	ハリソン・ブラウン	324
林原憲貞	240	春明山人	120
林久吉	276	春江菴主人	63, 64
林誠	399	はるを	373
林杢兵衛	309, 310	春沼水之	313, 314
はやしや矢代	4, 8	春海浩一郎	232, 234, 235, 237, 239, 240, 241, 242, 305, 308, 310, 319, 321, 323
林彌三吉	279		
林や矢代	2	春山梅松	134
林穀陸	90	春山一路	140
早田福藏	287	春山作樹	200, 270
早月魚羊士	301, 302, 322		

晩雨生	317, 318	久水三郎	44
范漢生	290	久水徽潭	101
坂東太郎	300, 301, 306	菱田靜治	15, 23, 74
板東太郎	181	肥塚正太	157, 173, 204, 210, 245, 247
阪東太郎	281	巴月生	400
板東太郎山人	299	羊太郎	87, 89, 89
阪東太郎山人	284, 290, 291	入江海平	58
阪東太郎散人	277	人見次郎	22, 61, 65, 83, 114
板東義雄	75	美禰男生	154
牟野憲二	33	日下篤	250
牟野賢次郎	30	日の出商行主	236
洋服町人	50	批評子	90
阪利西八郎	195	坪川一完	272
蟠龍山人	152, 153, 154, 159	肥部吾策	264
ヒアルト・アルクナア	304	姫二	40
ビ一生	118	日森虎雄	252
檜垣直右	39	百山來鳥	359
檜垣直右謹詠	40	百溪祿郎太	138
檜垣直右	27	瓢戸潔	92
日笠舎人	337	飄々山人	224
東浦庄治	272, 279	飄々子	32, 33, 37, 39, 41
東萊迂人	131	評論子	163
東坂太郎	288	平井熊三郎	163, 169
東眞一	310	平井三男	143, 144, 153, 157, 171, 173
東辰一	314	平泉澄	281
東龍介	317	平井清次	269
引地寅治郎	147	平岡光三郎	143
樋口虎三	141	平尾壬午郎	186
久行三郎	162	平春日	232
日笹舎人	339	平川完	270
久松前平	157, 164, 166	平川生	286

平賀渉	292, 295	廣川幸三郎	404
平貞藏	344	ひろし	25, 27, 40, 45
平澤永	386	洁州逸人	351
平壤一市民	11	廣瀨翠園	269
平壤隱	95	廣瀨壽助	207
平田香堂	206, 208, 212, 213, 215, 219, 220, 222, 226, 227, 230	廣瀨先一	187
		廣瀨操	151
平田雅彥	240	廣瀨房一	181, 182, 185
平塚嘉右衛門	1	廣田一民	262
平塚廣義	276, 279	廣田弘毅	274, 321
平沼騏一郎	261, 276	廣堂	18
平沼淑郎	82, 89, 91, 99, 102, 105, 113, 114, 124	弘中諦一	169, 170
		浩々子	109
平野常次	275	不案	70, 74, 80, 81, 88, 89, 91, 93, 94
平林泉	376, 378, 381, 385, 387	不案迂人	45, 81
平林盛人	401	不案歌客	71
平林廣人	277	不案子	14
平松源祥	388	フイリップギブス	115
平緣生	250	風滿樓	8
平面子	119	プウシキン	125
平山清次	320	風鐸居士	28
平山成信	43	笛川生	121
廣綱德太郎	389	深井英五	122, 217
廣江澤次郎	13, 102, 152, 157, 170, 170, 172, 176, 177, 178, 179, 180, 181, 182, 183, 209, 210, 210, 224, 229, 239	深井英五郎	266
		深澤新一郎	178, 213, 224, 233
		深澤豊太郎	226
		フカジオ・ハーン	164
廣江澤二郎	174, 175	富加須肇	241
廣岡宇一郎	118	深田哲夫	141
廣綱德太郎一	387	深作安文	117
廣川一二	256	皐久生	225

福井江南 …………… 166, 167	覆面冠者 …………… 309, 311
福井武次郎 ………	覆面官人 …………… 2, 20, 22
59, 149, 156, 162, 165, 167, 210, 398	覆面散史 ………………… 201
福澤駒吉 ……… 218, 219, 222, 223	覆面士 …………………… 201
福澤駿 ……………………… 177	覆面子 …… 187, 189, 199, 201, 204
福澤桃介 ………… 202, 212, 218	福本貞義 ………………… 209
福島潤次郎 …………… 142, 145	複本重治 ………………… 272
福島潤太郎 ……………… 147	福本日南 ………………… 3, 94
福島善 …………………… 341	福本兵吉 ………………… 383
福島莊平 …………… 128, 210	福山順一 ………………… 304
福島百藏 ………………… 197	不考郎 …………………… 77
福島又二 ………………… 152	藤井秋夫 ………… 174, 176, 178
福島善範 ………… 345, 348, 351	藤井寬太郎 ………
福田甲斐 …… 161, 162, 163, 164, 165	57, 79, 96, 138, 144, 146, 148, 153,
福田幸四郎 ……………… 255	163, 169, 173, 180, 202, 214, 217,
福田茂穗 ………………… 214	223, 224, 238, 240, 243, 274, 332
福田藏山 ………… 2, 3, 5, 7, 9	藤井茂太 ………………… 278
福田德三 …………… 101, 84	藤井新一 ………………… 278
福田登 …………………… 221	藤井親雄 ………………… 266
福田正夫 ………………… 270	藤井草宣 …………… 296, 301
福永俊之 ………………… 288	藤井大吉 ………………… 358
福原俊丸 ………………… 156	藤井健雄 ………………… 371
服部卯三郎 ……………… 393	藤井嵐芳 ………………… 15
服部宇之吉 ……………… 108	藤川利三郎 …… 51, 71, 87, 97
服部古郵生 ……………… 87	藤木春彦 …………… 314, 316
服部纘 …………………… 264	藤倉白扇 …… 289, 291, 292, 296, 300
腹部生 …………………… 310	藤澤勇次 ………………… 88
服部文四郎 …………… 94, 140	藤澤老水 ………… 69, 70, 78
腹部文四郎 ……………… 107	藤田安進 ………………… 204
服部門四郎 ……………… 105	藤田經信 ………………… 129
覆面隱士 …………… 312, 318	藤田嗣章 …………… 2, 13, 17

不二堂 …………………… 379	谷多喜麿 ………… 149, 157, 287, 295
富士堂 ………… 378, 381, 384, 387, 388, 389, 390, 392, 393, 395, 398, 399, 400, 401, 402, 403, 404, 405	谷多喜磨 … 85, 144, 184, 241, 309, 386
	谷多喜雄 …………………… 146
藤沼武男 ………………… 82, 93	古橋卓四郎 ………………… 231
不知乃榮 …………………… 200	古海嚴潮 …………………… 48
藤卷良一 …………………… 301	古屋管堂 …………………… 5
伏見山人 …………………… 15	古屋金圃 …………………… 276
藤村忠助 …………………… 204	古谷道賴 …………………… 202
藤本準三 …………………… 394	降矢芳郎 …………………… 187
藤本練雄 …………………… 349	フレー生 …………………… 70
藤本隆一 …………………… 288	文元奎 ……………………… 209
藤森鐵藏 …………………… 376	文公子 ……………………… 120
藤森成吉 …………………… 205	文公子生 ……………… 102, 124
藤谷作次郎 ………………… 160	竝畵 ………………………… 198
藤山雷太 ………… 62, 121, 124, 191	薛郷東 ……………………… 342
藤原銀次郎 ………………… 276	碧梧桐 ……………………… 37
藤原正文 ………………… 12, 9	僻陽公 …………………… 21, 23, 33
藤原茂平 …………………… 290	僻陽子 ……………………… 20
藤原雪浚 …………………… 125	霹靂火星 ………… 126, 128, 131
婦人記者 ………… 25, 26, 30, 33	霹靂散人 …………………… 120
布施知足 …………………… 99	霹靂子 ……………………… 85
双葉香 …………… 77, 78, 80	霹靂火 ……………………… 131
船崎德太郎 ………………… 314	ベス生 …………… 54, 55, 56
船山信一 …………………… 362	別枝達夫 …………………… 321
富美廼家女將 ……………… 59	別府西海 …………………… 166
武落具 ……………………… 303	別府八百吉 ……… 148, 177, 200
隆部生 ……………………… 96	別寶生 ……………………… 163
古江孤雁 …………………… 114	變影子 …… 86, 91, 93, 94, 98, 99, 100
古川光造 …………………… 187	編輯局 ……………………… 22, 24, 25, 26, 27, 29, 30, 31, 32, 33, 36, 37, 135, 136, 137, 138, 139, 140
古瀨ゆき子 ………………… 284	

編輯部	21		170, 171, 172, 174, 175, 176, 178, 179, 180, 181, 182, 183, 185, 186, 189, 192, 193, 194, 197, 198, 200, 201, 202, 207, 208, 210, 212, 214, 215, 216, 219, 220, 221, 222, 223
編輯部調査	197, 199		
變裝子	15, 19, 20, 21, 32, 33, 62		
ヘンリーチエンバレン	325		
ヘンリ・ノエル	324		
ボアオス	102	保坂荒川	295
寶井琴窓	123	圃佐駕一郎	363
方義錫	258	机坂一郎	359
蓬萊迂人	198	帆坂巨荒	347
蓬萊山人	3	保坂粂一郎	275
某銀行家より	54	ほさか生	367
某實業家	196, 208	帆佐加生	364
某將軍	19, 208	保佐加生	351
某粹士	73, 78	保坂生	283, 310
某政客	81	保坂蜻舟	337
某勅選議員	151	帆坂太郎	366
方台榮	193, 210	保佐加太郎	344, 346
坊蝶不空	328	哺左加太郎	355
豊堂生	150, 152, 153, 155	帆佐加一	338
某面長	36	穗佐嘉一	353
方奎煥	204	保阪久松	211
望洋公	72	保坂文藏	139
北漢山	108	帆佐加祐玄	365, 366
北行生	271	帆坂祐玄	367, 368
北條正樹	284	保坂祐玄	353, 355, 356, 359, 360, 361, 370
北鮮開拓の功勞者木村寛藏	357		
北鮮水産界の王者佐々木準三郎	343	保佐加漁郎	350
北鮮水産界の功勞者	343	帆左佳	352
牧丹台若人	169	帆佐佳生	351
北吟吉	215, 83, 84	保佐太一	338
ホクロの人	164, 165, 168, 169,	帆佐春峯	370

哺左蚊 …… 354	堀江吉之助 …… 66
星島二郎 …… 226	堀切善兵衛 ……
保司信太 …… 351	…… 58, 75, 83, 95, 102, 110, 123
星野新吉 …… 385	堀口九萬一 …… 195
星野德治 …… 68	堀越善重郎 …… 86
星野二彦 …… 392	堀正一 …… 376, 380, 380, 382, 383
保城久松 …… 287	堀田三四磨 …… 394
穗積重遠 …… 98, 220, 258, 396	堀田貢 …… 127
穗積眞太郎 …… 243	堀諫 …… 145, 146, 161
穗積眞六郎 …… 246, 248, 258, 274, 309, 331, 386, 400	堀船太郎 …… 344
細井魚袋 …… 140, 141, 142, 143, 145, 150, 151, 154, 155, 156, 157, 158, 159, 160, 161, 162, 172	堀眞琴 …… 374
	本儀正 …… 162
細井肇 …… 15, 163, 171	本誌記者 …… 128, 131, 133, 134, 135, 136, 137, 138, 139, 140, 141, 142, 143, 145, 148, 149, 150, 151, 152, 154, 155, 155, 156, 157, 158, 159, 160, 161, 162, 163, 164, 165, 166, 167, 168, 169, 170, 171, 172, 173, 175, 176, 177, 178, 180, 181, 186, 187, 188, 189, 191, 207, 208, 209, 213, 221, 229, 260, 266, 268, 273, 275, 277, 278, 281, 282, 283, 284, 285, 286, 286, 288, 289, 290, 292, 298, 302, 305, 310, 311, 312, 313, 316, 318, 319, 320, 322, 323, 324, 333, 361, 391, 394, 395, 396, 398
細川風來 …… 123	
帆足理一郎 …… 94, 277	
細谷駿太郎 …… 298, 304	
牡丹臺若人 …… …… 159, 161, 162, 164, 165, 166, 167	
ポツソン …… 1	
穗積重遠 …… 275	
保村次郎 …… 368	
保村太一 …… 344	
保村太呂 …… 347	
保村舟夫 …… 341	
保毛田五郎 …… 331	本誌調査部 …… 324
堀井啓二郎 …… 248	本誌編輯局 …… 214
堀内敬三 …… 263	本社主宰 …… 333
堀内信水 …… 85, 98	本社商況部 …… 236, 239
堀内文次郎 … 112, 127, 132, 133, 218	本社調査部 ……

…… 207, 232, 242, 307, 320, 356, 357
本社同人 …………… 170, 171
本社同人調査 ……… 174, 175, 176
本社編輯部 ………………… 222
本社編輯部調査 …… 186, 198, 199
本莊幽蘭 ………………… 132
本多公男 ………………… 287
本田幸介 …………… 17, 64, 68
本社記者 …………… 145, 298, 336
本多靜男 ………………… 210
本田生 ………………… 269
本田恒三 …………… 161, 168
本多能太郎 ………………… 105
本田秀夫 …… 372, 374, 380, 386, 397
本間惠美 ………………… 268
本間啓太郎 ………………… 128
本間生 ………………… 312
本間孝義 …………… 141, 222, 363

ま行

舞鶴山人 ………………… 395
毎日新報 ………………… 326
毎日申報 ………………… 227,
　229, 233, 234, 235, 236, 237, 239, 244
前川勘夫 ………………… 373,
　375, 382, 384, 390, 391, 392, 394, 402
前川勘夫抄 …………………
　373, 375, 377, 378, 379, 380, 381,
　383, 384, 385, 387, 388, 389, 390,
　392, 393, 395, 396, 398, 399, 400,
　401, 402, 403, 404, 405, 406, 407
前田正名 ………………… 18
前田菊雄 ………………… 271
前田慧雲 ………………… 125
前田多門 ………………… 195
前田珍男 ………………… 128
前田東水 ………………… 153
前田昇 …………… 107, 146, 244, 315
前田稔 ………………… 295
前原助市 ………………… 199
牧田飄 …………… 313, 314, 315, 317
牧田瓢 ………………… 314
牧童子 … 119, 120, 121, 125, 127, 129
牧野英一 ………………… 69,
　74, 75, 88, 100, 103, 107, 194, 211
士牧野英一 ………………… 71
牧野四郎 …………… 391, 397
牧野輝智 …………… 256, 267, 270
牧はちろ …………… 377, 381, 384
牧山藏 ………………… 18
牧山玄濤 …… 2, 3, 5, 6, 7, 8, 9, 10, 15,
　16, 18, 20, 47, 52, 69, 72, 82, 83, 84
牧山耕藏 …………………
　5, 6, 9, 10, 11, 12, 13, 14, 15, 16,
　19, 20, 21, 24, 28, 29, 30, 31, 32,
　34, 35, 36, 38, 39, 43, 44, 46, 47,
　48, 50, 51, 53, 54, 55, 57, 58, 59, 60,
　64, 67, 68, 69, 70, 72, 73, 75, 76, 77,
　84, 85, 86, 89, 91, 100, 176, 183, 311
牧山社長 …………… 1, 55
槇山四郎 …………… 251, 253

牧山正德 …… 406	町田博三 …… 133
牧山正彦 …… 407	町田哺 …… 353
牧由耕藏 …… 17	町田保一 …… 337
魔劍塔 …… 164, 165, 166	松井喜代志 …… 251, 264
正岡蓉 …… 250	松井警視 …… 65
雅樂公 …… 124, 134	松井慶四郎 …… 295
正木千多 …… 261	松井茂
柾谷越人 …… 16	125, 126, 128, 139, 206, 207, 212, 214
雅樂多生 …… 153	松井次郎 …… 141
増田國司 …… 364	松井信助 …… 46, 175
増田熊之祐 …… 406	松井久 …… 128
増田三穂 …… 18	松井房次郎 …… 143
増田次郎	松井民次郎 …… 160
…… 199, 200, 203, 207, 212, 214, 224	松井龍太郎 …… 281
益田貴美 …… 316	松井綠生 …… 264
増田道義 …… 376	松內冷洋 …… 215
増田義一 …… 46, 58, 192, 212	松浦厚 …… 3
増永正一 …… 277, 289, 308	松浦鶴造 …… 399
益永豊水	松浦要 …… 278
…… 192, 209, 211, 212, 214, 218, 221	松浦繁太 …… 338
桝本卯平 …… 103	松蒲淑郎 …… 78
町坂一舟 …… 359	松江淸二 …… 305
町田一郎寺 …… 367	松江隆 …… 208
町田玄太 …… 361	松岡脩三 …… 371
町田生 …… 145	松岡均平 …… 65, 82
町田太一呂 …… 338	松岡康毅 …… 3, 26, 57, 60, 76
町田太郎 …… 339	松岡修三 …… 378, 381
町田太郎一 …… 342	松岡節子 …… 160
町田朝慶 …… 370	松岡正男 …… 182, 210
町田長作 …… 141	松岡洋右 …… 189, 264
町田耘民 …… 152	松尾愿 …… 205, 206

松尾生	297	松永素秋	114
松尾徳之助	397	松永工	173
松永安左衛門	202, 214	松永武吉	57, 68, 71, 87
松川成吉	359	松波秀實	120
松岐時勉	94	松波仁一郎	116, 120
松木誠	331	松波千海	210
松坂太一	352	松野二郎	142
松崎藏之助	29, 32	松野二平	329, 342
松崎時勉	110, 139	松野伸子	259
松崎時敏	79	松林紅玉	123
松崎寅二郎	351	松林生	173
松崎直枝	313	松原晃	303, 305
松澤兼人	271	松原魚子	316, 322, 324
松島生	192	松原和光	359
松島肇	273	松原宏遠	377
松添畫伯筆	372	松原貞義	282
松平直平	65	松原純一	321, 331, 344, 359, 370, 370, 371, 372, 374, 380
松平市太郎	124	松原千惠	313
松田學鷗	238, 243	松原圖南	388
松田源治	101, 122, 207, 212, 220, 99	松前重義	307, 382
松田甲	184	松山久生	131, 140
松田定久	349	松村勝次郎	266
松田竹の島人	125	松村紘一	390
松田常吉	227, 235	松村正彦	164, 171, 172
松田常三	215	松村松盛	145, 155, 165, 170, 171, 174, 178, 180, 202, 205, 206, 216, 222, 224
故松田獨青	339	馬詰次男	5, 25
松田北洋	156	松本正寛	18
松田道一	3/3	松本一郎	135, 389
松寺竹雄	16, 180, 202		
松寺武雄	167		
松永秋鳴子	112		

松本於菟男 …………………… 249
松本於兎男 …………………… 311
松本於菟男 …………………… 247, 248
松本きん子 …………………… 165
松本重敏 …………………… 114, 295
松本丞治 …………………… 203
松本素山 …………………… 23
松本生 …………………… 119
松本正覺 …………………… 23
松本輝華 …… 104, 110, 113, 114, 117,
　120, 124, 131, 135, 136, 137, 142,
　143, 147, 150, 151, 152, 154, 157,
　159, 160, 161, 162, 163, 166, 171,
　174, 175, 176, 193, 203, 220, 220, 309
松本輝華 …… 145, 150, 151, 154, 155,
　156, 157, 158, 159, 160, 161, 162, 176
まつもと・てるか …………………… 122
松本華 …………………… 129
松本福 …………………… 287
松本誠 …………………… 144, 181,
　224, 243, 258, 344, 356, 370, 371,
　372, 374, 384, 386, 391, 397, 406
松本松盛 …………………… 205
松本與一郎 ……… 125, 127, 129, 131,
　132, 133, 134, 137, 139, 140, 141, 142
松山祝 …………………… 403, 404, 406
松山洪吉 …………………… 301
松山生 …………………… 406
松山草平 …………………… 300
松山當次郎 …………………… 226
松山久 …………………… 132, 136

松山平助 …………………… 266
松山操生 …………………… 161
眞山生 …………………… 41
眞山靑果 …………………… 123
丸尾顯陽 …………………… 361
丸子 …………………… 49
丸の内隱史 …………………… 225
丸山幹治 … 163, 178, 180, 185, 194, 238
丸山鶴吉 …… 105, 149, 202, 213,
　214, 220, 222, 223, 261, 276, 277
滿洲拓植公司 …………………… 327
滿翠生 …………………… 323
萬翠生 …………………… 305, 318, 319, 322
漫畫並文 …………………… 311
萬德學人 …………………… 254, 255
萬物相 …………………… 248
萬里生 …………………… 2
三浦一郎 …………………… 334
三浦悅郎 …………………… 264
三浦北川 ……………………
　192, 193, 194, 194, 198, 201, 202, 203
三浦梧樓 …………………… 9, 19
三浦生 …………………… 203
三浦武英 …………………… 386
三浦博 …………………… 170
三浦彌五郎 …………………… 14, 32
水上連 …………………… 270
三上輝夫 …………………… 285, 291
三木生 …………………… 103
三木清一 …………………… 376, 386
三坂生 …………………… 287

三澤雄二郎 …… 96	三田谷啓 …… 260, 266, 270, 271, 279
みさを生 …… 121	見目德太 …… 157, 162, 177, 187, 203, 208, 375, 391, 394
美島梨雨 …… 322, 323	三谷一二 …… 198
三島霜川 …… 129	みち子 …… 23, 27, 30, 35
故三島太郎 …… 238	道田昌彌 …… 201, 221
三島太郎 …… 5, 17, 25, 31, 52, 54, 68, 72, 99	道塚八十三 …… 303, 305, 306
三島桃水 …… 103	道本清 …… 281
三島冬泉 …… 121	三井榮長 …… 289
三島雅清 …… 279	三井一三 …… 161
三島行義 …… 143, 145, 148, 150, 159	光石郡治 …… 366
水口隆三 …… 144, 167	三井生 …… 115
水越理庸 …… 5, 12, 19, 23, 28, 44, 47	三井六九 …… 385, 387
水田秀次郎 …… 205	三技茂智 …… 360
水田靜兒 …… 207, 212, 215, 215, 217, 227, 228, 230	滿川龜太郎 …… 255, 267
水谷九二吉 …… 141, 177	三岸文三郎 …… 370
水谷長三郎 …… 205	箕作元八 …… 27, 94
水田錬太郎 …… 223	美津志 …… 81
水波守一 …… 355	三畝公 …… 59, 62, 68
水野軍次 …… 401	三畝生 …… 63
水野武夫 …… 368	光永三十一 …… 176
水野錬太郎 …… 40, 52, 55, 59, 86, 95, 116, 123, 126, 134, 182, 238, 249	光永星郎 …… 217
水原哲夫 …… 337, 338, 339, 342, 343	美土原武 …… 388
水町袈裟六 …… 40	光峰滋 …… 166
三角太郎 …… 283	三本武重 …… 31, 42, 65
水本倉二 …… 75	光本天造 …… 276
水蛙生 …… 124	光山梅吉 …… 152
溝川龜太郎 …… 271	三山喜三郎 …… 103, 145, 162
三田鄉花 …… 164, 166, 168	三矢宮松 …… 155, 172
	みどり山人 …… 167
	水上養生 …… 359

三名士 …… 40	三橋孝一郎 … 308, 311, 321, 331, 370
南岳樓主人 …… 87	美馬滿三郎 … 311, 312, 313, 314, 318
南川博 …… 390	南岳迂人 …… 118, 119, 120
南宮營 …… 238	宮内幾太郎 … 362, 391, 400, 401, 404
南千壽 …… 245	宮内丈三郎 …… 162, 253
南祥三 …… 314	宮尾舜治 …… 152
南次郎 …… 308, 311, 315, 316, 317, 318, 321, 331, 344, 354, 359, 370, 370	宮尾舞治 …… 65
	宮川實 …… 360
南城江舟 …… 341	宮城音五郎 …… 187
南城生 …… 27	宮城小平 …… 390, 392, 395
南仙子 …… 280	宮木又七 …… 59, 71
南總督 …… 340, 364	宮岐義男 …… 190
南谷三十一 …… 174	三宅一郎 …… 405
南朝鮮總督訓示 …… 329	三宅生 …… 374
南陽野人 …… 347	三宅雪嶺 …… 14
南弘 …… 191	三宅雪嶺 …… 25
南扇子 …… 250, 265, 268, 304	三宅善平 …… 241
南船北馬 …… 67	三宅發士郎 …… 369
南樓散人 …… 279	三宅雄二郎 …… 137
美沼虹夢 …… 149, 151	宮小路晃 …… 173
峯尾釟子 …… 28	みやさき生 …… 166, 167, 168, 169, 171, 176, 179, 181, 188, 196, 298
峯岸義秋 …… 311	
美根三郎 …… 391	宮崎翠郎 …… 159, 169, 171, 173, 175, 178, 185
嶺堂 …… 13	
嶺堂生 …… 8	宮崎翠郎散人 …… 341
嶺八郎 …… 10	宮崎翠郎生 …… 163
峯村光郎 …… 387	宮崎生 …… 161, 163, 164, 165, 167, 168, 169, 170, 172, 173, 174, 175, 177, 179, 180, 187, 188, 189, 190, 192, 192, 193, 195, 196, 197, 207, 303, 306,
美濃部俊吉 …… 57, 58, 71, 73, 107, 114, 117, 126	
美濃部達吉 …… 27, 261, 263, 267, 268	
箕山默郎 …… 143, 144, 145	

308, 309, 310, 311, 312, 313, 314, 316, 317, 320, 321, 323, 331, 333

宮崎美男 …………………… 198

宮崎義男 ……………………
161, 163, 164, 166, 167, 168, 173, 174, 175, 176, 178, 179, 181, 183, 184, 185, 186, 187, 189, 191, 193, 194, 195, 196, 197, 198, 199, 200, 204, 204, 210, 217, 218, 298, 300, 301, 302, 303, 304, 305, 306, 309, 314, 316, 319, 322, 325, 327, 333, 337, 338, 339, 341, 344, 346, 347, 348, 349, 350, 351, 353, 354, 356, 360, 361, 362, 364, 365, 366, 370

宮里一郎 …………………… 327
宮地嘉六 …………………… 127
宮地久衛 …………………… 245
宮島幹之助 ………………… 98
宮田幾太郎 ………………… 346
宮田修 ………………… 111, 125
宮田久太郎 ………………… 264
宮舘貞一 ……………… 39, 94
宮長生 ……………………… 297
宮林泰治 …………………… 237
宮原馨 ………………… 286, 299
宮原忠正 ……………… 138, 144
宮原民平 …………………… 278
宮部生 ……………………… 319
宮本元 ……………………… 360
宮松關三郎 …………… 220, 226
宮本元 ……………………… 360

宮良道部 …………………… 319
三善清胤 …………………… 267
三好生 ……………………… 44
三好孝 ……………………… 362
村上㹠兒 …………………… 131
守屋榮夫 ……………………
105, 147, 148, 149, 151, 152, 164, 168, 169, 170, 178, 181, 182, 183, 190, 192, 193, 217, 218, 222, 225

三輪邦三郎 ………………… 312
三輪邦太郎 ………………… 304
三輪田元道 …………………
…… 13, 24, 200, 223, 272, 365, 382

三輪龍楊 …………………… 125
無外 ………………………… 339
向井忠 ……………………… 102
向山翠光 …………………… 76
武者小路實篤 ……………… 137
武者練二 …………………… 177
武者練三 ……………………
…… 144, 162, 168, 180, 192, 258, 328

武者鍊三 …………………… 151, 156, 173, 187, 199, 202, 208, 213, 222, 224, 230, 233, 234, 253, 372

無草庵 ……………………… 312
無草庵居士 ………………… 286
夢想坊 ……………………… 109
武藤金吉 ……………… 36, 112
武藤山治 …………………… 152
武藤智雄 …………………… 279
武藤文吉 …………………… 35

宗像幸次郎	204	村山沼一郎	209
宗像壽	312	村田雄峯	29, 31
無風生	101, 106	無量庵居士	361
村尾一靜	17	無量庵士	347
村尾政治	255	無量坊	346
村上狂兒	135, 141	無暦居士	57
村上秀一	26, 29	室谷黒面子	17, 20
村上專精	158	明暗樓主人	3
村上利雄	361	明治町人	160
村上直次郎	38	明治屋支店長	236
村上勇次郎	248	明波緒	373
村川堅固	112	目賀	127
村木哲也	322	目賀田種太郎	15, 30, 34, 43, 49, 82
村木緑葉	119	目白荒神	134
紫の假面	120	毛利巣	262
村瀨末一	211	默	74
村瀨生	103	木食山人	134
村瀨鎌次郎	12, 13, 16, 18, 22, 23, 41	杢助	
村瀨鎌治郎	68, 69, 70, 78		23, 24, 27, 29, 32, 33, 34, 37, 39, 39
村田重治	1	杢助迂人	68, 71, 74, 75
村田素一郎	34, 48, 68	杢助稈迂	72
牟羅多生	203	杢助生	56, 57, 59, 62, 63, 66
村田保	14	木像生	8, 11
村田俊彦	18, 27, 38, 43, 47, 56	杢太郎記	136, 138, 140
村田昇	297	默筆喋人	134
村田房吉	252, 261	杢兵衛	19, 20, 22,
村田義光	204, 205, 207		23, 26, 28, 31, 32, 33, 34, 106, 108
村松廣	395	默戀坊生	134
村山公三	384	望浦主人	135
村山太郎	398	望浦樓主人	134, 136, 138, 139, 140
村山智順	203	勿吉生	117

持地六	101	森孝一郎	255
持地ゑい子	278	森兄羅夫	234, 235, 236
持地六三郎	1, 13, 25, 34, 63, 102	森五六	386
望月圭介	103, 202, 203, 237	森澤德太郎	113
森田安次郎	395	森茂	22
本內達吉	98	森下憲貳	105
本岡卯之吉	211	森實告天子	190
本岡榮次郎	89	森島黎民	187, 188
元田肇	101, 19, 29, 61, 70, 73, 80	森二郎	145, 169, 171, 182, 188, 192, 203, 205, 210, 220, 221, 222, 224, 241, 242, 243, 244, 245, 246
本野辰雄	263		
本村春明	121	森二郎生	164
元村八洲士	375	森武夫	273
本山清	283, 286, 293	森武彦	395
本山彦一	21	森田梧郎	399
元山北溟	1, 3	森田茂	225
本吉兵次郎	387	森田治彦	261
籾山髻幸	279	森田定一	53
桃井燕玉	123	森谷克己	279, 348
桃井福太郎	204	森田幸夫	401
百吉	49	森戸辰男	107
挑山ロング	153	森戸辰雄	394
森有三郎	39	守永和三郎	142
森井美樹	295	森野和一郎	302
森榮吉	382, 383	森秀男	141
森岡二郎	216, 224	森秀雄	152, 187, 274, 386
森勝次	392	森辨次郎	289
森菊五郎	147	森凡	227, 228, 229, 230, 231, 232, 241, 303
森雲耶山人	24, 25, 25		
森啓介	290	森凡二	271
森悟一	144, 217, 228, 232, 233, 244	森村市左衛門	18
森孝市	253		

森本厚吉 ………………… 112
森谷一路 ………………… 270
守屋三葉 ………… 146, 194, 195
森安三郎 ………………… 66
森安連吉 …………… 12, 13, 17, 44, 49, 51, 52, 53, 55, 56, 57, 87
守屋德夫 ………… 145, 147, 158, 163, 174, 180, 189, 190, 191, 195, 204, 221
守屋東 …………………… 200, 314
守屋此助 ………………… 21
守屋房夫 ………………… 192
森義信 …………………… 247
森脇正之 ………………… 250
閔元植 …………… 108, 111, 97
閔大植 …………………… 274
門番小僧 ………………… 24

や行

八木秀次 ………………… 187
八木裝三郎 ……………… 10
八木彥助 ………………… 376
藥師寺淸彥 ……………… 394
矢島杉造 ………… 175, 308
矢代 ……………………… 5, 7
彌次郎兵エ ……… 64, 67, 70
野郎兵衛 ………………… 88
彌次郎兵衛 …… 70, 72, 73, 74, 76, 77, 78, 86, 87, 89
八尋生男 ………… 145, 147, 175
安井英二 ………………… 195

安井咸吉 ………………… 101
安井誠一 ………………… 287
安井誠一郎 ……………… 295
安江仙弘 ………………… 257
安江健弘 ………………… 404
安江安吉 ………………… 193
安岡黑村 ………………… 314
安岡正篤 ………… 239, 251, 253
保田齊 …………………… 304
安田貞次 ………………… 314
安田善三郎 ……… 17, 18, 44, 56, 83
安田東嚇 ………………… 367
安田破天樓 ……………… 102
安田六造 ………………… 325
康本容构 ………………… 388
矢竹齊 …………………… 305
矢田挿雲 ………………… 178
やつさか ………………… 356
也堂山人 ………………… 6
谷東百合雄 ……………… 292
柳井隆雄 ………………… 166
柳澤健 …………………… 245
柳澤健二 ………………… 361
柳窓庵主人 ……………… 101
柳家金語樓 ……………… 385
柳家小せん ……… 123, 124
簗田欽次郎 ……………… 218
矢鍋永三郎 ……………… 321
矢鍋永三郎 …………… 70, 159, 248, 258, 274, 295, 309, 311, 394
矢鍋三朗 ………………… 245

矢野菊松	91	山口醫學士	254
矢野義二郎	94	山口諫男	105, 109, 118, 119, 122
矢野生	375	山口謙次郎	207
矢野竹治	193, 194	山口貞昌	34
矢野恒太	101, 266, 295	山口重政	289
矢野弘	91	山口青邨	318
矢作榮藏	115	山口寅雄	312, 321
矢橋水明	407	山口皋天	101, 102, 103, 104
矢吹生	311	山口太兵衛	15, 23, 44, 46, 154
山内伊平	210	山口正夫	280, 282, 284
山内超一	369	山口三良	158
山内幸三	279	山口安憲	150
山岡監獄局長	126	山口病皋天	147, 150
山岡元一	4, 22	山崎有信	1, 3
山岡萬之助	111, 277	山崎延吉	204
山岡操	259, 261, 299	山崎覺次郎	140
山尾清實	115	山崎廣龜	406
山懸伊三郎	6	山崎新	108
山縣伊三郎	10, 65	山崎巽	358
山縣五十雄	10, 178, 59	山崎行彦	305
山縣治郎	129	山崎喜雄	273
山形閑	7, 48, 61	山崎黎門人	196, 200, 224, 264
山上梅之囮	372	山定宗文	268
山上サッポロ	120	山澤兵部	166
山川健	354, 355	山澤和三朗	276
山川健二郎	347, 350	山路愛山	30
山川四郎	396	山下荒川	296
川川秀好	211	山下佐太郎	372
山木忠年	259	山下信	387
山峽昴	173	山下靜山	322, 323, 324, 325
山木瑠璃子	184	山下靜山句	350

山下恒雄 …………………… 211, 215	山地白雪 ………………………… 5
山下久男 …………………… 376, 395	大和與次郎 …………………… 210
山下秀隆 …………………… 210, 217	大和二策 ……………………… 373
山科銀濤 …… 277, 278, 279, 282, 286, 288, 289, 291, 293, 295, 296, 346	山中大吉 …………… 260, 387, 389
	山中春泉 ……………………… 355
山梨新總督 …………………… 192	山中病早天 …………………… 148
山梨半造 ……………………… 202	山名酒喜男 …………………… 365
山料禮造 ……………………… 123	山邊勇輔 ………………… 44, 210
山路宗吉 ……………………… 268	山根讜 …………………… 148, 361
矢間二郎 ……………………… 361	山野澄 ………………………… 305
山田朗々生 …………………… 229	山原隆夫 ……………………… 323
山田勇雄 ……………………… 313	山副界 ………………………… 210
山田伊平 ……………………… 152	山道襄一 …… 206, 211, 212, 214, 260
山田格三 ……………………… 370	山村生 ………………………… 116
山田重雄 ……………………… 249	山村豊三 ……………………… 192
山田示元 ……………………… 209	山室軍平 …………………… 206, 24
山田二郎 ……………………… 360	山本爲善 ……………………… 374
山田新一 …………………… 390, 392	山本一策 ……………………… 376
山田外靜夫 ………………… 346, 347	山本興 ………………………… 293
山田忠次 …………………… 309, 340	山本供平 ……………………… 135
山田としを …… 326, 327, 328, 331, 333, 334, 335, 336, 345, 356, 360, 362	山本準一郎 …………………… 407
	山本条太郎 …………………… 189
山田敏男 …………………… 335, 339	山本條太郎 …………………… 228
山田とし子 …………………… 316	山本白鷺城 ………………… 190, 193
山田尙允 ……………………… 278	山本犀藏 …………………… 214, 220, 224, 228, 233, 234, 238, 240, 243, 255
山田守 ………………………… 112	
山田義雄 ……………………… 282	山本忠興 …………… 105, 331, 353
山田律山 ……………………… 157	山本達雄 ………… 29, 60, 77, 110, 242
山田わか …………… 115, 118, 195	山本悌二郎 …………………… 127
山地清 ………………………… 339	山本遞信局長 ………………… 211
山地白雨 ……………………… 1	山本直太郎 …………………… 145

山本尋己 …………………… 290	悠々散人 …………………… 118
山本梅涯 …………………… 103	雪州隱士 …………………… 144
山本文憲 …………………… 386	由木保 ……………………… 230
山本昌浩 …………………… 366	弓削幸太郎 …… 14, 34, 88, 149, 398
山元百千穗 ………… 312, 320, 321, 323, 324, 328, 332, 341, 342, 347, 349, 352, 357, 363, 332, 348, 351	弓場重榮 …………… 18, 24, 26
	諭弘生 ……………………… 354
	遊佐敏彦 …………………… 194
山本百千穗 ………… 328, 334, 346	遊佐慶夫 …………………… 349
山本森之助 ………………… 69	湯澤勉時 …………………… 394
山本幸平 …………………… 215	結城豊太郎 ………………… 278
山本瑠璃子 ………………… 185	兪星濬 ……………………… 199
山脇玄 ……………………………… …67, 72, 93, 96, 97, 98, 99, 105, 135	由田としを ………………… 361
	湯地幸平 …………………… 199
山脇房子 …………………… 203	湯原元一 ………… 64, 83, 85, 91, 112
湯淺溫 ……………………… 1	湯村辰二郎 ……………… 309, 393
湯淺倉平 …… 127, 167, 176, 180, 192	湯村辰次郎 ………………… 253
由比觀堂 …………………… 276	湯村辰治郎 ………………… 173
悠閑散士 …………………… 15	湯村辰二郎 ………………… 372
幽玄 ………………………… 364	夢野草一 …………………… 125
祐玄 …… 353, 355, 358, 362, 369, 370	尹甲炳 …………………… 146, 160
幽玄生 ………………… 374, 380, 384	尹白南 ……………………… 248
幽玄道人 ……………… 367, 368, 369	潤野榮 ……………………… 163
幽玄坊 ……………………… 367	尹致昊 ……………………… 90
祐嶽 ………………………… 360	洋外逸人 ………………… 162, 163
祐信 ………………………… 353	用合彰武 …………………… 241
雄定司 ……………………… 306	夭々生 ……………………… 94
幽波山人 …………………… 117	躍進途上の釜山府 ………… 266
夕日庵主人 ………………… 6	横井サクラ ………………… 120
祐峯 …………………… 353, 364	横井時敬 ………… 3, 8, 46, 111, 114
幽迷樓主人 ………………… 154	横井時常 …………………… 277
悠々山人 …………………… 120	横井實郎 ………………… 14, 65

横議樓主人 …………… 132	芳澤謙吉 …………… 286
横須伊平 …………… 269	吉澤謙吉 …………… 202
横瀬守雄 …… 376, 383, 392, 394, 399	吉浦禮三 ………… 175, 178
横尾安夫 …………… 363	吉植庄一郎 ………… 156
横田喜三郎 ……… 265, 275, 394	吉植庄三 …………… 147
横田太郎 …………… 338	吉住風子 …………… 318
横田千之助 ………… 156	吉住鼉 ……………… 323
横山金太郎 …… 213, 217, 230	吉住鼉草 …………… 325
横山巷頭子 … 180, 181, 186, 188, 190	吉田明 ……………… 313
横山國上次郎 ………… 30	吉田安治 …………… 400
横山勝次郎 ………… 209	吉田英三郎 ………… 371
横山勝太郎 … 205, 211, 215, 222, 226	吉田熊次 ………… 28, 267
横山清一 …………… 314	吉田絃二郎 ……… 114, 132
吉井清春 ……… 388, 390, 398	吉田靜夫 …………… 262
吉住慶之助 ………… 314	吉田秀次郎 …… 1, 11, 17, 59, 63
吉井彰子 …………… 276	吉田常三郎 ………… 96
吉井信夫 …… 221, 224, 226, 227, 228	吉田章信 …………… 217
吉江孤雁 …………… 121	吉田秋草 …………… 69
芳煙女史 ……………… 7	吉田節太郎 …… 81, 88, 112
吉岡久 ……… 373, 386, 389, 390, 401	吉田靜致 ………… 104, 105
吉岡彌生女史 ……… 220	吉田竹堂 …………… 27
吉岡富士堂 …… 375, 385, 398, 406	吉田東伍 …………… 32
よしを生 ………… 165, 166,	吉田冬葉 ………… 206, 208
167, 169, 171, 181, 182, 187, 188, 190	吉田直 ……………… 276
芳賀榮次郎 ……… 36, 87, 94	吉田浩 …… 243, 258, 274, 295, 309
芳賀檀 ………… 264, 280	吉田福藏 …………… 366
芳賀文三 …………… 371	吉田廉三郎 ………… 238
吉川鐵岳 …………… 291	吉野金良 …………… 389
吉川萍水 ……… 212, 216	吉野作造 …………… 69
吉木彌三 ……… 134, 141	芳野せ子 …………… 271
芳子 ………………… 74	吉原三郎 …………… 23

吉原重成 …………………… 230
吉原吉彌 …………………… 373
吉村定哉 …………………… 404
吉村兼一郎 ………………… 149
吉村謙一郎 ………… 141, 170, 178
吉村貞司 …………………… 252
吉村太郎 …………………… 345
吉村幹子 …………………… 184
吉本摩裏司天 ……………… 93
佳麗男 ……………………… 181
吉池四郎 …………………… 371, 382
米倉元一 …………………… 293, 307
米澤良三 …………………… 230
米田甚太郎 ………… 149, 157, 187
米田實 ……………………… 194
米山梅吉 …………………… 193
米山久彌 …………………… 93
米雨山人 …………………… 311

ら行

賴成一 ……………………… 231
賴母木桂吉 ………………… 191
絡東漁史 …………………… 107
裸骨迂人 …………………… 136, 139
ラスビリボース …………… 163
嵐岳生 ……………………… 292
嵐芳 ………………………… 18
李榮敏 ……………………… 290
李淵雨 ……………………… 180
李黃植 ……………………… 91

李喜鑌 ……………………… 144
李恩用 …………………… 195, 226
李家玄載 …………………… 374
里吉岳洲 …………………… 288
理吉基樹 …………………… 370
里吉基樹 ……………………
　272, 284, 286, 293, 294, 298, 299,
　300, 301, 302, 303, 304, 305, 306,
　307, 308, 309, 310, 311, 312, 313,
　314, 315, 318, 319, 321, 322, 323,
　324, 325, 328, 329, 331, 333, 344,
　346, 348, 349, 350, 352, 353, 354,
　355, 357, 361, 362, 363, 364, 365
李宮德 ……………………… 91
陸軍參謀中佐▲■● ……… 20
李圭完 …………………… 71, 87, 210
李軫鎬 …………………… 72, 167, 172
理研護謨工業株式會社 …… 350
李光洙 …………………… 175, 195, 196
裡里農林學校 ……………… 327
李壽昌 ……………………
　…… 155, 158, 182, 183, 184, 195, 196
李晶燮 ……………………… 268
李昌根 ……………………… 323
李仁 ………………………… 210
李惠相 ……………………… 160
李性求 ……………………… 298
李成淑 ……………………… 316
李軫鎬 …………………… 44, 180, 192, 202
李東善 ……………………… 204
李範益 …………………… 231, 238

487

李丙學	380
李基鍾	171
龍居松之助	305, 306
龍王山人	260
龍訓生	353
柳建寺	142, 143
柳建寺和尙	72, 73
龍山陰士	261, 263, 267
龍山坊	367
龍象翁	81, 87
龍象子	116, 118, 119, 170, 171, 98
流水子	47, 54
龍泉翁	86
龍頭迂人	153
龍頭山隱士	150
瀧東生	279
龍坊案	198
龍坊生	200
蓼倉浩	324
漁舟	341
凌曼壽	305
綠髮選手	132
李龍根	144
林漢瑄	144
林臛	314
林風天	245
礫川漁夫	262
戀裝子	1
魯雪	360
蠟山政道	247
老人亭主人	150
老水生	73
老選手	100, 101, 93, 94, 96, 98
浪彦生	120
ローム・ナース・ビスワース	240
六條企久美	107
六大名士の所見と主張	153
錄南子	236
六門舍郎	259
六連發生	120
六六山人	10
露江子	51
露城生	94

わ行

若本迷之助	106
和氣孫吉	358
脇田新之助	389
脇鐵一	287
脇村義太郎	268
鷲尾敬順	282
鷲尾順敬	260, 263, 268, 275, 279, 292, 296
鷲風生	327
倭城臺人	158, 160
倭城台人	100, 157
和田一郎	32, 85, 137, 167, 168, 183, 202, 214, 224
和田清	276
邊定一郎	154
和田純	140, 142

和田祥文	259
渡瀬よし子	112
和田泥峴庵	285
和田鐵道部長	111
和田天民	61
渡邊海旭	64
渡邊英一	268
渡邊謙二	252
渡邊豪	3, 5, 6, 7, 8, 9, 10, 11, 12, 13, 14
渡邊佐平	391
渡邊忍	142, 149, 184, 231, 233, 238, 243, 246, 247, 259, 388
渡邊晋	248
渡邊進二	249
渡邊生	284
渡邊勢起	394
渡邊千冬	222
渡邊暢	7, 78
渡邊鐵藏	109
渡邊定一郎	156, 157, 168, 173, 204
渡邊天倪子	10, 13
渡邊洞雲	107
渡邊得司郎	173, 386, 397
渡邊豊三郎	253
渡邊豊日子	159, 178, 183, 205, 213, 216, 231, 258, 274, 289
渡邊信治	298, 324
渡邊默禪	123
渡邊祐吉	251
渡邊世裕	209, 212, 215
渡邊渡	69
邊成烈	256
綿貫菊雄	266
綿貫六助	400, 401, 402
和田傳五郎	393
和田彦次郎	156
輪田元道	62
和田八千穗	22

Roma 字

A記者	313
ABC	279
A・T・チヨラートン	324
B記者	313
BR生	12
C・B・デフオレスト	276
D・Cジヤクスン	294
Fヘツヂス	323
G・N・生	256
H・大梧桐	250
H・G・M	315, 319
H・M生	350
HN生	350, 352
H・N・生	363
H・T生	337
H・T・生	283
H・メリベルグ	318
I生	7, 54
IKY	231
J・Aシヤラー	266

J・スターリン	322	S・O・S	322
K生	23, 211	S・S生	281, 284, 287
K・K・生	268	SH生	30
K・N・生	288	SK生	282
K・S・生	256	SO生	48, 50, 53
KI生	57	SY生	108, 280
L・T生	363	T・H生	285, 297, 339
M夫人	29	T・H・生	256, 278, 280, 281, 282, 288, 336, 336
M生	224, 313		
M・凡兒	251	T・K・生	292
M・C・K	309, 310	T・N・生	364
MH生	30	T・T・生	256
MRNR生	215	TH生	262, 281, 347, 368, 99
MS生	337	TO生	50
N光線	25	TS生	346
N・D生	251	VM子	169
N・M生	193	WXQ	334, 335, 338, 339, 341, 343
N・T・生	280	X・Y・Z	248, 255, 256, 278, 314, 316, 317, 319, 321, 323
NT生	124		
O・H生	266	XO生	346
O・P・Q	322	XX生	92, 261
O・T生	266	XY生	261, 262
PQR	328	XZ生	3
PRQ	327	y.matsumoto	139
R・K・O	319	Y・黎門人	228, 248, 249, 255
RT生	143	Y・T生	314
S夫人	29	YM生	171, 176
S生	94	YM生記	160, 161, 162, 163
S・K生	363	YM子	174, 175, 176
S・N・生	256, 336	YO生	106
S・O生	363	ZT生	48

□△生 ……………………… 3, 5
▲■將軍 ……………………… 22
▲▲生 ……………………… 22, 41
△□生 ……………………… 35
△△生 ……………………… 74
✐太郎 ……………………… 49